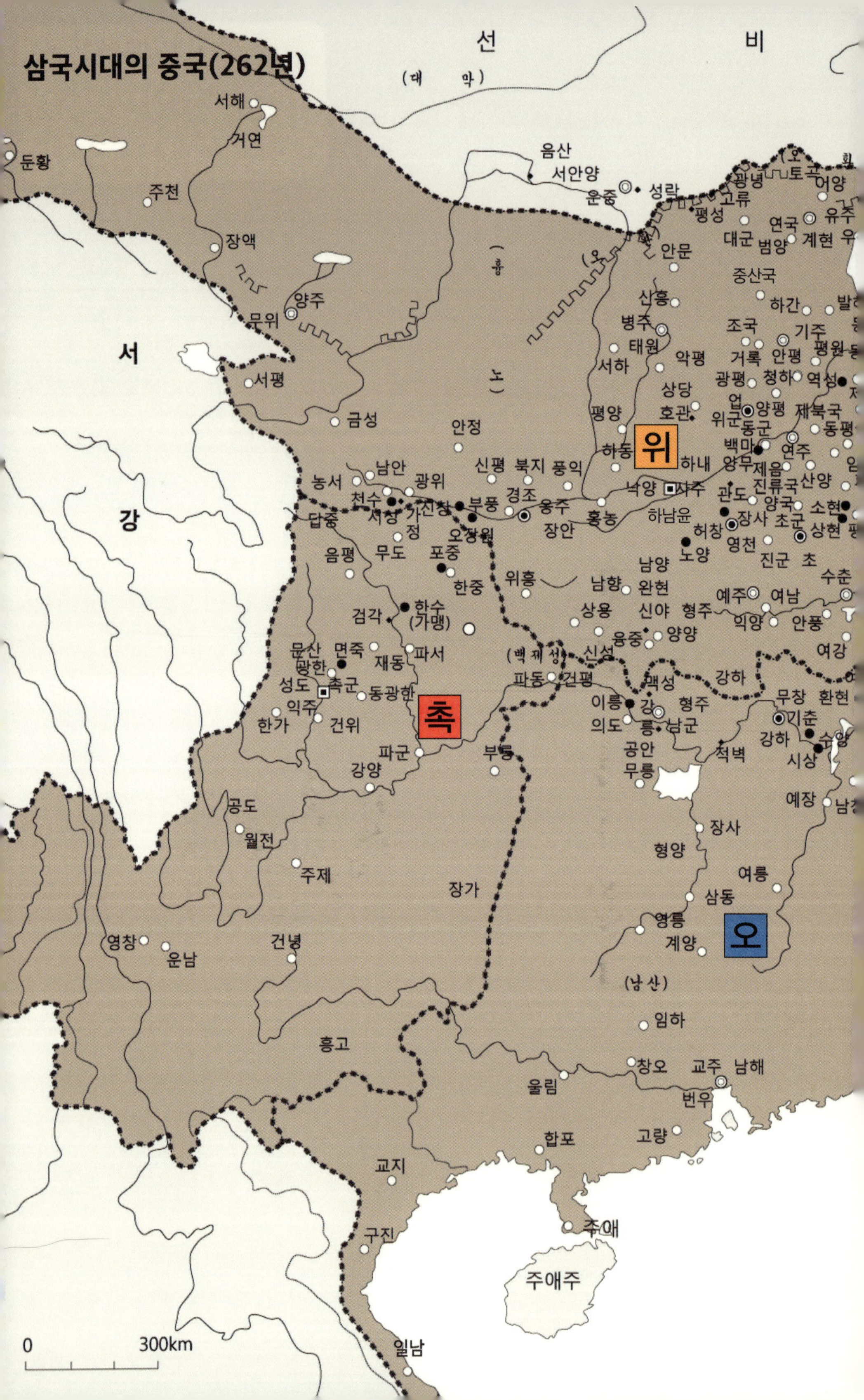
삼국시대의 중국(262년)
선
비
(대 막)
(흉 노)
서
강
위
촉
오
서해
거연
둔황
주천
장액
양주
무위
서평
금성
안정
음산
서안양
운중
성락
평성
안문
광녕
고류
토곡
어양
유주
대군
범양
연국
계현
중산국
하간
발해
조국
기주
병주
태원
서하
악평
거록
안평
평원
상당
광평
청하
역성
호관
업
양평
위군
동군
제북국
동평
평양
하동
하내
백마
연주
양무
제음
진류국
산양
낙양
허주
하남윤
관도
장사
양국
소현
초군
상현
허창
영천
진군
초
노양
남양
완현
수춘
예주
여남
신야
형주
의양
안풍
여강
양양
남향
상용
융중
신성
강하
맥성
형주
무창
환현
기춘
이릉
강릉
의도
남군
공안
무릉
적벽
강하
시상
심양
예장
남창
장사
형양
여릉
삼동
영릉
계양
(남 산)
임하
창오
교주
남해
번우
울림
합포
고량
교지
구진
주애
주애주
일남
농서
남안
광위
신평
북지
풍익
천수
신창
부풍
경조
옹주
장안
홍농
답중
서창
가정
오장원
음평
무도
포중
한중
위흥
한수
(가맹)
검각
문산
면죽
광한
재동
파서
(백제성)
파동
건평
성도
촉군
동광한
익주
한가
건위
파군
강양
부릉
공도
월전
주제
장가
영창
운남
건녕
흥고
0
300km

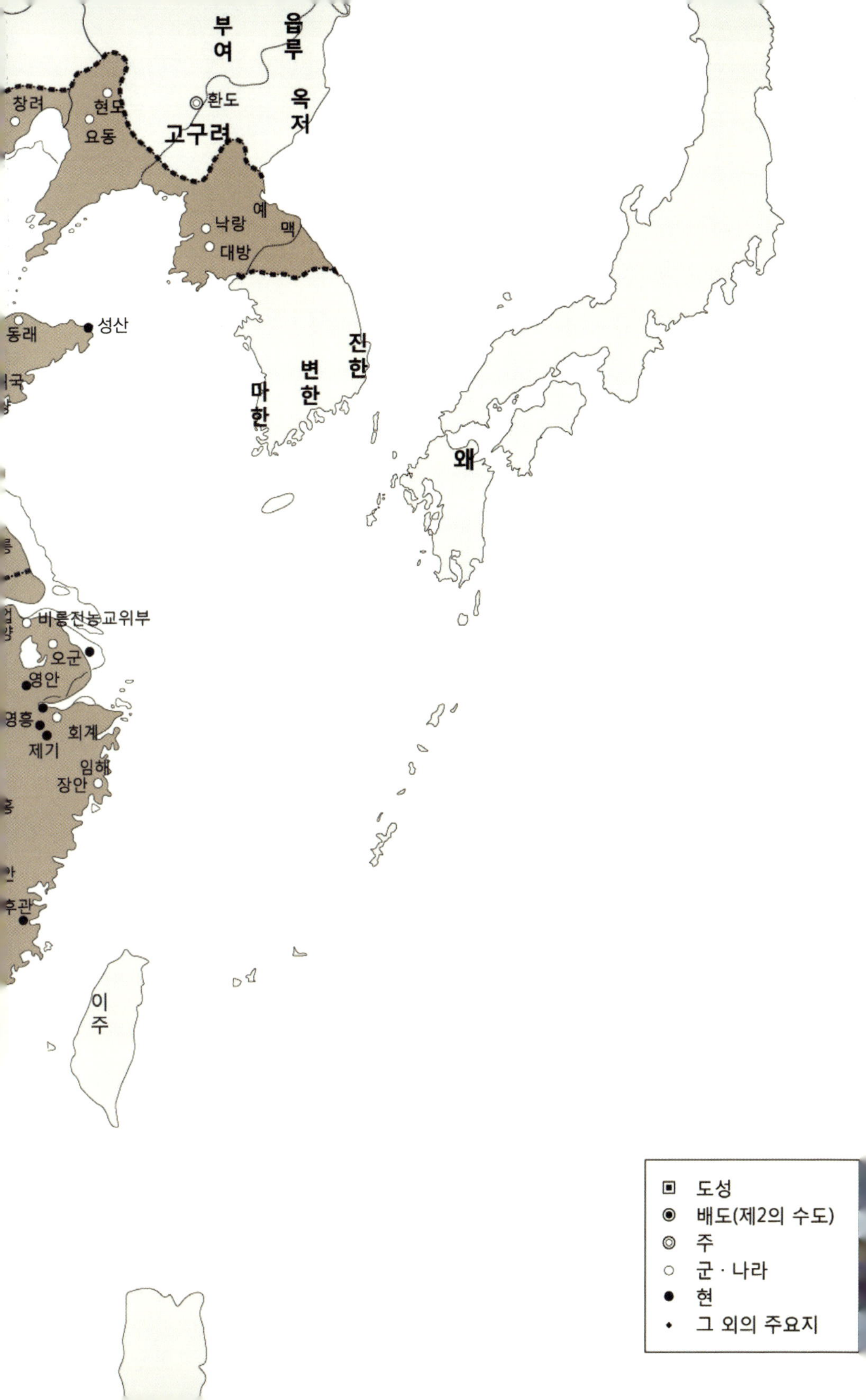
부여
읍루
환도
옥저
창려
현도
요동
고구려
예
맥
낙랑
대방
성산
동래
진한
변한
마한
왜
비릉전농교위부
오군
영안
경흥
회계
제기
임해
장안
후관
이주
도성
배도(제2의 수도)
주
군 · 나라
현
그 외의 주요지

고금 우리집 후록에 잠드신 조부모님, 부모님께 삼가 이 졸저를 올립니다.

삼국지 조조
천하 꿈 펼친
모신 무장들

한형수 저

박영사

저자 소개

한형수(韓亨洙)

아호: 고금(古今)

- 전북 장수 출생
- 고려대학교 사회학과 및 동대학원 졸업(문학박사)
- 전북대학교 사회학과 전임강사
- 서울시립대학교 사회복지학과 교수, 교무처장, 도시과학대학 학장, 도시과학대학원 원장, 세무전문대학원 원장
- 한국사회복지정책학회 회장, 한국노년학회 회장
- 보건복지부 저출산고령사회위원회 위원
- 서울특별시 사회복지위원회 위원장
- 현재 서울시립대학교 명예교수

• 1992년부터 《삼국지를 사랑하는 교수들의 모임》의 삼국지 세미나 20여 년간 주도적 참여.
• 2015년 중국어문연구회 · 고려대학교 중국학연구소 주최
기획주제 《삼국지연의 과거 · 현재 · 미래》 학술대회에서 "삼국지에 나타난 인물 관우의 성격" 논문 발표.
• "삼국지에 나타난 인물 관우의 성격" 《중국학 논총》 제49집 논문 게재.
• 저서: 《삼국지 군웅할거 인물론》, 홍문관, 2017.

삼국지 조조 천하 꿈 펼친 모신 무장들

초판발행 2025년 11월 4일

지은이 한형수
펴낸이 안종만 · 안상준

편 집 김다혜
기획/마케팅 장규식
표지디자인 BEN STORY
제 작 고철민 · 김원표

펴낸곳 (주) 박영사
서울특별시 금천구 가산디지털2로 53, 210호(가산동, 한라시그마밸리)
등록 1959. 3. 11. 제300-1959-1호(倫)
전 화 02)733-6771
f a x 02)736-4818
e-mail pys@pybook.co.kr
homepage www.pybook.co.kr
ISBN 979-11-303-2156-1 03910

정 가 29,000원

머리말

나는 덕유산 자락의 시골 마을에서 나서 조부모님과 부모님 슬하에서 엄한 교육을 받으면서도 자애로운 사랑을 받고 초등학교를 다녔다. 도청 소재지가 있는 큰 도시의 중학교에 진학하게 되었는데, 무척이나 외롭고 고향집 생각이 하루도 떠나지 않는 나날이었다. 학교 수업이 좀 일찍 끝나는 날에는, 나는 하숙집 가까이에 있는 도립도서관에 달려가서 문학전집에서부터 대중소설까지 닥치는 대로 읽으면서 우리집 생각을 달래곤 하였다. 그러던 중 중국의 4대 기서라 하는 〈서유기〉, 〈수호지〉, 〈금병매〉, 그리고 〈삼국지〉에 눈길이 가게 되었다. 〈서유기〉는 허황된 상상의 이야기이고, 〈수호지〉는 양산박 의적들의 이야기로 매우 흥미진진하였다. 〈금병매〉도 있을 법한 인간의 이야기였지만, 〈삼국지〉에는 충의의 교훈이 있고 삶의 지혜가 담겨 있어 그 읽는 재미는 단연 으뜸이라 여겨졌다. 한번 손에 잡으면 다 읽을 때까지 놓지 않게 되는, 단순한 재미 이상의 마력이 있었다.

나는 그때 여러 종류의 〈삼국지〉를 거의 다 읽었는데, 특히 그중에서 1954년에 정음사가 펴낸 전 10권으로 된 〈삼국지〉를 되풀이해서 읽었다. 당시 책자에는 번역 및 발행인이 최영해로 되어 있었는데, 그 후 오래 지나서야 원 번역자가 구보 박태원이었고 약 반 정도 번역한 상태에서 그가 월북하여, 최영해 발행인이 그 문체로 마무리했다는 사실을 알게 되었다. 아무튼 그 번역의 문체가 무척이나 마음에 들어서 이를 읽느라고 하숙방에서 밤을 지새우던 날이 하루 이틀이 아니었다. 지금도 생생하게 기억하건대, 도서관에서 〈삼국지〉를 대출받아 대나무

숲 벤치에서 깊이 탐독하고 있을 때 바람이 불어 대나무 잎이 흔들렸다. 바로 이때, '역사는 흐른다'는 생각이 머리를 스쳤던 기억은 어제 일처럼 지금도 생생하다.

고등학교에 진학하여 1학년 때, 가정 형편으로 일 년 휴학하게 되어 나는 조부님의 말씀을 따라 1년 동안 고향에서 서당을 다니게 되었다. 거기서 강지江贄의 〈통감절요〉를 배웠는데 권20에서 권26까지가 삼국시대 역사였고 앞서의 중학교 때 읽은 〈삼국지〉는 기실 나관중羅貫中의 〈삼국지연의〉라고 불리는 소설임을 알게 되었다. 대학 1, 2학년 때, 대학, 중용, 논어, 맹자와 시경 교과목을 이수하면서 자연스럽게 한문 원전에 가까워졌고 삼국시대의 역사서인 진수陳壽의 〈삼국지〉를 탐독하게 되었다. 대학, 대학원을 마치고 그 후 교수로 재임할 당시에는 전공 분야인 사회과학 영역의 연구와 강의로 하루하루가 채워지면서, 〈삼국지〉와는 상당한 거리를 두는 세월이 흘러갔다.

그러다가 1992년 우연히 몇몇 교수들과 관악산 등산을 하면서 〈삼국지〉 이야기를 나누게 되었다. 이는 '삼국지를 사랑하는 교수들의 모임'으로 이어졌고, 동호인들의 상당한 호응 가운데 춘하추동으로 정례적인 '삼국지 세미나'가 20여 년간 진행되었다. 나는 여기에 주도적으로 참여하면서 나 스스로 〈삼국지 배송지裴松之 주〉와 범엽范曄의 〈후한서 본기〉, 그중에 〈삼국지〉 인물과 겹쳐지게 입전된 〈후한서 열전〉 13명의 인물을 깊이 탐독하게 되었다. 이어 사마광司馬光의 〈자치통감〉 권55 제1차 당고의 화에서 권81 진晉나라의 천하통일까지, 그리고 방현령房玄齡 〈진서〉의 선제기, 두예전, 왕준전을 깊이 있게 파고들게 되었다.

중학교 시절 도서관 대나무 숲에서 소설 〈삼국지연의〉를 읽을 때 떠올랐던 '역사는 흐른다'는 문제의식에서 이제는 역사 〈삼국지〉를 통해 1,800년 전 약 1세기에 걸친 긴 전란의 '삼국시대를 이끌어가는 추동력은 무엇인가'라는 테제에 나의 모든 관심이 집중되었다.

일찍이 〈삼국지〉의 삼국시대 제갈량諸葛亮은 융중대에서 "조조를 원소와 비교해 보면, 명성은 희미하고 병력은 적었지만 마침내 조조가 원소를 무찌르고 약자에서 강자가 될 수 있었던 까닭은 오로지 천시天時 때문만이 아니라 인모人謀에 의지했기 때문이다."라고 말한 바 있다. 결국 역사를 이끌어 가는 추동력은 인간의 의지 작용이라는 것이다. 또한 모택동毛澤東은 그의 〈지구전을 논함〉에서 "의식적 능동성은 인간 특유의 특성이다. 이 특성은 전쟁에서 두드러지게 나타난다. 분명히 승패는 전쟁을 수행하는 쌍방의 고유한 일련의 조건들 전체에 의해 결정된다. 하지만 이 조건들은 승패의 가능성을 결정할 뿐이며, 승패에 대한 결정을 초래하는 데에는 전쟁에서의 의식적 능동성이 필요하다."라고 갈파하고 있다.

이와 같은 역사 변동의 패러다임에서 후한 왕조가 무너지고, 〈삼국지〉의 삼국시대 약 100년 동안 격동하는 난세에 접어들면서 군웅할거 시대를 거쳐 마침내 위魏, 촉蜀, 오吳의 삼국정립으로 압축되고, 그 세 나라는 각기 주군과 모신, 무장들의 '의지와 계책'이라는 추동력을 다해 천하통일을 향한 쟁패를 펼쳐나간다. 파란만장하게 역사에 수놓아진 이 인물들의 역사 대서사시를 본서 〈삼국지 인물론〉 연작물에서 한 올 한 올 풀어 펼쳐나가려고 한다.

모택동은 〈심원춘 장사〉에서 "아, 광대무변하여라 / 묻노라 이 창망한 대지 위 / 인간의 모든 운명 주재하는 자 그 누구이던가"라며 역사의 추동력은 무엇인가라고 묻고, 이에 대해 〈심원춘 설〉에서 "모두가 흘러가 버린 일 / 정녕 영걸을 찾으려거든 / 오늘을 보아야 하리."라고 화답하고 있다.

〈삼국지〉의 삼국시대라고 하는 그 옛날古의 역사 추동력의 주술을 풀어낼 마법은 다름 아닌 여러분의 오늘날今이다. 나는 〈삼국지〉 텍스트의 역사 인식에서 진실로 고금의 만남의 접점을 찾아보고자 하며,

이 같은 지평이 본서의 독자들에게 조그마한 울림으로라도 다가간다면 더 바랄 나위가 없겠다.

2008년 3월 봄 눈발이 흩날리던 어느 날, 서울시민대학에서 〈삼국지와 삶의 세계〉 첫 강의를 시작하면서 동시에 〈삼국지 인물론〉 저술을 구상하게 되었다. 큰 설렘과 또한 두려움이 함께 하였다. 높은 산에 등산해 본 경험도 없이 세계 최고봉 에베레스트산을 등반하려는 계획으로 등산용품 가게에서 서성이는 심정이었다. 그동안 '미쳐야 미친다'는 말이 있듯이, 〈삼국지〉의 세계에 흠뻑 빠져 거의 8여 년이 된 2017년에 〈삼국지 인물론〉의 프롤로그라 할 〈삼국지 군웅할거 인물론〉을 출간한 바 있다. 〈삼국지〉 마니아를 대상으로 하는 〈삼국지〉 수준을 업그레이드했다는 격려도 받았으나 〈삼국지〉 인물들의 성격 분석을 다원적 프리즘으로 시도하다 보니 사료가 중복되는 등 첫 작품으로 미흡함도 적지 않았다. 그 후 또 만 8년이 지나 이제 〈삼국지 인물론〉의 본령이라고 할, 삼국정립의 양 대척점에 서있는 위魏와 촉蜀의 〈삼국지 조조 천하 꿈 펼친 모신 무장들〉과 〈삼국지 유비 한실 꿈 펼친 모신 무장들〉 등 두 권을 동시에 상재하게 되었다. 돌이켜보면 2008년 3월 〈삼국지 인물론〉 저술 구상 후, 〈삼국지〉의 세계에 미쳐 있었으나 해찰을 많이 하는 등 저자의 미흡함이 적지 않았는데, 이번에 상재하는 두 책자는 〈삼국지 인물론〉의 본령을 다루게 됨에 저자 나름대로는 쓰고 싶은 대로 힘껏 썼다는 속내를 표하면서 동학제현의 관심과 많은 질정을 바라는 바다.

오랜 집필 기간 동안 좌절하지 않게 꾸준히 힘이 되어 격려해 주신 선배, 친우, 후배님께 먼저 깊은 감사와, 아울러 〈삼국지와 삶의 세계〉 강좌에 참여하시며 세월을 함께 하신 회원님들께 감사의 말씀을 드린다. 또한 원고 정리에 수고를 아끼지 않은 서울시립대학교 사회복지학과 제자들에게 고마움을 전한다. 끝으로 본서의 출간을 기꺼이 맡아준

박영사 기획 · 마케팅, 편집 담당자 여러분의 노고에 감사를 드리고자 한다.

2025년 10월

고금재古今齋에서

저자 한 형 수

목차

제1장

난세를 추동하는 인물들 삼국정립 펼치다 / 13

제2장

위나라 개창하게 된 새 역사 펼쳐 나간 난세의 영웅 조조 / 75

제3장

치세의 한실로 버팀목 세우려다 꺾이고 만 비운의 지사 순욱 / 173

제12장

교변에 능해 제갈량의 기산 진출을 막은 용략 구사한 숙장 장합 / 519

제1장

난세를
추동하는 인물들
삼국정립 펼치다

중국 대륙에서는 진秦·한漢의 통일 제국 시대를 거쳐, 196년간의 후한 왕조가 저물어 가면서 거의 1세기에 걸친 긴 전란의 분열 시대가 막을 연다. 이른바 난세에 접어들게 되면서 광대한 중국천하를 놓고 벌이는 많은 군웅들의 쟁패는 군웅할거시대를 열었고, 마침내 위魏의 조조曹操, 촉蜀의 유비劉備, 오吳의 손권孫權으로 삼국정립이 압축되어 그 세 나라는 모든 역량과 지략을 다해 천하통일을 향한 쟁패를 펼쳐 나간다. 이 격동하는 난세를 추동하는 이들 개성 있는 여러 주군과 모신, 무장 인물들에 의해 파란만장하게 시대 정신의 흐름과 개인의 야망이 서로 밀고 밀리면서, 뒤 강물이 앞 강물을 밀어내듯이 역사는 도도하게 흘러가고 있었다.

1. 삼국시대는 이렇게 시작되었다

《삼국지》의 삼국시대 시작은, 일반적으로 중평 원년(184년)에 변방과 장강 이남을 제외한 전국 대다수 주에서 일어난 황건黃巾의 난에서부터 기원한다고 되어있다. 하지만 그보다 약 20년 전쯤 거슬러 환제 시기 연희 9년(166년)과 영제 시기 건녕 원년(168년)에 일어난 제1·2차 '당고黨錮의 화禍'에서부터 시작한다는 견해도 있다. 이 당고의 화는 환관 및 이에 아부하는 '탁류파'에 반대하여 그 기치를 높이 든 이른바 '청류파'로 불리는 청의를 내세우는 관료와, 사인士人들이 두 차례에 걸쳐 탄압을 받은 사건이었다. 이로부터 환관세력의 국정농단과 후한왕조의 붕괴가 서로 맞물려 들어가기 때문이다.

이후 '청류파'의 흐름을 이어받은 사람들은 여론의 힘을 얻어 '명사名士'로 불리게 되었고, 그들 상호 간에 인물 품평을 하면서 새로운 자율적 질서를 형성하고 있었다. 또한 명성 있는 '인물 품평의 명사'에게 평가받음으로써 새로운 인물이 '명사'층에 합류하게 되는 커다란 계기가 되었다. 월단평으로 유명한 허소에게 '치세의 능신, 난세의 간웅'으로 평가된 조조, 양양의 방덕공에게 각각 '와룡'과 '봉추'로 평가된 제갈량, 방통 등이 그러하다. 나중에 후한의 순숙, 순상, 진식, 이고, 이응, 노식, 진번, 두무, 공융, 유우, 왕윤, 원소, 원술, 유표 등을 비롯하여, 위나라의 순욱, 순유, 정욱, 곽가, 최염, 모개, 종요, 진군, 화흠, 왕랑, 두기, 사마의, 가규, 그밖에 촉나라의 허정, 법정, 장완, 비의, 이엄, 동화, 유파, 마량, 오나라의 장소, 장굉, 주유, 노숙, 고옹, 보즐, 제갈근, 육손 등이 '명사'로 일컬어지는 인물들이다. 이들은 그들이 그리는 이상적인 국가를 건설하기 위해 《삼국지》의 삼국시대를 움직이는 인물이 된다.

한편 본격적인 삼국시대의 개막을 알리는 역사적 사건은 중평 원년(184년) '황건의 난'이다. 후한왕조가 부정부패하게 되면서 크게 일어난 신흥 종교의 하나인 '태평도'의 교주 장각이 신도들을 규합하여 이들을 이끌고 '푸른 하늘이 이미 죽었으니 누런 하늘에 들어서리라'고 내걸며, 전국적으로 13개 주 가운데 8개 주에서 일제히 들고일어난 봉기이다. 이때 금고(죄과로 인하여 벼슬길에 쓰지 아니함)에 처해 있었던 '청류파' 인사들이 해금되어 이른바 '명사'들과 함께 황건의 난 진압에 나서는데, 이것은 조정에서 '청류파' 인사들이 황건의 난을 일으킨 세력과 결탁하는 것을 크게 두려워했던 데에서 연유된 조치로 풀이된다. 또한 이와 동시에 각 주의 장관인 자사에게 군사권을 주어 목牧으로 개편하는데, 이때부터 여러 제후들은 독자적인 세력을 갖게 되며, 이리하여 조정의 지배는 점차 미약해지게 되어 국면은 바야흐로 군웅할거의 시대로 넘어가고 있었던 것이다.

2. 군웅할거에서 위·촉·오 삼국정립으로

중평 6년(189년) 영제가 죽고 열네 살의 소제가 즉위한다. 이때 외척인 대장군 하진이 이른바 십상시의 난으로 환관에게 살해되고, 그 궁중에 있던 2천여 명의 환관들도 원소, 원술 등에게 모두 주살되며 3천 명 군사를 이끌고 낙양에 들어온 동탁董卓이 조정의 정권을 장악하게 된다. 동탁은 하황후 소생인 소제를 폐위하여 홍농왕으로 삼고, 왕미인 소생인 아홉 살의 진류왕을 옹립한다. 바로 이 사람이 후한의 마지막 황제인 헌제獻帝이다.

당시 동탁의 국정 전횡과 횡포에 맞서 원소袁紹, 조조를 비롯한 관동의 각 주와 군에서는 제후들이 군대를 일으켜서, 초평 원년(190년) 동탁 타도의 기치를 내걸며 각각 수만의 군사를 거느리고 연합군을 결성한다. 동탁은 관동연합군의 맹추격을 받자 낙양을 불태우고 장안으로 천도를 하였는데, 반동탁연합군 측도 싸움이 장기 대치되자 이해관계가 서로 달라져 원소와 원술의 사이가 벌어지기 시작한다. 또한 유대가 교모를 살해하는 사건이 일어나는 등 연합군은 연합군대로 서로 분열하고 만다. 마침내 포학무도함이 극에 달한 동탁은 초평 3년(192년)에 왕윤과 여포呂布에 의해 살해되지만, 동탁의 잔당인 이각, 곽사가 양주병을 이끌고 장안을 습격하여 왕윤은 처형되고 여포는 도망쳐 객장이 되기에 이른다.

한편, 원소와 원술袁術의 골육상쟁도 격화되어 기주의 원소는 조조, 유표劉表와 결합하고, 회남의 원술은 손견, 공손찬公孫瓚과 각기 연합하여 하북 일대에 쟁패가 계속된다. 이때 오군에서 거병하여 황건의 난 진압에 기여한 손견은, 반동탁연합군이 와해되면서 유표를 공격하는 도중에 황조에게 전사하고 만다. 또한 연주의 조조가 서주의 도겸을 토벌하고 있는 사이에, 조조 부하 진궁과 진류태수 장막이 여포를 연주목으로 맞아들인다. 이리하여 조조와 여포가 연주쟁탈전을 전개하고 있는 동안, 흥평 원년(194년) 서주의 도겸이 죽고 유비가 서주목을 계승하게 된다. 그러나 조조에게 패한 여포가 유비에게 의탁하고, 유비가 원술과 싸우고 있는 틈에 여포는 서주를 탈취하여 이번에는 유비가 조조에게 의탁하는 처지가 된다.

그래서 조조와 유비에 대항하여 원술과 여포의 연합군이 서로 다투게 된다. 조조는 건안 원년(196년) 헌제를 봉대하여 이른바 협천자挾天子하고 있었고, 원술은 분수에 맞지 않게 건안 2년(197년) 회남 수춘에서 스스로 황제라고 참칭하여 세간의 공공의 적이 되어 있었으므로 시류와 여론은 조조에게 유리하게 전개되어 갔다. 손견의 아들 손책은 이런 원술과 손을 끊게 되고, 조조는 원술과 여포를 분리시켜 공격, 결국 건안 3년(198년) 여포는 하비에서 사로잡고 건안 4년(199년) 원술의 북상을 저지시키니 차례로 패망하고 만다.

그런데 유비는 원술을 요격하겠다면서 조조에게서 탈신하여 서주를 점거하고 반조조기치를 들지만, 곧 패배하여 원소에게 의탁하게 된다. 원소는 이미 북방 유주의 공손찬을 토벌하여 기주, 청주, 유주, 병주 등 4주를 지배하여 하북의 제일주자였다. 그러나 건안 5년(200년) 원소는 백마, 관도에서 조조와 중원과 하북의 패권을 놓고 7년 전쟁을 치르게 되는데, 압도적인 전력의 우세에도 끝내 패하고 만다. 원소가 죽고 그 아들 원담, 원상 형제의 분열로 원씨는 이제 하북에서 멸망의 길을 걷게 된다. 한편 동오의 손책은 강동에 웅거, 조조와 원소가 싸우고 있는 사이에 허도를 습격하여 천자를 봉대하려고 하지만, 미처 실행에 옮기기 전에 오군 태수였던 허공의 가객의 손에 스물여섯 살에 죽는다. 그리하여 건안 5년(200년) 강동은 열아홉 살의 그의 동생 손권이 뒤를 잇게 되어, 강동 6군에 자리 잡아 한 축을 이루어 나간다.

건안 13년(208년) 형주의 유표가 죽고 그 뒤를 이은 유종은 남정하는 조조에게 주를 들어 바친다. 조조는 여세를 몰아 강동으로 원정을 밀어붙이다가, 건안 13년(208년) 적벽대전에서 유비와 손권의 연합군에게 패하여 천하통일의 꿈이 멀어지게 된다. 그 후 위국의 조조는 양주의 마초, 한중의 장로를 토벌하여 영토를 확장하고, 건안 19년(214년) 유비도 또한 익주목 유장을 굴복시켜 익주를 차지하게 된다. 이로부터 중국대륙에서 형주를 쟁패의 전초기지로 삼던 조조, 유비, 손권이라는 세 영웅이 점차 천하의 패권을 다투어 나가게 된다.

건안 24년(219년) 유비는 조조의 한중을 탈취하지만 대신 형주는 손권의 손에 떨어지고, 그때 관우도 양번전쟁에 패하여 죽고 만다. 황초 원년(220년) 조조가 죽자 그의 아들 조비曹丕는 후한 헌제로부터 선양받아 낙양에서 황제에 즉위하여 위나라로 왕조가 교체된다. 장무 원년(221년) 촉나라 유비가 성도에서 황제에 오르고 오나라 손권도 황룡 원년(229년)에 무창에서 황제로 등극하여, 이제 정식으로 삼국시대가 도래한다.

《삼국지》의 주군과 모신 무장들의 사상 가치성향

01

1. 동양적 가치를 통한 인물 논의의 기준점: 사상과 시대

21세기에 접어들면서 아시아인 스스로 동아시아를 중심으로 한 '아시아적 가치(Asian Value)'에 대해 많은 관심을 보이고 있다. 주로 경제적인 성공과 연결하여 그 요인을 분석하려는 과정에서 접근한 서구의 경우와 달리, 아시아인들은 내재적인 정체성을 발견하려는 주체적인 움직임의 일환으로 이 문제를 다루는 경향이 있다.[1] 이러한 점에서 삼국시대의 인물론을 사상 가치성향의 측면에서 논의하기 전에 "동양적 가치란 무엇인가?" 또는, "동양적 가치가 존재할 수 있는가?"에 관한 진지한 문제 제기가 우선 선행될 필요가 있다. 만일 '동양적'이라는 말을 전제한다면, 이것은 가치에 지역성과 특수성을 인정해야 한다. 또한 동시에 이것은 '가치에도 지역과 간間지역, 보편과 특수의 두 측면이 존재한다'는 의미를 갖게 될 것이다.

여기서 우리가 논의의 출발점으로 삼을 수 있는 기준은 사상이다. 일반적으로 동서양 사상의 문제의식은 '대상에 관한 명증한 이해'와 '보다 더 나은 삶에 관한 추구'로 요약된다.[2] 서양은 유럽의 에게해

1) Tom Plate 저, 박세연 역(2013), 《마하티르와의 대화》, 알에이치코리아 참조.

(Aegean Sea)를 중심으로 유럽–아시아의 두 대륙에 걸친 상호교류로 발전하였으므로 동양에 비해 그 사상이 외부 환경의 인식에 관한 관심으로부터 출발하였다. 그에 비해 아시아는 첫째는 서양과 문화적으로 상호 영향을 활발하게 한 중앙아시아–인도이고, 둘째는 지역적 폐쇄성과 제한적 특성을 지녔던 동아시아로 구분된다. 이 중 우리가 논하고자 하는 중국 사상은 동아시아 문화권에서 배태되었다 하겠는데, 나이토 코난內藤湖南은 "중국 역사의 동아시아 문화권의 범주를 설정하면서 파미르, 티벳고원을 중심으로 펼쳐진 사방의 세계 가운데 인도, 중앙아시아, 페르시아 등 세 방면을 제외한 지리적 영역으로 한정하고 있다. 즉, 이 지역의 문화는 기본적으로 다른 지역의 영향에 의하여 형성된 것이 아니라 스스로의 문화형성을 통해 하나의 계통으로 연속된 역사를 형성하였다.

따라서 중국 내부에서 발생한 문화가 사방으로 파급되어 나간다는 운동의 방향을 인정할 수 있다. 즉 중국 문화의 영향이 주변의 문화적 자각을 촉진한 결과, 중국 내부에 대한 반작용이 생겼다. 이 작용과 반작용이 반복된 결과, 중국 문화의 시대적인 특색이 형성되었다는 것이다."[3] 이러한 점에서 '보다 나은 삶'이라는 것 역시 동아시아 문화권은 내재적이라는 점에서 서양과 확실히 다르다고 하겠는데, 이것은 가장 이상적으로 여기는 가치를 어떻게 접근하느냐에 따라 나타나는 것이다.

이에 그치지 않고 한 가지 기준을 더 제시한다면 그것은 바로 시대상황이다. 중국 역사는 여러 왕조를 거치면서 시대적으로 상당한 사상적 차이를 보여 왔다. 제자백가가 사상적으로 만개했던 춘추전국시대 이후, 통일왕조들은 거대한 제국을 통합시킬 사상을 구축하는 데 주력

---

2) 이승환(2007), 「총론: 동양사상과 리더십」, 〈오늘의 동양사상〉, 제17호 가을/겨울, 예문동양사상연구원, 61쪽.

3) 나이토 코난內藤湖南(1934), 《支那上古史》, 京都大學 참조.

하였다.[4] 그 시도로 이루어진 첫 번째 종합적 산물이 한漢 문화이다. 오늘날 중국인들이 스스로 한족漢族이라고 부르는 데에서 확인할 수 있듯이, 한 왕조는 중국 문화의 원형으로 여겨질 만큼 후대에 지대한 영향을 끼친 시대였다. 우리가 다루게 되는 삼국지의 무대인 삼국시대도 크게 볼 때, 이러한 한 문화의 범주에 속해있음은 두말할 나위도 없다.

2. 삼국지의 사상: 한漢 과도기에서 출현된 합작품

한 문화의 시작은 전한의 무제로부터 거슬러 올라간다. 이 시기에 협의적 의미에서 한왕조의 이념과 가치 등 사상적 기반이 일정하게 제도화되고 체계화되었음이 두드러지게 나타난 것이다. 한 무제는 황제로 등극하면서, 당시 등태후에 의해 오랫동안 보호를 받았던 황로학파를 밀어내고, 유학자들을 적극 기용하려 하였다. 바로 이 시점에 등장한 사람이 동중서董仲舒였다. 한 무제의 '책문' 즉 질문에 대한 '대책對策' 즉 '회답'을 통해 그 이전 시기보다 더 적극적으로 유학을 차용하도록 주청하였다. 한 무제는 동중서의 제안에 따라 유학을 국교로 채택하면서 다른 사상들을 강하게 억누르게 된다. 이러한 한 무제의 노력은, 전한·후한에 걸친 한조 정권에 유학儒學이 사상적 중추가 될 수 있는 결실을 가져오게 그 단초를 제공하였다.

《삼국지》의 삼국시대는 한나라의 통일왕조 붕괴로 인해 출현한 과도기였다. 그러기에 이 시기에는 양한兩漢 시대의 영향과 새로운 시대로 이행하려는 추동력의 인자들이 동시에 출현한 것은 당연하다 할 것이다. 기존의 유가儒家는 물론 다른 사상들이 뒤섞일 수밖에 없었던 것

---

4) 물론 이전 삼대三代로 불리는 하夏, 은殷, 주周 역시 문화적 특징을 갖추고 있는 것으로 추정되나, 가장 시대적으로 가까운 주를 제외하면 정확히 어떠했는지 확인할 사료가 부족하다. 따라서 전 제국을 통합할 사상적 바탕을 구축하는 작업은 공식적으로 한漢 이후로 생각할 것이다.

이고, 이로 인한 다양한 가치성향들이 파생될 것임은 자명한 이치이다. 따라서 삼국시대 인물의 사상 가치성향을 살피는 데 있어서는, 유가적 인물형이 지닌 특성이 가장 근간을 이루고 있다고 하겠다.

유가는 예외 없이 인의와 충효를 인간성의 중요한 기준으로 제시한다. 한대 유학이 독존적 지위를 얻은 이후, 이러한 면은 더욱 강화되어 나타난다. 효렴孝廉의 기준을 충량방정忠良方正(충성스럽고 선량하여 하는 일이 바르고 점잖음)으로 정한 것도, 바로 이러한 유학의 영향을 보여주는 한 증거이다. 여기에 유가는 한무제 이후 내조內朝 중심의 정치를 시행한 것에 반발하여, 이른바 하늘이 노하게 된다는 천견天譴(하늘에서 꾸짖음)을 앞세운 재이災異(재앙이 되는 괴이한 일)와 참위讖緯(미래의 길흉화복의 조짐이나 그에 대한 예언)를 중시, 이를 외조外朝의 명분으로 삼아 균형을 도모하였다.[5] 이러한 면모는 삼국정립이 이뤄지기 직전인 후한 말엽의 시대상에서도 잘 드러나고 있다.

경사(장안)에 지진이 나자 동탁은 채옹에게 또 물었다. 채옹이 대답하였다. "땅이 진동하는 것은 음기가 성한 때문이며 대신이 법제를 뛰어 넘어섰기 때문에 일어나는 것입니다. 공이 청개거(천자의 수레)를 타시니 멀고 가까운 곳에서 모두 이를 마땅치 않게 여기고 있습니다." 동탁이 이를 좇아 금화조개거(금으로 꾸며진 검은 일산의 수레)를 탔다. 《삼국지 위서 동탁전/배송지 주, 헌제기》

---

5) 풍우란에 따르면, 전한의 경사들은 음양가의 언설을 차용하였으며, 금문학파가 대체로 이러한 경향으로 기울었다고 설명한다. 그러므로 한유漢儒들은 재이와 정치를 깊이 연관시켰다. 또한 순자학의 지대한 영향으로 진한秦漢 사이에 파괴된 경전의 복원과 함께 예학이 발전하여 크게 고례古禮, 예용禮容, 한의漢儀의 3가지 계통으로 자리 잡았던 것으로 보인다. 고례는 제齊·노魯 지역에서 전승된 것이고, 예용은 노魯의 고당생, 서생 일파에 의해 발전하였으며, 한의는 진의秦儀를 감본으로 하여 정리한 숙손통을 필두로 한다. (馮友蘭 저, 박성규 역(1999), 《중국철학사(하)》, 까치, 10쪽. 김용천(2007), 《전한후기 예제담론》, 선인, 43~44쪽 참조.)

후한 말엽, 황건의 난이 겨우 진정된 국면에 접어들었지만 조정은 그야말로 혼란이 극에 달했다. 난세를 틈타 독자세력을 꾀한 군웅들이 대거 출현하기 시작했는데, 여기서 가장 먼저 독보적 행보를 펼친 인물은 서량 출신의 군웅 동탁이었다. 그가 입조入朝를 계기로 천자를 폐립하면서 국정을 농단하게 되자, 이를 두고 조야는 아연하지 않을 수 없었다.

당대의 명사였던 채옹이 천도 후 발생했던 지진에 대해 그 원인이 동탁의 행동에 있다고 지적하게 되는 것은, 이는 일종의 재이설과 무관치 않다. 양한 당시의 유학은, 음양가陰陽家의 영향과 참위, 재이, 그리고 상수象數(《주역》괘卦에 나타난 형상과 변화를 말함) 등이 뒤섞인 채 잡다한 성격을 가지고 있었다. 더욱이 유학이 장기적으로 한漢의 관학官學으로서 자리를 잡았으므로, 여론 주도층과 백성을 설득하기 위해 재이에 의한 정당화는 매우 중요한 것이었다.[6] 즉, 일종의 미신이라고 볼 수 있는 요소가 유가와 전혀 무관치 않다는 것이다. 이러한 점은 유가적 인물형의 특징을 설명하는 데 있어 고려해야 할 부분이다.

그러나 유가사상이 주조를 이루어온 한대에서는, 무엇보다 이상적인 군왕이나 지도자는 인정仁政의 시행 여부로 묘사되기도 한다. 사서에 기록된 유비의 행적은, 특히 그 점을 잘 보여주는 좋은 사례가 된다.

유평이 자객으로 하여금 유비를 찔러 죽이게 하였는데, 유비는 (그 사실을) **알지 못하고 자객을 심히 후대하였다.** (이에) **자객이 그**

---

6) 《자치통감》에 따르면, 좌중랑장 이복과 태사승 허지가 "위나라가 응당 한나라를 대신해야 한다는 징험이 도위圖緯에 나타나고 있다."며 찬탈을 정당화하거나, 일식을 이유로 태위의 파면을 요청함에 조비가 "재이는 원수元首를 견책하려는 것이다."라고 말하는 대목이 있다. 또한 장번의 《한기》에서도 "시중 태사령 왕립이 한 위 왕조의 교체를 하늘의 운행에 빗대어 설명하거나 《위략》에서 진군과 환계가 경위經緯와 도참을 근거로 선양을 권유한다."는 대목이 있다. 이 또한 상수나 재이가 국정의 결정에 영향을 미쳤다는 것을 보여주고 있다.

사실을 털어놓고 떠났다. 이때 사람들이 굶주리자 무리 지어 노략질하고 다니며 폭력을 일삼았다. 유비가 밖으로는 도적으로 인한 어려움을 막고 안으로는 재물을 넉넉히 베풀었다. 신분이 낮은 사인들과도 반드시 자리를 같이하고 같은 식기로 먹으며 여러 총중에서 특별히 가리는 바가 없었다. (이에) 무리들이 많이 그에게 귀부하였다. 《삼국지 촉서 선주전/배송지 주, 위서》

《삼국지》에서 흔히 유비를 두고 가장 대표적인 인의의 인물로 꼽는다. 이 인의에 대해서 《경서》에서도 세밀하게 묘사되는데, 맹자가 말한 바와 같이 "가까운 사람을 가까이하고" "백성과 더불어 즐거움을 함께 할 수 있는"[7] 인물은 전형적인 유가의 성인聖人이다. 이러한 점에서 유가적 인물형으로 판단할 수 있는 첫째 근거는, 바로 인의와 충효를 행위의 원칙으로 실천하는가에 있다. 지도자로서 자신의 정치를 이에 근거하려고 노력한다면, 그는 유가적인 성향을 많이 보여준다고 할 수 있다. 유학은 당시 양한의 사상적 주류이자 관학이었으므로 이러한 행위를 보여주는 인물은 복고적이라고도 할 수 있다.

또한 유가적 인물형은 '소통'의 면모를 통해서 드러나기도 한다.

제갈량이 후에 승상이 되자 아랫사람들에게 교서를 내리며 말했다. "무릇 각기 직무를 맡은 자는 사람들의 의견을 모으고 주군에게 충성스럽고 이로운 의견을 널리 받아들이도록 하라." 《삼국지 촉서 동화전》

제갈량의 법가적인 성격을 보여주는 것으로 자주 이야기되지만, 그

7) "老吾老, 以及人之老; 幼吾幼, 以及人之幼", "古之人與民偕樂, 故能樂也" 《맹자孟子》「양혜왕(상)」.

의 통치 방식은 일반적으로 소통을 중심으로 하여 이루어지고 있다. 이것은 교령教令을 통하여 그의 행위 원칙을 분명하게 보여주는 실례라고 할 수 있다. 관용을 되도록 적게 하고 엄정한 기강을 강조하는 것이 다소 있기는 하나, 제갈량은 기본적으로 인치人治를 매우 중시하고 있었다. 법치는 소통을 통치에 걸림돌이 되는 것으로 판단하기 때문이다. 이러한 점에서 제갈량 역시 기본적으로 유비와 마찬가지로, 유가의 통치 이념을 자신의 정치에 도입하고 있으며 유가적 인물형의 한 모습을 보여준다. 이렇듯 인애와 의리를 행위의 중요한 원칙으로 삼고 실천하며, 아랫사람들과 소통하여 통치의 원활한 방식을 교류하는 점에서 유가적 인물형으로 볼 수 있다.

그러나 단지 참위설이나 재이를 언급한다고 해서 유가적 일면이라고 말할 수는 없다. 처음 한대 유가의 특성으로 이러한 잡학의 성격을 언급한 이유가 여기에 있다. 또한 교령에서 유가의 경전을 언급하거나, 상주문에서 그러한 것도 마찬가지이다. 교양으로 배워서 유학을 '아는 것'과, 행위로 그 원칙을 '실천하는 것'은 엄연히 다르다. 더불어 비록 이 원칙에 가까운 행위를 보였다고 해도 일관되게 실천하지 못하는 경우도 마찬가지이다. 조조 역시 교령에 유가의 경전을 자주 언급하고 널리 자문을 구하려고 노력하기는 하나, 의심이 많은 성격인 탓으로 오히려 자신이 주도하는 방식에 맞추기를 더 바라는 인간형이다. 특히 여러 갈래로 자신의 신하들을 자주 시험하는 모습은, 전형적인 '불통不通'의 형태이다. 이러한 인간형은 유가보다는, 오히려 법가에서 지향하는 제왕의 모습에 더 가깝다고 말할 수 있을 것이다.

그렇다면 법가적 인물형은 어떻게 이해해야 하는가? 알다시피 법가주의가 중추를 이루었던 왕조는 전국시대를 통일한 진秦 제국이었다. 그러나 진나라가 멸망하고 한왕조가 수립되면서, 그 초기의 대부분 지식인들은 진나라의 법치를 부정적으로 평가했다. 이러한 점에서 한의 지식인들은 법가가 중시한 엄형嚴刑보다는, 유가의 덕치를 이상적으로 여기는 경향이 강했다. 예컨대 유비가 서촉을 평정한 이후, 촉한의 법전인 촉과蜀科를 제정하는 과정에서 법정이 유방의 약법삼장約法三章을 근거로 제갈량과 이견을 보였던 것이 그 증거이다. 비록 촉과가 촉한에서 장기간에 걸쳐 시행한 온건한 통치의 반동이었으나, 반유장파였던 법정마저 관대한 정치를 추구했다는 점은, 앞서의 양한兩漢 지식인의 관점을 잘 보여주는 것이다.

한대의 지식인들에 있어 엄형은 올바르지 못한 통치의 전형이었으며, 이와 대비되는 관용을 권장하는 것이 일반적이었다. 제갈량이 이따금 사면 등의 문제와 관련해 사인士人들의 주장을 비판하거나 법의 공정함을 주장하는 것도 같은 맥락이다. 그 점은 당시 지식인층이 엄형에 부정적이었다는 방증인 것이다. 이러한 점에서, 법가적 성향의 일면이 드러나 보이기도 하는 조조나 제갈량의 경우는 좀 색다르다고 할 수 있다. 그러나 이는 법가사상에 대한 전면적 동조였다기보다, 당시의 사회적 퇴락에서 그 원인을 찾아야 할 것이다. 즉, 조조의 경우는 법가의 사상적 토대 위에 유가적 치술을 모색한 것으로 봐야 하는 이른바 외유내법外儒內法이며, 제갈량의 경우는 그와 달리 유가의 사상적 토대 위에서 법가적 치술을 찾으려는 외법내유外法內儒라 할 것이다.

기실 난세를 초래하던 후한말 당시 사회적 모순은 심각했다. 호강豪强 지주집단은 거대한 장원과 사병의 소유, 천거를 통한 중앙 권력과의 결탁, 고리故吏의 양산에 따른 관권官權의 사유화까지 당시 그들의 전횡과 부패는 극에 달해 있었다. 일례로 원소만 해도 그 가문의 고리인 한복을 제압하고 기주를 탈취하는 등, 사유화된 관권을 농단하는 일이 비일비재하였다. 법가적 성향의 일면을 보이는 인물 등장은 400년이라는 장구한 양한 기간 동안, 점차적으로 쇠잔해진 황권과 문란해진 기득권층의 부패에 대한 반동이었다. 그러나 뚜렷하게 그들 스스로 법술을 유가에 대체할 만한 새로운 사상으로 받아들인 것은 아니었다. 가령 조조를 계승한 조비가 위나라 새 왕조 개창의 정당성을 부여하고자 선양을 거치면서도 재이설을 동원한 것은, 한대의 뿌리 깊은 유가사상적 토대를 벗어나기 어려웠음을 보여준다.

결국 법가는 이미 진秦의 실패로 인해 국가 지도이념으로 그 동력을 상실했으며, 유가와 도가에 일부 빗대어 제왕학과 엄형주의의 형태로 잔존한 것으로 보인다. 특히 삼국시대를 전후한 당시 사회상의 부패와 타락은, 이의 필요성을 강하게 불러일으킨 것이다. 그러나 그것이 법가를 다시 제도권 안으로 끌어들여 주된 영향력을 갖도록 동력을 이룬 것은 아니었다. 법가적 인물형은, 앞선 유가, 도가의 두 가지 사회적 지도이념 안에서 통치 방식의 대안을 찾으려는 한 형태로 함께 나타난 것이다. 이에 조조나 제갈량 같은 사회개혁적 성향의 인사들은 일부 그런 모습을 보여주었을 따름이며, 일부 무장이나 관리들이 엄형을 사용한 것도 이와 같은 맥락이다. 그들은 당시대 사회적 모순을 깊이 절감하고 변화를 추구하며, 이를 개선할 목적으로 법치를 도입하려 한 것이다. 그런 점에서, 당시대에 분명한 법가적 인물형에 속하는 경우는 드물 것으로 여겨진다.

삼국시대 말엽에 등장한 새로운 풍조는, 기존의 사상과는 완연히 색다른 면모를 나타내게 된다. 세상사에 대한 무관심이나 온갖 기행奇行 등을 펼치는 사풍士風(선비의 풍도)이 그러한데, 이는 도가와 관련성이 깊다. 이 시기에 드러난 도가적 풍조는 기실 그 출발점부터 원래의 도가의 태생과 매우 다르게 출발하였다. 노장老莊으로 대표되는 원시도가는, 청정무위淸淨無爲와 자연을 근간으로 인위와 스스로 구별되는 소국과민小國寡民의 '작은 국가'를 지향하였다. 이것은 춘추전국시대 당시의 경향과 전혀 다르게 배치되는 것이었다. 동시에 노자의 사상 안에는 어느 정도 정치에 관한 관심과 인식도 일부 드러난다. 여기서 도가의 가르침은 두 가지 형태로 반영되는데, 그것이 법가의 한비자韓非子와 황로학黃老學이라 하겠다. 모두 무위의 정치를 설파하지만, 법가와 달리 황로학은 휴양을 중시하고 있다.

한나라 초기, 오랜 전란 끝에 새로이 열린 왕조의 이념으로 자리 잡게 된 것은 바로 황로학이었다. 그것은 법가, 그중에서도 한비자의 통치 이념이 실행된 진秦의 단명과 그로 인한 장기적 내란 때문이었다. 이후 한 무제의 등장까지 약 70년 동안, 황로학은 한의 통치 이념으로 영향을 미쳤다.

그 뒤 후한 말부터 위진남북조시대까지 장기간에 걸쳐 도교가 영향을 드리우게 된다. 도교가 역사의 전면에서 정치적 행동을 보여준 것은, 태평교도에 의한 소위 '황건의 난'이다. 중평 원년(184년) 태평도의 교주 장각은 전국에서 8주州에 걸쳐 수십만의 신도가 1만 명 내외를 단위로 하는 36방方으로 거대한 조직을 만든 뒤, 관청을 불태우고 마을들을 공략하면서 한나라 왕실을 뒤엎으려는 대대적인 일체봉기를 일으킨다.[8)]

그런가 하면 이와 같은 무렵 삼장三張으로 불리는 단일 교주에 의해 지도된 천사도는, 한중, 파, 촉지방을 중심으로 상호부조적인 종교집단으로 뿌리내려 소규모의 정치 세력화에 성공, 군웅으로 세상에 모습을 드러내기도 한다.[9)] 특히 천사도는 조조에 의해 한중이 병탄된 뒤 교주

---

8) 와덕충窪德忠, 서순장西順藏 등이 엮은 《중국종교사》에 따르면, 태평도의 연원은 후한 순제(125~144) 당시 낭야의 관숭이 스승 우길로부터 받은 《태평청령서》 170권을 올린 일과 환제(146~167) 당시 습음의 양해도 같은 책을 올렸다는 기록에 근거한다. 장각의 태평도는 바로 이 책에서 교법을 창시한 것이며, 오늘날 《도장》에 수록된 《태평경》은 그 후신이라고 한다. 장각은 10년 만에 13주 중 8주에 36만의 신도를 양성한 뒤, 교세의 성세에 따른 중앙 전제국가의 탄압을 받으면서 군대와 유사한 조직을 구축, 반란을 꾀한 것으로 설명한다. (와덕충·서순장 저, 조성을 역(2002), 《중국종교사》, 한울아카데미, 42~43쪽.)

9) 《중국종교사》에 따르면, 천사도는 도道를 받는 자에게 쌀 5두斗를 받았다고 해서 '오두미교五斗米敎'로 불리며, 순제와 환제 당시 촉의 학명산에서 수도한 장릉을 초대 교

장로를 포함한 지도집단이 작위를 받아 위魏의 지배층으로 흡수되고, 그들의 교리 또한 위魏에 흡수될 때까지 장구하게 유지된다.[10] 이후 교주 일가는 종단과 분리되고 중간관리자인 도관道官 중심으로 재편되었지만, 그 영향력은 오히려 강해지게 된다. 그 뒤 남북조시대의 북위北魏에 들어와 신천사도로 재편된 것 역시, 그러한 바탕에서 가능했던 것이다.[11]

이러한 도교와 별도로, 위진 교체기에 신도가로 명명된 노장 계통의 학자군도 있다. 이는 한초에 영향을 미친 황로학의 잔영으로서,[12] 이들은 위나라 정시 연간 조방의 치세 전후를 기준으로 구분할 수 있다. 그것은 하안, 왕필 등을 중심으로 하는 조상 정권의 핵심 세력과, 위진 교체기의 지식인층이다.[13] 정시 초의 조상 정권 내 인사들은 이른바

주로 한다는 점에서 태평도와 활동시기가 겹친다. '삼장三張'이라는 호칭은 장릉 사후 아들 장형, 손자 장로가 계승한 데서 유래하며, 천사란 이름도 장릉을 부른 호칭에서 유래한 것이며 장형은 사사嗣師, 장로는 계사系師라 이른다. 그 외 이 교단 내 장수張修라는 인물도 보이지만 장형의 와전이라는 설도 있어 확인하기 어렵다. (와덕충·서순장 저, 조성을 역(2002), 전게서, 44쪽.)

10) 와덕충·서순장 저, 조성을 역(2002), 전게서, 58쪽.

11) 이것은 위나라로 병합한 이후 등장한 신新천사도의 지도자인 구겸지에 관한 일화에서 확인할 수 있다. 그에 따르면, 북위北魏 신서 2년(415년) 태상노군이 구겸지에게 "천사 장릉이 세상을 떠난 이래 지상에 적임자가 없었는데 이제 비로소 네게 천사의 지위를 주고 《운중음송신과지계》 20권을 내린다."는 계시를 받았다고 한다. 또한 계시 안에 "삼장三張의 거짓 법인 조미租米 전세錢稅 및 남녀 합기合氣의 술術을 제거하라!"라고 말해 삼장으로부터 독립하였음을 분명히 하고 있다. 와덕충 등은 이로부터 "오두미교의 전통 일부를 버림과 동시에 신선 사상과 불교를 아울러 섭취하여 예도를 으뜸으로 한다."고 하여 도교의 왕법화王法化로 이해한다. (와덕충·서순장 저, 조성을 역(2002), 전게서, 58쪽과 62~63쪽.)

12) 풍우란은 참위의 전성기를 주도한 금문경학 중심의 유가에 대한 진일보한 반동으로 도가 학설의 부흥을 들고 있다. 특히 이러한 신도가는 위진 교체기와 서진을 거쳐 남북조시대까지 영향을 미친다. 물론 도가의 실질적인 부흥으로만 본다면 이 시기에 해당한다고 볼 수 있다. 그러나 한대 초에 정책적으로 황로학이 도입되고 70년 동안 한의 정치 이념으로 자리 잡은 점을 간과해서는 안 된다. 따라서, 전한 초 70년을 유가와 도가의 정치적 투쟁기간으로 보기도 한다.

13) 《진서晉書 왕연전》에 따르면, "위나라 정시 연간에 하안과 왕필 등은 노장老莊을 추존하는 논의를 수립"하였다고 하며, 《삼국지 위서 조상전》에서도 하안에 관해 "노장의

'무無'를 중시하는 사상인 본무론本無論을 이념으로 하는 적극적인 사회 개혁 세력이었으나, 반동적 쿠데타인 고평황릉의 사변으로 모두 제거되었다. 이후 위진 교체기로 갈수록 현실에 염증을 느끼고 이를 도피하려 청담淸談(삼국시대부터 남북조시대에 걸쳐 유행한 노장老壯적 색채가 짙은 담론)을 주고받으며 세속에의 초탈과 허무를 숭상하는, 언행이 불일치한 모습을 드러낸다. 실제로 혜강 등 몇몇을 제외하고는 대부분의 위진 교체기의 지식인들이 이러한 경향을 보여준다. 이것은 삼국시대 말엽으로 갈수록 사류士類(학문과 덕을 닦는 선비의 무리)의 기풍이 쇠잔하고 오랜 전란에 지쳐 도피처를 찾는 동시에, 조조의 치세 이래로 진행된 급속한 변화에 두려움을 느끼고 반동적인 형태로 기울어져 간 시류를 반영한 것이다.

따라서 도가적 인물형은 주로 위진 교체기에 집중되어 있으며, 장기간의 전란기와 삼국 간의 쟁투가 이어지면서 더욱 빠르게 확산된다. 이러한 사실을 감안하면, 위나라 말엽과 서진 초기 이전의 시기나 촉, 오 지역 인사들에게서 황로학이나 도교의 영향을 파악하기란 무리가 있다. 최소한 정치 활동에 참여했던 군웅과 그 가신家臣들은, 이러한 도가적 성향과 무관하다고 보아야 할 것이다. 도가적 인물형 중 정치에 직접적으로 참여한 것은 위나라 정시 연간의 조상 일파에 한정되며, 그 이후는 대부분 기풍이 문란해지거나 정치와 담을 쌓는 은일隱逸(벼슬하지 않고 숨은 선비)로 돌아간다. 또한 도교의 경우, 황건적이나 미적米賊으로 불렸던 태평도나 천사도의 경우처럼 정치 행위의 일부인 내란을 획책한 경우도 있고 소규모 지역을 다스리기도 했지만, 도교의 실

말을 좋아하여 《도덕론》을 비롯한 여러 글과 부賦 등 수십 편을 저술했다."고 한다. 이 당시는 도가의 학설로 유가경전을 해석하는 등, 현학玄學의 경학이 그 특징으로 나타난다. 그에 비해 죽림칠현竹林七賢이라 일컬어지는 완적, 혜강, 유령 등이 등장하는 위진 교체기는 "세속에서 해방되어 예교를 지키지 않는 행위를 고상하게 여기는" 풍토로 점차 기울게 된다. (풍우란 저, 박성규 역(1999), 전게서, 148~163쪽.)

질적인 영향은 서진 이후이므로 삼국시대에 끼친 영향은 주도적인 사조와는 거리가 있었다고 보아야 할 것이다.

3. 삼국지의 가치성향: 난세로부터 파생된 사상적 잔영

기실 삼국시대에서 유·법·도가가 끼친 영향을 제외하면, 다른 학파의 사상적 영향은 비교적 간헐적으로 추동하고 있었다. 게다가 역사적 인물들에 관한 분석에서 가장 어려운 점은, 사상의 '밖'에 있는 인물에 관한 것이다. 일반적으로 이 구분은 문文과 무武라는 영역의 차이로 이해할 수 있다. 직접 통치 행위에 참여하며 언행을 통해 사상적 영향을 추적할 수 있는 문사文士들과 달리, 무장들의 기록은 전쟁 참여 기록에 한정되어 있고 사상이나 정치성의 표현이 매우 제약되어 있기 때문이다. 특히 동양적 전통에서는 무장은 정치에 대한 참여를 가급적 배제시키려는 경향이 상당히 강하다.

이러한 점에서 무장의 경우처럼 개인적으로 정치적 사상적 성향의 분화가 잘 드러나지 않는 영역에 있는 인물들에는 새로운 기준을 적용할 필요가 있다.[14] 그러기에 새로운 기준의 하나로 집단적 성향을 꼽을 수 있다. 이 기준은, 특정 정치세력에 속하지 않거나 사상적 기반을 갖지 않는 경우에도 유효하게 적용할 수 있다. 대표적으로 유비가 관우, 장비와 함께 '잠잘 때도 한 침상을 썼고 은의가 형제와 같았던' 모습을 한번 생각해보자. 이러한 면모는 사실 유가적인 사고에서 비롯된 행동이 아니라, 그들 모두 '임협任俠'이라는 집단적 성향을 근본으로 갖고 있었기 때문이다.

---

14) 물론 무장도 시대적으로 당대의 사상과 그로부터 파생된 가치기준의 영향하에 놓여 있다고 봐야 할 것이다. 그러나 그럴 경우 문관과 뚜렷한 차이를 갖는다고 보기 어렵고, 그들의 언행에서 그 근거를 찾기도 힘들게 된다. 그렇기 때문에 뚜렷하게 개인적으로 차별화되는 사상적인 특징이 잘 드러나지 않는다고 본 것이다.

태조(조조)는 어려서부터 눈치가 빠르고 기민했으며 권모술수가 있었으나 임협방탕任俠放蕩하여 행업行業(덕행과 학업)을 닦지 않았으므로 세상 사람들은 그를 뛰어난 인재가 될 그릇으로 생각하지 않았다.《삼국지 위서 무제기》

원소는 (…) 또한 유협遊俠들과 좋은 정의情誼를 맺어 장맹탁(장막), 하백구(하옹), 오자경(오유), 허자원(허유), 오덕유(오경) 등과 모두 분주히 도주하더라도 의리를 저버리지 않을 만한 친구奔走之友가 되었다.《삼국지 위서 원소전/배송지 주, 영웅기》

《삼국지연의》와 달리, 사서인《삼국지》의 여러 인물열전에서 임협이라는 용어를 심심찮게 볼 수 있게 된다. 이는 소위 유협遊俠, 호협豪俠 등과 일맥상통하는 것이다. 임협은《한비자》와《사기》에서 최초로 등장한다. 임협은 제도권의 밖에 있으면서, 자기들만의 의리로 세상을 이해하는 무리들을 의미한다. 대표적으로 촉한 왕조를 개창한 유비와 형제와 같은 정의의 관우, 장비도 이 범주로 묶인다.[15)]

임협의 출발점은 묵도墨徒이다. 전국시대 초에 출현한 묵가는 점차 각 지역으로 확산되면서, 중간 관리자인 거자鉅子를 중심으로 일정한 무리를 형성하였다. 이들은 어느 정도의 종교적 성향을 지니면서 무력을 지닌 용병의 형태로 존재하였던 것으로 보인다.《묵자墨子》의 후반 12편이, 공성과 방어 등 전쟁 기술에 관한 내용으로 이루어져 있는 점이 바로 그 한 증거이다. 이들은 진한秦漢 시대를 거치면서 점차 원형

15) 유비와 관우, 장비의 형제와 같은 정의는 일반적으로 이러한 임협의 범주 안에 포함된다. 그러므로 이들이 거느린 500명의 의병은 이 임협의 의리 안에서 운용되었을 것이다. 또한 조조와 손권도 초창기에 이런 임협 형태의 집단에서 자립의 기반을 만들었다. 이른바 '도당徒黨'이나 '의종義從'이 바로 그것이다. 사병집단으로 구축된 이런 무리들은 후한 말엽의 황건의 난으로 더욱 양성화되고 군웅의 모체가 되었다.

을 잃었으나 임협의 형태로 남았던 것이다. 이들은 당시대 비주류층 인사들로 흔히 저잣거리의 인물로 대표되나, 후한 말엽에는 그 사회 주류층 인사들도 난세의 도래를 염려하여 이들 임협에 대한 수용 태도를 지니게 되었고, 이 흐름 속에서 하나의 사상 가치성향을 형성하였던 것 같다.

그렇다면 임협의 가치기준은 과연 어떤 것일까?

> **"쌍무적인 주종관계로 맺어진 새로운 인적 결합방식을 '임협관계'라고 한다. '임협관계'는 기본적으로 인간적인 의리에서 출발한다. (…) 그 요체는 주군이 가신을 예로써 대우하는 '지우지은**知遇之恩**(자기를 잘 알아주고 후하게 대우해준 은덕)'에 있었다."**[16]

이러한 임협에 대한 논의에서 확인할 수 있는 그 단서는, 크게 쌍무적 주종관계와 인간적인 의리이다. 우선 쌍무적 주종관계는 계약 등에 의해 주종 모두 일정한 책임을 지는 경우를 의미하는데, 《삼국지연의》 속에 등장하는 도원결의와 같은 경우를 이러한 한 예로 볼 수 있다. 실제 이들의 관계에서 하나의 상징으로 등장한 도원결의의 원형은 한대가 아닌 훨씬 후대의 것인데, 당초 임협이던 관우와 장비가 유비와 결합하여 500명의 무리로 늘어났던 것으로 보면 충분히 예상할 수 있는 내용이기도 하다. 또 임협은 사회적 규율에 의해 제약을 받지 않으므로, 제도권의 윤리와 규범으로 설명될 수 없었고 새로운 관계 규약이 필요했다. 이것이 바로 인간적인 관계라고 볼 수 있으며, 이때의 인간적이란 다분히 '사적私的'의 의미를 갖는 것이었다.[17] 따라서 이러한

---

16) 신동준(2008), 《제자백가 사상을 논하다》, 한길사, 146쪽.

17) 이들이 생각한 '인간적 관계'는 대체로 오늘날 홍콩 느와르(noir)에서 보이는 그것과 유사하다. 느와르 계통의 영화에서는 흔히 주인공과 주변인물 간의 의리, 배신,

임협에 속한 주군이나 무장, 또는 그들이 속한 무리들은 이러한 관계와 규율 속에서 파악해야 한다.

일반적인 관점에서 유비의 동오 정벌은 비상식적 행동이었다고 치부할 수 있으나, 이러한 임협 간 관계에서는 국가적인 폭력으로 나타난 사적 복수로서 그들의 의리에 맞는 것이었다. 그래서 이런 행동은, 임협과 무관한 주군에게서는 나타날 수 없는 그들만의 독특한 사상 가치성향인 것이다. 만일 이것을 상식에만 기초하여 '몰상식한 행동'으로 평가한다면, 부당할 수밖에 없는 이유 또한 여기에서 확인할 수 있다. 그러나 그들의 의식은 제도권 밖에서 형성된 것이므로 제도권의 상식으로 단정할 수 없는 것이다. 이는 마치 전혀 다른 범주의 기준으로, 상호 간을 평가하는 것에 비견할 수 있다. 이러한 것이 바로 사상의 '밖'에서 가치성향을 통해 판단해야 하는 역사적 사실 중 하나이다.[18]

그밖에 생각해볼 수 있는 또 다른 단서가, 바로 무장들의 소속 변경에 관한 것이다. 한대는 초기 일부를 제외하고 대부분 유교에 의해 지배된 사회였다. 이러한 점에서 한대 사람들 대부분은 상식적으로 유학의 가르침에 익숙했을 것으로 여겨진다. 그런데 난세에서 이런 유학의 가르침대로 살아나가기는 매우 어려운 일이었다. 모신이나 무장 모두 군웅의 흥망성쇠에 따라 주인을 바꾸는 경우가 허다했고, 어찌 보면 단지 그것의 적극성 여부에 있어서만 약간의 차이가 존재할 뿐이었다.

복수 등을 다루는 경우를 볼 수 있는데, 이 모두는 사적 관계에 기초하여 있으며 사적 복수를 정의로운 것으로 허용하고 있다. 이것은 마치 과거 아랍권에서 말하는 '눈에는 눈, 이에는 이'라는 함무라비 법전상의 복수 허용과 매우 유사한데, 이는 사적 복수를 부당한 것으로 보는 제도권의 윤리와 규범과 상반된 것이었다.

18) 이러한 맥락에서 조운과 유비 간에 있었던 이릉대전의 정당성 논쟁도 새롭게 해석될 수 있다. 조운은 국가의 적이 '위魏나라'라는 이유로 유비의 출병을 강력하게 반대하는데, 이것은 유비의 명분 중 하나인 한실재흥에 기초하여 제기된 주장이다. 만일 유비의 출병을 임협의 의리에 기초한 제도권 밖의 기준에서 판단한다면, 거꾸로 조운의 주장은 이와 상반된 제도권 안의 기준에 충실했다고 할 수 있다. 그런 점에서 가늠해 본다면, 조운의 사상적 성향이 유가적으로 볼 소지가 생기는 것이다.

이러한 특수한 경우에 필요한 이른바 상황적 논리는 주로 역사적인 교훈에 의해 만들어졌을 것이다. 이와 관련된 대표적인 성어成語가 바로 어진 선비는 현명한 주군을 선택한다는 '양금택목良禽擇木'19) 또는 장부 자기 알아주는 사람 위해 목숨 바친다는 '중인국사지론衆人國士之論'과 같은 것이었다. 주로 《좌전》이나 《국어》, 그리고 《사기》 등과 같은 역사서에서 이러한 지론이 유래한 점도, 그러한 가능성을 뒷받침해주고 있다. 이러한 지론이 가져다주는 역사적 교훈의 특징은 현명한 주군을 선택하는 신하의 행동을 정당화해 준다는 점이다. 가령 춘추시대 말에서 전국시대 사이 자신의 소속 지역을 벗어나 타지의 새로운 군주를 찾는 행동이나, 옛 주군의 은택恩澤(은혜로운 덕택)에 보답하기 위해 사적 복수를 행하는 모습 등이 여기에 해당한다.

주로 삼국정립 체제로 국가가 정비되는 과정에서 군웅에 흩어져 속했던 많은 모신 무장들은, 이러한 각자 다른 선택의 기준에 비추어 자신의 행동을 결정했다. 가령 위나라의 가후와 서황, 장료, 장합이나 촉나라의 법정, 조운, 오나라의 감녕, 태사자 등 삼국시대 수많은 모신, 무장들의 소극적 혹은 적극적인 항복 등이 바로 이러한 경우에 비추어 판단할 수 있는 사례들이다. 이들의 행보는 대부분 유교의 기준에 비춰볼 때 불충한 행동이었으며 주군보다는 자신을 위해 살길을 도모한 것처럼 보일 수 있었기 때문이다.

이러한 행동양식은, 특히 그 군웅이 과연 난세를 평정할 수 있는 역량을 갖추었는가라는 판단 여부에 따라 보다 빈번하게 나타났다. 그러기에 만약 섬기려는 군웅이 패업을 지향하는 인물이라면 더 말할 나위가 없었다. 소위 '패권霸權', '패도霸道' 등으로 표현되는 이러한 사상 가치성향은, 무력을 통해서 기존의 세상을 안정시키거나 새로운 세상을

---

19) 또는 《시경》에서 유래한 "時乎時乎不再來(때여, 때여! 다시 오지 않으리라)"도 같은 의미의 성어이다.

만드는 목적을 갖고 있었다. 후한 말에는 전통적 사상과 가치라 여겨지는 문치文治를 통해 세상을 안정시키려는 왕도王道와는 지극히 상반된, 무력이 추동하는 시대상황에 이르렀던 것이다.

> **저 노숙이 생각건대 한나라 왕실은 다시 일어설 수 없고, 조조는 쉽사리 제거되지 않습니다. 장군을 위한 계책은 오직 강동의 정족鼎足을 도모하고, 천하의 변화를 살피는 것뿐입니다.《삼국지 오서 노숙전》**

이에 삼국시대 인물들이 갖고 있는 패도적인 사상 가치성향은, 한왕조가 다시는 부흥할 수 없다는 인식에서 출발한다. 물론 순욱이나 제갈량처럼 한조부흥을 위해 패도를 수단으로 삼는 경우도 있지만, 어찌 보면 궁극적으로 원하는 방법의 수행이 아니었고 그러기에 이는 예외적인 경우로 봐야 한다. 왜냐하면 난세에서 나름대로 적극적인 행동을 취했던 인물들은, 대개 한실 몰락 후 새로운 세상이 개창될 것이라는 기대를 갖고 있는 경우가 많았다. 이들의 활약은 치세의 전형적인 인물들과는 뚜렷하게 대비가 된다. 예를 들어, 위나라의 곽가, 정욱, 촉나라의 법정, 이엄, 오나라의 주유, 노숙 등을 꼽을 수 있다. 이들은 유가적 소양이 뚜렷한 선비였음에도 인의와 충효를 중시하는 면모를 그리 찾아볼 수가 없는데, 이는 아무래도 그들이 패도적 사상 가치성향을 갖고 있던 것과 무관치 않다. 이들 입장에서는 저마다 난세에서의 활약을 위해서 기존 제도권의 사상과 가치를 반드시 고수할 필요가 없었던 것이다.

동시에 이러한 사상 가치성향은 주군들에게도 큰 숙제를 남겼다. 그것은 바로 주종 관계를 유지하는 방법에 관한 것이다. 사적 의리를 중시하는 임협을 제외한다면, 대부분의 주군들은 난세에서 기존의 상식에 비추어 무조건적인 충성을 요구할 수 없었다. 이러한 점에서《삼국지연의》에 나타난 관우의 오관육참장五關六斬將 같은 일화는, 유가적 관점으로는 쉽사리 해석될 수 없는 면이 존재하게 되는 것이다. 조조처럼 황실을 옹립하는 경우는 관직이나 봉작을 하사하는 방법으로 회유할 수도 있었으나, 촉과 오의 성립 과정에서 볼 수 있는 이런 소수 세력을 지원하는 자들에 대한 관계 유지는 다른 방법이 동원되었다. 유비처럼 함께 한 침상을 썼으며 그들과 안위를 같이 하는 헌신적 행동을 보이는 경우도 있었고, 손권처럼 전폭적인 지지를 하거나 혹은 영병제와 같은 제도를 통해 세력의 유지와 세습을 허용해 폭넓게 수용하기도 하였던 것이다.

이러한 패권주의적 정세에서 비롯되는 종횡가縱橫家의 면모는, 삼국간의 각축전을 더욱 심화시키는 일종의 촉매제였다. 소위 합종연횡의 외교적 술책을 통해 자국의 이익을 도모하고 적국에 피해를 입히려는, 유세객遊說客의 활약이 바로 종횡가와 관련이 있다. 우리가 흔히 아는 전국시대의 소진과 장의가 바로 대표적인 종횡가이다. 이러한 종횡가적 면모가 다분히 엿보이는 사건이 바로 조조를 대적하려 한 손권과 유비의 연합이다.

당시 중원과 하북을 제패한 조조는, 그 누구보다 천하 통일에 가장 가까이 간 인물이었다. 겨우 명맥을 유지하고 있던 유비는, 손권의 사자로 온 노숙과 제갈량의 지모로 손권과 유비의 연합을 일구어내 이른바 적벽대전을 연출시켰다. 그 결과 유비는 기사회생하였고, 조조는 천하통일에 대한 야망이 분쇄되고 말았다. 이때 제갈량이 직접 외교사절의 임무를 맡아 손권을 설득하였던 것에 주목할 필요가 있다. 그는 정교한 논리를 사용하여 유가적 성향이 짙은 동오의 장소, 진송 등 문치파들의 반전론反戰論에 맞섰다. 이 결과 항전의 의지를 갖고 있던 손권의 의지를 확실히 이끌어 내어, 동오의 주유, 노숙 등 주전론자들을 전폭적으로 지지할 수 있게 만들었다. 이러한 종횡가적 면모는, 특히 오나라를 중심으로 위와 촉의 외교 활동이 최후까지 빈번했던 점에서 더욱 두드러지게 나타난다. 특히 손권이 등거리 외교를 통해 수성의 달인이 되었던 것도, 이러한 종횡가적 처세가 한몫했음을 꼽지 않을 수 없을 것이다.

마지막으로 병가兵家의 경우도 더 말할 나위가 없을 것이다. 이미 《삼국지》는 모든 전략과 전술을 최대한 실현한 장이었으며, 문무 모두를 능히 소화하지 않고서 정치를 행할 수 없던 시대였다. 이런 상황에서 병가의 발전이 극대화되었음은 당연한 것이다. 특히 조조 자신이 《손자병법》에 붙인 주석은 지금까지 전해져 무경武經의 기본으로 전해지고 있다. 이러한 점에서 병가사상은 춘추전국시대와 더불어, 그 이론뿐만 아니라 실천에 이르기까지 충실하게 숙성하였던 것이다. 비록 위작의 논란이 있다고 하나 제갈량이 《장원》과 같은 병서를 남긴 점도 하나의 좋은 근거이다. 당시 주요한 모신은 물론 주군, 무장들이 대부분 병법에 밝았던 점을 감안한다면, 병가는 이 시기에 이르러 많은 발전을 이루었다고 해도 과언이 아닐 것이다.

《삼국지》의 주군과 모신 무장들의 성격유형 02

칼 구스타브 융(Carl Gustav Jung)은 지그문트 프로이트(Sigmund Freud)의 정신분석학설에 공감하여 그를 지지하고, 그와 함께 인간의 심성을 추구하였다. 그러나 한편으로는 프로이트의 지나친 성욕중심설을 비판하며 독자적인 학설을 세우고 이를 분석심리학이라고 불렀다.[20] 융의 심리학설은 정신병리현상을 넘어 인간과 사회의 여러 보편성 현상을 이해하는 데 크게 기여하여 정신의학 분야뿐 아니라, 많은 인문사회과학 분야에 영향을 끼쳤다.

융은 그의 무의식(the unconscious)의 탐구에 정신과 의사로서 사람들의 심리분석을 하면서 얻은 수많은 경험을 토대로, 의식의 뿌리이며 정신활동의 원천이 되는 '원형原型(archetypus)'과 '집단적 무의식'(the collective unconscious)이라는 개념을 사용하게 되었다. 융은 프로이트로 대표되는 정신분석학파와는 달리 병리적 현상뿐만 아니라, 건강한 사람의 마음의 뿌리를 보다 깊게 이해하고자 노력하였다.

융은 그의 원형론이나 자기실현의 과정이 자신의 무의식에 대한 관찰을 통해 하나의 가설로 정립되어 가고 있을 때, 중국에 대한 연구를 했던 리하르트 빌헬름(Richard Wilhelm)과, 인도에 대한 연구를 했던 하인리히 짐머(Heinrich Zimmer) 등 몇몇 동양학자에 의해 소개된 동양사

20) 이부영 편(1995), 《의학개론(Ⅱ)》, 서울대학교출판부, 167쪽.

상 속에서 똑같은 생각을 발견하고 더욱 동양사상에 대해 깊이 이해하고자 노력하게 되었으며, 여러 문화권의 신화와 민담, 종교현상들을 고찰하였다.

융의 동양사상에 대한 관심은, 1929년 빌헬름과 함께 《태을금화종지太乙金華宗旨 Das Geheimnis der Goldenen Blüte》라는 1794년 류 화 양(Liu Hua Yang)이 쓴 중국의 도교경전의 번역과 주석, 그리고 이에 대한 심리학적 해석을 출간한 것으로 이어진다. 여기서 융은 서양인의 무의식에 나타난 '하나의 길'에 이르는 경지의 만다라상像을 제시하고, 이것이 이 경전에 나오는 최고의 자각과 해탈의 경지와 같은 것임을 증명하고 있다.

이어 1930년대 후반에는 각종 동양사상에 대한 심리학적 주석과 논설을 발표하였는데, 「티베트사서死書」에서는 살아있는 자와 죽은 자가 모두 관련되는 개성화 과정을 해석하고 있고, 스즈키 다이세츠鈴木大拙의 「선불교서론禪佛教序論」 유럽판에 붙인 서문에서는 각覺의 과정과 경지를 주로 심리학적 입장에서 해석하고 있다. 1936년에는 「요가와 서양인」이라는 제목하에 요가를 받아들이는 서양인의 피상적인 태도를 경고하고, 1943년 「동양적 명상의 심리학에 대하여 Zur Psychologie östlicher Meditation」라는 논문에서는, 진리의 중심에 도달하려는 적극적 명상(Aktive Imagination)에 대한 보다 면밀한 심리학적 해석을 시도하고 있다.21)

이러한 과정을 통해 동양적 정신의 높은 경지를 옹호한 융은 그 사상의 중심을 조명하여 이를 서양인의 거울로 삼는 데 역점을 두었고, 주목할 것은 융이 동서양 사유에 관해 견해를 말할 때, 막스 베버(Max Weber)22)가 도교와 유교를 비교하듯이, 동양사상의 객관적 비판을 하

21) 이부영(1978), 《분석심리학－C.G.Jung의 인간심성론－》, 일조각, 349쪽.

22) Max Weber 저, 이상률 역(1990), 《유교와 도교》, 문예출판사 참조.

기보다는 그 사상의 중심을 조명하여 이를 서양인의 거울로 삼는 데 역점을 두었다는 점이다. 물론 융은 동양에서는 중세 유럽처럼 심리학의 모태인 비판철학을 알지 못했으며, 다만 형이상학이 있었다고 지적하고 있다. 그런데 분석심리학의 경우, 서양사상의 전통 위에서 생겨난 것임에도 불구하고 노장의 철학, 불교 사상과 놀랄만한 일치점을 보여주는 심리학설이다.[23)]

특히 이 분석심리학의 문을 연 융은 동양적 사유와 깊은 연관성을 갖는다는 사실에서, 그의 심리학적 유형론(psychological types)은 모든 사람들이 다 다르지만 자세히 살펴보면 몇 가지의 특징적인 경향으로 나눌 수 있으리라는 가설에서 출발하고 있다. 이는 인간이 인간으로서 가장 근원적인 보편적 내용의 마음에 바탕을 둔 성격 탐구의 이론[24)]이라는 점에서, 이를 비단 그가 살았던 서양이라는 차이를 넘어 동양인들의 성격을 비춰보는 거울로 삼아 볼 수 있지 않을까 한다.

융의 심리학적 유형론은 의식의 구조와 각 기능들의 유형, 의식과 무의식과의 관계를 설명한 이론이다. 일찍이 그가 프로이트와 결별한 뒤 두 사람 사이에 벌어졌던 논쟁의 원인을 파고들게 된 것이, 이 학설을 연구하게 된 계기가 되었다. 20년간에 걸친 연구 끝에 융은 이 이론을 발표하게 되었는데, 이 유형론은 융 자신이 정신과 의사로서 임상에서 관찰한 경험들, 사회 각계각층에서 알게 된 인간관계, 그 자신의 프로이트와 반대론자들과의 대결과 갈등, 그의 학설의 특이성에 대한 다른 학자들의 비판의 근거를 살펴가는 데서 얻은 경험을 토대로 형성된 것이다.

이 이론의 특징은 심리적 경향을 정적인 관점이 아니라 동적인 관점에서 파악한다는 데에 있다. 즉, 정적인 어느 인간의 초상이 아니고,

---

23) 이부영(1978), 전게서, 363쪽.
24) 이부영(1995), 전게서, 115쪽.

인간의 마음 안에서 움직이는 심리적 구조 간의 동적인 관계를 파악한다는 것이다.

융은 심리학적 유형을 두 가지 측면에서 보았다. 첫째, 일반적인 태도에서 볼 수 있는 유형에 따라 내향적 태도와 외향적 태도로 구분하였고 둘째, 특수기능상의 유형으로 정신기능을 사고, 감정, 감각, 직관으로 구분하고, 각 기능 중 적응과정에서 사고와 감정기능을 합리적 기능, 감각과 직관기능을 비합리적 기능이라 구분하고, 이 각 기능을 구성하는 두 기능은 서로 극을 이루어 대등하게 인간의 정신기능의 하나로 다루어 전체 정신을 포괄하고자 하는 유형론의 특징을 이루고 있다.25)

1. 외향형과 내향형

융은 인간의 일반적인 태도상의 유형을 내향형과 외향형으로 나누었는데, 인간은 내향적 태도와 외향적 태도의 두 가지 서로 다른 태도를 갖추고 살아가고 있다고 보았다. 흔히 내향적 태도는 수줍고 비사교적인 태도, 외향적인 태도는 사교적이고 활발한 사람의 태도를 두고 말한다고 생각하지만, 이것은 통속적인 해석이고 단지 그 개념의 단면만을 지적한 것이다. 내향적 태도와 외향적 태도의 구별은, 그 개체의 주체와 객체에 대한 태도에 따라서 판단할 수 있다는 것이다. 예를 들어 그 사람의 태도가 주체보다 객체를 중요시하면, 그는 외향적 태도를 취한다고 할 수 있다. 즉, 어떤 사람의 행동과 판단을 결정하는 것이 주로 객체일 때 그의 태도는 외향적이며, 그 사람의 판단기준이나 행동을 결정하는 것이 객체보다 주체이면 그의 태도는 내향적이라고 할 수 있다.26)

---

25) C.G. Jung, *Psychological Types*(1979), London and Henley: Routledge & Kegan Paul, 330~407쪽.

외향형, 내향형이란 위의 외향적 태도와 내향적 태도가 각각 그 사람의 전 생애를 통해서 거의 하나의 생활상의 습성이 되었을 때를 두고 말한다. 이 두 가지 유형은 실상 모두 적극적인 사람이다. 다만 내향형은 주체를 지키는 데 적극적이고 객체를 따르는 데 소홀히 하는 경향이 있는데, 외향형은 객체를 따르는 데 적극적이고 주체를 소홀히 하는 경향이 있다는 것이 다르다. 이것을 융은 관심의 방향의 차이로 설명한다. 외향형은 관심이 밖으로 향하여 객관 세계로 뛰어들어 그것과 관계를 맺는 것을 좋아하며, 때로는 객체를 바꾸는 데 적극적으로 관여한다. 그에 비해 내향형에 있어서 객체는 주체를 위협하는 존재로 간주되고, 밖에서 오는 자극에서 조금이라도 주체를 손상하지 않도록 주체를 지키려고 한다.

그런데 이런 두 개의 상반된 경향이 과연 교육이나 그 밖의 환경 때문이겠는가라고 융은 반문한다. 물론 부모나 사회의 교육에 의해서, 혹은 본인의 의지에 따라 이 두 가지 경향이 형성되는 수도 있을 것이다. 그러나 자세히 관찰하면 어릴 때부터 이 두 가지 성향은 뚜렷이 구분된다. 물론 어린이에게서조차 부모의 무의식적인 영향을 고려하지 않을 수 없다. 그러나 정상적인 가정에서 자라났으면서 형제자매 간에 각기 내향적인 것이 두드러진 아이와 외향적인 아이가 있다. 또한 이런 두 가지 유형은 어느 민족에서도 볼 수 있고 어느 사회계층에서도 한결같이 두 가지 유형이 발견되며, 어느 시대에도 내향형과 외향형 간의 갈등은 끊이지 않았다. 그런 점으로 파악하여 보면, 내향, 외향의 두 태도상의 유형은 어느 집단이나 종족, 또는 시대에 특수한 유형이 아니고 보편적인 것이며 어렸을 때 이미 본능적으로 구별되는, 태어날 때부터 가지고 나온 경향인 것 같다고 융은 말하고 있다.[27)]

26) 이부영(1978), 전게서, 126쪽.

27) 최근 '문화'와 '사회'에서의 외향성과 내향성에 대해 수전 케인(S. Cain)은 「콰이어

1) 외향형(extroverted type)

그의 의식 전체는 밖을 내다보는데, 왜냐하면 중요한 결정요인들이 밖에서 온다고 예상하기 때문이다.[28)]

앞서 말했듯이 중요한 결정이나 행동의 대부분이 주체의 의견에 의하지 않고, 객관적인 상황에 의해 좌우될 때, 이를 외향적 태도라 하고, 이런 외향적 태도가 습성화되어 그의 생활의 일정한 특징을 이루면 그를 외향형이라 부른다. 누구나 살아나가자면 외계가 제공해 주는 자료들에 따라 자기 태도를 결정하지만 그 결정하는 양식이나 동기가 다르며, 외향형에서는 늘 객체에 맞추고 객체에 부합되는 방향으로 행동하고 판단해 가는 경향이 강한 것이 특징이다.

어떤 사람의 생각, 느낌, 행동이 방법, 즉 사는 법이 좋든 나쁘든 객관적인 사정이나 객관적 상황에서 오는 여러 가지 요구에 직접 부합되는 것이면, 그 인간은 외향적이다. 물론 외향형이라고 해서 주관이 없는 것은 아니지만, 주관보다는 객체에서 의식의 태도를 결정하는 힘이 강하다는 것이 특징이다. 그의 시선은 언제나 외계로 향하며 내적인 것은 외부의 요구에 의해 눌린다.

외향형은, 객관적인 가능성을 추구하여 당장 그때그때 장래성이 있

트(Quiet), 김우열 역(2012), RHK.」에서 외향형 인물과 내향형 인물에 대해 각각의 특성을 통해 구분하고 있다. 「콰이어트(Quiet)」에 소개된 바에 따르면 외향형 인물은 "활동적인, 원기왕성한, 말이 많은, 사교적인, 사람을 좋아하는, 흥분을 잘하는, 지배적인, 자기주장이 강한, 적극적인, 위험을 무릅쓰는, 얼굴이 두꺼운, 외부를 향하는, 느긋한, 대담한, 스포트라이트에서도 편안한" 사람을 말하고 내향형 인물은 "사색적인, 지적인, 책벌레, 꾸밈없는, 섬세한, 사려 깊은, 진지한, 숙고하는, 미세한, 내성적인, 내면을 향하는, 부드러운, 차분한, 수수한, 혼자 있기를 좋아하는, 수줍음 많은, 위험을 싫어하는, 얼굴이 두껍지 않은" 사람을 말한다.

28) C.G. Jung 저, 이부영 외 역(2001), 《정신요법의 기본문제》, 솔출판사, 248쪽.

는 직업을 택하거나, 당장 주위 사람들이 필요로 하고 해주기를 기대하는 것을 수행한다. 그는 주위의 기대가 있는 한 변혁을 과감하게 실천하지만, 그것이 주위의 기대에 어긋나는 것이면 변혁을 피한다. 그는 명랑하고 사교적이고 자유스럽게 주위 환경에 작용하고, 주변으로부터의 작용도 거절하지 않고 받아들인다.

반면 외향형은 외향적인 태도가 일방적으로 극단화될 때, 자기의 주체를 소홀히 할 위험성을 안고 있다. 주관적인 사실로서 가장 소홀히 되는 것은 신체이다. 이것은 그에게는 외적이고 객관적인 것과는 거리가 먼 것처럼 보이기 때문이다. 그 결과 외향적 태도가 너무 지나치면 신체가 고통을 받는데, 대개 외향형은 이상한 신체 감각이 나타나야 비로소 관심을 가진다. 또한 외향형의 성격상 모든 것을 구체적, 객관적으로 보는 버릇이 있으므로 신체 증상도 그렇게 본다.

2) 내향형(introverted type)

> **세계는 결코 그 자체로서만 존재하는 것이 아니다. 그것은 「나에게 보이는 것」으로서 존재하기도 하는 것이다.**[29]

내향적인 사람은 객체의 인상이 주체 안에서 형성한 것에 의거해서 사물을 본다. 내향적인 의식의 태도에도 물론 외적인 조건을 인식하는 능력이 있지만, 언제나 그 판단과 행동에 결정적인 것은 주관적인 속성이다.

심리학적 유형론에서 융은 외향형을 기술할 때와는 달리, 내향형에서는 그 특징보다도 내향적 태도가 외향적 태도와 똑같이 중요한 태도

---

29) C.G Jung(1960), *Psychologische Typen*, Gesammelte Werke Bd. 6 Rascher, Zürich, 407쪽.

라는 것을 강조하는 데 많은 설명을 할애하고 있다. 이것은 당대의 학문적 경향이 오늘날보다도 더욱 '객관성'에 치중하고 있었기 때문에, 이를 일깨우기 위한 노력이었다고 할 수 있다. 그러나 융은 주관적인 것을 객관적인 것보다 우월시 하거나 그것을 절대시하려고 하지는 않은 것 같다.30)

외향형에 내향적 경향이 있듯이, 내향형에도 외향적 경향이 있어 적절하게 보상함으로써 내향적 태도의 보다 효과적인 관리를 가능하게 한다. 그러나 내향적 태도가 극도에 이르러 이에 어울리지 않는 모든 경향이 의식에서 배제되면, 무의식에는 의식의 경향과는 상반된 외향적 경향이 나타나게 된다. 자아는 이와 같은 무의식의 외향적 관심의 제물이 되거나, 앞에 말한 바와 같이 자아의 팽창으로 인한 엄청난 권력욕에 사로잡히게 된다.

내향형과 외향형 사이의 관계에 대해 융은 다음과 같이 묘사하였다.

> 내향형에게 객체가 왜 항상 결정적인 것이어야 하는지 이해할 수 없는 것처럼, 외향형에게는 어째서 주관적인 입장이 객관적 입장보다 우위에 있어야 하는지 늘 의문이다. 외향형은 내향형이 저만 잘난 줄 아는 이기주의자가 아니면 독선적인 공상가라고 추측하지 않을 수 없는 지경에 이른다. 더 나아가 외향형은 다음과 같이 가정하기에 이를 것이다. 내향형은 무의식적인 권력 콤플렉스의 영향하에 있다고 간주하는 이런 외향형의 편견에 내향형은 어쩔 수 없이 걸려들 만한 행동을 하고 있다. 그는 그의 단정적이고 강하게 일반화하는 표현 양식을 통하여 마치 그가 모든 다른 의견을 처음부터 배척하기나 하는 것 같은 인상을 준다.31)

30) 이부영(1998), 전게서, 143쪽.

31) C.G Jung(1960), 전게서, 410쪽.

외향형과 내향형 두 가지 유형의 관점에서 서로를 관조해 보는 것은, 어느 유형의 편견으로도 물들지 않는 있는 그대로의 사실을 이해하고 파악하는 데 도움을 줄 것이다. 그러기 위해서는 이 두 가지 유형을 뛰어넘을 제3의 시점에서 양측 이야기를 종합하는 수밖에 없는데, 관찰자의 유형에 따라서 그 기술의 양상이 달라지는 것은 어쩔 수 없는 일이다. 이러한 유형에 따르는 편견이나 선입관념을 극소로 줄이려면 각자가 자신의 무의식적 경향에 대하여 자각하는 것이 중요하다.

2. 정신의 4가지의 기능

이러한 일반적 태도상의 유형인 외향형과 내향형 이외에, 융은 특수기능상의 유형으로 정신기능을 다시 4가지의 기능, 즉 사고思考(thinking), 감정感情(feeling), 감각感覺(sensation), 직관直觀(intuition)으로 구분하여 사고와 감정기능을 합리적 기능, 감각과 직관의 기능을 비합리적 기능이라 구분하였다.[32)]

여기에서 합리적 기능이란 판단과정을 밟는 기능을 말하며, 감정을 합리적 기능에 분류하는 것은 감정도 좋고 싫음의 판단기능이기 때문이다. 비합리적 기능은 사물의 직접적인 파악이라는 특징을 가지고 있는데, 비합리적 정신기능을 합리적 기능과 대등하게 인간의 정신기능의 하나로 삼는 것은 전체 정신을 포괄하고자 하는 융의 유형론의 특징이다.

네 가지 정신기능 중에 그 사람이 주로 어느 한 가지의 가장 분화된 기능을 발현하여 살아가고 있다고 할 때, 주기능에 따라 사고형, 감정형, 감각형, 직관형으로 나눌 수 있으며 이를 다시 일반적 태도상의 유형에 따라 외향적 사고형, 내향적 사고형, 외향적 감정형, 내향적 감정

---

32) 이부영(1978), 전게서, 165쪽.

형, 외향적 감각형, 내향적 감각형, 외향적 직관형, 내향적 직관형 8가지 성격유형으로 범주화하게 된다.

이 네 기능은 또한 각기 외적으로 향하려는 성향이 있음에 따라 외향형과 내적으로 향하려는 성향에 따라 내향형을 이루고 있다는 것이 공통적이라 할 수 있다.

1) 사고형(thinking type)[33)]

사고란 주어진 관념내용을 그 고유의 법칙에 따라 서로 연관시키는 정신기능이다. 사고에는 능동적인 사고 작업과 저절로 일어나는 수동적인 사고 작업이 있다. 전자는 어떤 목적을 향하여 방향 지어진 사고로서 의지적 판단작용이며 합리적 기능이지만, 후자는 일종의 직관적 사고라 할 만한 것으로 비합리적 기능이다. 또한 감정적 사고 역시 논리적 원칙을 따르지 않고 감정에 종속된 사고이다. 사고가 분화한다는 것은 그것이 고태적古態的 것과 혼동되지 않는 것을 말한다. 미분화기능의 특징은 그러므로 미분화된 감정, 감각, 환상과 혼동되어 양가경향兩價傾向을 나타낸다.[34)]

사고는 두 가지 원천에서 나온다. 하나는 주관적인, 궁극적으로 우리가 잘 모르는 무의식적인 원천에서 주어지고, 다른 하나는 감관을 통한 지각으로써 전달되는 객관적 사항에서 주어진다. 이것이 내향적 사고와 외향적 사고의 두 가지 서로 다른 사고의 근거를 이루고 있다. 이러한 내향적이든 외향적이든, 사고형은 주로 여성보다는 남성에서 많이 나타나는 특징을 지니고 있다고 융은 지적하고 있다.

---

33) 사고형은 주로 이성의 판단법칙을 좇아 살아가는 유형으로 외향적/내향적 사고형으로 구분할 수 있으며, 두 유형 모두 대척점에 있는 구성요소인 감정의 분화가 더디다.

34) C.G Jung(1960), 전게서, 457~459쪽.

(1) 외향적 사고형

외향적 사고는 사고 판단이 주로 객체에 근거하여 진행되고 결론 또한 객관적 보편성에 귀착된다. 법관, 행정가, 사무원 등의 기능에 어울리는 유형의 사람들이며 과학자에서도 흔히 볼 수 있다.

외향적 사고형은 누구나 수긍할 수 있는 옳고 그름의 판단을 명쾌히 내려서 사회의 이성적인 질서를 만들어 갈 수 있는 특징을 가지고 있다. 이들의 판단은 객관적 보편성의 기준을 향해 진행되며 이 유형의 이상은 늘 다수의 사람의 동의를 얻을 만한 선에 머무르게 된다. 외향적 사고형의 무의식은 기능이 미분화되어 있어 감정에 의존하는 면이 소홀해져 평소에 공정무사한 사람이 때때로 사사로운 감정에 사로잡힐 때 무의식의 이러한 열등한 감정이 발견된다.

> **삼국지의 주요 인물들 가운데 외향적 사고형 인물로는 하북의 패자로 대세를 잡아나갔으나 우유부단한 권위적 성격으로 불가사의하게 패망하고 만 선두주자 원소, 겉으로는 우둔한 듯 안으로 큰 지혜를 지닌 과감하면서도 합리적인 성격으로 조위의 패업의 비책을 제시했던 군사 순유, 지나친 소신으로 외골수로 나간 융통성 없는 성격의 평생 직언을 그치지 않았던 동오의 중신 장소 등을 들 수 있다.**[35]

(2) 내향적 사고형

이성적 판단이 이런 유형의 사람의 전체 생활 태도를 지배한다는 점에서 외향적 사고형과 공통점을 가지고 있다. 그러나 이들은 객관적 사실과 보편적 가치보다도 사실을 판단하는 자기의 주체의 사고를 더

35) 한형수(2017), 《삼국지 군웅할거 인물론》, 홍문관, 110쪽.

중요시한다.

외향적 사고가 지식의 확장에 능통하다면 내향적 사고는 지식의 심화에 능하다. 내향적 사고의 인간형은 외향적 사고와 똑같은 객관적 사실, 객관적인 분석 방법을 사용하지만 항상 하고 있는 작업의 본체를 고찰할 것을 강조한다. 이 유형은 누구나 인정할 만한 법칙이나 가치판단 기준보다는, 비록 생각이 대부분의 사람들에게 불편한 것일지라도 이에 구애받지 않고 자기의 믿는 바를 주장하는 사람이다.

내향적 사고형의 무의식에 억제되는 것은 무엇보다도 외향적 감정 기능이며 그것은 매우 열등한 상태에 있다. 이들은 대개 자기의 신념과 자기의 감정은 알고 있으나 남의 감정을 공감하는 능력이 부족하다.

삼국지의 주요 인물 가운데 대표적인 내향적 사고형 인물로는 분석적이고 치밀한 성격으로 난세를 평정하여 한실부흥을 일깨우다 어긋난 마침표를 찍은 안타까운 현사 순욱, 굳센 의지로 대임을 이루기에 아쉬움이 남는 강박적 성격으로 북벌에 매진했던 최후주자 강유, 출세와 패도주의로 자기 개발을 크게 빛내 용의주도한 성격으로 끝내 형주를 함락하고야만 무장 여몽 등을 들 수 있다.[36]

2) 감정형(feeling type)[37]

융은 감정을 표상表象이나 지각의 2차적인 현상으로 보지 않고 하나의 독립된 기능으로 봤다. 감정은 무엇보다도 자아와 주어진 내용 사이에 일어나는 과정으로서 그 내용에 받아들이든가 돌려보내든가 하는 쾌, 불쾌의 일정한 가치를 부여하는 과정이며, 또한 그때그때의 일

36) 한형수(2017), 전게서, 111쪽.

37) 감정형은 그 사람의 인생에서 주로 감정적 판단이 우세한 역할을 하는 사람이며 사고기능이 억제되어 분화되지 않은 상태로 머물러 있을 가능성이 크다.

시적인 의식의 내용이나 일시적인 지각과 관계없이 따로 '기분'으로 나타날 수 있는 과정이다.[38] 이 기분이라는 것도 어떤 특정한 의식 내용의 평가는 아니지만 전체적인 순간적 의식상황의 평가로서 역시 수용, 배척의 평가이다.

융은 감정기능은 무엇보다도 전적으로 주관적인 과정이어서 외부의 자극과 전혀 관계없이 독립적으로 있을 수 있는 과정이라고 한다. 감정은 사고나 마찬가지로 이성의 법칙에 따라 진행되는 판단의 한 양식이다. 그러므로 합리적 기능이라 할 수 있다. 감정기능이 지적 판단과 다른 것은 개념적인 관련성을 형성하지 않는다는 데 있을 뿐이다.

사고의 경우와 마찬가지로 감정기능도 외향적 감정과 내향적 감정으로 구분할 수 있으며, 외향적 감정에 있어서는 객체적 기준이 그 감정 판단의 근거가 되고 내향적 감정에서는 주체의 기준이 판단의 근거가 된다. 또한 감정은 여성 심리의 가시적인 특징으로 잘 나타나기도 하는 만큼 감정형은 외향형이든 내향형이든 여성에 많이 나타나고 있다고 융은 지적하고 있다.

(1) 외향적 감정형

객체적 감정에 잘 적응하는 유형으로 다른 사람들의 감정을 잘 파악하고 거기에 잘 맞출 수 있는 능력을 가졌다. 이런 유형의 여성은 사교계의 여성으로, 모임에 온 사람들을 각자 개성에 맞게 응대함으로써 모든 이의 기분을 즐겁게 하고 이야기가 자연스럽게 흘러가도록 한다.

외향적 감정 판단의 기준은 객체가 있기 때문에, 내향적 감정형처럼 내가 좋아하고 싫어하는 것이 아니고 남들이 다 좋다고 할 만한 것을 좋아하거나 싫어할 만한 것을 싫다고 한다. 음악회에 다녀오거나 교외에 갔다 올 때 누구나가 느낄 만한 보편적 감정에 순응한다. 적당한

---

38) C.G Jung(1960), 전게서, 467쪽.

배우자를 만나 누구나 행복하다고 할 만한 결혼생활을 하고 주부 잡지의 그런 종류의 화보의 주인공이 될 수 있다. 그러나 너무 객관적 감정에 순응하다 보면, 감정표현이 피상적이고 어딘가 진실성이 결여되고 부자연스럽게 보일 수 있다.

외향적 감정형이 가장 싫어하는 것은 '생각하는 것'이며 무의식의 열등한 사고는 부정적 '불과사고不過思考'의 특성을 띠고 삶에 대한 심각한 의혹의 형태로 나타날 수 있다.

삼국지의 주요 인물 가운데 대표적인 외향적 감정형 인물로는 저돌적인 성격으로 숱한 전공을 세웠으나 자신의 용기를 과신하다 허망한 최후를 맞은 맹장 하후연, 양주와 병주를 종횡하던 맹장이나, 강한 집념의 성격으로 굴곡진 생애를 산 풍운아 마초 등을 들 수 있다.[39]

(2) 내향적 감정형

이 인물을 가리키는 가장 적절한 표현으로는 '잔잔한 물은 깊다'라는 격언일 것이다. 이 유형의 인물들은 대개 조용하고 사귀기가 힘들며 이해하기 어렵다. 흔히 어린애 같은 얼굴이나 통속적인 가면 뒤에 숨어 있거나 또 흔히 애수 어린 기질을 지니고 있다.[40]

내향적 감정형은 무척 분화된 감정을 가지고 있는데, 이 감정은 내적인 기준에 의해 움직이므로 밖으로 표현되거나 객체에 작용하지도 않는다. 그들의 분화된 내향적 감정은 무엇이 내적으로 진실로 중요한 요소인가를 볼 줄 안다.

---

39) 한형수(2017), 전게서, 113쪽.

40) C.G Jung(1960), 전게서, 423쪽.

그들은 결코 남에게 영향을 끼치려 하지도 않고 다른 사람의 기분을 돋우어 주려고도 하지 않는다. 어떻게 보면 차지도 덥지도 않은 '서늘한' 느낌을 준다. 내향적 감정형의 태도는 다소 경화되어 마치 타인이나 객관 세계에 대하여 무관심하고 냉담하며 배척하는 듯한 인상을 주어, 그의 감정은 객체를 떠나 자기 안으로 들어가 숨어 버린다. 그러나 내향적 감정형의 이러한 겉모습과 달리 그들은 자기 안에 깊은 공감능력을 소유하고 있다. 이것이 겉으로 드러나지 않기 때문에 이들은 외향형의 눈에 '차가운 사람', '몰인정한 사람'으로 비치기도 한다.

그러나 내향적 감정형의 가장 열등한 기능인 사고기능을 지나치게 억압하게 되면 무의식적 사고가 밖으로 드러나게 되며, 이들은 다른 사람들이 몰래 나쁜 계획과 모략을 꾸미고 있음에 틀림없다고 생각하게 된다. 이런 과정 속에서 내향적 감정형의 인물들은 자신을 둘러싼 외부의 '위협적인 객체'를 이기기 위해 강박적인 노력을 하게 되고, 이런 모습은 신경쇠약적 신경증이나 빈혈 등의 부정적 증상을 야기하기도 한다.

삼국지의 주요 인물 가운데 대표적인 내향적 감정형 인물로는 강하팔준으로 중망을 모았던 황실의 후예이나 대세를 읽지 못하고 우유부단한 성격으로 실패한 좌담가 유표, 노회한 처세의 자기 통제와 권변에 달통한 외관내기[外寬內忌](겉으로는 관대하나 속으로는 각박함)**의 성격으로 끝내 대권을 장악해 낸 승부사 사마의 등을 들 수 있다.**[41)]

41) 한형수(2017), 전게서, 114쪽.

3) 감각형(sensation type)[42)]

감각이란 물리적 자극이 인식을 매개하는 심리기능이다. 지각知覺과 같은 뜻으로 사용되며 감정과는 순수한 의미에서 별개의 독립된 기능이다. 감각은 사고나 감정처럼 이성의 법칙을 통한 판단이 아니라는 점에서 비합리적 기능이라 할 수 있다.

감각은 구체적 감각과 추상적 감각으로 나누어 생각할 수 있다. 구체적 감각은 순수하게 나타나지 않고 늘 상상, 감정, 사고와 섞여 나타난다. 추상적 감각은 이렇게 섞이지 않고, 그 자체의 원리를 좇아서 지각하는 것인데 미적 감각이라 부르는 것이 이에 해당된다.

융은 감각과 직관을 두 개의 서로 상호보상하는 대극對極으로 본다. 감각이 의식적 지각이라면 직관은 무의식적 지각이라고 융은 말하고 있다. 개체발생학적으로나 계통발생학적으로 사고와 감정은 감각에서 나온 것이며, 직관이 그 대극인 이상 또한 직관에서 나왔다고도 할 수 있다는 것이 융의 주장이다.

감각형 역시 외향적 감각과 내향적 감각이 있는데, 물론 감각이 객체와 외부자극에 의해 일어나는 것은 맞지만 그렇다고 하더라도 내향적 입장에서는 이 과정이 현저하게 변하게 된다. 외향적 감각은 현시적이고 뚜렷이 나타나는 사물의 존재를 파악하는 반면, 내향적 감각은 객체를 주관적 체험을 통해 걸러서 인지하게 된다고 융은 말하고 있다.[43)]

(1) 외향적 감각형

외향적 감각형은 한마디로 '현실주의자'라고 할 수 있다. 그는 객관적 사실을 감득하는 능력이 비상하여 현실적인 경험을 끊임없이 쌓아

---

42) 감각기관을 통한 지각은 판단기능의 매개 없이 직접 일어나는데, 여기에는 객체 중심의 지각(외향적 감각)과 주체에 의해 해석되고 조정된 지각(내향적 감각)이 있다.

43) C.G Jung(1960), 전게서, 430쪽.

나간다. 실무에 밝은 행정가, 사업가, 기술자에서 이런 유형을 흔히 찾아볼 수 있다. 이들은 객체가 일으키는 감각적 자극에 순응하는 유형으로서 외부에서 들어오는 자극의 강도에 따라 관심의 대상도 바뀌게 된다.

외향적 감각형의 가치기준은, 오직 객관적인 성질을 가진 감각강도이며 이성적 고려나 감정 판단이 아니다. 그에게는 현실이란 오직 지각할 수 있는 구체적 사실이며 그것이 무엇보다 중요하다. 그런 의미에서 이 유형의 사람은 현실에 철저하며 기계를 잘 다루고 전시회나 모임의 조직을 매끄럽게 잘 이끌어 나갈 수 있는 소질을 가지고 있다.

손으로 옷감을 만져 그 직물의 종류를 감별해 낼 수 있을 만큼 객체감각이 섬세하다. 객체적 감각자극에 따라 관심의 대상이 바뀌다 보면 때로는 무책임한 사람, 향락주의자처럼 오해를 받을 수 있다. 그러나 비합리적인 가운데 나름의 윤리의식을 보전하고 있다.

외향적 감각형의 무의식의 열등기능은 당연히 직관기능으로, 그것은 의식의 감각기능이 일방적이면 일방적일수록 의혹의 형태로 외계에 투사되어 분방한 부정적 추측과 의심을 낳을 수 있다.

삼국지의 주요 인물들 가운데 대표적인 외향적 감각형 인물로는 반복무상을 일삼고 절륜한 무용만 앞세웠던 줏대 없는 성격으로 현실적 이익에만 매달려 자멸한 여포, 탁월한 현실감각과 임기응변으로 일관하는 능소능대한 성격의 정치공학의 대가 가후 등을 들 수 있다.[44]

---

44) 한형수(2017), 전게서, 116쪽.

(2) 내향적 감각형

내향적 감각형에서는 객관적 자극에 의해서 생긴 주관적 감각 부분에 따라 그 행위가 결정된다. 객체는 그에게 있어 그리 중요한 존재가 되지 못한다. 그러나 이러한 과소평가는 의식적인 것이 아니다. 객체에서 오는 자극은 객체의 현실에는 이미 연관되지 않는 주관적인 반응을 통하여 즉시 대치됨으로써 그 가치가 감소된다.[45] 무의식적인 내용이 강화되면, 주관적인 감각부분이 그만큼 활기를 띠어서 객관적 작용을 거의 완전히 덮어 버리고 만다.

그래서 객체의 작용이 거의 주체에 영향을 주지 않으며, 객체적 현실과 주체적 지각을 전혀 구별할 수 없을 정도가 된다. 내향적 감각형은 고도로 예민한 사진건반과 같아, 사람이나 풍경의 모든 빛깔, 그늘, 형태 등을 세밀한 곳까지 지각하여 그것은 그의 주체로 흡수된다. 그래서 이들은 멍한 표정으로 한 곳을 응시하는 듯하나, 안으로는 미세한 스펙트럼같이 감각을 흡수해 들이는 작업을 하고 있다.

이 유형의 사람이 무의식에 억제되는 것은 외향적 직관기능이다. 외부 현실의 가능성을 있는 그대로 지각하지 못하고 공연히 어두운 추측에 골몰하는 수가 있다.

삼국지의 주요 인물 가운데 대표적인 내향적 감각형 인물로는 자수성가한 북방의 군웅으로 자신을 과신하고 집착하는 성격으로 상대방을 얕보다 패망한 공손찬, 스스로를 알아주는 주군을 위해 죽겠다는 행보로 성공한 용기 있고 냉철한 성격의 합비전투의 맹장 장료, 패업추구에 진취적인 면모를 보인 기민한 성격으로 뛰어난 상황 판단력을 보인 책사 법정 등을 들 수 있다.[46]

---

45) C.G. Jung(1960), 전게서, 430쪽.

4) 직관형(intuition type)[47]

직관이란 무의식적 방법으로 인식을 유도하는 심리기능이라고 융은 말한다. '직관이란 그 파악하는 내용이 무엇이든 하나의 본능적 파악이다.'[48] 그러므로 직관은 감각과 마찬가지로 비합리적 인식기능이다. 직관 내용은 감각 내용과 마찬가지로, 사고나 감정 내용처럼 유도되거나 표현된 것이 아니라 '이미 주어진 것'이라는 특징을 지니고 있다. 우리는 직관이나 감각을 사고나 감정처럼 어떤 이성의 법칙에 따라 판단하는 것이 아니고 직접 발견하고 직접 지각한다. 따라서 직관적 인식은 확실성을 가지고 있는 것이 특징이다.

직관형 가운데 외향적 직관은, 객관적으로 주어진 것 가운데의 가능성을 발견하는 데서 그 기능을 발휘한다. 그러나 내향적 직관은 이에 비해 내적인 객체, 즉 무의식의 요소에 그 시선이 향한다. 이에 대해 융은 '내적인 객체는 내향적 인식에 있어서, 외적인 경험에서는 만날 수 없는 무의식의 내용, 궁극에 가서 집단적 무의식을 이루는 사물의 주관적 상들로 나타난다'고 말하고 있다.

(1) 외향적 직관형

외향적 직관형은 객체가 가지고 있는 '가능성'을 파악하고, 그것이 객관 세계에서 실현될 수 있는 계기를 만들어 주는 데 비상한 능력을 발휘한다.

그래서 이 유형을 기업가, 상인, 신문기자, 정치가 같은 경우에서 많이 발견한다. 이들은 외향적 감각형처럼, 현실적인 감각에 충실한 행

---

46) 한형수(2017), 전게서, 117쪽.

47) 직관형은 직관기능이 삶에서 주도적인 역할을 하는 유형의 사람으로 감각의 매개 없이 직접 사물의 본질을 통찰할 수 있는 사람이다.

48) C.G. Jung(1960), 전게서, 481쪽.

정가와는 달리 무슨 사업이 장래성이 있는가, 무슨 상품이 장차 잘 팔리고 무엇이 앞으로 유행할 것인가, 독자가 무슨 기사를 흥미 있게 읽게 될 것이며, 미래의 세계에 무엇이 일어날 것이며, 어떻게 대응해야 할 것인가를 미리 알 수 있는 사람이다. 증권 부동산 투자를 해서 성공을 거두는 사람 가운데는 외향적 직관형이 흔히 발견되고 이 유형의 사람은 남자보다 여자에 더 많은 것 같다고 융은 말하고 있다.

그들은 어떤 사람이 현재 남에게 평가를 받고 있는가 없는가를 개의치 않는다. 무명의 작가, 화가, 음악가들의 자질과 장래성을 재빠르게 파악하고, 이러한 직관적 인식에 확고하게 발을 디딘 채 이를 후원하며 또한 이들을 서로 만나게 하고 자극을 주게 함으로써 이들의 숨은 능력을 성장하게 한다.

외향적 직관형에서의 열등기능은 감정이나 사고로 그는 타인에 대하여 그리 따뜻한 사람처럼 보이지 않고 그래서 타인으로부터 '사람을 이용하고 무자비하게 버리는 사람'이라고 비난받기가 쉽다. 또 이 유형의 사람들이 지닌 무의식의 열등한 감각기능은 주체로 향하는 경향이 있어 이상한 신체감각, 건강 염려성 강박관념의 형태로 나타날 수 있다.

삼국지의 주요 인물 가운데 대표적인 외향적 직관형 인물로는 패도를 추구하며 예교사회를 무시하던 미래 지향적 성격으로 탁월한 안목을 현실화한 모사 곽가, 학식과는 상반된 권력 지향의 삶을 살아 앞을 내다보았으나 공명심 강한 성격으로 패망하고 만 야심가 종회 등을 들 수 있다.[49]

49) 한형수(2017), 전게서, 119쪽.

(2) 내향적 직관형

내향적 직관형의 사람에게는 직관기능이 객체가 아닌 내적인 세계로 향한다. 비록 직관기능이 객체의 어떤 가능성을 파악한다 하더라도, 그것은 객관 세계에서의 구체적인 가능성이 아니라 그 사람의 마음의 깊은 곳에 있는 원시적 요소들이 어떻게 변해가고 있으며 어떤 방향을 제시하고 있는가 하는 것을 파악하는 것이다.

물론 외향형 내향형이라고 해서 각 특수기능이 꼭 한 가지 방향으로만 움직이는 것이 아니고 언제나 다소 반대되는 경향의 인식이 동반되기 마련이다. 때문에 내향적 직관과 외향적 직관의 경우도 확실하게 구분되는 것이 아니며 어느 경향이 더 강한가 하는 것에 따라 이 유형이 외향적이냐 내향적이냐를 정하게 되는 것이다.

어쨌든 내향적 직관형에서는 구체적 현실에 있어서의 가능성보다 정신세계에 있어서의 가능성을 촉진하는 것이 그의 주 기능의 특징이며, 그는 주로 이러한 인식을 바탕으로 살아가는 사람이다. 그러므로 그는 종교적 예언자, 이른바 선지자이며 예술가나 시인 가운데서도 발견된다. 현대사회의 정신치료사, 정신과 의사, 심리학자 가운데서도 이런 유형의 치료 전문가가 보인다.

외향적 직관형과 마찬가지로 내향적 직관형에서도 감각기능이 가장 억압되어 열등 상태에 있게 된다. 특히 내향적 직관형에서는 외향적 감각이 가장 미분화된 상태에 있으므로, 이른바 '현실감각'이 극도로 결여되기 쉽다. 외부적인 사실에 대해서 주의를 집중하고, 이것을 충실히 기술하는 노력이 부족할 뿐 아니라 흔히 객관적 사실을 무시해 버린다.

삼국지의 주요 인물들 가운데 대표적인 내향적 직관형의 인물로는 무모할 정도로 용맹을 과신한 안하무인의 성격으로 끝내 반골의 낙인을 벗어나지 못한 외로운 무장 위연, 인기 영합적인 치술로 적폐청산하고 동흥전투에서 위상을 높였으나, 교오한 성격으로 적을 만들어 끝내 패망하고 만 제갈각 등을 들 수 있다.50)

3. 여덟 가지 성격유형의 특징51)

앞에서 언급한 여덟 가지 성격유형의 특징을 유형별로 비추어 보면 다음과 같다.

먼저 외향형의 네 가지 성격유형을 살펴보면 첫째, 외향적 사고형은 현실상황에 대한 판단능력이 뛰어나고 논리적이며, 또한 설득력이 뛰어나고 호전적인 기질이 있어 강인하고 냉정하며 원리원칙을 중요하게 생각하는 특징을 가지고 있다. 둘째, 외향적 감정형은 다른 사람에 기준을 두어 생활하는 유형으로 적극적인 성격으로, 남들 앞에 나서는 것을 좋아하는 특징을 가지고 있다. 셋째, 외향적 감각형은 객관적 사실을 감득해 내는 능력이 발달하였으며 가장 현실적인 판단을 하여 행동하고, 또한 임기응변에 강하여 핵심적인 사항을 잘 파악하고 요점을 정리하는 능력이 뛰어난 특징을 가지고 있다. 넷째, 외향적 직관형은 객체가 가지고 있는 가능성을 파악하고 실현할 수 있는 계기를 만들어 주는 데 비상한 능력을 가지고 있으며, 장래성을 내다볼 줄 아는 미래 예시형이라는 특징을 가지고 있다.

다음으로 내향형의 네 가지 성격유형을 살펴보면, 첫째, 내향적 사고형은 사고의 판단기준이 '내가 어떻게 생각하느냐'의 이념이나 관념을 중시하여 개혁을 추구하는 성향이 강하며 분석적, 논리적인 면으로

---

50) 한형수(2017), 전게서, 120쪽.

51) 이부영(1978), 《분석심리학－C. G. Jung의 인간심성론－》, 일조각. 김종석(2010), 「대통령의 성격유형과 리더십에 관한 사례 연구－박정희·김영삼 대통령을 대상으로－」, 〈행정논총〉, Vol.48, pp.113~142, 서울대학교 한국행정연구소. 이를 토대로 재구성함.

치밀하고 매사에 빈틈이 없는 일 처리를 한다는 특징을 가지고 있다. 둘째, 내향적 감정형은 외관상으로 조용하고 무척 여성적이라는 인상을 주고, 또한 자기주장이 강하지 않고 양보를 많이 하며 관용을 잘 베풀고 겸손하다는 특징을 가지고 있다. 셋째, 내향적 감각형은 외부의 자극이나 객체의 현실에 의지하지 않고 자신의 주관적인 반응을 중시하는 유형으로, 뛰어난 정치적 감각으로 자신에게 유익한 상황을 잘 선택하게 된다는 특징을 가지고 있다. 넷째, 내향적 직관형은 직관기능이 주로 내부로 향하는 특성을 가지고 있으며 개성이 강하고 창조적인 능력이 뛰어나다는 특징을 가지고 있다.

4. 여덟 가지 성격유형의 장점과 단점

앞에서 여덟 가지 성격유형의 특징을 살펴보았는데 이 성격유형은 각각 장점과 단점을 지니고 있으며 이를 유형별로 세분화하여 살펴보면 다음과 같다.

인물형의 성격 / 심리학적 유형	장점	단점
외향적 사고형	• 정책결정과정에서 현실적으로 바람직한 대안을 합리적으로 선택하며 일단 결정된 정책은 일관되고 확고한 태도로 추진할 수 있음. • 위기 상황에서 뛰어난 관리능력을 발휘할 수 있음.	• 객관적 사실이나 합리성에 치우치고 지나치게 일에만 몰두하는 경향이 있음. • 권력 지향적 성향이 강하여 권위적이고 독선적인 리더십을 행사할 수 있음.

인물형의 성격 / 심리학적 유형	장점	단점
외향적 감정형	• 현실상황에 대한 판단능력이 뛰어나고 대인관계가 원만하며 친화력이 뛰어남. • 포용력이 뛰어나서 화합을 중요하게 생각함.	• 자신이 생각하는 것에 확신을 갖지 못하는 경향이 있음. • 합리적이고 체계적인 정책을 선택하고 일관성 있게 추진하는 데 어려움을 느낄 수 있음,
외향적 감각형	• 현실적으로 가장 유익하고 많은 사람들에게 필요한 정책을 선택하고 적극적으로 추진할 수 있는 능력이 있음. • 외교·경제 등의 정책분야에서 탁월한 능력을 발휘할 수 있음.	• 논리적으로 사고하기보다는 즉흥적으로 정책을 결정하는 경향이 있어서 일관성 있게 정책을 추진하지 못할 가능성이 있음. • 충동적이고 독선적인 의사결정을 하기 쉬움.
외향적 직관형	• 창조적이고 미래지향적인 성향을 지니고 있어 미래에 가장 바람직한 정책을 선택할 수 있는 능력이 있음.	• 현실을 무시하는 경향이 있어 정책추진과정에서 갈등을 야기시킬 수 있음. • 이성적으로 자기의 인식을 정리 및 저장할 겨를이 없으며 한곳에 꾸준히 머무르지 못하는 성향이 있음.
내향적 사고형	• 현실에 구애받지 않고 이상적이고 개혁적인 정책을 선택하고 강력하게 추진할 수 있는 능력이 있음. • 논리적이고 분석적인 성향으로 치밀하게 정책을 결정하고 조직적으로 정책을 집행할 수 있음.	• 맹목적인 헌신이나 계산이 들어맞지 않는 행동으로 편협하다는 인상을 받게 됨. • 논리적이고 분석적이지만 객관적으로 설명하는 능력이 부족하여 의견에 대한 설득력이 부족할 수 있음.

심리학적 유형 \ 인물형의 성격	장점	단점
내향적 감정형	• 포용력이 강하고 대인관계가 원만하여 갈등을 잘 조정하고 융화시킬 수 있는 능력이 뛰어남. • 주위 사람들의 장점을 잘 활용할 수 있는 능력이 있음.	• 자신의 감정이나 심리상태를 외부로 표출하기보다는 내부로 숨기는 편임. • 일 처리에 있어서는 너무 자세하고 세밀한 성격 때문에 일을 효과적으로 끝내기가 어려운 경우가 있음.
내향적 감각형	• 뛰어난 감각으로 유리한 상황을 잘 파악하고 이를 잘 활용할 줄 아는 능력이 있음.	• 소극적이며 상황 순응적이기 때문에 장기적이며 개혁적인 정책을 추진하지 못함. • 구체적인 현실에 지나치게 매이는 특성이 있기 때문에 좀 더 멀리 내다보는 원시안적 안목이 요구됨.
내향적 직관형	• 사람들의 능력이나 재능을 잘 파악할 줄 알아서 적재적소에 유능한 인물을 등용시키는 인사정책을 펼칠 수 있음.	• 현실감각이 극도로 결여되어 있어 현실성 있는 정책을 추진하지 못할 가능성이 높음. • 개성이 강하고 조직적인 활동을 잘 이해하지 못함.

또한 여덟 가지 성격유형을 더욱 세분화하여 볼 수 있는데, 각 성격유형이 합리적 기능일 경우 비합리적 기능인 두 개 성격유형이 첨가되는 형태를 보이고, 비합리적 기능일 경우 합리적 기능인 두 개 성격유형이 첨가되는 모습을 보인다. 예를 들어 외향적 사고형의 경우 사고형이 합리적 기능이므로 비합리적 기능인 감각과 직관이 결부되어 외향적 사고감각형, 외향적 사고직관형의 형태로 나타날 수 있으며, 외향적 감각형의 경우 감각형이 비합리적 기능이므로 합리적 기능인 사고와 감정이 결부되어 외향적 감각사고형, 외향적 감각감정형의 형태

로 나타날 수 있다. 이는 외향형, 내향형 모두에서 나타나며 여덟 가지의 각 유형마다 이론상 두 번째로 발달된 기능이 무엇이냐에 따라 제2 기능이 결부되어 다시 세분되고 총 열여섯 가지의 성격유형으로 나누어 각 유형별 그 특징과 장점·단점을 비추어 볼 수 있다.

《삼국지》 위魏형세 천하 꿈 펼친 주군과 모신 무장들

03

1. 위나라 전국 13개 주 중 9개 주 지배하다

중국 천하가 삼국으로 정족지세鼎足之勢를 이루었다고는 하지만 《삼국지》의 삼국시대에 가장 강대했던 나라는 위나라이다. 먼저 영토 면에서 보면 기실 위나라는 중원과 하북을 통일하여 그 영토가 가장 광대하다. 전국 13개 주 가운데 유주, 기주, 청주, 병주, 연주, 서주, 예주, 사주, 양주(凉) 등 9개 주와 형주의 일부까지 지배하고 있었다. 물론 이는 전국 13개 주를 삼국의 지배 주 개수를 평균적으로 표시한 것일 뿐, 주에 따라 면적의 차이가 크게 나고 교주와 유주처럼 변경 지역은 국가 권력의 실효적 지배가 크게 못 미쳐 지역의 반쯤은 거의 독립지대로 남아 있었던 주도 있었음을 감안해야 한다.

이어 인구 면에서 보면 사서에 인용되는 여러 사료를 볼 때 《후한서 군국지주 제왕운기》에 의하면 경원 4년(263년) 위나라가 촉나라를 멸망시켰을 때 당시, 위나라 총인구에서 촉나라 인구를 제외하고 위나라는 약 66,423호구에 인구는 4,432,881명으로 나타나고 있다. 다만 이는 어디까지나 정부가 파악하고 있던 통계이고 특히 삼국시대는 난세였으므로 정부의 통제 밖에 존재하는 다수의 유민이 있었던 것은 감안하지 않으면 안 된다.

2. 혈연집단으로 거병하나 모신은 비 무장은 구름 같이 커지다

사서 《삼국지》에서 삼국시대의 정통으로 보고 있는 위나라는 황초 원년(220년) 후한 왕조에서 조비가 제위를 넘겨받으면서부터 태시 원년(265년) 사마염에게 선양하기까지 5대 46년간에 걸친 왕조다. 실제 건국은 조조가 죽은 이후의 일이지만 조조의 위업 없이는 위나라 성립을 이야기할 수 없다. 조조야말로 《삼국지》의 진정한 주역이라고 하는 이유가 여기에 있다. 후한 말기는 동탁, 여포, 원소, 공손찬, 원술, 유표 등과 같은 군웅이 할거했고 조조도 그 가운데 한 사람이었다.

초평 원년(190년) 조조는 관동關東(함곡관 동쪽) 여러 제후들과 함께 동탁 토벌을 위해 군사를 거병하는데, 이때 그의 진영에 조인, 조홍, 하후돈, 하후연 등 조조의 일족이 그를 따른다. 이러한 강력한 혈연 집단을 가지고 있었던 것이 조조의 강점이기도 하다.

후한 말 호족豪族은 향리사회에서 가졌던 대토지 소유 등의 경제력과 일족이 거느린 군사력에서 나아가 향거리선鄕擧里選[52]으로 관료에 진출했다. 그런데 이 관리추천제도가 환관에 의한 폐쇄적인 청탁으로 변질되자, 지역 유지들은 향리사회에서 어떻게 세력을 유지할지 모색할 때 유행한 것이 환관을 비판한 당인党人들의 인물평가였다. 이에 이른바 향리사회에서 명성을 존립기반으로 삼는 명사들이 등장하니, 호족 간 토지문제 등의 이해관계를 조정하는 제3자 역할을 담당하기도 하고 그래서 호족들도 명사가 되기 위해 명사들을 지지하고 그 명성을 존중했다.

따라서 어느 주군이 광대한 영역을 지배하기 위해서는 대토지 소유

---

52) 향거리선은 한대漢代의 관리선발제도로 찰거察擧 · 선거選擧라고도 한다. '효孝'와 '렴廉'의 유교적 덕목에 기초하여 현명하고 능력 있는 인재를 대신이나 지방 장관의 추천을 받아 선발하는 제도인데 선발과정에서 향리에서의 평판과 세론, 곧 향론이 중시되었다.

의 호족의 지지를 받으며 지역을 뛰어넘는 폭넓은 연줄망, 즉 인맥과 이에 기초한 정보를 확보하고 있는 명사 초빙이 긴요했다.[53] 바로 조조 진영이 매우 폭넓은 일족의 혈연집단에 머물러 있다가 이 시대변화에 부응하는 호족의 지지를 받는 명사 집단의 수혈이 이루어지게 된다. 그 단초가 바로 명사 인맥의 중심지의 하나로 청류파 당인이 따르던 이응을 배출한 영천 순씨 명가의 명사 순욱이 초평 3년(192년) 조조 진영에 합류한 것이다.

그리고 정욱이 조조 진영에 가세한다. 순욱은 순유, 희지재, 곽가, 종요 등, 군사와 내정 면에서 활약하는 여러 명사들을 천거했다. 후일 진晋 왕조의 실질적인 시조가 되는 사마의도 바로 그의 천거에 의한 것이었다. 또한 같은 해 조조는 황건적의 잔당을 항복시켜 군사로 흡수하고, 정예를 선발해 '청주병'으로 부르며, 이 정예부대가 각지에서 맹활약을 하게 된다.

조조는 원술, 여포, 원소 등 군웅들을 무찌르고 세력을 중원과 하북까지 확대하는 한편, 적의 모신이었던 가후, 유엽 그리고 적의 장수였던 서황, 장료, 장합 같은 무장을 얻는다. 조조는 옛 원한을 잊고 재능만 있다면 투항한 자를 기꺼이 받아들였으며, 이들도 그 뜻에 감복하여 조조를 위해 기꺼이 충성을 다하게 된다.

한편 '오로지 재주만 있으면 천거하라'라는 조조의 인재등용 방침은 건안 15년(210년) '구현령'으로 공포되는데, 건안 19년(214년) '결함이 있다고 능력 있는 인재를 외면하지 말라', 건안 22년(217년) '품행에 구애되지 말고 인재를 천거하라'는 거듭 '유재시거唯才是擧' 방침의 교령으로 반포된다. 여기에 기라성 같은 인재들이 모여들어 크게 활약한 것은 잘 알려진 사실이다. 이것이 세간에서 흔히 말하는 '조조의 인재 수

53) 와타나베 요시히로渡邊義浩 저 · 노만수 역(2023), 《삼국지 인재전쟁》, 더봄, 58~62쪽 참조.

집벽'이라고도 하겠는데, 따지고 보면 이는 조조의 뛰어난 용인술이 있었기에 가능했던 것이다.

황초 원년(220년) 조조의 뒤를 이은 조비는 호족 세력의 지지를 얻기 위하여 진군의 건의를 받아들여 관리선발 방법으로 구품중정제[54]를 실시하였다. 구품관인법이라고도 하는데 이는 점차 지방에서 세력을 장악하고 있는 호족들이 중정관이 되어 그 지역의 인물을 평가하였으므로, 관리임용이 재주에 의한 것이 아니라 문벌의 높고 낮음에 따라 결정되었다. 정작 조비는 바로 이 제도를 채택하여 세족의 지지를 얻어 제위에 오를 수 있었다.

한편 조조는 때때로 비정한 면을 보여준다. 자기 생각에 반하는 자, 또는 이용가치가 없어진 자는 가차 없이 제거했다. 대표적인 사례로 조조의 패업에 지대한 공을 세운 순욱조차도 조조가 국공國公에 오르는 것을 반대하다가 조조가 그에게 수춘에 머무르게 하고 빈찬합을 보내오니, 근심과 번민 속에서 자진하여 죽었다고 한다. 또한 공융, 허유, 누규, 변양, 최염, 양수와 같은 명사들도 조조에 대한 역린逆鱗으로 인해 처형하는 등, 그는 결코 온정주의자가 아니었다.

3. 당시대를 꿰뚫어 본 '천자봉대'와 '둔전제屯田制'

후한 왕조는 이미 쇠퇴하고 있었지만 그러나 조조는 천자天子(황제)의 중요성을 잘 알고 있었다. 건안 원년(196년) 헌제가 낙양으로 돌아오자 조조는 천자를 받들어 허창으로 천도한다. 이때 원소의 참모들도 천자를 봉대할 것을 진언하지만, 원소가 주저하는 사이 조조에게 기선을 놓쳐 국정의 주도권을 빼앗기고 만다. 후일 건안 2년(199년) 원술은 스스로 황제라 칭하지만 오히려 제후들의 반감을 사서 공공의 적이 되

54) 미야자키 이치사다宮崎市定 저 · 임대희 외 역(2002), 《구품관인법의 연구》, 소나무 참조.

어 자멸하고 만다. 그러나 조조는 황제를 봉대함으로써 '대의명분'을 얻어 정국의 헤게모니를 장악하게 되었으며 그의 군대는 바로 관군이 되고, 실제로는 '천자를 끼고 제후에 명령'하는 그에게 대적하는 자는 조정의 적으로 간주되었던 것이다.

또한 같은 해에 '전농부 둔전제'를 시행하고 있었다. 당시 장기간에 걸친 군웅세력에 의한 할거전쟁 시는 현지 조달로 군량미를 충당했는데, 군량이 남으면 버리고 부족하면 약탈하는 식이었다. 그 때문에 특히 전란이 빈번한 지역의 농촌은 황폐해지고 유랑민이 급증했다. 이렇게 되자 당연히 백성들은 기아에 허덕이고 약탈로 겨우 명맥을 유지하던 각 지역 군대들조차 군량미를 구하기 어려웠다. 조조는 '천하를 통일하는 일은 강력한 군대와 충분한 식량에 달려 있다'면서 농업의 중요성을 역설, 계획적으로 식량을 생산, 저장하려고 시도한다.

이리하여 백성을 모집해 빈농에게는 토지뿐만 아니라 밭갈이 소와 농기구, 그리고 종자까지 대여해, 허창 부근에 둔전을 대대적으로 개발시킨다. 이미 '둔전제' 자체가 한나라 때부터 있었지만 조조의 둔전제는 군현의 관리가 아니라 각지에 '전농부'를 설치하고 전농중랑장, 전농교위, 둔전도위 등 농업 전업관에게 이를 관리하게 했다. 위나라의 둔전제에는 민둔과 군둔 두 가지가 있었는데, 군둔은 편제상 군대가 주둔하고 있는 지역의 토지를 병역에 복무하지 않는 일반인과 요역에 의하여 경작하는 것이고, 민둔은 수확량에 따라 전조田租를 납부하는 것으로 관官의 소牛를 이용할 경우에는 6:4로, 개인이 소로 경작할 때에는 5:5로 하였다.

따라서 후한 말 황폐한 가운데에서도 위나라는 둔전제의 실시로, 식량이 여유가 있을 정도로 경제력이 회복되었다. 그리하여 조조의 위나라가 사방을 정벌하는 데 둔전제를 실시하여 군량을 수송하는 노고가 없어졌고 유민을 안정시키고 식량의 수급조절을 할 수 있었기에, 《삼국지》의 삼국시대 위나라는 최대강국으로 부상할 수 있었다. 또 둔전제를 실시하면서 고정적인 군대를 확보하기 위하여 사가제도士家制度, 세병제世兵制를 확립하여 별도로 호적을 만들고 군대를 세습하게 하였다. 남자는 종신토록 군대에 있어야 하며, 아비가 죽으면 자식이, 형이 죽으면 동생이 대신하게 하였다. 전시에는 전쟁에 동원되고, 평시에는 둔전하였으며, 결혼도 사가끼리 해야 하였다. 물론 도망하면 그 처벌이 가족에게도 미쳤다.55)

4. 위 멸망은 후계자가 단명했던 것이 원인인가

조조는 건안 원년(196년) 헌제를 봉대함으로써 건안 13년(208년)에는 승상, 건안 18년(213년)에는 위공, 건안 21년(216년)에 위왕이 되어 이미 제위를 넘볼 수 있는 권신權臣으로 세력을 갖추게 된다. 하지만 그는 마지막까지 '한나라의 신하'라는 명분을 내세워 황제로 즉위하지는 않는다. 건안 25년(220년) 1월 조조가 죽은 지 9개월 후, 황초 원년(220년) 10월 아들 조비가 헌제로부터 제위를 선양케 하여 넘겨받음으로써 제위(문제)에 올랐던 것이다.

흔히 위나라 멸망의 원인으로는 조비가 동생 임치후 조식과 후계쟁탈전을 벌여 일족을 탄압하고 황족의 힘을 약화시킨 점을 든다. 또한 어떤 사람은 조비가 사마의司馬懿를 중용한 사실을 부각시키기도 한다. 그러나 이런 사례들은 간접적인 원인에 불과하다. 사실 조비의 정치·정책은 조조를 능가하는 것으로 높이 평가되며, 국내 상황도 조비 시대가 가장 안정되어 있었다.56) 그런데 조비가 단명하여 황제에 오른 지 겨우 7년 만인 황초 7년(226년)에 40세로 병사하고 만다.

조비가 죽은 후 위나라는 제갈량이 이끄는 촉나라의 5차에 걸친 북

55) 신승하(2008), 《중국사(상)》, 대한교과서주식회사, 235쪽.

56) 신승하(2008), 전게서, 234쪽.

벌을 받게 되고, 조비의 뒤를 이은 조예曹叡(명제)도 경초 3년(239년) 35세의 젊은 나이로 죽고 만다. 이와 같이 위나라는 아직 왕조의 기틀이 굳건하게 확립되지 않은 상태에서 거듭된 황제의 단명으로, 정권 기반이 흔들리게 된 것이 그 쇠망을 가져온 커다란 원인이 된다. 후계자 조방은 겨우 8세로, 태위 사마의와 대장군 조상이 보정대신이 된다. 곧이어 조상은 사마의를 태부로 하여 실권을 빼앗고 정무에서 소외시키지만, 재주만을 중시하던 조조의 용인정책으로 조비에 이르러 문벌세족이 크게 대두하게 된다. 이로 일부 세족을 끌어들여 새로운 정치세력을 형성하고 있었던 사마의의 노회한 전술에 말려들게 된다. 가평 원년(249년)에 사마의는 아무런 대의명분 없는 완전한 권력투쟁만의 쿠데타[57]인 고평릉의 정변을 일으켜 조상과 그의 측근들을 실각시키고, 그들에게 무고한 반역죄를 씌워 삼족을 모두 멸하고 만다. 이리하여 조씨 일족은 쇠퇴하고 지배권력은 사마씨에게 옮겨지며, 사마의가 죽은 후에도 그의 아들 사마사, 사마소에게로 그 권력이 승계되었다.

정원 원년(254년)에는 중서령 이풍, 광록대부 장집 등이 주도한, 사마사를 대신하여 하후현에게 정사를 보좌케 하려던 계획마저 실패하여 모두 처형되고, 황제 조방도 폐위를 강요받는다. 이때부터 정원 2년(255년)에 대장군 녹상서사인 사마사에 대항하여 진동장군 관구검, 양주자사 문흠에 의한 반란이 일어나고, 감로 2년(257년)에는 대장군인 사마소를 향하여 정동대장군 제갈탄의 반란이 일어나지만 모두 진압되어 사마씨에 반대하는 세력이 일소된다. 감로 5년(260년)에는 조방의 뒤를 이은 조모가 진왕 사마소를 제거하려고 수백 명의 노복을 이끌고 출격하는데, 반격하는 사마소의 측근 가충의 부하 성제에게 살해되고 만다. 이리하여 위나라 최후의 황제 조환(원제)이 사마소에게 제위를

---

57) 미야자키 이치사다宮崎市定 저 · 임중혁 박선희 역(1996), 《중국중세사》, 신서원, 84~85쪽.

물려주려고 하지만, 사마소가 갑자기 죽게 된다. 마침내 태시 원년(265년)에 그의 장자인 사마염司馬炎에게 원제로부터 제위를 선양케 하여 한 왕조가 위 왕조로 넘어갈 때와 동일한 방식에 의해 위 왕조가 진晉왕조로 왕조가 교체된다.

제2장

위나라 개창하게 된
새 역사 펼쳐 나간
난세의 영웅 조조

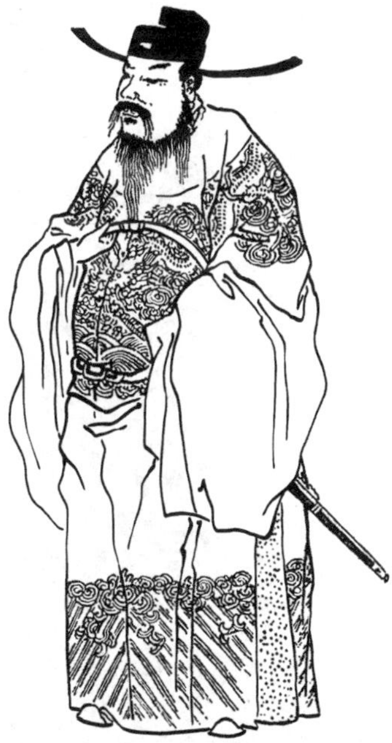

인물 조조의 삶의 궤적

01

1. 일찍이 난세에 젊어서부터 두각을 나타내다

조조曹操는 자가 맹덕孟德이고 소명은 아만이며, 패국 초현(지금 안휘성 박주시) 사람이다. 조부인 조등은 환관으로 안제, 순제, 질제, 환제 등 4명의 황제를 섬겼고, 중상시[1], 대장추[2], 비정후에 이르렀다. 부친 조숭[3]은 조등의 양자로 어떤 사람이 말하기를 '하후씨의 아들이다'라고 하였는데, 관직은 태위에 이르렀다.

조조는 어려서부터 기민하고 경계심이 있고 권모술수가 있었으며, 의협심을 거리낌 없이 부렸고 멋대로 놀기를 좋아했다. 그러기에 덕행과 학업을 닦는 일을 등한시하고 방탕한 삶을 살아, 세상 사람들은 그의 탁월함을 알지 못하였다. 그러나 인물을 평하는 데에 남다른 혜안을 지닌 교현은, 조조에게 "천하가 혼란할 것이고, 세상을 건질 만한 인재가 아니면 이를 수습할 수 없으니, 아마 자네가 세상을 안정케 할 것이네."《삼국지 위서 무제기(이하 본기)》라고 평하였다. 또한 인물품

---

1) 중상시는 후한 때에는 소부에 속했고 삼국시대에는 황제 신변의 시종侍從이었다. 조령 전달과 문서 관리를 담당했고 황제의 고문에 응대했으며 황제의 거처인 금중에도 출입할 수 있어 무거운 권한을 수여했다.

2) 대장추는 황후의 가르침을 널리 알리고 궁 안의 일을 관리하는 일을 맡았으며 황후의 근신관의 우두머리이다.

3) 위 문제 황초 원년(221년) 조숭을 태황제로 추존하였는데 본대 하후씨로 조등曹騰의 양자로 입적했기에 그 본말을 아는 사람이 없다고 하였다.

평으로 유명한 허소도, '치세에는 능신이겠으나, 난세에는 간웅일 것이오'라고 조조를 평가하였다.

희평 3년(174년) 조조는 20세 때 효렴으로 추천되어 낭郎이 되었고, 얼마 지나지 않아 낙양현 북부위로 임명되었다. 돈구현(지금 하북성 청품현)령으로 승진하였으며, 조정으로 불려가 의랑으로 임명되었다. 광화 말년(184년) 2월 황건의 난 때, 조조는 기도위로 임명되어 영천(지금 하남성 우현) 등에서 황보숭, 주준 등의 군사에 합세하여 황건적을 토벌하였다. 제남(지금 산동성 역성)상에 임명되었는데, '제남국 관할 10여 현의 많은 관리들이 권력에 아부하면서 부정과 불법이 판을 치자 이를 상주하여 10에 8을 면직시키니'(본기) 국내가 엄숙해졌다.

이후 조조는 동군태수로 임명되었지만 세력과 마찰이 있게 되자, 병을 핑계로 직을 맡지 않고 고향에 은거하였다.[4] 허나 중평 5년(188년) 조정에서 서원에 8교위를 두었고, 조조는 전군교위가 되었다. 이를 계기로 조조는 중앙정사에 대한 열정을 보이며 낙양에 가서 임직하게 된다.

2. 동탁을 토벌하려다 좌절하다

중평 6년(189년) 영제가 죽고 장자 유변이 소제로 계위하였다. 대장군 하진은 이 기회에 환관들을 정리하려고 계획하고 동탁이 군사를 이끌고 오게 하였으나, 하진은 환관에 의해 죽임을 당하고 말았다. 낙양에 입성한 동탁은, 소제를 폐위하고 헌제(유협)를 황제로 옹립하는 등 마음대로 국정을 농단하였다.

동탁은 조조를 자기 수하에 받아들이고자 표문을 올려 효기교위[5]로

---

4) 왕침王沈이 찬술한 《위서魏書》에 의하면, 권신權臣이 조정의 정사를 전횡하자 조조는 수년간 법을 엄격히 집행하여 여러 사람의 미움을 받았기에 화가 미칠 것을 염려하여 피병으로 사칭하고 귀향하여 독서와 사냥을 하며 홀로 즐겼다고 한다.

5) 효기교위는 군사 직위로 조조는 대체로 교위로 병사들을 관리하였을 것이나 전군교위를 지낸 그를 동탁이 끌어들이려 했으므로 곧바로 효기장군이 세워졌다.

임명하려 하였다. 그러나 조조는 이름과 성을 바꾸고 낙양에서 샛길을 이용하여 동쪽으로 도망갔다. 중모(지금 하남성 중모현)를 지나다가 정장[6]의 의심을 받아 현으로 끌려갔다. 그때 그 읍 사람 가운데 어떤 이가 조조임을 알아보고는, 도움을 주어 풀려나게 되었다. 조조가 진류(지금 하남성 진류현)에 이르러서 집안의 재산을 풀어 군사를 모으니, 5천 명을 얻게 되어 같은 해 12월에 기오己吾(진류군의 속현)에서 거병하였다.

초평 원년(190년) 정월에 산동[7]에 있는 주와 군에서 모두 군대를 일으켜 동탁을 토벌하려 하였는데, 그 숫자는 각기 수만에 달했다. 발해태수 원소를 추대하여 맹주로 삼았고, 조조는 분무장군을 대행하여 산조酸棗(지금 하남성 연진)에 주둔하고 있었다.

이에 조조는, 동탁이 도읍을 장안으로 옮기고 낙양을 폐허로 만들어 천자를 겁박하고 있으니 이 기회에 동탁을 공격하자고 제의하였다. 그러나 동탁의 군사가 강해 원소 등은 모두 진군하기를 꺼려 하니, 조조는 자신의 5천 병사를 이끌고 서쪽으로 성고(지금 하남성 영양현)를 점령하려 했다. 그러다 형양(지금 하남성 형양현) 변수 지역에서 동탁의 장수인 서영의 대군과 맞닥뜨리게 되어, 조조는 크게 패하고 말았다.

조조가 산조로 돌아왔을 때, 여러 군영의 연합군 10여 만 군사들은 주연만 성대하게 벌이고, 나아가 공격할 생각은 하지 않았다. 조조는 이를 질책하고 이 기회에 동탁을 토벌할 계책을 개진하였다. 그러나 받아들여지지 않자, 조조는 마침내 사마 하후돈 등과 더불어 양주揚州(지금 안휘성과 강서성)로 가서 군사를 모집하여, 천여 명을 데려와 하내(지금 하남성 무척현)에 진격 주둔하였다.

---

6) 10개의 리里에 1정亭을 두었으며, 10개의 정이 1개의 향鄕인데 정장亭長은 그 정의 우두머리이다.

7) 산동山東은 관동關東이라고도 하는데 효산 혹은 화산 이동의 광대한 지역을 가리킨다.

3. 연주에서 스스로의 기반을 든든히 하다

초평 3년(192년), 청주(지금 산동반도)의 황건적이 연주兗州(지금 산동성 서부)를 공격하여 연주자사 유대를 살해하자, 연주에는 잠시 주인이 없었다. 이때 진궁陳宮이 조조에게 연주를 다스려야 한다고 말하니 제북(지금 산동성 장청현)상 포신도 그러하다고 생각하여, 주의 관리인 만잠 등과 함께 동군태수로 있던 조조에게 가서 연주자사의 업무를 관장해 달라고 맞아들였다.

조조는 군사를 진격시켜 수장(지금 산동성 동평현)의 동쪽에서 황건적을 공격하여 제북(지금 산동성 장청현)에 이르자 모두 항복하니, 항병 30여만 명과 남녀 1백여만 명을 얻게 되었다. 그중에 정예들만을 선택하여 청주병[8]을 만들어 자신의 병력을 증강시키게 된다. 연주에서 조조가 숨을 돌리기도 전에 조정에서는 연주자사로 금상을 파견하여 관할하게 하였다. 그러나 조조는 조정의 지시를 따르지 않고 병사를 파견하여 금상을 공격하였고, 금상은 원술에게로 달아났다.

초평 4년(193년) 봄, 조조가 원술을 격파하자 원술이 구강(지금 안휘성 수현)으로 도망쳤고, 조조는 연주에서 자신의 세력을 공고히 하게 되었다. 조조의 부친 조숭이 동탁의 난을 피하여 낭야(지금 산동성 교남현)에 있어 조조가 연주로 맞이하려 하였다. 이때 서주목 도겸이 그의 별장을 시켜 이 이동을 지켜주게 하였는데, 병사들이 재보(치중에 실려 있는 금·은·주옥 따위)를 탐내 조숭과 그 권속을 엄습하여 죽였다.

같은 해 가을 조조는 군사를 출동시켜 도겸의 서주를 쳐서 10여 개 성을 함락시킨다. 팽성(지금 강소성 서주시)에 이르러 도겸의 군사가 크게 달아나니, 조조는 동탁의 난을 만나 떠돌아다니던 백성들이 동쪽으

---

8) 항복한 자들이 청주지역의 황건적이었으므로 청주병青州兵이라고 한 것이다.

로 와 많이 머물렀던 서주 땅의 남녀 수십만 명을 사수에서 파묻어 죽여 강물이 흐르지 않았다. 조조는 도겸이 물러나자, 유비와 조표 등이 지키는 담현(지금 산동성 담성현, 동해군의 치소)을 공격하였다. 졸연히 이길 수가 없자 다른 여러 현을 공격하여 빼앗고 모두 도륙하였는데, 닭과 개 역시 다 없애니 텅 빈 읍에는 다니는 사람이 보이지 않게 되었다.

흥평 원년(194년)에 조조가 서주를 공격할 때, 순욱과 정욱이 견성(지금 산동성 견성현)을 지키고 있었다. 진류태수 장막은 조조가 연주목으로 자기 위에 있는 것을 기뻐하지 않았고, 진궁도 연주의 명사 변양이 조조에게 죽임을 당한 것을 원한으로 삼았다. 이들이 모반을 도모하여 여포를 연주목으로 맞아들였다. 일시에 모든 현에서 이에 호응하여, 견성, 범(지금 상동성 범현), 동아(지금 산동성 양곡현) 세 지역만이 조조의 근거지로 남게 되었다.

이에 조조는 군대를 이끌고 연주로 돌아와 여포와 복양(지금 하남성 복양현)에서 싸웠으나 크게 패하였다.

조조가 복양(지금 하남성 복양현)을 포위할 때, 복양의 대성大姓(호족)을 이루고 있던 전씨田氏가 반간反間(간첩질)으로 내통하여 조조가 입성할 수 있었다. 그리고 그 (들어갔던) 동문에 불을 질러 돌아갈 의사가 없음을 표시했다. 그러나 싸움이 벌어지자 (조조의) 군이 패하였다. 여포의 기병은 조조를 붙잡았으나 그가 (조조가) 맞는지를 알아보지 못하여 물었다. "조조는 어디에 있는가?" 조조가 말했다. "황색 말을 타고 달아나는 자가 조조입니다." 여포의 기병은 이내 조조를 풀어주고 황색 말을 탄 자를 좇았다. 성문에 붙은 불길이 여전히 거세었으나 조조는 그 불길을 뚫고 탈출하였다.《본기/배송지 주, 헌제춘추》

조조는 군영에 도착하여 애써 장수들을 위로하고, 군대에 명령을 내려서 성을 공격할 무기를 속히 만들도록 하였다. 다시 군대를 이끌고 여포를 공격하여 100여 일 동안 서로 맞서 드잡이를 하였다. 이때 메뚜기 떼의 재해가 발생하여 백성들이 굶주림에 허덕였고, 여포 역시 군량이 다 떨어져 각각 군대를 이끌고 돌아갔다.

같은 해 10월, 조조는 동아에 도착하였다. 원소가 사자를 보내 조조에게 유세하여 가족들을 업현(지금 하북성 임장현)에 옮겨 거주하게 하라고 하였다. 조조는 마침 연주 일대를 잃고 군량도 다 떨어진 참인지라 그것을 허락하려고 하였으나, 정욱이 조조에게 거절할 것을 간곡히 권하여 이를 중지하였다.

흥평 2년(195년) 봄, 조조는 다시 연주를 되찾기 위해 전쟁을 벌여 먼저 정도(제음군의 치소, 지금 산동성 정도현)를 쳤으나 함락시키지 못하였다. 같은 해 여름, 여포의 부장 설란, 이봉이 거야(지금 산동성 거야현)에 주둔하니 조조가 다시 공격하였다. 이에 여포가 이들을 구원코자 하였으나 이기지 못하고 달아났다. 조조가 마침내 설란 등의 목을 베었다.

여포가 진궁이 인솔한 만여 명의 군대를 이끌고 동민(지금 산동성 금향현 동북)에서 싸움을 걸어왔는데, 당시 조조의 군대는 수가 적었으므로 매복했다가 기습병을 출동시켜 이를 크게 격파했다. 여포가 밤을 틈타 도주하자 조조는 정도를 점령하고 군대를 나누어 반란에 동조한 주변의 여러 군현을 평정하였다. 이에 조조가 다시 연주를 장악하여 자신의 기반을 공고히 하였고, 같은 해 10월 천자는 조조를 연주목으로 임명하였다.

4. 천자를 봉대하고 수도를 허창으로 옮기다

같은 해, 이각과 곽사가 장안에서 몇 달 동안 서로 공격하여, 죽은 자가 1만 명을 헤아리게 되었다. 장안의 이 소용돌이 속에 황제는 옛 도읍 낙양이 그리워, 거가(천자가 타는 수레)가 같은 해 7월 선평문(장안성의 동쪽에서 가장 북쪽에 있는 문)을 나서게 된다. 양봉과 한섬 등이 조양(지금 하남성 섬현 서부)에서 이각 등 추격군에 패전하면서, 겨우 황하를 건너 안읍(지금 산서성 하현)에 도착하였다. 이 같은 온갖 간난신고를 겪으며 천자는 다음 해(196년) 7월 낙양에 되돌아왔다. 낙양은 이미 옛 모습이 아니었고 거의 폐허나 다름이 없었다.[9] 주와 군에서는 각기 강한 군사들을 거느리고 있어서, 수송을 맡긴 물자가 미처 도착하지 못하였다. 여러 신료들은 굶주리고 궁핍하였다.

이때에 순욱, 정욱은 조조에게 헌제를 맞이하여 나라를 다스리는 정사의 주도권을 차지할 것을 건의한다. 조조는 이를 받아들여 조홍을 낙양으로 보내 황제를 맞이하도록 하였으나, 동승 등이 험준한 곳을 점거하고 막아서 전진할 수가 없었다. 헌제가 낙양으로 돌아온 뒤에도 양봉, 한섬과 동승은 나란히 머물면서 숙위하였는데, 이들 사이에는 여전히 갈등이 있었다.

동소의 건의로 조조는 양봉에게 사자를 보내, '장군은 마땅히 안주인이 되어야 하고 저는 밖에서 후원할 것임'을 약조한다. 이에 양봉은 표문을 올려, 조조를 진동장군으로 비정후[10]를 세습하게 하였다. 조조는 천자를 모시고 도읍을 허현(지금 하남성 허창시)으로 옮겼으며, 연호를 고쳐 건안 원년(196년)으로 하였다. 조조는 대장군으로 임명되어 무평후로 책봉되었다.

원소를 태위로 삼고 업후로 책봉하였는데 원소가 이를 받아들이지

9) 헌제가 초평 원년 190년 2월 17일에 동탁의 위협하에 낙양을 떠났다가 다시 건안 원년 196년 7월 1일에 낙양에 돌아오니, 실로 5년 4개월 15일 만에 돌아온 셈이다.

10) 일찍이 조조의 조부 조등이 비정후에 책봉되었고 양자 조숭이 작위를 세습했는데, 지금 다시 그 작위를 조조가 이어받도록 한 것이다.

않자, 조조는 대장군의 관직을 원소에게 양보할 것을 주청하였다. 자신은 사공에 거기장군을 대행하였고, 또한 자신의 모사인 순욱을 시중으로 상서령을 대리하도록 하여 중앙대권을 장악하게 된다. 이때부터 조조는 '천자를 끼고 제후들을 호령'하는 유리한 지위에서 자신을 따르지 않는 군웅들을 공격하였는데, 천자의 이름으로 이들을 토벌하였기에 정당성을 확보할 수 있었다.

도읍을 허현으로 옮긴 후 조조는 둔전제屯田制를 실시하였는데, 시발은 황건의 난 진압과정에서 노획한 농우農牛와 농기구를 유민流民에게 대여하여 허도 부군에서 농사를 짓게 한 것이다. 이어 확대된 둔전제는 이전의 군부대 중심의 둔전제와 달리, 전국 주, 군에 이를 담당하는 전관田官을 설치하였고 그로 국가재정확보와 군졸 보충에 기여하여 안정적 발전을 가져왔다.

5. 서주와 양주 일부까지를 스스로의 세력권역으로 만들다

건안 2년(197년) 조조는 밖으로 세력을 확장하기 위해, 관중[11]에서 군사를 이끌고 형주지역으로 진군한다. 조조가 양성을 공격하다 장제가 죽자, 그의 친척 조카 장수가 거느린 완성(지금 하남성 남양시)을 공격하여 장수가 항복하였다. 그런데 조조가 장제의 처 추씨를 받아들이니, 장수는 이를 한스럽게 여겼다. 또한 금을 보내 그의 부하를 회유하자, 장수는 의심하고 두려워 반란을 일으키게 된다. 조조는 패배하여 달아났으며 그의 장자 조앙[12]이 숨지고, 장수 전위는 조조를 지키려 분전했지만 수십 군데 상처를 입어 죽고 만다. 조조는 군사들을 모아

---

11) 지금의 섬서성 관중분지를 가리킨다. 관중은 동쪽의 함곡관, 남쪽의 무관, 북쪽의 소관, 서쪽의 산관 등 네 관문의 중앙에 위치하여 얻은 이름이다.

12) 조조가 타고 있던 말이 화살에 맞아 쓰러지자, 조앙(?~197, 자는 자수)은 자신의 말을 부친에게 주어 조조는 탈출할 수 있었다. 조앙은 유劉 부인 소생이다. 《삼국지 위서 무문세왕공전 풍민왕앙전》

서 무음(지금 하남성 필양현)으로 돌아가는데, 장수가 기병을 인솔하여 추격해 오자 격파한다. 이에 장수는 양현으로 돌아가서 유표와 다시 연합하였고, 조조는 마침내 허도로 돌아왔다. 그러나 훗날 조조가 원소와 중원을 쟁패하려 할 때, 장수가 병사를 이끌고 항복한다. 조조는 구원을 떨쳐버리고, 아들 조균에게 장수의 딸을 처로 맞아들이도록 하고 장수를 양무장군으로 삼았다.

같은 해 원술은 양주 회남(치소 수춘)에서 황제를 칭하였다. 원술은 사자를 보내 이를 여포에게 알리고, 그의 딸을 며느리로 맞이할 것을 청하였다. 여포는 원술과 자녀 혼인 약속을 했다가 패沛의 상을 지낸 진규가 조조와 공존하라며 적극 만류하니, 이에 넘어가 이를 파기하고 원술의 사자를 허현에 압송하여 목을 베고 저잣거리에 매달게 하였다. 이에 원술이 보병과 기병 수만 명을 7개의 길로 보내어 여포를 공격하였다. 그러나 원술과 연합하였던 양봉과 한섬의 세력이 계획을 바꾸어 여포를 좇아 수춘을 향하여 수로와 육로로 공격해 오니, 원술의 군사는 대패하여 종리(지금 안휘성 봉양현)까지 밀리게 된다.

같은 해 9월, 조조가 원술을 공격하였다. 원술은 교유 등에게 기양(지금 안휘성 숙주시 남쪽)에서 방어하게 했으나 격파당했고, 회수를 건너는데 가물고 흉년이 들어 군사들과 백성들이 굶주렸다. 원술은 이 일로 마침내 쇠퇴하게 된다.

건안 3년(198년), 조조는 동쪽으로 가 팽성(지금 강소성 서주시)을 취하고 하비(지금 강소성 비현)에 도착하였다. 여포가 여러 차례 조조와 싸웠지만 모두 대패하자, 여포는 성을 지키면서 감히 나오지 못했다. 조조는 참호를 파고 하비를 포위하였지만 시간이 오래 대치하게 되자 사졸들이 피곤하고 지쳐서 돌아가려고 하였다. 그러다 순유와 곽가의 계책을 받아들여 사수와 기수의 제방을 무너뜨려 하비성으로 물을 대어 들어가게 하였다. 한 달 남짓 후, 여포의 부하장수 송헌, 위속 등이 진궁과 고순을 사로잡아 투항하였고, 여포도 마침내 백문루에서 내려와서 사로잡혔다. 조조는 이들을 모두 목을 매서 죽이고 수급을 허현의 저잣거리로 보냈으며, 한편으로 장료, 장패 등 항장들을 받아들였다.

한편 조조에게 쫓겨 회남으로 간 원술은, 창고에 가득 찼던 재물이 전부 떨어지고 사졸士卒들도 흩어져 스스로 존립할 수 없게 되니, 마침내 북으로 가서 사촌형 원소에게 제위를 넘기고 의탁하려 하였다. 이에 조조가 유비와 주령을 파견하여 요격하려 하자 원술은 지나갈 수가 없었다. 다시 수춘으로 되쫓겨 왔고, 건안 4년(199년) 6월 원술은 강정에 이르러 끝내 병을 얻어 피를 토하고 죽었다.

6. 관도대전에서 약세를 극복하고 크게 승리하다

건안 4년(199년), 원소가 병사 10만 명과 기병 1만 명을 징발하여 허현(지금 하남성 허창시)을 공격하려 하자, 같은 해 8월 조조는 여양(지금 하남성 준현)에 진군하여 관도官渡(지금 하남성 중모현)에 주둔하였다. 앞서 원술을 요격하러 갔던 유비는, 곧바로 조조에게서 탈신하여 서주자사 차주를 죽이고 반조反曹의 기치를 들고 하비를 취하였다. 이 소식을 들은 조조는, 원소에 대한 공격을 잠시 멈추고 서주로 가서 유비를 격파하였다. 유비는 처자가 사로잡힌 채 원소에게 의탁하였고 관우는 하비가 무너져 조조에게 투항하게 되었다.

다음 해 건안 5년(200년) 정월, 원소는 조조를 토벌하는 격문[13]을 발

---

13) 대표적인 예로 조조가 원소와 자웅을 겨룰 때 원소의 문신이었던 진림陳琳이 정치적 선전용으로 작성한 조조를 성토한 격주군문檄州郡文을 들 수 있다. 이 내용 중에 조조의 조부 조등과 부친 조숭에 대한 비난이 담겨 있는데 이를 살펴보면 다음과 같다. "(…) 사공 조조의 조부 조등은 전에 중상시로 좌관, 서황과 더불어 요악한 일들을 행하고 탐욕과 횡포를 일삼아 교화를 상하게 하고 백성들을 괴롭혔다. 그의 아비 조숭은 (조등의) 양자가 되기를 구걸하여 뒤를 이었으며 뇌물을 써서 벼슬길에 올라 황금과 벽옥을 수레로 거두어 권문權門에 바쳐 삼공(조숭이 태위를 역임한 것을 이르는 말)의 자리를 도둑질하고 나라의 법도를 어지럽힌 자였다. 조조는 온당하지

표한 뒤, 같은 해 2월 대군이 여양으로 들어오는 동시에 대장 안량을 파견하여 황하를 건너 백마(지금 하남성 활현 동북쪽)를 포위하여 동군태수 유연을 공격하게 하였다. 조조는 북쪽으로 가서 유연을 구원하고, 순유의 간언을 받아들여 성동격서지계聲東擊西之計14)로 원소의 후방인 연진(지금 하남성 위휘시 동쪽)을 공격하는 척한다. 이어 관우는 경무장한 병사로 백마를 공격하여 원소의 대장 안량을 죽이고 동군도 위험에서 벗어나게 하였다. 또한 치중이 운반되고 있어 원소의 군대가 혼란스러운 틈을 타 기습공격을 감행하여 원소의 기병장군 문추를 죽이자, 원소군은 크게 패하여 동요하게 된다. 원소는 지구전을 펼치라는 저수 등의 간언을 듣지 않고 대군을 이끌고 관도로 향하였다. 조조는 선불리 원소와 맞붙지 않고 관도를 지키면서 대치 상태로 있었다.

같은 해 8월, 조조가 출병시켜 원소와 전투하였으나 이기지 못했다. 다시 돌아와서 성벽을 견고하게 하였고, 이후 두 진영은 치열한 공방전을 벌였다. 한 달간 대치 상태가 지속되자 조조의 군사는 1만 명이 채 못 되는 군사 중에 부상자가 열에 두셋이었고, 남은 군량미는 적어 조조는 근심하고 있었다. 이에 순욱에게 편지를 써서 '허현으로 돌아가고 싶다며 이것으로 원소의 군사를 끌어들이고자 한다'고 하였다. 순욱은, '약한 병력으로 강한 적군을 감당해야 하는 지금이야말로 상대를 제압하지 못하면 짓밟히게 되는 천하쟁탈의 운명이 걸린 기회라며, 굳게 관도에서 버텨내라' 하였다. 조조는 그 방책을 따랐다.

같은 해 10월, 원소는 또 치중을 내어 곡물을 운반하는 데 장군 순우경 등에게 만여 명의 병사를 거느리고 호송케 하면서, 원소 군영의

않게 한관의 가문에 들어간 자(조숭)가 추하게 남겨둔 후예로, 본래 선한 덕이 없어 경박하고 교활하며 표독하고 방자하여 난을 일으키길 좋아하니, 세상의 재앙을 즐기는 자이다. (…)" 《삼국지 위서 원소전/배송지 주 위씨춘추》

14) 동쪽에서 소리를 내고 기실 서쪽을 치는 상대방을 교묘하게 속여 공략하는, 중국의 고대병법인 《삼십육계비본병법》의 6번째 계책이기도 한다.

북쪽 40리 떨어진 곳에 숙영하도록 하였다. 허유는 원소가 그의 재물에 대한 욕망을 채워 주지 않는 것에 불만을 품고 원소를 떠나 조조에게 투항하였다. 그는 오소(지금 하남성 봉구현 서부 일대)에 만여 승이나 되는 원소의 치중을 보관하는 식량기지가 있는데, 주둔군의 방비가 삼엄하지 않다는 실정을 말해 주었다. 조조가 크게 기뻐하며 조홍과 순유를 남겨 군영을 지키게 하고, 스스로 보병과 기병 5천 명을 거느리고 한밤중에 출발하여 날이 샐 무렵, 순우경이 지키는 오소를 습격하여 양곡을 모두 불태워 버렸다. 이는 원소군의 기세에 큰 타격을 가하였다.

원소는 장합, 고람 등을 보내 조조의 군영을 공격하도록 하였다. 그러나 오소가 무너지자 곽도의 모함을 받게 된 장합 등이 조조에게 투항하게 된다. 이에 놀란 원소군은 크게 괴멸되었고 원소와 원담 등이 800명 기병과 더불어 황하를 건너 퇴각하게 된다. 조조가 그들을 추격하여 따라잡지는 못하였지만, 그들의 치중과 도서, 진귀한 보물을 거두어들였다. 나머지 무리 가운데 항복한 병사들을 모두 구덩이에 묻었는데 죽은 자가 7만여 명15)이었다.

7. 하북을 차지하여 통치하다

원소는 관도에서 조조에게 패한 뒤 업성(지금 하북성 임장현)으로 퇴각하여 있다가, 건안 7년(202년) 5월, 싸움에서 진 수치와 분노로 병이 나 피를 게우다가 죽었다. 작은아들 원상이 직위를 이었고, 원담은 스스로 거기장군이라 일컬으며 여양(지금 하남성 문현)에 주둔했다. 조조는 공격의 고삐를 늦추지 않고 건안 8년(203년) 2월, 여양을 공격하였다. 원담 원상과 성 아래에서 싸워 크게 무찌르자 그들이 패하여 업성

15) 범엽의 《후한서 원소전》에는 죽인 자가 8만 명이라고 되어 있지만 《헌제기거주》에 조조가 올린 표문이 있는데, 여기에는 참수한 것이 7만 명이라고 기록되어 있다.

으로 달아나니 추격하여 업성을 향해 진군했다.

같은 해 8월 조조가 업성지역을 떠나 남쪽으로 내려올 때, 원담과 원상은 서로 기주를 차지하려고 싸움을 벌였다. 원담이 신비를 파견하여 조조에게 구원을 요청하여 왔다. 이에 같은 해 10월 조조는 군사를 이끌고 여양에 도착하여, 아들 조정을 원담의 딸과 결혼시켰다. 원상은 조조가 군사를 거느리고 북쪽으로 향한다는 말을 듣고, 평원현의 포위를 풀고 업성을 향해 돌아갔다.

인의예양人義禮讓을 흥기시키기 위해 조조는 건안 8년(203년) '수학령'을 반포하였다. 모든 군과 국에서는 문학을 가르치고, 500호 이상의 현에는 교관을 설치하여 향의 우수한 인재를 선발하여 가르치도록 하는 등 학업을 장려했다.

건안 9년(204년) 정월, 조조가 진군하여 업성 가까이에 이르러 공격하였는데, 원상이 한밤중에 병사를 보내 포위망을 뚫으려 했다. 조조는 대기하고 있다가 공격하여 원상의 군사를 패퇴시켰고, 여세를 몰아 원상의 진영을 포위했다. 원상은 밤을 틈타 도주하여 기산(지금 하남성 안양시 서쪽)을 지키니 조조가 다시 진격해 이를 포위하였다. 원상의 장수 마연과 장의 등이 전투도 하기 전에 항복하자 원상은 중산(지금 하북성 정현)으로 달아났다. 조조군이 그 치중을 다 거두고 원상의 인수와 부절 및 의복을 획득하여 성안에 있는 사람들에게 보이자, 성안의 사기는 완전히 와해되었다. 같은 해 8월 심배가 조조군과 싸웠지만 패하였고, 조조가 심배를 생포하여 참수하자 업성은 모두 평정되었다. 조조는 마침내 원소의 묘에 가서 제사를 지내고 그를 위해 곡을 하고 눈물을 흘렸다.

한편 조조가 업성을 포위하고 있을 때, 원담은 감릉현(지금 산동성 청평현) 등 여러 지역을 공략하여 빼앗았다. 원담이 다시 공격하자 원상은 고안현(지금 하북성 역현)으로 도주하였고, 원담은 원상의 군대를 다

거두어서 병합하였다. 조조는 원담에게 편지를 보내 약속을 어긴 것을 질책하고, 그의 집안과의 혼사 관계를 파기하고 원담의 딸을 돌려보낸 후에 진군하였다.

조조는 먼저 기주를 점한 뒤 건안 9년(204년), 황하 이북의 백성들에게 금년 한 해 동안에는 세금을 걷지 않는다는 '견하북조부령'을 내려, 민심을 안정시키는 효과를 냈다. 동시에 호족들이 부담해야 하는 조세가 부당하게 힘없는 백성들에게 전가되는 것을 막고, 호족들이 토지를 겸병하는 것을 억제하는 '억겸병령'을 반포하자 백성들은 기뻐하였다.

같은 해 9월 헌제가 조조에게 기주목을 겸하도록 하자, 조조는 비옥한 기주의 유리함을 알고 연주목을 반납하고 기주목으로 칭하면서 세력의 중심을 연주 지방에서 기주 지방으로 이동시켰다. 이후 조조는 업성(지금 하북성 임장현)에 상주하면서 이곳을 하북 제패의 거점으로 하였다. 업성은 기주 위군의 치소가 있던 업현으로, 이후 조조가 위국왕에 봉해지자 도성都城으로 삼게 된다.

건안 10년(205년) 정월, 조조가 남피(지금 하남성 남피현)로 원담을 공격하여 격파하였다. 원담을 추격하여 참수하고 그 처자식을 주살하자 기주는 평정되었다. 같은 달 원희가 그의 장수 초촉과 장남의 공격을 받아 원상과 함께 요서지역에 있는 오환족[16]에게로 달아났다.

건안 11년(206년) 조조가 군대를 거느리고 고간을 쳤는데, 호관(지금 산서성 장치시)을 포위한 지 석 달 만에 함락했다. 고간은 홀로 몇 명의 기병과 함께 남쪽의 형주로 달아나려고 하였으나, 상락도위 왕염이 그를 체포하여 참수하니 병주가 평정되었다.

16) 호삼성胡三省에 이르기를, '삼국오환은 요서의 답돈, 요동의 소복연, 우북평의 오연이다.' 오환烏丸은 오환烏桓이라고도 하며, 당시 동북 변방지역의 강대한 세력을 가지고 있었던 이민족이다.

8. 북방의 오환족을 평정하다

조조가 북방으로 가서 삼군의 오환족의 지역 안까지 쳐들어가서 원상을 정벌하려고 하였다. 이때 여러 장수들이, 유비는 틀림없이 유표를 설득하여 허현(지금 하남성 허창시)을 습격할 것이라며 반대하였다. 오직 곽가만이 유표는 유비를 신임하지 않으리라 판단하고 북정을 권했다. 이에 건안 12년(207년), 조조는 북쪽 오환으로 출병하였다.

같은 해 5월 조조군은 역현(지금 하북성 웅현)까지 진군했다. 그때 여러 장비를 버리고 가벼운 행장에 빠른 속도로 진군하라는 곽가의 진언을 받아들여, 어느덧 무종(지금 천진시 계현)에 도착했다. 조조가 사자를 보내어 전주를 천거하니 수현(지금 하북성 경현)의 현령이 되었으며, 그도 군대를 따라가 무종에 이르렀다.

그때 큰비로 해안의 길이 막혔다. 조조는 전주에게 길을 인도하도록 하여 군대를 이끌고 노룡(지금 하북성 천안현 서북)의 요새에서 나왔다. 그러나 외곽은 길이 끊어져 통하지 않아서 산을 파고 골짜기를 메운 것이 5백여 리(약 230km)였다. 노룡구에서 백단(지금 하북성 흥륭현 서북)을 경유하여 평강(지금 요녕성 조양시)을 지나 선비족의 지역을 건너, 동쪽으로 유성(지금 요녕성 조양시 동남)을 향하고 있었다. 아직 2백 리(약 87.1km)를 남겨둔 지점에 이르렀을 때, 그제서야 오환족은 이 사실을 알아차리게 되었다. 원상과 원희는 답돈, 요서 선우인 누반, 우북평 선우인 능신저지들과 수만의 기병을 거느리고 조조의 군대에 대적했다.

같은 해 8월, 조조는 병사들을 거느리고 백랑산(지금 요녕성 조양시 서남)에 올랐는데, 갑자기 많은 수의 적과 조우하게 되었다. 조조의 치중은 후방에 있고 갑옷을 입은 병사들도 적어 좌우에서 모두 두려워했다. 조조가 높이 올라가 적진이 정비되지 않은 것을 보고는, 이에 군사를 풀어 이들을 공격했다. 장료에게 선봉에 서도록 하니 적의 병력은 한순간에 붕괴되었다. 답돈과 명왕(오환족의 이름난 우두머리) 이하의 머리를 베었으며, 호족과 한족 가운데 투항한 자가 20여만 명이나 되었다.

요동 선우 속복환(소복연이라고도 함)이 원상, 원희와 더불어 요동태수 공손강에게로 달아났는데, 그들은 여전히 수천 기병을 보유하고 있었다. 공격을 권하는 사람이 있었지만 조조는 이를 받아들이지 않고, 유성(지금 요녕성 조양시 동남)으로 돌아왔다. 과연 조조에게 거슬리는 것은 유리하지 않다고 여긴 공손강이, 원상, 원희의 수급을 베고 아울러 속복환의 수급과 함께 보내왔다. 이 사이 건안 10년(205년) 4월, 태행산맥[17] 일대에 있던 흑산적 장연도 십만이 넘는 부하를 이끌고 조조에게 항복했으니, 이렇게 해서 하북은 모두 평정되었다.

조조가 하북평정을 끝내고 개선하면서 소회를 읊은 연시가 바로 "보출하문행"으로, 그 다섯 단락 가운데 1해가 관창해觀滄海이다. 그가 갈석산(지금 하북성 창려현 현성 북쪽)에 오른 것은, 이 시상 속에 바다를 내려다보고 지난날을 회상하려는 의도 외에, 바로 자신이 거둔 무공을 진 시황이나 한 무제가 이룬 공적에 견주고 싶었던 것인지 모른다.

---

17) 태행산맥은 중국 화북華北지구 중부에서 남북으로 뻗은 산맥으로 하남성 북부에서 북으로 뻗어 올라가 산서성 하북성의 경계를 이루고 있다. 교통의 장해가 되어 예로부터 관문이 많았으며 평균 표고 1천 500m, 길이 400km이다.

푸른 바다를 바라보며

동쪽으로 갈석산에 올라, 창망한 바다를 바라보노라.

파도는 몹시도 뒤흔들리고, 산 같은 섬은 우뚝 마주 섰네.

섬에는 수목이 우거지고, 갖가지 풀도 무성하구나.

가을철 바람은 처연하게 불어오고, 넘실대는 바다 물결 끝없이 용솟음치누나.

떴다 지고 졌다 뜨는 해와 달도, 그 사이에서 솟아오르고

빛나는 은하수의 뭇별들도, 바로 그 속에서 떠오르겠지.

아! 한없는 즐거움을, 노래지어 뜻을 읊어나 보리.

觀滄海

東臨碣石,　　以觀滄海.

水河澹澹,　　山島竦峙.

樹木叢生,　　百草豊茂.

秋風簫瑟,　　洪波湧起.

日月之行,　　若出其中.

星漢燦爛,　　若出其裏.

幸甚至哉,　　歌以詠志.

9. 적벽대전의 패배로 천하통일을 잃다

건안 13년(208년) 정월, 하북을 평정하고 업성에 개선하는 데에 꼬박 7년을 투입한 조조는 승상[18]이 되었으며, 이제 남쪽 정벌에 나서 천하통일을 도모해 나가려고 하였다. 같은 해 7월 조조가 유표를 정벌하러 형주로 향하고 있을 때, 유표가 병으로 죽게 된다. 그의 후사로 형주를 이어받은 차자 유종은 양양(지금 호북성 양번시)에 있었는데, 괴월과 부손 등이 유종에게 조조에게 항복할 것을 권하였다. 같은 해 9월에 조조가 신야(지금 하남성 신야현)에 닥쳐오자, 유종이 마침내 주를 들어 항복하고 부절을 가지고 조조를 맞았다.

이때 유비는 번성[19]에 주둔하고 있다가 후퇴하여 당양(지금 호북성 당양현)에 도착할 즈음에는, 피난의 무리가 10여만 명이었고 치중은 수천 량이어서 하루에 겨우 10여 리를 갔다. 조조는 유비가 강릉(당시 남군의 치소 지금 호북성 강릉현)을 점거할까 두려워, 마침내 치중을 버리고 군대를 경무장해서 양양에 도착한다. 바로 정예 기병 5천 명을 거느리고 급히 유비를 추격하여, 하루 낮과 하룻밤으로 1백여 리를 가서 장판(지금 호북성 당양현 북부)에 이르렀다. 유비는 크게 패하여 제갈량, 장비, 조운 등 수십 명의 기병과 함께 달아났다. 이후 관우의 선단船團(여럿으로 조직된 배의 무리)과 만나서 면수(한수의 하류)를 건너 유기의 무리 1만여 명과 합세하여 하구(지금 호북성 무한시 한구)에 도착한다.

조조는 강릉으로 진군하여 유종을 보내 청주자사로 삼았다. 괴월 등 열후가 된 사람이 15명이었고, 그 주 사람들을 하나하나 품평하도록

---

18) 승상은 조정의 최고행정장관으로 황제를 보좌하여 국정을 다스린다. 후한 광무제는 승상을 폐지하고 태위, 사도, 사공이라는 삼공三公이 명목상으로 국정을 보좌하게 하였는데, 조조는 이를 없애고 옛 제도를 부활시켜 스스로 승상을 맡아 황실의 힘을 약화시키고 조정의 전권을 장악한 것이다.

19) 번성은 양양현의 북쪽에 있었으며 한수를 사이에 두고 서로 마주 보고 위치해 있다.

하여 이들을 모두 채용하였다. 같은 해 10월 조조는 강릉으로부터 차차 장강을 따라 동쪽으로 내려오면서 형주의 전역을 장악하여 수군을 재편성했다. 형주군의 채모와 장윤을 도독으로 수전을 대비하는 한편, 조조가 손권에게 편지를 보내 전하기를, "근래 천자 말씀을 받들어 죄지은 자를 처벌하였소. 깃발이 남쪽을 가리키니 유종이 손을 모았소. 지금 수군 80만 명의 무리를 다스려서 바야흐로 장군과 함께 오吳에서 만나 사냥하려고 하오."《삼국지 오서 오주전/배주 강표전》라고 하였다.

이에 강동의 손권은 하구의 유비에게 노숙魯肅을 파견하였고, 제갈량이 시상(지금 강서성 구강시)을 답방한다. 장소, 진송 등 조조를 맞아들여 항복하라고 권유하는 대부분의 주화파를 제치고, 손권은 주유周瑜, 노숙 등의 주전파 주장을 받아들인다. 드디어 손孫·유劉 연합을 맺어 주유와 정보를 좌·우독으로 삼아 군사를 거느리고 유비의 원군을 합쳐, 조조와의 일대 결전이 벌어지게 된다.

조조군이 장강을 따라 내려가면서 적벽(지금 호북성 함녕시 관할 적벽시 서북쪽 장강 남안)에서 손·유 연합군과 조우하게 되니, 이 전투가 이른바 적벽대전이다. 당시 양측의 병력을 비교해 보면, 조조군은 북방의 15~16만 명에 형주의 7~8만 명을 더해 모두 약 24~25여만 명이었다. 손권군은 주유·정보의 병력에다 노숙의 수하병사까지 3만여 명, 유비군은 수군과 보명 1만 명, 유기 수하의 강하병 1만 명으로 손·유 연합군은 5만여 명이었다. 조조군과 손·유 연합군의 병력은 약 5대 1의 비율이었던 셈이다.

조조의 다수의 시부 가운데 "단가행"의 그 2해가 이른바 횡삭부시橫槊賦詩인데,《삼국지연의 제48회》에서는 조조가 적벽대전을 치르기 전 야제에 읊은 것으로 나오고 있다.

긴 창 비켜 잡고 시를 읊다

술을 대하여 노래하노니, 사람 한평생이 몇 해나 되느뇨!

비유하자면 아침이슬 같으니, 지나간 날은 고통도 많았구나.

비분강개하여 노래 불러보건만, 맺힌 시름 떨칠 수가 없어라.

무엇으로 이런 시름을 풀까, 오직 두강의 술이 있을 따름이로세.

푸르고 푸른 그대 옷깃이여, 아득히 내 마음에 남아 있어라.

다만 그대를 생각하면서, 지금도 나직이 읊조린다네.

"유유"하고 울어대는 사슴, 들판에서 풀을 뜯는도다.

나에게 아름다운 손님이 온다면, 비파를 뜯고 생황을 불어 맞이하리.

그대는 밝고 밝아서 저 달 같거니, 그 어느 때나 딸 수 있으리?

마음속에 일어나는 시름을, 아무도 떨쳐낼 수가 없도다.

언덕을 넘고 밭도랑 길을 건너, 황송하게도 찾아와 주신다면,

오랜만에 만나 잔치를 벌이고, 옛 은정 마음속에 간직하리.

달은 밝고 별은 성그니, 까막까치가 남쪽으로 나는도다.

나무 주위를 세 번 감돌았으나, 앉을 만한 가지가 없구나.

산은 아무리 높아도 마다하지 않고, 바다는 아무리 깊어도 싫어하지 않으리.

주공은 밥을 뱉고 세 번이나 인재를 맞았으니, 마침내 천하 인심이 그에게 돌아갔도다.

橫槊賦詩

對酒當歌, 人生幾何!
譬如朝露, 去日苦多.
慨當以慷, 憂思難忘.
何以解憂, 唯有杜康.
青青子衿, 悠悠我心.

但爲君故，沈吟至今.
呦呦鹿鳴，食野之苹.
我有嘉賓，鼓瑟吹笙.
皎皎如月，何時可輟?
憂從中來，不可斷絕.
越陌度阡，枉用相存.
契闊談宴，心念舊恩.
月明星稀，烏鵲南飛.
繞樹三匝，何枝可依.
山不厭高，海不厭深.
周公吐哺，天下歸心.

그런데 육지전에 익숙한 조조군에게는, 춥고 다습한 현지 기후에다 강릉에서 주둔지인 오림까지의 늪지대에서 역병이 크게 도는 등, 병사들 건강상의 문제가 일어나고 있었다. 처음에 조조 진영의 수군은 공격을 시도했으나 승리하지 못하자, 소극적으로 돌아서 군사를 이끌고 차례로 장강 북쪽으로 갔다. 이에 주유 진영은 남쪽 강 언덕에 대치한 상태로, 건안 13년(208년)이 저물어 가고 있었다.

전쟁이 교착상태에 빠져있을 무렵, 강동의 노장 황개는 도독 주유에게 화공火攻을 진언한다. 이에 몽충전함 10척을 가져다가 마른 억새와 장작을 싣고 그 가운데에 기름을 부은 후 휘장으로 덮고, 위에는 정기를 세우고 미리 준비한 주가(일종의 쾌속정)의 끝에 매었다. 그리고 조조에게 편지를 써서 항복하겠다고 거짓으로 말하였다.

이때 동남풍이 급하게 불자 황개는 10척의 함선을 최전방에 내세우고 나머지 배도 차례대로 함께 나아갔다. 조조군의 관리와 병사들은 모두 진영에 나와 서서 보면서 손가락으로 가리키며 황개가 항복한다고 말하였다. 그때 북군(조조의 군대)에서 2리 떨어진 지점에서 동시에 불을 붙였다. 맹렬히 불이 타오르는 배는 사나운 바람을 타고 화살처럼 가서 북군의 함선을 태워 버렸고, 불길은 강 언덕에 있던 군영이 있는 곳까지 옮겨붙었다. 연기와 화염이 하늘에 퍼지고, 많은 사람과 말들이 불에 타고 강에 빠져 죽었다.

주유 등이 경무장한 정예병을 인솔하고 뇌고(팔면으로 된 북)를 울리며 공격해 오니, 북군은 크게 무너졌다. 조조가 군대를 이끌고 화용華容(지금 호북성 성리현 동부)으로부터 도보로 달아나는데, 이때 조조의 군대는 굶주림과 역병이 겹쳐서 죽은 사람이 태반이었다. 조인, 서황만 남겨서 강릉을 수비하게 하고 악진에게 양양을 지키도록 하고서, 조조 자신은 북으로 돌아갔다.

10. 밖으로 변방을 지키고 안으로는 창업의 기틀을 구축하다

건안 14년(209년) 조조는 수군을 이끌고 와수에서부터 회수(일명 회하)로 들어가 비수로 나온 뒤, 합비(당시 구강군의 현명)에 주둔하였다. 양주(지금 안휘성과 강서성 일부 지역)의 군, 현에 태수나 현령을 임명하고, 작피(지금 안휘성 수현 남쪽) 등 회남 일대에서 대규모 둔전을 시행했다.[20]

조조는 인재를 채용하는 데 있어서, 당시의 명절名節(명분과 절의)을 중히 여기는 원칙을 깨고 재능만 있으면 받아들였다. 조조는 세 차례나 영을 내려 유능한 자를 널리 구하려고, 그 첫 번째로, 건안 15년(210년) 봄 그가 승상일 때, '구현령'에서 오직 재능만이 추천의 기준이니 오로지 재능 있는 인물을 기용할 것이라 하였다.

건안 16년(211년) 3월, 조조가 종요를 보내 한중의 장로를 토벌하게 하고, 하후연 등에게 병사를 거느리고 하동으로 나가서 종요와 합류하

20) 《수경주》를 보면 비수는 구강의 성덕현 광양향을 나와서 서쪽으로 흐르다가 서북쪽 작피로 들어간다. 작피는 둘레가 120리가량 되며 수춘현의 남쪽으로 80리 지점에 있는데 작피 위에 있는 시수는 합비에 이른다. 비수는 북쪽으로 흐르다가 수춘현의 북쪽을 지나서 회하로 들어간다. 이러한 지형은 농사짓기에 적당한 곳이어서 둔전을 시행하여 조조의 군량을 공급하는 기지가 된 것이다.

게 하였다. 관중지역의 여러 장수들이 이를 의심하여 마초馬超, 한수韓遂, 후선, 정은, 양추, 이감, 장횡, 양흥, 성의, 마완 등이 거느리는 10개 부락이 모두 반기를 들게 된다. 그 무리가 10만 명이었으며 동관[21]에 주둔하며 점거하였다. 조조가 조인을 보내서 장수들을 독려하여 그들에 맞서게 하고, 같은 해 7월에 몸소 군대를 거느리고 가서 마초 등을 공격하였다.

같은 해 8월, 조조가 동관에 이르러서 마초 등과 관문을 사이에 두고 진을 쳤다. 조조가 이를 유지하는 척하면서, 몰래 서황과 주령을 보내어 보병과 기병 4천 명을 거느리고 포판진(지금 산서성 영제현 서쪽 황하 입구)을 건너서 황하의 서쪽으로 점거하여 군영을 만들게 하고, 조조는 동관의 북쪽에서 황하를 건넜다. 보병과 기병 1만여 명을 거느린 마초의 공격으로 화살이 비 오듯 쏟아지자, 허저는 왼손으로 말안장을 쳐들어 조조를 가리고 오른손으로 배를 저어 건너갔다. 이어 교위 정비가 소와 말을 풀어 놓아 유인하자, 적군은 소와 말을 취하려고 혼란스러워져 조조는 마침내 강을 건널 수 있었다.

같은 해 9월 조조의 군사가 위수를 건넜는데, 마초 등이 싸움을 걸어왔지만 대응하지 않았다. 그러나 거듭 황하 이서지역 땅을 떼어줄 것을 요청하고 임자[22]를 보내줄 것을 바라자, 조조는 가후의 반간지계反間之計(이간책)를 받아들여 거짓으로 이를 허락하는 척했다. 먼저 한수의 요청으로 회담하게 되자 옛 친구인 한수에게 조조는 너스레만 떨고 군사에 관해서는 한마디도 하지 않았다. 다음으로 조조가 한수에게 편지를 보내면서 고쳐 쓴 데가 많게 하여 마치 한수가 고친 것처럼 해

---

21) 지금 섬서성 동관潼關현의 동남쪽에 있었는데 섬서, 산서, 하남 등 3성의 경계지역에 있는 관문으로 관문의 성城이 산기슭에 버틴 채 아래로 황하를 굽어보고 있어 그 형세가 험요하기 짝이 없었다.

22) 임자任子는 부조父祖의 공훈으로 그 자손에게 관직을 주는 것을 이르나, 기실 인질로 붙잡혀 있는 마초의 가족을 말한다.

놓으니, 마초 등은 더욱 한수를 의심하게 된다. 이로 인해 마초와 한수의 사이가 멀어져 결련관계가 와해되자, 조조는 싸울 날짜를 정해 먼저 무장한 병사들로 공격했다. 전투가 오래 지속되자, 비로소 용감한 기병을 출동시켜 양쪽에서 협공하여 크게 무찌르고 성의와 이감 등을 참수했다. 한수와 마초는 양주(지금 감숙성 동부)로 도주하고 양추는 안정(지금 감숙성 진원현)으로 달아나니, 마침내 이로써 관중지역[23]은 평정되었다.

건안 18년(213년) 정월에, 조조가 유수구(지금 안휘성 함산현 서남쪽)로 군사를 보내면서 겉으로는 보병과 기병 40만 명이라고 하였다. 손권의 강서(장강의 서안) 군영을 공격하여 깨뜨리고, 그곳의 도독인 공손양을 잡았다. 손권은 군사 7만 명을 거느리고서 이를 막았는데 서로 대치하기를 한 달 넘게 하였다. 조조는 손권 진영의 배의 기물과 무기, 군사의 대오가 정연한 것을 보고는 감탄하고 군사를 거두어 돌아왔다.

한편 같은 해 5월, 기주 관할의 열 개 군을 가지고 조조를 책봉하여 위공으로 삼았다. 승상으로서 기주목을 관장하는 일은 전과 같이 하고 또 구석의 예물을 부가하였다. 또한 당시기 조조의 위국魏國에는 상서, 시중, 육경을 두고 있었다.

앞서 헌제의 의대조衣帶詔를 받은 동승이 조조 제거를 모의하다 드러났다. 이로 동승의 딸 동귀인이 임신했다며 헌제가 살려줄 것을 요청했으나, 모두 죽임을 당한다. 건안 19년(214년) 이에 두려움을 느낀 복황후는 둔기교위를 지냈던 부친 복완에게 편지를 보내 조조가 잔혹하고 압박하는 상황을 말하면서, 몰래 조조를 도모하라고 하였다. 복완은 감히 이를 실행하지 못하였다. 그런데 그 편지가 발견되어 일이 마침내 누설되니 조조가 크게 화를 내고, 같은 해 11월 어사대부 치려에

23) 여기서 관중關中은 관서關西와 같은 의미로 여겨진다.

게 황후의 인새와 인수를 거두도록 한다. 또한 상서령 화흠이 군사를 거느리고 황후를 체포하게 하였다. 마침내 복황후는 유폐된 채 죽었으며, 그가 낳은 두 명의 황자도 모두 독살되었다. 형제와 종족으로 죽은 사람이 100여 명이었다.

유능한 자를 구하려고 두 번째로, 건안 19년(214년) 12월 조조가 위공일 때, '취사물폐편단령'에서 결함이 있다고 능력 있는 인재를 외면하지 말라 하여 재능 있는 인물들을 선발하고 기용할 수 있는 길을 열었다.

건안 20년(215년) 3월, 조조가 스스로 군대를 이끌고 장로를 공격하려고 무도(지금 감숙성 성현)에서 저족의 거주지로 들어섰다. 그들이 길을 막으니 장합과 주령 등을 파견하여 이를 격파하였다. 같은 해 7월 조조가 양평(지금 섬서성 면현 서쪽)에 군사를 거느리고 도착하자, 장로는 동생 장위와 장군 양앙 등을 양평관에 파견하고 산을 가로질러 10여 리(약 5.7km)나 성을 쌓아 수비를 견고히 하였다.

조조는 그들을 공격해도 함락되지 않자 군사를 후퇴하였는데, 적은 대군이 물러나는 것을 보고 그 성의 수비를 느슨하게 하였다. 이에 조조는 은밀히 해표, 고조 등을 보내, 가파른 산에 올라 야밤에 급습하게 하여 이들을 크게 무찔렀다. 장위가 장수 양임의 목을 베고 야밤에 도주하고 양평이 함락되었다는 소식에, 장로는 파중(지금 사천성 동북)으로 달아났다.

마침내 조조는 한중의 치소인 남정(지금 섬서성 한중시 소재)에 입성하였고, 파군과 한중 지역이 모두 항복하게 된다. 같은 해 11월 장로가 파중으로부터 그의 남은 군사들을 이끌고 와서 항복하였다. 이에 장로 및 그 다섯 아들을 모두 열후로 봉하였다.

이때 사마의와 유엽은 조조에게, 한중을 얻었으니 유비가 유장을 사로잡아 촉 사람들이 아직 유비를 따르지 않는 익주를 이 기회에 이어 공략할 것을 진언한다. 조조는 이를 듣지 않고 "사람이 고통스러워하는 것은 만족함이 없기 때문인데, 이미 농隴(지금 섬서성 남부)을 얻었는데 또다시 촉蜀까지 바라겠는가!"라고 하며,[24] 하후연과 장합, 서황 등을 한중에 주둔시켜 지키게 하고 북쪽으로 돌아갔다.

건안 21년(216년) 2월 조조는 업성으로 돌아왔고, 같은 해 5월 위왕이 되었다. 그의 딸을 공주[25]로 책봉하였고 탕목읍을 식읍으로 내렸다. 건안 22년(217년) 10월 조조에게 면류관을 12류[26]로 하고 금근거(황금으로 꾸민 천자의 수레)를 타고 6필의 말이 끌도록 하였으며, 오시부거(금근거를 따르는 5색 10대의 수레)를 설치하도록 했고 오관중장랑 조비를 위魏태자라 하였다.[27]

유능한 자를 구하려고 세 번째로 건안 22년(217년) 조조가 위왕일 때, '거현물구품행령'으로 다섯 유형을 구체적으로 거론하며 품행에 구애되지 말고 인재를 천거하게 하였다.

건안 23년(218년), 유비가 한중을 공격하여 양평관(지금 섬서성 면현 서쪽)에 주둔하였는데, 하후연과 장합, 서황 등이 이에 대항하였다. 유비가 진식 등을 파견하여 마명각(지금 사천성 광원시 북쪽)으로 가는 도로를 차단하게 하였지만, 서황이 그를 쳐서 깨뜨렸다. 장합이 광석이란 곳에 주둔하였는데 유비가 공격하였으나 이기지 못하였다. 이에 익주의 군사를 징발하도록 하여 법정이 유비를 좇아 북쪽으로 가게 된다.

---

24) 이 말은 후한 광무제가 잠팽岑彭 등에게 한 말인데 조조가 다시 쓴 것이다. 이는 계속해서 전투를 해오면서 싫어하는 마음이 있었는데, 이러한 소회의 일단을 피력한 것으로 보인다.

25) 원문은 왕녀王女로 되어 있어 왕으로 봉해진 사람의 딸 즉 조조의 딸을 이르는 바, 이로 조조를 왕이라 일컫기 시작한다.

26) 류旒는 네모난 면관 앞뒤에 옥을 꿰어 늘어뜨린 줄기로 천자는 12줄기, 제후는 9줄기, 상대부는 7줄기, 하대부는 5줄기이다.

27) 이 모든 의전들은 황제만이 누릴 수 있는 것들인데 조조가 이를 누리게 된 것은, 조조가 실질적으로나 형식적으로나 황제에 버금가는 권력을 누렸음을 보여주는 것이다.

같은 해 7월, 조조가 이를 공격하고자 군사를 거느리고 나아가, 9월에 장안(지금 섬서성 서안시)에 도착한다. 하후연과 유비가 서로 대치하면서 한 해를 넘기자, 유비가 양평에서 남쪽으로 가서 면수(한수의 하류)를 건너 산을 따라 조금씩 전진하여, 정군산(지금 섬서성 면현 남쪽)에 군영을 두었다. 하후연이 군사를 이끌고 싸웠으나, 법정이 계교로 황충에게 높은 곳에 올라가서 북을 치고 총공격하도록 하니 하후연의 군사는 대패하였고 하후연은 죽고 만다.

건안 24년(219년) 3월, 조조가 장안으로부터 야곡(지금 섬서성 미현 서남)을 나와서, 군사로 은폐된 요충지역을 차단하고 한중으로 다가갔다. 유비는 군사를 모아 험준한 곳에 기대어 조조의 군대에 맞서며 지켰으나 끝내 서로 접전하지는 않았고, 조조는 유비와 한 달가량을 대치하게 된다. 조조에게 한중은 마치 '계륵鷄肋'과 같은 존재가 되어, 같은 해 5월 한중에 있던 여러 군사들을 모두 이끌고 퇴각하여 장안으로 돌아갔다.

같은 해 7월, 조조가 부인 변씨를 왕후로 책봉하였다. 이어 8월 관우가 군사를 인솔하고 조인의 번성(지금 호북성 양번시 한수 북쪽)을 공격하자, 조조는 이에 우금을 파견하여 구원하게 하였다. 이때 큰 장맛비로 한수가 범람하여 우금 등 칠군七軍(고대 병제에는 5사師가 1군軍임)이 물에 잠기었다. 우금 등 제장들이 관우에게 항복하였고 사로잡힌 방덕은 끝내 참수된다. 관우가 급하게 번성을 공격하였고 성이 물에 잠겨 때때로 붕괴되기도 하였는데, 성안에 있는 조인은 수천 병사들과 한마음이 되어 굳게 성을 지켰다.

한편 조조는 서황에게 군사를 이끌고 먼저 완성(지금 하남성 남양시)에 주둔하여 조인을 돕게 하다가, 진격하여 양릉피에 도착하였다. 그러나 허현의 이남에서부터는 때때로 관우에게 귀부하여 호응하였으므로, 관우의 위세가 화하(중원)를 진동시켰다. 조조가 허도에서 벗어나 관우의 예봉을 피하고자 하니, 사마의와 장제가 진언하기를, 사람을 보내어 관우의 뒤를 밟게 하고 강남을 나누어서 손권에게 책봉할 것을 약속한다면, 번성의 포위는 풀릴 것이라 하였다. 조조가 이에 응하자, 손권은 사자를 파견하여 상주문을 올려 관우를 토벌하여 조조에게 충성을 표하겠다고 하였다.

관우의 군사는 언성(지금 호북성 양번시 북쪽)에 주둔하고 있었다. 서황이 그 후방을 차단하는 것으로 보이자 관우군이 도주하니, 조조군은 언성을 얻고 군영을 연결하여 진격하였다. 조조는 마침내 마피(지금 하북성 겹현 동쪽)에 주둔하고 앞뒤로 12개의 군영을 파견하여 서황의 구원 부대에 합세하게 한다. 관우는 주둔하고 있는 4개의 둔영이 괴멸할 것 같자, 스스로 보병과 기병 5천 명을 거느리고 나아가 서황과 싸웠지만 패하였다. 서황의 추격 속에 관우가 포위망을 철거하고 퇴각하게 되니, 드디어 조인이 지키는 번성은 포위에서 풀려나게 된다. 건안 25년(220년) 정월 조조는 낙양에 돌아왔는데, 손권이 관우의 후방을 공격하여 그를 참수하고 수급을 조조에게 보내왔다.

같은 해 1월 경자일(23일), 조조는 낙양에서 병으로 향년 육십육 세로 사망하였다. 그가 임종할 때 다음의 명령을 남겼다. "천하가 아직 안정되지 않았는데 고대의 장례 규정을 그대로 따를 수는 없다. 매장이 끝나는 대로 모두 상복을 벗으라. 군사를 거느리고 수비지에 주둔하고 있는 자들이 주둔지와 부서를 떠나는 일은 허락지 않는다. 담당 관리는 각자 자신의 직무를 다하라. 나의 시신을 싸맬 때는 평상복을 쓰도록 하고 금은보화를 무덤 안에 넣지 말라."(본기) 그의 시호를 무왕이라 했으며 같은 해 2월 고릉(업성의 서쪽)에 안장되었다.

조조의 뒤를 이은 조비는 승상과 위왕이 되었으며, 같은 해 10월 후한의 헌제로부터 황위를 선양 받아 연호를 황초 원년(200년)으로 하는 위나라를 건국함으로써 진정한 삼국시대가 도래하게 되었다.

외유 내법으로 난세를 주도해 나간 풍운아
02

조조는 후한말의 혼란을 넘어 삼국시대 위나라 개창의 기초를 세운 정치적 성과뿐만 아니라, 다양한 국면에서 높은 평가를 받고 있다. 그는 병가에 밝아 무경칠서(병법에 관한 일곱 가지 책) 중 하나인《손자》에 주석을 달았는가 하면, 당대의 주류적인 사상과 학문의 근간인 유가는 물론, 법가에도 상당한 견식을 지니고 있었다. 그뿐만 아니라 스스로 시대정신을 헤아린 개혁적인 사고와 행동 노선을 보여주기도 하였다. 조조는 이러한 점에서 확실히, 후한 말엽에 정치적인 측면 이외로도 여러 가지 족적을 많이 남긴 인물인 것이다.

진수가 그에 관한 평가에서 '시대를 초월한 영걸超世之傑'이라고 말한 것도, 아마 이런 면모들에 기인한 바가 클 것이다. 그만큼 조조는 개혁적인 정치를 추구하는 지도자이면서 뛰어난 용병술을 자랑하는 병략가였다. 또한 시부詩賦를 사랑하는 문인이었으니, 한마디로 삼국시대 대표적인 다재다능하고 출중한 주군이라고 할 것이다.

새로운 세상을 창도唱導하려 했던 그의 노력은, 자신의 출신 성분을 뛰어넘어 당시대의 주류 가치기준을 혁파하는 데 앞장서게 했다. 이를테면 품행과 명성 중심으로 이뤄진 당시 사회의 인재상人才像을 좇지 않고, 철저히 능력 위주로 인재를 등용하였다. 또한 법술法術에 의지하여 중앙집권적 통치방식과 엄형주의를 지향하였던 점 등을 볼 때, 그가 당시 예교 중심사회에서 단순한 유가적인 사상 가치성향을 지닌 인물로 여기기 어렵게 한다.

후한왕조시대는 철저한 예교禮教중심의 사회로, 그 지배층에게 요구되는 제일의 덕목은 바로 유가적 소양과 품성이었다. 조조 역시 처음에는 기존 사회 주류층에 진입하고자 이러한 덕목을 갖추기 위한 적응의 자세를 보였다. 그러나 정작 세력을 구축하여 지배 권력을 장악하면서는, 기존 사회가 중시하던 가치기준을 오히려 허명과 부조리로 인식하였다. 그리하여 이를 혁파하고 종래와는 철저히 다른 방식의 통치술을 구사함으로써, 자신의 지배 방식을 구축하려 하였다.

그러나 손성이 지은 《이동잡어》와 오나라 사람이 저술한 《조만전》에서, 조조의 잔혹하고 교활한 면면이 언급되기 시작한다. 후대의 주희朱熹를 비롯한 유가적 사가史家들은 조조의 이와 같은 처세술과 통치 방식에 대해 심한 비난과 혹평을 가했다. 이러한 경향은 특히 나관중의 《삼국지연의》에서 조조를 폄하하여 간웅이라는 낙인이 찍히게 만들었다.

20세기 이후 현대 중국에 들어와 조조에 대한 재조명이 시도되는데, 일례로 노신魯迅, 곽말약郭沫若 등의 조조에 대한 한껏 높아진 새로운 평가를 들 수 있다. 급기야 지난날의 간웅이라는 악평일변도에서, 영웅에서 간웅까지 시비선악을 평정하여 칭찬하거나 깎아내리는 포폄褒貶의 양면이 교차되는 지금의 논의로 전환되었다.

그동안 많은 논자들에 의해 조조에 대한 연구 및 저술이 활발히 이루어져 왔다. 그 내용 가운데에서 두드러지게 나타나는 관심사는, 조조의 삶에 자리 잡고 있는 그의 사상 가치성향의 배경이라 할 수 있다. 이로부터 상당한 묵시적 동의가 이루어진 전제들이 있는데, 그 가운데서도 조조를 법가法家적 인물로 규정하려는 흐름이 그 대표적인 예라 할 것이다.[28]

건안 7년(202년) 6월 7일 경신년의 교령에서 말하였다. "의논한 자들이 혹 군리軍吏들 중에 비록 공적이 있고 유능한 자가 있을지라도 덕행으로 선별하여 군국郡國의 일을 감당시켜 맡기기에 족하지 않다고 말하니 소위 '더불어 그 도를 지향할 수는 있어도 더불어 논하기에 부족하다'[29]는 것이 그것이다. 그리고 관중이 이르기를 '현자로 하여금 능력에 따라 기르면 군왕을 존대하며, 투사鬪士가 공적에 따라 녹봉을 받게 되면 사졸들은 죽음을 가볍게 여긴다. 이 두 가지를 나라에서 갖추면 천하를 다스릴 수 있다'고 하였다. 무능한 자와 싸울만한 사졸이 아닌 이에게 녹봉과 상을 주어, 공적을 세우고 나라를 흥하게 했다는 것을 일찍이 들어본 적이 없다. 그러므로 명군明君은 공적이 없는 신하에게 관직을 주지 않으며 싸울만한 사졸이 아닌 자에게 상을 주지 않는 것이다. 평화로울 때에는 덕행을 숭상해야 하나, 나라가 일이 있을 때는 공적 있고 능력 있는 자를 포상하는 것이다. 논자들의 말은 모두 하나같이 대롱 구멍을 통해 세상을 바라보는 듯하도다!" 《본기/배송지 주, 위서》

조조의 사상 가치성향을 법가적 관점에서 접근하는 논자들은, 진수

28) 이런 입장을 뚜렷하게 드러내는 것은 한국의 오수형과 중국의 리중톈易中天이다. 오수형은 조조의 삶과 문학을 다룬 그의 저서(1998)인 《천하경영: 조조의 삶과 문학》(문학과 지성사)에서 '정벌 전쟁을 천하 안정의 기본 수단으로 삼았다.'는 점에서 "조조는 질서 유지에 비교적 가시적인 효과를 볼 수 있는 법가 성향의 통치 철학을 지녔다."고 평가했다. 리중톈(2007, 《삼국지강의》(1권, 김성배·양휘웅 역, 2권, 홍순도 역, 김영사)은 조조가 좋은 주군인 이유로 '법령과 상벌의 엄격한 집행'을 제시하고 있으니 조조를 법가 성향의 통치술을 지녔다고 보는 점에서 같은 맥락이라고 할 수 있다.

29) 《논어 자한편》에서 공자는 "함께 배울 수는 있어도 함께 바른길로 나아갈 수는 없으며, 함께 바른길로 나아갈 수는 있어도, 함께 굳은 뜻을 세워 지켜낼 수는 없으며, 함께 굳은 뜻을 세워 지켜낼 수는 있어도, 함께 일의 가볍고 무거움을 따져 변화하는 상황에 알맞게 대처할 수는 없다."라고 하였다.

의 《삼국지》와 배송지의 《주》 등에 등장하는 조조의 교령에서 그 근거를 찾고 있다. 위의 배주에 인용된 《위서》에서 '평화로울 때에는 덕행을 숭상해야 하나, 일이 있을 때는 공적 있고 능력 있는 자를 포상하는 것이다'와 같은 구절에서 보듯이, 조조는 포상과 인사의 기준으로 기존의 덕행 중심의 효렴방정孝廉方正(효도하며 청렴하고 언행이 바르고 점잖음)이 아닌, 공로와 능력을 새로운 기준으로 제시하고 있다. 이러한 면은 법가의 일반적인 사상, 특히 상앙과 한비 등 후기 법가에게서 뚜렷하게 나타나는 특징이다.

> 천자(헌제)는 공(조조)에게 밖에서 일어나는 모든 것을 맡아 보게 하였는데 일에 임하여 상을 내릴 때 혹 신속히 처리해야 할 때가 있었다. 이에 공에게 명령을 내려 승제[30]하여 제후, 태수, 국상을 임명할 수 있는 권한을 내리면서 말하였다. "무릇 군軍의 대임은 상벌에 있으니 선을 권하고 악을 징치하는 데 마땅히 시일을 지체해서는 안 될 것이다. 그러므로 《사마법》에서 '상은 하루를 넘기지 않는다'고 한 것은 백성들에게 선행의 이로움을 신속히 보여주기 위함인 것이다. 예전(광무제가) 중흥할 때에 등우가 관중에 들어가자 승제하여 군좨주 이문을 하동태수로 삼고 내흡 또한 승제하여 고준을 통로장군으로 삼았는데, 그 전傳을 살펴보니 모두 먼저 (임명해 주기를 조정에) 청한 것이 아니라 일에 임하여 (태수 장군의) 인印을 새긴 것이었다. 이것은 세조(광무제)께서 신명하고 손익에 통달하여, 신속히 위엄을 보이고 공훈을 널리 알리게 하기 위함인 것이다. 《춘추》의 뜻으로 보건대 대부大夫가 강역을 나서 임의로 명을 내리는 경우는 진실로 사직에 이익이 되고 국가를 편

30) 승제承制란 황제의 명을 이어 받든다는 말로, 황제로부터 승제하도록 한 경우도 있지만 황제의 명을 받을 수 없는 경우에 스스로 황제를 대신하여 관직을 임명하였다.

안하게 하는 것일 뿐이었다. 하물며 그대가 주나라 주공과 소공 두 사람31)이 맡았던 내외의 일을 겸임하여 구주를 통솔하고 있으며, 진실로 중원과 오랑캐 땅을 정벌하고 국경 밖으로 군을 이끌고 가려면 잠깐 사이에서 이익과 불이익이 결정되는 것이니, 포상을 지체하고 황명을 기다려 급무를 지체시킴은 진실로 짐이 도모하는 바가 아닐 것이다. 지금 이후로 일에 임하여 살펴볼 때 응당 총호寵號를 더해 주어야 할 자가 있으면 인장을 새겨 임시로 내리도록 하여 충의로운 자들이 모두 장려받도록 하여 의심하지 않게 하라."《본기/배송지 주, 한위춘추》

여기서 한 걸음 더 나아가, 조조가 헌제의 조서를 빌려 말한 바에서, "지금 이후로 일에 임하여 상을 더하고 명호를 내리는 은총을 주며 인을 새겨 내려 충의현사들로 하여금 서로 공을 장려하게 하여 의심하지 않게 하라." 하였다. 바로 이 대목은, 조조의 사상적 근간이 엄형주의嚴刑主義와 경상중벌慶賞重罰에 있음을 보여주고 있다. 이것은 공功을 우선

31) 주공周公의 성은 희姬, 이름은 단旦. 주 왕조를 세운 문왕文王의 아들이며 무왕武王의 동생으로 무왕과 그의 아들 성왕을 도와 주 왕조의 기초를 확립하였다. 무왕이 죽은 뒤 나이 어린 성왕이 제위에 오르자 섭정이 되었는데, 당시 상족商族을 이끌고 있던 주왕紂王의 아들 무경武庚과 주공의 동생 관숙·채숙 등이 동이東夷와 결탁하여 대반란을 일으켰다. 주공은 소공召公과 협력하여 이 난을 진압하고 다시 동방을 원정하여 낙양 부근 낙읍洛邑(成周)에 진鎭을 설치하였다. 주나라 초의 대봉건제를 실시하여 주 왕실의 수비를 공고히 하는 한편, 예악과 법도를 제정하여 주 왕실 특유의 제도문물을 창시하였으며, 그는 중국 고대의 정치·사상·문화 등 다방면에 공헌하여 유학자에 의해 성인으로 존숭되고 있다. 소공召公의 성은 희姬, 이름은 석奭이며 기원전 11세기 때 주 왕실의 일족이다. 소召(지금 섬서성 기산) 지역을 식읍으로 하여 주 성왕 때에 삼공의 자리에 올랐으며, 태보太保의 직책을 맡았다. 소공은 주 문왕부터 강왕까지 4대에 걸쳐 정사를 돌보았는데, 특히 무왕이 죽고 성왕이 어린 나이로 즉위하자 주공 희단과 함께 훌륭히 보필하여 주 왕조의 기반을 확립하였다. 소공과 주공은 각각 주를 동서로 나누어 다스렸는데, 주공은 낙읍(지금 하남성 낙양)에 머물면서 동쪽 지역과 제후들을 관장하였고, 소공은 서쪽 지역을 다스렸다. 소공이 다스렸던 지역에서는 후백侯伯부터 서인庶人까지 모두 제 할 일을 얻어 실직자가 없었다는 말이 나올 정도로 모범적인 통치가 이루어졌다고 전해진다.

하여 상으로 명예롭게 하고, 아무리 작은 잘못도 무겁게 처벌하는 것을 의미한다. 사실 이러한 방식의 접근은 제갈량의 경우에서도 나타나는데[32], 그가 평소 견지하는 사상 가치성향과 함께 촉과蜀科라는 법전을 만든 역사적 사실은 제갈량을 법가적 면모를 지닌 인물로 파악하는 단서로 많이 인용된다.[33]

이러한 면을 감안할 때 조조를 단순히 법가적 인물로 한정하는 것은 무리가 있다. 조조는, 교령 안에서도 유가의 경전에서 차용한 문구를 많이 사용하고 있으며 직접 《손자》를 주해할 정도로 무경武經(군사 및 병법에 관한 책) 쪽에도 조예를 지니고 있었던 인물이었다. 어린 시절 조조의 보살핌을 받은 하안이 젊은 시절부터 도가에 관심을 가질 수 있었다는 것은, 한대漢代 후반의 자유로운 학술적 풍토를 어느 정도 파악할 수 있게 하는 근거이다.[34] 또한 후한 말엽부터 삼국시대까지 당시의 사조는, 이른바 유가에서 도가로 사상의 주축이 이행해 가던 시기였다. 여기에서 조조는 난세에 맞게 법가의 사상 가치성향에 가까운 견식을 보여준 것일 뿐이며, 조조가 처음부터 법가적 인물이었다고 보기는 어렵다.

당시는 기강과 제도 모두 무너져 내린 혼란의 시기였으므로, 엄형과

---

32) 이는 《삼국지 촉서 제갈량전》에 인용된 《배주》인 곽충오사郭冲五事의 기록에서 확인할 수 있다. 제갈량이 법정과 담론을 나누면서 "나는 법으로 위엄을 세우고자 함이니, 법을 행하면 은혜를 알 것이오. 또한 작위로 각각 한계를 정하면 작위를 더할 때 영광으로 여길 것이오. 영화와 은혜를 번갈아 널리 펴면 상하는 절도를 갖추게 되오. 치국의 요체는 여기에서 드러나는 것이오."라고 경상중벌의 논지를 펼쳤다.

33) 그러나 기실 제갈량의 《문집文集》에 실린 저작을 통해 확인할 수 있듯이 제갈량은 도가와 유가의 경전에 대해서도 상당한 견식을 갖추고 있었다. 또한 유비가 유선에게 내린 조서 중에 《상군서》와 《한비자》가 언급되고 있는 점 등을 볼 때, 당시 한 왕조에서 독존적 위상을 얻은 유학 외에도 다양하고도 광범위한 제자백가諸者百家의 자유로운 학술적 토대가 제시되고 있었음을 짐작하게 한다.

34) 따지고 보면, 현학가玄學家로 분류되는 왕필王弼도 《주역》을 강의하였다는 기록이 전해지고 있으며 특히 《주역》이 철학적 경전의 위상을 뚜렷하게 확보하게 된 것도 한대부터이다.

혁신을 통치 방향으로 정하는 것은 자연스러운 추세였다. 조조는 확실히 병략兵略(군대 운용에 관한 방책)과 형명刑名[35]을 중시하며 법가적인 통치기교를 구사하는 정치가로 활약하였다. 그러면서도 자신의 소기의 목적을 위해 정통성과 명분 등을 중시하였던 점 등을 보면, 그가 유가적 바탕을 결코 도외시한 인물이 아니었음을 방증해준다. 이러한 면에서 그는 유가에서 점차 법가적인 인물로 변모하는 외유내법형外儒內法型[36]의 인물로 볼 수 있다.

다음으로 청탁논변淸濁論辨 역시, 조조의 사상 가치성향을 파악하게 하는 중요한 단서이다. 조조는 형여지인刑餘之人(형벌을 받은 적이 있는 사람)의 취급을 받고 있던 환관 가문 출신인데다 학문과 덕행을 연마하지 않고 호협하고 방탕한 젊은 시절을 보냈기에, 그는 세간의 남다른 주목을 받지 못했다. 그러다 후한 말엽 당시에 지배층의 최대 화두로 부각된 청탁논변은 조조의 삶에 큰 영향을 미쳤다.

일명 청류와 탁류라는 구분을 짓게 만든 이 논란의 발단은, 환제와 영제 양대에 걸쳐 일어났던 제1, 2차 당고의 화黨錮之禍에서 야기된다. 연희 2년(159년) 황실의 외척이었던 대장군 양기가 양녀 등맹의 어머니 선을 암살하려다가 실패한 사건[37]을 계기로, 척신戚臣과 당여黨與(한편이

35) 형刑의 이름 곧 사형, 징역, 금고, 구류, 과료, 벌금으로 나라를 다스려 가는 벼리로 삼는 형명학으로 이는 일찍이 전국시대 신불해 상앙 한비자 등이 제창하였다.

36) 겉으로는 유가적이고, 속으로는 법가적임을 뜻한다. 조조는 유학에 조예가 깊은 사대부들을 자신의 정권에 대거 참여시켜 기존 사회질서를 유지시키는 듯했으나 정작 조조는 왕권강화와 엄형주의 등과 같은 법가적인 정치를 추구하며 자신만의 독특한 통치방식을 구사하였다는 점에서 유가적인 면모로 가장한 법가적 인물로 볼 수 있다.

37) 당시 양기는 등맹이 미녀임을 알고 환제에게 바쳤는데 그 과정에서 성姓을 바꾼 일로 불안해하였다. 그리하여 등맹의 친모 선宣을 몰래 암살하려고 자객을 보냈으나 실패하였고, 선이 이 일을 조정에 고변함으로써 양기가 행한 일이 천하에 드러나게 되었다. 결국 환제는 선초單超 등 5명의 환관과 은밀히 모의하여 양기의 저택을 포위, 일가를 소탕하였다. 그 사건을 계기로 이를 도왔던 환관들이 오후五侯라 불리며 정치무대 전면에 등장하게 되었던 것이다.

되는 당류)들이 도리어 소탕당하게 된다. 당시 이 일에 가담했던 환관들이 권력을 잡아 정치무대에 본격적으로 등장하게 되면서, 이들은 조신朝臣(조정에서 근무하는 신하)들과 대립하게 되었다.

환관들은 조신들을 억압하고 자신의 세력을 공고히 구축하기 위해, 선거권을 이용하여 중앙의 내 · 외조[38]와 지방까지 두루 고리故吏를 만들어 큰 세를 형성하였다. 이른바 관계 진출의 통로인 선거권이 환관들의 세력유지를 위해 부정한 방법으로 이용된 것이다. 많은 사대부들과 유생 등은 이에 반발하여, 선거를 악용하는 환관과 일부 척족, 그리고 그들의 고리들을 탁류라 칭하고, 자신들은 이에 대항한다 하여 청류라 칭하였다. 그러면서 청류들은 이응과 같은 지도적 명사名士들을 별도로 분류하여 추숭하면서, 그들을 자기 세력의 구심점으로 삼았다.

이들의 대립이 첨예하게 전개되면서, 결국 환제와 영제 양대에 걸쳐 '당고의 화'라 불리는 사건이 두 차례나 일어나게 된다. 결국 이러한 정쟁政爭과 당금黨禁으로 인한 대립은, 오랜 앙금으로 남게 되었다. 이러한 분위기는 청탁의 구분을 넘어서서, 서로가 교류하는 경우를 찾아보기 어려울 정도로 적대적으로 벌어지게 되었다.

조조는 이러한 당시의 사회 상황 속에서 20세에 출사出仕, 관직에 첫발을 내딛게 된다. 정작 탁류 출신인 그는 마치 스스로 청류인 양 그들과 폭넓게 교류하였고, 감정하여 식별함에 능한 몇몇 인사로부터 상당한 수준의 품평을 얻기도 한다. (본기)에 따르면, 조조는 전국적인

---

38) 이것은 황제의 측근인 내조와 중앙정부인 외조로 분리된 구조에서 비롯되었는데, 그 유래는 전한의 무제 때로 거슬러 올라가게 된다. 한 무제는 특별히 하급관료들을 좌우에 두어 금중禁中을 출입하면서 황제의 문의에 응하고 대정大政에 참여하게 하였다. 또한 동시에 서찰과 문건을 관장하는 상서를 두어 상주문의 출납을 맡고 기밀을 장악하게 하였다. 이때 환관들을 등용해 중서中書라 하고 상서尙書의 직분을 행하게 하니 내조로 불렸다. 외조는 이에 대비되어 승상을 필두로 하는 중앙정부 조직을 의미하게 되었다. 이때부터 황제는 내조에서 친애하고 신뢰한 것만 통과할 수 있도록 하여 독재정치를 행하니, 한 황제의 권한이 전한의 무제로부터 고양된 것이다.

명가인 여남 원씨의 장자인 원소, 청류의 명망 있는 인사인 장막과 오랫동안 친구로서 지냈으며, 일찍이 태위를 지낸 교현이나 하옹으로부터 주목을 받기도 하였다.[39] 탁류 출신인 조조에게 이처럼 청류의 명사들이 격찬을 아끼지 않은 경우는 매우 이례적이다. 심지어 교현이 조조에게 후일 자신의 제사를 지내 줄 것을 요청했다는 일화가 조조의 제문祭文 속에 소개되어 있으니, 이로 미루어 보더라도 교현과 조조 두 사람의 관계가 특별했음을 짐작하게 한다.

당시의 사회적 분위기를 감안한다면, 청탁의 구분이 없는 인적교류는 쉽사리 상상할 수 없는 일이었다. 그럼에도 이런 교류가 조조에게 가능했던 것은, 무엇보다도 조부 조등의 처세에서 비롯된 그 후광이 컸었음을 추정케 한다. 새로운 왕조를 이룩한 창업군주의 행적이 사서에 실릴 때 그 가문의 연원이 흔히 미화되는 경우가 많은데, 조조의 경우도 예외가 아니었다. 다만 조조의 가문에 대해서는 정적政敵에게도 흔히 이용될 만큼 환자宦者의 손자라는 내력이 공공연히 드러날 정도였으며, 이는 조조 일생에 커다란 콤플렉스로 작용하게 된다.

그러나 〈본기〉에서 조조의 성공이 집안의 성덕盛德(성대한 덕)과 후광으로부터 비롯되었음을 강조하고 있다. 그 이유를, 다른 환관들과는 남달랐던 조부 조등의 행적에서 한번 살펴볼 필요가 있다. 조등은 30년 동안 무려 4명의 황제를 모시면서 과오를 범하지 않았고 천거한 인사마다 공경公卿에 이르렀으므로, 좌우로부터 두터운 신망을 받았다. 더욱이 조등과 익주자사 충고 사이에 있었던 일화는,[40] 조등이 어떠한

39) 당시 일찍이 태위를 지내 성가가 있었던 교현橋玄은 조조를 매우 높이 평가했다. 〈본기〉의 배주에 인용된 《위서》에서는 '내가 천하의 명사들을 많이 보아 왔다만 그대와 같은 이를 본 적이 없네! 그대는 스스로 잘 자신을 지키도록 하게. 나는 늙었네! 내 처자를 부탁하겠네.'라고 하였고 이로 인해 조조의 명성은 중해졌다고 한다.

40) 〈본기〉의 배주에 인용된 《속한서》를 살펴보면 조등의 행적이 어떠했던가를 확인할 수 있다.
"어질고 재능 있는 인사를 진언하여 천거하는 것을 좋아하지만, 결코 남의 흠을 헐

인물인지를 잘 보여준다. 조등은 《후한서/환자宦者열전》에 수록된 중상시 중 한 사람이었음에도, 다른 환관들과 달리 청류들을 보호하고 이들을 조정에 자주 천거하였다. 이는 조등이 장양張讓 등 환자권력을 형성한 엄당주류와 일정한 거리를 두면서도, 그들에게 소극적으로 대항해 왔음을 의미한다.

환제 영제 양대에 걸쳐 조등이 천거한 인사들 중 몇몇은, 한실을 떠받드는 주축으로 여러 번 특수한 공로를 세운 바 있다. 이처럼 조등의 인선은 탁월하였고, 더욱이 이로 인해 혼탁한 조정에서 그나마 청류세력이 어느 정도 유지되는 데에 기여한 것이다. 이러한 조부 조등의 후광이 있었기에, 조조가 탁류 출신임에도 청류의 주목을 받고 그들과 교류가 가능했던 것으로 짐작된다. 여기에 조조 자신의 현명한 처세가 더해져, 조조는 청류 인사들에게 호평을 받기에 이른다. 조부의 후광이 후일까지 조조의 정치 생명에 지대한 영향을 미쳤던 것을 보면, 조등은 본의든 아니든 손자의 앞날을 위해 한마디로 엄청난 투자를 한 셈이다.

그러나 조조의 출신 성분만으로 그의 정치적인 사상 가치성향을 논하는 것은 다소 무리가 있다. 이미 황건의 난을 기점으로 출신 성분이 더 이상 정치적인 사상 가치성향의 절대적인 기준으로 작용하지 않고

뜯어서 다치게 한 적이 없었다. 조등이 추천한 이로 진류인 우방과 변소, 남양인 연고와 장온, 홍농인 장환, 영천인 당계전 등이 있었는데, 모두 지위가 공경에 이르렀으나 그 선행을 뽐내지 않았다. 촉군태수가 계리計吏를 통해 조등에게 공경하는 뜻을 보였는데 익주자사 충고가 함곡관에서 조사하다가 그 일이 담긴 서찰을 얻어 촉군태수와 함께 조등에 관해 주달奏達하면서 '조등이 궁안의 신하로 있으면서 밖으로 교류하는 것은 응당 해서는 안 될 일이니 (그를) 면직하고 치죄해야 한다.'고 하였다. 황제가 말했다. '편지가 밖으로부터 온 것인데 조등의 서신이 밖으로 나간 것이 아니니 죄라 할 수 없다.' 그리고 충고의 주달을 묵살하였다. 조등도 이런 일에 개의치 않고 항상 충고를 칭찬하여 황제를 섬길 만한 절의를 갖추었다고 하였다. 뒤에 충고가 사도가 되자 사람들에게 말했다. '오늘 삼공이 되었는데 이는 모두 조등의 은택이다.'라고 했으니 조등의 일함이 모두 이와 같았다."

있었기 때문이다. 엄밀히 말해 청탁은 당고라는 정쟁으로 인한 분파의 구분일 뿐, 모두 당시대 한나라를 극복하여 새로운 세상을 열려는 의지는 보이지 않았고 이 두 분파 모두 보수적인 사상 가치성향을 지니고 있었다.

그런데 조조라는 인물의 등장을 기점으로 한 이후의 세대가, 이전 청탁과는 달리 한漢나라를 넘어서려는 의지를 뚜렷이 드러내기 시작하였다. 이는 이른바, 개혁적 사상 가치성향이라는 새로운 기류의 대두로 볼 수 있을 것이다. 한왕조를 유지하면서 변화를 추구하는 보수적 사상 가치성향보다, 젊은 청류를 중심으로 한왕조를 해체하여 새 체제를 구축하려는 개혁적 사상 가치성향이 그 모습을 드러내고 있었던 것이다. 후한 왕조 안에 옥상옥屋上屋으로 등장한 위국魏國은 바로 그 개혁적 사상 가치성향의 구심점이었다. 조조는 봉국封國의 형태로 위국을 탄생시킨 뒤, 이후 세대로 하여금 스스로 한나라를 해체하여 결국 위나라로 옮겨가게 만든 것이었다.

흔히 조조의 사상적 배경을 언급할 때, 여러 논자들이 말하는 법가적 경향이라는 것도 이러한 측면에서 접근해야 한다. 한왕조의 주류 사상인 유학을 일러 '내유외법內儒外法', 또는 '훈고訓詁(경서의 고증·해명·주석 등의 총칭)'로 설명하고 있지만, 사상사적 맥락에서 보면, 한나라는 유학 중에서도 예학禮學(관혼상제 등 예법에 관한 학문)을 기반으로 한 왕조였다. 즉, 한나라 제도에서 나타나는 '외법外法'의 요소라는 것도, 바로 예학에서 유래했다는 것이다. 여기에서 조조 역시 교양으로 유학을 배웠고, 이러한 면이 그의 언행 속에서 여실하게 드러나고 있는 점도 주목된다.

그러나 동시에 위왕조 성립 이후 율학律學(형률에 관한 학문)에 관한 논의가 활발히 일어난 사실[41]은, 위나라의 통치 사상이 예학 중심의 한나라 제도와 차이가 있음을 보여준다. 조조는 이러한 위나라의 통치 방향을 결정한 인물로서, 그는 한제漢制의 핵심인 예학을 대체하기 위해 서서히 권력을 집중시켜 나갔다. 종국에 옥상옥 형태의 봉국을 통해 율학 중심의 국가 경영을 실험한 뒤, 화가위국化家爲國 즉 봉국 또는 가문을 새 왕실로 격상시키기 위하여 율령을 강화하는 방향을 취했던 것이다.

그렇다면 이러한 조조의 정치적인 사상 가치성향이 정립된 것은 과연 언제일까. 그의 사상 가치성향을 가늠해 볼 수 있는 가장 큰 단서는, 바로 스스로 독자노선을 걷기 시작할 무렵이라고 할 수 있다. 영제의 붕어 후, 조정의 권력을 장악하고 있던 하씨何氏와 반격의 기회를 노리던 환관들의 갈등은 점점 일촉즉발의 상황으로 다가오고 있었다. 대장군 하진은 누이 하태후가 비호하던 엄당閹黨(환관세력) 세력과 갈등하고 있었다. 하진은 이를 타개하기 위해 번진藩鎭(변방을 지키는 지방군 사령관)을 불러들여 환관세력을 주멸하려고 계획하였다. 그렇지만 이것은 도리어 일을 뜻하지 않은 방향으로 흘러가게 해, 황도皇都를 일시적으로 권력 공백 상태에 놓이게 하였다.

이러한 때에 동탁이 등장하여 소제를 폐위, 시해하고 진류왕 유협을 황제로 추대한다. 이것은 관동의 정계를 중심으로 헌제에 관한 정통성 시비를 유발하여 새 황제 옹립의 기운이 싹트게 하였다. 이를 관동연합군의 맹주 원소가 주도적으로 발의한 점으로 볼 때, 당시 관동의 제후들은 헌제를 용인하지 않는 분위기로 흐르고 있었던 것이다. 게다가

---

41) 예컨대 종요鍾繇가 사형폐지론을 언급했다거나 위나라 대신들을 중심으로 인사고과 문제를 논의한 점이 대표적이다. 물론 위나라를 이은 진晋나라는 정시개혁正始改革을 저지한 뒤 주대중정제州大中正制를 통해 한나라 이래의 천거제를 그대로 고수하는 경향을 보였다. 그러나 최소한 위나라의 존립 기간 동안 율학 논의가 있었던 점과 정시개혁의 주체들이 전기 신도가新道家 경향을 형성한 점을 보면 한비자 류의 법가와 황로학 류의 도가형태로 혼용되고 있었음을 간접적으로 추론할 수 있게 한다. 이것은 서진과 동진에서 나타난 후기 신도가처럼 '삶과 학문의 불일치'와 같은 언행불일치를 보인 것과는 근본적으로 다르다고 보아야 할 것이다.

일부 제후들 사이에는 원소 등 명문세족 출신을 전면에 내세워, 유우를 제위에 옹립하려는 생각까지도 가졌다. 심지어 여기에 헌제 옹립 전후부터 삼국시대까지 광범위한 기간 동안 한漢의 몰락을 예언하는 요언妖言이 조정에서도 공공연히 떠돌고 있었다.

> 처음에 천자가 조양에서 패하자 황하에 배를 띄워 동쪽으로 내려가려 하니 시중 태사령인 왕립이 말하였다. "지난봄부터 태백(금성)이 우두牛斗(별자리에서 우수와 두수)에서 진성鎭星(토성)을 범하고 천진天津을 지나며, 형혹熒惑(화성) 또한 역행하여 북하北河를 지키고 있어 범할 수 없습니다." 이로 말미암아 천자는 마침내 북쪽으로 황하를 건너지 않고 지관軹關으로부터 동쪽으로 나아가고자 하였다. 왕립이 또 종정인 유애에게 말하였다. "전일 태백이 천관天關을 지키고 있었고 형혹과 더불어 만나니, 이는 금金과 화火가 서로 만난 것이라 혁명의 상象입니다. 한실이 끝나고 진晉과 위魏에 반드시 새로이 흥하는 자가 있다는 뜻입니다." 왕립은 뒤에 수차례 황제(헌제)에게 말하였다. "천명에는 오고 감이 있으며 오행이 항상 성하지 않습니다. 화덕을 대신할 자는 반드시 토덕을 지닌 자일 것이고, 한漢을 이을 자는 위魏일 것이며, 천하를 평안히 할 자는 조성曹姓을 지닌 자입니다. 오로지 조씨에게 위임하시면 될 뿐입니다." 공(조조)은 그 말을 듣고 사람을 시켜 왕립에게 말하였다. "공(그대)이 조정에 충성하려는 것은 알고 있으나 천도天道는 심원한 것이니 말을 너무 많이 하지 마시기 바라겠소."《본기/배송지 주, 한기》

그러나 왕립의 의견은 비단 혼자만의 생각에서 비롯된 것은 아닐 것이며, 이러한 참언, 요언 등의 출현은 난세에 으레 있는 일이었다. 당시기 대부분의 호족들은 청탁논변을 거치면서 발생한 한漢나라의 쇠락을 대체로 인정하고 있었으며, 한제漢制를 낡은 것으로 여기고 있었다. 특히 도참설이 강력한 정치적 영향력을 발휘하던 당시대의 조정 대신이 요언을 언급한 사실은, 분명 예사로운 일이 아니었다.

이러한 상황에 조조가 헌제의 봉대를 선언한 것은, 당시로서는 파격적인 행보였고 정치적으로 사실상 독자노선을 선언하는 것이나 다름없었다. 비록 그 천자봉대가 조조 자신의 정치적 토대를 안정시키기 위한 제한적이고 유목적적인 선택이었다 할지라도, 이는 그가 한왕조의 예제禮制(상례喪禮에 관한 제도)와 전통에 따르기보다 이를 깨뜨리는 행보를 계속했던 데에서, 뚜렷이 방증되는 것이다. 조조가 소위 인사원칙인 오직 재능 있는 자만을 천거하라는 유재시거唯才是擧를 명확하게 천명함으로써, 그 이면은 덕행으로 인재를 선발하는 한제를 비판한 것으로 해석될 수 있기 때문이다.

이와 같이 조조는 집권 초반부터 이미 기존 사회의 제도를 벗어나 새로운 정치 원칙의 수립을 구상하고 있었다. 그런데 공로와 능력 위주의 인사 선발 원칙을 '현자로 하여금 능력에 따라 기르면 군왕을 존대하며, 사졸들을 공에 따라 기르면 죽음을 가볍게 여긴다. 이 두 가지를 나라에서 갖추면 천하를 다스릴 수 있다'고 한 관중의 주장에 근거한 점과, 이 주장의 출처가 되는 《관자》가 전국시대 중엽 이후에 성립된 저술이며 여기에는 법가와 황로학의 영향이 담겨 있다는 것도 눈여겨볼 대목이다.

이후 천하가 삼국의 정립으로 압축되자, 조조는 마침내 위공으로 봉작된다. 순욱을 제외한 조조의 수하 대부분은, 조조에 대한 최고의 찬사와 함께 그에 상응할 만한 대우가 정당하다고 주장하였다. 심지어 어떤 이는 한나라의 관호官號에 남아있는 것을 부끄럽게 여기기까지 했다. 또한 몇 년 후 조조는 다시 제후와 왕 가운데 가장 높음을 보증하는 징표를 하사받아 왕을 받아들이는 명분을 쌓은 뒤, 한나라의 법과 제도를 넘어서 이성異姓 제후로는 후한 역사상 처음으로 왕호王號를 받게 된다.42)

당시 한나라는 이미 허울만 남은 상태로 완전히 무력화되어 있었다. 서촉의 유비를 제외하고는 천하 대부분에서, 한왕조의 부흥을 명분으로 하는 정치적 슬로건은 이미 사라졌고, 심지어 동오의 손권조차 조조에게 찬위(임금의 자리를 빼앗음)를 권유할 정도가 되어 있었던 것이다.

그러나 한편으로 조조가 내부의 도전에 직면하기 시작한 것도 바로 이 무렵부터였다. 형주를 통할하던 관우가 북진을 감행하던 시기 전후로, 여러 인물들이 위나라 내부에서 조조에 대한 저항을 기도하였다. 이런 내란들이 위공 봉작 이후 집중적으로 나타났던 사실은, 조조의 행보에 대한 한나라 기존 세력의 반발이었다고 할 수 있다.

이때 경조 사람인 금의金禕의 자는 덕의로 대대로 한漢의 신하였다. 금일제金日磾가 망하라莽何羅를 토벌한 이래로 충성스러움이 매우 두드러졌으며 명망과 절개가 누대에 걸쳐 지켜 내려왔다. 한나라의 천명이 장차 옮겨질 것을 보고 가히 중흥시킬 뜻을 가지며 탄식하여 분함을 드러내 마침내 경기, 위황, 길본, 길본의 아들 길막, 길막의 동생 길목 등과 모의하였다. 《본기/배송지 주, 삼보결록주》

한왕조에 대한 충의를 지키려는 일부 사대부들은, 천명天命이 위나라

---

42) 한 고조 유방은 원래 천하를 통일한 뒤 팽월, 한신, 노관 등에게 왕호를 내렸다. 그러나 이들이 반란의 혐의를 받아 제거된 이후 왕호는 오로지 동성同姓에게 하사되는 것으로 제한되었다. 이후 오초칠국吳楚七國의 난으로 인해 왕의 권한은 더욱 약화되어 방백들의 감시를 받는 처지로 전락하게 되는데 이는 한나라 이후 위나라까지 이어졌다.

로 옮겨질까를 염려했다. 그런 만큼 조조가 위공에 봉작된 것은, 바로 장차 그로 인해 한실이 패망될지 여부를 가늠할 수 있는 척도가 될 수 있었다. 비록 이중적이기는 했지만 조조가 여러 차례 한실을 저버릴 의사가 없다고 말해 왔었다. 그러했기에 여러 사대부들도 그 본심을 분명하게 알 수 없다가, 그가 위왕에 봉작되는 순간에 이르러서야 조조의 향후 행보가 뚜렷하게 드러난 것이다. 그리하자 이들 일부는 관우의 북진과 조조의 업도鄴都 순행을 빌미로 유비를 외원으로 하여 조조에 반기를 들었다.

바로 여기서 조조와 유비의 서로 다른 정치적인 사상 가치성향을 분명히 확인할 수 있다. 허도에서 금의와 경기, 위황, 길본, 업도에서 위풍, 남양에서 후음을 비롯한 당시 보수적 색채의 사대부들이, 조조의 위왕 봉작과 관우의 북진을 전후로 조조와 유비를 뚜렷하게 달리 보기 시작하였다. 이는 바로 그들이 조조와 유비의 사상 가치성향의 차이를 인식하게 된 데서 비롯된 것이었다.

이들은 한왕조 부흥이라는 자신의 입장을 밝힌 유비와 자기 휘하 참모들의 추대를 통해 위왕에 봉작한 조조를 비교하지 않을 수 없었고, 이를 통해 그 일부는 유비를 심정적으로 지지하게 되었던 것이다. 관우의 북진 때에 예주 일대에서 유비에게 호응하려는 세력이 나타날 수 있었던 것도 그러하다. 즉, 유비 세력의 첫 북진을 '한실 부흥의 호기'로 판단했다는 사실이다.

그런데 바로 이 시기에 조조의 정치색이 본연의 모습을 드러냈다고 볼 수 있다. 조조는 헌제 봉대를 계획하면서 이미 내적으로 대대적인 개혁을 구상하고 있었던 것이다. 조비에게로의 선양禪讓은 단지 시간의 차이였을 뿐, 이미 조조 살아생전에 그 기반이 대부분 완성된 것이었다. 혹자들은 조조 생전에 선양이 일어나지 않은 점만을 들어 조조에게 역신逆臣의 이미지를 부여하는 것은 지나치다고 주장하기도 한다.

그러나 조비가 조조의 사망 후 아홉 달에 불과한 그렇게 짧은 기간에, 위왕의 허울을 벗고 한나라를 멸망시킨 것을 과연 어떻게 설명할 것인가? 그처럼 조비가 탁월한 역량의 창업형 군주라고 말할 수 있겠는가? 오히려 조비가 자신이 아닌 부친 조조에게 태조 위무제魏武帝라 시호를 올린 점을 주목하게 되며, 바로 이는 조조가 이룬 위국의 창업이야말로 이 찬탈의 모태였다는 명백한 증거라고 할 것이다. 조비가 헌제에게서 선양의 형식을 빌려 찬탈을 했던 것은, 갑자기 일어난 우연적 사건이 아니라 이미 조조 때부터 예고된 필연적 귀결이었던 것이다.

개창 기반 구축 천하통일 놓친 일면 잔혹한 성격의 치세 권신 난세 영걸

03

조조는 참으로 변화무쌍한 인물이며, 그만큼 성격유형을 가늠하기 어려운 여러 면들을 복합적으로 지니고 있다. 어려서부터 조조가 보인 사내다움을 뽐내거나 덕행과 학업을 등한시하는 행동들을 접한 당시 세간의 범인들은 그의 탁월함, 그의 진면목을 알아차리지 못하였다. 그러나 인물평으로 당대에 손꼽히던 교현과 하옹만은 그의 인물됨이 범상치 않음을 알았다. 특히 교현은 조조에게 '명세지재命世之才'라 할 만큼 그를 높이 본 바 있다. 조조가 의도적으로 자신을 감추고 호협의 모습을 보였던 것으로 볼 수 있는데도, 당대의 명사들이 조조의 인물됨과 그릇이 보통 수준이 아님을 알아챌 만큼, 조조의 인물 용적은 대단하였던 것으로 우리는 유추할 수 있다.

조조는 처음 관직에 나설 때만 해도 훗날의 그와 대척점에 서게 되는 유비가 그랬듯이, 한실의 부흥에 뜻을 두고 있었던 것으로 보인다. 그런 조조의 내면은 조조가 낙양현 북부위로 근무할 때, 당시 권세가 막강했던 십상시 중 한 명인 건석의 숙부가 조카의 위세를 믿고 법을 위반하자, 그를 때려죽인 사건에서도 간파되고 있다. 즉, 권세에 휘둘리지 않고 기강을 잡기 위한 그의 뜻이 이토록 강고했음을 알 수 있게 한다.

그러나 동탁이 정권을 잡았는가 했는데 어느덧 군웅이 할거하여 세상이 어지러워지자, 조조는 점차 패업에로의 행보를 드러내게 된다. 그 본격적인 시동이라 할 수 있는 계기가, 바로 헌제의 허도로의 협천자挾天子라 할 수 있다. 특히 조조가 군웅이 되어서 난세를 종식시키고 부국강병을 도모하기 위해 능력 위주의 과감한 인재 등용 등 개혁적인 정책을 펼쳤던 것도, 기실 한나라를 위했다기보다는 자신의 패업을 위한 것으로 해석할 수 있다.

또한 자신의 패업의 길에 있어서 첫 번째로 큰 쟁패였다고 할 수 있는 원소와 대결하여 관도대전에서 승리한다. 그 뒤, 원소의 진영에서 발견한 허현과 군대 내부의 사람들이 원소와 내통한 숱한 밀서들을 발견했다. 그럼에도 조조는, "원소가 막강하였을 때 나도 스스로 지킬 수 없었는데, 하물며 일반 백성들이야 더 말할 게 있겠는가?"《본기/배주 위씨춘추》라 하며 편지를 모두 불태워 버리고, 속마음을 숨긴 채 너그러움을 한껏 보였다. 이는 자신의 휘하에 있는 사람들의 작은 과오는 문제 삼지 않는 것을 보여줌으로써, 자신의 지배력을 공고히 하고자 했던 것이며, 이 역시 자신의 패업을 위한 행동이라 볼 수 있다.

특히 조조는 위나라 창업의 기틀을 거의 다 세우고서도, 자신은 황제의 자리에 오르지 않았다. 이에 새로운 세상의 개창에 대한 기대를 갖고 있었던 조조의 부하들은 찬위할 것을 조조에게 주청했으나43), 조조

---

43) 이러한 단면을 잘 보여주는 것은 (본기)에 대한 배주에 인용된 《위략》에 잘 나타나 있다.
『손권이 상서上書하여 칭신하며 천명에 대해 진술하였다. 조조가 손권의 편지를 신하들에게 보이며 말했다. "이 아이가 나를 화롯불 위에 앉히려는 것이 아니겠는가?" 시중 진군과 상서 환계가 상주하여 말했다. "한漢은 안제 이래로 정사가 공실公室을 떠나고 국통國統이 수차례 끊어졌으며, 지금에 이르러 오로지 이름만 남아 있어 한 자의 땅과 백성도 모두 한漢의 소유가 아닙니다. 그리하여 기약했던 운이 오래전에 이미 소진하였으며 역수도 오래전에 이미 끊어져 오늘날에 비로소 시작된 일이 아닙니다. 그래서 환·영(환제와 영제) 사이에 도참圖讖과 경위經緯에 밝은 여러 사람들이 모두 '한의 기운은 쇠하여 황가黃家가 마땅히 일어날 것이다'라고 하였습니다.

자신은 주문왕을 자처하며 한조의 신하로 계속 남을 것을 천명하였다. 이런 면에서 조조는 일견 외향형의 태도를 보이고 있다 할 수 있다.

외향형의 특징을 가진 인물은, 스스로를 객체에 맞추고 객체에 부합되는 방향으로 행동하고 판단해 가는 성향을 가지고 있다. 조조의 경우, 처음에는 한실 부흥에 뜻을 두었으나 나라가 혼란에 빠지고 군웅이 할거하자 패업의 길로 전환해 가는 과정에서, 자신을 둘러싼 객체, 즉 정세의 변화에 따라 자신의 목표를 변화시키는 외향형의 면모를 지니고 있다고 볼 수 있는 것이다.

그러나 조조의 이런 행보를 단순히 '변화'로 보기는 어려운 점이 있다. 그것은 조조가 한실 부흥에서 패업으로 자신의 뜻을 바꾸긴 하였으되, 그것이 시대의 흐름에 맞추어 변모했다기보다는 자신의 주관적인 이념, 관념에 의한 것이었다는 점이다. 조조가 자신의 이념, 관념을 중시했던 유명한 일화로는, 여백사 사건[44]을 들 수 있다. 이 사건에는 조조의 성격유형이 지닌 특징이 잘 드러나 있으며, 자신의 사고판단 기준이 '내가 어떻게 생각하느냐'의 이념, 관념을 매우 중시하는 인물임을 잘 보여주고 있다. 이런 조조의 면모는 그가 황건의 난에서 공을 세워 제남상으로 임명된 뒤 백성들을 핍박하는 탐관오리를 면직시키는 한편, 음사淫祠(관청의 비준을 받지 않은 제사)를 금하면서 사묘를 없애

전하(조조)께서는 이러한 시기에 응하시어 천하 가운데 10분의 9를 차지하시게 되셨으며, 그러함에도 이로 한에 복종하여 섬기시고, 여러 생령生靈들이 주목하여 바라며, 멀고 가까운 이들의 원망과 찬탄을 받고 계십니다. 이러한 까닭에 손권이 멀리 있으면서 칭신한 것이니, 이는 하늘과 사람이 응하여 서로 다른 기운이 고르게 되고 한 소리를 내는 것입니다. 신의 어리석은 생각으로, 우虞(순임금)나 하夏(우왕)는 겸사하지 않았고 은殷(탕왕)이나 주周(무왕)는 거리낌 없이 주살하고 방벌했으니, 이는 하늘을 두려워하고 천명을 알았기에 사양하지 않았던 것입니다."』

44) 여백사呂伯奢 사건에 대해 《세어》나 《잡기》는 조조가 스스로 공연한 의심에 사로잡혀 여백사의 일가를 죽인 것으로 기술하고 있다. 그러나 《위서》에서는 이와는 달리 여백사의 아들과 빈객들이 조조를 겁박하고 말과 재물을 취하려 했기 때문에 조조가 살인을 하게 되었다는, 즉 조조의 정당방위라는 입장에서 기술하고 있다.

는 등 매우 개혁적인 행보에서도 뚜렷하게 나타난다.

이후 조정에서 조조를 동군태수로 임명하였으나, 조조가 병을 사칭하여 나아가지 않았다. 이때부터 조조는 자신의 패업의 길을 모색하기 시작했다고도 볼 수 있다. 이를 내보이지 않기 위해 스스로 질병을 칭탁하고 자신의 고향으로 돌아가겠다고 말하였던 것이다. 이런 모습에서, 조조는 내향형의 태도가 주조를 이루고 있음을 확인할 수 있게 한다.

내향형 인물의 특징은, 자신의 주체 안에서 객체의 인상이 형성되고 그를 토대로 사물을 바라보고 상황을 판단하는 것이다. 조조 또한 비록 한실 부흥에서 패업으로 생각이 바뀌었으나, 이 모두 철저히 자신의 관념을 중시하고 스스로의 신념에 의거하였던 것이라 할 수 있다. 또한 조조는 이를 이루기 위해, 여백사 일화에서 볼 수 있듯이, 쉽게 할 수 없는 일도 서슴지 않았다. 이런 행동이 내향형의 태도와 매우 유사하다고 볼 수 있다.

조조는 협천자한 뒤 세력을 키우기 시작했는데 그때에 유비가 여포에게 패하여 자신의 휘하에 왔다. 이후 유비가 조조에게서 탈신하여 차주를 죽이고 서주를 점령하자, 조조는 원소와의 일전을 앞두고 있었음에도 유비를 공격하러 간다. 당시 조조의 수하들은 대부분 이를 이해하지 못하였지만, 조조는 훗날 자신의 가장 큰 라이벌이 된 유비의 잠재력을 알아챘을 뿐만 아니라, 원소의 판단력이 예리하지 않음을 정확히 꿰뚫어 본 혜안을 바탕으로, 과감하게 먼저 유비 공격을 실행하였던 것이다.

또한 전투 상황 속에서 난관에 부딪혔을 때, 직관적으로 상황을 해결할 수 있는 방안을 제시하기도 하였다. 이는 다음과 같은 일화에서 볼 수 있다.

이윽고 저 멀리서 문추의 군사들이 달려온다. 모든 장수들이 외치듯이 고한다. "적군이 옵니다. 속히 말을 거두어 백마현으로 후퇴해야겠습니다." 순유는 당황해하는 장수들을 급히 말린다. "이는 미끼를 주고 적군을 이리로 끌어들이려는 계책인데, 어째서 물러가라고들 하시오?" 그제야 조조는 순유에게 눈짓을 하며 씽긋 웃는다. (…) 그제야 조조는 명령을 내린다. 모든 장수와 군사들이 언덕에서 일제히 달려 내려가 마구 무찌르니, 문추의 군사는 일대 혼란에 빠진다.《삼국지연의 제26회》

이런 면에서는 조조는 직관형에 가까운 태도도 엿보이고 있다. 직관형이란 무의식적으로 인식을 유도하는 성격유형으로, 직관이란 그 파악하는 내용이 무엇이든 하나의 본능적 파악이라 할 수 있다.

그러나 조조가 직관형의 모습을 주조적으로 보인 것은 아니었다. 조조는 오히려 여러 차례의 고비에서 냉철하고 명확한 판단으로 형세를 파악하여 불리했던 국면을 전환하여 전세를 승리로 이끄는 경우가 많았다. 특히 조조의 이런 점이 가장 극명하게 나타난 전투가 바로 관도대전이다.

관도대전에서 조조는 원소에 비해 턱없이 적은 병력을 보유하고 있었다. 그러나 순욱, 순유, 곽가 등의 모사들이 뛰어난 계책을 제시하였고, 조조 역시 뛰어난 판단력과 결단력으로 원소의 식량기지인 오소를 공격하여 원소군에 치명적인 타격을 가함으로써, 하북의 패권을 차지하게 된다. 특히 관도대전에서 승리하고 원소가 분사憤死한 뒤, 아들 원상과 원담이 후계자의 자리를 놓고 다투던 중 원담이 거짓으로 조조에게 항복하는 계책을 세웠으나, 이를 눈치챈 조조는 원담의 계략을 정확히 판단하는 모습을 보여주고 있다.

조조는 크게 껄껄 웃는다. “원담이 비밀리에 장군인을 보낸 것은, 내가 원상을 격파하는 동안에 너희들의 힘을 빌려 나를 치자는 속셈이다. 너희들은 모르는 체하고서 받아두어라. 내게도 따로 생각이 있다.” 《삼국지연의 제33회》

건안 16년(211년) 마초, 한수 등이 관중을 공격해오자 조조는 친정에 나서는데, 처음 동관전투에서는 마초의 거센 기세에 눌려 몇 차례 패한다. 그러나 마초의 휘하에는 쓸 만한 모사가 없어 그들이 계략에 취약할 것임을 판단하고, 서황 등을 몰래 보내 황하를 건너게 하여 유리한 지리적 형세를 점하게 한다. 이로써, 점차 전투의 흐름을 유리한 국면으로 이끌게 된다.

그리고 마초가 심리적으로 동요하고 있는 틈을 타 가후의 계책을 받아들여, 마초와 한수의 사이를 이간시킨다. 마초군의 전열이 동요하고 있는 상황에서 공격하여 마초를 물리치게 되면서, 비로소 서북지역까지 통치권을 넓혀 나아가게 된다. 특히 이때 대부분의 장수들은 마초와 서량병西凉兵에 대한 두려움을 지니고 있었으나, 조조는 모신들의 헌책과 자신의 형세판단을 믿고 결단력을 보였다. 이런 사례들에서 조조는 사고형에 매우 가까운 특징을 두드러지게 보이고 있는 것이다. 사고형은 자신에게 주어진 상황에 대하여 고유의 법칙에 따라 서로 연관시키는 정신 기능인데, 조조의 경우 앞서 언급한 사례의 내용을 통해 볼 때, 사고형에 매우 가까운 특징을 지니고 있다는 것이다.

또한 사고형은 주관적인 무의식적인 원천에서 주어지는 성향과, 감관을 통한 지각으로 전달되는 객관적 사항에서 주어지는 성향을 지니고 있으며, 이것이 내향적 사고와 외향적 사고의 두 가지 서로 다른 사고의 근거를 이룬다. 그런데 조조의 일생을 통해 보았을 때, 그는 끝까지 포기하지 않고 자신의 의지와 신념에 이에 따라 행동하였고, 그

준거기준을 바탕으로 냉철하면서도 과감한 일 처리를 했던 내향적 사고의 면모가 뚜렷하게 부각되고 있는 것이다.

이상을 토대로 보았을 때 조조를 성격유형으로 그 인물형을 논한다면, 내향적 사고형이라 평할 수 있다. 내향적 사고형의 특징은 첫째로 사고의 판단기준이 '내가 어떻게 생각하느냐'의 이념이나 관념을 중시하고, 둘째로 자신의 신념이나 철학을 소중하게 생각하여 개혁을 추구하는 성향이 강하며, 마지막으로 성향이 분석적이고 논리적이며 치밀하여 매사에 빈틈없이 일처리를 한다는 점이다.

1. "내가 다른 사람을 저버릴지언정 다름 사람이 나를 저버리지 않도록 할 것이다."라는 독백을 통해 주관적 가치 강조, 이를 바탕으로 한 개혁주의적 권도 그의 특징으로 두드러져

이 내향적 사고형의 특징을 조조에게 적용시켜 보면, 그가 동탁을 피해 달아나던 중에 발생했던 여백사 사건을 통해서 그의 성격유형에 부합되는 특징이 드러나고 있다. 특히 여기에서 조조는 자신이 어떻게 생각하는가에 대한 관념을 매우 중시하는 인물임을 잘 보여준다.

> 조조가 여백사의 집을 방문했다. 여백사는 출타 중으로 집에 없었고 다섯 아들이 모두 있었는데 빈객과 주인의 예를 갖추었다. 조조는 스스로 동탁의 명을 거슬렀기 때문에 자신을 도모하려는 것으로 의심하여 검을 뽑아 들고 밤중에 여덟 명을 죽인 뒤 달아났다. 《본기/배송지 주, 세어》

> 조조는 식기가 달그락거리는 소리를 듣고 이를 자신을 도모한다고 여겨 마침내 밤중에 그들을 죽였다. 이미 일을 저지르고 나서 처량하고 구슬프게 말했다. "내가 사람들을 저버릴지언정 다른

사람들이 나를 저버리지 않도록 할 것이다!" 그리고는 마침내 길을 떠났다. 《본기/배송지 주, 잡기》

수배자의 신분으로 도망을 치는 중에 우연히 여백사의 집에 투숙하게 된 조조는, 자신의 지나친 의심으로 인해 여백사 일가를 몰살시킨다. 이때 내뱉은 말은 매우 의미심장하다. 배주에 인용된 《잡기》에서 '내가 다른 사람들을 저버릴지언정 다른 사람들이 나를 저버리지 않도록 할 것이다'라고 말하고 있다. 이에 대해 《삼국지연의 제4회》에서는 더욱 극화된 묘사를 하고 있는데, 위의 배주에 인용된 《세어》나 《잡기》에도 그 내용에서 동일한 그의 독백을 접하게 되는 것으로 여기에서 그의 남다른 인생관을 엿볼 수 있게 된다.

피상적으로는 매우 자기중심적으로 보일 법한 자신의 인생관에 거리낌 없이 당위성을 부여하고 있다. 이러한 그의 면모는 앞으로의 그의 삶이 어떤 방식으로 전개가 될지를 짐작게 할 수 있는 이정표였다. 이를 외연적으로 확장해서 파악해 본다면, 남들이 자신에게 필요가 없다면 남들을 버리겠지만 자신이 남들에게 필요가 없어 버려지지는 않겠다는 의미가 될 수 있다. 그렇다면 그의 독백은 자신이 세상에 꼭 필요한 인물이 되겠다는 결연한 의지를 담고 있는 것이다.

이후 조조는 군웅이 되어서 난세를 가다듬어 나가고 부국강병을 도모하기 위해서 개혁적인 정책을 과감하게 펼쳤다. 이것도 따져보면, 그의 성격유형과 연관된 특징에서 기인한 결과로 볼 수 있다. 이러한 내향적 사고형이 지닌 특징, 즉 자신의 신념을 소중하게 생각하고 개혁을 추구하려는 성향이 강한 면모는, 조조의 젊은 시절 그가 관직에 진출한 초기에도 잘 드러난다.

조조가 처음 위해[45]에 들어가 네 문四門을 잘 고치고 다스렸다. 조조는 오색의 몽둥이를 만들어서 현문縣門 좌우에 각각 10여 개를 걸어 두고 금령을 범하는 자가 있으면 그가 호족이거나 강한 자라 해도 가리지 않고 모두 몽둥이로 때려죽였다. 뒤에 수개월 후 영제가 사랑하고 아끼는 소황문인 건석의 숙부가 밤에 돌아다니므로 곧 때려죽였다. (이 일로) 낙양에서 (난폭한) 행적이 사라지고 감히 금령을 범하는 자도 없어졌다. 황제를 시위하며 총애를 입은 신하들도 모두 조조를 미워하였으나 해칠 수 없었다. 이에 모두 칭찬하며 그를 천거했으니 이 때문에 승진하여 돈구현령으로 옮겨 임명되었다. 《본기/배송지 주, 조만전》

조조는 부친의 지위 덕택[46]으로 약관의 나이에 효렴으로 천거되어 여러 관직을 역임하였다가 의랑이 되었으나, 종매부 송기宋奇의 죄에 연좌되어 면관되었다. 그 사이 향리에서 고학古學(고대의 학예를 연구하는 학문)을 수련하였고, 이 때문에 의랑에 다시 임명되었다가 황건의 난 때 도적을 토벌한 공로가 있어 제남상이 되었다.

외척과 환관의 발호跋扈(세차고 사나워서 제어할 수 없게 날뜀)와 득세는 사리사욕을 탐하는 많은 사람들이 권세에 영합하여 파벌을 형성하게 하였다. 또한 서로 간에 정적政敵 다툼을 벌이면서 후한사회는 정치적 혼란을 맞게 되었다. 조조가 재임시절 보여주었던 몇몇 파격적인 행동은 중앙조정과 지방관부의 실정失政에 대한 폐해가 얼마나 심각했는가

---

45) 위해尉廨는 현위縣尉의 관서를 뜻하는데 여기서는 낙양의 북부위의 관서를 말한다.

46) 비록 그의 출신이 환관가문이었지만 그의 가문 사람들 중에 녹질 이천 석 출신의 관료가 다수 있었다. 더욱이 부친 조숭 역시 사례교위, 대사농과 대홍려 등의 이천 석 이상의 고위직을 역임한 바 있으며, 비록 1억 전으로 매관하였으나 삼공 중 하나인 태위에 이르기도 하였다. 때문에 환관 가문 출신의 자제인데다 임협방탕한 조조가 효렴으로 추거된 데에는 본인의 재능이나 명성보다는 가문의 영향을 많이 받았다고 하겠다.

를 여실히 방증해주는 것이라 할 것이다.

첫 임지로 그가 수도 낙양의 북부 권역의 치안을 담당하는 총책임자인 낙양북부위로 부임하였을 때, 당시에 관내에서 벌어지는 대성호족大姓豪族들의 범법행위는 도를 넘어설 정도였다. 그러나 지방관부의 기관장이 자신의 관할지에 대한 원활한 통치를 위해서 현지의 유력자 등의 협조를 얻고자 그들을 우대하고, 때로는 그들의 잘못을 눈감아주는 것은 일종의 관행이기도 했다.

그 당시대 상황에서 조조가 기관장으로 관할지에 부임한 후 그가 보인 과감한 행동은, 단순히 융통성이 없는 인물이라는 평가를 넘어 실로 적지 않은 충격을 준 하나의 사건이었다. 지위고하를 막론하고 법에 따라 즉결심판을 행하였으니, 이러한 조조의 행동은 자신의 세를 믿고 함부로 날뛰는 무법자들에겐 두려움을 주기에 충분했다. 더욱이 소황문47) 건석은 영제의 총애를 듬뿍 받고 있는 소위 권력자48)이었는데, 비록 일벌백계의 차원이었다고 하나 조조가 직접 그의 숙부를 척살한 것이다. 이는 앞으로 조조가 건석에게 정적으로 간주되어 정치생명이 위험할 수밖에 없는 운명을 예고 받게 된 것이나 다름없었다.

그러나 이 사건으로 인해 세간에서는 조조에 대한 칭찬이 자자해졌고 그는 돈구현령으로 전임되었다.

---

47) 소황문은 환관직제의 관명 중 하나로 중상시와 더불어 황실의 재정을 담당하는 소부 문속文屬이었다. 소황문은 황제의 시종을 담당했고 그 관위는 6백 석의 녹질이었으며, 중상시는 황제의 시봉을 담당하며 그 관위는 비比 이천 석의 녹질이었다. 그 외에 황후궁의 일을 총괄하는 환관인 대장추는 황후궁 환관의 수장으로서 그 관위가 이천 석의 녹질이었다.

48) 이에 대한 일례는 《후한서 하진전》을 통해 살펴 볼 수 있다. 중평 5년(188년) 영제는 건석蹇碩이 건장한데다 무략이 있다고 여겨 그를 특별히 신임하여 상군교위로서 서원팔교위의 원수元帥로 삼았고, 사례교위 이하를 통솔케 하며 비록 대장군이라 하여도 그 관속으로 명을 받게 하였다는 기록이 있다. 일개 환관에게 금군禁軍을 맡기고 대장군을 능가할 정도의 권한을 부여했다는 것은 그가 영제에게 받은 신임이 얼마나 대단했는지를 짐작게 한다.

이전에 대장군 두무와 태부 진번이 환관들을 주살하려 하다가 거꾸로 모해를 입었다. 조조는 두무 등이 바르고 강직한데도 모함을 당해 해를 입었고 간사한 자들이 조정에 가득하며 착한 이들은 가로막힌 것을 위에 글을 올려 진술하였는데 그 말이 심히 간절하였으나 영제는 이를 들어줄 수 없었다. 이후 삼부[49]에 조서로 칙령을 내려 주현州縣을 다스리는 데 성과가 없어서 백성들이 요언謠言(유언비어)을 지어 비판받는 자가 있으면 상주하여 그 관원을 파면하도록 했다. (당시) 삼공이 경도되고 삿되어 모두 다 높은 자리에 임용되기를 바랐으므로, 뇌물이나 뒷돈이 횡행하였으며, 강한 자는 원망을 받아도 위로 주달되지 않았고, 약한 자는 도를 지켜도 많은 이들이 모함을 받는 일이 많았다. 조조는 그것을 싫어하였다. 이때 재이災異(재앙이 되는 괴이한 일)로 인하여 여러 박람강기博覽强記(많은 글을 읽고 기억을 잘함)한 이들에게 득실에 관해 물으니, 이로 인해 (조조가) 다시 위에 상소하여 간절하게 간언하기를, 삼공이 주달한 바에 관하여 말하며 오로지 (영제가) 귀척貴戚(제왕의 척족)의 뜻을 멀리하여야 한다고 했다. 상주문이 올라가자 천자가 깨달은 바가 있어 삼공부에 이를 보이고 질책하였으나 요언으로 불려온 자들을 모두 의랑에 제수하였다. 그러하니 그 이후 정치와 교화가 날로 어지러워지고 힘세고 교활한 자가 더욱 성하며 많은 이들이 꺾이고 훼손되었다. 조조는 다시 나라를 바로잡지 못할 것으로 알고 마침내 다시 위에 진언하지 않았다. 《본기/배송지 주, 위서》

이후 의랑으로 중앙조정에 불려온 조조는, 자신의 정치적 행보를 낙

---

49) 삼부三府란 삼공三公인 태위 사도 사공 아래에 설치된 부서를 이른다.

양북부위 시절보다 더 한층 강화하여 비리와 부패의 온상인 환관에 대한 비판에 진력하였다. 환관 가문 출신의 자제인 그가 이 배경의 영향도 입어 출사를 했기 때문에, 그가 환관을 비판하는 정치적 태도를 취한 것은 어찌 보면 상당한 아이러니라고 할 수 있다. 실상 조조는 나라가 어지럽게 된 가장 큰 원인은 황제가 환관에게 지나친 총애와 권세를 부여한 데서 비롯된 결과라 여겼고, 이를 제거하는 것이 가장 필요한 방책이라 여겼다.[50] 무엇이 나라를 위해 가장 좋은 방법인가에 대해 확고한 신념이 있었고, 이러한 바탕에서 비롯된 그의 행보는 개혁적인 방향으로 물꼬를 틀 수 있었던 것이다. 이러한 그의 면모는 그가 제남상에 재임할 때 절정에 이르렀다.

중평 원년(184년), 조조의 나이 30세 때에 전국적으로 황건의 난이 발발하자 천하는 큰 혼란에 빠지게 되었다. 조조는 기도위가 되어 황건적을 토벌하였으며, 그 공로를 인정받아 제남상으로 전임하였다.

장리[51]들이 탐욕스럽게 뇌물을 취하며 귀척의 권세에 의지하였으므로 여러 상相(제남상을 지칭)을 거쳤어도 이들을 처벌하지 못하

---

50) 당고의 화를 겪으면서 당인黨人들이나 청류인사들은 세상을 어지럽게 만든 원흉인 환관을 모두 제거해야 한다는 입장을 취했으나 조조의 입장은 이와 달랐다. 하진이 환관을 주살하기 위해 동탁을 불러들이려는 계획을 꾸미자 이에 대한 조조의 생각이 (본기)의 배주인 《위서》의 기록을 통해 잘 드러나고 있다.
『조조가 듣고 웃으며 말했다. "환관은 예나 지금이나 마땅히 있어야 하는 것이니 다만 오늘날 군주가 그들에게 합당치 않은 권세와 총애를 주어 이에 이른 것일 뿐이다. 이미 그 죄를 알았다면 가장 죄질이 나쁜 자를 주살하는 일은 일개 옥리獄吏(형옥을 담당하는 관원)로도 족한 것이다. 하필 외관外官(동탁을 지칭)을 소란스럽게 부른단 말인가? 모두 (환관을) 주살하고자 할 것이나 일(계획)이 반드시 드러나고야 말 것이니 나는 실패할 것임을 알 수 있다."』

51) 한나라 시기의 녹질祿秩은 십 수 등급으로 나뉘어 있지만, 크게 2천 석 이상, 6백 석 이상, 2백 석 이상, 백 석 이하 이렇게 4개 등급으로 구분할 수 있다. 이 중 2백 석 이상의 관원을 장리長吏라 하고 백석 이하의 서기 직급은 소리小吏라 하였다. 이에 관한 자세한 사항은 미야자키 이치사다宮崎市定의 저술인 《구품관인법의 연구》(임대희 · 신성곤 · 전영섭 역, 소나무, 2002.)를 통해 참조할 수 있다.

였다. 그러나 조조가 이르렀다는 말을 듣고 모두 면직을 청하고 크고 작음에 상관없이 두려워 떨었으며, 간사한 도적들은 도망쳐서 다른 군郡으로 쥐새끼들처럼 몰려 들어갔다. 정사政事와 교화가 크게 행해지니 군郡(제남국) 전체가 깨끗해지고 평화로워졌다. 처음 성양경왕 유장이 한漢에 공이 있어 그 봉국에 사당이 세워지고 청주의 여러 군郡들도 서로 바꿔가며 이를 본떴는데 제남이 가장 극성하여 600여 개에 이르렀다.[52] 장사꾼들도 혹 2천 석 관원의 수레와 복식을 본떠 무리를 이끌고 가무와 음악을 행하였는데 그 사치함이 날로 심해져 백성들이 빈궁하기에 이르렀는데도 역대 장리 중 누구도 감히 이를 금하거나 그치게 한 자가 없었다. 그러나 조조가 이르자 그 사당 건물들을 모두 허물고 관리와 백성들이 제사를 지내는 것도 금지시키며 사당에서 제례를 하지 못하게 했다. (조조가) 정사를 행하자 간사한 귀신에게 행하던 제례를 폐지하여 그동안 세간에서 행해졌던 음사淫祀가 이로 말미암아 마침내 사라졌다. 《본기/배송지 주 위서》

제남국의 관내 장리들은 귀척(임금의 인척)에 아부하여 온갖 부정을 자행하고 있었고, 전임 상相(제남상)들은[53] 이들의 죄상을 제대로 파헤치지 못하는 실정이었다. 이들의 부정이 계속되는 심각한 상황에 조조

52) 성양경왕 유장劉章은 한고조 유방의 손자이고 그 서장자인 제왕 유비劉肥의 차자이며, 애왕 유양劉襄의 동생이다. 고후 8년(기원전 180년), 여씨呂氏가 찬위를 기도하자 그는 주발, 진평과 함께 장안으로 진군해 이를 진압한 바 있으며 문제 2년(기원전 178년)에 성양군에 봉해져 성양왕이 되었다. 그 후 후한 건국시기에 그를 신앙의 대상으로 삼는 집단이 있어 이를 적미赤眉라 불렀으며 이 무리들은 성양경왕의 후손 70명 중 적손인 유분자劉盆子를 천자로 옹립한 전례가 있다.

53) 여기서 상은 중앙조정의 승상, 상국 등의 최고위 관료를 의미하는 것이 아니라 왕족의 봉토인 국國의 행정을 담당하는 지방장관을 의미한다. 왕국의 국상은 황제의 통치구역인 군郡의 행정을 담당하는 지방장관인 태수와 동격인 외관外官이었다.

는 이곳에 부임하여 관내의 18개 현 가운데 8개 현의 장리를 상주해서 면관시켰고, 음사를 금단하여 간인奸人을 다른 군으로 추방하였다. 또한 성양경왕사를 받드는 신앙이 당시 청주 일대에 퍼져 있었다. 특히 제남지역이 흥성해서 사당의 규모가 6백여 개에 이르렀고 그 폐단이 이루 말하기가 어려울 정도로 심했는데, 조조는 이를 일소하기 위해 적극적인 강경책을 펼쳤다.[54)]

후한 왕조의 건국 이래 호족의 득세가 극성을 부리면서 이들은 경제적으로 대토지 소유에 따른 토지겸병의 격화를 촉발시켰다. 이로 인해 영세농들은 경제적 압박을 받아 몰락하게 되었고 호족들의 지배체제에 편입되기에 이르렀다.[55)] 이들 영세농의 몰락은 국가의 조세의 격감과 직결되는 것은 물론, 전제군주체제의 안위를 흔들어 놓는 중대한 문제였기 때문에 후한 왕조에서는 이들의 몰락을 방지하고 계속 유지시켜야만 전제군주체제를 존속시킬 수가 있었다.

또한 당시 후한사회에 퍼져있던 민간종교의 경우, 그 구성원은 빈곤과 기근에 허덕이면서 위로는 국가권력과 지배층의 수탈에 못 이겨 귀

54) 이에 관해 이공범(2003)은 《위진남북조사》, 지식산업사에서 조조의 강경책의 내용인 귀척과 결탁한 장리의 면관은 일종의 호족탄압책이며 음사의 금단은 민중적 종교 활동의 억압으로 그것이 정치 운동으로 발전할 것을 예방하려는 정책으로 해석하고 있다.

55) 이는 호족의 객客이나 부곡部曲(사병집단)이 되었음을 의미한다. 양한兩漢의 사서에 나오는 객이라는 용어는 광의의 범위를 담고 있으나 여기서 다루고 있는 객은 전객佃客, 의식객衣食客, 노객奴客 등을 의미한다. 전객이나 의식객 등은 호족에게 인신人身을 판 것은 아니지만 생활의 곤궁함을 해결하기 위해서 호족에게 지원을 받고 그 대가로 호족을 위한 노동에 사역되는 객이다. 이들의 사회적 평가는 비천하지만 자기 계산으로 생활을 하고 있었기 때문에 그 신분은 양인良人에 속한다. 반면에 노객은 인신이 주인에 예속되어 있었기 때문에 오늘날 우리가 흔히 알고 있는 노비와 유사하다. 부곡은 본래 부部·곡曲·둔屯 등과 같은 군대의 편성단위인 대오를 의미하는 용어였으나 후한 말부터 삼국시대를 거치면서 관병官兵은 물론 일종의 사병집단까지 모두 아우르는 의미로 변화하였다. 부곡은 여러 시기를 거치면서 대체적으로 그 지위는 노비보다는 상위이고 양인보다는 하위인 상급 천민으로 상정되는 경향을 보여주고 있다.

의한 영세농민들이 주류였다. 더욱이 종교가 종횡으로 사람들을 연결시키는 작용을 하는 면을 감안하면, 민간종교는 언제든지 전제군주체제의 이념에 맞설 수 있는 가능성을 내포하고 있었다. 실제로 황건의 난 역시 그 발발의 근원은 정작 종교 원리의 실현에서 비롯된 것이라기보다 지배층의 수탈에 대한 불만, 영세농민의 삶의 곤궁함이 토양이 되었다. 이에 민간종교가 가난의 질곡에서 벗어나지 못하고 있는 민중을 규합하고 조직화하여 반란을 일으킬 수 있는 수단으로 작동했음을 알 수 있다.

조조가 제남상 재임 시절에 보여준 음사를 금하면서 사묘祠廟를 없애는 등의 강경책은, 일종의 호족과 민간 종교에 대한 탄압의 일환이었다. 이는 본래의 사회질서였던 전제군주체제의 와해를 촉진시키는 요인들을 제거하려는 정치적 목적을 지니고 있었다. 사회질서의 유지존속을 위해 부정적 영향을 주는 제도, 기구 및 그 외의 환경들을 고쳐나가는 것이 바로 개혁이라고 볼 수 있다.

그렇다면 조조의 행적 역시 세상을 바로잡기 위한 자신의 확고한 신념의 바탕에서 이뤄진 개혁 추구의 결과라 할 것이다. 이와 같이 조조의 초기 관직 재임 시절에 보여준 그의 행동은, 자신의 신념을 중시하고 개혁지향적인 내향적 사고형의 특징을 잘 보여주는 경우인 것이다.

그의 성격유형으로 나타나게 되는 특징 중 또 다른 내용인, 분석적이고 논리적이며 치밀하여 매사에 빈틈없이 일처리를 하는 면을 적용시켜 보자. 그의 관직 재임 초기 시절의 경우는, 젊은 혈기에 자신의 안위를 걱정하기보다는 앞뒤 가리지 않고 자신의 신념을 실현시키기 위해 과감한 행동을 하는 모습에 가려져 이러한 내용이 잘 드러나지 않았던 듯하다. 허나 조조가 점점 연륜을 쌓아가면서 세상에 대해 깨달은 바가 많아지고 가문의 안위를 생각하게 되면서, 조조는 자신의 행동에 신중을 기하기 시작한다.

이때 권신權臣들이 조정을 전단하고 귀척들이 방자하였다. 조조는 도를 거스르면서까지 그것을 용인하지 못하여 누차 그들을 거슬리게 되어 가문이 화를 입을 것이 두려웠으므로 마침내 숙위宿衛로 남겨주길 구하였다. 의랑에 제수되었으나 병을 칭탁하고 매번 향리로 돌아간다고 고하였다. 향리의 집을 성 밖에 짓고서 봄과 여름에 독서를 하고 가을과 겨울에 사냥을 하며 스스로 생각을 즐기었다. 《본기/배송지 주, 위서》

지난날에는 젊은 호기로 천하의 난세를 바로잡기 위해 자신이 추구하는 신념대로 행동하려고 했다. 그러나 그것이 현실의 벽으로 용이하지 않음을 깨닫게 되면서, 점차 세상사에 대한 그의 대처법은 노련하게 바뀌어 갔다. 그는 제남상을 역임한 이후 동군태수에 임명되었으나 정치적 화를 피하기 위해 칭병하며, 정사에 대한 개입을 가급적 자제하였다. 또한 자신이 좋아하던 사냥과 오락거리를 즐기고 학문에 매진하는 등, 스스로의 심신을 단련하는 데 치중하였다.

조조가 고향에서 은거하고 있을 무렵, 서북의 양주 전역에서는 자사나 태수 등이 피살되는 등 세상의 사정이 매우 혼란스러웠다.

이때 태부였던 진번의 아들 진일이 술사 평원사람 양해와 더불어 기주자사 왕분과 만난 자리에서 양해가 말했다. "천문을 보면 환관들에게 불리하니, 황문과 상시 일족은 멸족될 것입니다." 진일이 기뻐하였다. 왕분이 말했다. "만일 그렇다면 원컨대 나도 달려가 그들을 제거하고 싶소." 이에 남양사람 허유 등과 더불어 결의하고 모의하였다. 영제가 북쪽으로 하간의 옛 잠저潛邸(군왕이 재위 전에 살았던 사저)를 순행하고 싶어 하자 왕분 등은 이를 기화로 일을 도모하고자 모의해, 흑산적이 군현을 공격하고 노략질한다고 장계를 올려 거병을 허락받고자 하였다. (때마침) 북방에 붉은 기운이 일어나 동서로 하늘 가득이 서려있으니, 태사太史가 (황제에게) 상소하여 '마땅히 음모가 있는 것이니 북쪽으로 순행하여서는 아니 되옵니다'라고 아뢰니 황제가 (순행을) 중단하였다. 그리고 왕분에게 군의 거병을 중단하라는 칙령을 내리고 갑자기 (왕분을) 불러들였다. 왕분이 두려운 나머지 자살하였다. 《본기/배송지 주, 구주춘추》

조조가 왕분에게 거절하는 글에서 말했다. "대저 폐립(황제를 폐하고 세움)의 일은 천하에 지극히 상서롭지 못한 것으로 여기는 일이오. 옛사람 중 성패를 헤아리고 그 경중을 살펴 행한 사람은 이윤과 곽광이오. 이윤은 지극히 충성스러운 성의를 품고 재신宰臣(재상)의 권세에 의지하여 여러 관부의 위에 처해 그에 맞게 행동하여 폐립하였으므로 그 계획에 따라 일이 이루어진 것이오. 곽광은 나라를 맡아 달라는 중임을 받아 종신宗臣의 자리에 서서, 안으로는 태후에 의해 중요한 정사를 장악하고 밖으로는 여러 뭇 경卿들이 함께 하려는 위세가 있었습니다. 창읍왕이 즉위한 지 일천하여 총애받아 충성을 바치는 신하가 아직 없었고, 조정안에서 직언하는 신하들이 부족했으며 의논하여 은밀히 가까운 이들끼리 모의해, 계획이 마치 수레바퀴 돌아가듯 진행되고 일이 마치 썩은 나무를 꺾는 것처럼 이뤄진 것이외다. 지금 여러 사람들이 지난 일들이 쉽사리 이루어졌던 것만을 보고 지금의 어려움은 보지 못하는 듯하오. 그대들이 스스로 헤아려 보건대, 무리를 모아 당여黨與들(같은 무리에 딸리는 사람들)과 결련한 것이 칠국과 같다고 생각하오? 합비현의 현후의 귀함[56]이 오, 초[57]와 같다고 생각하시오? 비상한 일을 일으켰다면 바라는 바를 반드시 이루기 원할 텐데 또한

위태로운 바가 아니겠소?《본기/배송지 주, 위서》

기주자사였던 왕분은 남양의 허유, 패국의 주정 등 여러 호걸들과 연합하여 영제를 폐위하고 새로운 황제를 옹립하려는 거사를 도모하려 하였다. 왕분은 천하에 명성을 얻어 이때 향리에서 은신하고 있던 조조에게 함께 이 거사에 참여할 것을 권유했으나, 조조는 왕분의 거사가 실패할 것을 예견하였다. 조조는 왕분이 마치 실정을 저지른 임금을 유폐하고 새로운 임금을 옹립했던 명신名臣 이윤이나 곽광의 흉내를 내려고 할 뿐, 정작 왕분이 그들에게 비견될 수는 없다고 판단하였다.

더구나 이윤의 주도로 유폐한 태갑太甲이나 곽광의 주도로 폐위한 창읍왕 등은 임금으로 세워진 지 얼마 안 되어 일어난 일이었기에 영제의 경우와는 비교될 수 없는 것이었다. 게다가 이윤은 재상의 힘에 의지해 충의로운 마음으로 여러 관부의 지지를 얻었으며, 곽광은 나라의 중임을 맡은 신분에서 태후와 여러 신료들의 도움을 얻는 상황에 있었기에 그들이 임금을 유폐할 수 있었던 것이다. 조조는 왕분이 여러 가지 정황을 따지지 않고 그저 임금을 유폐하고 새로운 임금을 옹립하려는 것을 보고 거사를 너무 쉽게 생각하는 것으로 판단하고는, 거사의 어려움을 예견하고 왕분의 권유를 거절하였다.

왕분의 거사 계획에 대해 조조가 표명하는 진술을 통해서, 조조가 내향적 사고형의 대표적인 특징 가운데 하나인 매사에 분석적이고, 논리적으로 접근하며 치밀하고도 빈틈없이 대처하는 면모를 지녔음을

---

56) "광화 말년(184년) 기주자사 왕분王芬, 남양 사람 허유, 패국 사람 주정 등이 호걸들과 연합하여 영제를 폐위하고, 합비현合肥縣의 현후縣侯를 옹립할 계획을 세우고 조조에게 알렸지만 조조는 그 제의를 거절하였다. 왕분 등의 계획은 결국 실패하고 말았다."(본기) 여기에서 합비현의 현후는 유씨 일족임에는 틀림없으나 기록이 없어, 이 인물이 누구인지 자세한 내용을 할 수 없으니 앞으로 밝혀내야 할 사항이다.

57) 전한 경제 때에, 유씨劉氏의 일족이 다스렸던, 오吳와 초楚지역을 중심으로 하는 칠국七國이 반란을 일으켰으나 진압되었다. '칠국'과 '오초'는 이것을 가리킨다.

확인할 수 있다. 특히 조조가 난세를 헤쳐 나가기 위해서 거병을 한 것도, 그의 성격유형과 관련되는 특징에 부합되는 경우라 할 수 있다.

영제가 사망한 후 하진의 계획에 의해 외군을 이끌던 동탁이 조정에 입조하게 되면서, 동탁은 자신의 군사력을 바탕으로 정권을 장악하였다. 이윽고 그가 소제를 폐출하고 헌제를 옹립하자, 조조는 동탁이 반드시 패망할 것이라 예견하고 집정한 동탁의 곁을 떠나 고향으로 돌아와서는 병사를 모집하였던 것이다.

아무리 출중한 재주가 있는 인물이라도 독불장군으로 난세를 대처하는 방식은 오래 버틸 수가 없는 것이다. 그러므로 군대를 보유하여 이끌고 있거나 어떠한 집단이나 조직에 가담을 해야만 그 능력이 제대로 효과를 발휘하게 된다. 홀로 수배자의 신분에서 어려움을 겪은 조조는, 동탁을 주살하기 위해서는 군대가 필요함을 절감하였을 것이다. 이에 조조는 진류의 위자衛茲로부터 물질적 원조를 받아 거병을 하였다. 또한 경향 각지에서 동탁을 주살하자는 분위기가 고조되자, 조조는 원소를 맹주로 한 제후들의 반동탁 관동연합세력에 주도적으로 가담하여 자신의 목적을 달성하고자 하였다.

이와 같은 조조의 거취는, 당초 자신이 바라던 소기의 목적 달성을 위해 현실적 판단을 한 연후에 그에 따른 행동을 한 결과였다. 이는 그의 성격유형에 부합되는 특징이 잘 드러나는 행보라 할 수 있다.

반동탁 관동연합군의 대대적인 공세에 동탁은 낙양을 불태우고 장안으로 일단 천도하였는데, 반동탁 관동연합군은 동탁 군대의 강성함을 두려워해 더는 진군하지 못하였다. 이에 조조는 서쪽으로 진격하여 결전을 감행할 것을 주장하면서, 만약 동탁이 낙양의 험고함에 기대어 관동연합군을 대적했다면 이는 천하의 큰 근심거리일 것으로 보았다. 그러나 이제 동탁이 낙양을 버리고 장안으로 천도한 이상 서쪽에서 한 번의 큰 싸움으로 동탁을 평정할 수 있다고 주장했다. 더욱이 천자를 겁박한 동탁은 대의명분을 잃었기 때문에, 조조의 서쪽으로 진격하자는 계책은 응당 실행에 옮길만한 타당성이 있었다. 그러나 원소를 비롯한 여러 제후들은 조조의 주장에 호응하지 않았고, 오직 진류태수 장막만이 위자에게 군사를 주어 조조를 따르게 했을 뿐이었다.

분석적이고 논리적인 판단에서 비롯된 조조의 이러한 계책이 비록 스스로에 의해 실행에 옮겨지긴 했으나, 그와 위자의 병력만으로 동탁을 상대하기엔 역부족이었다. 관동연합군이 대거 합세했더라면 이길 수도 있었던 싸움에서 조조가 거의 독자적으로 진격한 결과는 조조의 참담한 패배였다. 관동연합군 제후들의 이런 미온적인 태도에 실망한 조조는 관동연합군에서 이탈하게 되었고, 그 후 그는 자신의 독자적인 병사를 모으는 데 치중을 하게 된다.

초평 2년(191년) 흑산적 우독과 휴고 등 10여만 무리가 기주의 위군과 연주의 동군을 침략한다. 조조는 동군으로 들어가 복양에서 흑산적의 백요를 격파했다. 이 공로로 조조는 동군태수가 되었고, 이로써 조조는 자신의 근거지를 마련하게 되었다.

이듬해(192년) 청주의 황건적이 대규모의 무리를 이끌고 연주를 침략했는데, 연주자사 유대는 이들을 막는 과정에서 전사한다. 그 후 조조가 황건적을 격파하면서 연주의 위태로움은 풀어지게 되었고 청주 황건적의 무리는 조조에게 항복을 하게 된다. 조조는 이들 중 정예한 병사를 뽑아 청주병 군단으로 편성함으로써 강력한 군대를 보유하게 되었다. 또한 연주의 여러 관원들이 합심하여 조조를 연주목으로 추대하면서 조조는 한 주州의 우두머리가 된다. 앞으로 군웅으로서 도약할 일만 남게 된 조조가, 이제 자신의 성격유형과 연관되는 특징을 효과적으로 보여주어 그 결실을 맺어가는 순간이었다.

한편으로 내향적 사고형의 성격유형이 흔히 지니고 있는 장점에 대해 살펴보면, 첫째로 현실에 구애받지 않고 이성적이고 개혁적인 정책을 선택하고 강력하게 추진할 수 있는 능력이 있고, 그다음으로 논리적이고 분석적인 성향으로 치밀하게 정책을 결정하고 조직적으로 정책을 집행할 수 있다는 것이다.

2. 현실 구애받지 않는 선택 천자봉대·개혁적 논리적 치밀성으로 둔전제 실시, 이 같은 그의 성격의 장점이 발현되어 천하 강자의 길로

이 성격유형의 장점을 조조에게 적용시켜 보면, 그 장점 중 현실에 구애받지 않고 이상적이고 개혁적인 정책을 선택하고 강력하게 추진할 수 있다는 내용이야말로, 조조가 그의 삶 전반에 걸쳐서 잘 보여주고 있는 면모이다. 이러한 특성을 조조의 생애 전반기와 후반기로 구분하여 볼 수 있다. 전반기에는 조조가 어지러운 한실을 구하기 위해 자신의 신념대로 개혁지향적인 정치적 태도를 보였다는 점을 대표적으로 들 수 있다. 반면 후반기에는, 조조가 점차 자신의 세력을 구축하면서 부국강병을 목표로 여러 제도적 정책적 개혁을 실시했던 점을 꼽을 수 있다.

그의 일생 전반기의 활약상은, 대체로 자신이 중시하는 신념이나 철학을 바탕으로 개혁을 추구하는 성향이 강한 면모가 많이 부각되고 있다. 예를 들어, 원소가 황족이었던 유주목 유우를 제위에 옹립하려던 사건에 대해 조조가 명확히 반대 입장을 취한 태도, 그리고 이각, 곽사 등에 쫓겨 온갖 고초를 다 겪으며 파천播遷(임금이 도성을 떠나 피난함) 중이던 헌제를 영접하여 그를 봉대한 사건 등이, 바로 그가 지닌 성격유형과 연관되는 장점을 잘 보여주는 경우라 할 수 있다.

> 조조가 원소에게 답신에서 말했다. "동탁의 죄는 사해四海에 드러났고 우리가 대군을 합하여 의병을 일으키니 멀리에서나 가까운 곳에서 호응하지 않은 자가 없었소. 이것은 의義로 움직였기 때

문이오. 지금 나이 어린 황제는 미약하고 간신에게 제압을 당하시나, 창읍왕처럼 나라를 망하게 할 허물은 아직 없소. 그런데 하루아침에 (황제를) **바꿔 버린다면 천하에 누가 그것을 마음 편안해하겠소? 그대들이 북면北面**(즉 유우에게 칭신하는 것)**하겠다면, 나는** (황제가 있는) **서쪽長安을 향할 것이오!" 《본기/배송지 주, 위서》**

원소는 동탁에 의해 제위에 옹립된 헌제를 동탁의 꼭두각시라 보았고 이러한 장안의 조정을 괴뢰정권으로 간주하였다. 반면에 황족이었던 유우는 광무제 유수의 적장자였던 유강[58]의 적손이었다. 또한 헌제는 아직 어린데다 동탁에게 겁박당하고 있는 상태였지만, 유우는 유주를 통치하면서 위정자로서의 아름다운 치적을 남겨 그 명성이 천하에 자자할 정도였다. 정통성과 연륜, 능력, 명성 등 여러 면에서 헌제는 유우에게 비견될 수가 없었다. 더욱이 이러한 유우를 지지하고 있던 세력은 후한 말엽 가장 강력한 가문의 위세를 지닌 원소와, 풍부한 물산을 자랑하는 기주의 통치자 한복이었다. 이들이 가문의 위세와 풍부한 물자를 바탕으로 유우를 황제로 추대한다면, 향후 천하 정국의 주도권이 하북에서부터 비롯될 수도 있는 상황이었다.

그러나 조조는 당장 자신의 세력만으로 동탁을 대적하기 버거운 것도 사실이었지만, 원소의 이와 같은 움직임에 전혀 동조하려고 들질 않았다. 동탁에 의해 추대되었다고 하나 헌제는 영제의 뒤를 이은 황자皇子요, 지금은 엄연한 황제이기에 그 정당성은 흠잡을 수 없다고 여겼다. 더욱이 헌제가 그동안 별다른 실정을 범하지 않았던 만큼, 황제

58) 동해공왕 유강劉彊은 광무제의 장자였다. 원래 태자였으나 어머니 곽후郭后가 폐위되자 스스로 청하여 뒤이어 폐립되어 친왕親王으로 격하된 것이다. 그러나 천성이 공경스럽고 검약하여 광무제에게 스스로 동해東海의 19현을 되돌리려 하였으나 광무제가 이를 불납하였다. 광무제는 그의 표장表章을 좌우에 보여주며 깊이 탄식하였다고 전한다.

폐립을 논한다는 것은 명분을 어그러뜨려 천하의 민심을 잃을 수 있는 일이라 판단했다.

원소에게 '그대들은 북면하고 싶다면 그리 해라. 나는 동탁에게 진격하여 헌제를 구하겠다.'라고 한 조조의 대응은, 그가 현실에 구애받지 않고 이상적이고 개혁적인 정책을 선택하고 강력하게 추진할 수 있는 인물임을 보여주고 있다. 이러한 조조의 결연한 의지에 힘입어 그는 재야在野에 있던 순욱을 비롯한 여러 청류 사대부들의 마음을 얻을 수 있었고 그들의 보좌를 받아 비상의 나래를 펼칠 수 있었다.

초평 4년(193년)부터 흥평 2년(195년), 조조는 자신의 근거지인 연주를 기습적으로 차지한 여포를 정벌하는 데 많은 어려움을 겪기도 했다. 그러나 건안 원년(196년)에 이르러서 그 연간年間은 조조의 세력을 확대하는 획기적인 시기가 되었다. 먼저 여남군과 영천군의 황건적의 잔당들을 토벌하여 그 지역을 자신의 통치구역으로 귀속시켰다.

한편 동탁이 여포에게 피살된 후 그의 잔당이었던 이각과 곽사가 정변을 일으켜 정권을 장악하는 데 성공하자, 여전히 헌제는 그들의 세력 속에서 장안에서 겁박당하고 있었다. 헌제가 이들을 피해 장안을 탈출하였고, 조조는 자신의 근거지인 허현으로 헌제를 영접하여 옹위하였다. 이로써 협천자 영제후挾天子 令諸侯의 명분과, 이에 따른 정치력과 군사력을 확대할 수 있는 입지를 확보하게 되었다. 이후 10여 년 동안 조조는 높은 관직인 사공, 후한 말 삼공이 통합된 승상의 자리에 오래 재임하면서 실권을 장악하여, 자신에게 충성하는 부하를 흡수하고 고리[59] 관계를 맺어 한조漢朝 관계官界 안에 자신의 세력을 광범위하

59) 임직任職을 떠난 관리의 옛 속료, 관리의 천거나 벽소 등으로 인하여 관리가 된 사람들은 그 관리의 고리故吏라 하였다. 고리는 자신의 관계 진출을 도와준 사람을 부주府主 혹은 거주擧主라 부르며 부주나 거주에게 일종의 노역을 제공하거나 혹은 생사를 의지하고 환란을 함께하는 경우도 있었다. 이들 사이에는 봉건적인 영속관계가 존재했으며 이 때문에 부주나 거주가 죽으면 고리가 삼년상을 치르고 부주나

게 뿌리내렸다.

건안 연간 초반을 기점으로 그 이후의 그의 일생 후반기의 활약상인 부국강병을 위한 정책의 추진에서, 그의 성격유형에 부합되는 장점을 찾아볼 수 있다. 특히 과거에 한시적으로 이용되었던 둔전제[60]의 상설 확대 시행, 문벌보다는 능력 위주의 과감한 인재등용, 병호제 신설, 그 외 조세제 개혁 등과 같은, 개혁적인 성향의 정책을 과감하게 시행한 것이 바로 이러한 경우에 해당된다. 이 중에서 둔전제 실시와 과감한 인재등용이야말로, 조조의 성격유형과 연관되는 장점에 잘 부합되는 경우라 하겠다.

> **이 해**(196년), **조지, 한호 등의 의견을 받아들여 처음으로 둔전을 일으켰다.** (본기)

> **황란**荒亂(흉년과 기근)**의 때를 만나 양곡이 부족하였다. 여러 군대들이 잇따라 일어난 뒤 한 해 동안이라도 양곡을 지탱할 계획을 마련하지 못하고, 배고프면 노략질하고 배부르면 나머지를 버려, 백성들이 흩어져 유리걸식하고 적이 아니더라도 스스로 무너지는 일이 비일비재했다. 원소가 하북에 있을 때 군인들이 뽕나무의 오디를 따 먹었다. 원술이 강회**江淮(장강과 회수)**에 있을 때** (군량으로)

거주의 후사를 이은 후대를 계속 주인으로 모시는 경우가 많았다.

60) 둔전은 본래 변경 지역이나 군사 요충지에 주둔한 병력으로 하여금 군역을 지며 국방의 의무를 다하면서 농사에 종사시켜 자급자족할 수 있도록 경작을 독려하는 생산 방식이다. 조조가 군량 보급을 위해 농업 생산력을 증대시키는 목표를 염두에 두면서 조조는 우림감 조지棗祗의 건의에 따라 둔전제를 자신의 통치 전역에 확대 실시하였다. 아울러 둔전을 책임질 전관田官을 두어 이를 지휘토록 하였는데 조지가 전농도위(둔전 총책임자), 기도위였던 임준任峻이 전농중랑장(둔전 집행관)이 되어 둔전을 일임하였다. 둔전의 성과가 빛을 발하자 이를 일컬어 '조지로부터 시작하여 임준이 매듭지었다'고 평가되었다.

수초水草나 소라를 먹었다. 백성들이 서로 잡아먹어 주군과 향리마다 인적이 드물었다. 조조가 말했다. "무릇 나라를 안정시키는 방법은 군대를 강하게 하고 넉넉하게 먹이는 데 있다. 진秦나라는 농사를 급무急務로 여겨 천하를 겸병하였고, 한나라 무제는 둔전을 하여 서역을 안정하였으니, 이것이 선대의 좋은 모범이다." 이 해에 바로 백성을 모집해 허현 가까이에서 둔전을 실시하여 백만 곡의 곡식을 수확할 수 있었다. 이에 주군州郡에서 전례에 따라 전관田官을 설치하고 각 소재지에 곡식을 쌓았다. 사방을 정벌함에 군량을 운송하는 수고로움이 없어지니 마침내 여러 적들을 멸하고 천하를 평정할 수 있었던 것이다. 《본기/배송지 주, 위서》

먼저 둔전제의 경우, 조조는 헌제를 허현에 영접한 이후 허도정권을 설립하고는 군량부족을 해결하고 군국병량을 비축하려 한다. 이에 우림감 조지와 중호군 한호의 건의에 따라 둔전을 설치하였다. 조조는 백성들을 모집하여 허도 지역에 둔전을 시행하여 1백만 곡[61]의 곡식을 얻었다. 오랜 전란으로 각 지방의 농지가 황폐화되어 있었는데[62] 이 성과에 힘입어 이후 이 둔전제를 각 주군州郡에까지 확대 시행한 결과, 연年 수천만 곡을 얻어 군량에 충당하였다고 한다.

---

61) 《삼국지 위서 등애전》에 따르면 등애는 「제하론」을 통해 사마의에게 곡식 3천 만 곡斛은 병사 10만 명이 5년 동안 먹을 수 있는 식량이라고 설명했다. 이를 토대로 단순하게 계산하면 1곡은 10말 용량으로 1가마 또는 1섬으로 치면, 1백만 곡은 대략 병사 1만 6,700명 정도의 병사가 1년에 먹을 수 있는 식량이 된다. 다만 등애의 활약 시기가 조조의 활약 시기보다 비교적 정치, 경제적으로 상황이 훨씬 안정적이었으므로 같은 1백만 곡이라도 그 가치는 조조의 활약 시기에 더 컸을 것이라 짐작된다.

62) 《진서 식화지》에 따르면 후한 말에 발생한 농민반란, 이에 대한 통치세력의 진압, 그리고 통치세력 내부 간의 대립과 갈등은 많은 백성들을 사상死傷시키거나 유민流民이 되게 만들면서 양전良田이 황무지로 바뀌고 인적조차 드문 상태가 되었다고 기술하고 있다.

후한 말 난세의 기운을 타고 각지에서 일어난 군웅 가운데 최강 세력을 갖추었던 원소군은 군량미가 부족하여 뽕잎이나 오디 등을 군량으로 활용하였다. 원술군은 부들 같은 수초나 고둥과 같은 소라류를 군량으로 활용하였다. 더욱이 이 시기 곡물의 시세는 매우 높았는데, 이런 실정 아래서 당시 군웅들은 군량을 포함한 군사적 재정문제를 해결하는 것이 급선무였다.

풍부한 경제적 기반을 가진 권문세가 출신도 아닌 조조 역시 이런 사정에서 예외일 수는 없었다. 그는 처음에는 얼마 되지 않는 병력으로 거병하여, 이후 황건적의 잔당과 기타 농민반란을 진압하는 과정에서 항복한 병사나 포로를 병력으로 흡수하였다. 다른 한편으로는 군소 유력자들이 그의 부곡을 거느리고 조조에게 귀부하면서 이른바 조조의 군단 형성이 이루어졌다.

군량을 비롯한 여러 군사적 재정을 충분히 공급해야만 그 병사들을 자기 진영에 묶어 두고 그들의 충성을 기대할 수 있었다. 그런데 조조는 여러 방면에 걸쳐서 전투를 벌이는 상황이었던지라, 군량 보급에 있어 난점이 많았다. 조조는 이런 현실적 필요에서 전한 때부터 시행되었던 둔전을 모델로 하여, 새로운 시대적 요청에 맞게 자신만의 방식으로 변형된 둔전 정책을 채택하여 시행하였다.63)

전란이 극심해짐에 따라 당시 군웅들은 군량을 확보함으로써, 전란으로 인해 발생한 유민流民들을 자신의 통치지역에 정착시켜 그 노동력을 병력으로 전용할 수 있는 방법이 필요했다. 특히 후한 말 중원지방

63) 변경 지역이나 군사적 요충지에 시행하던 둔전을 군내郡內에서까지 설치한 것은 물론 조조가 처음이 아니다. 《삼국지 위서 여포전》에 인용된 배주인 《선현행장》의 기록에 따르면 초평 4년(193년)에 서주목 도겸이 표를 올려 자신의 부하인 진등을 전농교위로 삼아 그로 하여금 토전의 적절한 곳에 관개시설을 하여 멥쌀을 수확케 하였다. 이로 볼 때 군내에 둔전을 설치한 것은 조조 이전에도 이미 있었음을 짐작할 수 있다. 다만 조조 이전까지는 국지적으로 미약한 수준에서 시행되는 수준이었고 조조에 이르러서 전역에 걸쳐 확대실시가 된 것이라 할 수 있다.

에서 전투가 격화됨에 따라서, 군량 확보와 병력 충원이라는 군사적 기능을 겸하는 농경사회의 시대적 필요성에서 바로 조조의 둔전제가 탄생한 것이라 할 수 있다.

이러한 둔전제의 실시로 조조는 군량문제를 해결하였을 뿐 아니라, 전선확대로 인한 군량보급을 원활하게 할 수 있었다. 또 그 경제적 역량을 충실하게 하여 토지로부터 이탈한 대량의 유민들을 다시 정착하도록 해서 사회 안정을 가져왔다. 이에 전란으로 인해 붕괴된 농업생산력의 회복에 큰 기여를 했다고 하겠다. 이처럼 기존의 변경지대나 군사적 요충지에서 주로 활용되던 둔전을 행정통치구역 내에 대대적으로 확대실시함으로써 비약적으로 농업생산력을 증대시킨 것이다.

이는 그가 이상적이고 개혁적인 정책을 강력하게 추진할 수 있는 능력을 잘 발현하여 비롯된 것이며, 그의 성격유형에 관련된 장점에 잘 부합되는 경우라 할 수 있다.

처음으로 위위衛尉의 관직을 설치하였다. 가을 8월, 영을 내렸다. "옛날 이지와 부열[64]은 천인 출신이었고, 관중은 환공의 적[65]이었으나, 모두 등용하여 나라를 흥하게 한 것이다. 소하와 조참은 현리縣吏였고, 한신과 진평은 오명을 짊어지고 있어 치욕을 겪었으나 끝내 왕업을 성취하고 그 이름이 천년에 길이 남았다.[66] 오

64) 이지伊摯는 은 탕왕을 도와 하나라의 걸왕을 멸망시킨 명재상 이윤伊尹을 말한다. 본래 그는 노예 출신으로 신국莘國 군주 딸의 수행원으로 직접 궁중 주방의 요리까지 담당하던 인물이었다. 부열傅說은 베옷을 입고 풀로 만든 허리띠를 매고 담 쌓는 일을 하는 노역자였는데 은나라의 23대왕 고종인 무정武丁이 그를 발견하고 그를 재상으로 삼아 백성을 다스리게 하여 천하를 안정시켰다.

65) 본래 관중은 제나라의 왕위 계승을 둘러싸고 환공과 다투던 자규子糾편에 섰던 인물로 심지어 환공을 활로 쏘아 죽일 뻔한 일도 있었다. 그러나 환공은 포숙의 천거로 관중을 재상으로 삼아 부국강병책을 써서 춘추시대 패자霸者의 하나가 되었다.

66) 소하와 조참은 모두 시골 관리 출신으로 한나라 건국 초기에 재상을 지낸 인물들이다. 한신은 한나라의 대장으로서 어릴 때는 유리걸식하면서 부랑배의 가랑이 아

기[67]는 장군직을 탐해 자신의 처를 죽여 신용을 얻고 돈을 뿌려 관직을 구하였으며, 어머니가 사망했음에도 (고향으로) 돌아가지 않았으나, 위魏나라에 있을 때 진秦나라가 감히 동쪽으로 향하지 못하였고, 초楚나라에 있을 때 삼진三晉(조, 위, 한 세 나라)이 감히 남쪽을 도모하지 못했다. 지금 천하에 얻지 못한 민간에 방치되어 있는 자, 지극히 덕 있는 자, 과감 용맹하여 자신을 돌보지 않고 적을 임하면서 힘을 다해 싸울 자, 일상문서를 맡아보는 낮은 관리라 하여도 그 높은 재주와 기이한 자질로 혹 장수나 태수를 감당할 만한 자, 오명을 짊어지고 남들에게 조롱받는 행실이 있으며 혹 불인불효不仁不孝하다고 해도 치국과 용병의 술을 갖춘 자, 그 각각을 그 아는 바에 따라 천거하고 버려두는 일이 있어서는 안 될 것이다."《본기/배송지 주, 위서》

전한 이래로 유학 중심의 사상과 학문이 발전하면서 후한사회는 예교 중심의 사회로 자리 잡히게 되었고, 정치적 안정도 비교적 장기간 지속되었다. 특히 관리 선발의 방식도 향리에서 재주와 덕망 있는 인물을 천거하여 조정에 추천하면, 조정에서 임명하는 '향거리선鄕擧里選'이라는 원칙으로 시행되었다. 그중에서 명예가 높은 선비만이 관직에 나아가는데, 그들은 고향에서 주군州郡 지방장관의 속관으로 출사가 가능하고 전국적으로 무재, 효렴 등에 천거될 수 있었다. 이러한 관리 선발의 제도적 안정은 사회적 분위기에서 선비적 기풍의 함양과 절제된

래로 지나가는 모욕을 당한 적이 있었다. 진평은 한나라의 재상을 지냈는데 일찍이 형수와 사통하고 장수들에게 뇌물을 받는 등의 부정을 저지른 바 있었다.

67) 오자병법의 저작을 남긴 오기吳起는 전국시대 노나라, 위나라, 초나라 등지에서 큰 공을 세운 장수이다. 그는 노나라 장수로 임명될 때 자신의 부인이 제나라 출신이란 점 때문에 의심을 받자 장수로 기용되고자 자신의 부인을 죽였다. 그는 청년시절에 관리가 되려고 재산을 날린 적도 있고, 어머니가 돌아가셨음에도 출세하지 못했다고 어머니가 계신 곳에 돌아가지 않았다.

유학적 행동을 추구케 하였다. 이는 당연히 인물을 판단하고 세상을 논하는 원칙이 되었다.

조조가 비록 명문세족 출신도 아니고 그의 품행 역시 사대부로서의 우아하고 고상한 절조를 보인 것과는 거리가 멀었으나, 정작 그 역시 향거리선의 원칙에 따른 제도적 혜택을 얻어 출사하였다. 그는 당인党人을 옹호하고 환관을 비판하는 청류지향적인 정치적 태도를 보이며 명성을 쌓아 나갔다. 그 후 헌제를 봉대하여 정치적 명분과 실리를 챙김으로써, 자신의 가문배경에 따른 콤플렉스를 극복하고 그 휘하에 많은 사대부 명사들을 포섭할 수 있었다.

건안 연간, 조정의 정권을 장악한 시기를 이용한 조조는 '위무삼령魏武三令'을 건안 15년(210년), 건안 19년(214년), 건안 22년(217년) 등 세 번에 걸쳐 반포하였다. 여기에서 앞으로 덕행보다는 철저히 재능 본위로 인물을 발탁하려는 의지를 천명하게 된 것이다. 이러한 인재선발 의지의 영향으로, 조조 휘하에는 재능 있는 인재들이 구름처럼 몰려들었다. 그중에 행검行檢(점잖고 바른 행동거지)을 수양치 않아 방탕한 사대부인 곽가, 자신의 친족과 측근을 전사하게 만든 장본인인 가후 등과 같은 걸출한 책사策士와 항장 출신의 장료, 장합, 서황 등과 같은 무장들도 있었다.

속담에 이르기를, "새벽을 제때에 알리지 못한 닭은 보충하여 다시 울고자 한다"고 하였다. 예전에 계천季闡이 백마현의 관리로 있을 때 뇌물을 받고 노비를 취한 죄를 지었으나 그 죄를 묻지 않고, 후에 제북상으로 삼았으니, 이는 그가 재능이 있었기 때문이다. 《어람御覽 496권》[68]

68) 오수형(1998), 《천하경영: 조조의 삶과 문학》, 문학과 지성사, 178~179쪽.

《어람》에 인용된 조조의 선거령選擧令은, 특히 과거 행적에 구애되지 않고 능력을 발휘할 것을 권하는 내용을 담고 있다. 이에 자신이 기용한 인물인 계천이 비록 비리를 저질렀어도, 능력이 있기에 징계하여 벌을 주지 않고 오히려 승진을 시켰다. 이 사실은, 그가 얼마나 능력 본위의 인재기용을 지향하고 있는지를 잘 보여준다고 할 수 있다.

그는 건안 원년(196년)부터 대장군, 사공, 승상 등 최고위 관직에 재임하였다. 이로 한 왕조의 관료등용제인 황제의 징소徵召나 중앙 및 지방고관의 벽소辟召 등의 방법을 적극 활용하여, 자기 세력을 여러 정치력이 있는 요로要路에 심어 놓았다. 여기에서 특히 당시대의 예교지식인을 배제하고, 불인불효해도 오직 재능만 있으면 자리에 발탁한 것은, 실로 전례가 없는 과감한 인사 정책을 실시한 사례인 것이다.

이때 조조에게 초미의 급선무는, 이미 그 휘하에 있는 부하들에게 적절한 관직을 부여함으로써 그들이 속한 집단에 정통성을 부여하고, 아울러서 그 개개인의 권력지향성을 충족시켜 주는 것이었다. 때문에 조조는 스스로의 세력 확대를 위해서도, 관리등용에 요구되는 기존의 덕목에 구애될 만큼 여유가 없었다. 그래서 자신의 세력에 공헌할 만한 인물이 있다면, 비록 덕행이라는 기준에 어긋나더라도 이에 개의하지 않고 등용한다는 대담한 인사 정책을 채택하게 된 것이다.

이와 같은 조조의 인선 방침은, 항시 전쟁에 임해야 하는 조조 입장에서 권의지책[69]으로 효과적이었다. 먼저 조조는 자신의 높은 권좌의 힘을 활용하여 정권 안에 자기와 대립하는 세력을 배제하였다. 다른 한편으로는 휘하의 참모나 장수, 투항해 온 자, 지방의 실력자 또는 명

69) 이는 임시적 편의를 위한 방책으로 한때의 사정에 따라 성인聖人이나 임금이 의義를 밝혀 임시로 상황을 고려하여 맞게 조처하는 것이다. 이와 유사한 용어는 '권도權道'이며 반의어는 '상법常法'이다. 이에 이공범은 《위진남북조사》(지식산업사, 2003.)에서 "조조의 관료등용책은 전쟁으로 지새고 있을 때는 권의지책權宜之策으로 유효하고 유리했다"고 평가하고 있다.

성 있는 자에게, 벽소를 통해서 적절한 관직을 부여하는 등, 후한 정권 안에 자기 심복을 배치하여 그 권력기반을 점차 확대하는 형태를 취하였다. 만약에 조조가 현실에 구애를 받을 수밖에 없었다면, 그 또한 품성과 덕행 등에 기준을 두어 인재를 선발하려고 했을 것이다. 그렇게 되었더라면, 자신의 많은 업적들 중 상당 부분은 이룩하기 어려웠을지 모른다. 또한 그에 대한 후대의 평가, 즉 개혁적 정치가로서의 면모도 부각시키지 못했을 것이다.

그러나 조조가 뛰어난 주군으로 평가받을 수 있는 또 다른 이유를 꼽자면 그는 부하들의 의견과 건의를 받아들이는 데에 인색하지 않았고, 이를 반영함에도 주저하지 않았다는 사실이다. 그는 자신의 뛰어난 지략에 의한 활약을 펼쳐 전쟁터에서 많은 승리를 이끌어내기도 하였다. 그러나 동시에 자신의 능력만을 믿지 않고, 부하들의 조언과 자문을 자주 구하여 자신이 계획한 바가 옳은지 그른지를 따져가며 곧바로 실행여부를 결정지을 정도로 용의주도한 과단성을 보여주었다.

건안 11년(206년) 10월 을해일의 교령에서 무릇 세상을 다스리고 무리를 제어하며 천자를 보필함에 있어서, 관리들이 앞에서만 따르는 척하는 것을 경계해야 한다고 했다. 《시경》에 이르기를 '나의 계책을 들어서 쓴다면 큰 후회는 없을 것이라'[70]고 하였으니, 이것이야말로 진정 군신 사이에 간절히 구하는 바인 것이다. 나는 나라의 중임을 감당하고 있는데 매번 중도^{中道}를 잃을 것이 염려되는 바이다. (그러나) 몇 년 동안 좋은 계책을 듣지 못하였으니, 어찌 내가 몇 년째 의견을 구한다면서 수고를 하지 않은 나의 허물로만 돌릴 수 있겠는가? 지금부터 여러 연속과 치중, 별가는

70) 이는 《시경》「대아 · 억편」 '탕지십湯之什'에 있는 구절이다.

항상 매월 초하루마다 그 잘못된 바를 말하여 내가 볼 수 있게 하라.《본기/배송지 주, 위서》

주군은 여러 사람들의 의견을 접하지만, 그중에서 좋은 성과를 낼 수 있는 것을 채택하여 정책으로 추진하기까지에는 많은 어려움이 있다. 어떤 사항은 듣는 바와 실상이 달라 시시비비를 가려야 되고, 어떤 내용은 갑론을박의 상황에 놓여 무엇이 더 최선인지 판단해야 되는 등, 여러 가지 사안들 가운데에서 주군은 밝은 안목으로 정책에 대한 결정을 내려 집행해 나가야 한다.

조조의 휘하 장수 서황이 스스로 말하기를, '지금 다행히 명군을 만났다'는 대목[71]은, 조조가 이러한 뛰어난 주군의 자질을 얼마나 잘 보여주었는가를 짐작게 한다. 특히 (본기)에 인용된《을해일의 교령》은, 조조가 부하들의 건의에 항상 목말라 있고 언제든지 귀 기울여 들을 준비가 되어 있는, 스스로의 의지와 자세를 잘 보여준다. 많은 의견들 가운데에서 자신이 중도를 못 지킬 것을 염려하면서도, 그동안 좋은 의견들을 듣지 못한 것을 은근히 부하들의 탓으로 돌리며 많은 의견들을 내기를 채근하고 있다. 그의 교령은 그동안 조조가 정책적 성과를 낼 수 있기까지, 그가 논리적이고 분석적인 성격으로 치밀하게 정책을 결정하고 조직적으로 정책을 집행한 결과였기에 가능했던 것임을 방증한다.

때때로 대다수의 의견과 다른 소수 혹은 한 개인의 의견이라도 자신의 판단에 옳다고 판단되면 바로 채택하는 그의 태도는, 그의 성격유형과 부합되는 장점을 잘 보여주고 있다.[72] 이러한 장점은 그의 정치

---

71) 이 부분은《삼국지 위서 서황전》에 보인다. 정확히 살펴보자면 다음과 같다. (서황은) 항상 탄식하며 말했다. "옛 사람들은 명군을 만나지 못한 것을 근심했으나 (나는) 지금 다행히 명군을 만났으니 항상 공으로서 나 스스로를 드러내지, 어찌 따로 사사로이 명예롭게 되려고 하겠는가!" 끝내 교유관계를 넓히지 않았다.

적 측면에서뿐만 아니라, 군사적 측면에서도 어김없이 그 진가를 발휘하기도 하였다.

> **조조가 말했다. "내가 여포를 공격하는 동안 유표는 공격해 오지 않았으며, 관도대전 당시 원소를 구원하지도 않았다. 이것은 자기 일신이나 보존하려는 도적이므로 마땅히 뒤에 도모해도 될 것이다. 원담과 원상은 교활하여 마땅히 혼란한 시기를 타려고 할 것이다. 설령 원담이 간사한 마음을 품고 있어 끝내 가만히 앉아 있기만 하지는 않겠지만, 내가 원상을 격파하게 한 뒤 핍박하여 그의 땅을 내 손에 넣기만 하더라도, 이로움이 절로 많아질 것이다." 이에 원담의 구원 요청을 허락하였다.《본기/배송지 주, 위서》**

일례를 들자면, 조조가 원소와 관도대전에서 자웅을 겨룬 결과 원소는 패하여 분사하였고, 그의 잔류세력은 장남 원담과 삼남 원상으로 분열되었다. 원담은 원상과 서로 기주를 다투면서 한편으로는 조조와 연합관계를 맺었다. 그는 원상에게 패배한 이후 평원현을 지켰는데, 원상의 군대가 급습하자 조조에게 사자를 보내 항복을 표하며 자신에 대한 구원군을 급파해 줄 것을 청하였다. 이에 대해, 조조 휘하의 제장들은 유표군의 기습을 주로 우려하며 원담과 원상 무리들의 다툼은 걱정할 바가 없다는 의견들이었다. 반면에 순유는 유표의 기습은 오히려 걱정할 일이 아니며 원담과 원상 중 어느 하나의 세력으로 병합이 된

72) 대표적으로 대다수의 의견에 독단적 혹은 소수적 의견을 내놓는 경우가 많았던 인물로 곽가나 순유 등을 들 수 있다. 《곽가전》이나 《순유전》을 살펴보면 이들은 특정 사안에 대한 논의가 있을 때 다수의 신하 혹은 장수들의 의견에 반대되는 소수적 입장의 주장을 펼친 적이 여러 번 있었다. 조조는 소수의 입장을 과감하게 받아들여 그 성과를 본 적이 많았다는 데에서 그에게는 다수의 의견이라도 무조건 채택하지 않는 경우가 의외로 많았던 것을 알 수 있다.

다면, 이는 장차 조조가 하북을 평정하는 데 크게 어려움을 줄 것이라고 진언하였다.

이러한 상황에서 조조는 순유의 의견에 손을 들어주었다. 그리고 유표가 그동안 취했던 행보, 즉 조조 자신이 여포나 원소와 교전할 때 유표는 방관하고 있었다는 것을 근거로 제시한다. 유표는 그저 앉아서 자기 영토만 지키는 적일 뿐, 당장에 급한 적이 아니라는 입장을 보였다.

아울러 조조는 원담의 항복과 그의 구원군 요청은 기실 조조로 하여금 원상을 정벌하게 하고, 그 후 원담이 조조가 취한 땅을 손쉽게 차지하려는 차도살인借刀殺人의 계책[73]임을 간파하였다. 이에 조조는 원담의 항복을 받아들이고 그의 구원군 요청을 받아들이면서도, 향후 원담의 행보에 대해 은밀히 미리 대비하였다. 조조가 원상을 정벌하는 사이, 원담은 원상으로부터 모반한 여광, 여상 등에게 장군의 인수를 주며 자기 편으로 끌어들이고자 설득하였다. 그러나 이들은 조조에게 그 인수를 보내며 원담의 이러한 행보를 바로 토설하였다.

이후 조조의 예측대로 과연 원담은, 심배가 지키고 있던 업현을 조조가 포위하고 있는 사이, 감릉, 안평, 발해, 하간 등을 공략하여 차지했다. 원상이 패하여 중산으로 물러나자 원담이 이를 공격하였고, 원상이 고안으로 달아나자 원담은 원상의 잔류 병사를 자신의 세력에 병합하였다. 조조가 예측한 대로의 행보를 자행한 원담에게, 조조는 곧바로 사자를 보내 약속을 어긴 것을 질책하며 그들 양가 사이에 맺었던 혼사관계를 파기한 후 곧바로 진격을 감행하였다. 원담이 이를 두려워하여 평원을 함락시켰다가 곧바로 물러나 남피를 지켰고, 조조는 평원에 입성하여 주변 여러 현들을 평정하고 다음 해 건안 10년(205년)에 남피까지 공략하여 원담을 끝내 참살하였다.

---

73) 남에게 칼을 빌려 사람을 죽인다는 뜻으로 흔히 이는 자신은 힘들이지 않고 순전히 남의 힘으로 이득을 챙기는 것을 이르는 계책이다.

이때까지 당초 조조의 여러 막료들이 우려했던 유표의 기습은 한 번도 없었던 것이니, 조조의 논리적이고 분석적인 판단과 이에 따른 움직임에서 그의 의사결정과 집행에 관한 치밀함을 엿볼 수 있다. 이는 실로 그의 성격유형에 부합되는 장점이 잘 드러난 경우인 것이다.

조조는 분명 훌륭한 주군이었고, 걸출한 군략가요, 개혁적 정치가였다. 그의 업적은 삼국시기에 있어 단연 뛰어나다고 평할 수 있으나, 반면에 그의 성품은 두고두고 논란이 되어왔다. 그의 일생 중 여러 가지 적지 않은 실책을 범하였으니, 이는 그의 성격유형과 연관되는 내향적 사고형의 단점에서 비롯된 결과로 파악할 수 있을 것이다.

마지막으로 내향적 사고형의 인물이 흔히 보여줄 수 있는 단점은, 첫째로 맹목적인 헌신이나 계산이 들어맞지 않는 행동으로 편협하다는 인상을 받게 되거나, 둘째로 논리적이고 분석적이지만 객관적으로 설명하는 능력이 부족하여 자신의 의견에 대한 설득력이 부족할 수 있다는 점이다.

3. '나의 자방(장량)'이라 한 순욱을 필두로 여러 인물을 죽음에 이르게 하는, 맹목적 헌신에도 계산에 맞지 않으면 제거하는 편협한 그의 성격의 단점이 간교 잔혹함으로 두드러져

이 성격유형의 단점을 조조에게 적용시켜 보면, 그중 둘째 내용은, 조조가 객관적으로 언변에 능했던 것을 감안한다면 조조에게 잘 적용되지 않는 것으로 보인다. 다만 첫째 내용인 맹목적인 헌신이나 계산이 들어맞지 않는 행동으로 편협하다는 인상을 받는다는 면은, 상당 수준 조조의 행적에 부합되는 경우가 있다는 점에서 상당히 눈여겨볼 필요가 있다. 특히 조조의 대표적인 행동 사례로 볼 수 있는, 자신의 국공 봉작에 반대한 순욱에게 큰 불만을 품고 결국 순욱을 죽음에 이르게 만든 사건은, 그의 성격유형에 연관되는 단점을 잘 보여준다.

건안 17년(212년) 10월 동소 등이, 조조의 작위를 국공에 오르게 하고 구석의 예물[74]을 갖추어 표창해야 한다고 논의하였다. 이에 순욱은 그처럼 해서는 안 된다고 답한다. 이 일이 계기가 되어 조조는 순욱에게 불만을 갖게 되었고, 표문을 올려서 순욱을 초현(지금 안휘성 박현)에 번번이 머물러 있게 하면서 시중 광록대부 지절 참승상군사의 직함을 갖게 하였다. 조조의 군대가 유수(지금 안휘성 함산현 서남)로 향하자, 순욱이 병을 이유로 수춘(지금 안휘성 수현)에 머물다 근심 속에 죽었다. 이러한 순욱의 죽음을 통해 조조의 성격의 일면을 좀 더 꿰뚫어 볼 수 있다.

조조가 하북을 제패하고 형주를 장악한 이후 비록 적벽대전에서 패하기는 했으나, 그의 기세는 한나라 조정 내에서 하늘을 찌를 듯했다. 자신의 정적이 많다고 여긴 조조는 적벽대전 이후 내부 개혁과 정리에 주력해서 그 권력을 강화하였다. 그리고 기주의 여러 군을 봉토로 하는 위공으로 봉작되어, 봉국과 함께 자신만의 고유한 정권기구를 갖추고자 하였다.

동소를 비롯한 몇몇 인사들이 이러한 조조의 뜻에 야합하고자, 조조의 국공 봉작 방안에 대하여 논의하였다. 그들은 이를 순욱과도 함께 하려 했다. 이때 순욱은, 이러한 일들이 조조를 위하는 바가 아니라고 끝내 반대한 것이다.

순욱은 조조의 초기 거병시절부터 함께 동고동락해온 창업공신으로, 지금의 조조가 있기까지 그의 공헌은 실로 지대하였다. 명족 가문 출신의 사대부 명사였던 그는, 조조를 위해 많은 사대부들을 천거하여 이들로 하여금 환관 가문 출신의 조조가 이룩한 정권에 참여케 하였

74) 구석九錫이란 천자가 특히 공로가 있는 사람에게 하사하는 아홉 가지 물품으로 거마, 의복, 악칙, 주호, 납폐, 호분, 궁시, 부월, 거창을 말하며 이는 황제가 사용하는 물건에 버금가는 것들이다.

다. 조조가 정벌을 담당할 때는 내정을 관장하였고, 무엇보다도 조조가 '천자를 끼고 제후에 명하는' 위세를 얻어 천하대권을 장악하고 하북의 원소를 제압할 수 있었던 것은, 실로 순욱의 헌책에 의지한 바가 컸다.

지난날 조조는 흔들리는 한실을 굳건히 바로 세워 치세의 도래를 이룩하려고 다짐했었다. 그러나 조조가 점차 천하대권을 쥐락펴락하는 권신權臣의 위치에 오랫동안 있으면서, 그의 행보는 더 이상 한실을 지탱하기보다는 새로운 세상을 열어가는 쪽으로 기울어져만 갔다. 조조 스스로는 주문왕을 자처하며 한실의 신하로 남을 것을 표명하고 있지만, 정작 그가 도모해 나가는 행보는 한나라를 대체할 새로운 왕조를 건립하려는 기반 구축이었던 것이다. 결국 조조 자신은 명목상의 한나라 신하로 남되, 그의 후대에는 새로운 왕조의 개창이 이루어질 수 있도록 예비한 것이라 하겠다.

이러한 조조의 의중에 부합되지 않는 순욱의 발언에, 조조는 지난날 초기부터 자신과 동고동락했던 공신인 그에게 깊은 원한을 품게 된다. 이는 나아가 결국, 순욱을 죽게 만들고 만다. 이 역사적 상황은, 순욱에게 각별한 정을 갖고 있던 조조가 얼마나 큰 배신감을 느꼈는가를 보여주는 대목이다. 그러나 오랫동안 자신에게 헌신해 온 공적은 개의하지 않고, 순욱의 발언이 조조 자신이 그리는 앞날의 구도에 맞지 않은 걸림돌이 된다고, 그저 원한에 사로잡혀 그를 죽음으로 몰고 간 조조의 행동은 실로 간교하고도 잔혹하다고 할 수밖에 없다.

이러한 교활하고도 포악한 행동으로, 주변의 가까운 인물을 죽음으로 몰고 가는 조조의 처신은 순욱에만 그치지 않는다.

조조는 그 사람됨이 경박하고 위엄과 무게가 없었으며, 음악을 좋아하였고 가무인을 옆에 두고 즐기기를 낮부터 저녁까지 하였

다. 복장은 가벼운 생사로 짠 옷을 입고, 몸에는 패를 담는 작은 가죽주머니를 차고, 그 안에 손수건이나 잡다한 물건을 넣었다. 때에 따라 간편하게 쓰는 모자를 쓰고 빈객을 맞이하기도 하였다. 매번 사람들과 담론할 때 농담하는 것을 즐겨하여 숨김이 없었으며, 기쁘면 크게 웃어 머리가 탑상 아래로 들어갈 정도였고, 안주와 반찬을 모두 모자에 묻혔으니, 그 경박함이 이와 같았다. 그러나 법을 시행할 때 엄격하여 여러 장수들 중 계획을 자신을 뛰어넘게 제출하는 자가 있으면 법에 따라 주살하였다. 예전에 알던 사람으로 오랜 원한이 있으면 모두 (죽여서) 남겨두지 않았다. 그는 형벌을 내려 죽일 때에는 번번이 눈물을 흘리며 애통해하면서도 끝내 살려주지 않았다. 당초에 원충이 패국상으로 있을 때 일찍이 조조를 법으로 다스리고자 하였고, 패국의 환소 또한 그를 업신여겼던 적이 있었다. 또 연주목으로 있을 때 진류인 변양이 조조에게 거슬리는 말을 하자 조조가 변양과 그 일가를 죽이니, 원충과 환소가 모두 함께 교주로 도피하였다. 조조는 사자를 보내 태수 사섭에게 그들을 멸족하라고 시켰다. 환소가 자수하여 뜰에서 절하며 사죄하니, 조조가 일러 말했다. "무릎을 꿇는다고 죽음을 면할 수 있겠는가?" 그리하여 끝내 그를 죽였다. 《본기/배송지주, 조만전》

《조만전》에 의하면 조조는 먼저 법을 시행할 때 여러 장수들 가운데 자신보다 더 나은 계획을 제출하는 자가 있으면, 법에 따라 주살하였다는 기록이 있다. 법령에 입각한 신상필벌이 그의 주요 통치술이었던 면을 감안하면, 이는 다소 이해하기 어려운 부분이라 하겠으며, 이 기록의 내용을 전적으로 신뢰하기는 어렵다고 볼 수 있다. 그러나 분명한 것은, 조조가 자기와의 사귐이 오래된 사람 가운데 사소한 원한이라도 품고 있다면 그 사람에게 보복을 했다. 바로 이런 기제로 인해 변양, 환소 등과 같은 사대부가 희생을 당했다고 할 것이다. 진수가 '시대를 초월한 영걸超世之傑'이라 했던 조조가 그의 뛰어난 능력에 의한 업적들을 일구었음에도, 한편으로는 성품과 처신에 있어서는 매우 간교하고 잔인하다는 인상을 지울 수 없게 한다.

자신의 장자와 조카, 측근 용장 등을 죽게 한 불구대천의 원수인 장수나 그의 참모인 가후 등의 항복을 받아들였고, 군소유력자들 가운데 설령 자신을 배신했어도 그들이 귀부한다면 다시 기용하는 통 큰 면모를 보여주었던 조조였다. 그러나 조금이라도 감정이 상하거나 원한이 있으면 그러한 비범한 관용을 베풀기는커녕 처형을 할 정도로 보복하고야 마는 상대는 정작 소위 명사들이었다. 조조는 자신과 관련된 명사들과의 관계에서는 유독 철저한 응보應報주의를 보여준 것이다.

조조는 명문가 출신의 사대부가 아닌데다, 젊은 시절 사대부의 품행을 익히지 않고 협기를 좋아하여 방탕하게 지내왔다. 그러다가 정작 정치무대에 등장해서는 자신의 이름을 드높이기 위해, 청류 사대부다운 태도와 행동을 지향해 온 것이다. 그러하기에 군웅으로 성공하여 한조정권의 고위신료가 되었을 때의 조조가 명사들을 대할 때에는, 그의 심리 저변에 자신의 가문배경에 따른 열등감과 자신의 재능에 대한 우월감이 미묘하게 혼재하는 복합적인 성격이 바탕으로 자리하고 있었던 것으로 보인다.

유별나게도 명족 출신 사대부 혹은 저명한 선비들의 실수에 대할 때에는 아량이 없었던 조조의 태도와 행동, 이는 다름 아닌 상대방에 대한 우월감의 표출이면서 또 다른 열등감을 숨기기 위하여 통치 권력을 이용한 편협한 폭력의 행사였다고 할 수 있을 것이다.

또한 총애하는 희첩姬妾이 있어 조조가 낮잠을 자는 것을 늘상

지켰는데 조조가 베개를 대고 누우면서 말했다. "잠깐 뒤에 나를 깨우라." 희첩은 조조가 편안하게 잠든 것을 보고 바로 깨우지 않았는데 조조가 스스로 잠이 깬 뒤 그녀를 몽둥이로 때려 죽였다.

항상 적을 토벌할 때 곳간에 있는 군량이 부족하니 (군량 배급) 일을 맡은 자에게 은밀히 물었다. "얼마면 되겠느냐?" 그가 말했다. "작은 곡小斛을 쓰면 충족할 수 있습니다." 조조가 말했다. "좋다!" 그 뒤에 군중에서 조조가 군사를 속였다는 말이 돌자 조조는 일을 맡은 자에게 말했다. "특별히 그대를 죽여 군사들을 진정시켜야겠다. 그렇지 않으면 일이 풀리지 않겠다." 그리고는 참수하고 머리를 취해 죄목을 달아 그 머리를 돌리며 말했다. "작은 곡을 사용해 관곡官穀을 도적질하였으므로 군문에서 참수했다." 그 잔혹하고 거짓말 잘하는 것이 모두 이와 같은 것이었다. 《본기/배송지 주, 조만전》

희첩에게 얼마 후에 자신을 깨우라고 명했지만, 곤히 잠들어 있는 조조의 모습을 보고 차마 깨우지 못한 그녀를 몽둥이로 때려죽였다. 또 군중軍中에서 군량 부족의 원성이 자신에게 쏠리자, 군량 배급의 의견을 냈던 담당자에게 죄를 뒤집어씌워 참수형에 처해 버린다. 이러한 사건 등은 그가 자신의 계산에 맞지 않으면 권력을 이용하여 합법으로 가장한 잔인한 살인도 서슴지 않는 포악함을 단적으로 보여준다.

세상의 많은 사람들이, 조조가 한조정권을 무너뜨리고 새로운 왕조를 개창할 것이라는 의혹의 눈길을 보내고 있었다. 그러나 정작 그의 본심은 개국에 대한 야망이 있음에도, 스스로 주문왕周文王을 자처하며 끝까지 한조의 충신으로 남을 것을 공언하고 있다. 그의 이런 태도는, 식자층으로 하여금 손바닥으로 하늘을 가리는 교활한 행동이라고 조소를 받을 여지가 충분했다. 그의 아들 조비가 조조의 후사로 계승한

지 불과 아홉 달 만에, 헌제를 압박하여 선양禪讓을 받아 후한왕조를 무너뜨리고 조위曹魏왕조를 세운 것75)을 보면, 그의 공언公言이 공언空言이라는 의심을 떨치지 못하게 만든다.

총체적으로 평가하건대, 우선 조조는 당시 사회에서 비판을 받고 있는 소위 형벌을 받은 일이 있는 사람 취급의 환관 가문 출신의 자제였다는 사실이다. 게다가 어려서부터 기민하고 총명하였으나, 예교 사회의 인재 기준에 부합되지 않는 협객들과 친하면서 방탕한 행동을 거리낌 없이 보임으로써, 세상 사람들은 그를 눈여겨보지 않았다. 이러한 자신이 지닌 태생적 한계를 극복하고자 그가 점차 취한 행동은, 당시의 인재를 평가하는 기준이었던 청류 사대부의 품행을 지향해 나갔다.

이렇게 하여 자신이 명성을 얻어 관직에 진출하면서, 그는 후한 사회의 지배 질서에 대해 적응해 나가는 데 매우 적극적이었다. 또한 당인과 환관과의 대립, 황건의 난 발발, 동탁의 집정 등 점차 천하는 시끄럽고 혼란스러운 난세로 변해가자, 조조는 후한 사회의 지배 질서가 붕괴될 것을 우려하여 이에 대한 저지에 진력하였을 정도로, 젊은 시절의 그는 한조 정권에 충심이 있는 인물이었다.

그러나 자신의 성공에 무한한 가능성과 기회를 준 난세에서, 그의 굳은 의지와 명석한 계책 그리고 뛰어난 용병술이 군웅으로 출발한 그의 삶이 성공가도를 달리게 하는 추동력이 되면서, 그의 위세는 점차 높아져 갔다. 유약한 천자, 헌제를 봉대하며 얻은 대가인 일인지하 만인지상一人之下 萬人之上이라 할 승상의 지위에 오르게 되면서 대권을 장악한 조조는, 점차 한실 왕조에 대한 충심이 지난날과 같지 않게 달라

75) 주문왕과 같이 강대한 세력을 보유하고도 쇠미한 왕조를 섬기겠다는 그의 발언은 얼핏 보면 충심에서 우러나온 것으로 여겨질 수 있다. 그러나 주문왕이 역성혁명을 주도했던 주무왕의 부친이란 점과 실제로 조비가 역성혁명을 도모하여 선양을 받았다는 일련의 정황들은 조조가 자신에게 쏟아지는 의혹과 비난이 부담스러워 본인 스스로 이를 감당하기보다는 조비에게 후일을 맡겼던 것으로 짐작하게 만든다.

져만 갔다.

뛰어난 지략과 과감한 결단력, 그리고 자신의 휘하에 있는 많은 모신과 무장들의 보좌로 그가 이룬 많은 치적과 전쟁터에서의 공훈 등은, 이제 더 이상 한조 정권을 위한 그의 충심에서 이룩한 것이 아니었다. 다름 아닌 조조 자신을 위한 업적이요, 자신의 세력을 보다 탄탄히 다질 기반이었던 것이었다. 더욱이 그가 심어놓은 한조 정권 내부의 많은 인사들은, 어느덧 후한 왕조의 부흥보다는 조조를 정점으로 한 새로운 사회를 열어가는 왕조의 개창에 더 관심을 기울이게 되었다. 이러한 기대를 등에 업은 조조는, 실제로는 황제를 능가하는 권한을 행사하였지만 명목상 끝까지 한조 정권의 신하로 남았을 뿐이었다.

자신이 어떻게 생각하는가에 대한 사상이나 가치성향을 중시하고 그것을 통해 개혁을 추구하는 성향을 보이는 면은, 조조가 관직에 진출한 이후 두드러지게 드러난다. 더욱이 분석적이고 논리적이며 매사에 치밀하게 대처를 하는 점 등은, 그가 내향적 사고형의 인물임을 잘 드러내 준다.

이러한 그의 성격유형으로 말미암아 그가 남긴 많은 업적은 그의 성격유형에 부합되는 장점이 발현된 결과라 할 수 있을 것이다. 이 업적들은 현실에 구애받지 않고 이상적이고 여러 가지 개혁적인 정책들을 강력하게 추진했던 동력에 기인한 것들이었다. 또한 논리적이고 분석적인 성향이기에 자신의 출중한 지략만을 믿지 않고, 여러 사람의 의견에 귀 기울여 그것이 설령 소수자의 입장이라도 무시하지 않고 곧바로 채택하여 실행에 옮기는 용의주도한 과감성을 보이기도 하였다. 그가 얻은 정치적, 군사적 실리는 대부분은, 이러한 그의 성격유형과 연관되는 장점에서 비롯된 것이라 해도 과언이 아니다.

그러나 자신의 창업공신인 순욱을 숙청하고 사소한 원한에 명사들을 끝내 죽게 하는 조조의 행동의 잔혹한 일면은, 뛰어난 바람직한 주군이 보일만한 처신이 아니었다. 가문 배경에 대한 열등감과 자신의 재능에 대한 우월감이 혼재된 그가 바라본, 후한 사회의 엘리트였던 명족 출신 사대부 명사, 그들에 대한 조조의 태도는 간교하고 잔혹할 때가 많았다. 이러한 성격유형과 연관되는 단점 또한 극명하게 발현됨으로써 야기된 정치적, 군사적 손실이, 그에게는 그리 큰 것은 아니었을지 모른다. 그러나 당시대에 그의 성품과 처신에 대한 의혹과 비판이 일어 후대에 이르기까지, 그를 뛰어난 능력의 소유자이면서도 시기심 많은 성격의 간교한 영웅으로 치부하는 혹평을 받게 된 데에 많은 영향을 끼쳤을 것이다. 결국 조조가 치세의 능신이라는 호평과 함께 난세의 간웅이라는 비판을 면치 못하는 것은, 그의 업적을 평가하는 과정에서 그가 이룩한 많은 치적을 높이 기리는 일포一褒 그리고, 간교와 잔혹함으로 그를 깎아내리는 일폄一貶이 교차되고 있는 데서 비롯된 양면성의 인물평이 투영된 것이라 하겠다.

주군 조조의 남은 논의
04

조조는 중국 역사에 커다란 영향을 미쳤지만 시비선악을 평정하는 높이 기리고 깎아내리는 포폄褒貶이 엇갈려 왔던 만큼 평가하기가 어려운 인물이다. 그의 수많은 업적과 복잡한 인생 역정, 독특한 성격은 두고두고 많은 관심을 불러일으켰기에, 조조에 대한 고금의 인물 논평 또한 너무 다양하여 가늠하여 보기 어려울 정도이다.

당시기 역사가 가운데 진수는 가장 먼저 조조에 대한 종합적인 평을 했다.

> 한나라 말기에는 천하가 크게 어지러워져 영웅호걸들이 곳곳에서 군사를 일으켰다. 특히 원소는 네 주州를 근거지로 삼아 호시탐탐 기회를 엿보았는데 매우 강성하여 대적할 자가 없었다. 조조는 책략을 이용하고 계략을 세워 무력으로 천하를 정복했다. 신불해申不害와 상앙商鞅의 치국술을 선택하고, 한신韓信과 백기白起의 기이한 책략을 받아들였다. 서로 다른 재능을 지닌 자에게 관직을 주어 각각이 지닌 능력을 이용하고, 감정을 자제하고 냉정하게 계획에 따랐으며, 지난날 악연은 염두에 두지 않았다. 마침내 국가의 대사를 완전히 장악하고 대업을 완성할 수 있었던 것은 오로지 그가 책략 면에서 남들보다 가장 뛰어났기 때문이었다. 그러므로 그는

비범한 인물이요, 시대를 초월한 영웅이라 하겠다.《삼국지 위서 무제기》

진수는 천하 크게 어지러운 데도 조조가 하북의 통일대업을 이룩한 것은, 그의 뛰어난 지혜와 재능이었음을 높이 평가하여 '비범한 인물, 시대를 초월한 영웅'이라 격찬했다.

그러나 진수가 조조를 평가한 내용에는 사실을 왜곡한 대목도 있다. 예컨대 "지난날 악연은 염두에 두지 않았다."라고 했지만 기실 이는 일부러 전체를 개관한 것이다. 또한 진수는 진나라 때 역사를 편수했기 때문에 위나라와 진나라로 바뀐 부분에 대해 '당시에는 비호하는 구석'이 있었다. 그런 연유로, 조조에 대한 평을 칭송으로 일관할 뿐이고, 속임수 많았던 면모에 대해서는 덮어 버린 이유가 될 것이다.

북송의 역사가 사마광은, 위나라가 한나라의 국통을 계승한 것을 근거로, '황제의 위나라, 도적의 촉나라'라고 하여, 조조를 높이고 유비를 깎아내린 관점에 서서, 대상을 살피는 방법으로 삼국시대 역사를 기술하고 있다. 사마광이 찬술한《자치통감》에서는, 형식상 분명 당시기에 위나라로 한나라를 이었기 때문에, 조비가 한나라를 대신한 것으로 되어 있다. 곧 위나라의 연호가 황초黃初인 것은 한나라를 곧바로 이었기 때문이다.

조조가 한나라의 정치를 맡은 동안에는 줄곧 헌제의 건안建安 정삭正朔(옛날 제왕이 나라를 세운 뒤에 새로 반포하는 역법)을 받들었기 때문에, 조조의 여러 행적도 헌제 건안 연간에 기록되어 있다. 그러나 이것이 바로 사마광이 조씨의 정통적 지위를 그대로 인정했던 것이라고 보기는 어렵다. 사마광은 이에 대한 오해가 일 것을 염려하여, 황초 2년(221년) 4월에 유비가 제위에 올라 장무章武로 연호를 고친 사실을 기록하고 의론議論을 써서 첨부하여, "한나라 황실이 기울자 삼국이 정립하여 대치했다. 구주九州를 통일하지 못했으므로 한갓 천자의 이름만 있을 뿐 실질은 없었으므로, 어떻게 어느 한 나라만을 떠받들어 정통이라 하고 나머지는 모두 참위지국僭爲之國이라 할 수 있겠는가!"라고 말하고 있다. 이를 보면 사마광은 기실 결코 조씨를 정통으로 받들지도 않았던 것인데, 그가 역사를 기술하는 태도는, 분명 "실제 업적에 따랐다"고 스스로 언급했듯이, 사마광은 역사 기술에서 조조가 보여준 업적과 재능만을 그 주요기준으로 여긴 것이다.

사마광은 순욱을 논평하면서 "한나라 말기에는 천하가 크게 어지러워져 민생이 도탄에 빠졌다. 뛰어난 재주를 지닌 자가 아니면 구제할 수 없었다. (…) 건안 초년에 천하가 혼란에 휩싸이자 땅 한 뙈기, 백성 한 사람도 이미 한나라의 것이 아니었다. 이에 순욱은 위 무제를 보필하여 훌륭한 인물을 기용하고 군사를 조련하고 적기에 책략을 내어 사방을 정벌함으로써, 마침내 혼란을 이겨내고 천하의 8할을 차지했다"라며, 이런 견해를 충분히 드러내고 있다.

그러나 한편으로 《자치통감》에 기록된 한나라 「헌제편」을 종합하여 보면, 다음과 같다. "위 무제(조조)는 잔혹한 데다 천하에 큰 공을 세웠으니, 오래전부터 임금을 능멸하는 마음을 가졌을 것이다. 그러나 조조는 죽는 날까지, 한나라 황제를 폐위하여 자신이 그 자리에 오르는 일은 하지 못하였다. 그것이 어찌 마음에 없어서였겠는가. 명분이 두려워 스스로 억제한 것이리라."《자치통감 권68, 한 헌제 건안 24년》 비록 사마광은 국통계승 문제에서는 '위나라를 추켜세우고 촉나라를 깎아내렸지만', 그가 '조조를 깎아내리고 유비를 추켜세운' 사실은 중국 역사를 보는 사관 형성에 큰 영향을 미쳤다 하겠다.

삼국시대 촉나라가 외진 곳인 익주에 위치했던 것과 같은 형국에 있었던 남송 시기, 특히 충성과 애국을 강조한 주희朱熹는 조조를 매우 폄하했다. 주희는 《자치통감강목》을 찬술하면서 역사적 사실을 도외시한 채 앞서, 《자치통감》에서 조비의 연호인 황초로 한나라의 연호인 건안을 이어 기년紀年으로 한 것을 고쳐, 유비의 연호인 장무로 한나라 건안을 이어 기년했다. 이렇게 주희는 역사를 편찬하면서 황초를 버리고 장무로 기년함으로써, 유비를 황제로 보고 조조를 도적으로 간주한 자신의 관점을 구체화했다. 조조를 '찬역한 도적'이라고 내놓고 비난한 폄하貶下의 의도가 한층 두드러진다.

주희는 《주자어류》 권140 [76]에서 조조는 시가를 지으면서 항상 주공을 이야기한다. 예컨대, 「단가행短歌行」에서 "산은 높음을 마다하지 않고 바다도 깊음을 싫어하지 않는다네. 주공이 음식을 뱉어가며 세 번이나 손님을 맞았으니 천하 인심이 쏠렸다 하네."라고 했다. 또 「고한행苦寒行」에서는 "서글프다 동산의 노래여 내 마음은 처량하기 그지없구나"라 읊으며, 주공이 되어 불복하는 신하를 정벌하기를 바랐지만 쉽지 않았음을 나타내기도 했다. 이처럼 "조조는 도적으로 입신하여 나라의 정권을 훔쳤을 뿐 아니라, 성인의 법도마저 훔쳤다."라고 하였다. 예컨대 공융, 양수 등 여러 명사들이 조조의 손에 죽임을 당했는데, 높고 깊은 그의 마음은 어디 있는가? 그런 자가 스스로 주공과 닮았다 하니 어찌 말이 되는가? 이렇듯이, 조조는 한나라의 재상이었으나 기실 한나라의 도적으로 간주되는 것이 남송 시기의 일반적 경향이었다.

한편 삼국시대 이야기의 뿌리는 송·원대부터 이미 구전되고 있었으니, 원말 명초 나관중이 역사 기록을 참조하는 바탕에서 떠도는 민담, 전설을 모으고 널리 전해지던 평화와 잡극을 받아들여 쓴 역사소설이 《삼국지연의》이다. 예술적 수단을 빌려 대중들을 후한말과 삼국시기의 역사적 상황으로 끌어들였다는 점이, 무엇보다 《삼국지연의》의 중요성

76) 張作耀 저·남종진 역(2010), 조조평전, 민음사, 770쪽 재인용.

을 더한다. 이에 삼국시대 역사를 간혹 왜곡하기도 했지만, 오늘날까지도 사람들에게 다른 어느 역사서보다도 한껏 잘 이해하게 하는 역사 지식의 전달이라는 측면에서, 《삼국지연의》가 기여하는 업적은 과소평가할 수 없다. 《삼국지연의》에서 조조가 어떻게 그려졌는지를 보면 주지하는 대로, 첫째, 조조를 찬역한 것으로 간주하여 정통에서 배제시켰다. 둘째, 조조를 교활한 인물로 여겨 역사를 교묘하게 꾸며 간교하고 잔인하며 믿음이 없고 임금을 능멸하는 인물로 폄하하였다.

이 작품에 나타난 조조의 공적과 면모는, 대부분 역사적 사실에 근거하거나 전설 등에서 가져왔다. 그러나 적지 않게 작가의 예술적 손질을 거쳐 본래와는 상당히 다르게 변모되었고, 조조에 대해 간사한 심리와 잔혹한 행동이 두드러지게 그려지고 있다. 특히 역사소설의 기법에 따라 유비를 높이고 조조를 깎아내리면서, 대개 사소한 내용을 더하고 사건의 시간적 구성을 다시 짜 맞추어 인물의 심리를 형상적으로 묘사하고 있다. 그러나 작품에 기술된 주요 사건에 대한 구체적 묘사가 터무니없이 날조된 사례는 그리 많지 않을 것이다. 대부분 그 시대 상황에 따른 작가의 의식과 역사관이 반영되었지만, 이것은 작가가 억지로 만들 수 있는 것이 아님은 인정되어야 한다.

많은 학술 저작에서는 당·송 이래 이루어진 조조에 대한 평가를 계승하여, 그의 재능은 인정하지만 사람됨은 비난하는 일포일폄一褒一貶이 교차되는 양면적 인물로 파악되고 있다. 청대 초기 건륭 이전 왕부지王夫之는 조조의 지략과 재능을 매우 훌륭하게 평가했는데, 그는 "조조가 일찍부터 천하를 독차지하려는 속셈이 있었다고 간주하는 것은 훗날의 일을 갖다 붙인 결과일 뿐"《독통감론 권8, 권9》이라고 하였다.

왕부지는 조조의 다른 측면도 지적했는데, 조조가 "천하의 지혜롭고 용맹한 인물들을 기용한 것은 술책이지 바른 도리가 아니었다. '술책'에는 해도 되는 것이 있고 하면 안 되는 것도 있다. 하면 안 되는 것을 행하지 않았다면 천하의 지혜롭고 용맹한 자들 가운데 기용되지 못한 인물들이 많았을 것이다."《독통감론 권8, 권9》라고 논평했다.

청대 초기 건륭 이후 조익趙翼이 조조의 용인술을 언급하면서, 삼국의 주군은 모두 용인에 능했지만 서로 다른 점이 있었음을 지적하기를, "조조는 권모술수로 부렸고, 유비는 서로 성심으로 대하여 통했으며, 손씨 형제는 의기가 서로 움직이게 하였다."《이십이사차기 권7》라고 하였다. 또한 "조조가 처음 일어날 때는 바야흐로 여러 사람이 힘을 빌려서 일을 이루고자 하였으므로 천하를 분주히 다녔다. 그러나 군웅을 제거해 평정하고 세력과 지위가 안정되고 나서는 공융, 허유, 누규 등을 모두 꺼림직하게 여겨 죽였다. 순욱은 평소 조조의 모주謀主였으나 구석을 막았다 해서 죽게 했다. 심지어 양수는 조조가 발탁한 자인데 조식과 가까이 지낸다 하여 죽였고, 최염은 평소 조조가 신임하는 인물이었지만 역시 의심스러운 말 때문에 죽인 것이다. 조조가 시기심이 많았음을 잘 드러내 주는 사례들이며, 결국 이렇게 눈 밖에 나고 마는 인물을 발탁한 것은 임시방편으로 속임수에서 나온 권모술수였을 뿐이다."《이십이사차기 권7》라고 조조를 한층 신랄하게 비판했다.

20세기 초 신해혁명으로 청왕조가 끝나고 공화국이 들어서면서 새 시대가 열렸지만, 조조를 간웅으로 간주하는 주조적인 사조는 한동안 바뀌지 않았다. 그러나 1950년대 말에 곽말약郭沫若은 잇달아 「채문희의 호가십팔박을 논하다」와 「조조의 재평가」 등을 발표하여 일천 수백 년 동안 전래해 온 조조에 대한 종래의 평가를 뒤엎음으로써, 조조의 면모를 새롭게 하고자 했다. 조조는 위대한 인물로, 그가 중국민족을 위해 공헌한 업적은 높이 평가되어야 하며 나아가 민족 영웅으로 일컬어져야 한다고 주장했다. 곽말약은 "송나라 이래, 이른바 '정통' 관념이 완성된 이후 이 걸출한 역사적 인물은 억울한 누명을 썼다. 특히《삼국지연의》가 유행한 이후로 세 살도 되지 않은 어린아이조차 조조를 악인으로 여기고, 얼굴을 간신으로 분장한다. 이것은 엄청난 역사왜곡이다."77)라고 주장했다.

그 당시 이러한 곽말약이 제시하는 조조에 대한 평가를 지지하는 논자들이 있는가 하면, 반대 의견을 내놓고 있는 논자들이 교차되어 왔다. 예를 들면 담기양譚其驤은 곽말약이 조조를 칭송하며 "종래의 평가를 뒤집자"라는 주장에 동의하지 않았다. 더구나 공적으로 잘못을 덮어서는 안 된다고 주장했다. 그가 본 조조는 "장점과 단점을 모두 지녔고 공로가 컸지만, 죄악 또한 적지 않은 역사적 인물"이었다. 논자들의 조조에 대한 재평가 작업이 치열한 논란 속에 이처럼 일포일폄으로 교직되어 왔지만, 실제의 조조는 여전히 조조일 뿐이며 조조의 업적은 조금도 가감되지 않았다. 조조의 간교함인들 어찌 그리 쉽게 줄어들었겠는가!

지난 일천 수백 년 동안 조조에 대한 인물평론이 보여 온 풍파와 굴곡진 면모가, 바로 조조가 서있는 생생한 역사적 현주소라 할 것이다. 그만큼 조조는 다면적이고도 복합적인 인물이며, 한두 관점에 의해 그의 전체 상이 파악될 수 있는 인물이 아니다. 바라보는 관점에 따라서 전혀 다른 모습을 보여주는 인물이 바로 조조인 것이다. 때문에 본연의 면모 그대로 객관적인 평가를 도출하기 위한 연구를 하는 접근 방법은, 상당히 힘들고 복잡한 작업이 될 수밖에 없다. 아마도 이러한 복잡성 때문에 천 수백 년 동안 조조에 대한 일반화된 인물 평가가 내려질 수 없었던 소이가 아닐까 싶다.

여기에서 우리에게 던져 주는 가장 관건이 되는 중요한 시사점은, 조조에 대한 인물 평가는 무엇보다 역사적 사실에서 출발하여 판단이 내려져야 한다는 점이다. 특히 역사적 사실에 바탕을 둔 어떠한 부분

77) 張作耀 저 · 남종진 역(2010), 전게서, 782쪽 재인용.

만이 아니라, 전체 맥락으로 조조를 살펴보고 그 핵심을 파악하여야 함이 전제되어야만 한다. 그리하여 조조의 삶의 행동 궤적이 과연 인간 삶과 역사의 발전에 어떤 긍정적 부정적인 작용을 했는지의 추적에서 근원적인 판단 기준을 세워, 이에 대한 그의 총체적인 인물 평가가 내려져야 할 것이다.

제3장

치세의 한실로
버팀목 세우려다
꺾이고 만 비운의 지사 순욱

인물 순욱의 삶의 궤적

01

1. 어지러운 세상을 극복하기 위해 주인을 선택하다

순욱荀彧은 영천 순씨로 자가 문약文若이고 영천군 영음현(지금 하남성 확산현) 사람이다. 그가 태어난 가문은 대대로 세가대족[1]이었는데, 순욱의 조부 순숙[2]은 낭릉현(지금 하남성 확산현 서쪽)령을 역임하였고, 후한 순제, 환제 시기에 이름난 선비들이 스승으로 받들어 세상에 이름을 떨쳤다. 또한 순숙의 아들 8명이 모두 유명하여 사람들이 순가팔룡이라 불렀다. 그 가운데 순욱의 부친 순곤[3]은 제남국상이었고, 숙부 순상[4]은 사공이었다.

---

1) 중원에 이름난 가문은 여남 원씨, 홍농 양씨가 두드러지며, 이외에도 영천 진씨, 하내 사마씨, 경조 두씨, 하동 배씨, 태산 양씨, 태원 왕씨 등, 여러 가문이 있었다. 조조가 세력을 넓히는 과정에서 중원의 여러 명족들은 물론, 각지의 호족들이 자신의 세력에 편입시킬 수 있었던 것은 명가세족 출신인 순욱의 힘이 크게 작용한 것이라 하겠다.

2) 순숙은 순경(전국시대의 순자)의 11세손이다. 순숙은 《후한서 62권》의 《순한종진열전》에 입전되었다.

3) 《후한서》에 "순곤은 환관을 경외하여 순욱을 중상시 당형의 딸과 결혼시켰다. 순욱은 젊어서도 유명하였기에 (환관의 사위라는) 비난을 면할 수 있었다."고 기록하고 있다. 이에 대하여 배송지는 당형이 죽을 때는 순욱이 겨우 2살이었다며, 그러니 순욱이 결혼할 무렵에 당형은 이미 죽은 지 오래되었으며 당형의 권세를 경외했다는 말은 틀린 말이라고 하였다.

4) 《후한서 순상전》의 기록에 의하면, 순상荀爽은 재야에 은거하는 동안 조정의 징소나 벽소에 응하지 않았다고 한다. 태상 조전이 순상을 효렴에 천거하여 낭중에 제수할 것을 조정에 건의하자 순상은 대책문을 올리고는 낙향하였다. 대장군 하진이 집정

순욱은 이런 명문세족에서 태어나 학자 집안의 훈도하에 높은 청류파의 기개를 지니게 되었고, 소년시기부터 사람들이 그를 특별히 여겨[5] 그의 이름은 널리 알려졌다. 영한 원년(189년) 순욱은 27세에 효렴으로 천거되었고 수궁령에 임명되었다. 이때 동탁이 입경하여 경사(낙양)가 크게 시끄러웠고, 순욱은 밖으로 나가 항부현(지금 산동성 제녕시 남쪽)령으로 임명되었지만 임지에 가지 않았다.

동탁의 난이 발생하자, 관직에서 물러나 고향으로 돌아왔다. 같은 고을의 한융이 이때 종친 천여 가家를 이끌고 밀현의 서산으로 피난하려고 하였다. 순욱이 마을의 어른들[6]에게 말하기를, "영천은 사방으로 통하는 곳입니다. 천하에 변란이 있으면 (이곳은) 항상 군대가 충돌하게 됩니다.[7] 밀현이 비록 조금 견고하다 해도 큰 변란을 막기에는 부족합니다. 마땅히 이곳에서 빨리 피난해야 합

을 하면서 순상을 징소하였지만 얼마 후에 하진이 환관들에 의해 살해되면서 이 조명은 철회되었다. 그러다 동탁이 보정대신으로 들어서면서 순상을 다시 징소하자 순상이 이에 응하려고 하질 않았는데 동탁의 사자가 급하게 생각하여 순상을 평원국상으로 임명했다. 순상이 부임지로 가던 중에 광록훈에 임명되어 중앙조정으로 불려갔으며, 복무한 지 3일 만에 다시 삼공 중 하나인 사공에 올랐다. 동탁의 징소가 있은 후부터 사공에 오르기까지 걸린 기간은 겨우 95일이었다고 한다.

5) 순욱은 신중하고 엄숙한 표정을 하고 다녔기 때문에 예형은 순욱에 대해 '겉모습만 그럴듯하다.' '애석하게도 조상弔喪이나 하러 다닐 얼굴이다.'라고 평하였다. 이에 반해 반욱은 순욱을 위하여 비문을 지었는데, 거기서 순욱에 대해 '훌륭한 자질과 기이한 외모'라고 칭찬하였다.

6) 리里, 단위의 마을 대표자로 질서 유지의 책임을 담당하였다. 마을의 사당에 대한 제사 감독과 지도 및 토목공사 등의 공동 작업을 통할하였고 부세의 징집에도 관여하였다. 향삼로 · 현삼로 등은 권력으로 부로를 장악하기 위해 설치되었던 향관이었다.

7) 원문에는 사전지지四戰之地라고 기록되어 있는데, 진궁 역시 진류태수 장막에게 진류가 사전지지라 칭한 적이 있다. 사전지지는 사면이 외부로 통하는, 즉 사통팔달하여 외부의 침입과 전화를 피할 수 없는 지역임을 의미한다. 실제로 후한 말엽에 진류와 영천이 속한 연주, 예주 지역을 통치하게 된 조조는 이곳의 영토 수호를 위해 어려움을 겪은 적이 있다.

니다."라고 하였다. 그러나 고향사람들 대부분 (고향)땅에 집착하여 떠나지 못했다. 마침 기주목이던 같은 군郡 출신의 한복이 기병을 파견하여 (사람들을) 영접하려고 하니, 순욱은 이에 홀로 종족들을 이끌고 한복을 따랐다. (영천에) 머물렀던 자들은 대부분 동탁의 장수 이각에게 살육과 노략질을 당하였다. 《후한서 순욱전》

원소가 한복의 기주를 빼앗은 뒤인 초평 2년(191년), 그 지역에 있던 순욱은 원소가 상빈上賓의 예로 대하였다. 그러나 원소가 끝내 큰일을 이룰 수 없다고 생각되자, 순욱은 그를 떠나 동군東郡에 분무장군으로 있는 조조에게 귀부하였다. 이에 조조는 매우 기뻐하며 순욱을 사마[8]에 임명하였다. 당시 동탁의 위세가 대단했으므로 조조가 순욱에게 이에 관하여 물으니, "동탁의 포악함이 자심하기에 반드시 환란이 일어나 죽게 될 것이므로 할 수 있는 것이 아무것도 없습니다."《삼국지 위서 순욱전(이하 본전)》라고 하였다.

2. 장막 진궁의 반란에도 연주 3개 성을 지켜내다

흥평 원년(194년) 당시 연주목이었던 조조는, 두 차례 서주로 도겸을 원정하러 가면서 순욱에게 남아서 지키는 일을 일임하였다. 이 시기에 장막과 진궁이 반기를 들고 하내에 주둔하던 여포를 은밀히 맞이하였다. 이와 동시에 예주자사 곽공이 수만 명의 병사를 거느리고 견성(지금 산동성 견성현) 아래에 이르렀는데, 누군가가 그도 여포와 공모하여 진군하였다고 말하여 성안 사람들은 매우 두려워했다.

여포가 들이닥치자 장막은 유익을 사자로 하여 순욱에게, "여 장군(여포)은 도겸을 공격하는 조 사군(조조)을 돕기 위해 왔으니 마땅히 빨

8) 사마는 삼공 및 장군의 속관으로 직급으로 보면 장군－교위－사마이다. 모든 부대에 사마가 있었는데 지휘관의 참모이다.

리 그에게 군사와 식량을 제공해 주시오."(본전)라고 통고했다. 그러나 순욱은 장막이 반란을 일으키려 한다는 것을 알아차리고 급히 사람을 보내 동군에 주둔하던 하후돈의 부대를 불러들였다. 그때 조조의 모든 병력이 도겸을 공격하고 있었고, 남아 있는 장수와 관리들도 대부분 장막, 진궁의 반란에 내통하고 있었다. 그러나, 하후돈이 도착하여 견성 내에서 반란에 가담했던 몇십 명을 죽여버리고 군심을 안정시켰다.

이때 곽공이 순욱을 만나기를 원하자, 나가서 만나면 위험에 빠질 것이라는 하후돈 등의 만류에도 불구하고 순욱은 그를 만나려 했다. 순욱은 말하여, "곽공과 장막 등은 본래부터 결탁한 것이 아니오. 지금 이렇게 빨리 온 것을 보면, 그들은 아직 계략을 확정 짓지 못한 것이 틀림없소. 그들이 아직 정하지 않았을 때 그들을 설득하면, 비록 일을 같이 도모할 수는 없어도 중립을 지키게 할 수는 있소. 만약에 먼저 그들을 의심하면 그들은 장차 화를 내며 계략을 세우려고 할 것이오."(본전) 그리고 순욱은 친히 곽공의 진영에 들어가 그를 설득시켰다. 곽공은 순욱에게서 두려워하는 기색을 찾아볼 수 없고, 견성 또한 쉽게 공략당할 곳이 아니라고 판단하여 마침내 군대를 이끌고 떠나게 된다.

이와 동시에 순욱은 정욱과 계책을 세우고, 정욱은 범현(지금 산동성 범현), 동아현(지금 산동성 양곡현)에 가서 군심을 안정시켜, 순욱과 정욱은 세 개의 성을 지키고 조조가 돌아오기를 기다렸다. 결국 조조가 서주에서 동아현으로 돌아와 여포와의 복양(지금 하남성 복양현) 전투에서 패하였다. 그러나 조조는 동민(지금 산동성 금향현) 등에서 여포를 격파하고 끝내 정도(지금 산동성 정도현)를 점령하여 병사들을 나누어 여러 군, 현을 모두 평정하자, 여포는 동쪽의 유비에게로 달아났다.

3. 조조에게 연주를 먼저 지키고 천자봉대할 것을 건의하다

(본전)에서는 순욱이 조조에게 크게 공헌한 계책을, 다음과 같이 일곱 차례 말하였다고 기록하고 있다. 그 첫 번째 계책은 흥평 원년(194년) 도겸이 죽은 뒤 이듬해, 조조는 다시 군사를 거느리고 서주를 공격하려 할 때였다. 이때 순욱은 "장군(조조)께서는 본래 연주에서 일어나 이를 바탕으로 산동의 혼란을 평정하셨습니다. (…) 만약 여포를 놔둔 채 동쪽으로 공격한다면, 지난날 서주를 토벌할 때 위엄으로 정벌하였기에,[9] 저들은 그 치욕을 염두에 두고 저항하며 투항하지 않을 것입니다. 더욱 저들의 원한은 깊어 격파해도 완전히 소유할 수 없을 것입니다. (…) 본래 일이란 이것을 버리고 저것을 얻는 것인 바 장군께서는 군사를 보내 익은 보리를 수확한 뒤 군량을 절략하고 비축한다면, 한 번의 공격으로 여포를 격파할 수 있습니다."(본전)라고 진언했다. 조조는 이를 받아들여 서주에서 철군하여 병사를 나누어 여러 개의 현을 평정하고, 여포를 쳐서 마침내 연주를 수복한 것이다.

두 번째로 건안 원년(196년), 헌제가 장안을 떠나 하동을 거쳐 낙양으로 돌아왔을 때, 순욱은 조조에게, "이런 때에 황제를 받들어 백성들의 여망에 따르는 것이 큰 순리입니다."(본전)라며, 낙양으로 가서 천자봉대하여 허도로 도읍을 옮길 것을 진언하였다. 이 또한 아주 기발한 계책이었다. 조조가 이 건의를 받아들임으로써, 조조는 '천자를 끼고 제후들에게 명하는' 자리에 있게 되어, 국정의 주도권을 장악하게

---

9) "동탁의 병란을 만나 낙양에 살던 백성들이 유랑하여 동방(서주)으로 옮겨왔고, 많은 사람들이 팽성지역에 살았다. 조조가 남녀 수만 명을 사수에 파묻어 죽여, 물이 흐르지 못할 지경이었다. (…) 조조는 군사를 이끌고 사수 남쪽을 따라 취려, 휴릉, 하구 등 여러 현을 공격하였는데 모두 무참하게 살육하였다. 마을에는 개 짖는 소리와 닭 우는 소리가 끊겼고, 황량한 읍에는 행인도 없을 정도였다."《본전/배주 조만전》

된다. 이에 순욱은 그의 측근으로 한조의 시중으로 상서령의 일을 관장하여, 항상 마음에 치우침이 없이 조정의 정사에 바르게 하고 엄정한 태도를 견지하였다. 또한 조조는 지방에서 정벌 중이라도 군국대사郡國大事는 모두 순욱과 협의하였다.

4. 원소와의 관도대전에서 승리할 수 있음을 예견하다

조조가 헌제를 맞이하여 수도를 허창으로 옮겼으나, 당시 원소는 이미 하북을 병합하였으므로 천하 사람들은 그의 강대함을 두려워했다. 이에 교만해진 원소는 조조에게 편지를 보냈는데 그 언사가 건방지고 오만하였다. 조조는 순욱에게 곧 원소의 편지를 보여주며, "지금 내가 군사를 일으켜 도의를 거스른 자(원소)를 토벌하려 해도 힘으로는 상대가 안 되니 어떻게 하면 좋소?"(본전)라고 물었다. 이에 답하여 순욱이 조조에게 세 번째 계책으로, 참으로 재능 있는 인물이라면 약한 것도 강하게 바꾸지만 허나 부적당한 인물이라면 비록 강한 것도 약하게 바꾸니, 이게 옛부터 성공한 자와 실패한 자의 갈림길이리라 진언한다.

순욱은 조조와 원소에 대해 자세하게 비교하면서, "원소가 겉으로 너그러운 듯하나 속으로는 의심이 많고 생각이 분분하여 판단이 늦고 우유부단하며, 군령이 서있지 못하여 기율이 없고 가문의 명성에 의지해 지혜를 꾸밈으로써 명예를 얻었다."(본전)고 하였다. "이에 비해 조조는 사리에 통달하며 구애 없이 적소에 현명하여, 대사에 결단력과 변화에 대응하는 유연함이 있어 신상필벌이 분명하며, 병사들이 죽음을 무릅쓰고 싸우며 헛된 명성을 꾸미지 않고 충직하고 실천적인 등용을 한다"(본전)고 말하였다. 이로 조조는 도량度, 모략謀, 무력武, 덕망德의 네 가지 승리조건에서 모두 원소를 이길 수 있는 데다, 천자를 보위하며 반역자를 정벌하는데 누가 감히 따르지 않겠으며 원소가 강대한들 그 무엇을 할 수 있겠느냐고 말했다. 조조가 기뻐하니, 그러나 순욱은 먼저 동쪽의 여포를 취하지 않으면 하북의 원소를 쉽게 토벌할 수 없다고 진언한다.

건안 3년(198년), 조조가 완성의 장수와 서주의 여포를 격파하고 원소와의 일전을 앞두고 대치하고 있었다. 이때 여러 막료들은, "원소는 영토가 넓고 군대가 강성하며 지모가 뛰어난 선비가 그를 위해 계책을 세우고 있고 삼군을 다스릴 수 있는 용장이 그의 군대를 통솔하고 있으니 아마도 이기기 힘들 것이다."(본전)라며 불안이 팽배해 있었다.

그러자 순욱은, "원소가 많은 군사를 거느리고 있으나 군법이 엄정하지 못합니다. 전풍은 강건하나 윗사람 뜻을 거스르고, 허유는 탐욕스러워 제 욕심을 제어하지 못합니다. 심배는 독단적이고 무모하며 봉기는 과감하지만 스스로의 판단에만 따르니, 원소가 이 두 사람이 후방에 남아서 뒷일을 관리하게 할 때 허유의 가속들이 법을 위반한다면, 그러면 틀림없이 관용을 베풀 수 없을 것입니다. 관용을 베풀지 않으면 허유는 반드시 변심할 것입니다. 안량과 문추는 필부의 용맹이 있을 뿐, 한 번 싸움으로 사로잡을 수 있습니다."(본전)라고 말하여, 원소진영의 허실을 꿰뚫어 보고 조조의 승리를 예견하였다.

네 번째 계책으로, 건안 5년(200년) 원소와 조조는 해를 거듭하며 싸웠다. 조조는 관도(지금 하남성 중모현 동북)를 지켰고 원소는 조조군을 포위했다. 조조는 군량미가 다 떨어져 가고 병사들의 부상이 적지 않아 후퇴를 하고자 순욱에게 서신을 보내어 허현으로 돌아가 원소를 유인하면 어떻겠느냐고 물어온다. 이때 순욱은 조조에게 답장하기를 "지금 군대에 군량은 비록 부족하지만, 초나라 항우와 한나라 유방이 형양(지금 하남성 형양현)과 성고(지금 하남성 사수현)[10]에서 싸울 때와 같지는 않을 것입니다. 그때 유방과 항우는 그 누구도 먼저 물러서려 하

---

10) 항우와 유방의 싸움에서 흥망의 마지막 운명을 결정하는 건곤일척의 승부로 알려진 형양과 성고 사이에서 싸운 이 전투는 8년 이상 장기간 이어졌다.

지 않았는데, 이는 먼저 후퇴하는 것이 세력의 굴복을 뜻하기 때문이었습니다."(본전)라고 말하였다.

조조는 그대로 버티었다. 과연 순욱이 미리 예고한 대로 얼마 지나지 않아, 원소의 모사 허유가 원소진영으로부터 비장의 기밀을 가지고 조조에게로 귀순한다. 이에 조조는 절묘하게 원소군의 식량기지였던 오소(지금 하남성 봉구현 서부)를 기습 공격하여 불태워 버리고, 군량 운반 책임자인 장수 순우경을 참수하여 결국 관도대전을 승리로 이끌게 되는 분기점이 구축되었다.

5. 형세를 정확히 판단하여 하북을 통일하는 데 기여하다

순욱이 조조에게 제시한 다섯 번째 계책은 관도대전 이후 건안 6년 201년, 조조는 군대를 이끌고 동평국 안민현에서 군량을 확보하려 했다. 그러나 확보한 군량이 적어 하북의 원씨 세력과 계속 싸우기에는 어려움이 있었으므로, 원소가 막 패하여 재기하지 못한 틈을 타서 남하하여 형주의 유표를 토벌하려고 했다.[11] 이때 순욱은 말하기를, "지금 원소는 패전하면서 그의 무리들은 떠날 마음이 있으므로 마땅히 그가 곤궁해진 틈을 이용하여 그를 토벌해야 합니다. 그러나 공(조조)이 연주와 예주를 버려두고 멀리 장강과 한수까지 군대를 이끌고 가는데, 만약 원소가 남은 군대를 거두어서 군사적 공백을 이용해 공의 배후를 공격한다면 공의 계획은 수포로 돌아갑니다."(본전)라고 말하였다.

그리하여 조조는 다시 황하 유역에 병사를 주둔시키고, 원소는 패전으로 인한 통분 속에 건안 7년 202년 병으로 죽게 된다. 조조는 다시 황하를 건너 원소의 아들 원담과 원상을 공격했다. 고간[12]과 곽원이

11) 조조는 이미 패전한 원소는 걱정거리가 아니라 생각하여, 군사를 남겨 방비만 하고 자신이 직접 남쪽의 형주 유표를 원정하려는 뜻이었다.

12) 원소의 생질인 고간은 병주목을 대행하였는데, 조조가 업현을 정벌하자 투항하였

하동지역을 침략하자 관우關右 일대가 진동했지만, 종요는 마등 등을 거느리고 격파했다.

여섯 번째 계책으로 건안 9년(204년), 조조는 업현(지금 하북성 임장현)[13]을 격파하고 기주목을 겸임하였다. 어떤 사람이 조조에게 말하기를, "응당 옛 제도를 부활하여 구주九州[14]를 설치한다면, 옛 구주 중에서 기주가 관할하는 곳이 가장 광대해질 것이니 천하가 순순히 응할 것입니다."(본전)라 하니, 조조가 그의 의견을 받아들이려고 하였다.

그러자 순욱이 저지하며 말하기를, "옛 제도대로 한다면 하동, 풍익, 부풍, 서하 등 여러 군은 물론, 유주와 병주의 땅을 지배하게 될 것이고, 그러면 공(조조)에게 토지를 빼앗긴 자들이 많아지게 됩니다. 만약 지금 이 지방들을 기주에 귀속시키려 한다면, 관서의 뭇 장수들의 의심을 일으키게 되고 이 기회에 원담, 원상이 자리를 차고 들어오면 천하는 쉽게 평정되지 못할 것입니다. 원컨대 공께서 급히 군대를 이끌고 먼저 하북을 평정한 연후에, 구경舊京(옛 수도 낙양)을 수리부흥하고 그다음 남하하여 형주의 유표가 조정에 공헌을 게을리한 죄를 문책하여 천하를 안정시킨 후에 옛 제도를 의논해도 늦지 않습니다."(본전)라고 하였다. 조조는 순욱의 건의를 받아들여, 구주를 설치하자는 논의를 철회하게 된다.

으며 그대로 병주자사가 되었다. 고간은 조조가 오환족을 토벌 중일 때, 병주에서 반기를 들어 상당군 태수를 사로잡고 군사를 일으켰다.

13) 위군 업현은 후한 말 기주자사부 치소였다. 기주 관할군은 위군 거록군, 상산국, 중산국, 안평국, 하간국, 청하국, 조국, 발해군 등이었다.

14) 《상서》의 편명인 「우공」에서는 고대중국을 기주, 연주, 청주, 서주, 양주揚州, 형주, 예주, 양주梁州, 옹주로 구분하였다. 《상서》의 「우공」은 중국의 지리와 방물, 부세에 관한 내용을 기록했다. 하 왕조 우왕이 지은 것으로 되어 있지만, 주 왕조 전국시대의 저작으로 알려졌다.

6. 순욱은 조조 진영 원훈으로의 모신이었다

일곱 번째 계책으로 건안 12년(207년), 조조는 대군을 거느리고 남하하여 유표를 토벌하려고 순욱에게 그 계책을 물었다. 이때 순욱은 "현재 화하華夏(중원)는 이미 평정되었으므로 남방(유표)은 곤궁함에 처해 있습니다. 공(조조)이 한편으로 완현(당시 남양군의 치소, 지금 하남성 남양시)과 섭현(지금 하남성 섭현) 땅으로 공공연하게 출병한 후 다른 한편으로 샛길을 따라 가볍게 무장한 병사를 내보내면 유표는 생각지도 못한 곳에서 엄습을 받게 됩니다."(본전)라고 말하였다.

이는 군사를 크게 일으키는 듯하나 실상으로는, 용병으로 비어 있는 곳에 군사가 신속히 공격해 들어가 형주를 항복하게 하는 계책을 진언한 것이다. 이에 조조가 완현과 섭현을 따라서 빠르게 진격하자 유표가 병사하고 순식간에 그 아들 유종이 형주를 들어 항복해버렸다. 이때도 순욱의 계책은 실로 주효했다고 할 것이다.

앞서와 같이 순욱은, 초평 2년(191년)부터 건안 12년(212년)까지 22년간, 조조의 휘하에서 한조의 시중에서 상서령으로 탁월한 계책을 내놓았고 정무를 보았다. 순욱은 순유, 종요[15], 희지재, 곽가 등 인재를 추천하였고 그의 공훈을 따지면 실로 지대하다 하겠다. 또한 순욱과 그의 조카인 순유는 모두 고관 중신이었지만 한결같이 겸허하고 검소하며 봉록을 친지와 친구들에게 모두 나누어 주어, 집에는 남은 재산이 없었다. 건안 12년(207년) 조조는 표문을 올려 큰 공이 있는 신하 20여 명을 책봉하여 모두 열후로 삼도록 하였고, 이 기회에 만세정후[16]인 순욱에게 식읍 1,000호를 더 주어 총 2,000호로 늘려주었다.

---

15) 종요鍾繇(151~230년)는 영천군 장사현 출신으로 조위의 중신이며 태부를 역임했고, 유명한 서예가로 동진 때 왕희지와 함께 '종왕鍾王'으로 불린다.

16) 열후列侯는 가장 높은 등급의 봉작으로 봉국이 있어서 봉지의 호구수가 보유하고 있

7. 순욱, 죽음으로써 대의大義를 잃지 않으려 하다

건안 17년(212년) 조조의 측근이 건의하여, 조조에게 국공國公의 작위를 올리고 구석을 하사받아야 한다며 은밀히 순욱을 찾아 자문을 구했다. 순욱은 이에 분연히 반대하였고, 그래서 이 거사는 일단 그만두었다.

조조의 군대가 유수(지금 안휘성 함산현 서남쪽)에 도착했을 때, 순욱은 병으로 수춘(지금 안휘성 수현)에 머물다가 근심을 떨치지 못하면서 오십 세를 일기로 죽었으니[17] 시호는 경후라고 하였다. 순욱의 아들 순운은, 작위를 계승하여 관직이 호분중랑장에 이르렀다, 순운이 일찍 죽고 그 아들 순함과 순익은 조비의 외조카라는 이유로 총애를 받았으며, 순함은 후사를 이어 산기상시에 광양향후였으며 순익은 관직이 중령군까지 이르렀다. 순익의 처는 사마의의 딸이며 사마사와 사마소의 누이동생이다.

는 토지와 생산량에 따라 세금을 징수해 이를 향유하게 했는데, 이를 식읍이라 했다. 그러나 봉국에서 백성을 다스릴 권한은 없었다. 봉국식읍의 크기에 따라 현후, 향후, 정후 세 등급으로 나뉘었는데 그 가운데 정후亭侯는 열후 반열에서는 가장 작은 지역의 제후이다.

17) 순욱의 죽음에 대하여 (본전)의 기록인 '이우몽以憂夢', 곧 근심 속에 죽었다라고만 되어 있고 너무 간략하여 많은 의문을 갖게 하였다.

패도로 왕업을 추구함도 기실 한조 부흥에 염원이 있었던 유가적 현사

02

사상 가치성향을 통해 인물 순욱을 살펴보면, 그는 저명한 가문 출신으로 스스로의 학문과 덕행을 닦아 젊어서부터 나라를 뒷받침할 재주를 지녔다는 품평을 받은 명사였다. 천하가 혼란해지자 후한 왕조의 몰락을 염려한 순욱은 이를 일으켜 세우려는 큰 뜻을 품게 되었다. 난세를 평정하기 위해 그가 선택한 방법은 패도였고, 이를 조조라는 버팀목을 통해 실현하고자 했다. 따라서 겉으로 나타난 그의 행보는 조조의 모신으로서 왕패지업王霸之業을 도운 셈이지만, 실질적으로는 조조의 창업이 아닌 후한 왕조 중흥에 진력하려고 했던 것이다.

초기의 조조와 순욱의 정치노선은 동일한 듯 보였으나, 점차 드러나게 되는 조조의 창업 행보로 인해 두 사람 사이의 노선 갈등은 야기될 수밖에 없는 운명이었다 할 것이다. 마침내 조조의 국공의 작위에 오르려는 기도를 순욱이 노골적으로 반대하게 되면서, 두 사람은 더 이상 뜻을 함께할 수 없는 사이로 관계가 악화되었다. 이 사건으로 순욱의 정치 생명이 종언을 고하게 될 것임은 어찌 보면, 예고된 일이었다. 조조에게 숙청되는 그 바로 직전까지도 조조의 진심은 후한 왕조를 향하고 있다고 믿고 있었던 순욱이었다. 이로 볼 때, 순욱은 한조 부흥에 명운을 걸었던 전형적인 보수적 색채의 유사儒士였다고 말할 수 있다.

순욱은 《삼국지》뿐만 아니라 《후한서》에도 입전된 독특한 경우에 해당하는 인물이다. 이렇게 양 사서에 거듭되어 기술된 것은, 그의 사상 가치성향이 어떠했는가를 엿볼 수 있게 하는 사가의 어느 일면이 반영된 결과물이라 할 수 있다.[18)]

《후한서》의 찬자인 범엽은, 순욱의 최후를 매우 비극적으로 묘사했다. 기록에 따르면, 순욱은 초현에 머물던 중 조조가 진중으로 보내온 빈 찬합을 받고, 곧바로 자진한 것으로 되어있다. 이것은 그의 죽음에 조조가 직접적으로 관여했고 곧 정치적으로 타살된 것임을 표현한 것이다. 반면에 순욱의 죽음을 비교적 담담하게 담아낸 《삼국지》에서도 이를 뒷받침하는 매우 의미심장한 표현이 있다는 것은 사뭇 흥미롭다고 하겠다. 바로 '근심 속에 죽었다.'는 대목이 바로 그것인데, 진수는 순욱이 왜 근심했는지를 자세히 기술하지 않았다.

만약 지병에 의한 사망이었다면 이 언급은 사족에 가까웠을 것이나, 분명한 것은 이 근심이 병으로 인한 것은 아니라는 사실이다. 도대체 죽기 직전까지 그를 괴롭혔던 근심의 실체는 과연 무엇이었을까. 무엇이 이런 엇갈린 기록을 두 정사正史에 남도록 하였던 것일까. 아마도 그 의미를 이해하려면, 처음에는 조조와 같은 길을 걷게 될 것이라 믿었으나 종국에는 다른 길을 걷게 되는 운명을 초래한 순욱의 선택에서부터 그 단서를 찾아내어야 할 것이다.

순욱은 영천의 명가세족인 순씨의 후예로 태어났는데, 일찍이 그의 조부인 순숙은 당세의 명현인 이고와 이응 등이 스승으로 받드는 명성

---

18) 물론 양 사서에 동시에 입전된 인물은 순욱 이외에도 동탁, 여포, 원소, 원술, 유표, 공손찬 등 13명이 있다. 그러나 이들 대부분은 일세의 군웅들이면서도 후한의 신하였던 인물이다. 그러나 순욱은 생애의 대부분을 조조의 신하로서 활약하였다는 점에서 그가 《후한서》에 입전된 것은 어찌 보면 의아하다고 볼 수도 있다. 분명 범엽范曄은 순욱이 평소 한조를 부흥하기 위해 노력했고 조위정권이 들어서는 것을 반대하다 죽음을 맞이한 점을 반영하여 순욱이 비록 조조의 신하로 있었지만 본질적으로 후한의 신하라 간주했기에 이와 같이 찬술한 것이라 여겨진다.

을 떨쳤다. 순욱의 숙부인 순상이 명망 있는 학자로 역시 이름을 얻고 있었다. 특히 순상은 《주역》의 대가로 승강설昇降說을 주장하여, 후일 남송의 주자에게도 영향을 끼쳤다.

이렇듯 화려한 명성을 가진 가문의 후예답게, 순욱 또한 주변으로부터 지대한 기대를 모았다. 일례로 인물 품평이 대세를 이루던 후한 말엽, 당대의 명사로 인물 품평에 능했던 남양의 하옹이 일찍이 순욱을 일컬어 '왕좌지재王佐之才(제왕을 보좌할 재주)'라고 평가한 점은, 가장 대표적인 것이다. 이 품평은 삼공에 오를만한 인재라는 의미를 내포한 것으로, 상대방의 재주에 대한 상당한 극찬이라 할 수 있다.[19]

남다른 재주와 명성을 갖고 있는 순욱이 자신의 꿈을 위해 섬긴 인물은, 출사 당시까지만 해도 약소 군웅에 불과했던 조조였다. 황건의 봉기가 전국적으로 발발하자 조정은 이를 가까스로 진압하면서 겨우 위기에서 벗어나 한숨을 돌릴 수 있었다. 하지만 제대로 이를 추스릴 여유도 없이 동탁의 국정전횡으로 세상은 다시금 혼란에 빠지고야 말았다.

이러한 상황 속에서 순욱은 자신의 고향인 영천이 장차 위험에 빠질 것이라 예견하고는, 향당鄕黨(자기가 사는 향촌에 사는 사람들)에 이를 알리고 가족과 함께 이곳을 떠나고자 한다. 이 소식을 들은 당시 기주목 한복이 자발적으로 기병대를 보내 피난 무리들을 영접하고자 하였다. 순욱 일족은 이를 계기로 한복의 기병대를 따라 기주 치소治所가 있는 위군 업현으로 이주하게 되었다.

---

19) 임금을 도울만한 재능이라는 뜻으로, 능력이 출중하여 공업을 세울 수 있는 역량을 갖춘 인물에 비유한 표현이다. 《한서 동중서전》에서도 유향劉向이 동중서를 가리켜 왕좌지재라 칭한 기록을 보아 전한시대에도 이미 이 표현이 사용되고 있었음을 알 수 있다. 왕좌지재라는 품평은 《후한서 왕윤전》에서도 볼 수 있다. 기록에 따르면 왕윤은 젊은 시절, 그와 같은 군 출신이자 인물품평의 대가였던 곽림종(곽태)에게서 '왕생王生(왕윤)은 천리마와 같으니 왕을 보좌할 재목이로다.'라는 품평을 받았다.

그러나 이때는 이미 원소가 한복을 속여 기주목의 인수를 거두고 막 기주의 주인이 된 상황이었다. 대표적인 명문세족인 여남 원씨 가문의 원소 역시 순욱의 명망을 잘 알고 있었고, 젊은 유생인 그를 상빈으로 모셔 정중히 예우를 갖추어 대하였다. 때마침 원소는 순욱의 아우였던 순심을 휘하에 거두었고, 순욱과 동향사람인 신평, 곽도 역시 중용한 상태였다. 순욱 역시 그대로 원소의 진영에 있었더라면, 충분히 중용될 수 있는 상황이었던 것이다.

그럼에도 정작 순욱은 초평 2년(191년)에 동군태수 조조에게로 가 자진 의탁하였다. 기록에 의하면, 순욱의 이러한 행보를 하게 만든 결정적 요소는 '원소의 인물됨을 헤아려 그가 결국은 큰일을 이룰 수 없다고 판단하였다'(본전)는 것이다. 이는 한마디로 '큰일을 해낼 수 있는가' 그 여부가, 순욱에게 앞날의 가장 중요한 과제였던 것이다.

그렇다면 순욱에게 반드시 이루어야만 했던 '큰일'이란 과연 무엇인가. 일반적으로 당시 군웅들에게 기대할 수 있는 '큰일'은 바로 패업霸業이었다. 패업은 글자 그대로 조정朝 위에 또 다른 집西을 짓는 것이니, 넓게 잡으면 새로운 황실을 수립하는 것도 능히 포함될 수 있는 일이다. 만일 순욱이 패업을 도모하기 위해 조조를 선택한 것이었다면 궁극적인 목적 역시 반룡부봉攀龍附鳳20)이어야 한다.

그러나 이러한 의미에 연결시킬 경우, 조조가 국공의 작위에 오르는 것과 같이 자신의 본래 큰일을 해낼 수 있는 취지가 달성될 수 있는 순간에 왜 순욱은 그것을 반대했는가를 설명할 방법이 없다. 또한 '왕좌지재'라고 불렸던 그의 평가를 보아도, 이 가능성은 상당히 낮아 보인다. '왕좌지재'의 성향을 지닌 인물은 일반적으로 정도正道에 대한 믿음 위에서 출발하는데, 패업은 그 정도를 상당히 벗어날 수 있어야 내

---

20) 용을 끌어 잡고 봉황에 붙는다는 뜻으로 이는 훌륭한 인물을 섬겨 공명을 이루는 것을 의미한다.

디딜 수 있는 일이었다. 그러기에, 그 아들 순찬조차 '고지식하다'고 평했던[21] 순욱에게 이는 거의 불가능한 일이었다.

순욱이 추구한 '큰일'을 이해하려면, 초평 2년(191년) 당시 원소와 조조의 행적을 돌아볼 필요가 있다. 관동연합군의 맹주였던 원소는, 동탁이 장안으로 천도하게 된 3개월 후 기주목인 한복을 기만하여 기주를 차지하기 위해 업현에 입성하였다. 지난날에는 함께 유우劉虞를 황제로 옹립하려는 데에 뜻을 모은 정치적 협력관계였으나, 그 일이 실패로 돌아간 뒤에는 어느 순간부터 먹고 먹히는 관계가 된 것이다.

그 사이 흑산적이 위군과 동군 일대까지 횡행하여 원소도 한때 업현을 잃을 정도였는데, 조조는 군사를 이끌고 복양현으로 들어가 경계를 침탈한 이들을 격파하면서 원소의 추천으로 동군태수가 된 상황이었다. 같은 시기에 영천군을 떠나면서 순욱이 접한 이러한 당시 상황은, 순욱으로 하여금 두 사람의 인물됨을 저울질하지 않을 수 없게 하였다. 비록 순욱 자신을 상빈으로 예우한 원소이기는 하나, 이 몇 달 동안 접해본 원소는 분명히 패업을 도모하고 있었다. 반면에 조조는 대의에 따라 이웃한 군현을 구원하고 있었던 것이며 이 두 사람은 그때로서는 확연히 다른 행보를 보이고 있었다.

더욱이 유우의 옹립을 둘러싼 원소와 조조의 입장 차이는, 순욱의 판단에 거의 결정적인 영향을 미쳤다고 할 수 있을 것이다. 원소, 한복, 왕분, 허유 등은 동탁에 의해 자의적으로 제위에 옹립된 헌제를 부인하고, 명망 높은 유우를 새 황제로 세워 서쪽을 토벌해야 한다는 이

21) "순의의 아우 순찬荀粲의 자는 봉천奉倩이라 했다. (…) 당시 아무리 말에 능한 자들도 그를 굴복시키지 못했다. 그는 부친 순욱이 종형 순유에 비해 못하다고 하였다. 그것은 순욱이 덕을 세우고 정제하여 법도를 쫓아 일을 가르치는 반면, 순유는 외형을 다스리지 않고 신중하고 은밀하게 스스로를 보전할 수가 있었기 때문이라고 말했다. 순찬은 이 말로 순유를 칭송해서 말하니, 여러 형제들이 화를 냈으나 그의 말에 반박하지는 못했다." 《본전/배송지 주, 진양추》

유를 내세우고 있었다. 분명 동탁에 의해 소제를 폐위하고 헌제를 옹립하는 과정을 보면, 문제가 없는 것은 아니었다.

그러나 이 부분에서 간과할 수 없는 것이 바로 '헌제의 자격'에 관한 정황이다. 기록에서, 헌제(유협)는 당시 소제(유변)에 비하여 그 역량을 높이 인정받아 영제는 물론, 대신들도 한때 후사로 천거한 바가 있는 인물이었다. 그가 끝내 보위에 오르지 못했던 것은, 당시기 한실漢室 권력의 역학 관계에 의한 작용의 결과일 뿐이었다. 순욱은 그 점을 잘 알고 있었기에 원소 등의 주장에 동의할 수 없었다. 오히려 유우나 조조처럼 헌제의 정통성을 부인하지 않는 입장이었던 것이다. 순욱이 조조를 인정했던 것은 이러한 그와의 정치 노선의 동일성 때문이었다.

헌제는, 이각과 곽사의 대립으로 인해 장안이 혼란에 빠진 사이에 동승과 양봉, 한섬 등의 호송으로 하동군으로 탈출하게 된다. 이 무렵 조조는, 서주 정벌을 틈타 여포와 결련하여 내란을 획책한 장막과 진궁 등을 패퇴시키고는, 연주를 회복한 직후였다. 그런 와중에 헌제가 장안을 떠나 낙양을 향해 돌아오고 있었던 것이다. 헌제의 환도還都는 이내 주변에 널리 알려졌고, 헌제 스스로도 만일을 대비해 여포에게 호종扈從(임금의 행차를 모시어서 좇음)을 명했다.

그런데 이때 서주로 간 여포는 유비를 내쫓고 그곳을 탈취한 상태였고, 이 호종의 명령서가 뜻밖에 조조 수중에 들어가 조조의 모신과 장수들 사이에 격론이 벌어졌다. 이러한 소식이 전해지자 상황은 당시 최대 세력이었던 원소 진영 내에서도 마찬가지였다. 저수 등과 같은 이들은 헌제의 봉대를 강력히 진언하였으나, 그 반대 의견 또한 만만치 않았다. 그리고 조조 진영 내의 경우에도 대부분의 인사들은 헌제의 봉대를 꺼려 하고 있었다. 그들은 겉으로 나타난 사태의 어려움을 부풀려 조조에게 헌제 봉대를 포기할 것을 건의하였다.

그러나 조조 진영 내에서 헌제의 봉대를 순욱, 정욱 등이 가장 강력하게 진언하였다. 순욱은 진 문공이 주 양왕을 수도로 영접하자 제후들이 따르고 복종했으며, 한왕 유방은 옹립된 의제가 살해되자 상제喪祭를 거행한 전례를 제시하였다.[22] 이 두 가지 전례는 모두 '존왕尊王'이라는 대의에 따라 행동한 것이다. 진 문공은 제 환공 사후 어지러워진 중원의 질서를 바로잡고 중원의 패자가 되어 남방으로부터 전진해오는 초楚나라에 대항하기 위해, 주 양왕이 배석한 가운데 천토의 회맹을 가진 바 있었다. 한왕 유방은 관중의 주인을 삼는 문제로 갈등이 일어난 초왕 항우가 비밀리에 의제를 죽인 만행을 공표하기 위해, 의제를 위한 상복을 입고 크게 곡을 하면서 사흘 동안을 애도하였다. 이에 천하의 인심이 따르고 복종하게 되었던 것이다.

순욱이 이 같은 전례를 거론한 것은, 대의를 분명히 하자는 암시를 담고 있었다. 동시에 헌제의 봉대라는 기치를 선점함으로써 중앙 조정을 장악하는 위상을 확보하고 주변 군웅의 병합, 또는 정벌을 정당화하는 실리적인 측면도 계산에 깔고 있었다. 그러므로 이러한 모든 주장은 기실 사상 가치성향에서 상당히 보수적인 관점에 근거하고 있으

---

22) 《좌전》에 따르면, 주 양왕은 내부 사정으로 인해 보위에 오르기 어려웠으나 제 환공의 도움으로 가까스로 천자에 올랐던 인물이다. 진 문공은 혜공의 뒤를 이어 진晉의 주인이 된 뒤 제 환공을 본떠 천토踐土로 주 양왕을 불러내 배석하게 한 뒤 정식으로 패자임을 인정받았다. 또한 《사기》에서 한왕 유방과 관중의 주인 문제로 갈등을 빚은 초왕 항우는 겉으로는 옛 초 왕실의 회왕懷王을 높여 의제義帝로 삼아 장강 남쪽 침郴(지금 호남성 침현)으로 도읍을 옮겨 비밀리에 구강왕, 형산왕, 임강왕으로 하여금 의제를 공격하여 그를 장강에서 죽였다. 이에 한왕 유방은 "천하의 모든 사람들이 함께 의제를 옹립하고 북쪽을 향하여 그를 섬겼습니다. 이제 항우가 의제를 장강의 남쪽에서 죽였으니 대역부도하기 이를 데 없습니다! 과인은 모든 관중의 군사를 발동하고 삼하三河(하남 하동 하내)의 사졸들을 거두어서 남쪽으로 내려가 장강과 한수에 배를 띄우겠습니다. 원컨대 제후 왕들께서 앞장서시는 것을 좇아서 의제를 죽인 초나라 사람을 치고자 합니다."《자치통감 권9》라고 토벌을 선언하게 된다. 이어 항우와의 접전에서 연전연패하다가 포악한 항우가 점차 민심을 잃은 반면 청탁을 모두 포용하는 도량의 유방이 끝내 해하垓下에서 항우를 물리쳤던 것이다. 이 모두는 존왕양이尊王攘夷라는 사상적 배경에 기인한 출발이었던 것이다.

나, 여기에서 순욱은 이러한 헌제의 봉대를 '장군(조조)께서 천하를 바로 잡으려는 평소의 일관된 뜻'이라고 말하고 있다.

과연 순욱은 조조의 본래의 뜻이 여기에 있다고 생각한 것일까. 전후의 상황 맥락으로 추정해보면, 조조의 뜻이라고 말한 것이야말로 기실, 자신의 뜻을 조조에게 투영시킨 것이라 보아야 할 것이다. 이 말은 순욱이 조조를 어떤 관점에서 바라보고 있었는지 잘 드러내 준 것이다. 여기서 순욱은 조조마저도 '한실 중흥을 위한' 수단으로 보고 있었다는 생각을 떨치기 어렵게 한다. 순욱은 조조의 행동 노선이 곧 한실을 붙잡아 일으키는 데 있다고 간주하면서, 다른 한편으로 조조가 그로부터 일탈하지 않도록 제어해 보려고 한 듯하다. 이후 순욱은 인사, 국정, 국방에 관한 폭넓은 사안에서 조조에게 자문을 아끼지 않았으며, 조조가 일컬었던 '장자방'처럼 되고자 일로매진하게 된다.

그러나 현실은 그리 녹록하지 않았다. 조조는 순욱이 생각한 것처럼 '한실 중흥'을 그리 대의로 여기지 않는, 그런 인물이었던 것이다. 적벽대전 전후부터 조조는 젊은 시절과는 달리, 차츰 권신權臣으로 변질된 모습을 보이기 시작하였고 결정적으로 국공으로 봉작되어, 처음으로 이성異姓 제후로서 점차 새로운 세상을 개창해 나가려 했다는 것이다. 이는 바로 나라 안에 또 다른 나라를 세우려는 것을 의미했다.

이 첫 행보는 동소가 주도하였는데 '국공' 작위는 일찍이 한漢에서 왕망의 경우23)를 제외하고는 거의 세워진 전례가 없었다. 왕망은 공작에 제수된 이후 선양을 주도하여 끝내 전한을 멸한 장본인인 만큼, 후한정권의 실권자였던 조조가 국공에 봉작된다는 사실은 장차 한조의 큰 위협이 될 것이라는 경종을 울리기에 충분했다. 이처럼 동소가 발

---

23) 신新의 건국자 왕망은 전한의 신하로 당시 대사마의 관위에 있다가 쿠데타를 통해 어린 황제인 평제를 옹립하고 보정대신의 역할을 맡게 되면서 안한공에 봉작되었다. 이 경우를 제외하고는 일반적으로 양한兩漢대에서 이성제후가 최고로 오를 수 있는 작위는 열후였다.

의한 국공의 작위에 오르게 하는 사안에 대해 순욱은, 이는 조조의 본의가 아니라며 논의를 철회할 것을 개진하게 된다.

그러나 순욱의 예상과는 달리, 조조는 이러한 순욱의 주장을 매우 불쾌하게 받아들였다. 이는 헌제를 봉대할 때와 전혀 상황이 달라졌음을 의미한다. (본전)의 배주에 인용된《위씨춘추》와《순욱별전》, 그리고《후한서》등 여러 사서들이 거의 유사하게 순욱의 죽음을, 조조의 정치적 암살로 간주하게 된 배경이 바로 이것이다. 이 사서의 찬자들은 모두, 조조의 이러한 변심을 순욱이 미리 알아차리지 못한 데서 이 비극의 원인을 찾고 있다.

위魏국의 개창으로 권력 중심이 이동했다는 사실은, 여러 사서 기록에서 찾아볼 수 있다. 하후돈이 자신이 받은 한漢의 관호를 부끄러워했다는 기록이나, 주요 인사들의 위국 관호로의 이동이 바로 그 뚜렷한 증거이다. 순욱의 우려대로, 그가 죽은 이후 급속히 헌제와 후한 조정은 기울어져 갔고, 사실상 업현의 위국이 국정을 장악하였던 것이다. 바로 여기에서 확연히 '한실 중흥'의 꿈은, 중원을 멀리 벗어난 궁벽진 촉한의 유비와 제갈량에게로 넘어가게 된다.

《순욱별전》에서 보듯이, 전쟁 초기에 조조로 하여금 교화를 일으키고 예악을 정비해 주공周公과 같이 되도록 권유했던 순욱의 모습은, 가히 그의 사상 가치성향의 진면목을 짐작하게 해주고 있다. 그는 뿌리까지 깊이 보수적 노선에 서있는 유가적 기풍을 지닌 인물이었던 것이다. 그러나 그가 보좌했던 주군인 조조는, 그와 다른 패업을 선택하여 서서히 순욱이 추구하던 기대로부터 멀어져 가기만 했다. 기실 이미 건안 초년에 그 조짐은 있었건만 순욱이 이를 애써 외면함으로써, 결국 그의 말년에 자신의 구상과 정책이 담긴 기록들을 모두 불태우며 한 많은 최후를 맞이하고 말았던 것이다.

분석적인 치밀한 성격으로 난세 평정을 주도했던 지략가

03

순욱은 젊어서부터 뛰어난 재주를 지녔다는 품평을 받았으며, 명문가 집안의 배경을 바탕으로 소위 엘리트 코스를 밟아가고 있었다. 그러나 동탁의 국정전횡으로 한실이 혼란에 빠지는 사태를 목도하며 동탁이 반란을 일으켰을 때, 밖으로 나가 관직에 임명되었으나 이를 버리고 낙향하여 시세를 분석하는 모습을 보였다. 또한 한실의 부흥을 꿈꾸며 당시 군웅들 가운데 가장 큰 세력을 형성하고 있던 원소 대신 상대적으로 열세에 있던 조조의 휘하로 들어가게 된다. 이는 조조가 가진 재능과 웅략을 믿고 그에게 투신하여 한실의 기강을 회복하고 궁극적으로는 한실의 부흥을 꿈꾸었기 때문이다.

흥평 2년 195년 7월, 헌제가 장안의 선평문을 나와 온갖 고난을 겪는 몽진蒙塵(임금이 난리를 피하여 다른 곳으로 옮아감) 끝에, 건안 원년 196년 7월 폐허가 된 낙양으로 돌아오게 된다. 이때 조조에게 순욱은 "지금 거가車駕(황제)가 돌아왔지만, 낙양은 황폐하고 외로운 선비들은 근본을 보존하려는 뜻을 품고 있으며 백성들은 옛날을 그리면서 슬퍼하고 있습니다. 진실로 이런 때에 주상을 받들어 백성들이 바라는 바를 좇는 것이 큰 순리입니다."(본전)라고 말하며 천자봉대할 것을 제의하였는데, 이는 상대적으로 피폐해진 한실을 조조라는 영걸의 힘을 빌려 다시 일으켜 세우고자 함이었다.

이후 순욱은 조조를 도와 많은 공적을 세워 조조로부터 "천하를 평정하는 데는 순욱의 공이다."《본전/배주 순욱별전》라고 칭송을 들을 만큼, 그의 핵심적인 모사로 큰 활약을 하였다. 그러나 점차 조조가 한실의 부흥이 아닌 패업에 뜻을 갖게 되자, 순욱과 조조의 사이는 점차 멀어지게 된다. 건안 17년(212년) 조조가 국공으로 오르려 하고 구석을 더할 것을 시도하자 순욱은 이에 단호히 반대하게 된다. 이로 인해 순욱과 조조의 사이는 결정적인 금이 가게 되고 결국 순욱은 죽음을 맞이하게 되었다. 즉, 순욱이 조조를 도와 군웅할거 국면을 평정하는 데 공을 세운 것은 조조에 대한 충성이 아닌, 한실에 대한 충성이었고 한실을 부흥하기 위한 노력의 일환이었던 것이다.

그러하기에 군웅들을 거의 정벌한 조조가 패국의 뜻을 갖게 되자, 자신의 내적인 염원인 한실 부흥에 반한다고 여겨 순욱은 이에 단호히 반대한다. 이로 조조에게 내쳐지고 급기야 순욱이 죽음을 맞게 된 것이니, 이런 모습에서 순욱은 내향형의 특성을 지니고 있다고 하겠다. 내향형에서는 객체의 인상이 주체 안에서 형성한 것에 의거해서 사물을 본다. 내향적인 의식의 태도에도 물론 외적인 조건을 인식하는 능력이 있지만, 언제나 그 판단과 행동에 결정적인 것은 주관적인 속성이라 할 수 있다. 순욱의 경우 한실의 부흥이라는 스스로의 내적인 목표를 가지고 조조를 도왔다. 그러나 결국 자신의 목표와 조조의 지향점이 맞지 않게 되어 죽음을 맞이하는 점에서, 내향형에 가까운 성향을 보이고 있다는 것이다.

순욱은 조조의 휘하에서 여러 차례 공을 세우게 된다. 그가 세운 공들은, 당시의 상황을 냉철하고 정확하게 파악하여 그에 합당한 계책을 제시했던 결과물이라 할 것이다. 순욱은 장수와의 대결 가운데서는 장수와 유표의 연대 가능성을 고려한 지구전을, 여포와의 대결 중에서는 여포 세력의 회복력을 감안한 신속전을 주장하는 등, 상황을 정확히 파악하고 그에 적실성 있는 계책을 제시하였다.

또한 당시 군사력으로 크게 열세에 놓여 있었던 원소와의 관도대전에서도 순욱의 통찰력과 형세분석은 빛을 발하였다. 관도대전에서 대치상태에 접어들어 조조의 군량이 바닥이 나자, 조조는 허도로 돌아갈 뜻을 순욱에게 내비치게 된다. 이에 대해 순욱은 조조가 원소의 10분의 1에 불과한 병력으로 적과 대치한 지 반년이 된 점을 상기시키면서 조조를 격려하는 한편, 원소 진영의 급변 사태를 예측하며 그 기회를 놓치지 말라 하였다. 원소의 군대를 대파한 뒤 원씨세력이 흔들리는 틈을 타 조조가 유표를 토벌하려 하자, 순욱은 원씨세력이 재결집할 수 있으므로 이를 쳐서 하북을 완전 평정하는 것이 선결이라는 국정의 우선순위를 제시한다.

이런 사례들에서 순욱은 사고형에 가까운 태도를 보이고 있다. 사고형은 주어진 관념 내용을 고유의 법칙에 따라 상황 및 사물을 서로 연관시키는 정신 기능으로, 순욱의 경우 앞서 언급한 내용을 통해 볼 때 사고형에 가까운 특징을 지니고 있다.

또한 사고형은 주관적인, 궁극적으로 우리가 잘 모르는 무의식적인 원천에서 주어지는 성향과, 감관을 통한 지각으로써 전달되는 객관적 사항에서 주어지는 두 가지 성향을 지니고 있다. 이것이 내향적 사고와 외향적 사고의 두 가지 서로 다른 사고의 근거를 이룬다. 순욱의 경우, 한실의 부흥이라는 자신의 신념을 끝까지 견지하고 그에 따라 많은 계책을 냈으며 그 신념으로 인해 죽음에까지 이르렀으니, 이 근거에 따르면 내향적 사고에 보다 가까운 특징을 지니고 있다.

이상을 토대로 보았을 때, 순욱을 성격유형으로 그 인물형을 논한다면, 내향적 사고형이라 평할 수 있다. 내향적 사고형의 특징은 첫째로, 자신의 사고 판단기준이 '내가 어떻게 생각하느냐'의 이념이나 관념을 중시하고, 둘째로, 자신의 신념이나 철학을 소중하게 생각하여 개혁을 추구하는 성향이 강하며, 마지막으로 성향이 분석적이고 논리적이며 치밀하여 매사에 빈틈없이 일처리를 한다는 점이다.

1. 자신의 판단 기준인 치세의 한왕조 위한 개혁 추구나 조조의 연주 탈환 과정에 그의 논리분석적인 특징 돋보여

이 내향적 사고형의 특징을 순욱에게 적용시켜 보면, 제일 먼저 순욱이 조조를 섬기게 되는 그 직전과정에서 살펴볼 수 있다.

> 순욱이 기주에 도착하니 원소가 이미 한복의 (기주목) 직위를 빼앗은 후였다. 원소는 순욱을 맞이함에 있어 상빈에 대한 예를 갖추었다. 순욱은 (사리에) 밝아 마음속으로 시세時勢를 헤아리고, 한실漢室이 무너져 어지러움에 처한 것을 보면서 (자신이) 늘 세상을 안정시켜야 한다는 뜻을 품고 있었다. 이때 조조는 동군에 있었는데 순욱은 조조가 큰 뜻을 품고 있다는 말을 듣고는 원소는 끝내 대업을 이루지 못할 것이라 헤아렸다. 초평 2년(191년), 이리하여 순욱은 원소를 떠나 조조에게 갔다. 조조는 (순욱과) 애기를 나눠보고 크게 기뻐하여 "나의 장자방(장량)이로다!"라고 하였다. 그러면서 순욱을 분무사마로 삼았는데 이때 순욱의 나이 29세였다. 이듬해, (순욱은) 다시금 조조의 진동사마가 되었다.[24] 《후한서 순욱전》

---

24) 순욱이 조조를 섬길 당시의 조조의 관직은 분무장군이었고, 이듬해에 진동장군이 되었다. 후한 시기에 장군은 정행征行 중에 한하여 임시적으로 군부軍府를 개설할 수 있었다. 그러나 혼란스러운 정국이 오랫동안 지속될 조짐이 보이자 여러 군웅들은 지방장관직과 더불어 장군을 겸칭하는 현상이 점차 확산되자 겸칭을 한 군웅들은 군부를 상시로 두었고 이로 인해 사마, 장사, 참군, 군사좨주 등과 같은 군부의 속료직의 기능과 역할이 증대되는 계기가 마련되었다.

순욱은 자신의 고향인 영천의 지리적 특성으로 미루어 보아, 전란의 화를 피할 수 없음을 예견했다. 이에 순욱은 종족을 이끌고, 당시 기주목이었던 동향 출신 한복의 영입을 받아, 기주로 피신하였다. 그러나 순욱이 기주에 이르렀을 때는 원소가 휼계譎計(몹시 간사하고 능청스러운 꾀)를 써서 기주목의 자리를 이미 빼앗아 차지한 상태였다. 때문에 순욱은 부득이 원소가 다스리는 지역 안에서 머무르게 되었다. 원소 역시 당대 명가세족 출신인 순욱을 상빈으로 예우하였다.

그러나 순욱은 자신의 동생이나 같은 군 출신의 명사들이 원소를 섬기는 시류와는 달리, 그는 원소의 인물됨을 헤아리며 선뜻 그를 섬기려고 하지 않았다. 그저 세상을 관망하면서 시세를 헤아리며, 자신의 눈으로 본 한실의 어려운 상황을 타개해 나갈 버팀목이 될 영걸을 보좌하여 천하를 바로잡을 뜻을 품었다. 마침 조조에 대해 난세에서의 웅걸이라는 풍문을 들은 순욱은, 원소에게서 떠나서 곧바로 조조에게 출사한 것이다.

조조는 본래 젊어서부터 임협으로서 방탕하여 품행과 학업을 갈고 닦지 않아, 기재奇才(썩 뛰어난 재주)로 여겨지지 않은 인물이었다. 또한 그의 가문을 세간에 자랑스럽게 내놓을 만한 입장도 아니었다. 그의 조부 조등은 환관이었고, 부친 조숭은 영제가 서원西園의 재정을 보충하기 위해 매관매직을 했을 때, 거액의 돈을 들여 삼공 중 하나인 태위 직함을 얻어 세간의 비판을 받은 적이 있었다. 조조가 비록 명사 하옹과 교현 등에게 남달리 평가받고, 허소와 교류하여 명성을 얻었지만, 당시 시대 분위기에서 탁류의 가문 배경을 안고 있는 그가, 사대부들의 중망을 얻기에는 여러 가지 어려움이 있었다.[25)]

25) 이와 관련하여 조조에게 부정적인 반응을 보였던 인물들은 대표적으로 진류의 명사였던 변양과 하내의 명족 출신 사대부인 사마의 등을 꼽을 수 있다. 《후한서 변양전》의 기록에 의하면 변양은 자신의 재주와 기량을 믿고 조조에게 굴하지 않은데다 여러 번 조조를 업신여기는 발언을 행한 적이 있었다. 그리고 《진서 선제기》

그러나 순욱은 조조의 웅대한 계략에 기대를 걸었고, 자신이 그를 보좌한다면 스스로가 그리는 치세의 한조를 실현시킬 수 있을 것으로 판단하였다. 이로 볼 때, 순욱이 중시하는 것은 바로 자신의 사고가 판단기준임을 알 수 있다. 많은 사대부들은 가문의 명성과 위세의 후광을 등에 업은 원소에게 의탁하였지만, 순욱은 오히려 원소가 공업을 달성시키지 못할 인물이라 판단하고 미련 없이 그를 떠나는 모습을 보였다. 이는 그가 시대적 사류士類(학문과 덕행을 닦는 선비의 무리)의 분위기에 휩쓸리지 아니하고, '내가 어떻게 생각하느냐'의 가치기준을 매우 중시하는, 내향적 사고형이 보여줄 수 있는 성격유형에 연관되는 특징과 잘 부합된다.

이러한 면모는 조조를 섬기고 난 후의 순욱의 평소 품행에서도 두드러지게 드러난다.

> **순욱은 신분의 높고 낮음을 중요하게 생각하지 않아 지위가 낮은 선비들을 대할 때에도 자신을 낮추고, 상석에 앉는 일이 없었다. 그리하여 대각臺閣(상서대)에 있으면서도 사사로운 욕심으로 생각을 드러내지 않았다. 순욱에게는 재능과 품행이 모두 뒤처지는 조카가 있었다. 혹자가 순욱에게 말했다. "그대가 정무를 맡고 있으니 누구든지 관직에 (의랑議郎으로) 앉힐 수 있지 않소?" 순욱은 웃으며 말했다. "관직이란 재주를 드러내는 것이오. 그대의 말대로라면 여러 사람이 나를 뭐라고 말하겠소!" 그 마음을 공평하고 공정**

의 기록에 의하면 사마의는 젊은 시절에 명사였던 양준과 최염에게 품평을 받았고, 자신의 형제들과 더불어 '사마팔달'이라 세상에서 칭해질 정도로 사마의는 이미 명성이 있었다. 군郡에서 사마의를 천거하자 당시 사공이었던 조조는 그를 자신의 연속에 두고자 했다. 그러나 사마의는 내심 한실漢室의 명운은 쇠잔해지고 권력을 잡고 있던 조씨에게 절개를 굽히며 섬기고 싶지 않았기에 중풍을 핑계로 출사하지 않으려고 했다. 그 밖에 공융이 조조에게 보인 언행 역시 그 의도가 위 두 사람과 본질적으로 비슷한 것이었다.

하게 유지하는 바가 모두 이와 같았다.《본전/배송지 주, 전략》

조조가 헌제를 영접하고 허창에 허도정권을 세우자, 순욱은 천자가 친람하는 각종 대사를 총괄한다. 이에, 조정의 기밀을 관장하며 왕명의 출납을 담당하는 중추요직인 상서령에 임명되었다. 당시 조정의 고위 관료들은 마땅히 그 휘하에 여러 낭관들을 앞서서 이끌 수 있었다. 그러나 순욱은 특정 수행원으로 하여금 공적을 세우게 하는 일을 하지 않았고, 또한 의랑들이 자신의 직분을 다할 수 있도록 이들을 자신에게 이끌어 거느리지 않았다. 어떤 이는 순욱에게 의랑들을 거느리고 따라 하게 할 것을 권유했지만, 순욱은 관직은 재주를 드러내는 직분이라는 가치기준을 피력하고 있다. 각자 의랑들이 자신의 직분을 다할 수 있게 배려해 주는 것이 중요하다고 반박하였다. 순욱은 이러한 자신의 가치기준을 고수하며, 언제나 그에 따른 의지와 가지런한 처신을 하며 자신의 직무에 충실히 임했다.

앞서 내향적 사고형의 특징 중 하나는, 자신의 신념이나 철학을 소중하게 생각하여 개혁을 추구하는 성향이 강하다고 한 바 있다. 바로 상기 대목을 통해서, 순욱 자신이 어떠한 가치기준 신념 등을 갖고 있고, 또 이를 소중하게 생각하며 견지하려는지의 구체적 모습을 확인할 수 있다. 평소 그가 한실을 부흥하기 위한 개혁을 추구하는 데에 진력하는 행적을 보인 사실을 감안하면, 그의 행위와 성격유형이 연관되는 특징이 이에 잘 부합한다고 할 수 있다.

순욱 자신이 상서령이었기 때문에 언제나 문서로 의견을 아뢰었는데, 죽을 때에 임하여 모두 태워버렸다. 그래서 그의 기발한 계략과 비책이 거의 알려질 수 없었게 되었다. 그 당시는 정벌을 하여 국가를 새로 시작하는 시기여서 많은 제도가 부활되었는데,

순욱은 조조에게 이렇게 말했다. "예전에 순舜은 우禹, 직稷, 설契, 고요皐陶에게 각기 걸맞은 관직을 주어, 할 수 있는 모든 직무를 통솔하여, 교화와 정벌을 병행하였습니다. 그래서 한 고조 시대의 초기에는 자주 전쟁을 했지만, 다른 한편으로는 백성들 중에서 교육자로서 자질을 갖춘 인재를 등용하였고, 전투와 전투의 사이에 숙손통[26]이 예절을 가르쳤습니다. 세조(광무제)는 창을 바로 옆에 두고 육경을 배우고, 말을 쉬게 하는 동안에 선왕의 도[27]에 대해 논의하였습니다. 군자는 식사를 하는 중에도 인仁을 잊어서는 안 되는 것입니다(《논어》, 이인편). 지금 공(조조)께서는 밖으로는 천하를 평정하고 안으로는 학문을 융성하게 하셨습니다. 덕분에 전쟁은 끝나고 사람들은 화목하게 지내며, 인륜은 널리 확산되고, 어려운 일은 처음으로 안정되어, 육례가 모두 갖추어지게 되었습니다. 이것이야말로 주공周公(희단姬旦)이 주나라의 정치를 맡으면서 신속하게 안정으로 이끌 수 있었던 방법입니다. 이미 덕을 세우시고 공을 세우셨으니, 겸하여 언로言路를 세우시어 진실로 공자가 술이부작述而不作(옛것을 그대로 받들어 기록하되 새로이 짓지 않음)한 뜻을 받드십시오. 당시에 제도를 발전시키고 후세에 이름을 남기시면 어찌 성대하다 하지 않을 수 있겠습니까! 만일 무사武事를 다 마친 뒤에 제도를 만들어 치도治道와 교화를 행하시겠다고 하면, 일에 있어 불민不敏한 것입니다. 천하의 큰 재주를 지닌 이와 예법에 통달한 유자儒者들을 불러들여 육경을 논의하게 하고 전기를 간행하게 하며, 고금의 학문을 존속하게 하고 무거운 번잡한 것들을 제거하시어 성인의 가르침을 통일하고 예학을 일으키며 점차 교화

26) 숙손통叔孫通은 특히 한漢나라의 의법儀法을 제정한 전한 시기 유학자이다.

27) 여기서 선왕先王의 도道란 천하를 평화롭고 안정적으로 다스리기 위한 왕의 도리 즉 경세제민을 이른다.

를 돈독히 하는 일이 왕도王道와 함께 모두 갖춰질 것입니다." 순욱이 조용히 조조와 더불어 치도를 논한 것이 이와 같은 종류가 많으니 조조가 항상 이를 기쁘게 받아들였다. 《본전/배송지 주, 순욱별전》

천자를 영접한 이후, 조조의 세력은 날로 강대해져 여포와 장수를 병탄하였고 원술과 원소를 제압하였다. 또한 유비를 중원에서 발을 못 붙이게 내쫓아 산동과 하북 등을 포함한 중원과 북방 전역을 장악하고, 이를 확실하게 기반으로 구축하였다. 조조는 그동안에 발발한 숱한 전쟁을 피할 수 없었으나, 그런 와중에서 세력의 확장을 위해 단순히 상무尙武정책에만 주목하지 않았다. 그는 순욱의 보좌를 받아, 고대 제도를 표방하고 이를 회복하는 데 구체적인 정책을 펼치게 된다.

이러한 소기의 목적이 어느 정도 달성되었을 때 순욱은, 전란으로 흐트러진 세상의 풍속을 교화하고 왕도정치를 실현시키기 위해 교육에 주목하고 언로를 열어두며 유자들을 불러 경서와 사적들을 담당토록 할 것을, 조조에게 진언하였다. 이는 당시대 흔히 유가에서 이를 이상적으로 추구하던 정치체제로, 어찌 본다면 순욱의 진언이 개혁정책 추진이 아니라 과거의 이상적인 모습으로 회귀하고자 하는 상고주의尙古主義의 보수적 노선이라 평할 수 있다.

그러기에 순욱은, 그 사회의 주류적인 가치기준과 사상을 받아들인 지배층의 구성원이었다. 주류적 사상과 가치 속에서 나온 치세의 한조를 일으켜 세우려 했던 것은, 후한말 이후 난세에 처한 국정의 혼돈을 벗어나고자, 지배층의 뜻있는 인사들에 의해 숱하게 회자될 정도로 내세워지는 바였다. 따라서 엄밀히 따진다면, 순욱이 추진하던 국정계획은 온건적인 개혁정책의 일환이라 할 수 있다. 당초 자신이 품은 뜻을 실현시키기 위해 순욱은, 조조가 다른 군웅들을 넘어서도록 결점을 보완하고자 했으니, 그것은 바로 천하 곳곳에 있는 선비들을 조조의 아군 진영으로 영입하는 일이었다.

> 순욱은 덕행을 두루 갖추고 정도가 아니면 마음을 쓰지 않았기 때문에, 그 이름이 천하에 알려져 모두들 그를 거울로 삼고 천하의 영재들도 모두 그를 조종祖宗으로서 존경하였다. (…) 순욱이 전후에 천거한 인물은 모두 당대의 영웅뿐이었다. 같은 고향 사람 중에는 순유, 종요, 진군이 있고, 나라 전체에서는 사마의가 그러하다. 또한 당대에 높이 평가되었던 치려, 화흠, 왕랑, 순열, 두습, 신비, 조엄 등이 초빙되었다. 마지막에 경상대신卿相大臣까지 오른 자들도 수십 명 있었다. 순욱이 사람을 평가하는 척도는 단순하지 않았다. 희지재(조조가 일찍이 연주목일 때 중용했던 책사)나 곽가(희지재가 죽은 후 추천하여 발탁된 책사) 등은 세속적인 것과 무관한 삶을 살았고, 두기는 자존심이 세고 꾸밈이 없는 인물이었는데, 이들은 모두 지략에 능한 인물로서 천거하여, 결국에는 각각 명성을 떨쳤다. 《본전/배송지 주, 순욱별전》

동서양 고금을 막론하고 어떠한 세력이든 그 결성을 도모하려 하면, 조직의 존속을 유지하기 위한 자원을 발굴하는 문제가 가장 시급하다. 재정 시설 등의 물적 자원 역시 중요하지만, 무엇보다 체계적인 조직을 갖추고 이를 관리하는 인적자원을 확보, 운용하는 것이 선결과제라 할 수 있다.

탁류라는 콤플렉스를 안고 있는 조조는, 당시대 사회분위기에서 명망 있는 선비들을 마음껏 자신의 휘하에 불러들이기엔 제약이 있었다. 이 점은 분명 여러 군웅들, 특히 원소와 같은 쟁쟁한 명가세족 출신의 군웅과 비교한다면 열세일 수밖에 없었다. 이 점을 우려한 순욱은 조조를 도울 수 있는 사대부들을 포섭하여, 이들 중 명망과 재주가 있는 인재들을 가려내어 조조의 세력에 영입하였다.

조조의 1세대 창업공신들 중 많은 인물들이 순욱의 천거로 발탁되었다. 이들은 능력에 맞게끔 각 분야에서 활약을 하여 조조가 천하에 우뚝 서게 하는 세력으로 발돋움하는 데 일조하였다. 이처럼 순욱은, 조조가 환란을 제거하고 천하를 구제할 영걸이라 보았기에 자신의 배경과 능력을 모두 기울여 그를 보좌하는 데, 아낌없는 노력을 다하였다.

또한 그는 자신의 생각을 중시하고 그 뜻에 부합되는 개혁정책을 추구하면서, 분석적이고 논리적인 성격으로 매사를 빈틈없이 처리하였다. 이러한 순욱의 성격이 잘 드러나는 부분은, 특히 조조의 판단착오를 미연에 방지토록 하여 세력기반이 흔들리지 않게 하는 경우를 통해서 살펴볼 수 있다.

> 흥평 2년(195년), 도겸이 죽자, 조조는 서주를 먼저 취하고 (연주로) 귀환하여 여포를 평정하려 하였다. 이에 순욱이 간언하기를 "옛적 고조께서 관중을 보유하셨고, 광무제께서는 하내를 근거로 뿌리내리셨으니, (이들은) 모두 근본을 깊고, 공고하게 함으로써 천하를 제패하셨던 것입니다. (그래서) 나아가서는 가히 적을 이기고, 물러나서는 족히 굳게 지킬 수 있었으니, 비록 곤란과 패배가 있더라도 마침내 대업을 이루셨던 것입니다. 장군께서는 본거지를 연주로 정하고 일을 시작하셨던 까닭에 산동山東을 평정하실 수 있었습니다. 이곳은 실로 천하의 요지이니 (마치) 장군에게 관중이며 하내입니다. (장군께서는) 만약 이곳을 먼저 평정하지 않으신다면 근본을 대체 어디로 삼으려고 하십니까? 마땅히 먼저 (군사를) 나누어 진궁을 토벌하시어, 도적(여포)으로 하여금 서쪽을 넘볼 수 없게 하시고, 그 틈을 타서 익은 보리를 거두어 절약하고, 곡식을

비축하시어 이 물자를 가지고 한 번에 군사를 일으키신다면 필히 여포를 물리치는 데 어려움이 없으실 겁니다. 지금 (연주를) 버려두고 동쪽으로 가시면, (장군께선) 편하지 못하실 것입니다. 병력을 많이 남겨두면 (그) 힘으로는 적을 이기지 못하고, 병력을 적게 남겨두면 후방을 방비하기에 부족합니다. 여포가 우리 빈틈을 타서 침입하면, 이는 민심을 동요시킬 것이고, (설령) 몇 개의 성은 보전하더라도 그 나머지는 다시 소유할 수 없게 되니 (이때) 장군께서는 어디로 돌아가시겠습니까? (…) 무릇 일이란 원래 저것을 버리면 이것을 취함에 한때의 형세를 저울질하는 것이니 원컨대 장군께서는 (이를) 헤아려주십시오."라고 하였다. 조조가 이에 익은 보리를 많이 거두고, 다시 여포와 싸웠다. 여포가 패주하자 이로 인해 (조조는) 모든 현縣들을 나누어 안정시키니, 연주는 마침내 평정되었다.《후한서 순욱전》

조조는 연주를 자신의 기반으로 삼게 되면서, 자신의 부친 조숭을 봉양하고자 자신의 근거지로 모셔 오게 하였다. 조숭이 조조에게 향하여 오던 길에 서주 접경을 통과하게 되었는데, 서주자사인 도겸은 조조와 좋은 관계를 맺고자 자신의 부하인 장개로 하여금 조숭 일행을 행선지까지 호위토록 했다. 그러나 조숭의 재물에 탐이 난 장개와 그 부하들은 조숭과 그의 가솔들을 죽이고 재물을 훔쳐 달아나 종적을 감추었다.

이 소식을 듣게 된 조조는 이를 갈며 부친 원수를 갚고 한을 씻는다는 명목으로, 직접 서주를 향해 대대적인 침공을 가하였다. 이로 인해 서주의 백성들은 무참히 학살되었는데, 조조의 동지인 장막과 부하인 진궁 등은 방랑 중이던 여포를 맞아들였다. 이는 마치 주인 없는 빈집 안방에 객이 들어앉은 것처럼, 연주의 대부분 군현들은 여포의 수중에 떨어졌다. 그런 와중에도 사태판단을 제대로 한 순욱은 정욱과 함께 빈틈없는 조치를 취하여, 가까스로 견성과 동아현, 범현 세 곳을 보존할 수 있었다.

상황이 급박하게 된 것을 안 조조는 급히 회군하여 여포와 쟁투를 벌였다. 마침 도겸이 죽게 되면서 서주의 상황이 예상치 못하게 돌아가는 것을 본 조조는, 여포와의 싸움은 잠시 뒤로 돌리고 서주로 향하고자 했다. 그러나 순욱은 본래의 기반을 보존하는 것이 가장 중요하다고 판단하여 조조의 출정을 제지했다. 이같이 그의 명확한 상황 판단과 빈틈없는 대처방안을 직간하여, 조조로 하여금 계속 연주 탈환의 출정을 진행시켰다. 마침내 조조는 여포를 패퇴시켜 연주를 되찾게 된다.

연주쟁탈전의 시작부터 끝까지 전 과정에서, 조조가 연주를 되찾아오게 하는 데에 순욱의 활약은 실로 지대했다. 이는, 순욱이 논리적이고 분석적인데다 치밀하여 일처리를 빈틈없이 할 수 있는, 그 성격유형과 연관된 특징으로 인한 결과라 할 수 있다. 이후 조조는 직접 정벌을 수행할 때, 항상 순욱을 남겨 근거지를 지키게 하였다. 또한 밖에서도 군사와 국정에 관한 일을 계속 순욱과 서신으로 상의를 하였던 것을 보면, 순욱이 평소 내향적 사고형에 부합되는 매사에 빈틈없게 대응하는 특징을 잘 보여줬기 때문에 조조가 그만큼 순욱을 신임하였던 것이다.

내향적 사고형이 흔히 보여줄 수 있는 장점은, 첫째로 현실에 구애받지 않고 이성적이고 개혁적인 정책을 선택하고 강력하게 추진할 수 있는 능력이 있고, 그다음으로 논리적인 분석적인 성향으로 치밀하게 정책을 결정하고 조직적으로 정책을 집행할 수 있음을 들 수 있다.

2. 현실 구애받지 않고 헌제 허도 봉대, 논리분석적 계책 강력 개진 하북평정에 기여한 그의 장점 매우 돋보여

이 성격유형의 장점은 성격유형에 부합되는 특징과 대체적으로 매우 유사하다. 이를 순욱에게 적용시켜 보면, 그의 공적 중에서 가장 진가가 잘 발휘된 것은 바로 현실에 구애받지 않고 자신의 정책을 강력히 추진하려는 성향으로 인한 결과를 손꼽을 수 있다. 이와 연관지어 생각할 수 있는 사건으로 헌제 영접과 원소와의 결전, 이 두 가지를 빼놓을 수 없는데, 특히 헌제 영접의 경우 순욱은 자신의 뜻을 관철시켜 허도 정권을 설립하는 데 결정적인 기여를 한 사실이다.

> 한漢 헌제는 하동을 거쳐 낙양으로 돌아왔다. 조조가 헌제를 받들어 영접하고 도읍을 허許현에 정하는 일에 대해서 논의하였는데, 어떤 사람이 산동은 아직 평정되지 않았으며 한섬과 양봉은 막 천자를 낙양으로 모시고 왔고, 북쪽으로는 장양張楊과 동맹을 결련하였으므로 제압할 수 없다고 주장했다. 그러나 순욱이 조조에게 권했다. (…) "천자가 도성을 떠나 떠돌아다니자, 장군께서는 가장 먼저 동탁을 토벌키 위해 의로운 군대를 일으키셨습니다. 그러나 산동 지방이 혼란 상태에 있으므로 관우關右(關西, 장안)까지 원정 갈 수는 없었지만, 그래도 다른 장수를 보내며 위험을 무릅쓰고 사자를 보냈습니다. 비록 조정 밖에서 임금을 위해 전란을 평정하고 어려움에 처해 있지만, 마음에는 황실의 일이 자리하고 있으니, 이것은 장군께서 천하를 바로잡으려는 평소의 일관된 뜻입니다. 지금 천자의 거가(헌제)는 수도로 돌아왔지만, 낙양은 잡초만이 무성합니다. 의로운 선비는 근본(조정)을 보존하려는 생각을 품고 있고, 백성들은 옛날을 그리면서 슬픔을 더해 갑니다. 진실

로 이 기회를 이용하여 주상을 받들어 백성들의 여망에 따르는 것은 큰 순리입니다. 공정한 태도를 갖고 지방 호걸들이 복종하도록 하는 것은 커다란 지략입니다. 대의를 갖고 영재와 준걸을 초치하는 것은 큰 덕망입니다. 지금 천하에는 비록 반역의 무리가 있지만, 반드시 우리들의 근심이 될 수 없음이 분명합니다. 한섬과 양봉이 어찌 감히 해악을 저지르겠습니까! 만약 때가 왔는데 행동하지 않는다면 사방의 준걸들이 야심을 품게 될 것이고, 이후에는 이렇게 할 것을 생각해도 미치지 못합니다." 조조는 마침내 낙양으로 가 천자를 받들고 허현을 수도로 삼았다. (본전)

한나라의 도적으로 간주되던 동탁을 척살하고자 지난날 산동의 여러 군웅들이 기의起義하여 연합군을 이루었지만, 각자의 이해타산으로 해산하고 만다. 이 와중에 헌제는 수도 낙양에서 동탁에 의해 장안으로 갔다가, 이후 장안을 탈출하여 낙양으로 향하였다. 유랑하는 신세로 전락한 헌제는 숱한 고난을 겪게 되었고, 천하의 관심 또한 헌제의 이 파천 상황에 대해 쏠려 있었다.

이때 조조 진영에서는 원소 진영과 마찬가지로, 헌제를 영접하자는 막료들의 논의가 있었다. 그러나 조조의 여건에서 헌제를 영접한다는 일이 쉽지만은 않았다. 조조의 주변 세력 구도는 상당히 복잡한 양상을 띠고 있었다. 한섬과 양봉 등의 세력 집단이 헌제를 보호하고 있는 상태인데다, 낙양 인근에서 세력을 구축하고 있던 하내의 장양은 여포에게 우호적인 세력이었다. 그리고 조조의 동쪽 서주에는 얼마 전까지 자신의 근거지 연주를 놓고 쟁탈전을 벌인 여포가 자리 잡고 있었고, 동남쪽 회남에는 지난날 조조와 창칼을 맞댔던 원술이 있었다. 조조가 안정된 세력을 구축했다고 하지만, 주변의 적들을 토벌하지 못한 이러한 불안정한 상황에서 헌제를 영접하는 것은, 그 당시 정세에서 큰 부담이 갈 수밖에 없었다.

이와 같은 현실적인 무리가 있어 정책 추진에 반대의견이 나오는 상황이었다. 그런데도 순욱은 진 문공과 한 고조의 옛일을 들어 논리분석적으로 설명하면서, 당장에는 무리를 하더라도 꼭 헌제를 영접해야 함을 내세운다. 또한 현재의 수도인 낙양은 황폐화되었기 때문에 한조漢朝의 근본을 다잡고자 새로운 도읍을 세울 필요가 있다고 주장하였다. 순욱은, 자신의 보좌로 국난을 극복하고 나라를 바로잡을 수 있는 바팀목이라 여겼던 인물이, 바로 조조라고 보았다. 때문에 조조 그가 헌제의 이번 파천에 종지부를 찍는 것은, 순욱 자신의 뜻을 실현할 수 있는 절호의 기회라 여겼다.

조조가 상표문에서 말했다. "신이 들으니, 잘 생각하는 것計慮이야말로 가장 큰 공적이며, 임금이 상을 내릴 때에는 책략이 근본이 되어, 전장戰場에서 세운 공적이 묘당廟堂의 정책에 의한 승리를 넘어서지 않고, 수없이 많은 전투에 참전한 것이 나라를 다스리며 세운 훈공을 능가할 수 없다고 합니다. 이러한 까닭에 (주나라의 무왕은 주공에 대해) 곡부의 은상을 내리는 것을 (태공망에 대한) 영구 은상 뒤로 미루지 않았고, (전한) 소하의 봉토는 조참의 평양보다 더 먼저 하사하신 것입니다.[28] 책략과 계략을 중시하는 것은, 고금을 막론하고 중요하게 여기는 태도입니다. 시중 상서령인 순욱은 더할 나위 없는 덕행을 거듭하여, 유년시절부터 성년이 될 때까지 그 어떤 과실도 없이, 충성스러운 마음을 품고, 세상의 대혼란에 조우할 때마다 그 혼란을 잠재우는 것만을 염원해 온 인물입니다. 신이 처음으로 의병을 일으킨 이래, 천하를 떠돌며 정벌을

28) 곡부는 노나라의 수도로 주공周公을 의미하며, 영구는 제나라의 초기 수도로 태공망太公望의 봉토이다. 또한 평양은 조참曹參의 봉토이다.

할 때마다 순욱과 힘을 모아 한마음으로 국가의 계략을 도왔습니다. (순욱이) 말한 의견과 계략은 실시할 때마다 효과를 거두었습니다. 순욱의 공업에 힘입어 신은 성공을 거두었고, 그 덕에 떠있던 구름을 헤치고, 일월의 빛이 밝게 빛나게 할 수 있었습니다. 폐하께서 허도에 행차하신 후부터, 순욱이 바로 측근에서 충성스럽고 근실하여 명령을 받드는 모습은 살얼음을 밟듯 (신중)했고, 신경을 곤두세우고 수많은 정무를 처리해 왔습니다. 천하가 안정된 것은 모두 순욱의 노력에 의한 것입니다. 마땅히 그에게 높은 관작을 내려 그 큰 공적을 표창하셔야 합니다." 순욱은 실전의 노고를 경험하지 않았다고 하며 고사하고, 조조의 상표문을 천자에게 올리지 않았다. 조조는 순욱에게 편지를 보내 "그대와 함께 일을 시작한 이래, 조정에 서서 그대가 해 준 보좌, 그대가 해 준 인재 추천, 그대가 세워준 계획, 그대가 생각해준 계책은 수도 없을 정도요. 공적이란 것이 꼭 실전에서만 쌓을 수 있는 것은 아니니, 부디 사양치 말구려."라고 말했다. 순욱은 더 이상 사양하지 못하고 작위를 받았다. 《본전/배송지 주, 순욱별전》

결국 순욱의 진언을 받아들인 조조는 헌제를 영접하였고, 허현에 새로운 도읍을 세우게 되었다. 이렇게 허도 정권이 출범하면서 조조는 처음 대장군으로 되어 정벌에 대한 명분을 도모하려 하였다. 순욱은 시중으로 상서령의 일을 관장하여 조정 내의 중대사를 관장하면서, 전장典章(나라의 제도와 문물)의 설립과 회복에 기여를 하게 된다. 순욱이 한실부흥이라는 자신의 꿈을 실현하기 위해 헌제의 파천을 방치하지 않았다. 무리를 하더라도 헌제를 봉대토록 자신의 의견을 관철시켜 낸 이 사건은, 곧 순욱이 내향적 사고형의 인물로서 그 성격의 장점이 발현된 두드러진 경우이다. 이는 현실에 구애받지 않고 이상적이며 개혁적인 정책을 선택하고 강력하게 추진할 수 있는 능력을 보여준, 대표적인 예라 할 수 있다.

그다음으로 순욱의 내향적 사고형에 관련된 장점이 발현되는 경우는, 평소 조조와 순욱 간에 나눈 조정과 군사에 관한 논의를 실례로 들 수 있다. 그중에서 원소와의 결전을 앞두고 순욱이 조조를 독려하는 경우야말로, 성격유형이 연관되는 장점이 진가로 발현되는 두드러진 예라 할 수 있다.

> 건안 3년(198년)에 조조가 장수를 이미 격파하고 동쪽의 여포를 사로잡아 서주를 평정하고 드디어 원소와 서로 대치하였다. (…) 건안 5년(200년)에 조조는 원소와 해를 거듭하며 싸웠다. 조조는 관도를 지키고, 원소는 이곳을 포위했다. 이때 조조는 군대 양식이 다 떨어져 가고 있었으므로 순욱에게 편지를 보내어 허도로 돌아가 원소를 유인하면 어떻겠느냐고 의논하자, 순욱은 답장하여 말했다. "(…) 지금 공(조조)은 적의 10분지 1의 병력으로 경계를 설정하고 그것을 지키면서 원소의 목을 조임으로써 전진하지 못하게 한 지 벌써 반년이 되었습니다. 정세를 살펴보니 원소의 세력이 고갈되어 반드시 급변하는 일이 생길 것이고, 이는 바로 뛰어난 계책을 사용할 수 있는 때이므로 이 기회를 놓쳐서는 안 됩니다." 조조는 옳다고 여겨 그대로 버티었다. 마침내 조조는 날랜 병사를 이끌고 원소가 따로 주둔하고 있는 곳을 급습하여 그의 장수 순우경 등을 참수했고, 원소는 퇴각하였다. (…) 건안 6년(201년)에 조조는 군대를 이끌고 동평국의 안민현에 가서 군량을 확보하려 하였으나, 군량이 적어 하수河水 이북의 적들과 싸우기에는 부족하였으므로, 원소가 막 패배하여 재기하지 못한 틈을 이용해 유표를 공격하여 토벌하려고 했다. 그러나 순욱이 말했다. "지금

원소는 패하였고 그의 무리들은 떠날 마음이 있으므로, 마땅히 그가 곤궁해진 틈을 이용하여 그를 토벌해야 됩니다. 그러나 공이 연주와 예주를 거스르고, 멀리 장강과 한수까지 군대를 이끌고 가는데 원소가 남은 군대를 거두어서 빈틈을 이용하여 공의 배후를 공격한다면, 공의 기회는 없어져 버립니다." 조조는 다시 황하 유역에서 주둔했다. (본전)

조조가 헌제를 영접한 이래, 원소는 내심 이에 크게 반발하고 있었으므로 필연적으로 조조와 원소 간에는 대립양상을 띠게 되었다. 조조의 주변에는 동쪽으로 여포와 남쪽으로 장수가 있었기에 이들은 조조에게 있어 근심거리였다. 조조가 장수를 토벌하러 완성(지금 하남성 남양시)으로 진군하였지만, 오히려 장수에게 대패하는 사태가 야기된다. 이로 원소는 교만한 뜻을 담은 서신을 조조에게 보내 조조의 화를 돋우었다. 그렇지만 원소는 공손찬을 멸하고 하북을 병합함으로써 위세가 대단해지니, 천하 군웅들은 그의 강대함을 두려워하였다.

원소를 공격하고 싶지만, 어찌 보면 조조는 이러지도 못하고 저러지도 못하는 상황에 있었다. 이때 순욱은 조조와 원소 간의 인물 비교를 통해, 조조가 승리조건의 우위에 있으므로 결국 조조가 원소를 제압할 수 있다고 진언한 것이다. 이에 화를 누그러뜨린 조조는 순욱에게 당장의 방책을 구하니, 순욱은 먼저 동쪽의 여포를 멸할 것을 권하였다.

조조는 순욱이 권한 바를 실행에 옮기고 싶었지만 관중 지방의 동향을 염려하였다. 이에 순욱은 관중에 대한 명확한 상황 분석을 통해 관중의 군웅들과 화친을 앞서 맺는다면, 조조가 산동을 평정하기까지 그들의 군사행동은 없을 것이라 예단하였다. 또한 관중 상황에 관해서는 종요에게 어느 정도 일임할 것을 권하였다. 이로부터 조조는 장수를 병탄하고 여포를 멸하여 훗날의 후환을 말끔히 제거함으로써, 바야흐로 원소와 일대 결전을 할 수 있는 준비태세에 돌입하게 된다.

조조 진영 내부에서 공융과 같은 이들은 원소와의 대결은 조조에게 불리하다고 주장하였다. 그러나 순욱은 논리적이고도 분석적으로 원소 진영의 문제점을 조목조목 지적하며, 공융의 의견을 반박한다. 급기야 조조와 원소와의 대회전은 벌어지게 된다. 처음에 조조군은 원소군에 비해 군사력과 군수물자 모두가 열세에 처한 상황이었다. 원소군에게 포위되면서 점차 군량미의 부족으로 곤란한 상황에 이르렀다.

조조는 허도로 귀환하여 유인책을 구사할 것을 생각하게 되었고, 이에 대해 순욱과 서신으로 상의하였다. 순욱은 이를 반대하며, 조조가 현재 잘 대처하고 있는 데다 지금의 이러한 상황은 과거 400여 년 전 유방과 항우의 대결구도와 비슷하니, 계속 버티다가 기회가 올 때 놓치지 말 것을 청원하였다. 순욱의 의견을 옳게 생각한 조조는 이를 받아들였고 결국 조조는 원소를 관도대전에서 격파하게 된 것이다.

비록 조조가 원소를 패주시켰지만, 군량미가 부족하였기에 전쟁을 지속시키기에는 어려움이 있었다. 조조는 원소가 대패를 당하였기 때문에 한동안 재기하지 못할 것이라 판단하고, 남방의 유표를 토벌하고자 하였다. 그러나 순욱은 이를 반대하고 원씨를 계속 공격하도록 조조를 설득하였다. 이후 원씨 세력은 후사가 정리되지 못한 채 원상, 원담 등으로 골육상쟁으로 분열되어서 하북은 끝내 조조의 세력에 병합된다.

상대적 열세로 인한 쫓기는 여건에도 불구하고 순욱은 자신의 논리분석적인 의견을 강력하게 개진하여, 조조의 흔들리는 마음을 붙잡아 조조가 본래의 방책을 계속 고수하게 하였다. 조조가 원소를 제압한 것은, 순욱이 현실에 구애받지 않고 자신의 강력한 정책을 추진하는 능력을 발현하도록 추동했기 때문에 가능한 일이었다 하겠다. 이처럼 조조의 생각을 적극적으로 만류하면서까지 순욱이 자신이 지향하는 정책을 강력하게 추진할 수 있었기에, 조조는 중원과 하북을 통일한 가장 강력한 세력으로 우뚝 설 수 있었다. 조조가 다시금 표주하여 순욱의 공적을 높이 기리고자 한 것도, 바로 이 때문이라 할 수 있다.

조조가 또 표문을 올려 말하였다. “지난날 원소가 교전郊甸(경기京畿)을 침입하여 관도에서 전투가 있었습니다. 이때 병사는 적고 군량이 다하여 신은 허도로 돌아가고자 하여 순욱과 서신으로 논의하였는데 순욱이 저의 의견에 반대하였습니다. 그는 그대로 남아 있을 경우의 이로운 점을 설명하고, 진격할 방도를 가르쳐 주어, 다시금 저에게 용기를 내도록 북돋아 어리석은 생각을 바꾸도록 하였습니다. 이리하여, 저는 대역무도한 흉족凶族(원소의 일족을 의미)을 물리치고 항복시켰습니다. 이것이야말로 순욱이 승패가 갈리는 지점을 잘 파악하는, 불세출의 책략가라는 증거입니다. 원소가 패배하였을 때에는 우리 군의 군량도 바닥이 드러나 있었기 때문에 하북평정을 도모하는 것은 아직 어려울 것으로 생각하여, 남하하여 유표를 토벌하고자 하였습니다. 순욱은 다시 신의 생각을 멈추게 하고 득실을 말하여 신으로 하여금 깃발을 돌려 마침내 흉족을 병탄하고 4개 주를 평정하게 하였습니다. 만약 당시에 신이 관도에서 물러났다면 원소가 반드시 북을 울리며 앞으로 나와 뒤집히는 형세가 되었을 것이며 이기는 형세로 돌아가지 못했을 것입니다. 또한 만약 남방정벌을 하여 연주와 예주를 방치하였다면 승리하는 것이 어려웠을 뿐만 아니라 본거지마저 잃어버리는 결과를 가져왔을 것입니다. 순욱의 이 두 가지 계책은 망한 자를 존립하게 하고 화를 복으로 바꾸었으니 그 도모한 것이 매우 우수하고 공 또한 남달라 신 등이 감히 미치지 못하는 바입니다. 이러한 까닭에 과거 황제께서는 사냥감의 흔적을 찾는 사람의 공적을 존중하고, 실제로 사냥감을 잡은 개의 공은 가벼이 여기신 것입니다. 옛사람들은 군막 안에서 세운 책략을 존중하고, 전장에서의 승리를 낮게 보았습니다. 전에 하사하신 것으로 기록된 작위는 순욱의 빼어난 훈공에 어울리지 않으니 부디 다시 한번 공평하게 논의하시어 그의 영지를 옛사람들과 같은 수준으로 맞추어 주시옵소서." 순욱이 깊이 사양하자 조조가 친서를 보내어 말했다. "그대의 계책은 비단 두 가지 일에만 그치는 것이 아니요. 거듭하여 거절하는 것은 노중련[29]선생을 따르고자 하는 것이겠지만, 이는 올바른 삶을 분별하는 성인의 가르침을 존중하는 것이 아니라오. 옛날 개자추[30]가 말하기를 '남의 재물을 가로채는 것도 일러 도둑이라 한다.'라고 하였소. 하물며 그대의 은밀한 계책으로 온 무리가 편안하였으니, 내가 그 모든 것을 세상에 명백하게 알리는 것이 마땅하지 않겠소! 이 두 가지 일은 서로 주고받았던 것인데 이마저 다시 사양한다면 그 많은 것은 어찌 다 겸양만 할 수 있겠소!" 조조는 다시 표문을 올려 순욱을 삼공으로 임명하려고 하였으나, 순욱이 순유를 사자로 보내어 깊이 사양하는 것이 십수 회에 이르자 이에 조조는 마지못해 포기하였다. 《본전/배송지 주, 순욱별전》

순욱이 지향하던 대업을 거의 달성할 수 있는 상태에 이른 조조는, 순욱의 지대한 공헌을 기려 그의 관작을 높이고 식읍을 늘려주려고 하였다. 그러나 순욱은 이를 고사하였다. 순욱은 그저 한나라를 바로 세우겠다는 일념하에 그 버팀목으로 웅략이 있는 조조를 진력으로 보좌하여 온 것이지, 사리사욕을 위해 자신의 재주를 다한 것은 아니었기

---

29) 노중련魯仲連은 전국시대 제齊나라의 용기 있고 절개 높은 웅변가이다.
30) 개자추介子推는 춘추시대 진 문공이 망명 시 함께한 은사隱士이다.

때문이다. 그러나 조조의 계속되는 권유에 식읍을 늘리긴 했어도 삼공에 취임하는 것만큼은 끝까지 거듭 고사하여, 결국 순욱은 상서령에 계속 남게 되었다.

이상과 같이 순욱의 헌책이 주효한 헌제 영접을 통한 허도정권 수립과, 원소세력 정벌에 의한 하북통일 등은 조조가 가장 강력한 세력이 될 수 있는 결정적인 기반이 되었다. 순욱이 이러한 계기를 마련할 수 있던 것은, 그가 내향적 사고형이 지닌 장점을 효과적으로 잘 발현하였기 때문이다. 또한 이러한 장점이 그의 성격유형에 부합되는 특징과 잘 연관이 지어졌기에, 순욱의 탁월한 공효功效가 상승효과로 결실될 수 있었던 것이다.

순욱의 공적은 탁월하였고, 그의 인품 역시 매우 훌륭하였다. 항상 마음에 치우침이 없이 바르고 엄정하여 거의 흠잡을 데가 없었다고 평할 수 있다. 다만 그가 죽게 되는 최후는 평생 그가 남긴 공훈과 명성에 비하면 너무나도 초라했다. 이 또한, 어찌 보면 그의 성격유형과 결부된 단점에서 비롯된 결과라고도 할 수 있다.

마지막으로 내향적 사고형의 인물이 흔히 보여줄 수 있는 단점은 첫째로, 맹목적인 헌신이나 계산이 들어맞지 않는 행동으로 편협하다는 인상을 받게 되는 것, 둘째, 논리적이고 분석적이지만 객관적으로 설명하는 능력이 부족하여, 자신의 의견에 대한 설득력이 부족할 수 있다는 점이다.

3. 한왕조 바로 세우고자 조조에게 맹목적으로 헌신한 그의 단점 끝내 위국공 봉작 그 벽 막아서다 자신도 죽어

이 성격유형이 지닌 단점을 순욱에게 적용해 보면, 그에게서 찾을 수 있는 대표적인 사례는 그의 맹목적인 헌신이나 계산이 들어맞지 않아 부정적인 결과를 초래한 경우를 꼽을 수 있다. 즉, 순욱은 한왕조를 바로 세우고자 조조를 섬겨 크게 능력을 펼쳤지만, 이러한 순욱의 맹목적인 헌신은 결국, 한왕조가 조조의 위국왕의 봉작으로부터 그의 아들 조비에 의해 끝내 멸망되는 종말을 초래케 하였던 것이다.

건안 17년(212년)에 동소 등이 조조의 작위를 국공으로 승진시키고 구석의 예물을 갖추어 그의 뛰어난 공훈을 표창해야 한다고 생각하고 은밀히 순욱에게 자문을 구했다. 순욱은 조조가 본래 의병을 일으킨 것은 조정을 바로잡고 국가를 안정되게 하기 위해서였으며, 충정의 진실을 지키고 있고 물러나 사양하는 인품을 지킬 것이라고 보았다. 그래서 군자는 사람을 사랑함에 있어 덕망으로 해야지 그처럼 해서는 마땅하지 않다고 대답했다. 조조는 이로부터 마음속으로 순욱에 대해 불만을 갖게 되었다. 때마침 조조는 손권을 정벌하기 위해 표를 올려 순욱을 초현으로 파견하여 군대를 위로하도록 요청했다. 그대로 순욱은 군중에 남겨져 시중 광록대부 지절이 되어 승상의 군사 업무에 참여했다. 조조의 군대가 유수에 도착했을 때, 순욱은 병으로 수춘에 머물렀다가 근심 속에 죽었으니, 그때 나이 쉰이었고 시호를 경후라고 하였다. 이듬해 건안 18년(213년)에 조조는 드디어 위공이 되었다. (본전)

조조가 순욱에게 보낸 음식을 열어보니 빈 그릇이었다. 이에 (순욱이) 약을 먹고 죽었다. 함희 2년(265년, 조환의 연호), 순욱을 추증하여 태위로 삼았다. 《본전/배송지 주, 위씨춘추》

후한 말엽, 난세가 도래하였을 때, 조조 역시 초기에는 한왕조를 바로 세우려는 충심에서 거병하였을 것이다. 그러나 점차 한왕조에 대한 조조의 마음은 변질되기 시작하여, 당시에 없는 국공의 작위에 올랐다. 이후 황족만 받을 수 있는 왕작에 취임하였으니, 이는 사실상 한왕조 내에 위왕조를 출범시킨 것이나 다름없었다. 조조가 죽자 그의 왕위를 계승한 조비는, 정권의 선양을 위해 이중정권의 기형적 형태를 일시적으로 유지하였다. 그러나 결국 헌제를 압박하여 불과 9개월 만에 선양을 받아내서 황제로 등극하니, 이로써 헌제에 의해 겨우 명맥을 유지한 후한은 끝내 멸망하여 역사 속으로 자취를 감추게 되었다.

조조가 중국 전역의 많은 부분을 차지하면서, 그의 휘하 신료들 중 적지 않은 이들이 조조가 새로운 세상을 열어주길 바라고 있었다. 때문에 동소와 같은 인사들은 조조의 개창을 위해서, 먼저 그 정당성을 갖추는 것이 선결요건이라 생각하였다. 이에 대한 방안으로 조조가 국공의 작위에 오르게 되는 문제를 공론화하게 된다.[31]

후한 시대에서 황제의 아래에 있는 제후는 왕王과 후侯만 존재했고, 이 제후들은 식읍에 대한 통치권한은 없고 조세 수취권한만 있을 뿐이었다. 왕작과 후작의 사이에 있는 공작을 설치하고, 더욱이 봉토에 대한 통치권까지 보유할 수 있게 조치를 취하는 것은 후한 시대에서 선례가 없는 일이었다. 때문에 조조의 국공작위는, 당시 사회의 기존 분봉제分封制를 뒤엎는 일대 사건을 의미하였다. 순욱은 조조가 충의로 군을 일으켜 나라의 환란을 제거하는 데 진력해온 인물이라 믿은지라, 조조가 굳이 국공의 작위에 오르는 것을 결행하리라고 생각지 않았을 만큼 그에 대한 신뢰는 매우 컸다. 이 때문에 동소의 국공의 봉작에 관한 공론에 반박을 가한 것이다.

하지만 더 이상 회복 불가능이라 여겨졌던 당시의 한왕조를 다시 일으켜 세우는 것보다는, 새로운 왕조를 여는 것이 더 나은 길이라 판단

31) 한나라 시대에는 오등작五等爵 제도를 두지 않아 왕과 후작만 있었고, 이성異姓 제후는 왕王이 될 수 없도록 법으로 금지하고 있었다. 때문에 이성 신하(공경대부 등)가 가장 높이 오를 수 있는 작위는 현후, 향후, 정후 등의 열후列侯였다.

한 여러 인물들이 있었다. 특히 그중에서 어찌 보면 가장 우두머리 격이라 여겨졌던 순욱의 조조에 대한 그동안의 헌신은 실로 맹목적이었다. 그러다가 순욱으로서는 조조의 국공봉작이라는, 기실 자신의 본뜻과는 정반대의 결과가 그 앞에 커다란 절벽처럼 드리워진 것이다. 순욱의 이에 대한 반대에 조조는 원망을 품게 되었고, 더 이상의 이용가치가 없어졌다고 판단했는지 몰라도 조조는 냉혹하게 순욱을 내쳐 죽음으로 내몰고 말았다.

한 가지 의아한 것은, 그동안 순욱이 조조에게 기여한 바는 실로 대단했는데 어찌 이 한 가지 일로 조조가 순욱에게 그리 깊은 원한을 품었을까? 이 의문에 대해 명확하게 답을 내릴 수 없지만, 적어도 그 전부터 조조와 순욱 간의 관계에서 뭔가 문제의 소지가 계속 내연하고 있었다는 일면은 확인할 수 있다.

동승이 주살된 뒤, 복황후가 그 아버지 복완에게 편지를 보내 사공(조조)이 동승을 죽인 일에 관해 말하며 황제께서 바야흐로 원한을 갚아주기를 바란다고 하였다. 복완은 그 서신을 얻어 순욱에게 보여주었는데, (이를) 순욱이 혐오하면서 오랫동안 감추고 말하지 않았다. 복완이 처의 동생인 번보에게 보여주었는데, 번보가 그 사실을 조조에게 알려주었다. 조조가 은밀히 대비하였다. 순욱이 뒤에 그 일이 발각될 게 두려워서 스스로 내막을 밝히려고 사람을 업현으로 파견하여 조조에게 딸을 황제의 배필로 올릴 것을 권했다. 조조가 이렇게 말했다. "지금 조정에 복황후가 있으니 내 딸이 어찌 금상(황제를 의미)의 배필이 될 수 있겠소. 나는 공적이 기록되기에 미미하면서도 재상의 지위에 있으니 어찌 또 딸의 힘을 빌려서 권세를 누릴 수 있겠소?" 순욱이 말하였다. "복황후에게 자식이 없고 성정 또한 흉악하고 사악하며, 항상 그 아버지에게 편지를 써서 추악한 말을 하고 있습니다. 마땅히 이로 인하여 폐위할 만합니다." 조조가 이렇게 말했다. "그대는 왜 전에 그런 말을 하지 않았던 것이오?" 순욱이 겉으로 크게 놀라며 말했다. "전에 이미 공(조조)에게 그렇게 말한 적이 있습니다." 조조가 화가 나서 말했다. "이게 아무리 작은 일이라지만 내가 잊어버릴 리가 있겠소!" 순욱이 또 놀라 말했다. "자세히 생각해 보니 공에게 그러한 말을 한 적이 없습니다. 공이 관도에서 원소와 서로 대치할 때 안으로 돌아보시면서 걱정하시는 게 늘어날까 우려하여 그런 말을 할 수가 없었습니다." 조조가 다시 꾸짖듯이 말했다. "관도에서 일이 끝난 후에는 왜 그런 말을 하지 않았소?" 순욱은 아무런 말을 하지 않고 빠뜨린 것을 사죄할 뿐이었다. 조조가 이 일로 순욱에게 한을 품었으나 겉으로는 용서하는 척했기 때문에 세간에 알려지지 않은 것이다. 동소가 조조를 위공으로 세우려는 논의가 있을 때 순욱이 동의하지 않는다는 뜻을 표하며 조조에게 말하려 하였다. 군사들에게 음식을 보내 위로를 하도록 하라는 조칙이 내려지자 연회가 끝나기를 기다렸던 순욱은 뒤에 남아서 잠시 틈을 내 달라고 청하였다. 조조는 순욱이 봉사封事(위공에 오르는 일)에 관해 말하려는 줄 알고 모두 읍揖을 하고 물러가라 하여 결국 순욱은 아무 말도 할 수 없었다. 순욱이 수춘에서 사망하자 수춘에서 도망한 자가 손권에게 고해, 조조가 순욱으로 하여금 복황후를 시해하게 하였는데 그 말을 따르지 않고 자살하였다고 말했다. 손권이 이것을 촉에 알리니 유비가 듣고 말하였다. "늙은 도적(조조)이 죽지 않았으니 화란이 아직도 그치지 않는구나!"32) 《본전/

32) 배송지는 이 대목을 차용하면서도 그 신뢰성을 비판하였는데 특히, 순욱이 복황후의 일을 말하고자 업에 가서 조조에게 '전에 드렸던 말이다.'라며 모함하였다는 데에 대해 증거가 분명하지 않거니와 순욱의 언사가 낮추어 떠받드는 기색이 보이니 그 정서가 아주 비굴하다 하였다. 평범한 사람도 이와 같이 하지 않을 것인데 현철

배송지 주, 헌제춘추》

헌제의 동귀인과 그 부친 동승[33] 그 일족들이 조조를 제거하고자 정변을 기도했지만 사전에 발각되어 모두 주살된 바 있었다. 그 뒤 복황후는 참혹했던 이 일을 말하고 부친 복완과 더불어 조조를 주멸하고자 하였다. 복완은 순욱이 한조의 충신인 것을 알았기에, 순욱을 만나 복황후의 서신을 보여주며 순욱을 떠보았다. 순욱은 이 일을 꺼렸기에 조조에게 보고하지 않고 있다가, 복완의 일족 내부에서 조조에게 밀고를 하여 조조는 이미 대비를 하고 있었다. 순욱은 그제서야 자신에게도 문제가 생길까 염려되어 조조에게 복황후를 폐위시킬 것을 진언하였다.

조조에게 진언할 때의 순욱의 언행은 그의 평소 행동 양식과 비교할 때 너무 달라 의혹의 여지가 적지 않아 보인다. 그런 점을 감안하더라도 분명한 것은, 이 사건은 순욱과 조조 사이에 뭔가 깊은 갈등의 골이 만들어지는 단초가 되었다는 사실이다. 순욱과의 대화를 통해서 이미 상황 파악을 하게 된 조조는, 순욱이 두길보기[34]를 하고 있다고 의혹을 가진 데다 원한까지 품게 된 것이다.

이 일은 분명 순욱이 조조의 신뢰를 잃을 결정적인 사건으로 작용하였을 것으로 짐작된다. 결국 순욱은 한왕조에 대해 어떠한 선택을 하는 것이 좋은지 관망하고 있다가 오히려 자가당착에 빠진 셈이 된다. 이와 같은 사례는 그의 맹목적인 헌신이나 계산이 들어맞지 않은 행동

한 인사인 순욱이 어찌 그리 하겠느냐며 이는 군자(순욱을 의미)를 기망하려는 뜻이 많다고 혹평하였다.

33) 《삼국지연의》에서는 동승을 헌제 동귀비의 오빠라고 하였으나, 《후한서 복황후전》에 의하면, 동승은 동귀인의 부친이었다.

34) 일을 할 때 두 마음을 품고 이쪽저쪽으로 걸쳐 놓아서 제게 유리한 데로 붙으려고 살피는 짓을 말한다.

으로 인한 결과이며, 이는 내향적 사고형과 관련되는 단점을 그대로 드러내 준 것이라 하겠다.

총체적으로 보건대, 순욱은 뛰어난 가문 배경, 탁월한 재주, 그리고 훌륭한 인품을 지닌 천하의 재사였다. 왕좌지재로 촉망받던 그는 혼란스러웠던 천하의 한조를 바로잡을 뜻을 품고, 이를 실현시킬 영걸을 찾아 보필하겠다는 적극적인 행보를 취하였다. 순욱이 섬기게 된 영걸이 바로 조조였으니, 이러한 순욱의 행동은 스스로의 내향적 사고형의 특징이 발현된 일환이었다.

순욱은 자신의 능력을 힘껏 펼쳐 조조의 전략적 거점을 마련하게 하고, 이를 공고히 지킴으로써 조조가 점차 세력 확장을 꾀할 수 있게 기획하였다. 또한 조조의 진영에 많은 인재를 참여시키는 일이 매우 중요하다고 판단했기에, 천하의 재주와 명망 있는 선비 명사들을 두루 선발하고 천거하여 이들로 하여금 조조를 돕게 만들었다.

동탁, 이각, 곽사 등과 같은 권신權臣 때문에 고초를 겪던 후한 황제가 파천을 하는 상황에서, 순욱은 조조에게 앞장서서 황제를 맞이하여 봉대할 것을 설득하였다. 조조에 의한 '천자를 끼고 제후에 명하는(협천자 영제후)' 형세가 구축된 것은, 바로 순욱의 작품이었다. 이 때문에 조조는 주변의 군웅들이었던 여포, 장수, 원술, 원소 등을 토벌할 수 있는 명분과 정당성을 얻을 수 있었던 것이다. 게다가 조조가 원소에게 이길 수 있었던 것도, 군량의 부족함으로 내심 흔들리고 있던 조조를 설득하여 기회를 포착하게 한 순욱의 헌책이 실로 결정적인 역할을 하였다. 이처럼 조조가 중원과 하북의 최대판도를 제패하는 세력이 되기까지 순욱이 세운 혁혁한 공적은, 그의 성격유형에 부합되는 그 특징과 장점이 제대로 발현됨으로부터 비롯된 산물이라 할 수 있다.

그러나 순욱의 최후는 조조에게 내쳐짐으로써 허망한 자진으로 생이 마감되는 것이었다. 순욱이 가문의 배경과 재주, 품행 등 모든 것이 뛰어났지만 생애의 끝마무리가 잘 되지 못한 것은, 당초 그가 택한 조조와 언젠가부터 추구하던 길이 달라졌기 때문이다. 본래 후한 왕조의 부흥을 위해 충심으로 움직이던 순욱에 반해, 조조는 언제부터인가 새 왕조 창업을 염두에 두고 이와 관련된 행보를 취했던 것이다. 이 과정에서 조조를 택했던 순욱의 맹목적인 헌신과 구상이 점차 어긋나게 되면서 순욱은 비운의 최후를 맞이한 것이니, 이는 그의 성격유형과 결부된 그 단점으로부터 비롯된 결과라 할 수 있겠다.

모신 순욱의 남은 논의

04

조조의 모신 가운데 청류 사대부의 풍도가 뚜렷한 인물을 내세운다면, 단연 순욱과 순유를 들 수 있다. 두 사람은 유자儒者의 기품이 완연하기에, 사서에서 이 두 사람을 편제하여 이순二荀이라 칭한 것도, 그러한 평가에 기인한 것으로 볼 수 있다. 특히 유자로서의 면모가 순욱에게서 더 두드러지게 나타난다고 할 것이다.

이에 대해 진수는 평하여 말하기를

> 순욱은 인품이 청아하고 수려하였고, 학식에 통달하고 단아하여 제왕을 보필할 풍모를 지녔다. 그는 기민하게 헤아리고 먼저 식별하는 능력이 있었으나 그의 뜻을 충분히 살리지는 못하였다. (본전)

라고 하여, 순욱의 학식과 인품, 능력이 매우 뛰어났으나 한 왕실을 재건하고자 하는 그의 뜻을 살리지 못하였다고 보고 있다. 이에 순욱의 죽음을 애석해한 것이다. 연이어 현사賢士들을 추천하기를 좋아했던 순욱의 죽음에 대해 크게 애도했다.

그러나 배송지는 이 관점을 반박하면서, 그가 조조를 도와 중원과 하북을 통일하였기에 동한의 멸망을 연장시켰고, 다른 사람이 하지 못한 위대한 업적을 남겼다고 하였다. 이에 대해 배송지는 진수가 찬한

《삼국지 위서 순욱 순유 가후전》의 '평하여 말한다'에 주석을 달아

> 세상의 많은 논자들이 순욱이 위씨魏氏(조조)에게 협력했기 때문에 한 왕조가 무너지고 군주와 신하의 관계도 뒤바뀌게 되었다고 비판한다. 비록, 만년에 들어서 순욱의 태도가 바뀌기는 했지만, 천명天命의 이행을 구제할 방도를 찾지도 않았으며, 공적은 이미 도의에 어긋났으므로 식견에도 결함이 있었던 것이다. 이런 평가는 세상의 평판과 같은 논조를 취하고 있지만, 순욱의 위대한 면모를 제대로 파악하고 한 말이라고 보기는 어렵다. 순욱이 어찌 조조의 지기志氣를 알지 못했으며, 쇠락해 가는 한나라의 꼿꼿한 신하가 아니겠는가? 오히려 이 당시 왕도王道가 이미 쇠락했고 사악한 풍조가 극도에 달했으며, 영웅호걸이 호시탐탐 기회를 노리고 있으며 사람들마다 딴마음을 먹고 있었으니, 난세를 바로잡고 시세에 따른 계획을 세울 수 없었기에 한 왕조는 멸망에 빠지고 백성들도 진멸殄滅해 버리게 되었던 것이다. 과연 순욱과 같은 인물이 시대의 영웅을 보좌하여 기울어져 가는 나라의 운명을 바꿔놓으려 할 때, 선택할 수 있었던 인물이 조조가 아니면 그 누구이겠는가? 《본전/배송지주》

라고 하며, 순욱에 대한 진수의 평에 대하여 반론을 펴고 있다. 진수는 총체적으로 순욱을 높이 평가하면서 그의 돌연한 죽음을 아쉬워하였다면, 배송지는 당시의 시대상황에 초점을 맞추면서 순욱의 죽음이 적절하지 못했다는 논지를 펴고 있다. 한나라의 멸망을 역사적인 기정사실로 간주하고 있는 배송지의 역사 해석이라고 해야 할 것이다.

이어 순욱의 석연치 않은 죽음에 대해, 《자치통감》의 찬자인 사마광은 역사적 맥락과 연결시켜 평가를 내리고 있다.

공자가 인仁을 중하게 말씀하시며, (…) 유독 관중의 어짊만을 칭찬하였으니, 어찌 그가 제나라 환공을 도와 백성들을 크게 구제해서가 아니겠습니까? 제나라 환공의 행실은 개나 돼지와 같았지만 관중이 이를 부끄럽게 여기지 않고 그를 도운 것은, 그 뜻이 대개 환공이 아니면 살아있는 백성들을 구제할 수 없었기 때문입니다. 한나라 말에 크게 혼란하여 많은 산 사람들이 도탄에 빠졌으니, 자연히 세상에서 뛰어난 재주가 있는 자가 아니면 구제할 수 없었습니다. 그렇다면 순욱은 위무제(조조)를 버리고 장차 누구를 섬기려고 하였겠습니까? 제 환공 때는 주나라 왕실이 비록 쇠퇴했다 하나 아직은 건안의 초기와 같지는 않았습니다. 건안 초기에는 천하가 동요하고 온통 뒤집혀 한 치의 땅과 한 명의 백성도 모두 한나라의 소유가 아니었습니다. 순욱은 조조를 도와서 일어나게 하였고, 어진 사람을 천거하고 능력 있는 사람을 기용하였으며, 병졸을 훈련시키고 군대를 독려하였으며, 기회를 판단하고 계책을 내어서 사방을 정벌하여 이기게 하고, 드디어 약한 것을 강한 것으로 만들 수 있었고 어지러운 것을 변화시켜서 잘 다스리게 하며 천하를 열로 나눠 여덟을 갖게 하였으니, 그의 공훈이 어찌 관중보다 뒤지겠습니까? 관중은 자규[35]를 위해 죽지 않았지만, 그러나 순욱은 한나라 황실을 위해 죽었으니, 그의 어짊이 또다시 관중보다 앞서 있습니다. (…) 만일 조조를 황제로 만들려고 하였다면 순욱은 천명을 보좌하여 으뜸가는 공훈을 세우게 되어 소하와 마찬가지의 상을 받았을 것입니다. 그러나 순욱은 이것을 이롭게 생각하지 않고 자신의 몸을 죽여서 명예를 구하기를 탐냈다고 하였으니, 어찌 사람의 마음이라고 하겠습니까? 《자치통감 권66》

35) 춘추시대 제나라 환공의 형 양공襄公이다. 무도하여 노魯나라로 도망갔다가 뒤에 환공이 되는 아우 소백小白과 싸우다 죽었는데 관중은 본래 자규子糾의 신하였다.

라고 하였다.

이러한 사마광의 평가가 일면 타당성이 있는 것이라면, 비록 비극적인 최후를 마쳤다고 하나 순욱의 일생은 보람된 것이었다고 해야 할지 모른다. 그러나 순욱의 행적을 깎아내리는 사람도 있기 마련이다. 예컨대 두목36)은 순욱이 조조를 도운 일이 잘못이 아니라고 한다면37), 이를 비유하자면 도둑에게 담장에 구멍을 뚫어 궤짝을 빼내도록 가르치고는, 함께 끌어내지 않았다고 하여 도둑질을 하지 않았다고 하는 주장과 같다고 하였다. 역사를 평가하는 눈이 이렇게 다를 수 있는 것이다.

《후한서》의 범엽은 사론史論에서

순욱의 여러 치적이나 기획한 책략을 살펴보면, 모두 왕도를 받들고 국란의 구제에 힘썼으니 어찌 혼란을 틈탄 거짓의 인의를 내세워 간사한 음모에 영합했다고 말할 수 있겠는가? 순욱은 진심으로 인의를 소임으로 생각하며 혼란기에 백성의 고통을 완화시키려고 노력하였다. 동소의 아부적 제의를 거절하여 자신의 목숨을 잃었으니 어찌 운명이라 하겠는가! 세상에서는 순욱이 융통성이 없거나 아니면 지나치다고 평한다. 나는 보통 중간 이하의 현인이라면 입신과 처세에 완벽을 추구하지 못하고, 지략에서도 소홀한 부분이 있거나 시작은 있지만 끝을 맺지 못하니, 이런 결과를 가지고 사람을 비난할 수는 없다고 생각한다. (…) 이처럼 순욱은

36) 만당晩唐 때의 시인으로, 자는 목지牧之이고 호는 번천樊川이다. 두보杜甫를 대두大杜라고 한 데 반해 두목杜牧을 소두小杜라고 불렀다.

37) 두목은 이에 대해 '순욱이 위 무제 조조에게 연주를 빼앗으라고 권고하면서 그를 한 고조(유방)와 광무제(유수)에 비견하였고, 관도에서 허許 땅으로 돌아가지 않게 하면서 이를 초나라와 한나라에 비유하였지만, 사업이 이루어지고 공적이 완성되는 데에 이르러서는 한왕조시대에서 명예를 얻고자 하였으니, (…)'《자치통감 권66》라고 하였다.

인의가 없어 그렇게 한 것은 아니지만 (조조의 세력을 키워 준 것이 아니며) 전체를 거두려다가 잃은 것이 있을 뿐이며 그 공적을 다 성취하지도 않았다. 당시의 시운時運이 매우 험난하였으니 웅재雄才가 아니면 그 혼란을 구제할 수 없었을 것이며, (조조의) 공적이 크고 세력이 강하여 황기皇器(국가의 신기)가 그렇게 옮겨간 것이다. 또 시운이 그때는 그러했고 지금은 지금이니 같이 논할 수도 없는 것이다. 아마도 갈 데로 간 것이라 할 수 있으니 순욱의 자살도 결국은 살신성인의 뜻일 것이다. 《후한서》

범엽이 당시대의 역사적 상황의 맥락 속에서 순욱의 죽음이 던져주는 그 의미를 도출한 논지에서, 이에 대한 남은 논의의 쟁점은 어떠해야 할지를 후세 사람들에게 시사해 주고 있다고 하겠다.

배주에 인용된 《순욱별전》에 따르면, 순욱은 죽음이 다가오자 자신이 조조에게 바친 문서류를 모두 태워버려 그의 기발한 책략과 비책이 후대에 전해지지 못하고 소멸되었다고 한다. 그러나 순욱은 덕과 행동을 겸비한 인물로, 바른길이 아니면 마음을 움직이지 않았던 품격을 보였기에 그의 명성이 천하를 울려 그를 모범으로 삼지 않는 사람이 없었다.

순욱이 조조에게 추천한 인재 중 하나인 사마의는, 후에 순욱에게 다음과 같은 최고의 찬사를 보내기도 했다.

나는 책에 쓰인 것이나 먼 곳에서 일어난 일을 눈과 귀로 견문해 왔으나 백수십 년에 걸쳐서 순령군荀令君(순욱)에 미치는 현재賢才를 발견하지 못했다. 《본전/배주 순욱별전》

청류 사대부 출신이었던 사마의야말로 위나라 권신이 되어 궤계詭計

를 구사해, 조조의 위나라를 찬탈하는 기반을 닦았으며 진晉나라를 세우게 한 원조이다. 그 후 지하의 순욱은 이러한 역사의 전개를 과연 어떻게 보았을까?

제4장

유연함으로 드러내지 않고 패업비책을 제시하는 군사 순유

인물 순유의 삶의 궤적

01

1. 어려서부터 남달라 형주에 유거하다 조조 군사로 발탁되다

순유荀攸는 자가 공달公達이며 조조의 수많은 모신들 가운데 뛰어난 인물이다. 순욱에 이어 순유라고 할 만하다. 조조의 참모였던 순욱은 순유의 집안 당숙인데, 순유가 순욱보다 6살이 더 많지만 조카뻘이다. 순유의 조부 순담은 동한의 광릉태수로 관직에 있었으며. 순유는 어릴 적 고아가 되어 숙부 순구의 집에서 성장하였다.

하진이 정권을 잡은 뒤 해내의 명사名士 20여 명을 초빙하여 조정에 와서 임직하게 하였는데, 순유는 그중의 한 사람으로 황문시랑에 임명되었다. 이후 동탁이 권력을 잡고 천자폐립을 하는 등 국정을 농단하자, 이에 반발하여 관동의 제후들이 여러 주와 군에서 많은 군대를 일으켜서 동탁을 토벌하게 된다. 이에 동탁은 낙양을 불지르고 장안으로 수도를 옮겼다. 이때 순유는 의랑 정태, 하옹, 시중 충집, 월기교위 오경 등과 모의하여 동탁을 주살하려 하였다. 그러나 거사 직전에 발각되었고, 순유와 하옹은 체포되어 옥에 갇혔다. '하옹은 근심과 두려움 속에 자살하였으나, 순유는 말을 할 때나 음식을 먹을 때, 태연자약했다.'《삼국지 위서 순유전(이하 본전)》 때마침 폭정으로 백성들의 원성을 크게 사던 동탁이 주살되자 순유는 감옥에서 나와 풀려났고, 관직을 물러나게 되어 고향으로 돌아왔다.

후에 다시 공부[1]에 초빙되고 높은 직급으로 추천되어, 황자와 황제의 친척들의 봉지인 임성국(지금 산동성 제령현)상이 되었다. 순유는 임직하지 않고, 촉한의 지세가 험고하나 백성들이 부유한 촉군태수를 원하여 임명되었다. 그러나 길이 끊겨서 가지 못하고 형주에 머물러 있었다. 조조는 순욱의 추천으로 그의 조카인 순유를 징소[2]하여서 여남태수로 삼았다. 그리고 얼마 후 조정으로 불러들여 상서[3]로 임명했다.

조조는 이미 순유의 명성을 들은 바 있어 순유와 더불어 대화를 나눈 뒤, 그 이름이 헛되이 전해지지 않았다는 것을 알고 마음으로 매우 기뻐하였다, 순욱과 종요에게 '순유는 범상치 않은 인물이니, 내가 그와 더불어 일을 도모하면 천하에 무슨 근심이 있겠는가!'(본전)라 하였다. 그리고 순유를 군사[4]로 삼았다.

2. 줄곧 조조의 출정에 종군하며 뛰어난 계책을 제시하다

건안 3년(198년) 조조는 장수를 원정하였고 순유는 이를 수행하였다. 순유가 조조에게, "우리가 핍박하여 장수와 유표가 급박해지면 반드시 서로 돕는 형세를 이룰 것이다."(본전)라며, '공격을 늦추고 기다리거나 유인할 것'을 간하였다. 조조는 이를 듣지 않고 양현[5]까지 군사를

---

1) '공부公府'란 임금이 정사를 보는 곳이나 삼공의 관서를 이른다.
2) '징소徵召'란 황제가 인재를 발탁하기 위하여 불러 채용하는 것을 말한다. 조조는 황제가 아니지만 형식적으로 황제가 관장하는 중앙정부에서 부른 것이므로 징소라고 이른 것이다.
3) 상서는 소부에 속한 관리로 궁정 안에 기거하며 황제의 신변에서 조령이나 문서를 관장했다. 후한 시기가 되자 상서는 군왕의 뜻을 대신 발표할 정도의 근신으로 변했고, 그 부서가 궁정 안에 있었기에 상서대로 불렸으며, 상서의 수뇌는 상서령이었다.
4) 군사軍師는 삼국시대 삼공 및 상임장군 수하에 설치한 속관이며, 군의 작전계획을 수립하는 직책으로 막료와 비슷했다. 조조가 사공으로 있을 때, 그 속관으로 순유가 군사 직책을 맡았다고 하였다. 《삼국지연의 제14회》
5) 남양군 양현穰縣으로 지금 하남성 남양시 관할 등주시이다.

움직여 장수를 공격하였다. 그러나 장수가 위급해지자 순유의 말대로 유표가 장수를 구원하러 와, 조조군은 패배하게 되었다. 조조는 즉시 경무장한 병사를 갖추어 다시 기습작전으로 장수와 접전하여 크게 격파하였다.

같은 해 10월, 조조는 완성(지금 하남성 남양시)을 떠나 여포 세력의 근거지인 하비(지금 강소성 비현)로 향하였다. 여포는 스스로 군사를 거느리고 여러 차례 조조와 싸웠지만 모두 패배하자, 하비성으로 물러나 굳건히 성을 지키면서 감히 나오지 못했다. 조조는 참호를 파고 하비를 포위하여 연이어 공격하였지만, 성을 함락시키지는 못하였다. 계속 장기화되는 싸움에 병사들이 피로에 지쳐 있어, 조조는 이제 퇴각하려고 생각했다.[6]

그때 순유와 곽가는 조조에게, 여포가 기세를 회복하기 전에 또 진궁의 책모가 결정되기 전에 서둘러 공격하면 여포를 사로잡을 수 있다고 진언하였다. 조조는 마침내 이를 받아들여 기수와 사수[7]의 강물을 끌어들여 하비성에 물을 대었고, 후성, 송헌, 위속 등이 진궁과 고순을 체포하여 투항하자, 매우 곤궁해진 여포도 성을 내려와서 마침내 사로잡혔다.

3. 용의주도한 전략, 전술 관도대전 하북평정에 빛을 발하다

건안 5년(200년), 순유는 조조를 수행하여 북쪽으로 가서 유연을 구원하였다.[8] 순유는 조조에게, "병사를 서쪽 연진(지금 하남성 위휘시 동

---

6) 조조는 여포가 방어하는 하비성을 3개월이나 포위하고 있었다.

7) 사수泗水는 동남쪽으로 흘러서 하비현의 서쪽을 지나고, 기수沂水는 남쪽으로 흘러 역시 하비현의 서쪽을 지나 남쪽의 사수로 들어간다. 그래서 조조는 기수와 사수의 물을 끌어다가 하비성에 댄 것이다.

8) 같은 해 2월에 원소는 곽도, 순우경, 안량 등을 보내 동군태수 유연을 백마현白馬縣(동군의 속현)에서 공격케 하였다.

쪽)으로 향하여 물을 건너 그 뒤를 공격할 것처럼 하면, 원소가 반드시 그의 병사들을 분산하여 서쪽으로 가서 대응할 것입니다. 이에 경무장한 병사로 백마(지금 하남성 활현)를 기습하여 적이 대비하지 않았을 때 덮치라"(본전)고 진언한다. 이로 승기를 잡아 안량을 참수하였고 백마의 포위를 풀었으며, 그곳의 백성들은 황하를 따라 서쪽으로 이동하게 했다.

원소는 이 소식을 듣고 대군을 이끌고 여양(지금 하남성 준현)으로 와서 황하를 건너 추격하여, 밀려오는 적의 대군과 조조 군사가 마주치게 되었다. 여러 장수들이 모두 두려워하여 조조에게 치중[9]을 버리고 철수하여 군영을 지키자고 했다. 그러나 순유는, 이로써 적을 사로잡을 수 있게 될 것인데 어찌 치중을 버리느냐고 말하였다. 이에 조조는 순유를 바라보고 웃었다. 이어 이번에는 일부 치중을 버려 적병을 유인하자, 적들은 이를 차지하려고 다투었고 적의 진영은 자중지간의 혼란에 빠졌다. 조조는 즉시 보병과 기병을 출동시켜 이런 적을 대파하고, 그 와중에 원소군의 기병장수 문추의 목을 베었다.[10]

조조는 마침내 원소와 관도(지금 하남성 중모현 동북)에서 대치하였다. 군량미가 다 떨어져 갈 무렵, 순유가 조조에게 원소의 치중을 운반하는 장수 한맹이 날쌔지만 상대를 경시하는 인물이니 습격하여 격파할 것을 간하였다. 조조가 순유에게 누구를 보낼지를 묻자 서황을 추천하니, 조조는 서황과 사환을 보내 원소의 치중 물자를 불태웠다.

때마침 원소 진영의 모사 허유가 조조에게 투항하여 오소(지금 하남성 봉구현 서부)를 공격하라고 하니, 조조의 막료들은 이에 모두 의심을

---

9) 치중輜重은 무거운 군수물자를 나르는 수레이다. 여기서는 백마에서 서쪽으로 옮겨가는 치중을 말한다.

10) 호삼성은 "군대란 기세를 먹고 사는 데 기세를 빼앗기니 그 군대는 떨치지 못한다."고 하였다. 《자치통감 권63》

품었다. 오직 순유와 가후만이 허유의 계책을 받아들이라고 적극 권하였고, 조조가 이로 직접 군사를 거느리고 출정해서 원소의 군량기지인 오소를 불지르고 점령하였다.

건안 7년(202년) 순유는 조조를 따라 여양에서 원담과 원상을 토벌했다. 다음 해(203년) 조조가 마침 유표를 공격하며 서평(지금 하남성 서평현)에 진을 쳤을 때, 원담과 원상이 기주를 차지하려고 서로 싸웠다. 이에 원담은 신비를 조조에게 보내 투항하겠다며 구원해 주기를 요청하게 된다. 이에 순유는 "원씨는 기주, 청주, 유주, 병주 4주의 땅에 10만 대군을 가졌고, 원소는 관대하고 후하여 무리는 모았는데 만약 원씨 형제가 합하여 힘을 오로지 하게 되면 도모하기가 어렵다."(본전)며, 이때를 놓쳐서는 안 된다고 말하였다.

같은 해 10월 원상이 조조가 황하를 건넜다는 소식을 듣고, 평원(지금 산동성 평원현)에서의 포위를 풀고 업현(지금 하북성 임장현)을 구하기 위해 후퇴하였다. 조조는 원담이 속인다는 것을 알고 있었으나, 아들 조정에게 원담의 딸을 아내로 맞아들이게 하여 그를 편안하게 한다.

건안 9년(204년) 조조가 업성에서 17리 떨어진 부수(지금 하북성 남부 부양하)에 군영을 둔 원상을 격파하자, 업성이 붕괴되었다. 이에 원상은 고안(지금 하북성 역현)에 군영을 둔 원희를 좇았다. 이후 건안 10년(205년) 원담이 반기를 들자 조조는 자녀들의 혼사를 파기하였고, 순유는 조조의 대군을 수행하여 남피[11](지금 하남성 남피현)를 공격해서 깨뜨리고 원담을 참수하였다. 이렇게 순유는 조조의 출정을 수행하여 백마 관도에서 승리하고 이후, 원상, 원담 등 원씨 세력을 토벌하는 데 있어서 기발한 계책들을 제시하여 전승으로 이끄는 데 크게 기여하였다.

4. 엄정하고 외유내강한 모습으로 조위曹魏에 기여하다

11) 발해군渤海郡의 당시 치소인 남피현南皮縣으로, 지금 하남성 남피현이다.

조조는 기주를 평정한 뒤, "군사인 순유는 처음부터 신을 도와 정벌할 때 수행하지 않은 적이 없으며, 그간 적을 무찌른 성과는 모두 순유의 책모였습니다."(본전)라고, 헌제에게 표를 올려 순유는 능수정후에 봉해졌다.

건안 12년(207년) 조정은 영을 내려, 대대적으로 공로를 논하여 상을 주었다. 조조는, "문약(순욱)은 훌륭한 사람을 추천하면서 임용되지 않아도 추천을 쉬지 않았고, 공달(순유)은 사악한 자를 내보내라고 하면서 내보내지 않아도 지적을 그치지 않았다."《자치통감 권67》라고 하였다.

조조는 유성(지금 요녕서 흥성현)에서 귀환할 때 순유의 집을 지나게 되었는데, 조조는 전쟁 전후로 계책을 내면서 수고한 그의 공적에 대해 이렇게 말했다.

> **"지금 천하의 일은 대체로 이미 평정되었으니, 나는 현명한 사대부들과 그 열매를 누리도록 하겠소. 옛날 한 고조는 장량에게 봉읍 3만 호를 스스로 선택하게 했으니, 이제 나 역시 그대가 스스로 봉읍을 선택하도록 하겠소."《본전/배주 위서》**

이는 조조가 순유를 마치 한 고조가 장량을 대하듯 했다는 것을 알 수 있게 해주는 대목이다.

순유는 식읍 400호를 늘려 받아 모두 700호가 되었고, 벼슬을 옮겨 중군사가 되었다. 그리고 위국魏國이 처음 세워졌을 때 상서령으로 임명되었다. 순유는 사람이 매우 엄하고 철저하여, 한 번도 공이 있다고 내세우지 않고 모든 공을 조조에게 돌렸다. 순유는 생각이 깊고 치밀하며 지혜와 방책이 있어 조조를 수행하여 정벌하러 가면서, 항상 장막帳幕 속에서 계책을 모의하였다. 그리하였으므로 당시 사람들과 그 집안의 자제들도 그가 말하는 내용을 알지 못하게, 대단히 은밀하고 자신을 지키는 외유내강의 용의주도한 면모를 지녔다.

당시 조비는 동궁에 있었는데 조조가 조비에게 “순유는 모든 사람의 사표師表이니, 너는 마땅히 온 힘을 다하고 예의를 다해 그분을 공경해야 한다.”(본전)고 하였으며, 순유가 병에 걸린 때에는 태자(조비)가 문병을 가 침상 아래에서 혼자 절하여 예를 표하였으니, 순유가 존경과 특별한 대우를 받음이 이 정도였다.

또한 순유는 종요와 절친하였다. 종요는 “나는 매번 하려고 하는 것이 있을 때, 되풀이하여 생각하며 스스로 바꿀 만한 것이 없다고 말하는데, 순유에게 자문을 구하면 다른 사람의 생각을 뛰어넘는 것이 문득 발견되곤 한다.”(본전)고 하였으니 순유가 얼마나 지혜로운 인물인지를 뚜렷하게 알 수 있게 해 준다.

건안 19년(214년), 순유는 조조를 수행하여 손권을 정벌하러 가는 도중에 죽었으며 그때 그의 나이 오십팔 세였다. 배주에 인용된 《위서》에 실린 조조의 명령에서 말했다.

“나와 순공달(순유)은 같이 천하를 떠돈 것이 20여 년이었는데 그는 조금도 어긋났던 적이 없었노라.” 또 말했다. “순유는 진실로 현인이었다. 이른바 온화하고 선량하고 공손하며 검약하고 겸양하여 그것을 얻은 자였다.”[12] 공자가 안평중(안영)은 다른 사람과 잘 사귀는 자이니 오래도록 공경을 받았다.[13]고 칭찬하였는데,

12) 《논어》「학이」 1장 10편에, 자금이 자공에게 물었다. “공자께서는 한나라에 가면 꼭 그 나라의 정치에 관한 이야기를 들으셨는데 그것은 공자께서 그 나라의 정치에 관하여 듣기를 요구하신 것입니까? 그렇지 않으면 그 나라가 스스로 공자께 그것을 들려드린 것입니까?” 자공이 말하였다. “공자께서는 온화하고 선량하고 공손하고 검약하고 겸양함으로써 그 나라의 정치에 관한 이야기를 얻어들으신 것이다. 공자께서 요구하시는 방법은 아마 다른 사람이 요구하는 방법과 다를 것이다.”

13) 《논어》 제5편 「공야장」에 공자께서 말씀하셨다. “안평중은 다른 사람과 사귀기를 잘하여 오래되어도 사람들을 함부로 대하지 않고 존경하였다.”

순공달이 바로 그러한 사람이었다.《본전/배송지 주, 위서》

조조는 순유를 그리워했고 그에 대해 말하며 애달파 눈물을 줄줄 흘렸다. 조조는 추모하면서 "두 순씨의 상서령[14]은 사람을 평가하는 것이 시간이 오래 가면 갈수록 더욱 믿음이 가도록 하였으니, 내가 죽어도 잊지 못할 것이다."《자치통감 권67》라고 하였다.

순유의 장남 순집은 순유를 닮은 기풍을 지니고 있었으나, 일찍 죽었다. 차자 순적이 후사를 이었는데, 아들이 없어 대가 끊겼다. 황초 연간 순유의 손자 순표를 능수정후에 봉했으며, 식읍 300호였는데 뒤에 구양정후로 옮겨 봉했다. 정시 연간(240－248년)에 순유를 경후로 봉했다.

14) 이순[二荀]은 순욱과 순유를 가리키는데 순욱은 한나라의 상서령이었고, 순유는 위나라의 상서령이었다.

02 지모로 패업을 추구한 기품 있는 책사

사상 가치성향을 통해 인물 순유를 살펴보면, 그는 영천 순씨라는 명문세가 출신으로 유가적 소양에 품행이 훌륭한 청류 사대부였다. 이 때문에 그는 가문의 당숙이 되는 순욱과 더불어 조조 휘하에서 학덕을 겸비한 지사이면서도, 순욱과는 다른 처신에도 능한 모습을 보여 조조의 신임을 받은 모사였다. 배주에 인용된 《부자》에 의하면 조조는 순욱과 순유를 비교하면서, '선善으로 나아가는 자'와 '악惡을 물리치는 자'로 구분하여[15] 두 사람을 대비해서 기술한다. 이 비교는 순유를 드러내는 데 매우 중요한 준거가 될 수 있다. 또한 순욱의 아들인 순찬은 자신의 부친과 순유를 비교하면서, 부친의 고지식함과 순유의 융통성을 대비한 적이 있다.[16] 이러한 면에서 순유의 사상 가치성향을 파악하려면 그에 대해 순욱과의 비교평가를 기준으로 놓고 출발할 필요가 있을 것이다.

두 사람에 대한 비교평가의 경우, 대략 일치하는 하나의 경향이 드러난다. 그것은 바로 선과 악, 인과 지, 고지식함과 융통성 사이에는, 원칙을 중시하는 인간형과 시중時中의 처세술을 보이는 인간형의 뚜렷

15) (본전) 배주에 인용된 부현의 《부자》에서 "… 조조가 '순욱은 선善으로 나아감에 쉼 없었으며, 순유는 악惡을 물리침에 멈추지 않았다'고 하였다."

16) 본서 제3장, 치세의 한실로 버팀목 세우려다 꺾이고 만 비운의 지사 순욱, 주 21) 《본전/배송지 주 진양추》 참조.

한 구별이 있다는 점이다. 이는 두 사람에 관한 당대인들의 평가가 일치한다는 사실에서도 분명히 확인될 수 있다. 따라서 부현이 언급한, '순유는 악을 물리치는 데 멈춤이 없었다'는 묘사를 그의 지략과 융통성이라는 측면에서 비교하면, 그의 사상 가치성향을 이해하는 데 상당한 단서를 얻을 수 있을 것이다.

일찍이 어린 시절부터 순유는 처세에 남다른 재주를 보였으며, 그와 관련된 예화들이 많이 존재할 정도였다. 이런저런 예화들은, 어린 시절에 그는 벌써 심모원려深謀遠慮한 자질을 드러냈음을 은연중에 말해주고 있다. 이런 순유의 어릴 때부터의 자질은, 장성하여 유연함으로, '장막 속에서 비책을 제시하는 군사'로서의 그의 정치 역정에서도 그대로 발현된다.

순유의 이러한 자질을 조조는 늘 인지하고 있었던 듯, 항상 순유를 일컬어 이렇게 말했다.

> **공달(순유)은 겉모양은 어리석어 보이지만 내면은 지혜롭고, 겉으로는 겁이 많은 것 같으나 속으로는 용감하며, 겉으로는 약해 보이지만 속으로는 강하며, 그는 자신의 장점을 드러내려 하지 않고 수고를 내세우지도 않소. 그의 지혜는 도달할 수 있지만, 겉으로 우둔한 척하는 지혜에는 따라갈 수 없으니 비록 안자[17]나 영무[18]조차도 순유를 능가할 수 없소. (본전)**

---

17) 안자顏子는 춘추시대 말 노魯나라 사람 안회顏回로 자가 자연子淵이다. 안연顏淵으로도 불리는데 그는 가난하고 불우한 생활에도 오로지 연구와 수덕에만 전념하여 공자가 가장 사랑하는 겸허한 구도자의 상징이 되었다.

18) 춘추시대 위衛나라 사람으로 영무甯武는 이름이 영유甯俞이며 영무자는 시호로, 《논어》에서 공자께서 "영무자는 나라에 도가 있으면 지혜롭게 행동하고 나라에 도가 없으면 어리석게 굴었다. 그의 지혜로움은 따라갈 수가 있지만 그의 어리석음은 따라갈 수 없다"고 말씀하였다.

순유가 관직에 출사하던 초기 시절, 순유와 대비될 수 있는 인물 가운데 인물품평가로 유명한 명사 하옹을 들 수 있다. 배주에 인용된《한기》에 따르면, 하옹은 청류의 지도자급인 진번, 이응과 교제하였고, 조조, 순욱, 원소 등 신진 사류들과도 폭넓은 교유를 가졌던 인물이다. 그렇기에 교현과 더불어 조조의 인물용적을 일찍부터 알아보고, 유명한 그에 대한 인물 품평을 남길 수 있었던 것이다.

이렇게 탁월한 인물이었지만 하옹에게는 두드러진 단점이 하나 엿보이는데, 이는 바로 고지식하다는 것이다. 그는 여러 사람들과 널리 교유하면서도 정작 원술을 멀리해 원망을 듣는다든지, 후일 동탁 암살에 실패하자 감옥에서 자결하고 마는 것이 그 일례이다. 반면에 순유는, 하옹과 동탁 암살의 밀모를 꾀하다 체포되었지만, 태연자약하게 때를 기다렸고 끝내 살아나올 수 있었다. 이는 순유가 대담성을 보일 정도로 세속의 삶에 대한 혜안이 남달랐음을 방증해 주는 것이라 하겠다.

순유는 촉한의 지세가 험준하고 굳세며 백성들도 풍부하고 많았으므로, 촉군태수가 되기를 원해 임명되었으나, 길이 끊어져 부임하지 못하고 형주에 머물렀다. 조조는 천자를 영접하여 도읍을 허현에 정한 후에 순유에게 편지를 보내 말했다. "지금 천하가 크게 혼란하여 지모가 있는 선비가 마음을 수고롭게 해야 할 시기이거늘, 그대는 형주에 머무르면서 촉군의 변란을 관망하고 있으니, 너무 오래 그렇게 하고 있는 것이 아니오?"라며, 조조는 순유를 불러 여남태수로 삼았고, 얼마 후에 조정으로 불러들여 상서로 임명했다. (본전)

동탁 주살에 대한 밀모가 실패로 돌아간 후 동탁이 그 수하였던 여포에게 피살되면서, 투옥되었던 순유는 석방될 수 있었다. 순유는 관직을 사퇴하고 고향에 남아 있었으면서, 공부에 벽소되고 임성국상에 임명되었지만, 그는 벼슬길에 나아가질 않았다. 다만 그는 서촉의 지리적, 물적 이점을 염두에 두고, 그곳의 태수가 되길 원해 그 지역으로 향했지만,[19] 길이 끊어진 관계로 형주에 머무르고 있었다. 순유는 장차 도래할 난세를 예견하고는, 미리 변란의 화를 피하고자 계획 중이었다. 때마침 헌제를 봉대하는 데 성공한 조조가 순유를 부르자, 순유는 자신의 계획을 철회하고 조조를 섬기게 된다.

순유는 그의 당숙인 순욱과 더불어 조조의 진영에 합류하면서도, 어느 정도 각자 다른 길을 걸었다. 순욱이 주로 인사와 정책에 참여하여 공헌한 것과 달리, 순유는 조조에게 적절한 모책을 주고 기여하여 크게 인정을 받았다.

이러한 두 당숙질 간의 결정적 차이는, 바로 조조를 위국공으로 올리고 구석을 부여한다는 논의에 대해, 당시 확연하게 다른 길을 걸었던 점에서도 엿볼 수 있다. 당시기 약 2백 년 전, 전한 말에 왕망이 구석을 받고 선양의 형식을 빌어 제위를 찬탈하고만 선례가 있어 "그럴 리가 없다"며, 순욱은 철저하게 조조라는 권신權臣이 장악한 세력으로 드리워진 한조의 현실을 부정한다.

순유는 이와 달리 당시 동소가 주도한 서명에 이름을 올리며, 조조가 국공의 작위에 오르는 것을 사실상 받아들인다. 그것은 좁은 의미에서 보면, 순유는 개창의 기틀을 이루는 데 동조하는 행보라고 볼 수도 있는 일이겠지만, 넓은 의미로 보면 후한말 청류 사대부에 만연한

19) 순유가 원했던 행보를 펼친 사람으로 유언劉焉을 꼽을 수 있다. 《삼국지 촉서 유언전》을 살펴보면 유언은 당초 세상의 혼란을 피하고자 교지목이 되길 희망하였지만 동부라는 인물이 사사로이 유언에게 익주에 천자의 기운이 있다고 진언하자 이때부터 유언은 익주를 마음에 두었다. 당시 익주자사였던 극검郤儉의 학정으로 인해 백성들의 원성이 널리 퍼지자 유언은 이 기회를 이용해 자신이 익주목이 되는 계획을 실현시켰고 아울러 동부 역시 유언을 따라 익주로 들어갔다.

왕조 교체의 필요성을 그는 일찍부터 인지했다는 뜻이기도 하다. 물론 순유 자신도 혁신적인 수준의 커다란 변혁만이 이 혼란을 극복할 수 있는 길이라는 정치노선을 분명히 함께했다고 볼 수가 있다. 이 흐름을 거부하고 한실의 치세를 바로 세우는 버팀목으로의 조조를 놓지 않다 꺾이고 만 순욱과 달리, 이로 순유는 좀 더 오래 조조 진영에서 중용을 받을 수 있었던 연유이기도 했다.

국공봉작과 구석부여 사건에서 나타난 두 순씨의 이러한 인식 차이는, 순욱과 순유 두 사람의 정치적 성향을 통해 서로 달랐던 사상 가치성향을 설명할 수 있는 단서가 된다. 이는 모신의 우두머리라 할 조조 세력 구축의 최고의 공신이라 할 순욱 한 사람을, 죽음에 이르게 할 정도로 극적인 사건이었다. 여기에서 나타난 두 순씨의 뚜렷한 차이는 '선으로 나아가는' 것과 '악을 물리치는' 것으로 묘사된 《배주》에 인용된 《부자》에서, 조조의 두 사람에 대한 평가의 의미를 꿰뚫어 볼 수 있도록 해 준다. 이때 조조가 말한 선과 악은, 사태 인식에 대한 절대적 기준과 상대적 기준의 차이로 설명될 수 있다.

순욱은 국공의 작위에 올라 구석을 받들게 됨으로써, 조조가 받을 찬탈하리라는 역사의 오명을 스스로를 던져 막으려 했다. 그러나, 순유는 그 자리를 통해 이루어질 힘의 재편과 쏠림을 통해 이는 거부하기 어려운 혁신의 원동력으로 확신했던 것이다. 실제로 위국魏國이라는 옥상옥屋上屋은, 직접 바로 왕조를 교체하는 것으로 인한 충격을 완화하고 정당성 확보의 시간을 벌어주었다는, 과도정치로 볼 수 있다.

우선 순욱의 '선'은, 왕조 교체에 대한 부정적 인식을 자신의 절대적 기준에 맞춰 분명하게 보여준다. 후한 왕조의 재흥이 목표였던 순욱은, 평소 한실의 버팀목으로 여긴 조조의 본의가 난세를 바로잡으려는 데 있다고 말하며, 조조의 국공의 작위에 오르려는 데 대해 반대의견을 표명한 것이다. 이는 순욱 자신의 의지를 조조의 행동 노선에 투영한 것이라 할 수 있다. 그래서 순욱은 조조의 중요한 정치적 고비 때마다 조조의 뜻을 분명하게 드러내도록 촉구해왔던 것이다.

그중 특히 당시 세력판도로 볼 때 헌제 봉대가 용이한 상황이 아닌데도, 순욱은 버팀목인 조조에 의해서 이의 실현이 이루어지기를 바랐던 것이다. 자신도 이를 뒷받침하려고 상서대의 장관이라 할 상서령에 올라 국정을 장악해 나가게 된다. 이러한 권력 이동의 절차는, 순욱으로 하여금, 치세의 한왕조를 향한 버팀목으로 조조의 역할을 더욱 확신하는 계기가 되었다.

그러했기에 동소의 조조를 국공의 작위에 오르게 하려는 발의에 대해서도, 순욱 자신의 관점이 투영된 '조조의 뜻'을 내세워 반대할 수 있었던 것이었다. 바로 이 '일관성'은 순욱의 절대적 가치를 아주 분명하게 보여주는 것의 다름 아니다. 어떤 사람의 내재적인 의지에 논리적인 일관성이 있다는 것은 곧, 외연화되는 그 행위의 필연성을 확신하는 것이기 때문이다. 순욱은 제왕을 보좌하는 재주로서 영걸을 도와 한실漢室을 다시 일으키는 바를 자신의 임무로 삼았다. 그러므로, 그의 '선으로 나아감' 역시 이 한조 재흥의 완수와 황실의 복권에 있었다고 볼 수 있다.

그러나 순유는 순욱과는 달리, '악을 물리침'은 처음부터 한실재흥에 주조적 가치를 두었다고 보기에는 의문이 들 수밖에 없게 한다. 조조를 섬기기 전에 익주로 들어가 웅거하려던 그의 행보도 그러하다. 또한 조조가 새로운 세상을 열 역량이 있는 인물임을 알아보고, 그의 부름이 있자 당초 순유가 갖고 있던 계획, 즉 변란을 피해 기회를 살피려던 생각을 접고 흔쾌히 조조의 휘하에 들어갔던 점이 더욱 그러하다. 그렇기 때문에 순유는 조조와의 관계에서 헌책과 같은 활약을 통해 자신의 위치를 구상하고 입지를 차근차근 다져나간 인물로 볼 수 있다.

순욱이 죽음에 임박해서 자신이 그동안 기록했던 책략들을 본인 스스로 모두 불태웠다. 그와 달리, 순유는 자신이 마련한 열두 조목의 책략을 자기 주변의 누군가는 알 수 있게 남기려 했다는 점은, 그 사상 가치성향을 판단할 좋은 지표가 된다. 여기에서 우리는, 순유는 자신과 친분이 깊으면서 조조에게 신뢰받는 인물 가운데 한 사람이었던 종요를 통하여, 자신이 마련한 책략을 전수하려는 의지가 있었음을 다분히 엿볼 수 있게 한다. 이 점은 후대에 아무것도 전하지 않겠다는 순욱의 의도와는 명백히 다르며, 이 일화는 다른 그 어떤 사례보다 순유의 현실인식을 명확하게 보여주는 것이라 할 것이다. 순유는 순욱과 달리 한실에 더 이상 기대를 하지 않았고, 오히려 새로운 변혁의 여명을 꿈꾸었을 것이란 점에서 그러하다.

당시 한실 재흥보다는 새로운 시대도래에 대한 기대는 청류, 그중에서도 신진 사류들에게는 일반적인 경향이었다. 당시 참위설[20]이나 이를 해석하는 움직임이 의외로 잦았던 점을 보더라도 그들의 인식 저변에는 한나라를 대신할 새로운 세력의 등장을 기대하는 분위기가 어느 정도 깔려 있었음을 알 수 있게 한다. 게다가 조조가 천자를 봉대하면서 이미 조조를 중심으로 권력이 재편되는 새로운 세력에 대한 기대감이 팽배한 데 더하여, 순유는 조조를 새로운 시대를 열 대안으로 충분히 고려하고 있었으리라 여겨진다. 그렇기 때문에 순유는 순욱처럼 성심을 다해 조조를 섬기면서도 한편으로는 후대를 위한 구체적인 책략을 준비했던 것이 아닌가 한다. 그러기에 조조의 본심이 무엇인지 알게 되었음에도 불구하고, 순유는 순욱과는 달리, 심혈을 기울여 만들어 둔 자신의 책략이 빛을 보게 될 여지는 남겨 두었던 것이다.

20) 참위설讖緯說은 음양오행설에 바탕을 두어 천재지변이나 위서에 의하여 운명을 예측하는 것으로, 진대秦代에 일어나 한대漢代 말엽에 성행하였다.

과감하면서도 합리적인 성격으로 대업을 주도했던 전략가

03

순유는 어릴 적부터 뛰어난 판단력을 지니고 있었으면서도, 이를 섣불리 밝히지 않고 늘상 타인에게 맞추어 행동을 하였다. 이후 순유가 하진의 초빙에 의해 조정에 출사한 뒤[21] 영제가 죽고 소제가 등극하면서, 하진은 은밀히 환관들을 제거하고자 세력을 구축해 나가는 행보를 보인다.[22] 그러나 하진이 죽임을 당하고 동탁이 권력을 잡고 도읍

---

21) 물론 순유가 출사出仕하게 되는 계기는 당시 품행과 학식을 지닌 저명한 영천순씨라는 명가 출신의 자제라는 점이 가장 큰 비중을 차지했을 것으로 여겨진다. 그런데 (본전)을 살펴보면 순유는 순욱처럼 효렴을 거친 것이 아니라 처음부터 하진의 초빙으로 황문시랑에 임명되었던 것으로 나타나고 있다. 이러한 하진의 초빙은 흔히 징소나 벽소로 볼 수 있는데 당시 인사선발에 있어서 가문의 배경을 고려하는 효렴이라는 향거리선제가 일반적인 방법인 반면에 징소나 벽소는 개인의 명망, 영향력 등을 고려한 특수한 방법이었다. 통상적으로 효렴에 선발되면 의랑으로 있다가 지방의 현령이나 현장 등과 같은 지방관에 취임하였는데 징소나 벽소로 선발되면, 자사, 태수, 도위 등에 의해 벽소된 것을 제외하고는 처음부터 중앙조정의 관직에 제수되었다. 순유가 하진의 초빙에 의해 첫 관직 생활을 했던 것을 보면 그는 자신의 가문의 배경뿐만 아니라 본인의 명성이 이미 주군州郡 일대를 뛰어넘을 정도로 자자했음을 짐작할 수 있게 한다.

22) 당초 영제는 태자를 두지 않았기에 군신들이 영제에게 후사를 정하기를 주청하였다. 그러나 영제는 황자 가운데 맏이인 유변劉辯(훗날 소제)이 경박하고 위의가 없어 황제가 되기 부족하다 여겼으나 유변이 하태후 소생인데다 대장군 하진이 나라 안팎에 권세가 무겁기 때문에 오랫동안 태자를 세우는 일을 결단하지 못했다. 그러다 영제가 병상에 누우면서 상황이 위중해지자 영제는 자신이 본래 염두에 두던 황자 유협劉協(훗날 헌제)에 관한 후사의 일을 당시 상군교위로서 금군을 지휘하고

을 장안으로 옮기자 이에 반발하며, 이들은 "동탁의 무도함은 걸주[23] 보다도 심하여 천하 사람이 모두 그를 원망합니다."(본전)라고 하였다. 또한 실제로 순유는, 의랑 정태, 장사 하옹, 시중 충집, 월기교위 오경 등과 동탁을 주살하고, 천자의 명령을 보좌하려고 모의하는 등 상당히 과감한 행동을 취하기도 하였다.

그러나 순유는 당숙인 순욱과 난세를 바로 잡으려는 같은 뜻을 품었음에도 불구하고, 기실 그들은 차이가 있었다. 순욱은 어찌 보면 한실 재흥이라는 자신의 뜻을 관철시키려 조조를 버팀목으로 삼다가, 조조의 미움을 사 결국 죽게 되는 데 반해, 순유는 조조의 속내를 알아채고 그에 대해 유연하고 융통성 있는 처세를 보인 것이다. 이에 조조는 순유에 대해, '내면은 지혜롭고, 속으로는 용감하며 강하고, 자신의 장점을 드러내지 않고, 공적에 기대는 인물이 아니라'고 하며, 순유를 매우 높이 여겼다.

이런 모습에서 순유는 외향형에 가까운 태도를 보이고 있다. 외향형은 늘 객체에 맞추고 객체에 부합되는 방향으로 행동하고 판단해 가는 경향이 강한 특징이 있다. 순유의 경우 어릴 적의 숙부 순구와의 일화, 그리고 순유와 주유한 지 20여 년에 걸친 조조의 그에 대한 평에서도

있던 십상시 건석에게 맡기게 된다. 영제가 붕어한 후 탁고의 명을 받은 건석은 조정 내부에 있었기 때문에 밖에 있던 하진이 입궁할 때 기회를 틈타 하진을 주살한 후 유협을 황제로 옹립하고자 하였다. 그러나 건석의 수하로 있던 반은이란 자가 하진에게 이 계획을 누설하면서 건석의 계획은 수포로 돌아갔다. 자신의 계책이 성사되지 않자 건석은 부득이 하태후로 하여금 조정에 친림케 하며, 하진을 보정대신, 녹상서사로 삼아 태부 원외와 더불어 조정을 보필케 했다. 조정에 집권한 하진은 평소 환관이 나라에 해악이라 여긴데다 전에 건석이 자신을 도모하려 한 것에 대해 분노하여 은밀히 환관들을 제거하고자 하였다. 이러한 거사를 도모하고자 하진은 지모로 이름난 명사 20여 명을 초빙하여 자신을 보좌하게 한 것으로 보이는데 이때 봉기, 정태, 하옹, 화흠 등 명사들을 비롯하여 순유가 참여했다. 이러한 일련의 상황들은 《후한서 하진전》에 기술되어 있다.

23) 하[夏]나라 마지막 왕인 걸왕과 은[殷]나라 마지막 왕인 주왕으로 황음무도한 대표적인 폭군이다.

볼 수 있듯이, 순유는 타인을 먼저 생각하고 타인을 거스르지 않게 행동했던 점에서 외향형에 가까운 인물이라 할 수 있다.

조조 휘하에서 순유는 여러 차례 객관적인 사실에 근거하여 계책을 진언하였다. 조조가 장수를 공격할 때는, 그를 핍박하면 유표와 돕는 형세를 이룰 것이니 섣불리 공격하지 말 것을, 여포를 공격할 때는 이와 달리, 그가 기력을 아직 회복하지 않았고 진궁의 계책도 아직 정해지지 않았으니 신속한 공격을 취하라고 하였다. 이와 같이 장수나 여포에 대한 경우는 모두, 순유가 상황을 제대로 파악하여 이에 부합되는 적실성 있는 계책을 제시한 사례라 할 수 있을 것이다.

원소와의 관도대전에서 허유의 투항과 뒤이은 장합, 고람의 투항에 대해, 조조 진영의 많은 장수들은 이를 의심하였다. 그러나 순유는 당시의 정황을 정확히 파악하여, '그들이 올리는 계책이 원소에 의해 받아들여지지 않아 자중지란이 되어 우리에게로 투항하여 오는 것인데 무엇을 의심하는가'라며, 이를 받아들일 것을 조조에게 직간하였다.

이런 사례들에서 순유는 전쟁의 여러 상황 속에서 자신만의 판단기준을 가지고 의견을 개진하고 있다. 여기에서 순유는, 주어진 관념 내용을 그 고유의 법칙에 따라 서로 연관시키는 정신 기능이 추동하는, 사고형에 가까운 태도를 보이고 있다. 특히 그 판단 기준이 주관적인 무의식적 원천에서 주어지는 내향적 사고의 성향이 아니라, 전쟁터에서 맞닥뜨린 상대의 여러 감관을 통한 지각으로써 전달되는 객관적 상황을 토대로 내린 판단이라는 점에서, 순유는 외향적 사고에 가까운 특징을 지닌 인물로 볼 수 있다.

이상을 토대로 보았을 때 순유를 성격유형으로 그 인물형을 논한다면, 외향적 사고형이라 평할 수 있다. 외향적 사고형의 특징은 첫째로 현실상황에 대한 판단능력이 뛰어나고 논리적이며, 둘째로 설득력이 뛰어나고 호전적인 기질이 있어 강인하고 냉정하며, 원리원칙을 중요하게 생각한다.

1. 속도전과 지구전 · 양동작전 구사하는 상황판단능력, 강한 설득력에 융통성을 겸비한 그의 특징 돋보여

이 외향적 사고형의 특징을 순유에게 적용시켜 보면, 현실상황에 대한 뛰어난 판단능력은 그야말로 그의 전 생애에 걸쳐 긍정적 기능으로써의 역할을 톡톡히 발현해 주고 있다. 이는 그가 성인이기 이전 시절부터 벌써 그 자질을 충분히 보여주기 시작했다고 해도 지나친 말이 아니다.

조부 순담은 (동한의) 광릉태수를 지냈다. 순유는 어렸을 때, 부친을 여의었다. 조부 순담이 세상을 떠나자, 순담의 옛 부하 관리였던 장권이 순담의 묘를 지키기를 원했다. 이때 순유의 나이 열세 살이었으나, 이를 이상히 여겨 숙부인 순구에게 물었다. "저 관리는 얼굴빛이 보통 사람과 다르니 아마도 간사한 일을 꾸미고 있을 것입니다." 순구가 깨달은 바 있어 곧 다그쳐 물어보니, 과연 그는 살인을 하고 도망친 자였다. 이 일이 있고 난 뒤 (순구)는 순유를 다르게 보았다. (본전)

순유가 칠팔 세 때, 순구가 일찍이 술에 취해 잘못하여 순유의 귀를 다치게 하한 일이 있었다고 한다. 이후로 순유는 집을 드나들며 놀러 다닐 때 항상 순구를 피하고 (귀를) 가려 그가 보지 못하게 하려고 했다. 순구가 뒤에 그 얘기를 듣고 (순유가) 이같이 조숙하여 지혜로운 데 놀랐다.《본전/배송지 주, 위서》

순유의 성인기 이르기 이전 시절에서 볼 수 있는 그의 현실 상황에 대한 판단능력은, 숙부인 순구와 주로 관련되어 있는 사건으로 압축될 수 있다. (본전)에서 드러난 대목에서 볼 때, 장권은 순유의 조부 순담의 고리로 짐작할 수 있다. 그러한 신분의 장권이 거주·부주라 할 순담의 묘를 지키길 원했다는 것은, 당시 시대상황에 비추어 볼 때, 충분히 가능할 법한 일이었다.[24] 그런데도 순유는 어떠한 낌새에 대한 판단으로 장권의 행동거지를 이상히 여겼고 그러한 자신의 생각을 순구에게 말했다. 순유의 말을 그냥 넘기지 않은 순구는 결국 장권이 살인을 한 도망자 신분임을 밝혀내게 되었다. 성인이었던 순구조차도 별다른 의심을 하지 않았는데, 정작 나이 어린 순유는 고리관계라는 그 사실에만 주목하지 않고 장권의 얼굴빛을 보고 그의 신상이 평범하지 않다고 판단한 것이다.[25]

이 일로 인해 순구는 아직 나이 어린 조카 순유를 남다르게 보았다. (본전)과 배주에 인용된《위서》의 내용 역시 (본전)과 비슷한 맥락을 보여준다. 순구의 취중 실수로 인해 순유는 자신의 귀를 다쳤음에도 정작 이에 대해 숙부 순구에게 화를 낸다거나 투정을 부리지도 않았

---

24) 시묘[侍墓]를 하겠다는 의미라면 고리가 거주 부주의 시묘살이를 하는 경우가 있었으므로 이상할 것은 아니다. 그러나 만약 묘지기를 의미하는 것이라면 맥락은 달라진다. 장권이 명망 높은 영천 순씨 가문의 고리라면 그 역시 본인의 출신 군현의 호족 자제이거나 학식과 명망 있는 유자[儒者]일 가능성이 높다. 묘지기는 묘노[墓奴]라고 불릴 만큼 천직이었던 만큼 사대부가 할 일이 아니었기에 일반적인 상황에서 아무리 백신[白身](관직이 없는 상태)이라도 묘지기를 청하는 것은 비상식적인 행동이라 할 수 있다.

25) 일반적으로 관직을 역임하다 백신이 되면 낙향을 해서 재기를 도모하든가 아니면 적극적으로 거주 부주 혹은 유력자의 빈객이 되어 방안을 모색할 가능성이 크다. 명망 높은 가문의 고리[故吏]라면 적어도 그 사람의 가문배경 혹은 학식 품행 등이 남다르기 때문에 그러한 관계가 형성되었을 것이다. 이러한 자가 아무리 거주 부주라고 해도 묘지기를 청했다는 것은 당시 사대부의 행동이라고는 쉽사리 받아들이기 어려울 것이다. 다만 순구가 순유의 조언을 받기 전까지 별다른 의심을 갖지 않는 것을 보면 아마도 장권은 묘지기가 아니라 시묘살이를 청한 것으로 짐작이 된다. 당시 장권이 살인을 저질러 아직 수배 중이기 때문에 언제 잡힐지 모르는 불안함과 처벌에 대한 두려움이 있었을 것이다. 순유는 아마도 장권의 평온치 못한 안색에서 심상치 않은 느낌을 받고 의심을 한 것으로 추측된다.

다. 오히려 숙부 순구가 그러한 일에 관해 알지 못하도록 숙부와의 만남을 피했다. 어쩌다 마주쳐도 자신의 상처를 드러나지 않게 행동하려 했는데, 여기에서 순유의 사려 깊은 면모가 잘 드러난다. 나중에 이러한 순유의 사려 깊은 행동에 대해 알게 된 숙부 순구는, 조카 순유가 조숙하고 지혜롭다며 놀라워한다.

위의 (본전)과 배주에 인용된《위서》두 전거典據(옛일의 증거 또는 내력)가 모두, 순유가 숙부를 놀라게 하는 사건을 다루고 있으면서, 공통적으로 숙부가 순유를 예전과는 달리 남다르게 인식하게 되는 사실을 확인시켜 준다. 이는 숙부가 그동안 순유를 비범한 인물로 여기지 않고 있었음을 말해 준다. 조조가 순유를 겉으로는 어리석은 듯해 보이지만 속으로 지혜롭다고 평가한 것처럼, 숙부도 평소의 순유를 우둔하거나 혹은 평범한 인물로 보았을지 모른다. 그렇지만 위의 두 전거는 현실 상황에 대한 순유의 판단능력과 모두 잘 연관이 된다. 첫째 전거인 (본전)은 순유가 조부의 고리인 장권이 묘를 지키길 원하는 자연스러운 상황에서도 그의 낯빛이 심상치 않음을 판단하고, 이는 분명 좋지 못한 일이 있을 것이라는 예감력을 보여준다. 그리고 둘째 전거인《위서》는, 숙부의 술주정으로 인해 순유가 귀를 다쳤는데도 오히려 상처를 가리고 숙부를 피함으로써 숙부가 난처해하지 않게 하려는 모습에서 당시 상황에 따른 판단과 처신의 탁월함을 보여준다. 이런 사실들은, 순유가 어릴 때부터 자신의 성격적 특징을 유효하게 작용시킬 수 있는 비범한 소양을 지닌 인물이었음을 알 수 있게 한다.

이 외향적 사고형의 인물은 흔히 상황판단 능력이 뛰어나고 논리적이기 때문에 냉정할 수밖에 없음에도, 의외로 호전적인 기질이 있어 강인하다는 점은, 마치 물과 기름이 섞인 것과 같은 복합적인 특징을 드리우고 있다 할 수 있겠다. 이미 전술한 바대로 순유는 거병을 하여 적을 토벌하는 정석적인 방법과는 달리, 암살로써 동탁을 도모하려 했다가 일이 발각되어 투옥된 적이 있었다. 동탁의 암살을 도모한다는 것은 용력도 분명 필요하지만, 더 중요한 것은 담력이라 할 수 있다.[26] 순유가 그 암살 실패로 인해 수감되어 죽을 날만 기다리고 있는 옥중생활에서도 평소 일상처럼 태연자약한 모습을 보였던 것은, 그의 강인한 면모를 드러내는 좋은 사례가 된다.

앞서 순유는 가후처럼 변화에 따르는 융통성이 있는 성품이기 때문에, 유연한 사고의 폭을 지닌 인물이라 기술한 바 있다. 그러면서도 순유는 순욱처럼 청아한 덕행을 보여 품행이 훌륭한 인물로도 명성이 자자했다. 이렇게 타인의 사표로 칭송받으려면, 당시 사회에서 높이 보는 가치기준에 부합되는 준거가 서있어야 했다. 그러기에 그의 행동양식에서 일정 수준 이상으로 원리원칙을 중요하게 지켰을 것이라는 것을 짐작할 수 있다. 순유는 군사軍師로서 활약하면서 전쟁터에서 세운 자신의 공적에 관한 내용은, 자신의 집안사람들조차 모를 정도로 비밀을 잘 유지했다.

순유의 고모 아들인 신도[27]는 일찍이 순유에게 조조가 기주를

26) 암살을 도모함에 있어서 담력이 매우 중요하다는 점은 《사기 자객열전》 중 형가荊軻에 관련된 대목에서 잘 드러난다. 전국시대 연燕나라의 태자 단丹의 식객이었던 형가는 태자의 요청을 받았는데, 진秦나라가 연나라로부터 빼앗은 영토를 되찾거나 진왕(훗날 진시황)을 암살하라는 것이었다. 형가는 연나라의 용자勇者로 이름 있던 진무양을 보조로 삼고는 진나라에서 도망쳐 온 번어기의 수급과 연나라의 영토였던 독항의 지도를 가지고 진나라로 향했다. 함양궁에서 진왕을 알현하게 된 형가는 직접 번어기의 수급이 담긴 상자를, 진무양은 독항의 지도가 담긴 상자를 받들어 진왕에게 직접 바치려 했다. 그런데 진무양의 안색이 변하고 몸을 벌벌 떨자 진나라 신료들은 의심을 품었고, 진왕 역시 형가에게 직접 두 가지 진상품(번어기의 수급, 독항의 지도)을 가지고 오라고 하면서 계획이 서서히 어긋나게 되었고 결국 형가는 진왕을 죽이지 못하고 오히려 참살되고 말았다. 암살을 꾀하기 위해 초조와 긴장이 없이 태연자약할 수 있는 담력이 있어야 하는데 순유가 동탁을 도모하려다 일이 틀어져 투옥되었을 때 태연자약한 태도를 보면 가히 담력이 있는 인물이라 볼 수 있다.

27) 고종사촌인 신도辛韜에게 신비辛毗를 언급하는 것을 보아 신도와 신비는 같은 집안사

취했을 때의 일을 물었다. 순유가 말했다. "좌치(신비의 자)가 원담이 항복하도록 했으며, 왕사王師(조조의 군대)가 직접 가서 평정하였네. 내가 그것을 어찌 알겠는가?" 이때부터 신도는 물론 안팎으로 감히 누구도 다시는 군국軍國의 일에 관해 묻지 않았다. 《본전/배송지 주, 위서》

국정에 참여하여 수많은 정치업적을 이룩한 순욱의 성과는 가시적이었기 때문에, 조조 세력 내의 대부분의 인사들이 이를 알 수가 있었다. 그러나 군무에 종사하여 전공을 많이 세웠긴 해도 순유가 어떤 헌책을 하여 조조에게 어떻게 승리를 이끌어 내게 했는지는, 장막 안에 있는 소수의 장령將領(장수)들만 알 뿐 다른 조조 휘하의 인사들은 알 수가 없었다. 순유의 고종사촌이던 신도는 조조가 기주를 평정한 과정이 궁금하여 이를 문의했으나, 순유는 신비가 원담의 항복 사자로 왔기 때문에 조조가 직접 정벌했을 뿐이라며, 자세한 언급은 일절 피했다. 이후 신도가 순유에게 다시는 군대와 나라의 관한 일을 묻지 않았다는 것을 보면, 이제 순유의 성격을 알게 되었기 때문이라 할 수 있다.

이와 같은 사실들에서, 순유는 장막 안의 일과 밖의 일을 확실히 구분을 짓되 심지어 집안사람들일지라도 이에 대해 함부로 얘기하지 않는 원리원칙을 고수했음을 엿볼 수 있다. 그렇기 때문에 (본전)의 기록처럼, 순유가 조조의 정벌을 수행한 이래 그가 꾸민 계책에 대해 주변에서 아무도 몰랐던 것이다. 이러한 순유의 성격은 조조에게 깊은 신

람으로 보인다. 그렇다면 순유와 신비는 사돈 관계에 있었다고 추측된다. 본래 신비는 형 신평과 함께 원소에게 의탁하였다. 조조가 사공에 취임하면서 신비를 벽소하였지만 신비는 원소 휘하에 있는 관계로 응할 수가 없었다. 조조와 원소와의 싸움에서 원소가 통분 속에 죽자 원씨 후사를 둘러싸고 대립구도가 형성되었고 신비는 신평과 함께 원담을 따랐다. 그 뒤 궁지에 몰린 원담이 고육지책으로 조조에게 항복을 결정하고 신비를 항복사자로 파견하였는데 원담의 국량이 좁은 것에 실망한 신비는 이것을 기회로 원담을 떠나 조조에게 귀부하였다.

뢰감을 주어, 오랫동안 조조의 출정 시 군사로서 크게 공헌할 수 있는 원동력이 되었을 것이다.

외향적 사고형이 보여주는 장점에 대해 살펴본다면, 첫째로, 정책과정에서 현실적으로 바람직한 대안을 합리적으로 선택하여 일단 결정된 정책은 일관되고 확고한 태도로 추진할 수 있다. 그다음으로 위기상황에서 뛰어난 관리능력을 발휘할 수 있다는 점을 들 수 있다.

2. 하비성에 기수 사수의 수공으로 · 관도대전에 오소공략이라는, 합리적인 대안 선택해 추진케 하는 그의 장점 크게 발휘해

이 성격유형의 장점을 순유에게 적용시켜 보면, 이는 조조가 중원과 하북을 평정하는 과정 중에 격돌하게 된 여포, 원씨 세력과의 전쟁의 소용돌이 속에서, 순유의 합리적인 대안 선택의 계책으로 승리를 쟁취하게 되는 상황에서 잘 드러나고 있다.

건안 3년(198년)에 순유는 조조가 장수를 정벌하는 데 따라나섰다. 순유가 조조에게 말했다. “장수와 유표는 서로 의지하여 막강하게 되었는데, 장수는 정해진 근거지 없이 사방으로 떠도는 군대에 의지하여 유표에게 군량을 기대하고 있으니, 유표는 장기간 제공할 수 없을 것입니다. 이러한 형세면 그들은 분명 분리될 것입니다. 군대를 늦춰 기다리면 유인하여 이룰 수 없으나, 만일 우리가 핍박하여 그들이 급박해지면, 반드시 서로 돕는 형세를 이룰 것입니다.” 그러나 조조는 순유의 건의를 듣지 않고 양성[穰城]까지 진군하여 장수의 군대와 싸웠다. 장수가 위급해지자, 유표가 과연 그를 구하러 왔다. 조조 군대의 형세는 매우 불리했다. 조조가 순유에게 말했다. “그대의 말을 받아들이지 않아 이 지경에 이르렀구려.” (본전)

지모가 밝고 용병에 능하였던 조조는 참모들에게 자문을 항상 구하며 이를 잘 받아들여서 큰 성과를 보기도 했지만, 항상 참모들의 의견대로 따라가는 주군은 아니었다. 참모들의 의견, 이를테면 중론이 자신의 생각과 다르다면 이에 대해 의심을 품었고, 개별적으로 의견을 구해보는 경우가 많았다.[28] 순유의 열전에서 보이는 순유의 헌책 중 조조가 이를 따르지 않은 경우는 딱 한 번 보이는데, 그것은 바로 조조가 건안 3년(198년) 장수를 정벌하려고 할 때의 일이다. 당시 동쪽에는 여포 그리고 남쪽에는 장수와 대치하고 있던 조조는, 장수에게 당한 치욕을 되갚고[29] 미리 후방을 안정화시킴으로써 여포와의 결전에 대비하고자 하였다.

그러나 그전 해인 건안 2년(197년), 조조와 장수의 전투에서 유표가 개입하여 장수를 도운 바 있으므로 순유는 이 점을 염려하였다. 장수와 유표는 목전에 있는 조조의 침공 때문에 서로 연합을 하고 있었다. 그러기에 조조가 공격을 늦춰 형세를 관망한다면 두 사람의 결련은 와해될 것이라 순유는 예측하고, 조조에게 당장 장수를 정벌하지 말 것을 주문하였다. 장수에게 복수를 벼르고 있던 조조는 이 진언을 받아들이지 않고 정벌을 감행했지만 상대의 대비로 별 전과도 내지 못한 채, 그저 순유의 말을 받아들이지 않은 것을 후회하면서 귀환하게 된다. 이 일이 계기가 된 것인지는 알 수 없지만, 아무튼 조조는 그 이후 순유의 진언을 받아들이는 데 적극적인 태도로 바뀌게 되었다.

---

28) 조조의 모사들에 관한 열전을 보면 중론과 달리 홀로 의견을 개진하여 조조에게 채택되는 경우를 심심치 않게 볼 수 있다. 특히 순유, 가후, 곽가 등이 이 부분에서 돋보이는 활약을 한 것으로 보아 이들은 그야말로 조조의 심중을 잘 읽었던 모신이라 할 수 있다.

29) 건안 2년(197년) 봄, 조조는 장수의 변란으로 인해 장남 조앙, 측근 용장 전위, 조카 조안민 등을 잃고 구사일생으로 겨우 탈출한 바 있다. 그해 가을부터 겨울까지 장수는 유표의 원조를 받으며 조조에게 저항했고 조조가 조홍을 보내 장수를 정벌하고자 했지만 상황은 조홍에게 불리했기에 결국 장수를 정벌하지 못했다.

의논하는 자들은 유표와 장수를 배후에 두고 있으니, 돌아서 여포를 습격하는 것은 반드시 위태로워질 것이라고 말했다. 순유는 말하기를 "유표와 장수가 새로이 격파되어 그 세가 감히 움직일 수 없을 것입니다. 여포는 용맹한데다 또 원술을 믿고 있으니, 만일 그가 회수淮水와 사수泗水 사이를 종횡토록 놔두면 호걸들이 반드시 그에게 호응할 것이니 지금 초반에 모반한 틈을 타 뭇사람들의 마음이 하나로 묶이지 못했을 때 가서 격파해야 합니다"라고 하였다. 조조가 말했다. "좋소!" 이 말을 따라 움직이니, 여포가 유비를 물리치고 장패 등이 이에 호응하였다. 《본전/배송지 주, 위서》

장수를 쉽게 정벌할 수 없다고 판단한 조조는 여포를 토벌하기로 마음을 먹었다. 그렇지만 중론은 배후에 유표와 장수를 둔 채로 그리하는 것은 위험하다고 판단하여, 조조의 의견에 반대하였다. 그러나 순유는 배후의 그들이 함부로 움직일 수 없을 것이라고 판단하면서, 조조가 여포를 토벌하려 한다면 여러 호걸들이 초반에 여포에게 호응하겠지만 뭇사람들의 마음이 일치하지 않기 때문에, 승리의 귀착은 조조에게 돌아갈 것이라 본 것이다. 순유의 의견에 조조는 자신감을 갖고 과감히 동진하여 여포를 공격하였다.

과연 순유의 예측대로 여포가 소패의 유비를 격파하자, 태산의 장패, 손관, 오돈, 윤례, 창희 등이 여포에게 호응하여 처음에는 여포의 기세를 높였다. 조조가 동쪽으로 쳐들어오자 여포가 요격하였지만 바로 조조에게 대패하여, 여포는 하비성으로 퇴각하고 농성전(성문을 굳게 닫고 성을 지키는 전투)을 펼치게 된다. 그러나 싸움이 장기전으로 돌입이 되자, 군세는 점차 약화되고 병량의 부족과 병사들의 피로 등 여러 가지를 걱정한 조조는 철군할 생각을 품었다. 그렇지만 순유는 곽가와 함께 이 계획을 반대하여 조조에게 계속 전쟁을 치를 것을 독려하며, 결정적인 승리를 안겨줄 수 있는 계책을 제시한다.

> **건안** 3**년**(198**년**) 9**월, 공**(조조)**이 동쪽으로 여포를 공격했다.** (…) **이때 조조가 연달아 싸워 사졸들이 피폐해졌으므로 돌아가려 하다가, 순유와 곽가의 계책의 써서 사수와 기수의 둑을 무너뜨려 물을 성안으로 들어가게 만들었다. 한 달 남짓이 지나 여포의 장수 송헌, 위속 등이 진궁을 붙잡고 성을 들어 투항하니, 여포, 진궁을 사로잡아 모두 죽였다.《삼국지 위서 무제기》**

하비성은 물리적인 공성전(성이나 요새를 둘러싸고 공격해서 점령하기 위한 전투)으로 쉽게 함락시킬 수 있는 성이 아니었기 때문에, 조조는 어려움을 겪을 수밖에 없었다.30) 하비 배후에는 사수와 기수의 강물줄기가 흐르는 데에 착안한 순유는 이를 하비성 안으로 흐르게끔 수공작전을 펼치게 된다. 이로써 끝내 하비성의 방어선이 무너지게 되었고, 여포군의 내분을 이끌어내는 데 결정적인 기여를 하였다.31) 조조가 여포를 평정하여 중원의 대부분을 장악함으로써 원소와의 결전에 대

30) 《후한서 여포전》에 인용된 주석인 《송무북정기宋武北征記》에 의하면 '하비성은 삼중으로 이뤄진 큰 성문을 갖추고 있는데 여포는 몸소 이곳을 지켰다'고 기록되어 있다.

31) 하비 공성전에서 여포의 격렬한 저항으로 인해 조조는 하비성을 도저히 함락시킬 수가 없다고 판단하여 철군하려는 마음을 품었다. 그러나 순유와 곽가의 책략으로 인한 수공이 유효하게 되자 하비성이 물에 잠겨 마치 홍수를 만난 상황이 된 여포군은 안팎으로 곤란에 휩싸이게 되어 피로와 굶주림으로 인해 군세가 약화되고 군기까지 해이해졌다. 상황이 여의치 않게 흘러가자 여포는 자포자기하며 술에 탐닉한 채 군대를 돌보지 않았고 장병들은 농성전에 대한 큰 불안함을 갖게 되었다. 그러다 다시금 자세를 가다듬은 여포는 금주령을 내려 군기를 바로 잡으려고 하였는데 이 과정에서 후성이란 장수가 아군의 말을 훔친 자를 체포한 것에 대해 기뻐하며 여포에게 술을 바쳤다가 도리어 여포에게 매질을 당하였다. 이 일로 후성을 비롯하여 송헌, 위속 등이 진궁을 묶고 부하들을 이끌고 조조에게 투항했으며, 군대의 포위망이 좁혀오자 여포는 하는 수없이 백문루에서 내려와 사로잡히고 만다.

비할 수 있었던 것은, 조조가 군사 정책을 확고하게 추진할 수 있도록, 순유가 합리적인 대안을 충분히 잘 제시했던 데 기인했다 할 것이다. 그뿐만 아니라 조조가 이 위기상황을 잘 관리할 수 있도록, 순유가 제대로 보좌를 했기 때문이라 할 수 있다. 이러한 순유의 성격유형과 부합되는 장점은 원소와의 전쟁을 수행하는 과정에서도 잘 드러나고 있다.

> 때마침 허유가 항복해 와서 말하기를, 원소는 순우경 등에게 병사 1만여 명을 이끌고 식량을 운반하는 것을 영접하도록 하였지만, (원소의) 장수는 교만하고 병사들은 나태하므로 가히 (이를) 공격하면 될 것이라고 말했다. 조조의 사람들은 이 말을 듣고 모두 의심을 품었으나, 오직 순유와 가후만은 조조에게 허유의 계책을 받아들이라고 권했다. 조조는 곧 순유와 조홍을 남겨 본부 진영을 지키게 하였다. 조조는 직접 군대를 이끌고 그들을 공격하여 순우경 등을 모두 베어버렸다. 원소의 장수 장합과 고람은 공성攻城하는 망루를 불태워버리고 투항하자, 원소는 마침내 군대를 버리고 도주했다. 장합이 항복해 오자, 조홍은 의심하며 과감히 받아들이려 하지 않았다. 순유는 조홍에게 말했다. "장합은 원소가 자신의 계책을 쓰지 않아 분노하여 온 것인데 당신은 무엇을 의심하십니까?" 조홍은 곧 그를 거두었다. (본전)

비록 조조가 백마와 연진전투에서 이겨 서전을 승리로 이끌었다지만, 원소를 제압하기에는 아직 전력이 크게 부족했다. 특히 부상병은 많고 군수 부족에서 오는 한계는 조조를 괴롭혔고, 조조는 차라리 적을 유인하면서 후퇴하고 방어선을 구축하여 원소의 침공을 저지하는 방향으로 선회해야 할지를 심각하게 고민할 정도였다. 때마침 원소의 모사이자 조조와 임협시절을 함께 한 적이 있던 허유가 조조에게 귀순하여, 순우경의 군량 운반에 대한 정보를 제공하면서 이를 공격하라고 진언하게 된다. 조조의 장수들 대부분이 이의 허실을 의심하였다. 허유의 진의가 파악되지도 않은 상태에서 감히 출병하여 기습을 감행하는 것은 확실히 무리수를 두는 모험이었다. 더욱이 조조군은 심각한 군량 부족의 어려움을 겪고 있었기 때문에, 혹여 기습작전이 실패로 돌아간다면 조조군은 돌이킬 수 없는 치명상을 입을 것이 뻔했다. 뭇 사람들의 의견이 기습작전을 펴는 데에 회의적인 데다 조조군의 상황이 여러 면에서 위기를 맞고 있을 때였다.

그러나 순유는 허유가 말한 정보는 잘 활용한다면, 원소군을 일거에 궤멸시킬 수 있는 계기를 가져올 수 있다 여겼고 조조에게 이를 놓치지 말라고 진언한다. 가후 역시 순유와 같은 생각이었다. 조조는 두 사람의 의견을 받아들여 종제從弟 조홍과 순유를 본영에 남기고, 조조 자신이 직접 군사를 이끌고 순우경의 오소를 기습하게 된다. 과연 허유의 정보는 사실 그대로였으며 순유의 예측은 적중하였다. 깊은 야밤에 오소의 순우경은 조조군의 기습을 받자 궤멸되기 시작했다.

원소는 이를 구원하는 과정에서 야기된 곽도의 모함으로 자기 휘하의 뛰어난 장수 장합을 이탈하게 하는 치명적 과오를 범하고 말았다. 장합이 원소군의 진영에 불을 지르고 조조군의 본영에 귀순을 요청하였다. 조홍은 이를 의심하고 받아들이려고 하지 않았다. 순유는 장합의 항복은 적정의 형세로 볼 때 당연한 이치인데 무엇을 의심하느냐며, 바로 장합을 받아들일 것을 개진하였다. 결국 원소는 장병들이 먹을 군량을 오소의 전소로 모두 잃는 데다 여러 군영들은 궤멸되었다. 또한 장합, 고람 등 걸출한 장수까지 적진으로 이탈한 채, 원소는 황하를 건너 급히 여양을 거쳐 업으로 퇴주하였다.

당초 조조에게 귀순한 허유의 정보에 대해 모두들 의심하였지만, 순유는 이에 대해 개의치 않고 시급히 이를 활용할 수 있도록 조조를 설득하여 결국 관도대전의 국면을 완전히 조조가 승리하게끔 전환시킬 수 있게 하였다. 합리적인 대안을 선택하여 추진하고 위기상황을 잘 관리하는 그의 성격유형에 연관되는 장점이 긍정적으로 효과를 잘 발현했다. 때문에 조조는 여포뿐만 아니라 관도대전에서 원소까지 대파하여, 중원과 하북을 제패할 수 있는 승기를 잡을 수 있었던 것이다.

이후 원소가 통분 속에 죽은 후 원씨의 세력이 원담과 원상으로 분열되면서 형제간의 치열한 대립구도가 형성되자, 원담은 신비를 보내 조조에게 항복을 하겠다며 구원을 요청하게 된다. 조조의 막료들은 배후에 있는 형주의 유표를 평정해야지 하북의 원담과 원상을 걱정할 필요가 없다고 했다. 그러나 순유는 "천하가 바야흐로 혼란하여 일이 생기려는데, 유표는 장강과 한수 일대를 앉아서 지키고 있으니, 그가 사방을 정복할 야심이 없다는 것을 알 수 있습니다"(본전)라고 주장하며, 유표에 대해 크게 걱정하지 않아도 된다고 진언한다. 그러나 하북의 원씨 형제의 경우 "만일 그중의 하나가 합병되면 그들의 힘은 하나로 합쳐지게 되고, 힘이 전일하게 되면 평정하기 어렵습니다. 그들의 혼란을 틈타 공격하여 취하면 천하는 평정될 것입니다. 이때를 놓쳐서는 안 됩니다."(본전)라며 혹여나 원담과 원상이 한 세력으로 합쳐지는 것을 크게 우려하였다. 때문에 원담의 구원 요청을 들어주어 원상과 그들이 계속 분열될 수 있도록 그 기회를 이용하라고 적극 건의하였다. 조조는 흔쾌히 순유의 계책을 받아들이고는 즉각 군사를 출정하여, 이어 원상을 격파하게 된다.

모두가 아니라고 할 때 홀로 그렇다고 말할 수 있는 순유와 같은 모신의 진언에 대해, 이를 제대로 알아보지 못하는 주군이라면, 그야말로 바로 허수아비일 뿐이다. 그러나 순유는 자신의 계책을 과감히 받아들일 수 있는 현명한 조조라는 주군이 있었기에 자신의 진가를 한껏 발휘할 수 있었던 것이다. 만약 조조와 같은 주군이 없었다면 과연 순유가 자신의 성격유형과 연관된 특징과 장점을 제대로 발현할 수 있었을까? 단정하기는 어렵지만, 분명히 세상에서 제대로 빛을 보기란 쉽지 않았을 것이다.

마지막으로 외향적 사고형이 지닌 단점을 든다면, 첫째로 객관적 사실이나 합리성에 치우치고 지나치게 일에만 몰두하는 경향이 있으며, 둘째로 권력 지향적 성향이 강하여 권위적이고 독선적인 리더십을 행사할 수 있으며, 그 외에 융통성이 없고, 명목상으로 합리적 경향을 추구하지만 실질적으로는 비합리적 경향을 보인다는 점을 들 수 있다.

3. 국공봉작에는 반대하지 않다 위국왕에 오르는 것에는 반대, 명목상으로 합리성 추구하나 실질적으로 비합리적 경향의 단점 드러나

이 성격유형과 연관되는 단점을 순유에게 적용시켜보면, 사서에서는 그에 관한 성격유형과 연관되는 단점이 분명하게 드러나지 않는다. 때문에 이를 논하는 데에는 적지 않은 제한점이 따른다. 그런 가운데 《삼국지연의》에서 묘사되는 조조의 위국왕에 오르려는 사건에서는, 순유의 성격유형과 연관되는 단점을 보여주는 대목들을 찾아볼 수 있다.

이에 시중으로 있는 왕찬, 두습, 위개, 화흡 등 네 사람이 조조를 위왕으로 높여야 한다고 발설하니, 중서령으로 있는 순유가 말한다. "그건 안 될 말이오. 승상의 벼슬이 위공에 이르렀으며 그 영광으로 구석을 받았으니 그 지위가 이미 지극히 높소. 이제 다시 왕위에까지 오른다면 이는 이치에 어긋나는 짓이오." 조조가 그 말을 전해 듣고 몹시 노여워한다. "그놈이 순욱처럼 되고 싶은 게로구나!" 순유가 그 말을 전해 듣고는 우울하고 분하여 병들어 자리에 누운 지 10여 일 만에 죽으니, 그의 나이 58세였다. 조조

는 순유를 성대히 장사지내주고, 마침내 위왕이 되려던 일을 파의하였다.《삼국지연의 제66회》

사서에서는 위에 제시한《삼국지연의 제66회》의 줄거리와 유사한 내용의 기술을 찾아보기 어렵다. 더욱이 순유의 성격유형과 연관되는 단점이라 여겨질 만한 기록도 두드러지게 드러나지 않는다. 그래서 사서보다는 이와 같은《삼국지연의》에 기술되어 있는 내용이, 오히려 순유의 성격유형상의 단점을 평가하는 데 더 유용하다고 할 수 있겠다. 특히, 명목상으로 합리성을 추구하지만 실질적으로는 비합리적인 경향을 보여주는, 순유의 성격유형이 지닌 단점을 설명하는 데 적절한 대목이라 여겨진다.

이에서는 조조가 국공의 작위에 오르려고 할 때 순유는 순욱처럼 반대를 표명하지 않았지만, 위국왕으로 오르려 할 때는 '이미 지극히 높은 지위에 올랐으니 위국왕까지 바란다면 이치에 맞지 않다'는 이유를 들어, 반대를 표명하였다가 조조의 분노를 사고 만다. 당시 후한사회에서 이성제후異姓諸侯가 가장 높이 오를 수 있는 제후의 작위는 '후侯'였을 뿐이다. 국공의 작위는 전한말의 왕망이 겉으로 선양禪讓을 받아 신新나라를 세우기 이전에 안한공安漢公에 봉작된 사건 이후, 후한 시기 200년에 조조가 유일무이했다. 국공이건 국왕이건 영지의 규모 차이는 있을 뿐 별다른 세력의 차이는 없는 데다, 이성제후가 자신의 나라를 갖게 된다는 것은 장차 새로운 왕조를 출범시킬 수 있는 기반이 항상 잠재되어 있는 것은 마찬가지였다.

그런데 순유는 애초에 조조가 위의 국공봉작을 반대하지 않다가, 위국왕에 오르는 데에 대해서는 갑자기 의례적인 색채가 나는 명분을 들어 반대를 피력하다 자신의 죽음을 재촉하고 만 것이다. 순욱이 그의 성격유형과 연관되는 단점의 발현으로 자신의 명운을 단축시키게 했다면,

순유 역시 지나치게 청의淸議(높고 깨끗한 언론)에 얽매인 결과는 크게 다르지 않았던 것이다.

총체적으로 평가하건대, 순유는 지략이 출중하여 조조에 의해 "악惡을 물리침에 멈추지 않았다"고 칭송될 만큼, 심모원려가 탁월한 재사였다. 게다가 뛰어난 품행을 갖추었으면서도 매우 유연성 있고 융통성이 있으면서 사대부의 풍도를 긍정적으로 보일 수 있어 남들에게 비방을 듣지 않을 정도로, 《삼국지》의 삼국시대에서 보기 드문 훌륭한 인재 중의 인재였다. 그는 현실상황에 대한 판단능력이 뛰어났고 논리적이며 강인하고 호전적이기 때문에, 일평생을 군무에 참여하여 조조의 군사로서 맹활약하였던 것이다. 더욱이 그는 장막 안에서 논한 군국의 관한 일을 함부로 말하지 않는다는 원리원칙을 중요하게 생각했기에 비록 주변이나 후인들에게 아쉬움을 갖게 하긴 했지만, 주군 조조의 큰 신뢰를 받았다.

만약 순유의 합리적 대안 제시와 추진 계기 마련, 그리고 위기상황에 관한 관리능력의 발휘가 없었다면, 조조가 여포, 원소 등을 제압하고 중원, 하북 등을 석권하기란 그리 쉽지 않았을지 모른다. 순유의 성격유형과 부합된 특징과 장점 등이 긍정적 기능으로 유효하게 작용했기에, 조조는 그의 진언을 받아들여 승기를 계속 쟁취할 수 있는 전공을 연이어 이룩해 나갈 수 있었다. 또한 순유는 뛰어난 처신을 바탕으로 이를 수행했기 때문에, 자신의 성격유형이 지니는 단점을 드러내진 않았다고 하겠다. 아마도 이 점으로 인해 순유는 같은 청류 사대부의 재사로 보다 앞서 평가받는 순욱처럼 비운의 죽음을 맞이하지 아니하고, 생애 말년까지 조위정권에서 제대로의 예우와 조조에게 남다른 칭송을 받은 것이 아닌가 한다.

모신 순유의 남은 논의
04

조위曹魏의 모신 가운데 청류 사대부의 기품이 두드러진 인물을 든다면, 단연 순욱과 순유를 들 수 있다. 이 두 사람은 유자儒者의 풍도가 넘쳐나고, 사서에서 '이순二荀'으로 칭한 것도 그들의 고고한 품격을 높이 평가했기 때문이었다. 물론 유자로서의 풍도는 순욱이 순유보다 짙었기에 그의 인생 후반에 가서 조조와의 이견으로 죽음에 이른 것으로 보인다. 그렇다면 이순二荀으로 늘 순욱과 함께 거론되는 순유는 어떤 길을 걸었을까?

순유에 대해 진수는 《삼국지》에서 다음과 같이 가후와 비교하여 평하였다.

순유와 가후는 잘못된 계획을 세우는 경우가 거의 없었다. 두 사람은 권모에 빈틈이 없었고, 변화에 따르는 융통성이 있었으니, 아마도 장량張良과 진평陳平에 버금간다고 할 수 있을 것인저! (본전)

초한楚漢 쟁패 당시 명문가 출신인 장량은 권모에도 밝고 임기응변에도 능하여 한나라 건국의 일등 공신이 되었는데, 여러 면에서 순유는 그와 닮아있다. 그러나 평민 출신인 진평은 뛰어난 능력을 바탕으로 자수성가한 경우에 속한다. 진평의 진면목은 한고조 유방의 사후 척족

세력인 여씨呂氏 일족을 궤멸시켜 한실의 기반을 튼튼히 한 데 있으며 진평 역시 가후처럼 병법에 밝았다.

그러나 진수가 찬한《삼국지 위서 순욱순유가후전》의 '평하여 말한다'에 배송지는 주를 달아 이에 반론을 제기한다.

> **사실 열전이라고 하는 체제는 비슷한 인물을 서로 다르게 하는 것인데, 장량과 진평을 같은 열에 놓은 것은 다소 문제가 있다는 지적이 있다. 왜냐하면 전자는 청운지사青雲之士(학덕을 겸한 높은 선비)이니 진실로 진평과는 다른 범주에 속하는 인물이기 때문이다. 그러나 한나라의 모신謀臣은 이 두 사람이 있을 뿐이다. 따라서 이 두 사람을 같은 대열에 둔 것은 어느 정도 타당성이 있다. 이와 비슷한 취지에서 가후를 정욱과 곽가 전에 편입하지 않고 이순二荀과 나란히 놓은 것 또한 잘못된 것이라는 지적도 있다. 순유와 가후의 사람됨은 야광(달빛)과 증촉(촛불)의 차이인 것이며, 이들이 비록 어둠을 비추는 것은 같았다 할지라도 질적으로 차이가 있는 것이다. 진수가 순유와 가후를 평가하면서 같은 대열에 둔 것은 구별의 적절함을 바라보지 못한 것이다.《삼국지 위서 순욱순유가후전/배송지 주》**

인품과 학행의 기준으로 놓고 본다면, 흔히 순욱과 순유를 동일한 반열에 두는 경우가 많다. 그러나《삼국지》를 찬술한 진수는 순유에 대해 평하길 권모에 빈틈이 없었고 변화에 따르는 융통성이 있었기에 전한의 개국공신이자 한고조 유방의 주요 참모였던 장량, 진평에 버금간다고 하면서, 유사비교 인물로 순욱보다는 오히려 가후와 함께 묶어 평했다. 물론 이러한 진수의 평에 배송지는 순유와 가후의 사람됨은 야광(달빛)과 증촉(촛불)의 차이가 있어 이것들이 비추는 것은 같지만 질적으로 다르기 때문에 이 두 사람을 같은 반열에 둔 것은 합당치 않다고 이의를 제기하고 있다. 그러나 이것은 어디까지나 인품과 학행 등을 놓고 기준으로 한 것이다. 순유에 대한 진수와 배송지의 평가에서 도출할 수 있는 관점은, 순유는 순욱처럼 인품과 학행이 훌륭한 청운지사이면서도 동시에 가후처럼 권변權變(일을 처리하는 임기응변)에 능한 융통성 있는 인물이라고 보는 명확한 결론이 도출되어 나온다.

진수는 순유와 가후를 놓고 이 두 사람은 거의 잘못된 계획을 세운 적이 없다고 평가하였다. 또한 다른 조조의 모신들인 정욱, 곽가, 동소, 유엽, 장제에 대해 재주와 책략, 모략 등에 있어서는 천하의 기사奇士(기이한 재주를 가진 선비)라고 평하면서 청아하게 덕행을 수행함에 있어서는 순유와는 다른 범주지만 계책을 짜고 도모하는 것은 오히려 순유와 같은 범주라고 평가하였다.

그런데 순유의 뛰어난 군사로서의 지략이 빛을 발한 것은 관도대전 때이다. 건안 5년(200년) 당시 순유는 조조에게 이같이 건의했다.

> **지금 병력이 적어 적을 당할 수 없으니, 반드시 그들의 세력을 분산시켜야 합니다. 공公(조조)께서 연진에 이르러 만일 황하를 넘어 적의 후방을 치는 것처럼 하면, 원소는 반드시 병력을 분산시켜 서쪽으로 나아가 응전하게 할 것입니다. 이때 경병(가볍게 무장한 병사)들을 몰아 백마 쪽을 습격하면 안량을 사로잡을 수 있습니다.”《삼국지 위서 무제기》**

이는《삼십육계》에서 말하는 성동격서聲東擊西의 대표적인 계책인 양성계揚聲計를 언급한 것이다. 삼국시대의 대표적인 전쟁 가운데 이 양성계가 가장 빛을 발한 것은, 말할 것도 없이 관도대전 때였다. 이 계책은 원소군의 잔여병을 토벌할 때도 크게 주효했으며, 조조는 여러 차례 순유의 계책을 좇아 결단을 내려 승패의 갈림길에서 승리를 얻고는 하였다.

순유의 계책은 상황에 따른 완급조절이 자유로웠다는 데 특징이 있다. 그는 적을 밀어 붙일 때에는 급공急攻을 내세웠지만, 필승지세를 위해서는 지공遲攻을 마다하지 않았다. 뒷날 부현은 《부자》에서 순욱과 순유를 평하기를 "누가 근세의 대현大賢을 묻는다면, 나는 순욱의 인仁과 순유의 지智는 가히 군자의 면모라고 대답할 것이다."《본전/배주 부자》라 하였다.

배주에 인용된 《부자》는, 위나라 말기에서 서진 초기에 활약한 부현의 저작으로, 그 인물평은 당시 정평이 나 있었다. 그의 평에 따르면, 대의를 내세워 명분을 선점하는 데에는 순욱이 탁월했으나, 대세를 읽고 결단을 내리는 데에는 순유가 가장 뛰어났다. 그랬기에 순유는 그의 당숙인 순욱과 더불어 조조 휘하에 들어가면서 다른 길을 걸을 수 있었다. 주로 인사와 정책에 참여하여 재능을 보인 순욱과 달리, 순유는 지낭智囊(재주와 슬기가 있는 인사를 이르는 말)으로서 조조에게 뛰어난 계책을 뒷받침해 주어 인정을 받았던 것이다.

순욱이 조조를 한실 재흥의 버팀목으로 여겨 보좌했다면, 순유는 처음부터 한실보다 조조와의 관계에서 자신의 위치를 설정하고 있었다. 똑같이 기책奇策을 모은 기록들을 만들고도, 순욱처럼 불태운 것이 아니라, 순유는 남겼지만 그 뒤 잘못되어 전해지지 않았을 뿐이다. 최소한 순유에게는 조위를 위해 기여하려는 의지가 분명히 있었다는 사실이 그 증거이다.

"순유는 전후 열두 조목에 달하는 기묘한 방책을 그렸는데, 이는 오직 종요만이 알 수 있었다. 종요는 이를 편찬하여 묶어보려 했으나 완성하지 못하고 죽어, 세상에서 순유의 방책을 들을 수 없게 되었다."(본전) 이에 배송지는 주를 달아,

"순유가 사망한 지 16년 뒤에 종요는 사망했다. 그러나 순유의 기책들을 선별하는 것이 또한 어찌 어려웠겠는가? 그리고 나이가 80세에 이르렀는데도 아직 취할 수 없다고 말하니 순유가 정벌을 쫓아다니면서 기밀로 낸 계책이 후세에 전해지지 않게 한 것이 애석한 일이다!"

라고 하였다.

순유의 뛰어난 그 열두 조목의 방책이 과연 어떤 내용인지는 정확히 알 수가 없다. 그러나 순유가 종군하면서 보여준 그동안의 활약상을 감안할 때, 삼국정립의 형세가 만들어지는 상황에서 위나라가 천하의 주도권을 쥐기 위한 군국軍國 사무 관련 내용이 아니었을까 유추되기도 한다. 특히 몇 년 안에 추진할 수 있는 단기적인 책략이 아니라 상당한 시간이 소요되는 장기적인 대계大計였을 것으로 보인다. 아무래도 순유 사후 16년 더 오래 살았던 종요가 이를 찬집撰集하려고 했지만, 끝내 완성하지 못했던 사실과 결부시켜 보면 더욱 그러하다. 설령 이러한 내용이 아니더라도 조조가 평소 순유의 책략을 높게 평가했던 점을 생각해 보면, 순유가 마련한 걸출한 방책은 분명 조씨의 정권 강화와 위나라의 부국강병에 기여할 내용이었음을 충분히 예상할 수 있다. 그렇기 때문에, 만약 순유의 책략이 만약 세상의 빛을 보게 되었더라면, 우리가 현재 알고 있는 《삼국지》의 내용은 과정이든 결말이든 위나라 중심으로의 재편이 더 가속화되었을지도 모른다.

제5장

연주 지켜 중원 장악에 공헌한 지모 담력의 패도적 참모 정욱

인물 정욱의 삶의 궤적

01

1. 세상일을 잘 판단하고 결단에 지혜로웠다

정욱程昱은 자가 중덕仲德이고 동군 동아현(지금 산동성 양곡현) 사람이다. 신장은 8척 3촌의 큰 키에, 아름다운 수염을 길렀다. 젊었을 때 고향에 기거했으며, 황건의 난 때 동아현승[1]인 왕도가 모반하여 황건적에 호응해 창고를 태워버렸다. 현령은 성에서 도망쳤고 다른 관리들과 백성들도 동쪽 거구산으로 분분히 도망쳤다. 왕도 등은 빈 성 하나를 얻고도 지키지 못해 성을 나와 서쪽으로 5~6리 떨어진 향촌에 주둔하고 있었다.

이때 정욱은 사람을 보내 왕도의 동정을 살피게 하고 현의 큰 성씨인 설방 등에게, "지금 모두 성으로 돌아가 지키는 것이 어떻겠습니까? 성은 높고 튼튼하며 곡식도 많으니, 현령을 불러들여 굳게 지킨다면 우리가 적을 이길 수 있습니다."《삼국지 위서 정욱전(이하 본전)》라고 설득하여, 왕도를 격파하고 동아현을 보존하였다.

초평 연간(190~193년) 당시 연주자사 유대는 원소, 공손찬 등과 화평하게 지내고 있었다. 이후 공손찬은 원소의 군대를 격파하고 유대에게 원소와의 관계를 단절할 것을 종용하여 유대는 어찌할 바를 모르고 있

1) 현위, 현승은 현의 장령인 현령, 현장의 조수인데, 도적을 막고 치안을 유지하는 일을 했다.

었다.

이에 유대는 관속들과 논의하니, 별가 왕욱이 정욱은 모략이 있어 큰일을 결단할 수 있다고 말해, 정욱을 초빙하여 물었다. 정욱은, "가까이 있는 원소를 끊고 멀리 있는 공손찬을 잡는다면, 이것은 월[2]나라에서 사람을 빌려 물에 빠진 아이를 구하자는 얘기입니다."(본전) 이에 따라 유대는 공손찬의 요구를 거절하였다. 이어 범방이 그의 기병을 거느리고 돌아오는데, 도착하기 전에 공손찬은 원소에게 크게 패하고 만다.

2. 연주를 지켜내는 데에 단연 뛰어난 공훈을 세우다

초평 3년(192년) 청주(지금 산동반도)의 황건적이 연주(지금 산동성 서부)를 침략하자, 유대가 황건적에 의해 죽게 된다. 이때 조조의 장수인 진궁이 제북(지금 산동성 장청현)상으로 있는 포신으로 하여금, 연주의 관리인 만잠 등과 동군에 가서 조조를 영접하여 연주자사의 업무를 관장하게 하였다. 조조가 연주에 들어오자 정욱을 초빙하였고, 조조는 정욱과 대화해 본 뒤, 크게 기뻐하며 수장현(지금 산동성 동평현)령으로 임명하여 그곳을 지키게 하였다.

이후 초평 4년(193년) 조조가 서주를 정벌할 때, 수장현령 정욱으로 하여금 사마 순욱과 더불어 견성현(지금 산동성 견성현)[3]을 지키도록 했다. 이때 구강태수였던 변양이 조조를 비난했는데, 조조가 그 소식을 듣고 그와 처자를 함께 죽였다. 흥평 원년(194년), 진궁은 성품이 강직

---

2) 상황에 맞지 않다는 뜻이다. 월越 지역 사람들이 수영을 잘하니 물에 빠진 아이를 구하려는 거는 대책으로 그럴듯하지만, 월 사람들이 지금 물에 빠진 아이가 있는 곳까지 오기에는 너무 멀어 월 사람이 왔을 때는, 물에 빠진 아이는 이미 죽은 뒤가 된다는 말이다.

3) 견성현甄城縣은 제음군에 속하였다. 송백宋白은 후한 헌제가 견성에 연주兗州를 설치하였고, 조조가 자사로는 처음 견성현을 연주의 치소로 삼았다고 말했다.

하고 장렬하여 진류태수 장막 등과 모의하여 여포를 연주에 받아들였다. 그리하여 연주(지금 산동성 서부)의 군과 현이 모두 여포에 호응하였으나, 오직 견성현과 범현[4], 동아현[5]만은 동요되지 않았다.

이때 진궁이 스스로 병사를 이끌고 동아현을 취하려 하고, 동시에 범억을 파견하여 범현을 취하려고 했다. 이에 순욱은 정욱에게 "그대는 백성들의 희망이니 마땅히 가서 그들을 어루만져 주십시오."(본전)라며, 그러면 그곳을 지킬 수 있을 것이라고 하였다. 이에 정욱은 동아현으로 돌아가는 길에 범현의 현령 근윤을 만나 "그대가 반드시 이곳 범현을 굳게 지키고 나는 동아현을 지킨다면 큰 공을 세울 수 있을 것이다."(본전)라고 설득하였다. 이때 범억이 이미 현[6]에 있었으니, 근윤이 복병을 배치하여 범억을 살해하고, 돌아와 군대를 지휘하여 수비에 전념하였다.

같은 해, 정욱이 또 별도의 기병을 파견하여 창정진[7]을 끊으니 진궁이 도착했으나 건널 수가 없었다. 정욱이 동아에 도착하였을 때, 동아 현령인 조지[8]가 이미 관리와 백성을 인솔하고 독촉하면서 성을 견고하게 지켰으니, 끝내 세 성을 완전하게 지키면서 조조의 귀환을 기다렸다. 조조가 돌아와서 표문을 올려 정욱을 동평국(지금 하남성 동평현) 상에 임명하여 범현에 주둔케 하였다.

조조와 여포는 복양(지금 하남성 복양현)전투에서 접전했는데, 조조는 여러 번 패하였다. 이때 조조는 여포의 기병에 거의 생포될 뻔하다가 불길을 뚫고 탈출하였다. 조조가 군영에 도착하여 군사들을 위로하고

---

4) 범현은 동군의 속현으로 지금 하남성 동북 복양시 관할 범현이다.
5) 동아현은 동군의 속현으로 지금 산동성 양곡현이다.
6) 범현을 가리킨다.
7) 창정진은 지금 산동성 범현의 황하를 건너는 입구에 위치하고 있다.
8) 조지棗祗는 영천 사람으로 동아현령, 우림감, 둔전도위, 진류태수를 역임하였으며 둔전제를 건의하고 정착시켰다.

나아가서 다시 공격하여,9) 여포에 맞서 100여 일을 서로 대치하였다. 그때 메뚜기 떼의 재해가 발생하여 백성들은 크게 굶주리고 군량은 다 떨어져서, 각기 군대를 이끌고 퇴각하게 되었다.

같은 해 10월, 조조는 동아(지금 산동성 양곡현)에 도착했는데, 원소가 사람을 시켜 조조에게 유세하게 하여 조조에게 집안사람들을 옮겨서 업현(지금 하북성 임장현)에 거주하게 하려고 하였다. 조조는 새로이 연주를 잃은 데에다가 군대의 식량도 다 떨어져서 그것을 수락하려고 하였다. 때마침 정욱이 사자로 나갔다가 돌아와, 이를 듣고 말하였다. "장군(조조)께서는 스스로 헤아려도 원소의 휘하가 될 수 있다고 생각하십니까? (…) 비록 연주는 잔파殘破되었으나 아직 세 개의 성이 남아 있으며, 싸울 수 있는 병사도 만여 명이 있으므로 패왕의 대업을 이룰 수 있습니다. 장군께서는 다시 생각하셔야 합니다."10)(본전)라고 설득하였다. 조조는 이 말을 듣고 원소와 화친하려던 계획을 그만두었다.

이어 조조는 흥평 2년(195년), 거야(지금 산동성 거야현)를 쳐서 여포의 장수 설란 등의 목을 베였으며 정도(지금 산동성 정도현)를 쳐서 함락시켜, 끝내 여포가 동쪽의 유비에게로 달아나니 잃었던 연주를 완전

9) 호삼성은 조조가 패한 가운데서 겨우 살아나서도 스스로 군사들을 위로하고 군사들에게 나아가 공격하도록 재촉한 것은 "아마도 이미 패한 다음에 사기가 쇠퇴하고 막혀 있었기 때문일 것이다."라고 하였다. 《자치통감, 권 61》

10) 정욱이 조조에게 다음과 같이 말했다. "옛날 전횡田橫은 제나라의 세족世族으로 형제 3명이 번갈아 왕호를 받았고 천 리의 땅에 웅거하여 백만의 무리를 쥐고 제후들과 더불어 남면南面하여 고孤라 칭하게 되었습니다. 얼마 뒤 고조(유방)가 천하를 얻게 되자 전횡은 돌아보며 항복하여 포로가 되었습니다. 이때 전횡은 태연하게 있었을까요?" 조조가 말했다. "그렇소. 이는 진실로 장부丈夫의 치욕 중 치욕이오." 정욱이 말했다. "전 어리석어 (공의) 큰 뜻을 알지 못하지만 장군의 뜻이 전횡만 못하다고 봅니다. 전횡은 제나라의 일개 장사壯士일 뿐이나, 고조의 신하가 되는 것을 수치스럽게 여겼습니다. 지금 장군은 가족을 업鄴으로 보내고, 원소의 부하가 되어 그를 섬기려 한다고 들었습니다. 본래 총명하고 신처럼 용맹한 장군이 원소 따위의 밑으로 들어가는 것을 부끄럽게 생각하지 않으시다니. (저는) 장군을 위해서 마음속으로 그것을 부끄러워하고 있습니다." 이는 본전(이 《정욱전》을 말함)에서 한 말과 대략 같다라고 했다. 《본전/배송지 주, 위략》

히 회복하게 된다.

3. 유비 놓아 보내는 것을 반대하고 상황을 뛰어나게 예견하다

건안 원년(196년), 조조는 헌제를 봉대하여 허현(지금 하남성 허창시)에 도읍을 정하고 정욱을 상서로 다시 동중랑장으로 제음태수와 도독연주사로 삼았다. 얼마 지나지 않아 유비는 여포에게 서주를 잃어버린 후에 조조에게 의탁한다. 나중에 건안 4년(199년), 조조가 유비를 파견하여 원술을 요격하게 하자, 정욱과 곽가 동소 등은 함께 유비를 군사를 주어 놓아 보내면 안 된다고 반대하였다. 조조는 이 말을 듣고 후회하며 유비의 뒤를 쫓게 하였으나 따라잡지 못하였다. 원술이 남쪽으로 도망하게 되자 유비는 조조에게서 탈신하여, 때마침 서주(지금 강소성 북부)로 가 서주자사 차주를 죽이고 원소와 결련하여 반조조 기치를 들었다.

건안 7년(202년) 정욱은, 원소가 패배하여 사망한 뒤 떠돌아다니는 무리들을 거두어서 정병 수천을 얻었다. 정욱은 그들을 이끌고 조조와 여양(지금 하남성 준현)에서 만나 원담과 원상을 토벌하였다. 원담과 원상은 격파되어 달아났으며 조조는 정욱을 분무장군으로 삼고 안국정후로 봉했다.

건안 13년(208년), 조조가 형주를 공격하자 유비는 하구(지금 호남성 무한시 한구)로 도망쳐 오吳로 갔다. 이에 많은 사람들은 손권이 이 기회에 유비를 제거할 것이라고 하였다. 그러나 정욱은 "손권이 막 자리에 올라 세상의 비난을 받으려 하지 않을 것이며, 조공(조조)이 일거에 형주를 정벌하여 장강 밖에까지 위세가 진동하니, 손권의 지모가 있다 해도 혼자서는 당할 수가 없을 것이요. 또 유비도 그런대로 뛰어난 명성이 있고 관우와 장비는 만인을 상대할 수 있으니, 손권은 그들과 함께 우리에게 맞설 것이요. 정세분석이 쉽지 않지만, 유비는 이를 이용할 것이고 또 손권은 유비를 죽일 수 없을 것입니다."(본전)라고 하였다. 과연 손권은 유비에게 군병을 많이 제공하여 조조를 제어하려 들었으며 후에 사태의 발전은 정욱이 예견한 그대로였다.

4. 군사의 계책을 잘 처리하고 어느 날 스스로 물러나다

건안 16년(211년), 조조가 종요를 파견하여 장로를 토벌하게 하고, 하후연 등에게 병사를 거느리고 하동(지금 산서성 하현)으로 나가서 종요와 회동하게 하였다. 이에 관중의 여러 장수들이 이를 의심하여서 마초, 한수 등 10개 부락이 모두 반기를 들게 된다. 그 무리가 무려 10만 명이었으며 동관(지금 섬서성 동관현)에 주둔하여 점거하였다. 조조가 군사를 거느리고 마초 등 관서 반란군을 치러 떠나면서 세자 조비를 오관중랑장[11]으로 업현(지금 하북성 임장현)에 남아서 지키게 하고, 분무장군 정욱에게 참군사로서 조비의 군사 업무에 참여하게 하였다.

이때 건안 17년(211년), 하간(지금 하북성 헌현)에서 전은과 소백이 반란을 일으키고 유주와 기주에 사는 사람들을 선동하였다. 조비가 장군 가신에게 명해 이를 토벌하였는데, 조비는 정욱의 의견을 들어 투항한 반군을 전단처리하지 아니하고 출정 중인 조조에게 사전 품의하여 처리하게 된다.

정욱은 조조가 총명한 주군이라고 생각하여, 자신이 재능을 받쳐 책략과 모략으로 마음을 다해 섬겨야 한다고 생각하였다. 이후에 조조가 곤경에 처해 힘들어 좌절하였을 때, 그는 조조를 대신하여 형세를 분석하고 앞길을 짚어주며 계책을 세워 조조가 패업을 도모하게 하였다. 그러나 정욱은 성정이 강직하고 강퍅하여 사람들과 교유하는 데 여러 번 마찰을 일으키기도 하였다. 그럼에도 조조는 오히려 정욱에게 더욱

11) 오관중랑장은 황실의 호위를 맡고 있는 관위는 장군과 교위 사이에 위치한다. 하지만 조비는 실제로 허도의 황궁으로 가서 한 헌제獻帝를 지키지는 않았다.

더 두터이 대우하고는 했다. 만년 어느 날, 종족宗族 사람들이 소와 술을 받들어 연회를 열었는데, 그때 정욱은 은퇴를 선언하고 표를 올려 병사들을 돌려보내고는 문을 걸어 잠그고 문밖으로 나가지 않았다.

위국魏國이 세워진 후에, 정욱은 위위[12]로 임명되었는데 중위인 형정과 위엄과 의례를 다투다가 면직되기도 했다. 이후 황초 원년(220년) 조비가 제위에 오른 후에, 다시 그를 위위로 임명하고 안향후로 봉하였으며, 식읍을 300호 더해 이전 것과 합쳐 800호가 되었다. 그가 여든 살에 죽으니 조비는 눈물을 흘리며 그에게 거기장군을 추증하고 시호를 숙후라 하였다. 아들 정무가 후사를 이었는데 정무가 죽자 아들 정극이 후사를 이었고, 정극이 죽자 아들 정량이 후사를 이었다. 정욱의 손자 정효는 가평 연간에 황문시랑이 되었다.

12) 위위는 구경의 하나로 궁문을 지키는 일을 맡은 부서를 거느리는 관직이다.

유가적 성향과 안 맞아 보였던 패도주의자 02

정욱은 용기가 있어 일을 추진함에 대담한 면모를 보여주면서도, 성격이 강퍅하기 때문에 남들과 잘 화합을 하지 못하였다. 그로 인한 다툼으로 면직을 당하는 것도 모자라, 심지어 남들에게 모반의 의혹까지 살 정도로, 그는 품행이 방정한 유가적인 사대부와는 거리가 먼 인물이었다. 그는 조조를 도와 상당히 패도지향적인 성향을 보였던 주요 모신 중 한 사람이었다. 특히 그의 출사 당시의 태도를 살펴보면, 그가 향리에서 중망을 받은 인물이었음에도 명망이 있던 지방장관의 초빙에도 불구하고[13] 함부로 출사를 하지 않고 패업을 달성할만한 주군을 기다렸다는 면은, 이러한 사상 가치성향을 잘 보여주는 대목이라 할 수 있다.

후한 말엽 황건의 난이 발발하자 정욱은 도적의 침탈로부터 향리인 동군 동아현을 잘 지켜내었다. 이에 그가 인근 유명 인물이 되자, 주군의 지방장관도 그를 주목할 수밖에 없었다. 마침 연주자사로 부임한 유대는 그를 초빙하고자 하였으나, 정욱은 출사에 급급하지 않고 그저

13) 연주자사 유대劉岱를 이른다. 그는 양주자사 유요劉繇의 형으로 그에 관한 사적은 《삼국지 오서 유요전》에서 확인할 수 있다. 유대는 한 제효왕의 자손, 즉 한의 종실이었다. 더욱이 그의 조부와 백부 등은 학문과 품행으로 명망을 크게 떨친 인물이었고 유대 본인도 재주가 영특하고 효제孝悌와 인서仁恕의 성품을 지녔다는 명망을 지닌 명사였다.

향리에 남아 사세를 주목했다. 당초 유대는 원소와 공손찬과 화친하였으므로 원소는 처자를 유대의 집에 거주케 하였고, 공손찬은 기병군단을 보내 유대를 군사적으로 돕게 하였다. 그러다 원소와 공손찬의 사이가 나빠지게 되자 공손찬은 유대를 협박하여 원소의 처자를 보내고 원소와 관계를 끊어버리라고 요구하였다. 선택의 기로에 놓여 고민하던 유대는, "무릇 멀리 있는 공손찬은 결코 가까이에 있는 원소의 상대가 될 수 없다"(본전)는, 정욱의 자문을 좇아 그대로 행했다. 과연 정욱의 말처럼 공손찬이 원소에게 패배하자 유대는 곤란한 상황에서 벗어날 수 있었다. 유대는 정욱의 식견에 놀라 그를 기도위로 삼아 자신의 수하로 두고자 하였으나, 정욱은 칭병하며 출사를 사양하였다.

하지만 이처럼 출사에 관심 없어 보이던 정욱은, 유대가 황건적에 살해된 뒤 연주자사의 일을 관장하게 된 조조가 초빙하자, 이를 거절치 않고 곧바로 응했다. 향당의 인사들조차 정욱의 이러한 태도를 의아스럽게 여겨 "당신은 어찌하여 앞뒤의 태도가 이렇게 상반됩니까?"(본전)라고 오죽하면 힐난까지 할 정도였다. 이것은, 유대의 두 차례의 초빙에도 단지 병을 핑계로 빈번히 사양했던 것과는 반대로, 조조의 초빙에는 바로 응한 점이, 너무나 앞뒤가 안 맞는 처신으로 보였기 때문이었다. 그러나 막상 정욱은 향리 인사들의 의문에 대해 아무런 해명도 하지 않았고 단지 미소를 지었을 뿐이었다.

여기에서 조조에게 정욱이 적극적인 출사를 하였다는 것은 분명하게 확인된다. 즉, 정욱은 조조를 자신의 이상에 적합한 주군으로 생각하고 자기 의지대로 선택한 것이다. 패업을 달성할 역량을 지닌 주군을 스스로 찾아 섬긴 정욱이었다. 그런 만큼 그는 주군의 패업 달성을 보좌함에 있어서, 순욱과 같은 모신과는 확연히 다른 면을 가지고 있었다. 일정하게 순리에 따라 일을 계획하고 판단하는 순욱과 달리, 정욱은 모든 관점을 주군 조조의 이로움에 맞추어 판단하는 특징을 보여주고 있다.

여포가 유비를 습격하여 하비를 취했다. 유비는 조조에게로 도망쳐 왔다. 정욱이 조조에게 진언했다. "살펴보건대 유비는 웅재雄才가 있는 데다 사람들의 마음을 두텁게 얻고 있어 끝내 남의 밑에 있을 위인이 아니니 (그를 살려두기보다는) 빨리 도모함이 좋을 것입니다." 그러나 조조가 대답했다. "바야흐로 지금 영웅을 거둬들일 때에 한 사람을 죽여 천하의 마음을 잃는 일은 가당치 않소."《삼국지 위서 무제기》

정욱이 오로지 조조의 패업을 위한 모신이라는 점에서 곽가와 유사하지만, 유비 척살에 관한 논의의 경우에서는 방법적인 측면에서 궤를 달리하고 있음을 확인할 수 있다. 본질적으로 유비를 척살하는 것에 동의하지만, 시기를 기다려야 할 것으로 보는 곽가[14]와 달리 정욱은 곧바로 유비를 척살해야 한다고 주장하고 있다. 정욱의 관점에서 본다면 패업은 가장 빠른 길로 성취해야 하는 것이며, 이치에 따라 얻어지는 게 아니라 수단과 방법을 가리지 않아야 한다는 것이다. 정욱은 어떤 경우에도 조조의 장래에 화근이 될 만한 요소는 가급적 속히 처리하는 것이, 조조가 천하를 제패하는 데 확실한 이로움을 취할 수 있다고 본 것이다. 이러한 데에서 정욱은 조조의 패업을 위한 유불리를 따질 때, 어찌 보면 궁극적인 관점을 고려했다고 볼 수 있다. 또한 정욱이 조조를 위해 활약을 펼치는 과정에서도, 정욱 자신의 이로움을 챙길 수도 있건만 정작 이를 경계하며 고려하지 아니했다.

14) 물론 유비 척살에 관하여 당장 도모하자는 입장과, 이를 반대하는 입장이 모두 담긴 기록이 존재하고 있다. 무엇이 옳고 그런지를 확인할 수 없는 이상 이 상반되는 사료를 종합하여 추론한다면 곽가의 취지는 유비를 척살하려는 점은 정욱과 같지만, 아직은 시기상조라고 보는 것이라 할 수 있다.

조조가 형주를 정벌한 직후 그 기세를 몰아 강동까지 병탄하려고 했으나, 이 원정은 적벽에서 손권·유비 연합군의 실패로 돌아갔다. 그 뒤 병가兵家들이 반드시 다투게 되는 그 지역 쟁탈을 위한 각축전이 세력 간에 형주를 중심으로 벌어지고 있었다. 그러나 이는 실질적으로 중원의 평온한 분위기를 깰 정도의 큰 위기는 아니었다.

허도를 도읍으로 하여 천자를 끼고 정국의 주도권을 장악, 여포, 원술 등을 꺾고 자신의 세력을 공고히 할 수 있게 된 조조는, 정욱의 등을 두드리며 "연주의 패배가 있었을 때 그대의 말을 듣지 않았다면 내가 어찌 오늘에 이를 수 있었겠소?"(본전)라고, 그의 공로를 상기시켰다. 종족宗族 사람들까지도 정욱을 위해 큰 연회를 베풀었지만, 그는 "만족할 줄 알아 욕되지 아니하였으니, 이제 물러나기를 고합니다"(본전)라는 표를 올려 병사들을 돌려보내고는 문을 걸어 잠그고 집밖을 나오지 않았다. 이와 같은 정욱의 선택은 실로 뜻밖이라고 할 수 있다.

그때 정욱은 조조에게 신뢰와 인정을 받고 있었고 종족 사람들까지 찾아와 연회를 베풀 정도로 소위 잘나가고 있는 인사였다. 앞으로의 출셋길이 계속 열려 있음에도, 그는 실권, 즉 병권을 내놓으면서까지 낙향을 하였다. 정작 정욱 스스로 현재의 상황을 만족하였기에, 더 이상 욕심을 부리지 않기로 한 결정은 아니었을 것이다. 그렇게 본다면 이후 조조를 위해, 조비를 위해 또다시 출사했던 일이 설명되지 않는다.[15] 이러한 정욱의 선택에 조조 역시 만류를 적극적으로 하지 않은 것은, 아마도 조조가 사퇴에 대한 정욱의 본의를 알았기에 일단은 사

15) 이 사퇴 이후 정욱은 재야에 기거하고 있다가 위국이 세워진 이후, 위위가 되어 구경의 반열에 오르며 다시 조조를 섬긴다. 그 후 조비가 제위에 오르면서 그를 다시 불러들여 구경의 자리에 두고자 할 때에도 정욱은 이를 거절치 않고 또다시 위위로 출사하면서 2대에 걸쳐 조씨를 위해 일한다. 조비 역시 정욱을 총애하고 신뢰하여 그를 삼공의 자리에 임명하고자 했지만 안타깝게도 그 시점에서 정욱은 생을 마감했다.

퇴를 허락하고, 이후 다시금 불러들인 것이라 짐작할 수 있다.

적벽대전을 치를 당시 조조의 진영에 여러 참모들이 동행하였지만, 패배 후 구사일생으로 퇴각하는 대목이, 《적벽가》와 같은 우리나라의 판소리에 실감 나게 그려지고 있다. 특히 조조가 넋두리하는 대사로 잘 묘사되고 있는데, 유독 정욱만 조조의 넋두리 상대로 등장하는 것은 왜일까? 이는 그만큼 정욱이, 조조와 속내를 숨기지 않고 조조만을 위해 일했던 모신이었음을 잘 보여주는 단적인 사례가 아닐까 생각된다.

그의 모난 성격 때문에 모반을 계획한다는 비방도 받은 적이 있으나, 조조는 이를 개의치 않고 정욱에게 하사품을 주며 더욱더 두터운 예우를 표했다는 것은, 그만큼 조조 역시 정욱을 신뢰했음을 잘 보여준다. 특히 조조가 마초를 정벌하러 가면서 태자 조비로 하여금 업도에 남아 지키게 하고, 참군사로 조비의 군사업무를 보좌케 한 것은 이를 방증케 한다.

정욱은 조조에게 출사하기 전부터 남다른 식견과 재능으로 명망을 얻은 사대부였으나, 품행을 비롯하여 그의 사상 가치성향 어디를 보더라도, 소위 유자儒者의 이미지를 그에게 투영시키기를 주저하게 된다. 나라를 위한 충의를 추구하기보다는 자신이 바라던 패자覇者인 주군 조조에 대한 이로움을 위해 자신의 과욕까지 경계하며 때로는 수단과 방법을 가리지 않을 정도로, 충성을 다한 패도지향의 개인적 사상 가치성향을 보인 그였다. 이 때문에 정욱은 조조와 조비, 조위정권 2대에 걸쳐 깊은 총애와 신뢰를 받을 수 있었던 모신으로 이름을 남길 수 있었다.

방법을 가리지 않는 강퍅한 성격으로 조조를 보좌했던 복심

03

정욱은 황건적의 잔당이 준동할 때 연주자사 유대의 부름을 받았으나 나가지 않았다. 그러나 유대가, 교류해 왔던 주변의 세력인 공손찬과 원소 중 누구를 택해야 할지를 물어오자 그는 원소를 가까이할 것을 권유하였다. 유대가 당시 공손찬과 원소의 세력 사이에 있었던 점을 감안했을 때, 유대의 입장에서 가장 합당한 선택을 제시하였다고 볼 수 있다. 이후 유대의 초빙은 거절하고 조조가 정욱을 부르자 즉각 그에 응하니 사람들이 그 이유를 묻기도 했으나 그는 웃으며 답하지 않았는데, 이는 자신이 진정으로 섬겨야 할 주군은 조조라고 생각한 정욱의 판단이었을 것이다.

정욱이 조조 휘하에 있을 때 조조가 서주를 치러 간 사이 여포가 연주를 차지하여, 조조는 견성현, 범현, 동아현 등 세 개의 성밖에 남지 않을 정도로 그 세력이 위기에 처해 있었다. 이에 조조가 원소의 손짓에 심지어 화친을 고려하려 하자 정욱은 조조에게 용기를 불어넣어 화친을 포기하고 다시금 연주를 탈환하도록 하였다.

조조가 마초, 한수 등 10개 부락 거병의 공격을 막아내기 위해 동관으로 출정했을 때, 정욱은 참군사로서 조비 군사업무에 참여하여 업현에 머물러 있었다. 그때 하간 일대에서 모반을 일으킨 전은, 소백 등을 토벌하여 일부 반군 세력이 항복해 오자, 다른 사람들은 예전 법에 의해 모두 주살할 것을 주장하였다. 그러나 정욱은, 조비가 독단적으로 결정할 경우 발생할 수 있을 조조와의 불편하게 될 수 있는 관계를 예상하고, 조비로 하여금 조조에게 사전 품의할 것을 간한다.

특히 정욱은 강퍅剛愎한 성품을 가지고 있어 주변 사람들과 잘 맞지 않았고 갈등관계에 있었으나, 조조는 정욱을 더 신뢰했다. '정욱의 성품은 강하고 굳세어 사람들과 교유하는데 여러 번 마찰이 있었다. 정욱이 모반을 계획한다고 알리는 자까지 있었으나, 조조는 오히려 정욱에게 하사품을 내리고 더욱더 두터이 대우했다'(본전)와 같이 나타나고 있으며, 그만큼 정욱이 조조에게 제시한 계책이 조조의 뜻에 부합했고 조조의 기대를 충족했기 때문으로 볼 수 있다.

이런 모습에서 정욱은 외향형에 가까운 태도를 보이고 있다. 외향형에서는 늘 객체에 맞추고, 객체에 부합되는 방향으로 행동하고 판단해 가는 경향이 강한 성격으로, 정욱의 경우 유대의 부름에도 응하지 않다가 조조의 휘하에 들어가면서 주변 사람들에게 비아냥도 들었다. 그러나 그에 개의치 않고 자신의 주군인 조조를 위해 조조의 입장에서 생각하고 행동했던 면에서, 외향형에 가깝다고 볼 수 있다.

정욱은 소위 '세상의 기이한 인재世之奇士'로 뛰어난 지모와 시의적절한 판단으로 명성이 널리 알려지게 된다. 젊어서 자신의 고향인 동아현에서 관리가 황건적의 난에 내응하여 현이 어수선한 상황에도 상황을 정확히 예측하고, 현의 큰 성씨인 설방 등에게 정확한 대응책을 제시하여 동아현을 보존케 기여하기도 하였다.

건안 원년(196년) 조조는 헌제를 봉대하여 허도로 왔고 당시 유비가 여포에게 서주를 탈취당하고 핍박을 받아 조조에 의탁하였을 때, 정욱은 유비의 영웅적 자질을 간파하고 조조에게 유비를 제거할 것을 제안하였으나 받아들여지지 않은 바가 있다.

원소와의 관도대전에서 승리를 거둔 뒤 유비가 형주의 유표에 의탁하였다는 보고를 듣고 형주를 공격하려 하자, 정욱은 '눈앞의 적'인 원소에게 집중하고 이후에 형주를 도모해도 늦지 않다는 주장을 하였다. 이는 "아직 하북의 원소도 없애지 못했는데, 갑자기 형주를 치면 어찌 됩니까. (…) 내년 봄에 따뜻해지거든 그때 군사를 일으켜 우선 원소부터 격파하고, 이어 형·양 일대를 무찌르면 남북의 이익을 한꺼번에 거둘 수 있습니다."《삼국지연의 제31회》와, 같이 나타나 있다. 즉 정욱은, 유표의 성향이 조조의 부재에도 불구하고 쉽사리 허도를 공격하지 못하고 좌고우면할 것을 정확히 내다본 것이었다.

이런 사례들에서, 정욱은 본능적으로 형세를 판단하고 예측하여 계책을 제시하는 직관형에 가까운 성향을 지닌다고 볼 수 있다. 직관형이란 무의식적 방법으로 인식을 유도하는 심리기능을 말하며, 외향적 직관은 객관적으로 주어진 것 가운데의 가능성을 발견하는 데서 그 기능을 발현하며, 내향적 직관은 이에 비해 내적인 주체 즉 무의식의 요소에 그 시선이 향한다. 특히 정욱은 자신 혹은 자신이 속한 세력이 처해진 상황 속에서 본능적으로 형세판단을 하여 자신의 세력에 이로운 계책을 제시하였던 점에서, 외향적 직관에 가까운 인물이라 볼 수 있다.

이상을 토대로 보았을 때, 성격유형으로 정욱의 인물형을 살펴본다면 외향적 직관형이라 평할 수 있다. 외향적 직관형의 특징은 객체가 가지고 있는 가능성을 파악하고 실현될 수 있는 계기를 만들어 주는 데 비상한 능력을 가지고 있으며, 장래성을 내다볼 줄 아는 미래 예시형이라 할 수 있다.

1. 조조라는 주군(객체)의 뛰어난 가능성을 내다보고 중원쟁탈로 실현시켜가는 그의 특징 두드러져

이 외향적 직관형의 특징을 정욱에게 적용시켜 보면, 그에게는 장래성을 내다보는 특징보다는 객체가 갖고 있는 가능성을 파악하고 이를 실현시킬 수 있는 계기를 마련해주는 특징이 더 돋보인다. 특히 조조가 마초를 정벌하러 떠나면서 조비로 하여금 후방을 맡게 하고, 정욱을 남겨 조비와 더불어 군사軍事에 참여하여 의논하게 했을 때, 발생한 상황에서 이러한 면을 살펴볼 수 있다.

> 마초를 정벌하러 나아가는 조조가 정욱을 참군으로 삼아 조비와 함께 수도를 지키도록 했다. 전은과 소백 등이 하간군에서 반란을 일으키니, 장군 가신을 보내 그들을 토벌하게 했다. 적 1천여 명이 항복을 청해오자 논의한 자들이 모두 마땅히 옛 법에 따라서 조치해야 한다고 여겼다. 그러나 정욱이 말했다. "항복한 자를 주살한 것은 소란스러울 때나 적용합니다. 천하에 호걸들이 구름처럼 들고 일어났을 때에는 포위한 후에 항복한 자를 용서하지 않음으로써 천하를 위협하여 포위하기 전에 복종하도록 하면, 포위할 필요가 없어지기 때문입니다. 지금 천하는 대략 평정되었고 나라와 성 가운데 반드시 항복하는 적이 있을 것입니다. 이들은 죽여도 위엄을 펴거나 두려워할 것이 없으니 지난날 항복한 자를 주살한 의도와는 다른 것입니다. 신은 주살하는 것이 불가하다고 여깁니다. 그들을 주살하더라도 마땅히 먼저 주공께 보고하여 명을 들어야 할 것입니다." 논의에 참여한 여러 사람들이 말했다. "전시에는 전결이 가능하니 그렇게 의견을 여쭐 필요가 없습니다." 그러나 정욱은 아무런 답도 하지 않았다. 조비가 자리에서

일어나 내전으로 들어간 후 특별히 정욱을 불러 이렇게 말했다. "더 하고 싶은 말은 없소?" 정욱이 말했다. "무릇 명을 전결하는 것은 임시로 급한 때, 즉 즉각적으로 행해야 할 때일 뿐입니다. 지금 적은 가신의 손에 제압당하였으니 조석朝夕 간에 무슨 변고가 생길 일은 없습니다. 그러므로 신은 장군께서 그것(전결하는 것, 그들을 주살시키는 것)을 하시지 않기를 바라는 것입니다." 조비가 말했다. "그대의 생각이 옳소." 곧바로 조비는 조조에게 보고하였는데, 조조가 과연 주살하지 말라고 하였다. 조조가 돌아와 그 얘기를 듣고 매우 기뻐하며 정욱을 불러서 이렇게 말했다. "그대는 군계만 밝은 것이 아니라 부자간에 어떻게 처신해야 할지도 잘 알고 있구려!"《본전/배송지 주, 위서》

하북을 평정한 조조는 원소의 기주 치소였던 업현을 자신의 근거지로 삼았다. 이를 기반으로 자신의 위공과 위왕 등의 봉작封爵에 착수하여 세력 기반을 확고히 굳혀 나갔다. 조조가 외정을 할 때는 마땅히 장자인 조비가 업현에 남아 조조의 직무를 대행하였다. 마침 조조가 외정을 나간 사이에 하북 내의 영지에서 반란이 일어났고, 조비는 장군 가신으로 하여금 이를 평정토록 했다. 반란군 중 수천 무리가 항복을 청하니, 신료들은 예전에 선포한 법에 의거하여 이들을 모두 주륙誅戮함이 마땅하다고 주장했다. 그들은 자신의 과오를 깨닫고 사전에 항복을 청한 것이 아니라, 포위로 인해 상황이 급박해지자 단순히 살기 위해 항복을 청한 것이기 때문에, 진심에서 비롯된 것이 아니란 점이 그 이유였다. 대부분의 의견이 이와 같음에도, 정욱은 홀로 이를 반대하며 자신의 의견을 고수했다. 신료들이 주장하는 바는, 포위된 이후에 항복한 자는 주살하는 것이 위엄을 보여 앞으로는 포위되기 이전에 항복할 수 있도록 이로움을 좇는 행위이며, 이는 혼란스러운 시대에 실시해야 가능한 일이라는 것이다. 그러나 지금은 정국 상황이 안정되어 있기 때문에 예전에 선포한 법에 따른다고 하여 실제로 득이 될 것이 없다고 판단했기 때문이다. 그러나 이와 같이 조비가 스스로의 뜻대로 항복한 무리를 주살을 하고자 한다면, 정욱은 먼저 조조에게 사전보고를 하여 명을 기다릴 것을 진언하였다. 이는 흔히 선참후계先斬後啓 즉 군율에 의해 사안을 집행한 뒤 나중에 보고하는 것과는 상반된 처사였다.

신료들은, 군사에 관한 일은 일관되게 판단하는 것이 중요한데다 전결專決의 권한이 위임이 된 만큼, 정욱의 이러한 주장을 반대하였다. 그러나 정욱은 계속 자신의 주장을 꺾지 않으며 침묵하였다. 정욱이 알고 있는 조조는, 이 문제를 응당 자신의 주장과 같이 처벌하지 않는 쪽으로 처리할 것이라 믿었고, 이는 자신이 오랫동안 조조와 함께했던 경륜에서 나온 판단이었다. 젊은 혈기에 일을 처리할 수도 있었던 조비가 용의주도하게 성급함을 잠시 뒤로 하고 정욱을 따로 불러, 정욱에게 왜 침묵하였는지 물으며 자문을 구하였다. 이에 정욱은, 전결이라 함은 그 시점에서 처리하지 않으면 안 될 긴급할 때에 임시로 행하는 절차이며, 현재는 그러한 상황이 아니기에, 조비에게 그러한 전결을 행하지 말 것을 다시 청원하였다. 이러한 정욱의 의견을 받아들인 조비는 조조에게 품의하였는데, 이후 환군한 조조는, 정욱이 부자간에 어찌 처신해야 할지 그 도리를 잘 알게 하였다며, 칭찬을 아끼지 않았다.

정욱의 이 같은 진언은, 조비가 조조에게 실망을 안기지 않는 효과를 가져다주었다. 흔히들 대부분 어떠한 일로 인해 의론이 분분할 때 가장 합리적인 해결방안은 대다수의 의견에 따르는 것이라고 생각한다. 조비가 임시로 조조 대신 직무대행을 맡고 있을 때 발생한 하간군에서 일어난 반란에 대한 처리 문제도 마찬가지였다. 조비 역시 신료들의 대다수 의견에 더 마음이 기울어졌을 가능성이 높고, 더욱이 그에게는 임시 전결권이 있었기 때문에 신료들의 주장은 충분히 설득력이 있었다.

이렇게 조비가 신료들 대다수의 의견을 제치고, 정욱의 의견을 택하면서 현명하게 사안을 마무리를 짓게 한 데에는, 정욱의 성격유형에 관련된 특징에서 기인한 것이라 할 수 있다. 객체의 가능성을 파악하고 그 실현 계기를 마련해주는 능력이 있는 특징처럼, 정욱이 시국 상황에 맞게끔 법을 운용하는 것에 관해 자신의 의견을 견지할 수 있었다. 이것은 조조가 과연 어떠한 선택을 할 것인가 그 가능성을 파악했기 때문이다. 결과적으로 조조의 의중에 부합되는 진언을 하였고, 이러한 자신의 뜻을 조비가 결정하도록 침묵의 태도를 통해 조비에게 실현 계기를 마련해 주었다 하겠다. 덕분에 조비는 정욱의 손을 들어주면서, 하마터면 실책이 될 수도 있었던 이 일을 깔끔하게 해결하였다.

또한 다음과 같이 조조가 원소의 남침을 우려하여 정욱에게 증원군을 파견하려던 생각과 달리, 정욱이 이를 사양하는 경우에서도, 그의 성격유형에 부합되는 특징이 잘 나타난다.

여양[16]에 있던 원소는 장차 남쪽으로 황하를 건너려 했다. 이때 정욱은 7백 명의 군대를 가지고 견성을 지키고 있었으므로, 조조는 그 소식을 듣고서 사람을 파견하여 원소의 군대가 장차 남하한다는 소식을 알리게 하고 정욱에게 2천 명의 병사를 증원시켜 주겠다고 말했다. 그러나 정욱은 받으려 하지 않고 이렇게 말했다. "원소가 10만 명의 병사를 거느리고 있기에 스스로 앞에 적이 없는 것처럼 가고 있습니다. 지금 제 병력이 적음을 그가 알았지만 반드시 쉽게 와서 공략하지는 못할 것입니다. 만약에 저의 병력을

16) 여양黎陽은 기주 관할 위군의 속현으로 지금 하남성 북부, 옛 황하북안에 있는 준현濬縣이다.

증원시켜 군세가 약간 강하게 된다면 원소의 군대는 지나갈 때 우리를 기필코 공략할 것입니다. 단지 원소군을 공략해서 이긴다 해도 한낱 조공과 저 두 사람의 병력을 약화시킬 뿐입니다. 원컨대 조공께서는 이것을 의심하지 마십시오." 조조는 그의 말을 따랐다. 원소는 정욱의 군대가 적다는 것을 들었으나 과연 공격하러 오지 않았다. 조조가 가후에게 말하였다. "정욱의 담력은 맹분과 하육보다도 강하다." (본전)

조조와 원소와의 전쟁이 점차 가시화되자 원소의 남정을 우려한 조조는, 정욱이 지키고 있는 견성의 병력이 너무 적다고 판단하여 증원군을 파견하려 하였다. 그러나 정욱은 이를 철회할 것을 요구하였다. 그는 현재 상태를 계속 유지한다면, 원소는 가벼이 여겨 견성을 공략하려고 들지 않겠지만, 증원군이 늘어나는 것은 원소로 하여금 다른 생각을 갖게 만들어 반드시 견성을 공략하게 만드는 형국을 초래하기 때문에, 결코 이롭지 않다고 판단했다. 그리하여 견성의 방비가 약한 것을 걱정하면서도 정욱의 의견을 받아들인 조조는, 다시 한번 정욱의 식견에 탄복하지 않을 수 없었다. 이는 정욱의 예측대로 원소는 견성을 전혀 공략하지 않았기 때문이었다.

무릇 의심이 많은 자를 상대로 승산 있는 승부를 벌이려면, 상대방의 의중까지 염두에 두고 한발 앞서 나가 탐색을 해야 한다. 일반적인 상황이라면 조조의 증원은 마땅한 방책이었지만, 상대는 모략을 펼치길 좋아하나 의심이 많은 원소였다. 오히려 견성의 증원이 이뤄진다면 원소는 이를 견성의 방비가 약하다는 허장성세라 받아들일 것이고, 더욱이 견성이 조조에게 있어 중요 거점이라 판단할 여지가 있기에, 정욱은 이를 피하고자 하였다. 결국 견성의 수비력이 약한데도 불구하고 계속 방치된 것에 대해 원소는 의심을 품어, 견성을 쉽사리 공략하려고 들질 않았다. 이렇듯 원소를 꿰뚫어 보고 그의 행동거지를 가늠하여 그에 맞게끔 취한 정욱의 행동은, 실로 객체의 가능성을 파악하고 그에 대응할 방안을 구사한 것으로써, 이는 외향적 직관형의 특징에 잘 부합되는 성격유형과 연관되는 사례라 할 수 있다.

여기에 머물지 않고, 유비에 대해서도 성격유형의 특징이 유효하게 작용한다. 비록 유비와 관련된 정욱의 헌책이 받아들여지지 않았기에 조조를 위한 어떠한 계기가 마련되지는 않았지만, 유비라는 인물을 파악하고 그와 관련된 끊임없는 진언을 시도했다는 점에서 성격유형과 연관되는 특징은 여실히 드러난다.

유비는 서주를 잃어버린 후에 조조에게 귀부했다. 정욱이 조조에게 권하여 유비를 죽여야 한다고 권유했으나 조조는 듣지 않았다. 이에 관한 일은 《무제기》에 기록했다. 나중에 또 조조는 유비를 서주로 파견하여 원술을 요격하게 하니 정욱이 곽가와 함께 조조에게 말했다. "공公(조조)께서는 이전에 유비를 제거해버리지 아니하셨는데, 저와 같은 사람은 진실로 공에게 미치지는 못합니다. 그러나 지금 공이 그에게 병사를 빌려주어 출정하게 하시는데, 그는 반드시 다른 마음을 품게 될 것입니다." 조조는 이 말을 듣고 후회하여 유비를 추격하게 하였으나 쫓아갈 수 없었다. 때마침 원술이 병으로 죽자 유비는 서주에 이르러 차주를 살해하고 군대를 일으켜 조조를 배반하였다. (본전)

조조의 허도정권이 세워진 후 조정의 명을 이용하여, 조조는 유비로 하여금 회남의 원술을 정벌하게 하였었다. 유비는 이를 수행하는 와중에 자신이 받아들였던 객장 여포에게 뒤통수를 맞고 근거지 서주를 잃게 되자, 급기야 조조에게 의탁하게 되었다. 유비가 효웅梟雄(사나운 영웅)의 자질을 갖고 있음을 파악한 정욱은, 조조에게 유비를 죽일 것을 진언하였으나 조조는 여러 이유를 들어 유비를 포용하였다. 때마침 원술이 원소에게 귀부하려고 북상하려던 소식에 유비는 자청하여 원술을 요격하고자 하였고, 조조는 이를 허락하였다. 유비의 국량을 꿰뚫어 본 정욱은 유비가 결코 조조 아래에서 일할 사람은 아니라 여기고, 조조에게 유비의 출진을 저지할 것을 진언하였다.

조조 또한 자신의 선택을 후회하고는 재빨리 유비를 추격토록 했으나, 이미 엎질러진 물이었다. 유비는 물고기가 물을 만난 것처럼 조조의 군대를 이용하여 서주를 쳐서, 다시금 이를 할거 기반으로 삼아 자립하여 반조조 기치를 들었다. 조조와 달리 정욱이 유비가 훗날의 후환이 될 존재라 확신하고 이를 계속 견지할 수 있었던 것은, 조조와 정욱 이 두 사람 사이의 성격유형의 차이에서 비롯된 것이다. 이는 전술한 바와 같이 객체가 가지고 있는 가능성을 파악하는 능력이 외향적 직관형의 특징이기에, 정욱은 바로 이 성격유형의 특징을 지녀 조조와 달리 유비의 가능성을 일찍이 파악했기 때문이라 할 수 있다.

다음으로 외향적 직관형의 장점에 대해 언급하자면, 이 유형의 인물이 보여줄 수 있는 장점은 창조적이고 미래지향적인 성향을 지니고 있어 미래에 가장 바람직한 정책을 선택할 수 있는 능력이 있다는 것이다.

2. 범현의 호족지지를 바탕으로 근윤 설득하는 등, 연주 3성 굳건히 지켜내는 데 그 장점 두드러지게 발현되어

이 성격유형의 장점을 정욱에게 적용시켜 보면, 정욱의 경우 이러한 장점을 찾아보기 손쉽지 않은데 그 이유는 정욱이 순욱처럼 정무에 참여하여 각종 제도의 정비 및 시행 등에 관여하여 많은 치적을 남기는 면과는 동떨어져 있는 데다, 연주쟁탈전 이외에 이에 비견되거나 두드러진 활약을 한 사례를 좀처럼 찾아보기 어렵기 때문이다. 이러한 연유로 말미암아 정욱의 가장 큰 활약이라 일컬어지는 연주쟁탈전이라는 무대에서, 그 성격유형에 관련되는 장점은 오히려 두드러지게 발현되는 것이다.

정욱은 당시 여포에게 처자가 인질로 잡혀 있던 범현령 근윤을 설득하여 여포로 돌아서지 못하게 하였고, 창정진의 길을 끊음으로써 동아현으로 진격하던 진궁이 강을 건너지 못하게 만들었다. 또한 연주의 종사 설제와 더불어 계책을 짜 조조의 군대가 돌아오기까지 정욱은 순욱과 함께 지키던 견성, 근윤의 범현, 조지棗祗의 동아현 등 연주의 세 속현屬縣을 온전히 보존한다. 이에 조조로 하여금 기사회생의 기회를 마련할 수 있게 하였다. 특히 여포와 조조 사이에서 인질 때문에 가장 곤란한 상황에 처해있던 근윤이, 계속 조조를 따르게 만드는 것은 미래에 바람직한 정책을 선택하는 능력과 직결된다 할 수 있을 것이다. 이 점이야말로 정욱이 보여줄 수 있는 성격유형에 부합되는 장점에 해당되는 경우라 하겠다.

마지막으로 외향적 직관형의 인물이 보여 줄 수 있는 단점은, 첫째로 현실을 무시하는 경향이 있어 정책의 추진과정에서 갈등을 야기시킬 수 있고, 둘째로 이성적으로 자기의 인식을 정리 및 저장할 겨를이 없으며, 한곳에 꾸준히 머무르지 못하는 성향이 있으며, 셋째로 관습과 전통을 가볍게 여기며 원하는 것을 얻기 위해 타인을 유린하기도 한다는 점을 들 수 있다.

3. 군량 부족하자 본현 노략질하여 벌충한 데에 인육이 섞여 있었으니, 수단방법 가리지 않는 패권 지향적인 그의 단점 노출돼

이 성격유형의 단점을 정욱에게 적용시켜 보면, 정욱은 패권지향적인 인물답게 자신의 목적을 위해 수단과 방법을 가리지 않는 면모를 보여주는 데서 그의 성격유형에 연관된 단점 중 셋째 내용과 잘 부합이 되는 경우가 되고 있다. 정욱의 이러한 면모는《삼국지연의》에서도 잘 나타나고 있는데, 그중 서서의 지모로 유비가 조인의 남침을 저지하자 정욱이 서서를 조조에게 데려오기 위한 계책을 구사하는 과정이야말로 정욱의 성격유형에 부합되는 단점과 연관성이 있다고 하겠다.

> **정욱은 날마다 서서의 늙은 어머니께 문안을 드리며 서서와 자기는 일찍이 의형제를 맺은 사이라고 거짓말을 했다. 그는 친어머니 섬기듯 하면서 좋은 물건을 보낼 때마다 반드시 친히 몇 자씩 적은 쪽지를 함께 보냈다. 서서의 모친은 사실인 줄로 믿고 물건을 받을 때마다 잘 받았다는 쪽지를 써서 답장했다. 마침내 정욱은 서서 모친의 필적을 모아 그 글씨체를 본떠서 한 통의 편지를 작성하여 심복 부하에게 주어 곧장 신야로 보냈다. (…) 서서는 서신을 읽고 나자 눈물이 비 오듯 한다. 그는 곧 서신을 가지고 유현덕에게로 갔다.《삼국지연의 제36회》**

조인이 유비에게 격파된 사실에 의아해한 조조는, 지모 있는 선비가 유비를 도왔을 것이라는 궁금증을 갖게 된다. 이에 정욱이 그 선비의 이름은 서서이며 또한 그가 어떠한 인물인지에 관해 자세히 설명을 하자, 조조는 이를 몹시 안타까워한다. 정욱은 서서의 어머니가 허도에 있다는 점을 이용하여 서서를 허도로 불러들일 계책을 진언하고, 결국 유비로부터 서서를 빼오는 데 성공한다. 하지만 정욱의 계책으로 인해 서서의 어머니는 자살하기에 이르렀고, 서서는 분개하여 앞으로 조조에게 지모를 빌려주지 않기로 다짐을 하여 사실상 그의 휘하에 있어도 쓰지 못하는 상황이 되고 만다.

서서가 현재 사용하고 있는 단복[17]이라는 가명과 지난날의 행적과 모친의 거주지 등을 소상히 알고 있는 것을 본다면, 분명 정욱은 서서의 모친이 어떠한 성격이었는지도 알았을 것이다. 또한 자신의 계책이 적중한다면 어떠한 결과가 나올지 나름대로 짐작이 가능했을 것이다. 난세에는 이익을 위해 정석이 아닌 변칙의 술수를 구사할 수 있는 만큼, 정욱은 단순히 서서를 유비로부터 빼내오기 위해 다소 교활한 책략을 구사한 것으로 볼 수 있다. 이러한 《삼국지연의》 속에서 펼쳐진 묘사를 통해 비친 정욱의 패도적 면모는, 실제 연주쟁탈전 가운데 성격유형에 관련되는 단점으로 잘 드러난다.

> **처음에 조조의 군량이 부족해지자 정욱이 본현**本縣(출신 현)**을 노략하여 3일치 군량을 공급하였다.** (그런데) **그 안에 인포**人脯(사람을 말린 고기)**가 조금 뒤섞여 있었다. 이로 인해 조야의 명망을 잃어 지위가 삼공에 이르지 못했다.** 《**본전/배송지 주, 세어**》

당시 후한 사회는 향촌을 중심으로 그 출신 인사들의 정치, 경제, 사회적 영향력이 펼쳐졌고, 사대부들은 자신의 출신 지역에 대한 애향심이 상당했으며, 특히 어느 지역 출신인가는 향후 정·관계 진출에 중요한 기준으로 작용했다. 이러한 분위기가 만연했던 당시 사회에서 사대부가 자신의 향촌을 노략하는 것은 사대부로서 도의적인 지탄을 피할 수가 없는 일이었고, 더욱이 설상가상 격으로 그 노략질의 수확물에서 인육이 섞여 나온 것 역시 명망에 큰 흠집을 낼 과오였다.

특히 연주쟁탈전을 겪는 와중에 명충이 발생하자, 조조군은 군량 부족의 심각함을 더욱 겪을 수밖에 없었다. 정욱은 이를 해결하기 위해 자신의 본현인 동아현을 노략질하여 3일분의 군량을 충당했는데, 그 군량 속에 인육이 섞여 있었던 것이다. 비록 조조군의 굶주림을 면하

---

17) 《삼국지연의》에서는 서서徐庶의 이름을 처음 '단복單福'(단씨 성이 없기 때문에 '선복'으로 표기함)이라 바꾸어 썼다.

게 하여 계속 종군할 수 있게 하는 공적을 세웠다고 해도, 그 방법은 도의적이지 못했기 때문에 이로 인해 실추된 정욱의 명망은 쉽사리 회복되기 어려웠다. 이러한 연유로 정욱은 구경의 반열에만 머무를 뿐 더 이상 삼공에 오르질 못했다. 정욱은 스스로 사퇴하여 집안에 틀어박혀 외부와의 교류를 피하였으나, 위왕 조비가 후한 헌제로부터 선양을 받아 황제로 즉위한 후 다시 정욱을 불러 위위로 임명하였고, 이후 삼공을 삼으려 했지만 애석하게도 이때 정욱은 팔십 세로 삶을 마감하게 되면서 끝내 삼공의 자리에는 인연이 없는 인물이 되고 말았다.

또한 연주쟁탈전에서 정욱으로 인해 자신의 가족들을 버려야 했던 범현의 수장 근윤의 경우, 정욱의 설득으로 인해 조조를 따르게 되었는데, 이 대목 역시 목적 달성을 위해 남을 유린하는 것을 개의치 않는 면모가 보인다.

정욱은 곧 동아현으로 돌아가려는데 범현을 지나갈 때 그곳의 현령인 근윤을 설득하여 말했다. "내가 듣건대 여포가 당신의 모친과 동생 그리고 처자를 붙잡아 놓았으니 효자가 된 자로서 진실로 마음에 견딜 수 없을 것이오. 지금 천하가 크게 혼란스러워 영웅이 함께 일어났으니 반드시 세상의 운명을 장악하여 천하의 어지러움을 잠재울 수 있는 자가 있을 것이고, 이는 곧 지혜로운 자라면 자세히 살펴 선택할 수 있는 것이오. 주군을 얻은 자는 흥할 것이고, 주군을 잃은 자는 망할 것이오. 진궁이 모반하여 여포를 영접하자 거개의 성이 호응했소. 이는 마치 능력이 있어서 그렇게 된 것 같겠지만, 그대가 보건대 여포는 어떤 사람이오! 무릇 여포는 사람이 거칠어 친함이 적고 강퍅하고 예의도 없으니 필부의 영웅일 뿐이오. 진궁 등이 형세에 의지하여 거짓으로 연합했으나 결국에는 주군의 예를 다하여 여포를 대접할 수는 없을 것이오. 그들 병력이 비록 많으나 끝내 반드시 성공하지 못할 것이오. 조사군曹使君(조조)의 지혜와 모략은 당대에서 좀처럼 나타나지 않을 만큼 뛰어난 것으로 아마도 하늘이 그에게 내려준 것이오! 그대는 반드시 범현을 굳게 지키고, 나는 동아현을 지킨다면 전단[18]의 공을 이룰 수 있을 것이오. 누가 충의를 어기고 사악함을 따르면서 어머니와 자식을 모두 망하게 하겠소? 오직 그대는 이 점만을 살펴서 생각하시오." 이에 근윤은 눈물을 흘리며 말했다. "감히 두 마음을 품고 있지 않겠습니다." 이때 진궁이 파견한 범억은 이미 현에 들어와 있었는데 근윤은 곧 범억을 만났고, 매복해 있던 병사가 그를 찔러 죽였다. 그런 연후에 근윤은 군중으로 돌아와 병사들을 결속시키고 성을 지켰다. 《본전》

"범현령 근윤은 아직 조조와 군신의 관계에 있지 않았다. 어머니는 지친至親의 관계이니 도의대로라면 마땅히 조조를 떠나야 했다. 옛날 왕릉의 어머니가 항우에게 잡혔는데, 그의 어머니는 고조(유방)가 천하를 얻을 것임을 알고 자살하여 왕릉의 뜻을 굳건히 해주었다. 마음에 걸리는 것을 확실히 없앤 후에라야 사력을 다해 남을 섬길 수 있는 절개를 얻을 수 있는 것이다. 위衛나라 공자 개방은 제齊나라에서 벼슬을 살면서 여러 해가 되도록 돌아가지 않았다. 그것을 본 관중은 "부모를 귀하게 생각하지 않는 개방이 어찌 주군을 정성스럽게 섬기겠느냐"[19]며 그에게 재상을 맡길

---

18) 전단田單은 전국시대 제나라의 명장으로 임치臨淄(지금 산동성 치박현) 사람이다. 연나라 장군 악의樂毅가 제나라를 격파했을 때, 그는 세작을 이용하는 계책을 써서 연나라 혜왕에게 대장 악의를 바꾸게 하고 화우진火牛陣을 이용하여 연나라의 군대를 격파하여 일거에 70여 개의 성을 회복하였다. 이에 제나라 양왕은 전단을 상국으로 삼고 안평왕에 책봉하였다.

19) 춘추시대 제齊 환공이 관중에게 "개방開方은 어떠한가?" 하고 물었더니 "부모를 버리고 군주에게 가는 것은 사람의 정리에 맞지 않고 부모를 곤란하게 합니다" 하고 대

수 없다고 판단하였다. 이 때문에 효자의 가문에서 충신을 구하는 것이니, 근윤도 마땅히 지친(어머니)을 먼저 구했어야 했다. 서서의 어머니가 조공(조조)에게 잡혔을 때 유비는 서서를 돌려보냈다. 천하를 도모하고자 하는 자는 다른 사람의 효심을 헤아려 줄 줄 알아야 하는 것이다. 조조도 마땅히 근윤을 그의 어머니에게 보냈어야 했다. 《본전/배송지 주, 서중의 (삼국)평》[20]

여포의 내습으로 여러 군현이 일제히 여포에게 호응하자, 이에 대한 방안을 모색하던 순욱과 정욱의 논의에서 결론은 정욱의 출신 본현인 동아현으로 돌아가 결속을 굳게 다지도록 설득하는 것이었다. 정욱은 동아현으로 가는 길에 범현에 들러 범현을 통치하던 현령 근윤을 설득시켜 여포에게 호응치 못하도록 쐐기를 박았다. 서중이 《삼국평》에서 말했듯이, 근윤은 조조와 군신관계에 있지 않았고 근윤의 가족들은 여포에게 잡혀 있기 때문에, 현령의 자리를 버리고 여포에게 갈 수 있었다. 그러함에도, 정욱은 그저 근친近親을 포기하고 뛰어난 주군을 섬길 것을 권유하듯 압박하며, 근윤이 떠날 수 있는 여지를 봉쇄하였다. 갑작스레 성의 수장이 바뀐다면 십중팔구 성안에 있던 백성들의 마음 역시 혼란스러워질 것은 당연한 일이었다. 이 점을 파악하지 못할 리 없는 정욱은, 여포에게 가는 것은 가족들과 함께 망하는 일이니 가족을 버릴 것을 간접적으로 권유하는 데에서 상당히 비정함을 느낄 수 있다. 즉, 근윤으로 하여금 관습과 전통을 따르게 하기보다는, 정욱이 소기의 목적 달성을 위해 근윤의 가족들을 희생하게 만드는 면은 수단

답하였다.

20) 배송지가 주석으로 인용한 서중의 평評은 흔히 《삼국평》으로 불리기도 하며 총 3권으로 이뤄져 있는데, 이 책을 지은이는 동진東晉시대에 시중을 역임한 역사가인 서중徐衆이란 인물이다.

방법을 가리지 않는 패권 지향성의 수준이 높다고 할 수 있을지 모르겠으나, 외향적 직관형이 보여줄 수 있는 면모로서는 제어하지 못한 단점이라 하겠다.

총체적으로 평가하건대, 정욱은 어지러운 세상을 구제할 뛰어난 주군인 조조를 만나자 그를 위해 지모를 아끼지 않았고, 조조는 군웅 초기 시절 하마터면 군웅의 삶에 종지부를 찍을 뻔했던 위기상황을 정욱으로 인해 잘 모면하였다. 무릇 난세에는 각종 술수와 모략이 판을 치게 되어 정도正道만을 고집할 수 없으나, 치세로 접어들게 되면 정도야말로 삶의 큰 잣대가 된다. 비록 조조가 평생 동안 정욱에 대한 은혜를 잊지 못할 정도로 그 공적은 탁월했으나, 정도를 벗어난 정욱의 소기의 목적 달성을 위한 수단과 방법은 상당히 비도의적이어서 많은 논자들에게 회자될 정도였고, 결국 이는 오랫동안 정욱의 앞길을 가로막는 장애가 되었다. 정욱은 곽가와 동일한 성격유형의 부류로서 곽가와 비슷하게 조조의 개인적 모신으로의 활약이 주로 돋보이며, 조조의 가능성을 알아보고 그의 성장 가능성을 실현시킬 수 있도록 계기를 마련해주는 데 도움을 주었다.

그러나 정욱과 곽가 양자 간의 삶이 다소 상이하게 보이는 것은 재능의 개인적 강약에 따른 그 발현의 편차가 있겠으나, 어찌 보면 단명과 장수라는 두 인물의 수명 차이라는 점을 무시하지 못할 원인이라 할 수 있을 것이다. 무엇보다도 정욱이 오래 사는 동안 성격유형의 단점을 많이 드러내게 된 것이야말로 양자 간의 상이점이 보이는 단적인 원인이라 하겠다.

모신 정욱의 남은 논의

04

진수는 정욱에 대해 평하여 말하고 있다.

"재능과 책략, 모략 등에서 세상의 기이한 재주를 지닌 인물이다. 그는 비록 청아하게 덕행을 수행하는 데에서는 순유에 미치지 못하지만, 계책을 짜고 도모하는 데에서는 오히려 순유와 같은 범주였다."

황건적의 난이 발발했을 때 동아현에서는 현승(현의 차관)이 황건적에게 호응해, 현령(현의 행정장관)은 도망하고 백성들도 산속으로 피신했다. 정욱은 허둥대는 백성들에게 눈길도 주지 않고 현의 호족인 설방에게 계책을 주었다. 물론 계책 따위를 이해할 수 없는 백성들은 정욱의 말을 듣지 않았다. 정욱은 "어리석은 백성과는 일을 도모할 수 없다"고 말하며, 그 지역의 호족과 협력하여 현성을 탈환하고 황건적을 격퇴했다. 그 지역 호족의 지지에 힘입어 향리사회에 영향력을 발휘했음을 알 수 있다. 그 사이 동아현은 자연스럽게 조조의 지배하에 들어가게 되고, 정욱도 벽소辟召를 받아 조조를 섬기게 되었다.

이리하여 순조롭게 지배세력을 넓혀가던 조조에게 급전직하 위기가 찾아왔다. 그것이 적벽대전의 패배는 아니다. 조조 생애 최대 위기는 그의 근거지 연주에서 진궁·장막 등이 모반하고 여포를 끌어들였을 때였다. 일찍이 그 지역 호족과의 연줄망으로 정욱은 향리사회에 영향력을 발휘해 황건적으로부터 동아현을 사수했다. 순욱은 향리사회와 이러한 관계를 맺고 있는 정욱을 가리켜 동아현 '백성의 희망'이라 일컬었다. "지금 연주는 반란이 일어나 견성현, 범현, 동아현 3성만이 유지되고 있을 뿐입니다. 그대는 향리사회의 신망을 걸머진 백성의 희망입니다. 향리에 돌아가 범현과 동아현의 호족과 상의하면 일이 잘 풀릴 것입니다." 이같이 부탁을 받은 정욱은 범현, 동아현으로 돌아갔다. 이때도 정욱은 연주의 관할 군현의 호족이 주로 취임하는 종사 자리에 있는 설제薛悌와 협력하여 3개의 성을 온전히 지키며, 조조의 귀환을 기다려 그를 절체절명의 위기에서 구해낸 것이다.

앞서 정욱은 황건의 난이 일어났을 때, 그 지역 호족 설씨와 협력하여 향리사회를 지켜 호족세력의 신뢰를 얻고 있었다. 순욱은 이를 '백성의 희망'이라 일컬었지만, 여기서 말하는 바는 일반 백성 그대로라기보다는 향리사회에서 백성들을 직접 지배하는 호족의 후원이 있음을 일러 상징적으로 표현한 것이다. 정욱은 일반 백성이 아니라 호족세력과 연결되어 있음으로써 향리사회에 영향력을 갖는 존재였고, 순욱은 정욱에게 그 점을 기대했다. 그 기대에 부응하여 정욱은 연주종사 설제와 협력하여 호족의 지원을 받음으로써 향리사회에 큰 영향력을 발휘했기에, 조조의 근거지를 지켜낼 수 있었다. 그 뒤 조조가 주력군을 이끌고 서주에서 돌아와 여포와 장막, 진궁 등을 격파하여 연주를 탈환함으로써, 조조는 크나큰 위기에서 벗어나 강력한 지배세력으로 우뚝 설 기반을 다시금 구축하게 되었던 것이다.

《삼국지연의》에서 정욱은 온갖 속임수를 동원하여 서서를 끌어들이며 원소와의 장전전투에서 십면매복의 계략을 발안하는 조조군단의 책사이다. 하지만 사서 《삼국지》를 보면 의외라고 느낄 만큼 그 뒤의 활약이 적다. 관도대전 때 정욱은 병사 700명을 이끌고 견성을 계속 지키고 있었다. 조조가 그의 병력이 적은 것을 염려해 증원해 주겠다고 했을 때도 도움이 되지 않는다고 거절하고, 원소가 대군을 거느리고 진군해 오는 위급한 전황 가운데서도 견성을 계속 사수해 냈다. 조조가 정욱에게 요구한 것은 연주에 대한 지배력을 유지하는 일이었다. 그러므로 조조를 수행하여 정욱이 여러 전투에서 계략을 짜냈다는《삼국지연의》의 기술은, 역사적 사실과 분명 거리가 있는 것이다.

정욱은 향리사회의 지배집단인 호족으로부터 두터운 신뢰와 지지를 받은 백성의 희망이었다. 이러한 배경에 힘입어, 정욱은 연주에 대한 지배력을 공고히 하는 역할을 담당해 낸 것이다. 조조가 막하에 구름처럼 많은 모신을 거느린 이유 중 하나는, 이들이 이러한 지역의 호족들로부터 동조를 받게 하여, 향리사회에 영향력을 발휘하게 함으로써 정권을 안정시키려는 데 있었다. 모신 정욱의 역할도 바로 그 전형적인 사례로 볼 수 있는 것이다. 마침내 하북의 패자라 할 수 있는 원소의 막강한 세력을 무너뜨리고 조조가 중원과 하북을 평정하게 되어 다른 군웅이 연주를 노릴 일이 없어지자, 정욱이 맡은 역할이 작아지게 된다.

이러한 상황의 변화에 따른 자신의 입지를 알았던지, 정욱은 전격적으로 적벽대전 뒤에 스스로 은퇴를 표명하고 군사를 반환하고는 두문불출하게 된다. 기실은 적벽대전 무렵부터 시기심과 의심이 많았던 조조는 주군과 신하 사이의 힘겨루기 양상을 보여주게 되는데, 조조는 자신의 지배 권력을 강화하기 위해 전투 전에 공융을 죽였고 전투가 끝난 후에는 순욱마저도 제거한 것으로 보아야 한다. 정욱은 실로 교묘한 타이밍에 은퇴하는 처세술을 보여 조조가 죽은 뒤까지 그의 정치생명이 살아남을 수 있었다. 그리하여 위나라를 세운 문제 조비가 등극한 뒤, 바로 정욱은 위위로 복귀하였고 안향후에 봉해졌는데, 마침내 삼공三公이 되려고 할 때 공교롭게도 향년 80세의 나이로 세상을 떠났다.

정욱이 젊을 때 태산에 올라 두 손으로 해를 잡는 꿈을 꾸었다. 정욱은 개인적으로 이를 기이하게 여기다 순욱에게 말해주었다. 이후 연주에서 반란이 일어나자 정욱에 의지하여 세 성(견성, 범현, 동아현)**을 완전히 얻을 수 있었다. 이에 순욱이 정욱의 꿈을 조조에게 말하였다. 조조가 말했다. "그대는 마땅히 끝까지 내 심복이 되어주시오." 정욱은 본명이 립立이었는데, 조조가 그 위에'日'을 올려주어 정욱程昱으로 개명하였다."** 《본전, 배송지 주, 위서》

조조에 의해 특별한 의미를 부여받아 지난날 꾸었던 한낱 꿈이 자신의 이름으로 변모된 것처럼, 정욱은 일평생 조조의 심복으로 활약하였다. 사서에 기록된 그의 헌책 중 유비와 관련된 사항은 상당히 패도覇道적임을 확인할 수 있는데, 특히 곽가와 함께 조조에게 유비를 제거하라고 권유하거나 혹은 원술을 토벌하려고 자청한 유비를 보내지 말 것을 진언하는 내용 등은, 그가 인정과 사리에 어느 정도 통달하면서도 조조의 패업 달성을 위해서는 자신의 지모를 아끼지 않는 인물이었음을 보여준다. 그 식견으로 인한 최대 수혜자는 바로 조조였는데, 정욱이 지략과 담력을 갖춘 패도의 수준이 낮았다면 조조는 결코 삼국시기의 역사에서 뚜렷한 지역적 기반을 바탕으로 중원을 재패하기 어려웠을지 모른다.

제6장

주군의 가능성을 현실화시킨 채 애석하게 요절한 보좌역 곽가

인물 곽가의 삶의 궤적
01

1. 좋은 주군을 가려 제대로 택할 줄 알다

곽가郭嘉는 자가 봉효奉孝이고 영천군 양책현(지금 하남성 우주시) 사람이다. 어려서부터 곽가는 큰 뜻을 품었고 남다른 원견을 가지고 있어, 천하가 크게 어지러울 것을 예감하고 스무 살을 전후로 은거하여 시기를 도모하였다. 이와 동시에 은밀히 당시기 명사名士들과 사귀기 시작하였고, 일반 사람들에게 알려지지는 않았지만 식견이 높은 사람들은 곽가의 뛰어난 재능에 모두 찬탄하면서 그를 아주 중시하였다.

곽가는 처음에는 북쪽으로 가서 당시 세력이 가장 강성했던 원소에게 수십 일을 머물렀는데, 원소 또한 곽가를 매우 중히 여기며 그를 예우하였다. 그러나 원소가 일을 처리할 때 생각은 많으나 요령이 적고 모략을 좋아하지만 결단력이 없어, 그가 천하의 큰 난국을 구제하고 패왕의 대업을 이룩할 만한 인물이 되지 못한다고 보았다. 이에 원소의 모사인 신평과 곽도에게, "내가 장차 고쳐서 받들 다른 주군을 찾으려고 하는데 그대들도 가지 않겠소?"《자치통감 권62》라 하였다. 허나 두 사람이 "원씨가 천하에 은덕을 베풀어 가장 강한데 어디로 가겠습니까?"라 답하니 곽가는, 그들이 깨닫지 못할 줄 알고서 더 이상 말하지 않다가 마침내 의연히 원소를 떠나게 된다.

당시 조조는 자신의 뛰어난 모신이었던 희지재[1)]의 죽음으로, 그와 같은 지략을 지닌 사람이 없음을 탄식하고 있었다. 이때 순욱은 조조에게 곽가를 추천하였는데, 건안 원년(196년) 조조가 그를 불러 함께 천하의 일을 논하고서 곽가의 뛰어난 의견에 매우 감탄하며 "내가 대업을 이루게 할 이는 바로 이 사람이구나."《삼국지 위서 곽가전(이하 본전)》라고 생각하고, 표문을 올려 사공군좨주2)를 삼게 된다. 또한 곽가는 조조를 만나고 밖으로 나오면서 기뻐하며, "조공은 진정 나의 주인이시다."(본전)라고 하였다.

2. 계략으로 끝내 여포를 멸하고 유비를 먼저 치게 하다

건안 2년(197년) 원소가 조조에게 편지를 보냈는데, 그 말투가 교만하였다. 조조는 곽가에게, 장차 자웅을 결해야 할 원소에 대해 염려하면서 원소와 대적하여 승리할 가능성이 있는지를 물었다. 이에 곽가는, 주군(조조)이 원소를 능히 꺾을 수 있는 구체적인 열 가지에서 승리 요인을 지니고 있다고 추켜세웠다. 그리고 나아가, 실제 원소를 당적하기에 앞서 가까운 서주의 여포부터 주멸하지 않으면 여포가 원소의 외부로부터의 원군이 될 수 있다고, 정곡을 찌르는 예측을 제시한다.

건안 3년(198년) 조조는 곽가의 계략을 받아들여 여포의 팽성(지금 강소성 서주시)을 도륙하였다.3) 하비성에서 군사를 거느리고 나온 여포와 거듭 싸워 대파하였고, 여포가 직접 포위를 뚫고 원술에게 구원을 요청하러 나서는 시도를 깨뜨리는 등, 세 차례 싸워 그를 격파하였다.

---

1) 희지재戱之才는 영천사람으로, 순욱이 조조에게 천거한 참모로 모략이 뛰어나 조조가 매우 중시하였지만 일찍 죽었다. 순욱은 희지재 다음에 곽가를 천거했었다.

2) 진수의 《삼국지》에 사공군좨주司公軍祭酒라고 되어 있는 이는 사공의 속관으로 군사기율을 관장하는 일에 참여하는 직책이다.

3) 전쟁에서 승리한 정도에 따라 다른 표현을 쓰는데, 입入은 큰 싸움이 없이 들어가는 것이고, 극克은 힘껏 싸워 승리하는 것이고, 도屠는 점령지의 사람이나 가축을 거의 전부 죽인 것을 말한다.

그러자 여포는 퇴각하여 하비(지금 강소성 비현)를 굳게 지켰다. 조조가 이를 공격하여도 취하지 못하자 사졸들이 피곤하고 지치므로, 조조는 군사를 물려 돌아가려고 하였다. 이때 곽가는, 여포는 용맹하나 지혜가 없고 그는 여러 차례 모두 패하였기 때문에, 그 기세가 쇠퇴해졌다고 보았다. 또한 진궁이 비록 지혜가 있다고는 하지만 그의 결정은 언제나 느리니, 이 기회를 틈타 여포의 기세가 회복되기 전에 진군하여 서둘러 공격하면 반드시 여포를 무너뜨릴 수 있을 것이라고 진언하였다. 이에 조조는 곽가, 순유의 말을 받아들여 기수와 사수의 물을 하비성에 끌어들인다. 같은 해 12월에, 하비를 점하여 마침내 여포와 진궁을 죽이고 원소와의 결전을 준비해 나가게 되었다.

당시 손책은 1,000리에 걸쳐 전선을 구축하고 강동 지역을 거의 소유하고 있었다. 그는 조조가 원소와 관도에서 서로 대치하고 있다는 것을 알고, 장강을 건너 허도를 습격하고자 하였다. 조조 진영에서는 이 소식을 듣고 모두 두려워하고 있었다. 그러나 곽가는 말하기를, "손책은 이제 막 강동을 병탄하였고 그에게 주살된 자들은 모두 영웅호걸로 사람을 얻기 위해서라면 죽을힘을 다할 자들이었습니다. 그러나 손책은 일 처리가 경솔하고 대비도 없으니, 비록 백만의 군사가 있다고 해도 혼자 중원 땅을 지나가는 것과 다를 바가 없습니다. 만약 자객이 숨어 있다가 일어나면, 단지 한 사람의 적일 뿐입니다. 제가 그를 보건대, 반드시 필부의 손에 죽을 것입니다."(본전)라 하였다. 과연 그의 말대로 손책은 장강을 건너기도 전에 오군태수였던 허공의 식객에 죽임을 당하였다.

건안 4년(199년) 공손찬과의 싸움에서 승리한 원소는, 기주, 청주, 유주, 병주의 4개주와 병사 10만 명과 기병 1만 명을 거느리고, 허현(지금 하남성 허창시)을 공격하려 하였다. 같은 해 12월, 조조는 군사를 이끌고 관도(지금 하남성 중모현 동북)에 주둔하면서 원소의 남하를 저지하려고 하였다. 이때 황제라 칭한[4] 원술은 황음과 낭비로 재물이 바닥나서 존립이 어려워졌고, 사졸들이 도망하니 근심과 번민 속에 어찌할 바를 몰라, 하북의 원소에게 가고자 하비를 따라 북쪽으로 지나갈 생각이었다. 조조는 유비가 5000군사로 이를 무찌르겠다 하자 유비와 장군 주령을 파견하여 원술을 요격하게 하였다. 이로 원술은 지나갈 수가 없어서 다시 수춘(지금 안휘성 수현)으로 도망하였다.

곽가와 정욱은 이를 안 뒤 크게 놀라, 유비를 놓아주어서는 반드시 변란이 생긴다고 조조에게 제지하게 하였다. 그러나 이미 유비는 떠나버렸고, 조조가 후회하고 뒤를 쫓게 하였으나 따라잡지 못하였다. 과연 곽가의 말대로, 유비는 서주자사 차주를 죽이고 서주에서 반조反曹의 기치를 들게 된다. 관우에게 하비(서주의 치소)[5]를 지키고 태수의 일을 하도록 하였으며 자신은 소패(예주의 치소, 지금 강소성 패현)로 돌아갔다.

조조가 급속히 출병하여 유비를 공격하려 하자, 막료들은 유비를 공격할 때 원소가 배후를 칠 것을 두려워하였다. 이에 대해 조조는 곽가에게 물었는데, 곽가는 조조의 결정에 동의하면서 "원소는 의심이 많아서 와도 빨리 오지 않을 것이니, 무리들이 유비에게 귀부하기 전에 급히 공격하면 패배시킬 수 있다."(본전)고 말하였다. 조조는 이를 듣고 마음을 굳혀, 건안 5년(200년) 정월 군사를 동진하여 유비를 공격하였고, 크게 패한 유비는 원소에게 도주하게 된다. 조조는 관우와 유비의 처자들을 포로로 잡았고 하비도 빼앗았다. 이렇게 조조가 유비를 공격하는 사이, 원소의 모사 전풍은 원소에게 조조의 배후를 칠 것을

4) 후한 왕조가 저물어 간다고 여긴 뭇 군웅들이 야심을 가지고 있었다. 그러다 원술이 건안 2년(197년) 수춘壽春(지금 안휘성 수현)에서 스스로 '중가仲家'라고 불렀으며 황제라 칭하는 속도위반을 하니 공공의 적이 되었다.

5) 하비下邳는 지금 강소성 수영현 북쪽 고비진이다.

간언하였다. 그러나 원소는 그 아들이 아프다는 핑계로 이를 받아들이지 않았으니, 곽가가 말했던 예측은 제대로 맞아떨어진 셈이었다.

3. 상황을 꿰뚫어 보아 원담, 원상을 토벌하게 하다

조조는 매번 전쟁터에 나갈 때마다 곽가를 대동하였다. 작전참모회의에 참석할 때나 행군할 때 곽가와 함께하며, 일을 의논할 때면 언제나 동석하였다. 군국대사를 논의함에 있어서 각종 의견으로 분분할 때면 곽가는 합당한 책략을 제시하였고 그의 발의는 한 번도 실패한 적이 없었다. 그는 특히 자신의 독립적인 견해를 견지하여, 다수의 의견과 배치되는 경우에 자신의 의견을 쉽게 포기하지 않았다. 이러한 그의 태도는 원담, 원상과의 전쟁에서 두드러지게 나타난다.

곽가는 조조를 따라 건안 5년(200년) 관도대전에서 원소를 격파하고, 원소가 죽은 뒤 건안 8년(203년) 여양(지금 하남성 준현)에서 원담, 원상을 물리치는 데에 기여하였다. 이에 업현(지금 하북성 임장현)에 이르러 여러 장수들이, 승리한 여세를 몰아 크게 원담과 원상을 공격하자고 주장하자 이때 곽가는 특별한 계책을 건의하게 된다. "원소는 이 두 아들을 사랑하여 누구로 적자嫡子를 세우지 않았습니다. 지금 그들의 권력이 비등하고 각각 당여6)를 가지고 있어서 이들은 상황이 급하게 되면 곧 서로 보호하지만 느슨하게 내버려 두면 서로 다투게 될 것입니다. 남쪽 형주를 향하면서 그들이 변화하기를 기다리는 것만 못합니다. 형세의 변화를 기다렸다가 변화가 생긴 후에 그들을 공격하면, 가히 한 번 거병하여 평정할 수 있습니다."《자치통감 권 64》라고 하였다.

조조는 곽가의 이러한 책략에 십분 동의하면서 남쪽으로 진군하여 서평(지금 하남성 서평현)에 이르렀고, 원담, 원상은 과연 기주(지금 하북

6) '당여黨與'란 더불어 한 무리를 이루고 있는 것을 말하는데, 신평과 곽도 등이 원담에게 붙어있고, 심배와 봉기 등이 원상에게 붙어있는 것을 말한다.

성 중부)를 다투기 위해 크게 싸우게 된다. 원담이 원상에게 패하여 달아나 평원(지금 산동성 평원현)을 지켰으며, 원담은 조조에게 신평의 동생 신비를 파견하여 항복하겠다며 구원을 요청하는 사태가 빚어졌다. 조조는 이를 받아들여 원담을 구원하였고, 자신의 아들 조정과 원담의 딸을 결혼시키게 된다.

건안 10년(205년), 곽가는 조조를 따라 북진하여 평원의 포위를 풀고 업성으로 돌아온 원상을 크게 무찔렀다. 조조는 거짓투항하려 한 의도가 드러난 원담과의 혼사관계를 끊고, 남피(지금 하남성 남피현)에서 격파하여 원담과 그 처자식을 주살하였다. 또한 원상과 원희는 토벌을 피해 요서지역에 있는 삼군[7]의 오환족에게 도주하였다. 이리하여 조조는 원씨 일가 세력의 근거지인 기주를 비롯한 하북을 완전히 평정하였으며, 표를 올려 곽가를 유양정후에 봉하게 했다.

4. 오환烏丸을 치고 북방을 평정하는 데 기여하다

원상이 북쪽으로 도망가 오환족에게 의탁하자 조조가 이를 공격하여 북방을 평정하는 마지막 전쟁을 수행하게 된다. 곽가는 삼군으로 정벌에 나서는 원정에서 뛰어난 책략으로 큰 공훈을 세운다. 건안 12년(207년), 조조가 북방으로 가서 삼군의 오환족을 정벌하려고 하니, 조조의 장수들은 원상은 도망친 호로胡虜(북방의 이민족을 이름)에 불과하며, 오랑캐 오환족이 이용당하지 않을 것이라 하였다. 그런데 그 종족의 영토에 깊숙이 들어가 그들을 정벌한다면, 그때 유비는 반드시 유표를 설득하여 허도(지금 하남성 허창시)를 습격할 것이라고 북정을 반대하였다.

그러나 모두가 반대하는 가운데 곽가만은 남들과 다른 혜안을 가지

---

7) 삼군三郡은 어양군, 우북평군, 요서군을 이른다.

고, "오환족은 멀리 떨어져 있기에 방비하지 못한 틈을 공격하면 격파할 수 있다."(본전)고 보았다. 또한 "유표는 단지 좌담하는 빈객일 뿐이며, 유비에게 중임을 맡기면 제어할 수 없고 유비를 하찮은 직책에 앉히면 그는 쓸모가 없어지니"(본전), 유표가 쉽사리 북진하지 않을 것을 예견하여 북방의 원정을 권했다. 이에 조조는 오환족을 공격하는 것이, 스스로 점령한 지 얼마 되지 않은 하북지역의 장악을 공고히 하는 것으로 여겨 마음을 정하고 북정을 하게 된다.

조조의 대군이 역현(지금 하북성 웅현)8)에 이르자 곽가는, "전쟁에서는 신속한 행동을 귀하게 여깁니다. 지금 천 리를 가서 다른 사람을 습격하는 데는 치중이 많아서 이로움을 얻기가 어려우며, 또한 적들이 공격한다는 소식을 들으면 반드시 대비할 것입니다. 치중을 남겨두고 장비를 가볍게 한 병사들을 낮과 밤을 달려서 출동시키면, 그들이 생각지도 못한 상황에서 습격하게 하는 것만한 것이 없습니다."(본전)라 말하였다. 이렇게 곽가는 속도전을 조조에게 건의하였고, 이를 받아들인 조조는 치중을 남겨두고 가볍게 무장한 병사들을 꾸려 낮과 밤을 달려 출동시켰다.

그의 대군이 노룡(지금 하북성 천안현 서북)의 요새를 출발하여 용정을 공격하였다. 조조의 대군이 유성(지금 요녕성 조양시 동남)을 향하여 2백 리 남겨둔 지점에 이르렀을 때에야, 오환군의 병사들은 이같이 공격해 온다는 사실을 알았다. 이에 원상과 원희는 오환 답돈 요서선우 누반9) 등과 수만 기병을 거느리고 접전하게 된다. 조조의 군대에 대패하여 답돈과 명왕10) 등이 죽었고, 호족과 한족 가운데 투항한 자가 20여 만

---

8) 역현易縣은 지금 하북성 보정시 관할 웅현으로 거마하와 역수의 상류에 있다.

9) 애초에 공손찬을 멸하고 북방을 평정한 원소는 승제承制(황제의 명을 받든다는 말)하여 오환족의 답돈, 난루, 소복연, 오연 등 모두에게 선우의 인수를 내렸다. 그 후 난루와 소복연은 누반을 받들어 선우로 삼고 답돈을 왕으로 삼았지만, 그러나 답돈이 오히려 그 나라의 계책을 정하는 힘을 쥐고 있었다. 《자치통감 권63》

이었다. 원상과 원희는 요동선우 속복환(일명 소복연)과 요동(군의 치소는 양평이며 지금 요녕성 요양시)으로 달아났으며, 아직 수천 기병이 따르고 있었다.

조조는 더 추격하지 않고 유성으로 돌아왔는데, 원상과 원희는 요동으로 도주한 지 얼마 되지 않아 요동태수 공손강에 의해 참수되어 속복환의 수급과 함께 보내왔다. 이렇게 오환 원정은 승리로 마무리되어, 이로 조조는 원씨의 잔존 세력들을 완전히 제거하고 북방을 평정하여 하북지역을 통일하게 되었다.

5. 조조와 곽가는 서로 지기相知이다

애초에 곽가는 제대로 관습과 전통에 따른 예법을 지키지 않고 행검(점잖고 바른 행동거지)[11]도 별로 신중하지 못하여, 비난을 받기도 하고 여러 번 조정에 기소되기도 하였다. 곽가는 이런 기소와 비판에도 그 태도는 평소와 다름이 없이 태연자약하였고, 조조 또한 그의 행동들과 무관하게 곽가를 더욱 중시하였다.

곽가는 조조가 자신의 재능을 크게 여겨 중용하는 것에 감격하면서 충성하였고, 조조도 "곽가가 깊은 통찰력을 지녔고 모략을 세우는 데 뛰어나며 사리와 인정에 통달하여, 오직 봉효(곽가)만이 나의 뜻을 확실히 알 수 있소."(본전)라고 하였다. 조조는 곽가에 대해 특별히 신뢰하면서, 심지어는 자신보다 15살이나 연하인 곽가를 '서로 지기相知'로 여기고는 했다.

---

10) 명왕明王은 고대의 이민족 가운데 여러 작은 왕들과는 달리 명성이 두드러지게 빛나는 왕을 가리킨다. 여기서는 오환족의 이름난 우두머리를 이른다.

11) 행검行檢의 사전적 정의는 품행이 점잖고 바른 것을 뜻한다. 당시 후한말엽 사회에 비추어 본다면, 행검은 매사에 절제하고 언행을 조심하여 스스로 자신을 단속한다는 유가적 행동양식이라 볼 수 있다.

건안 12년(207년), 곽가는 조조를 따라 오환족을 치는 원정길에서 도중에 병을 얻었고 역현에 이르자 병이 심해졌다. 유성에서 돌아온 뒤 병세는 위중해져서 조조가 여러 차례 문병을 갔으나, 얼마 지나지 않아 곽가는 병으로 죽었다. 그의 나이 고작 서른여덟 살이었다. 조조는 곽가가 죽었을 때, 특별히 장례식에 참석하여 매우 슬퍼하면서 순유 등에게 말하기를, "여러분은 그래도 나와 동년배인데 오직 봉효만이 가장 젊었소. 천하를 평정하는 일이 끝나 그에게 뒷일을 부탁하려 했는데, 중년의 나이에 요절했으니 이는 운명이오!"(본전)라며 그의 죽음을 매우 애통해하였다. 곧이어 천자에게 표를 올려 말했다.[12] 시호를 정후라 하고, 아들 곽혁으로 하여금 후사를 잇게 했다. 곽혁은 태자문학太子文學(태자 조비의 문학 시종)이 되었지만 일찍 세상을 떠났으며, 아들 곽심이 뒤를 이었다. 곽심이 죽자 아들 곽창이 후사를 이었다.

---

12) 위서魏書에 수록된 조조가 올린 표주에서 말했다. "신이 듣기로는, 충성스러운 신하를 칭찬하여 포상하고 현명한 이에게 은총을 내릴 때에는 당사자에게만 한정되어서는 절대 안 된다고 합니다. 훈공과 업적을 고려할 때에도 후사後嗣에게 충분히 베풀어야 한다고 합니다. 이러한 까닭에 초나라는 손숙孫叔(손숙오孫叔敖를 말함)을 존경하여 그 자식을 높게 봉하며 영지를 하사하였고, 잠팽岑彭이 사망한 후, 그 작위는 적자 이외의 자손에게까지 내렸습니다. 고인이 된 군좨주軍祭酒 곽가는 충의롭고 선량하고 속이 깊은 성품으로 사물의 본질에 정통한 사람이었습니다. 매번 중대한 논의를 할 때마다 그의 발언이 조정을 뒤덮고, 중용을 지키며 일을 처리하여 계획을 실행함에 있어 작은 실수도 없었습니다. 군대에서 일을 한 10여 년 동안, 행군을 할 때는 똑같이 말을 타고 다니고, 군막의 좌석에서 함께 앉아 계책을 의논하면서, 동쪽에서는 여포를 사로잡고, 서쪽에서는 휴고를 잡았으며, 원담의 목을 베어 북방의 무리들을 평정하고, 험한 요새를 넘어 오환족을 깨끗이 평정하여 요동까지 위엄을 떨쳐, 그 결과 원상을 효수하였습니다. 비록 천자의 위엄을 빌려 군을 쉽게 지휘했다고 하지만 명을 높이 받들어 적진을 향하여, 흉악한 역적을 물리친 공훈은 실로 모두 곽가에 의한 것입니다. 바야흐로 표문을 올려 이를 현창하려고 하던 차에 (그는) 짧은 생을 마감하였습니다. 위로는 조정의 좋은 신하의 죽음이 애석하고, 아래로는 훌륭한 보좌를 잃은 것을 통한히 여깁니다. 곽가의 봉토를 추증하여 예전 것과 합하여 1천 호가 되게 해 주는 것이 마땅합니다. 망자를 포상해 온전히 해주어 간 자에 대한 은택을 두터이 하여 올 자들의 장래의 공적을 장려하게 하시옵소서."《본전/배송지 주, 위서》

패도를 추구, 예교사회를 무시하던 비유가적 책사

02

곽가는 조조에게 큰 신뢰를 받을 정도로 재주가 탁월하였으나, 사대부로서 품행이 단정치 못하여 동료 진군 등에게 공론을 통해 질책을 받은 적도 있는 인물이었다. 이러한 면은, 그가 비록 사대부였더라도 예교적인 가치기준을 좇지 않는 비유가적인 인물이었음을 단적으로 보여주는 대목이라 할 수 있다.

쇠락해가는 후한 왕조를 일으켜 세우려던 순욱 등과 달리, 곽가는 오로지 조조의 패업을 위해 자신의 재주를 펼친 모사였다. 《삼국지연의》에서, 조조가 적벽대전에서 패배한 후 "슬프구나 봉효여, 괴롭고나 봉효여, 아깝구나 봉효여!"를 되뇌며 좌중을 무색하게 만드는 장면이 작가 나관중에 의해 극적으로 연출된 것도, 그만큼 곽가가 조조에게 비중이 매우 큰 인물이었음을 단적으로 보여준 예화인 것이다.[13)]

---

13) 《삼국지 위서 무제기》에는 "조조가 적벽에 도착하여 유비와 싸웠지만 형세가 불리했다. 이때 역병이 크게 돌아 관리와 병사를 잃었으므로 조조는 군대를 이끌고 돌아왔다."라고 되어 있지만, 《삼국지 오서 주유전》과 비교해 보면 "조조군의 배는 앞뒤가 이어져 있었으므로 황개는 여러 배를 풀어 한꺼번에 불을 질렀다. 그때 바람이 매우 사나우므로 해안 위의 진영에까지 불길이 번졌다. 순식간에 연기와 불꽃이 하늘 가득 퍼져서 불에 타죽거나 물에 빠져 죽은 병사와 말 수는 이루 헤아릴 수 없었다." 이로 조조가 유비와 손권 연합군에 적벽에서 대패한 직후의 상황임을 알 수 있게 한다. 정황상으로 보아도, 단지 역병이 크게 돌았다고 해서 이와 같은

희지재의 뒤를 이어 조조의 진영에 가담한 곽가는, 인물을 헤아리고 형세를 살피는 데 능하여 어떠한 일의 성패를 꿰뚫어 볼 수 있는 뛰어난 직관을 지니고 있었다. 이러한 재주는, 군웅할거 시기의 참모 가운데 극히 일부에서만 볼 수 있는, 특별한 재주라 할 수 있다. 조조가 그 일생 전반부에 빠르게 성공을 거두고 기반을 잡을 수 있었던 것은, 바로 이 곽가의 재주의 기여가 상당히 컸다고 볼 수 있을 정도이다. 곽가는 여러 면에서 가후와 유사하면서도 확연히 다른 점이 있는데, 이는 뭇사람에게서 받는 신망을 피하고 몸을 낮춘 점과 주군 조조를 마음속으로 받아들여 일찍이 따른 점이 바로 그것이다.

(본전)에 인용된 배주《부자》에 따르면, 곽가는 장차 천하가 혼란스러워질 것이라 판단하고 있었다. 그리하여 20세 때부터 자신의 이름과 행적을 숨기고는, 은밀히 영웅호걸들과 교류하면서도 세상과 접하지 않았다고 기록되어 있다. 대부분의 사대부들이 재주로 명망을 얻어 사회 제도권에 진입하려고 노력하는 데에 비추어 본다면, 그의 행동이 범상치 않았음을 엿볼 수 있는 대목이다. 일찍이 후한 왕조가 몰락할 것이라 예견한 그는, 함부로 재주로 얻은 명망을 드러냈다가 자칫 원치 않는 주군을 만날 일을 피하고자, 아마도 몸을 숨기려고 했을 것이다. 즉 더 이상 후한 사회의 주류적 가치기준에 구태여 연연할 필요가 없다고 판단했기에, 덕행을 구태여 닦으려 하지 않았던 것으로 보인다.

이처럼 곽가는 은둔 생활을 하면서도, 원소를 직접 배견拜見하는 등 당시 유력한 군웅에 대한 관심을 놓지 않았다. 이러한 행보로 인해 그는 희지재 사후, 그 자리를 대신할 인물로 순욱의 천거를 받아 조조를 만나게 되었다. 이 만남은 조조에게 뛰어난 모사를 발탁하게 된 계기이자, 곽가에게는 자신이 바라던 이상적인 주군을 만나게 해준 기회였

독백을 되뇌지는 않았을 것이다. 그만큼 당시 상황이 매우 절망적인 지경이었음을 크게 탄식했다고 봐야 할 것이다.

다. 조조와 곽가는 첫 대면에서도 서로를 확실하게 알아볼 정도로, 코드가 맞는 주군과 참모 관계였다. 무엇보다 눈길을 끄는 것은, 곽가 스스로도 "조공은 진정 나의 주군이시다"(본전)라고 기뻐하는 모습에, 곽가의 사상 가치성향을 탐구해야 할 핵심이 발견되는 것이다. 그가 이와 같이 말하였다는 것은, 이미 오래전부터 마음속으로 '이상적인 주군'의 상像이 정립되었음을 의미하기 때문이다. 이러한 사실은, 동향 사람인 신평과 곽도에게 명확하게 자신의 뜻을 밝힌 언급 가운데 담겨져 있다. 이렇게 말한 내용 가운데에는 곽가의 지향하는 바가 무엇인지 명확하게 드러나 있다.

> "무릇 지혜로운 자는 섬길 주인을 헤아리는 데 있어 잘 살펴야 하는 법이니, 이로써 백 가지 거행을 모두 온전히 하여 공명功名(공적과 명성)을 가히 이룰 수 있는 것이오. 원공(원소)은 그저 주공周公이 낮은 선비를 대우하던 법을 본받고자 하나 사람을 쓰는 요체를 모르고 있소. 일을 처리함에 생각은 많으나 요령이 적으며, 모략을 좋아하나 결단력이 없으니 그와 더불어 천하의 큰 난국을 구제하고 패왕霸王의 대업을 정하려 하는 것이 실로 어려운 일일 것이오!" (본전)

곽가는 순욱처럼 원소의 인물됨을 낮게 평가하였으나, 그 판단기준에서는 판이하게 달랐다. 순욱이 원소의 행적을 통해 사사로움을 판단기준으로 삼았다면, 곽가는 패자(패도로 천하를 다스리는 자)가 될 자질을 그 기준으로 삼고 있었다. 이러한 요건에 해당하는 역사적 인물을 든다면, 춘추시대 제나라 환공과 진나라 문공이다. 확실히 곽가는 관중이나 구범14)과 같은 인물이 되기를 희망하고 있었던 것이다. 이러한 사실은 분명 곽가의 지향점이 패업의 도모였음을 잘 뒷받침해 준다.

이러한 면에서 볼 때, 곽가가 조조를 칭한 '진정한 나의 주군'이란 언급 역시 놀랍도록 조조의 내면을 잘 꿰뚫었다고 할 수 있는데, 바로 조조는 패업을 도모하기에 매우 좋은 자질을 갖춘 주군이라는 것이다.

그러나 무엇보다 이 언급에서 더 명확하게 알아야 하는 사실은, 곽가 스스로 조조의 심중을 정확하게 꿰뚫어 보았다는 점이다. 만약 그가 오래 살았다면, 순욱과 그 결말이 다를 수 있었을 것이라는 추정이 가능한 점도, 바로 여기에 근거한다. 그의 수명이 짧지 않았다면, 아마도 동소 대신 곽가가 국공봉작과 구석수여에 대한 논의를 주도했을지도 모른다. 이미 거병 초기부터 조조의 지향하는 바가 최종적으로 거기에 있었음을 알았기 때문이다.

곽가의 이러한 측면을 살펴볼 수 있는 또 다른 기록은, 서주에서 패배하고 의탁하러 온 유비에 관한 입장이다. 여포에게 뒤통수를 맞아 서주를 잃은 유비는, 이후 조조에게 원병을 청하여 여포를 제압하고자 하였다. 이에 응한 조조는 하후돈을 파견하였으나 고순에게 패하면서 구원이 실패로 돌아갔다. 이를 기회로 조조는 유비를 예주목으로 삼아 자신의 곁에 두려고 하였다. 이 일을 두고 조조 진영 내에서 유비의 처우에 대해 격론이 벌어지게 되었다. 이때 곽가의 입장은 유비에 대해 명확한 경계심을 보여준다.

유비가 달아나 조조에게 오자, 조조가 유비를 예주목으로 임명했다. 어떤 이가 조조에게 말했다. "유비에게는 영웅이 되고자 하는 포부가 있습니다. 지금 미리 제거하지 않으면 훗날 반드시 화를 부를 것입니다." 조조가 이를 곽가에게 물으니 곽가가 말했다.

---

14) 구범舅犯은 진 문공 중이重耳의 외삼촌 호언狐偃을 이른다. 진 문공이 망명하여 여러 나라를 떠돌 때 19년간 고락을 함께하였으며, 진 문공이 즉위하여 패자가 될 때까지 많은 공을 세웠다.

"필경 그러한 우려는 있습니다. 그러나 공(조조)께서는 검을 들고 의병을 일으켜 백성들을 위해 포악한 무리를 제거하고 계십니다. 성심을 다해 신의에 의지하여 준걸들을 불러와도 도리어 부족하지는 않을까 걱정됩니다. 지금 유비가 영웅의 명성이 있는데 궁한 처지가 되어 우리에게 몸을 의탁하였는데 그를 살해한다면, 그야말로 현자를 살해했다는 비난을 받게 될 것입니다. 그렇게 되면 지혜로운 선비들은 의심을 품고, 마음을 바꿔 (다른) 주인을 선택할 텐데, 공은 누구와 함께 천하를 평정하시겠습니까? 무릇 우환(걱정되는 남자, 유비) 하나를 제거하려다가, 오히려 사해四海(천하)의 기대를 저버리게 될 것입니다. 이 일로 안전과 위험이 정해지는 계기가 될 것이라는 것을 헤아리셔야 합니다." 조조는 웃으며 말했다. "그대는 잘 이해하고 있구려."《본전/배송지 주, 위서》

당시 유비의 처우에 대한 논의는, 배주《위서》뿐만 아니라 배주《부자》에서도 확인할 수 있다. 두 사서의 기록은 유비에 대한 곽가의 진술이 다소 엇갈리나, 이는 유비에 대한 조치에 대해 보다 적극적이냐 아니냐의 차이일 뿐이다. 분명한 점은, 곽가는 유비를 영웅, 즉 패업을 도모할 자로 보았으며 또한, 유비를 제거해야 함에 본질적으로는 동의하고 있다는 것이다. 이는 주군의 패업을 위해 방해될 만한 정적은 포용하기보다는 숙청해야 한다는 면에서, 마치 항우의 모사 범증과 유사하다는 느낌을 갖게 한다.[15] 분명 배주《위서》의 기록은 유비를 도모하지 말 것을 주문하는 것처럼 보이지만, 유비를 일찍 도모하는 문제

15) 항우項羽의 참모였던 범증范增은 항우에게 아부亞父로 존경을 받은 인물로 지략이 출중한 인물이었다. 그는 유방이 장차 항우의 장래를 위협할 인물이라 여겼기에 홍문鴻門의 연宴회에서 유방을 제거하고자 음모를 꾸몄으나 항우의 반대로 이 일은 실패로 돌아가게 되었고 이로 말미암아 유방은 훗날 항우와 천하의 주도권을 다툴 수 있었던 것이다.

에 대한 조조의 자문에 '옳습니다. 그러나 (…)'로 운을 떼는 데에서, 곽가는 '장차 대처하더라도 지금은 아니다.'라고 역설하고 있음을 보여주고 있다.

그리고 앞서 언급했던 진군에 의한 곽가에 대한 탄핵의 거론이야말로, 곽가의 사상 가치성향 측면을 엿볼 수 있는 실증사례라 할 수 있다. 진군은 3대에 걸쳐 품행으로 저명한 문사 가문 출신으로, 곽가가 품행과 검약을 다스리지 않는다고 몇 차례에 걸쳐 조정에 기소한 인물이었다. 이는 같은 명문 출신 사대부로서 곽가를 천거하였던 순욱과는 상당히 다른 판단기준의 차이라 할 수 있는데, 《삼국지 위서 진군전》에 따르면 진군은 '평소 명예와 도의에 의지하고, 도의에 위배되지 않는 일을 타인으로 하여금 거짓으로 하게 하지 않았다.'고 기록되어 있는 면을 보아, 진군의 인사 판단은 상당히 예교적인 기준에 입각했음을 짐작할 수 있다. 특히 조조에게 천거된 악안 사람 왕모와 하비 사람 주규에 관한 진군의 판단은 이를 방증한다. 진군은 그들에 대해 '도덕을 일그러뜨린다.'는 이유로 기용을 반대하나, 조조는 이를 듣지 않았다가 훗날 왕모와 주규가 악한 일을 범해 처형을 당하자, 조조는 지난날 진군의 말을 듣지 않은 것을 후회하여 진군에게 사과를 하였다.

바로 이러한 진군에게, 곽가의 '품행'에 관한 문제가 논란의 대상이 되었다는 것이다. 이는 곽가가 매우 예법에 구애되지 않고 자유분방한 행동을 취한 인물임을 짐작게 한다. 사대부가 이러한 품행에 얽매이지 않는다는 면은 달리 본다면, 위나라 문제 이후로 사류士類(학덕이 높은 선비의 무리)들 사이에서 서서히 대두되다가 서진西晉 초엽에 나타나는 신도가新道家, 즉 정시 연간(240~249년) 이후 만연했던 부화浮華(실속이 없이 겉만 화려함)한 사풍士風(선비의 기풍)과도 비슷하다고 할 수 있다. 위나라 정권 출범 초기에 위풍이나 경기와 같은 인물들이 조조를 몰아내고자 도모한 반란이 실패로 끝나면서, 이에 후한 조정에 대한 충의를 중시하는 유가적인 인사들이 상당수 연좌되어 처단된 일도, 유가적 사풍이 점차 희미해지게 만드는 단초를 제공하였다. 그 후 후한을 무너뜨리고 들어선 조씨의 위나라 내부에서 사마씨가 언제든지 위나라를 대체할 새로운 왕조를 출범시킬 수 있을 정도로 강력한 권세를 장악하게 되었다. 특히 사마씨의 집정에 반발한 관구검 문흠과 제갈탄 등이 획책한 반란이 실패로 돌아간 사건은 많은 사대부들에게 충정을 지양하고 품행에 개의치 않는 사풍을 갖게 만드는 데에 큰 영향을 끼쳤다.

물론 이러한 시대적 배경과 곽가의 품행이 맞아떨어진다고 하여, 곽가를 도가적인 관점을 지닌 인물이라고 단정할 수는 없다. 다만 후한시대, 그때의 기준으로 본다면, 그의 사상 가치성향은 유가적인 사풍으로부터 상당히 벗어난 것만은 부인하기 어렵다. 여기에 조조가 거병하던 당시에는 조정의 인사 태반도 유가적 성향이었고, 승상부의 인사권을 맡은 인물 또한 그러했음을 상기할 필요가 있다. 당시로서 곽가와 같은 인물이 받아들여질 여건은 아니었던 것이다.

만약 곽가가 위나라 말엽이나 서진 초기에 활약했다면 당시 사회에서는 널리 존경을 받는 인물로 부상했을 수도 있었을 것이다.16) 후한 말엽에는 자신의 품행으로 인해 논란에 휩싸였으나, 그 이후 세대에서는 그러한 품행이 사인신분 내에서 추앙받는 사풍이었다는 점을 감안한다면, 곽가는 이미 사상 가치성향으로도 당시대를 앞선 인물처럼 느껴지게 한다.

16) 이는 당연히 유가적으로 명망을 드러내는 것을 의미하는 것이 아니라 위진남북조시대의 도가적인 사풍에 있어서 명망을 드러내는 것을 의미한다. 일례로 위진魏晉 시대에 청담淸談의 대명사로 유명한 죽림칠현竹林七賢 등이 그러하다. 그중 영수라 할 수 있는 완적阮籍은 후한시기의 명족 중 하나인 진류완씨라는 문벌 출신 사대부였음에도 술과 기행奇行으로 일관하는 등 품행은 전혀 유가적이지 못하였는데도 그는 사대부들 사이에서 큰 중망을 얻을 정도였다.

미래지향적 성격으로 주군의 가능성을 현실화한 기재

03

곽가는 천하가 크게 어지러울 것을 예감하고 시기를 도모하던 중 원소의 휘하에 들어가게 되었으나, 원소가 큰 인물이 아님을 알고 원소를 떠나 조조에게 의탁한다. 곽가가 조조에게 의탁한 것은, 조조가 원소에 비해 큰 국량을 지니고 있으며, 조조를 통해 패업의 길을 도모할 수 있다고 여겼기 때문이다. 그래서 곽가는 조조를 만나 조조에게 소위 '십승십패설'을 이야기하며 조조에게 힘을 실어주었고, 또한 조조가 자신을 대함에 있어 겸손한 태도를 견지하는 모습을 보고, 조조를 진정한 주군으로 모시고 조조의 휘하에서 많은 계책을 제시한다. 조조는 매번 전쟁터에 나갈 때마다 곽가를 대동하였는데, 곽가는 언제나 합당한 책략을 제시하였고 그의 책략은 한 번도 틀린 적이 없었다. 가히 '깊은 통찰력을 지녔고 모략을 세우는 데 뛰어났으며 사리와 인정에 통달한 사람'(본전)이라 불릴 만한 인물이었다.

조조는 곽가를 매우 아꼈으며 곽가 역시 조조 북방 평정에 많은 공을 세워, 곽가가 조조에 비해 15살이나 어렸음에도 불구하고 조조는 그에 구애받지 않고 곽가를 '서로지기相知'로 여겼다, 또한 곽가가 행실이 신중하지 못하여 대신들의 눈총을 받았음에도, 이를 개의치 않고 곽가를 중용하였다. 특히 조조는 《본전/배주 부자》나 《삼국지연의》 곳곳에서 '봉효만이 내 마음을 안다'라고 말하고 있는데, 이는 곽가가 그만큼 조조의 속내를 잘 헤아려 계책을 제시했기 때문일 것이다. 그래서 조조는 곽가를 더욱 신뢰할 수밖에 없었고, 곽가가 서른여덟의 나이로 요절했을 때, 조조는 그 어떤 신하를 잃었을 때보다 더 슬퍼한 바 있다. 그리고 삼국정립의 시작이라 할 수 있는 적벽대전에서 패배 후에 곽가의 부재를 탄식하기도 했고, 순욱에게 보낸 편지17)에도 역시 곽가가 없음을 안타까워하는 모습을 보인다.

이런 모습에서 곽가는 외향형의 특성을 보이고 있다. 외향형은 본인의 행동을 객체에 맞추고, 그에 부합되는 방향으로 판단하는 성향이 강한 성격이다. 곽가는 그가 '일생의 주군'으로 생각했던 조조의 휘하에서 그에게 늘 이로운 의견을 제시하여 조조의 의중을 잘 파악했고, 조조가 진정으로 신임했던 모신이었다는 점에서 외향형에 가깝다고 볼 수 있다.

곽가는 어려서부터 큰 뜻을 품고 남다른 식견을 지니고 있었다. 천하가 어지러워질 것을 예감하고 스무 살을 전후하여 은거하며, 한편으로는 당대의 명사들과 교류하며 자신의 재능을 알리기 시작하였다. 이는 난세를 예측하고 난세에 쓰임을 받기 위한 일종의 사전 준비 작업이라 할 수 있다. 이어 북쪽으로 가서 수십일 원소에게 있었으나 원소가 천하를 통일할 만한 인물이 되지 못함을 직감적으로 깨닫고, 결단력 있게 원소에게서 떠나 조조에게 의탁하였으며, 조조 휘하에서 여러

---

17) 또 순욱에게 보낸 서신에서 말했다. "봉효(곽가)를 추모하며 애석한 마음 가실 길이 없소. 그가 내린 시사時事와 군사軍事에 대한 판단은 다른 이들을 뛰어넘는 것이었소. 또한 사람들은 대부분 질병을 두려워하기 마련이어서, 남방에는 역병이 있으니 항상 '내가 남방에 가면 살아 돌아오지 못할 것이다.'라고 말했었소. 그러나 그와 더불어 계책을 논의하니 응당 먼저 형주를 평정해야 한다고 말했소. 이것은 진정성을 가지고 계책을 판단할 뿐만 아니라 필히 공적을 세우고자 명운을 돌보지 않았다는 뜻이오. 봉효(곽가)가 남을 섬기는 마음이 이와 같았으니 내가 어찌 그를 잊을 수 있겠소!" 《본전/배송지 주, 부자》

계책을 세울 때 곽가의 정확한 예측 능력은 그 빛을 발하였다.

조조가 여포를 사로잡아 죽인 뒤, 원소와의 관도대전을 준비하려 할 때 다른 사람들은 손책이 후방에서 공격할 것을 두려워하였다. 그러나 곽가는 손책의 용의주도하지 못함을 간파하고 그가 암살당할 것을 예측하였다. 과연 곽가의 말대로 손책은 허공의 문객에 의해 죽고 말았다. 또한 원술을 치기 위해 보낸 유비가 서주에서 반기를 들자, 조조는 유비를 먼저 궤멸시키고 이어 원소와 싸우려 했으나 부하들은 원소가 배후를 칠 것을 두려워하였다. 하지만 곽가는 앞서 손책의 경우와 마찬가지로 원소의 성향, 그리고 유비의 상황을 정확히 간파하여 유비를 먼저 공격할 것을 제안하였고, 결국 곽가의 말대로 되어갔다.

진수는 《삼국지 촉서 방통 법정전》에서 곽가와 법정을 주려儔儷(견줄 만한 짝)라고 언급했는데, 유비가 이릉대전에서 패전할 때 제갈량이 법정의 부재를 탄식했던 것과, 조조가 적벽대전에서 대패하고 곽가의 부재를 탄식했던 것이 절묘하게 겹치는 면이 있다.

이런 사례들에서, 곽가는 무의식적 방법으로 인식을 유도하여 본능적으로 형세를 판단하고 예측하여, 객관적으로 주어진 주군으로서의 조조에게 계책을 제시했던 직관형에 가까운 태도를 보이고 있다. 특히 곽가는 조조의 가능성을 발견하고 이를 실현하고 조조의 성공을 위해, 여러 계책을 제시했던 점에서 외향적 직관에 가까운 인물로 볼 수 있다.

이상을 토대로 보았을 때, 곽가를 성격유형으로 그 인물형을 논한다면 외향적 직관형이라 평할 수 있다. 외향적 직관형의 특징은 첫째로 객체가 가지고 있는 가능성을 파악하고 실현될 수 있는 계기를 만들어주는 데 비상한 능력을 가지고 있으며, 둘째로 장래성을 내다볼 줄 아는 미래 예시형이라는 점이다.

1. 객체(조조)가 가지고 있는 출중한 가능성을 보고, 십승십패설로 원소 꺾고 하북 평정하는 미래 실현의 그 특징 뛰어나

이 외향적 직관형의 특징을 곽가에게 적용시켜 보면, 그의 젊은 시절 처신에서 첫째 특징을 볼 수 있고, 그가 조조를 섬기면서부터 자신의 삶을 마감할 때까지 그의 인생 전반에서, 조조를 위해 행한 여러 조언과 헌책 등에서 둘째 특징을 볼 수 있다.

> **곽가는 어려서부터 앞날을 멀리 내다보는 기량이 있었다. 한漢 말엽에 천하가 어지러워지자 약관(20세) 때부터 (자신의) 이름과 행적을 숨기고 은밀히 영걸들과 교류하며 시속時俗과 접하지 않았다. 그리하여 당대 사람들이 대부분 그를 알지 못했으며 오로지 식견이 통달한 이만이 그를 기이하게 여겼다. 27세에 이르러서 사도부에 벽소되었다.《본전/배송지 주, 부자》**

후한 말엽 당시에 견식에 있는 자라면 천하의 정세가 혼란에 빠질 것이라 짐작하였는데, 곽가 또한 그 예외가 아니었다. 다만 곽가는 은거하면서 자신의 이름과 행적을 감추는 등, 일반적으로 관직에 진출하거나 혹은 누군가에게 의탁하여 자신의 재주를 펼치려는 인사들과는 차별화되는 모습을 보여주었다. 이같이 비록 곽가가 세상 소용돌이에서 은신하였다고 해도, 이는 일민逸民(학문과 덕행이 있으면서도 세상에 나서지 않고 파묻히어 지내는 자)들과 같이 시무時務(그 시대에 중요한 정무나 사무)를 피하여 세속을 초탈하려는 삶의 태도만이 아니었다. 자신의 뜻을 펼칠 기회를 엿보려고 때를 기다리고 있었던 것이었다. 특히 은거하는 중에도 영웅호걸이라 불릴만한 인사들과 교류하면서, 자신의 이름과 행적을 계속 숨겨 세상에 자신의 존재에 대해 드러내지 않는 처세를 한 것이다. 장차 벌어질 혼란을 직감하고 자신이 아직까지는 세상에 나서지 않을 때라고 판단한 데서 연유된 모습이라 할 수 있다. 이는 마치 동탁이 관병들을 사병집단으로 만들어 보유하여 변방에서 정국의 당시 세상 변화를 관망하던 태도와 유사하다 할 수 있겠다. 그런데 이러한 면을 곽가에게서도 볼 수 있는 것은, 물론 곽가 본인의 안목에 기인한 점도 있겠지만, 성격유형 측면에서 볼 때 곽가 역시 동탁과 같은 외향적 직관형으로서, 그 성격유형에 부합되는 특징이 잘 반영되고 있기 때문이다. 그 특징 중에서도 장래성을 내다보는 미래예시적인 면모는, 이미 곽가가 자신의 젊은 시절부터 잘 드러냈다고 할 수 있다.

곽가는 성격유형과 관련된 특징을 잘 발현한 인물로, 특히 객체가 가지고 있는 가능성을 파악하고 실현의 계기를 마련해주는 능력이 탁월하였다. 특히 조조가 원소와 자웅을 겨룰 수 있게 중원의 여포를 멸하고 유비를 패주시키게 만드는 데 곽가가 결정적 기여를 한 점은, 이로 인한 특징에서 기인한 것이라 하겠다.

조조가 곽가에게 말했다. "본초(원소)가 기주의 병력을 장악하고, 청주와 병주를 종속시켜 영토가 넓어지고 병력이 강해지니 번번이 (천자에게) 불손한 태도를 보이고 있소. 내가 그를 토벌하고 싶어도, 힘으로는 대적할 수 없으니 어찌하면 좋겠소?" 곽가가 대답하기를 "유방이 항우의 적수가 되지 않았다는 것은 공公(조조)도 알고 계실 겁니다. 한조漢朝(유방)는 오로지 지혜로 이겼으니 항우는 비록 막강했으나 결국은 거의 생포되기에 이른 것입니다. 제가 가만히 생각해 보니, 원소에게는 열 가지 패배의 씨앗이 있고, 공에게는 열 가지 승리의 요인이 있으니 비록 원소는 병력이 강력하나 할 수 있는 바가 없을 것입니다. 원소는 번거로운 예의 격식을 차리는 것을 좋아하지만 공은 자연스러움에 맡기시니 이는 첫째로 도道에서 이기는 것입니다. 원소는 천자에게 칼을 겨누고 역심으로 움직이지만, 공은 천자의 명을 받들어 천하가 따르고 있으니 둘째로 의義에서 이기는 것입니다. 한나라 말의 정치는 지나친 관용으로 인해 그르쳐졌는데, 원소는 관대함으로 관용으로 인해 실패한 정치를 구제하고자 하기 때문에 이를 정돈하지 못하고 있습니다. 그러나 공께서는 엄격하게 규명하여 상하를 불문하고 법도를 지키고 있으니, 이는 셋째로 치治에서 이기는 것입니다. 원소는 겉으로는 관대하지만 속으로는 시기하고 의심이 많아 사람을 쓰고도 완전히 믿지 못하고 일을 맡기는 것은 오로지 친척이나 자제들입니다. 그러나 공께서는 겉으로는 쉽고 간략하게 하며, 안으로는 명석하고, 사람을 쓰는 데 있어서 의심하지 않고 오로지 그 자리에 맞는 재능이 있는지만을 고려하며, 멀고 가까움을 따지지 않으십니다. 이것은 넷째로 도度에서 이기는 것입니다. 원소는 모책을 꾸미는 것은 많으나 결단하는 것이 적어, 그의 시기를 놓쳐서 실패합니다. 그러나 공께서는 방책을 찾으면 바로 실행하셔서 변화에 대응하는 데 거침이 없으십니다. 이는 다섯째로 모謀에서 이기는 것입니다. 원소는 누대에 걸쳐 쌓아온 자원을 바탕으로, 토론을 품격 있게 하고 태도가 겸허하다는 평가를 받으므로 선비 중에는 토론을 즐기고 겉모습을 꾸미는 많은 자들이 그에게 의탁하였습니다. 그러나 공께서는 지극한 마음으로 남을 대우하고, 성의를 다하여 일을 실행하셨습니다. 겉모습만을 꾸미지 아니하고 조심스러운 태도로 아랫사람을 이끌어 공적을 세운 자에게는 아낌없이 상을 내리시니, 선비 중에서 충실하고 올바르며 장래를 내다볼 줄 알며 내실을 갖춘 자들은 모두 공을 위해서 일하기를 바라고 있습니다. 이는 여섯째로 덕德에서 이기는 것입니다. 원소는 사람들이 굶거나 추위에 떠는 모습을 보면 그를 불쌍히 여기는 마음이 안색에 나타나지만, 눈에 보이지 않는 이에 대해서는 그러한 고려가 때로 미치지 못하니, 이는 바로 부인네들의 어짊이라 일컫는 것입니다. 그러나 공께서는 눈앞의 작은 일에 대해서는 때로는 소홀히 하는 실수가 있지만, 큰일에 대해서는 세상 사람들과 만나 은애를 베풀고, 모두 기대 이상으로 행하십니다. 눈에 보이지 않는 일에 대해서조차 고려하시어 그 은애가 미치지 않는 곳이 없습니다. 이는 일곱째로 인仁에서 이기는 것입니다. 원소는 그의 대신들이 권력을 다투어 참언讒言으로 미혹하고 어지럽히는 데 비해 공께서는 도道에 따라 아래 사람들을 거느리고 다스려, 물이 스며들 듯이 참언이 스며드는 일은 행해지지 않으니 여덟째로 명明에서 이기는 것입니다. 원소는 옳고 그름을 분별하지 못하는 데 비해 공께서는 옳은 것은 예禮를 갖추어 추진하고, 옳지 않은 것은 법法으로 바로잡으십니다. 이는 아홉째로 문文에서 이기는 것입니다. 원소는 헛된 세력을 만드는 것을 좋아하나, 중요한 병법의 요체를 알지 못하는 데 비해, 공께서는 적은 군사를 이끌어 대군을 이기는 신과 같은 용병술이 있어, 우리의 군인들은 이를 믿고 의지하고 적군은 이를 두려워하고 있습니다. 이것은 열째로 무武에서 이기는 것입니다." 조조가 웃으며 말했다. "그대가 말한 바와 같은 것들을 내가 무슨 덕으로 어찌 감당할 수나 있겠소!" 곽가는 또 말하였다. "원소는 지금 북방의 공손찬을 공격하고 있습니다. 그가 원정을 간 틈을 이용하여 동방으로 가서 여포를 잡는 것이 좋겠습니다. 여포를 잡지 않고 두었다가, 원소가 쳐들어왔을 때 여포가 원소를 지원하면 그것이야말로 큰 해가 될 것입니다." 조조가 말했다. "맞소."《본전/배송지 주, 부자》

조조는 장차 결판을 내야 할 큰 적수라 할 원소에 대해 염려하면서, 과연 자신이 원소를 대적할 수 있는지 그 가능성에 대해 곽가의 자문을 구하였다. 이에 곽가는 도道(인품), 의義(명분), 치治(법제), 도度(아량), 모謀(계책), 덕德(덕성), 인仁(어짊), 명明(지혜), 문文(행정), 무武(군사)의 열 가지에서 조조가 승리하고, 원소는 패배한다는 소위 '십승십패설'을 말하여 자신의 확신을 피력하였다. 이에 조조는 크게 웃고 겉으로는 겸손함을 보였는데, 곽가는 여기서 그치지 않고 실제로 원소를 당적하기에 앞서 무엇이 가장 중요한지 그 정곡을 찌른다. 그 표적은 바로 조조의 근거지 주변에 있는 강적인 서주의 여포라는 주장이었다.

아직까지는 조조와 원소가 손을 잡고 있는 표면상의 관계를 유지하고 있었지만, 두 군웅이 서로를 향해 언제 창칼을 겨누는 사이가 될지는 그저 시간의 문제였다. 원소는 점차 강대해져 하북 지역을 자신의 영지로 확장시키고 있었는데 조조는 아직 주변의 적들을 무찌르는 것이 급선무였다. 특히 여포는 주변 적들 중 가장 위험한 상대였다. 비록 그는 반복무상의 배신이란 낙인이 찍혀 있어 세상의 지탄을 받는다고 해도, 천하에 절륜한 무용을 갖추었기에 중원에서 조조를 견제할 군웅으로 적역이었다. 때문에 언제든지 조조의 적대세력이 그에게 손을 내밀 가능성이 높았다. 특히 원소가 조조를 공략하려고 한다면, 여포에게 결련하려 할 것은 자명한 이치였다.

정곡을 찌르는 곽가의 이 한마디를 조조가 지나칠 리가 없었다. 곽가의 탁월한 식견과 재주를 마음에 들어 한 조조는, 곽가를 군부의 참모격인 사공군제주로 기용하였고 이후 곽가는 조조를 따라 전쟁을 수행하며 종군하게 된다.

주변 세력을 확실히 정리하겠다는 조조의 결심은, 드디어 여포 정벌이라는 실행에 옮겨졌고 그 후 두 군웅의 교전은 치열하게 전개되었다.

조조가 군을 이끌고 돌아가고자 하였는데 곽가가 말했다. "옛날 항적項籍(항우)이 70여 회 전투를 벌여 일찍이 패배하지 않았으나, 하루아침에 세력을 잃고 자신의 몸은 죽고 나라가 망하는 것은 용맹만 믿고 모책이 없었기 때문입니다. 지금 여포는 매번 싸울 때마다 격파되어 기세가 쇠하고 힘이 다해 안팎으로 지킬 방도를 잃었습니다. 여포의 위력은 항우에 미치지 못하며 곤란해지고 패배함은 그보다 더 합니다. 만일 승세를 타고 공격한다면 이번에 사로잡을 수 있을 것입니다." 조조가 말했다. "좋소!" 《본전/배송지 주, 부자》

여러 차례의 격전 속에서 여포를 크게 이긴 조조에게 승기가 기우는 듯했지만, 여포가 하비성으로 성문을 굳게 닫고 농성전을 펼치면서 전쟁은 장기전으로 돌입되었고, 성새城塞를 공격하는 입장인 조조군에게는 시간이 흐를수록 점차 불리해져갔다. 지모와 책략에 밝은 조조마저도 군의 피폐함 때문에 환군還軍(군사를 돌리어 옴)하려고 하였다.

그런데 곽가나 순유는 지금의 승세를 놓칠 수 없다고 하며 반드시 이번에 여포를 잡을 것을 강력히 주장했다. 현재의 상황을 마치 초한楚漢의 두 영웅, 항우와 유방의 대결에 비유하며, 여포를 마치 항우보다 못하게 견주어 보았다. 이어 조조가 유방과 같은 승자가 되길 원한 곽가의 권유는, 조조가 전쟁을 멈추지 않고 계속 재개할 수 있도록 마음을 가다듬어 주었다. 또한 곽가는 궁지에 몰린 여포를 더욱 압박하여, 끝내 사로잡을 수 있게 쐐기를 박는 책략을 구사하게 된다.

이는 농성을 하는 수비 측에서는 식량공급이 최대 난점이었던 것을 고려하여 하비성 주변의 둑을 무너뜨려 기수, 사수의 강물을 끌어 성 안으로 퍼부음으로써, 여포군을 더욱 궁핍하게 만드는 수공전술이었다. 한 달여의 시간이 흐른 후 드디어 여포가 내부 분열로 인해 조조에게 성루를 내려와 사로잡히게 되고, 이로써 서주는 조조의 장악하에 들어왔다. 조조가 그동안의 어려움을 버티며 끝내 여포를 평정할 수 있는 공업을 달성할 수 있었던 것은, 실로 곽가의 이러한 계략이 계기를 마련해준 힘이 컸기 때문이었다.

조조가 여포를 평정한 것은 실로 큰 전과이었지만, 아직 주변 세력이 완전히 정리된 것은 물론 아니었다.[18] 때마침 조조에게 의탁하고 있던 객장 유비가 원술을 요격할 것을 자청하자 조조는 별다른 생각 없이 이를 허락하였다. 이를 기회로 유비는 조조로부터 탈신하여 서주에서 자립을 꾀하였다.

처음에 유비는 도겸에게 물려받은 서주를 통치하고 있었는데, 연주 쟁탈전에서 조조에게 패한 여포를 받아들였다가 오히려 여포에게 서주를 빼앗기게 되자 조조에게 의탁한 것이었다. 유비가 효웅梟雄(사납고 용맹스러운 영웅)이라 판단한 조조는 유비에 대한 경계심을 풀지 않았지만, 유비는 야망을 감추고 소일거리나 즐기는 처신을 함으로써 자신에 대해 조조가 안심하게끔 하였다. 비록 의심 많은 조조의 경계심은 풀렸지만 곽가의 눈길은 항상 유비를 주시하고 있었다. 유비가 조조에게 의탁하였을 때, 곽가는 유비의 웅략을 꿰뚫어 보고 그는 장차 조조에게 큰 적수가 되리라고 판단하였다.

> 처음 유비가 항복하였을 때 조조가 상객의 예로 그를 대하며 예주목으로 삼았다. 곽가가 조조에게 말했다. "유비는 영웅의 재질을 가지고 무리의 마음을 깊이 얻고 있으며, 장비와 관우는 모두 만인萬人을 당적 할 만한 자들이며 유비를 위해 죽기로 따르고자 할 것입니다. 제가 보건대, 유비는 끝내 남의 밑에 있을 자가 아

18) 비록 남양의 장수, 회남의 원술 등이 조조의 적대세력으로 남아 있어 중원을 장악하는 데 위협이 되었다고 해도 조조가 서주의 여포를 병탄함으로써 중원의 대부분 지역(사주, 예주, 연주, 서주 등)을 소유한 것이나 다름없었으므로 사실상 중원을 제패한 것이라고 볼 수가 있다.

니며 그 도모하는 바를 예측하기 어렵습니다. 옛사람의 말에 '하루라도 적을 놓아주면 누세의 후환이 된다.'고 하였습니다. 마땅히 일찍 조치를 취해야 합니다." 이때에 조조는 천자를 받들어 천하를 호령하고 있으며 바야흐로 영웅들을 초빙하여 품에 안아 큰 신의를 드러내고자 하였으므로 곽가의 책략을 좇을 수 없었다. 조조가 유비로 하여금 요로에서 원술을 요격하라 했을 때, 곽가와 정욱이 함께 조조에게 간언하였다. "유비를 놓아주시면 변란을 일으킬 것입니다!" 이때 유비가 이미 떠나버려 마침내 서주에서 병란을 일으켜 이반하였다. 조조는 곽가의 말을 채용하지 않은 것을 한스러워하였다. 배송지가 생각하건대 《위서》에서 전하고 있는 것[19]은 《부자》와 정반대이다. 《본전/배송지 주, 부자》

곽가는 유비를 제거하라고 은밀히 권유하였다. 그러나 조조는 천하의 뭇 사람의 여망을 얻으려는 입장이었다. 그런데 자신에게 귀부한 인물을 죽인다는 것이 자칫하다간 스스로의 명성에 큰 타격을 줄 수 있는 상황이기에, 조조는 쉽게 유비를 죽일 수가 없었다.[20] 일단은 조조라는 그릇 안에 담긴 유비라는 내용물이 그릇을 깨고 나가지 못하게만 한다면 문제가 없었기에, 곽가 역시 더는 강력하게 주장하지는 않

19) 《본전/배송지 주, 위서》에서는 본 전거의 내용과 다르다. 《위서》에서는 어떤 이가 유비를 죽일 것을 진언하였는데 이에 대해 곽가는 옳다고 인정하면서도 천하의 신망을 얻으려는 입장에서 함부로 영웅의 이름을 가진 자를 죽이는 것은 천하를 평정하는 데 도움이 되지 않기에 이를 반대하는 생각을 갖게 된다. 이러한 두 사서의 내용이 극명하게 차이가 나기 때문에 배송지도 이 점을 지적한 것이다. 어느 사서의 내용이 정확한 사실인지 판단하기 어렵지만 적어도 조조 진영 내부에서 유비를 죽이자는 논의가 있었다는 것은 알 수 있다.

20) 더욱이 《삼국지 위서 무제기》에 조조가 유비에게 군대를 빌려주어 원술을 요격게 명했을 때 정욱이 곽가와 함께 조조에게 이를 만류한 것을 보면 정욱은 유비를 죽이자는 입장이었고, 배주에 인용된 《위서》에서 곽가는 시야를 넓게 보아, 이에 신중을 기해 조치하자는 것이었으리라 짐작된다.

았으리라 추측된다.

야망을 감추고 평범한 인물처럼 행동하며 소일거리나 즐기던 유비였다. 그때, 제위의 참칭이라는 낙인을 달고 다니는 원술이 원소에게 귀부하고자 북상한다는 소식은, 유비 자신이 조조의 그늘 안에서 떠날 절호의 기회였다. 유비가 자신에게 원술의 요격을 맡겨달라고 자청했을 때, 조조는 그다지 유비를 의심하지 않던 상태였기 때문에 흔쾌히 군사를 빌려주었다.

유비가 출병한 후 곽가가 이 소식을 듣고 정욱과 함께, 조조에게 그를 보내지 말라고 제지하게 된다. 이에 조조 역시 급히 군사를 보내 유비를 뒤쫓아 가게 했지만, 이미 때는 늦었다. 교룡蛟龍(전설상의 용의 하나)이 삼일우三日雨 만나 승천昇天하듯, 유비 역시 신속하게 서주로 나아가 자립을 하고는 재빨리 원소와 결련을 맺어 반조조 기치를 들어 조조의 적대세력으로 변모하였다.

조조와 달리 곽가는 유비가 후환이 될 존재라 확신하고 이 생각을 계속 견지할 수 있었던 것은, 두 사람의 성격유형과 관련된 특징의 차이에서 비롯된 것이다. 바로 이는 전술한 대로 객체가 가지고 있는 가능성을 파악하는 능력이 곽가가 보여주는 외향적 직관형에 부합되는 특징이기 때문이라 할 수 있다.

조조는 속히 유비를 정벌하고자 하였으나 의논한 자들은 군軍이 유비를 치기 위해 출병하면 원소가 배후를 습격하여 나아가도 싸우지 못하고 물러서면 근거지를 잃을까 봐 염려하였다. 이에 관한 말은 《무제기》에 있다. 조조가 이에 관해 의혹을 품어 곽가에게 하문하였다. 곽가는 조조에게 권하며 말했다. "원소는 성정이 더디고 의심이 많아 쳐들어와도 반드시 신속하게 행하지 못할 것입니다. 유비는 새로이 거병하였으나 무리의 마음이 아직 귀부하지

않았으므로 급히 치면 반드시 격파할 것입니다. 이러한 존망의 기회는 절대 놓칠 수 없습니다." 조조가 말했다. "좋소!" 마침내 동쪽으로 가 유비를 정벌했다. 유비는 패하여 원소에게 달아났으나, 원소는 과연 출병하지 않았다. 《본전/배송지 주, 부자》

유비가 서주에서 반기를 들면서, 정세 상황은 여포가 조조에게 맞서 있던 때보다 더 심각해졌다. 원소가 유비와 결맹하여 지원할 것임을 드러내자 조조와 원소의 교전이 불가피해질 정도로 가시화되었다. 유비는 여포와는 달리 영웅의 재질을 갖춘 인물이었다. 유비의 모반을 한스럽게 여긴 조조는 당장 유비를 토벌하고 싶어 했다. 그러나 막료들은 이에 대해 조조가 유비를 치러 간 사이 원소가 조조의 근거지를 습격한다면, 이는 앞뒤로 적을 맞이하는 형국이 되어 큰 어려움을 겪게 될 것이라며 많은 우려를 표하였다.

조조는 이에 대해 의혹을 품고 곽가에게 자문을 구하였는데, 곽가 역시 조조와 생각이 같았다.[21] 조조의 생각이 바뀌지 않도록 곽가는 서둘러 출병할 것을 권유하였고, 조조는 신속히 서주로 진격하여 유비를 격파했다. 이어 하비의 관우를 투항케 했으며, 유비 편에 서서 모반한 창희까지 무찔러 서주를 다시 수복하게 된다.

일이 이렇게 정리가 되어 가는데도 원소는 조조와 곽가의 예상대로 끝내 출병하지 않았다. 곽가는 원소의 인물됨과 유비의 서주 장악 상

---

21) 배송지는 이 《부자》의 내용을 인용하면서도 곽가가 진언한 내용은 조조의 헤아림에서 비롯된 것이지, 곽가에 의한 것만이 아니라고 반박하는 입장을 취하고 있다. 그러나 배송지의 의견처럼 순전히 조조 혼자서 헤아리고 출병한 것으로 볼 수만은 없다는 것이, 《무제기》의 기록에서 여러 장수들이 원소의 습격에 대해 우려를 표명한 상황에서 드러나고 있다. 원소를 잘 아는 조조가 이에 대해 의혹을 품어서 곽가에게 자문을 구한다는 《부자》의 내용은 이와 잘 연결이 되고 있다. 더욱이 곽가 또한 이를 조조에게 권한다는 대목이 《무제기》에 있는 것으로 보아, 조조는 곽가의 자문을 통해 자신의 생각을 다시금 확신하고 마음먹은 바를 실행에 옮긴 것으로 봄이 옳다.

황을 깊이 헤아렸고, 이를 토대로 당장의 출병이 아주 좋은 적기라 예측한 것이다. 원소라는 인물의 가능성을 짐작하고 이와 관련된 장래를 내다볼 줄 알았으며, 조조가 출병할 수 있게 계기를 만들어 주었으니, 곽가는 이 부분에서 외향적 직관형에 부합되는 특징을 모두 보여준 것이라 할 수 있다.

다음으로 외향적 직관형과 부합되는 장점에 대해 살펴보자면, 이 유형의 인물은 창조적이고 미래지향적인 성향을 지니고 있어 미래의 가장 바람직한 정책을 선택할 수 있는 능력이 있다는 것이다.

2. 하북평정 후 이곳 이름난 선비를 다수 초빙 발탁게 하니, 이는 바람직한 정책 선택하는 그의 특징이 장점으로 발현되어

이 성격유형의 장점을 곽가에게 적용시켜 보면, 그는 순욱과는 달리 정무에 참여하기보다는 주로 군무에 주로 참여하여 모사로서 활약하였기 때문에, 그가 보여주는 장점은 성격유형이 지닌 특징과 대체적으로 부합되고 있다. 특히 여기에서 하북을 평정하는 일과 관련된 경우는 곽가의 성격유형에 부합되는 장점과 관련된 활약상이 잘 드러난다.

> **하북이 이미 평정되자 조조는 청주, 기주, 유주, 병주의 이름난 선비들을 다수 초빙하여 점차 그들을 신하로 기용하고 성사[省事]·연속[掾屬](관직명)으로 삼았는데, 이는 모두 곽가의 지모에 의한 것이었다. 《본전/배송지 주, 부자》**

조조가 전국 각지의 많은 인재들을 선발하여 자신의 요속으로 삼을 수 있었던 것은, 바로 영천의 명족 순욱의 영향에 의지하는 바가 컸다. 곽가 역시 순욱의 천거로 조조를 섬기게 되면서, 군부의 속관으로서 주로 군무에 종사하였다. 이어 하북을 평정한 직후의 시기만큼은 곽가가 군무 말고도 인재 선발과 기용에 관한 업무에 관여하여, 조조가 하북을 통치하는 데 일익을 담당하였다는 점에서 눈길을 끌게 한다. 곽가는 젊은 시절 세상에 은거하였기 때문에 해내海內(나라 안)에 명성이 드러나진 않았지만, 은밀히 각지의 명사名士들과 교류하면서 재주를 보였기 때문에 출중한 인재를 알아보는 일부 인사들은 곽가를 높게 평가하였다.

하북의 명사들이 조조의 밑에서 일하는 데에 협력할 수 있었던 연유가 모두 곽가의 지모에 의한 것이라는 사실은, 곽가가 젊은 시절 쌓았던 교유交遊가 큰 힘을 발휘했을 정도로 유효했음을 의미한다. 젊은 시절에 쌓아 놓은 인적 자산을 결정적인 순간에 활용하는 것은, 분명 미래지향적이고 바람직한 정책을 선택하는 능력이라 할 수 있다. 곽가가 은신하며 교유했다는 점은 그 특성으로 볼 때 여러 인사들을 두루 교제하지 못했을 가능성이 높아 교류의 범위가 한정적이었을 수 있다. 그런데도 불구하고 조조가 하북을 통치할 인재들을 잘 선발하여 기용하는 데에 곽가의 지모가 결정적이었다는 것은, 성격유형에 연관된 장점이 잘 발현된 경우라 할 수 있다.

이 경우를 제외하고 곽가의 활약상은, 주로 군사적 사안에 관한 공론에서 발의한 의견을 통해서 더욱 빛을 발현하게 된다. 다음과 같은 대목은, 곽가의 미래지향적이고 바람직한 정책을 선택할 수 있는 능력을 잘 보여주는 적절한 사례라 할 수 있다.

> 조조가 장차 북방으로 가서 삼군의 오환족을 정벌하려 하자 여러 장수들이 모두 말했다. "원상은 도망간 적에 불과하고 이적夷狄(오랑캐)들은 탐욕스러울 뿐 친애함이 없으니 어찌 원상이 이들을 능히 부릴 수 있겠습니까? 지금 오환족의 영토에 깊이 들어가 정벌한다면 유비가 필시 유표를 설득하여 허도를 기습할 것입니다.

만에 하나 변란이 생기면 후회해도 소용없을 것입니다." 오직 곽가만이 유표는 필시 유비를 신임하지 못하리라 헤아려, 공(조조)에게 원정하도록 권했다.《삼국지 위서 무제기》

조조와 원소와의 싸움에서 조조가 승리를 거듭하자, 원소는 후계자 구도를 제대로 정립하지 못한 채 통분 속에 죽게 된다. 이로 인해 원소의 세력은 원담과 원상 등 자식들 간의 내부갈등으로 인해 분열하게 된다. 조조는 이 기회를 놓치지 않고 이들을 차례차례 격파하였다. 원상과 그의 잔여 세력들은 삼군三郡의 오환족 수령인 선우 답돈에게 귀의하여 그들의 도움을 받아 끝까지 조조에게 저항하였다. 오환족들 역시 새내塞內[22]에 침입하여 조조의 영지인 유주 지역을 주로 어지럽히고는 했다. 원상과 선우 답돈은 요서지역을 기반으로 항거하고 있었고, 조조는 원소의 근거지였던 업현에 머무르고 있었다. 조조는 이들을 토벌하기 위해 바로 원정을 도모하려고 했으나, 막료들이 이번에는 유표가 유비를 보내 허도를 습격할 것이라고 우려하며 반대를 표명한다.

서주에서 자립을 꾀하였던 유비는 조조에게 격파당한 후 원소에게 의탁하였다가, 이후 황건적의 잔당인 유벽과 공도와 손을 잡고 여남에서 자리를 잡아 조조에게 항거하였다. 여남은 조조로서는 중원 장악의 안마당과 같은 지역인데다 원소 가문의 근거지로 원소의 남은 힘이 강하게 미치는 지역이었다. 이 때문에 조조가 이를 좌시할 수만은 없었으며, 이로 조조에게 여남에서 격파당한 유비는 이후 형주의 유표에게 의탁하게 된다. 이러한 상황에서 조조가 삼군의 오환족을 정벌하는 것은 하북평정을 마무리하는 의미가 컸다.

후한말엽부터 빈번히 발발한 전란의 참화는 인구의 급격한 감소를

---

22) 중국 북방의 국경 안쪽 곧 만리장성萬里長城 이남지역을 가리킨다.

가져왔고, 이는 경제생산력의 부실과 직결되는 문제를 야기시켰다. 이 당시에 이민족을 군사력이나 노동력으로 활용하는 경우가 빈번했기 때문에, 조조 입장에서도 삼군의 오환족은 이 두 가지 면의 인력을 확보할 수 있는 이점이 적지 않았다. 또한 이 시기까지의 역대 왕조 역사에서 이민족에 대한 대외정책은 주로 그들의 침입을 막는 경우가 대부분이었지, 그들을 평정하는 데에는 전한시기의 한 무제를 제외하고는 적극적이질 못했다.

특히 하북은 이민족 근거지와 경계를 두고 있는 접경지역이었기 때문에, 장차 하북을 제대로 통치하기 위해서는 이민족에 대한 대외정책을 어떻게 세우는가는 실로 중요한 문제였다. 조조는 이에 대해 기존의 소극적인 방비와는 달리 적극성을 띠는 공격을 선택하였으나, 다른 막료들은 모두 그에 따르는 위험성을 이유로 반대하였다. 그러나 곽가만은 달랐다.

조조가 원상 및 삼군의 오환족을 원정하려고 할 때, 부하들은 대부분 유표가 유비를 파견하여 허도를 습격함으로써 조조를 칠 것이라고 두려워했는데, 곽가만은 이렇게 말했다. "공(조조)은 비록 천하에 위세가 진동하지만, 호족[胡族]들은 공이 먼 곳에 있는 것만 믿고 반드시 방비를 하지 않을 것입니다. 그들이 방비하지 않은 것을 틈타 갑자기 그들을 공격하면 격파하여 멸할 수 있을 것입니다. 또 그간 원소는 항상 백성과 오랑캐들에게 은혜를 베풀었으며, 원상 형제도 아직 생존해 있습니다. 지금 원씨가 다스리는 네 주(청주, 기주, 유주, 병주)의 백성들은 공의 위세를 두려워하여 잠시 귀부하게 된 것이며, 공께서는 아직 은덕을 더 베풀어 준 것도 없습니다. 그런데 지금 만약 이들을 놔주고 남쪽으로 원정하러 가시면, 원상은 오환족의 도움에 의지하여 다시 옛 원소의 신하들을 불러들이게 될 것입니다. 호족들이 다시 한 차례 움직이면 백성과 오랑캐 모두 호응하게 될 것이며, 이렇게 되면 오환의 선우 답돈은 또다시 야심을 내어 우리의 빈틈을 노릴 것이니 그렇게 되면, 아마도 청주와 기주도 우리의 소유가 아닐 것입니다. 유표는 단지 앉아서 이야기하는 세객說客일 뿐입니다. 그는 스스로 자신의 재략이 유비를 제어하는 데 부족하다는 것을 알고 있으며, 유비에게 중임을 맡기면 제지할 수 없을 것이고, 유비를 하찮은 직책에 임용하면 쓸모가 없어집니다. 공께서 비록 나라를 비워두고 멀리 원정하러 가더라도 걱정하지 마십시오." 조조는 이 말을 듣고 드디어 떠났다. (본전)

곽가는 다음과 같은 두 가지의 이유를 들어, 조조가 오환족을 정벌하는 데에 동의하며 당장에 원정을 감행할 것을 권유하였다. 먼저 원소 생전에 원소가 북방 이민족들에게 은혜를 베풀었기 때문에, 원상이 남아 있는 상태에서 이들을 정벌하지 않는다면 장차 하북을 교란시킬 세력으로 큰 후환이 될 것이라 여겼다. 또한 유표는 좌담객일 뿐이지 유비를 제어할 만한 영웅이 아니기 때문에, 유표가 유비에게 중임을 맡겨 허도를 습격할 가능성은 희박하고 이에 대한 걱정을 할 필요도 없다고 여겼다. 이와 같은 곽가의 판단 중 특히 둘째 이유는 대부분의 다른 사람들의 의견과는 상이하였다. 때문에 흔히 이러한 경우를 미래 지향적인 정책제안으로 보기보다는 소수의 독선적인 발의로 그칠 가능성이 높다.

이런 상황에서 조조는 유독 곽가만이 주장하는 이 의견을 믿고 받아들이기로 결정을 내리고 결국 원정을 감행하였다. 마침내 조조는 오환족을 정벌함으로써 오환족을 군사, 경제적 목적을 위한 노동력으로 활용할 수 있는 세력의 기반으로 삼게 되었고, 원상을 요동으로 패주시켰다. 결국 원상은 조조의 위세를 두려워한 요동의 통치자, 공손강에게 참살당했고, 이로써 조조는 완전히 하북을 제패하게 되었다.

원정을 감행하는 것은 수고로움이 많은 데다 고난의 대행군이므로 장기전으로 돌입하게 되면, 언제 어디서 후방을 습격하는 세력이 준동할지도 모르는 일이었다. 이러한 난점이 있음에도, 곽가는 원상의 잔당이 남아 있는 한 조조의 하북 장악은 쉽지 않으리라는 판단에 근거하여, 원상과 이들을 돕는 오환족을 정벌할 것을 주장하였다. 이와 같이 곽가가 정확한 판단과 예측을 토대로 사람들이 내세우지 못하는 창조적이고 미래지향적인 성향을 가진 바람직한 정책을 잘 보여준 것으로, 바로 외향적 직관형의 성격유형에 연관되는 장점의 사례라 할 수 있다.

마지막으로 외향적 직관형에 관련되는 단점에 대해 살펴보자. 흔히 이 유형이 보여줄 수 있는 단점은, 첫째로 현실을 무시하는 경향으로 인해 정책 추진과정에서 갈등을 야기하고, 둘째로 자기의 인식을 정리할 겨를이 없어 한곳에 꾸준히 머무르지 못하며, 셋째로 관습과 전통을 가볍게 여겨 자신이 원하는 것을 얻기 위해 타인을 유린한다는 점이다.

3. 관습과 전통을 가볍게 여겨 '수양과 검약 부족'이라는 그 단점 드러나나, 이를 얻기 위해 타인을 유린하는 경우는 안 보여

이 성격유형의 단점을 곽가에게 적용시켜 보면, 셋째 사항이 곽가에 비교적 부합된다고 할 수 있다. 곽가는 품행의 '수양과 검약 부족' 판단으로 진군으로부터 견책 제기를 받은 바 있었으나, 이를 괘념치 않은 인물이었다. 일반적인 사대부라면 이런 상황에서 택할 방법은 스스로 자숙하며 삼가는 태도일 것이나, 곽가는 그렇지가 않았다. 오히려 평소대로 계속 그 자세를 견지하며 행동할 뿐이었다. 그러기에 조조가 이 문제를 무마시키기 위한 노력을 펼쳤던 것을 보면, 당시 이 사건은 단순한 문제가 아니었음을 알 수 있게 한다. 곽가가 관습과 전통에 구애받지 않은 매우 자유로운 품행을 보인 인물이라는 점이 뚜렷하게 부각되고 있다. 그러나 그 역기능이라 할, 자신이 원하는 바를 이루기 위해 수단과 방법을 가리지 않았을 행보의 일면은, 곽가를 다루고 있는 내용들에는 잘 나타나지 않고 있다.

총체적으로 평가하건대, 곽가는 객체가 가지고 있는 가능성을 파악하고 장래성을 내다볼 수 있는 미래예시적인 성격의 인물이었다. 이러한 성격에서 비롯된 그의 뛰어난 상황판단능력과 예측능력은, 난세에 대응하면서 그가 보여준 처신에서부터 드러난다. 한창 공명을 탐할 젊은 나이에도 불구하고 난세가 도래하자, 곽가는 세상에 출사하기보다는 그저 은신하며 일부 뛰어난 인물들과 사귀는 것에 주력하였다. 우연찮게 원소의 빈객으로 있었지만 다른 이들이 원소를 선택한 경향과 달리, 곽가는 원소가 패업을 도모할 인물이라 보지 않은 데다 조조가 그러한 능력이 있는 인물이라 보았기에, 곽가는 큰 세력을 이룬 원소를 떠나 아직은 미약한 세력을 가진 조조에게 기꺼이 투신할 수 있었던 것이다.

곽가는 조조의 군무에 참여하면서 자신의 특기를 살려, 기회가 있을 때마다 조조가 주변 군웅들을 평정할 기회를 갖도록 큰 공헌을 하게 되었다. 이는 곽가가 조조에게 그리 기여할 수 있도록 계기를 마련해 줄 수 있게 한, 그의 성격유형과 관련된 미래 가능성을 내다보는 그 특징과 바람직한 정책을 현실화하는 장점이 잘 발현된 것이라 할 수 있다. 이러한 곽가의 성격유형이 지닌 특성과 장점은, 조조가 중원과 하북을 확실히 제패하는 데 긍정적으로 지대한 영향을 끼쳤던 것이 사실이다. 특히 조조가 하북을 제패하는 과정에서 다수의 반대에도 조조로 하여금 원씨 형제에 대한 정벌을 바로 결행하도록, 곽가가 이를 적극 촉구한 점을 들 수 있다. 결과적으로 조조가 천하대세의 중심권을 구축하는 데에 이렇게 결정적인 가능성을 실현할 수 있는 계기를 잘 마련해 주었으니, 이는 곽가의 성격유형이 지닌 특성과 장점이 조조를 위해 긍정적이고 효과적으로 발현된 셈이었다.

"오직 나의 뜻은 봉효만이 알 수 있다."(본전)는 조조의 말처럼 곽가는 조조의 마음을 파악하여, 그가 원하는 뜻을 실현시킬 수 있도록 계기를 마련하는 활약을 주로 선보였다. 그러나 안타깝게도 삼십팔 세라는 젊은 나이에 병사하여, 그의 활약은 더 이상 이 세상에서 펼쳐볼 수 없게 되었다.

곽가에 앞서서, 조조가 '협천자 영제후(천자를 끼고 제후에 명하는)'로 난세를 주도하게 했던 대표적 모신으로 순욱을 꼽을 수 있는데, 그가 훗날 조조에게 숙청을 당한 연유는, 조조의 뜻을 읽지 못하고 자신의 신념을 매우 중시하여 이를 주로 실현시키려는 것에 치중하였던 데에서 기인했다고 볼 수 있다.

반면에 곽가는 자신의 신념을 중시하기보다는 주로 자신이 섬긴 주군 조조의 가능성을 파악하고, 그의 뜻을 실현할 수 있도록 그때그때 계기를 열어 왔기에 조조와 코드가 잘 맞았던 것이다. 이 때문에 곽가가 조조의 총애를 그토록 받는 모신이 될 수 있었던 것이고, 그러기에 그의 요절이 두고두고 주군 조조에게 그리운 깊은 잔영을 드리우게 된 것이라 하겠다.

모신 곽가의 남은 논의
04

진수는 곽가에 대해 평하여,

곽가는 재지才智와 책략으로 당세의 걸출한 인물이었다. 청정한 치적과 덕행으로 이룬 공적은 순유와 달랐지만, 허나 그 계책을 짜고 도모하는 데에서는 순유와 유사하였다.

라고 말하고 있다. 흔히 곽가를 거론할 때 빠지지 않고 등장하는 내용이, 이른바 십승십패설이다. 조조가 원소와 대결해서 승산이 있을지 몰라서 결정을 내리지 못하자, 곽가가 거침새 없이 10가지 이유를 대면서 조조의 승리 가능성을 개진했다. 곽가가 제기한 10가지는, 도道, 의義, 법法, 도度, 모謀, 덕德, 인仁, 명明, 문文, 무武 등으로, 그가 본 주군 조조의 여러 면모를 포함하고 있으며, 이것이 대세의 성패를 결정하게 된다는 핵심이었다. 이 십승십패설을 두고 많은 사람들이 의혹을 보내고 있으며, 심지어는 그런 것이 과연 존재했을까? 하는 의문을 제기하기도 한다.

시기상으로 곽가의 십승십패설은, 순욱이 내놓은 사승사패설四勝四敗說보다 약간 앞섰다. 건안 원년(196년) 9월을 전후로, 곽가가 조조의 휘하로 들어온 당시기 십승십패설을 건의해 조조에게 큰 찬사를 받았다.

순욱의 사승사패설은, 조조가 완성전투에서 장수에게 패했을 때인 건안 2년(197년) 정월에 나왔으니, 시간적 차이는 그리 크지 않은 셈이다.

그 내용을 보면, 곽가의 십승십패설은 웬만한 분야는 모두 포괄하고 있고, 순욱의 사승사패설은 도度, 모謀, 무武, 덕德의 4가지를 거론하고 있다. 그러나 사승사패설이 간단명료하면서도 객관적인 사례를 두고 설명했다면, 곽가의 십승십패설은 조조에게 특히 코드를 맞추어가는 느낌이 강하고 마치 사승사패설을 기본으로 확장한 듯도 하다. 순욱의 사승사패설이 진수의 《삼국지》에 수록되어 있고, 곽가의 십승십패설은 배송지주에 인용된 《부자》에 있는 내용으로 십승십패설이 실제로 존재하지 않았다고 보는 견해도 있다.

그러나 곽가의 십승십패설이, 사마광의 《자치통감 권62》에도 구체적으로 기술된 것만 보아도, 사실이 아니라고 보기는 어렵다. 배송지주에 인용된 《부자》에 기술된 곽가의 십승십패설 중 핵심 부분은 진수의 《삼국지》에 나오는 순욱의 사승사패설과 기본적으로 유사한 내용이다. 기실 두 가지 견해가 실제로 존재했다면, 구체적으로 따져놓고 볼 때 순욱의 주장이 좀더 합리적이고 실천적 의미가 있어 보인다. 그러기에 둘 중 하나인 순욱의 견해만 진수가 《삼국지》에 수록했던 것이 아닌가 여겨지기도 한다.

곽가의 십승십패설이 주군 조조를 향한 코드(code)성 내용으로 채워졌다고 논란이 되기도 하고, 심지어 곽가의 아부성을 방증한다며 그의 인품까지 들먹이는 사람도 있다. 그러나 이는 도를 넘는 지나친 비판이다. 십승십패설은 당초 원소에게 의탁하려다 그를 버리고 조조에게 오게 된 곽가가, 원소와 조조를 비교·분석해서 내놓은 핵심적인 논점인 것은 분명하다.

아무리 잘 짜인 책략이라고 해도, 생각대로 되지 않으면 단순한 계책만 못하다. 그리고 계략을 잘 짜도 실행되지 않는다면, 아무 대책도 세우지 않느니만 못하다. 곽가는 독특한 혜안으로 상황을 날카롭게 꿰뚫어 보고 분석하는 능력이 있었기에, 조조는 곽가의 빠른 두뇌회전의 직관능력을 칭찬했다. 조조 휘하의 다른 모신들은 아직도 생각에 잠겨 있을 때, 곽가는 순발력 있게 대응 방책을 도출해 내서 조조가 순발력 있는 결정을 내릴 수 있게 한 것이다. 조조가 군사를 출정시켜 국면 돌파를 해나가는 고비 고비마다, 곽가가 제시한 책략에서 거듭 예상대로 적중해 나가는 그 오묘함에 새삼 감탄을 금할 수 없게 된다.

조조에게 천하대세를 판가름하는 승리를 안겨준 결전은 관도대전이었다. 그런데 그 후 적벽대전에서 대패한 이 전쟁에서 결정적인 타격을 입었다는 사실은, 조조가 적벽대전에서의 패배로 중국의 천하통일이 좌절된 것은 역사가 방증하는 것이다.

한편으로 보면 조조는 적벽대전에서의 패배로 본래의 영토를 크게 잃지도 않았고, 양양, 번성을 중심으로 형주 북부를 그대로 확보하고 있었다. 적벽대전 뒤이어 주유가 몇 번이나 공격해 왔지만, 남군, 강릉만 넘겨주었을 뿐 형주 북부의 영유권을 잃지 않은 것이다. 그때 역병이 돌아 군대를 물렸다고 말한 까닭은, 어찌 보면 적벽에서의 패배로 입은 타격이 그렇게까지 크지 않았음을 보여주는 것이라 할 수도 있다. 이 적벽대전에서 패배하고 나서 조조가 탄식한 것은, 곽가의 죽음이었다. "조조가 형주를 정벌하고 돌아올 때, 파구巴丘에서 역질을 만나 군선을 모두 태워버리고 탄식하며 말했다. 봉효가 살아 있었다면 내가 이 지경에 이르게 하지는 않았을 텐데."(본전)라며, 바로 곽가의 책략이 있었다면 적벽에서의 패전은 면했을 것이라고 아쉬워했다.

조조가 곽가의 요절을 얼마나 슬퍼했는지는 그가 순욱에게 보낸 편지에 잘 나타나 있다. "곽봉효(곽가)는 40이 채 되지 않은 나이였지만, 나와 더불어 11년 동안 주유하면서 함께 몹시 어려운 일을 함께 겪었소. 또한 그는 도리에 밝아 세상 사태에 거침없이 대처해 나가는 것을 보았기 때문에, 그에게 뒤의 일을 맡기려고도 생각했소. 어찌 이처럼 갑작스럽게 그를 잃게 될 거라고는 생각도 못했기에 비통한 생각에 마음 아파하고 있소. (…) 봉효(곽가)야말로 바로 고孤를 알아주는 사람이었는데, 천하에 서로가 서로를 알아주는 이가 적기에 더욱 비통하고 애석하오. 어찌하면 좋을고. 어찌하면 좋을고!"《본전/배송지 주, 부자》라고 토로하였다.

조조가 자신이 죽은 후에 곽가만큼 대업을 믿고 탁고할 만한 사람이 없었다는 것은, 그 후의 역사 전개가 방증해 주고 있다. 조조가 죽은 후 뒤를 이은 후사인 조비, 조예는 단명하였고, 그의 정권을 이어받은 보정을 맡은 인물들은, 조상처럼 무능한 무리이거나 사마의 같은 깊은 야욕을 품은 권신밖에 없었다. 더욱 중요한 것은 곽가가 조조의 전폭적 신임을 받도록 코드가 맞았다는 것인데, 훌륭한 군사책략가란 그 능력이 출중한 것 이상으로 주군에게 신임을 받는 것이 중요하다는 사실이다. 조조에게 있어서 곽가는, '천하에 서로가 서로를 알아주는' 상지지교였던 것이다.

그러나 조조가 곽가를 너무 그리워하는 바람에, 다른 모신들이 감히 그에게 적극적으로 접근하지 못하는 사태를 초래했다. 조조는 사람들 앞에서 걸핏하면 이렇게 곽가를 들먹였기에, 곽가는 어느새 모신은 구름, 무장은 비와 같은 조조의 인력풀을 코드인사에 가두어 놓아, 그 후 끝내 적벽대전에서의 패배를 가져왔는지도 모를 일이다. 아무튼 이것이 옳은지 저것이 옳은지 어느 것이 그른지를 두고는, 후세 사람들이 이 역사를 두고 평할 일이다.

제7장

순간의 기지 임기응변에 차착 없는 모략을 펼친 변신의 달인 가후

인물 가후의 삶의 궤적

01

1. 임기응변에 능하며 여러 주인을 섬기다

가후賈詡는 자가 문화文和이고 무위군 고장현(지금 감숙성 무위현) 사람이다. 그가 젊었을 때 사람들은 잘 몰랐는데, 다만 한양 사람 염충[1]만이 그를 남다르게 특출히 여겨 장량이나 진평 같은 인물이라고 일컫기도 하였다.

가후는 효렴으로 천거되었다가 낭[2]에 임명되었으나, 후에 병으로 관직을 사직하고 서쪽 고향으로 돌아오다가 견현(지금 섬서성 천양현)에 이르렀을 때, 반란을 일으킨 저족[3]에게 그와 동행하던 무리가 모두 붙잡히게 되었다. 가후는 순간적인 기지로, "나는 단경[4]의 외손인데, 너

1) 그의 이름은 《후한서 황보숭전》, 《구주춘추》 등에서 보인다. 젊은 가후를 장량과 진평 등에 비견하여 품평하는 것을 보면 그는 감식鑑識에 능한 명사였으리라 짐작된다. 더욱이 《영웅기》에서 양주의 도적인 왕국王國이 반란을 일으켰을 때 왕국은 염충閻忠을 겁박하여 그를 황제로 추대하려 36부府(부곡의 단위)를 통합하여 자신은 거기장군이라 칭했던 대목을 통해서, 염충이 양주에서 명망이 상당했던 인물임을 알 수 있다.

2) 낭郎은 의랑·중랑·시랑·낭중 등 낭관의 총칭으로 광록훈에 속해 있었다. 낭관은 후한시기 관원으로 임명되는 길이 되었으며, 효렴으로 추천된 선비들이 시험을 통과하면 낭이 될 수 있었다. 또 낭이 된 뒤 일정기한이 차면 심사를 거쳐 현령 등 지방관으로 임명되었다.

3) 저족氐族은 고대 중국 서북부 소수민족으로 흉노, 선비, 저, 갈, 강의 오호五胡의 하나이다.

4) 단경段熲은 무위군 고장현 사람으로 일찍이 호강도위, 평강대장, 태위 등을 역임했

희들이 나를 죽이지 않는다면 우리집에서 후한 예로 나를 살 것이다." 《삼국지 위서 가후전(이하 본전)》라 말하니, 자신과 동행한 무리들 중 유일하게 살아남았다. 기실 가후는 단경의 외손이 아니었는데, 어떤 상황에 대처하여 뜻을 이루기가 대개 이와 같았다.

중평 원년(184년) 황건의 난이 일어나 한나라의 통치가 위협을 받자, 양주의 변장 한수는 이 기회를 틈타 반란을 일으킨다. 조정에서는 사공 장온과 중랑장 동탁을 파견하여 토벌하게 하였는데, 이 시기에 가후는 동탁의 부하가 되었다. 중평 6년(189년) 동탁이 낙양에 입성한 뒤, 가후는 태위의 속관이었다가 평진도위가 되었으며, 그 후 초평 원년(190년) 관동의 주와 군에서 군사를 일으키자 토로교위로 승진했다. 이 때 동탁의 사위 중랑장 우보는 섬현(지금 하남성 섬현)에 주둔했고, 가후는 그 우보 군대에 있었다.

초평 3년(192년), 사도 왕윤王允이 여포와 모의하여 동탁을 죽이고 양주병을 사면하지 않아, 삽시간에 그 병사들은 혼란에 빠지고 우보는 패잔병에 의해 죽임을 당하게 된다. 동탁의 무리들은 두렵고 어찌할 바를 몰라, 부장인 이각[5], 곽사[6], 장제, 번조[7] 등도 병사를 해산시키고 샛길을 따라 향리로 돌아가려고 했다. 그러나 가후는 군대를 이끌고 장안을 공격하는 것이 나을 것이라며 이들을 설득하였다.[8] 이 가후의 계책대로 이각, 곽사 등은 서쪽으로 장안을 공략하여 왕윤을 죽이고, 여포를 내몰고 헌제를 겁박하여 조정을 장악하게 된다.

는데, 오랫동안 변방의 장수로 있으면서 그 위엄이 서방에 알려졌다.

5) 이각李傕, 양주涼州 북지군 사람으로 거기장군이었다.

6) 곽사郭汜, 양주 장액군 사람으로 후장군이었다.

7) 번조, 양주 장가천 사람으로 우장군이었다. 우장군은 번조와 원술 두 명이었다.

8) "여러분이 해산한 뒤 홀로 간다면, 정장亭長 한 사람만으로도 잡히게 될 것입니다. 그러니 부대를 서쪽으로 가면서 군졸을 모아 장안을 공격하여 동탁의 원수를 갚되, 일이 성공하면 다시 나라를 보위하여 천하를 다스리고 실패하면 그때 달아나도 늦지 않을 것이요."(본전)

이각 등이 가후를 좌풍익으로 삼고 열후로 봉하려고 하니, 가후는 사양하고 받지 않았다. 또 상서복야로 임명하려 하였으나, 완강하게 고사하여 받지 않고 단지 상서에 머물렀다. 이로 인재등용을 주관하며 국정을 바로 잡았기에, 이각 등은 그를 친근하게 대하는 한편 어려워하였다고 한다.

때마침 가후가 모친상을 당하여 관직을 사임했다가, 다시 광록대부로 제수되었다. 이각과 곽사 등이 장안에서 다투고 있을 때, 이각은 또 가후를 선의장군으로 임명하였다. 이각과 곽사 등은 화해하고 헌제를 그들이 있는 군영으로 모시려고 이각이 가후에게 이를 상의하자, 가후는 "안되오. 천자를 위협하는 것은 이치에 맞지 않소."《본전/배주 헌제기》라고 말했으나 이각은 듣지 않았다. 다시 이각과 곽사가 서로 공격하여, 몇 달이 되자 죽은 자가 1만 명을 헤아리게 되었다.

흥평 2년(195년) 진동장군 장제가 섬현에서 와서 이각과 곽사를 화해시키고, 승여乘輿(임금이 타는 수레)를 임시로 홍농으로 옮기려 하였다. 헌제 역시 옛 도읍 낙양이 그리워 훈시하기를 여러 차례 반복하자, 곽사와 이각이 화해하기로 하고 서로 아들을 인질로 삼기로 하였다. 이때 강족과 호족 출신의 군사들이 자주 와서, 금문禁門(제왕이 거처하는 문)을 엿보면서 궁녀들을 넘보곤 했다. 헌제가 이를 걱정하여 선의장군 가후에게, 시중 유애를 시켜 방책을 세우라고 이른다. 가후가 강족과 호족의 우두머리를 불러 그들을 책봉하고 상을 줄 것을 허락하자, 모두 무리를 이끌고 떠나갔다. 이각은 이로 말미암아 홀로 되었고 군세가 쇠약해지게 되었다.

같은 해 7월 거가[9]가 장안성을 나와 동쪽으로 향하였는데, 이각 등은 다시 추격하여 싸움을 거니 양봉楊奉 등은 대패하였다. 이각 등은

9) '거가車駕'는 임금이 타는 수레이므로, 여기서는 헌제를 이른다.

미워하던 사도 조온, 태상 왕위, 위위 주충, 사례교위 영소 등을 죽이려고 했다. 이때 가후가, 이 사람들은 모두 대신인데 어찌 해치려고 하느냐고 말하여, 그만두게 하였다. 이렇게 헌제가 이미 장안을 떠나 거가가 동쪽으로 가자, 가후는 인수[10]를 반환하였다.

건안 원년(196년), 이 시기에 가후는 이각을 떠나, 같은 고향사람으로 화음(지금 섬서성 화음시)에 주둔하고 있는 영집장군 단외[11]에게 의탁하였다. 단외는 가후가 이미 명성이 나 있어 자신의 병사들이 그를 우러러보니, 속으로는 가후에게 군대를 빼앗길까 봐 두려워했다. 그러나 겉으로는 가후를 받들고 극진히 예의를 갖추어서, 가후가 점차 스스로 불안을 느끼도록 했다.

2. 장수의 진영에서 조조와 맞서 크게 이기다

이때 장제가 관중(지금 섬서성 중부)에서 군사를 이끌고 형주의 경계지역으로 들어가 양성(지금 하남성 등주시)을 공격하다, 떠도는 화살에 맞아서 죽게 된다. 그의 병사들은 장제의 친척 조카인 건충장군 장수張繡가 완성(지금 하남성 남양시)에서 지휘하게 되었다. 가후는 스스로 단외를 떠나 장수에게로 가려 하였다.

이때 어떤 사람이 "단외가 당신을 후하게 대우하는데 어디로 가려 합니까?"(본전)라고 묻자, 가후는 "단외는 의심이 많고 나를 꺼려 하기 때문에, 비록 후하게 예의를 차리기는 하나 오래 믿을 수 없고, 장차 나를 도모하려고 할 것이오. 내가 떠난다면 오히려 기뻐할 것이고, 또

10) 인수印綬는 옛날 공무에 관하여 기관 또는 기관장의 명의로 발송, 교부, 혹은 인증이 필요한 문서에 사용하는 도장인 관인의 꼭지에 단 인끈을 이른다.

11) 단외段煨는 무위 사람으로 동탁의 부하였으나, 헌제가 이각의 주둔지를 떠나 화음현에 왔을 때 이를 영접하며 음식과 의복을 제공했다. 건안 3년(198년) 단외는 장안으로 들어가 이각을 죽이고 그 전 가족을 허도로 압송했으며, 조조는 이각의 삼족을 멸했다. 헌제는 단외에게 안남장군을 제수했으며, 대홍려를 역임한 뒤 건안 14년(209년) 죽었다. 《본전/배송지 주 헌제기》

나를 통해 밖에서 강력한 후원군과 맺는 것을 바랄 것이니, 반드시 나의 처자를 후하게 대접할 것이오. 또한 장수한테는 책모할 사람이 없어 나를 얻기를 원할 것이니, 내 집안사람과 나 자신이 반드시 모두 온전할 것이오."(본전)라고 말했다. 장수에게 가자, 과연 장수는 가후에게 아들이나 손자가 어른을 모시듯 예를 갖추었고, 단외도 과연 그의 가족들을 잘 보살펴 주었다.

가후가 장수에게 유세하여 유표에게 연결 협력하자고 하니, 장수가 그의 말을 따랐다. 가후가 가서 유표를 만나자 유표는 빈객의 예로 대우하였다. 유표를 만나고 온 가후는 "그는 평화로운 세상에는 삼공이 될 인물이지만, 사태의 변화를 알지 못하고 의심이 많아 결정을 못 내리니 아무것도 할 수 없을 것이다."《자치통감 권62》라고 하였다.

건안 2년(197년), 조조가 남하하여 육수(지금 하남성 남양시의 남쪽을 흐르는 강)에 진을 치고 장수를 공격하여 왔다. 가후의 권유에 따라 장수는 무리를 이끌고 조조에게 귀부하게 된다. 그러나 조조가 장제의 처를 비첩으로 받아들이니 장수는 격노하였고, 가후는 장수에게 조조의 진영을 습격하게 하였다. 이때 조조의 장자 조앙, 조카 조안민, 교위 전위가 죽게 되었고, 조조는 크게 패하여 흩어진 병사를 모아 무음(지금 하남성 필양현)으로 돌아갔다. 장수가 기병을 인솔하고 추격해 오자 조조가 이를 격파하니, 장수는 양성으로 가서 다시 유표와 연합하였다.

다음 해 건안 3년(198년) 조조는 다시 병사를 거느리고 공격하여 양성에서 장수를 포위하였으나, 원소가 남하하여 허창을 습격하려 한다는 소식에 급히 퇴각하였다.12) 이때, 장수가 직접 군을 이끌고 조조를

12) 이 부분에 관하여 《삼국지 위서 무제기》의 배송지 주에 인용된 《헌제춘추》에 다음과 같은 기록이 있다. "원소를 배반한 병졸이 공(조조)에게로 와서 말하였다. 전풍[田豊]이 원소에게 '(천자가 있는) 허도를 하루빨리 습격하여 차지하고 천자를 옆에 끼고서 제후들을 호령하면, 천하는 가리키는 대로 평정할 수 있습니다'라고 하였습니

추격하려고 하자, 가후는 '그리해서는 반드시 패배한다'고 저지하였다. 장수는 이를 듣지 않고 진격시켰다가 크게 패하고 돌아왔다. 이때 가후는 장수에게 '빨리 다시 추격하라'고 하였고, 평소 그의 말을 믿었던 장수가 흩어진 병사들을 거두어 추격해 크게 승리를 거두고 돌아왔다. 장수는 조조의 용병을 헤아린 가후에게 크게 탄복하였다.

3. 조조의 휘하에서 관도대전에 기여하다

건안 4년(199년), 원소가 조조와 관도(지금 하남성 중모현)에 대치하면서 장수에게 사자를 보내 초청하고, 가후에게 편지를 보내어 우호관계를 맺자고 하였다. 장수는 이를 수락하려고 하였으나, 가후는 원소의 제안을 거부하였다. 가후는 장수에게, 원소는 강하기에 우리를 가벼이 여기지만 조조는 약하기에 기뻐할 것이며, 조조에게 패왕[13]의 뜻이 있기 때문에 진실로 사사로운 원한을 없앰으로써 천하에 덕망을 밝히는 법이니, 조조를 따르는 것만 한 것이 없다고 권하였다. 같은 해 11월에 장수가 병사를 이끌고 조조에게 귀부하자, 조조는 장수의 손을 잡고 더불어 연회를 열어 환영하였다. 아들 조균에게 장수의 딸을 맞아들이도록 하고, 장수를 양무장군으로 삼았다. 또한 표문을 올려서 상주하여 가후를 집금오[14]로 삼고, 도정후에 책봉하였으며 기주목에 오르게 했다. 기주가 아직 평정되지 않았기에 참사공군사로 남아 있었다.

건안 5년(200년), 원소와 조조 간에 벌어진 관도대전은 점차 장기 대

다. 조조는 이에 (서둘러 허도로 돌아가려고) 장수를 포위하였던 것을 풀었다." 또한 장수를 토벌하려던 시기에 조조는 주변 세력이 완전히 정리되지 않은 데다 특히 여포가 건재한 상태였다. 그러기에 과거의 연주쟁탈전과 같은 상황을 우려한 조조는 급히 회군한 것으로 보인다.

13) 패왕霸王의 뜻을 품은 자는 패자霸者, 즉 무력과 권모술수로 세상을 다스리며 왕자王者의 덕을 갖춘 자를 말한다.

14) '집금오'는 황궁의 경비부대를 관리하면서 도읍의 경비를 총책임지는 관직인데 이 시기 도읍은 허현이므로 허현의 경비를 총책임지는 직책이다.

치전의 양상을 띠게 된다. 군량이 곧 떨어지려 하자 조조는 가후에게 어떤 계책이 있는지 물었다. 가후는 말하기를 "공(조조)께서는 총명으로 원소를 이기고 용략으로도 이기며 용인用人과 결기決機에서도 이기지만, 반년이 지나도록 평정하지 못한 것은 완벽을 기하려 했기 때문이니, 언제 싸울지 결정만 하면 순식간에 평정할 수 있습니다."(본전)라고 하였다. 조조는 곧 군대를 이끌고 나아가 30여 리나 되는 원소의 진영을 둘러싸고 공격하였다. 원소의 군대는 크게 무너졌고, 하북은 평정되었다. 조조는 기주목을 겸임하였으며, 가후는 태중대부[15]로 옮기게 했다.

4. 조조에게 후사의 답을 주고 강남정벌에 신중론을 펴다

건안 13년(208년) 조조는 형주로 남하하였다. 전쟁을 치르기도 전에 유종이 항복하였으며, 유비를 추격하여 장판(지금 호북성 당양현 북부)에서 승리하였고 형주의 수군을 합병하여 위세를 크게 떨쳤다. 이에 조조는 형주를 정복한 후, 강을 따라 동쪽으로 내려가 손권을 공격하려 하였다. 이때 가후가 조조에게 "명공께서 (…) 만약 옛날 초楚 땅의 풍요를 이용하여 관리와 선비들에게 상을 내리고 백성들을 위로하고 편안한 땅에서 즐겁게 일하게 한다면, 군대를 수고롭게 하지 않더라도 강동(손권)은 머리를 조아리며 승복할 것입니다."(본전)라고 권고하였다. 그러나 조조가 그 계책을 듣지 않고 일거에 천하통일을 도모하려다 결국 손·유연합군에 적벽대전에서 패배하게 되었고, 이는 삼분정립의 형세를 구축되게 하는 추동을 제공하게 되었다.

건안 16년(211년), 가후는 조조가 관중을 공격할 때 함께 하였는데, 조조는 동관(지금 섬서성 동관현) 전투에서 마초, 한수와 대치하며 동관

---

15) 태중대부는 광록훈의 속관으로 황제의 하문下問에 응대하는 일과 조령詔令이 있을 때는 조서를 받들어 사신으로 나갔으며, 후에 관직이 더해졌다.

북쪽에서 황하를 건너면서 고전하고 있었다. 조조가 가후에게 그 계책을 물었고, 가후는 반간계反間計(이간책)를 제시하였다. 이에 조조는 한수와 마초를 이간질시켜 그들이 반목하는 사이에 각개 격파하였는데 모두가 가후의 방책을 따른 것으로, 한수와 마초는 각기 양주(지금 감숙성 동부)로 달아났다.

이 시기 조비[16]는 오관중랑장이 되었고, 임치후 조식은 재기와 명망이 홍성하여 세상 사람들은 그들이 왕위 계승을 두고 다툴 것이라고 생각하였다. 조비가 가후에게 사람을 보내어 자신의 지위를 공고히 할 술책에 대하여 물었다. 가후는 "바라건대, 장군(조비)께서는 덕망과 관용을 높이고 숭상하며, 몸소 소사[17]들이 하는 업을 익히고 아침저녁으로 부지런히 하며, 자식 된 도리를 어기지 않으면 됩니다. 그것뿐입니다."(본전)라고 하였다. 조비는 가후의 가르침에 따라 스스로 힘써 연마하였다.

조조가 일찍이 좌우의 시종들을 물리고 왕위 계승 문제에 관해서 가후에게 물었다. 가후는 아무 말도 하지 않았다. 그러자 조조가 "경이 아무 말도 하지 않으니 무슨 까닭이요?"(본전) 이에 가후가 말하여, "금방 생각할 일이 있어 바로 대답드리지 못했습니다."(본전) 하니, "무슨 생각이요?"(본전), "원소와 유표 부자를 생각했습니다."(본전) 이에 조조는 크게 웃었고 태자는 결정되었다. 조조로 하여금 조비를 태자로 책봉하도록 하는 결정적 기여를 한 것이다.

가후는 스스로 조조의 오랜 신하가 아니라고 여겼기에, 계책과 모략이 깊고 뛰어나다고 다른 사람들에게 시기를 받는 것이 두려워 항상

16) 조비曹丕는 건안 6년(211년), 궁궐 수비를 담당하는 광록훈의 속관 오관중랑장이었다가 건안 21년(216년), 위국魏國이 건국되자 건안 22년(217년) 태자가 되었다.

17) 소素란 본바탕을 말하는 것이어서 흰색을 말하며, 따라서 아무런 벼슬을 하지 않는 사람들이 입은 옷의 색깔이다. 그래서 소사素士는 벼슬이 없는 선비를 말한다.

대문을 걸어 잠그고 스스로를 지켰다. 집에 돌아와서도 사사로운 교분을 맺지 않았고, 자식을 시집보내고 장가 들일 때에도 권문세족과 혼인을 맺지 않았다. 그럼에도 불구하고 천하에 지혜와 계책을 논하는 자는 가후에게로 왔다.

황초 원년(220년) 조비가 즉위하자 가후를 태위로 삼고[18] 위수향후로 봉했으며, 식읍 300호를 더하여 이전과 합해 800호가 되게 했다. 또 식읍 2백호를 나눠 작은아들 가방에게 주어 열후에 봉했다. 장자인 가목은 부마도위가 되었다.

조비가 가후에게 천하를 통일하려면, 오나라와 촉나라 중 어디를 먼저 토벌해야 하는지 물었다. 가후는 "오나라와 촉나라가 비록 작은 나라이지만 험준한 산과 물에 의지하고 있는데, 유비는 웅재가 있고 제갈량은 나라를 잘 다스리며, 손권은 용병의 허실에 밝고 육의陸議(육손)는 병서를 잘 파악하면서 험한 지형을 이용하여 수비하며, 그들의 전선戰船이 강호江湖를 누비니 갑자기 도모하기 어렵습니다. (…) 신이 사사로이 모든 신하를 헤아려 보건대, 유비나 손권에 대적할 만한 사람은 없습니다."(본전)라 하였다. 조비는 가후의 이 같은 신중론을 받아들이지 않고, 황초 3년(222년) 대군을 거느리고 허창에서 출정하였다. 조비는 손권을 정벌하러 강릉으로 친정하였지만, 장강을 앞에 두고 대치하여 성과를 거두지 못하였고 많은 사졸을 잃었다.

가후는 황초 4년(223년)에 향년 77세로 죽었다. 시호는 숙후라고 했으며 아들 가목이 뒤를 이었으며 군수를 역임했고, 그가 죽은 후에 아들 가모가 뒤를 이었다.

---

18) "조비는 가후가 조조에게 후사에 관해 대답한 것을 듣고서 즉위하자 삼사三司로 가장 먼저 앉혔다." 《본전/배송지 주 위략》

명철보신의 삶이 돋보이는 정치공학가

02

가후는 한결같은 마음으로 주군을 섬기기보다는, 기실 세태나 사리에 매우 밝았다. 그는 자신을 잘 보전하기 위해 기회가 있을 때마다 주군을 바꾸어가는 절묘한 처세를 거듭 보여준 '정치공학가'였다. 그는 비록 자신의 안위를 보존하기 위해 그야말로 동식서숙東食西宿[19]하며 몸을 낮추면서 변신을 거듭하긴 했으나, 이는 자신의 부귀영달만을 위해 주군을 바꾸는 배신과는 질적으로 달랐다. 또한 그는 세상을 통찰하는 혜안을 갖추었음에도 자신의 주견을 고집하지 않는 능소능대한 처신을 보였다. 그런데도 변절자라고 낙인찍히는 치욕을 당하기는커녕, 오히려 말년에는 삼공의 지위까지 누릴 정도로 자신의 품위를 잘 유지하였다.

물론 가후의 이러한 삶의 태도를 두고 '철새 정치꾼의 전형'이라 폄하할 수도 있다. 그러나 이에 대해 옳고 그름을 논하기란 그리 간단하지가 않다. 그는 유가적 소양을 갖춘 사대부였음에도 어찌 진충보국盡忠報國하여 혼란스러운 세상을 구제하는 데 적극적이지 않았는가에 대해 생각해 봐야 한다. 당시 사회지도층의 부패와 모함, 갈등 등과 같은

---

19) 본래 동가식서가숙東家食西家宿의 줄임말로 동쪽 집에서 먹고, 서쪽 집에서 잔다는 뜻이다. 이는 당나라 구양순歐陽詢 등에 의해 집필된《예문유취》에서 출전되었으며 주로 제 편리함을 위해 마음껏 행동하는 사람을 비유하는 말로 쓰인다.

정치적 폐해는 천하의 재사인 가후를 변절의 달인으로 만들었다.20) 그렇기 때문에 가후의 처세와 삶의 영달은 분명 씁쓸한 구석이 많지만, 이러한 행동을 무조건 그르다고만 할 수는 없다. 만일 그가 후한 말엽의 혼란스러운 정국이 아닌 보다 안정된 세상에 살았다면, 가후의 삶은 매우 다르게 바뀌었을지 모른다. 그 정도로 가후가 일평생 보여준 그의 처세와 삶은 철저하게 난세에 맞춰져 있었다.

가후는 어렸을 때부터 자신의 향당21)에서 그리 주목을 받는 인물은 아니었다. 보통의 경우 기이한 재주를 타고난 사람은 자신의 재주가 널리 좌우에 알려져 뭇사람의 주목을 받는 경우가 대부분인 데 비해, 그는 전혀 의외의 모습을 보인 것이다. 가후는 효렴으로 천거되어 낭관으로 진출하였으나 이내 벼슬을 버리고는 고향으로 돌아왔다. 그러던 중 반란을 일으킨 저족의 무리에게 뜻하지 않게 억류되지만, 그는 당시 태위였던 단경의 이름을 팔아 자신과 동행한 무리들 중 유일하게 살아남았다.

그 후 가후는 동탁의 진영에 가담하여 머물러 있었고 여전히 자신의 재주를 감추며 몸을 낮추고 있었다. 대장군 하진이 척살된 후 들어선 동탁 정권하에서, 가후는 토로교위에 재임하며 장안 외곽이었던 섬현에 주둔한 동탁의 사위인 중랑장 우보 휘하에 있었다. 자신의 상관이 크게 성공했음에도 가후는 중앙무대에서 지레 거리를 두고 있었던 것이다. 이유나 이숙, 여포 등 동탁을 따른 수하들이 각자 중앙에서 요직을 차지하고 있는 정황과 비교해 본다면, 그는 오히려 한직에 있었다고 할 수 있다. 이러한 처세가 아니었다면 가후는 아마도 바로 조정에

---

20) 소위 변절은 유가의 사대부가 극히 꺼리는 행위임에도 가후는 이를 개의치 않고 자신의 필요에 따라 적절한 시기에 변절을 언제든지 행하였다. 이로 인해 훗날 유가적 관점에서 본다면 가후는 변절의 달인이라 평가될 정도였다.

21) 향당鄕黨이란 자기가 태어났거나 사는 시골의 마을, 또는 그곳에서 사는 사람들, 옛날에는 1만 2천 500호가 향이 되고 500호가 당이 되었다.

서 왕윤 주도하에 벌어진 정변 때 목숨을 부지하지 못했을지 모른다. 더욱이 정변 직후 자신의 상관이었던 우보가 무리를 버리고 달아나다 자신의 수하에게 죽임을 당하게 된다. 가후는 바로 그 상황을 교훈 삼아 그대로 이각과 곽사, 장제 등을 추동하여 왕윤을 격멸하였고, 이각과 곽사의 무리는 중앙 정권을 장악할 수 있었다. 이처럼 동탁 정권하에서 가후가 경험했던 일들은 아마도 스스로에게 자신이 어떻게 처세할지에 대한 일종의 '믿음'을 주기에 충분했을 것이다.

이러한 처세에 대한 그의 믿음은 투항할 때도 마찬가지였다. 가후의 도움으로 장수가 몇 차례 전투에서 조조에게 승리를 거두면서, 장수는 조조와 깊은 원한관계가 되었다. 그러나 훗날 조조와 원소, 두 군웅의 관도대전이 벌어질 당시 가후는, 세력을 점한 원소의 출병 요청을 거절하고 오히려 약세인 조조에게 귀부하자고 장수를 설득하였다. 시기적으로 볼 때 이 판단은 절호의 시점에 이루어졌다.

초기에 가후가 장수를 도왔던 것은 조조의 심중에서 교만한 마음을 보았기 때문이며, 조조가 장수의 숙모뻘 되는 추씨를 취한 것 또한 그 심중의 발로였다. 가후는 이런 상황에서 조조에게 귀부하는 것은 큰 의미가 없다고 판단한 듯하다. 조조가 이들의 귀부를 받아들였다 해도 기실 그다지 중요하게 여기지 않을 수도 있다고 생각했던 것이다. 그렇기에 조앙과 조안민, 전위 등 그 혈육과 측근 장수를 잃게 할 정도로 조조에게 재빨리 타격을 가할 수 있었다. 이후에도 몇 차례의 승리를 통해 자신들의 존재를 조조에게 각인시킨 뒤, 관도대전과 같은 원소와의 건곤일척의 싸움을 앞두고 있는 그에게 귀부함으로써 거꾸로 환대를 받게 만든 것이다. 조조라는 인간에 대한 깊이 있는 통찰이 없었다면 거의 불가능한, 이 같은 결단을 내린 것이다.

조조의 모사가 된 이후에도 가후의 이러한 태도는 크게 달라지지 않았다. 관도에서 조조가 원소를 만나 싸울 때와 형주 평정 후 손권을 공격하려 할 때를 비교해보면, 가후의 태도에 그 차이가 확연하다. 먼저 관도대전에서 군량이 떨어져가는 상황에 처해 이에 대한 계책을 물었을 때, 가후는 순욱과 일치된 의견으로 시기를 놓치지 말고 결행하라고 조언하였다. 그 공적으로 기주목을 거쳐 태중대부로 승진한다. 반면 형주 평정 후 손권을 공격하려고 하였을 때 가후는 속도를 늦추고 관민을 달래도록 진언하였으나, 이는 받아들여지지 않았다. 기록에 나타난 대로 조조는 가후의 건의를 받아들이지 않고 자신의 뜻대로 적벽대전을 강행했고, 그 결과는 참담한 패배였다. 가후는 스스로 조조의 정벌이 실패할 것임을 예견하였지만, 주군인 조조의 의견을 강하게는 반대하지 않고 다만 결과를 기다린다. 이것은 그의 처세에 있어서 무엇을 이로움으로 삼고 있는지 잘 보여주는 대목이다. 가후는 철저하게 자기 주견을 내세우지 않고 은인자중하며, 타인의 주목을 받지 않으려고 노력한 것이다.

그러나 무엇보다 가후에게 깊은 갈등을 주었던 사례는 바로 조조의 후계자 구도였다. 장남 조앙이 죽게 된 뒤 오래 비어있던 후계자의 자리에 대한 갈등은 조조가 넷째 아들 조식을 편애하던 시기에 최고조에 이르게 된다. 당시 다음 후계서열로는 둘째 아들 조비가 있었으나, 동생 조식이 그 자리를 위협하고 있었다. 이때 가후도 이러한 상황을 매우 심각하게 고민했을 것으로 추정되는데, 조조와 조비 모두 가후의 지혜를 빌리려고 했으니 그 심적 압박의 정도를 가히 짐작할 수 있다. 물론 이에 대해 가후가 드러내지 않고 마음속에 가늠하고 있었던 바는 바로 둘째 아들 조비였다. 가후의 이러한 선택은 여러 정황상 조식의 후계자 가능성을 높게 보지 않았던 데에도 기인한 것 같다.

무엇보다 조조가 후사문제에 대해 가후에게 물었을 때 보여준 그의 반응 속에 그가 조비를 선택하게 된 배경이 가장 잘 나타나 있다. 그는 조조에게 몰락한 원소와 유표의 경우를 예로 들며, 원소와 유표 모두 장남을 제치고 차남을 후사로 총애하게 되면서 각기 그들 사후에 갈등, 분열을 빚게 되었다고 말했다. 원소는 원상을 후사로 여겼지만 이로 인해 장남 원담이 불만을 품고 이탈하게 되어 세력이 붕괴되기 시작했다. 유표는 후처와 인척에게 밀려 후계가 유종으로 넘어가게 되었고 그 세력을 끝내 보전하지 못했다. 전자는 강대한 세력이었을지라도 오랜 후계 경쟁의 후유증을 이겨내지 못함을, 후자는 인척에게 떠밀려 후계가 이루어질 경우 자립하지 못하여 패망함을 보여주고 있다. 가후는 후계 경쟁이 장기화되면 서로 이기기 위해 지나치게 세력 확장에 골몰하게 되고, 이는 급기야 전체 구도가 허약해지는 것을 경계한 듯하다. 조비와 조식 모두 그러한 위험성을 조금씩 안고 있었다. 특히 장자를 폐하고 차자를 후사로 세우는 경우는 그 위험의 정도가 훨씬 더 컸다.

조조 사후 조비가 후사로 되는 데 기여한 예우로 가후는 삼공 중 하나인 태위까지 올랐지만, 조비 치세 시기라고 해서 그의 처세가 바뀐 것은 아니었다. 촉나라와 오나라를 병탄하려는 조비에게 '문덕文德을 무공武功보다 높일 것'을 주문했으나 끝내 받아들여지지 않았지만, 가후는 이번에도 이를 강하게 제지하지 않았다. 결국 조비는 허창에서 남하하여 오나라를 치려고 군대를 진격하였으나, 이에 손권이 장강을 사이에 두고 대치하니, 군졸만 잃고 후퇴하게 되어 체통만 손상되었다. 신하로서 가후의 이러한 조심스러운 처신은 분명 바른 것이라고 하기 어려웠지만, 가후 입장에서는 '주견이 강한 군주에게 부딪혀봐야 별무소용'임은 분명한 사실이었다. 그렇게 용의주도하게 처신하지 않았다면, 조조, 조비 양대에 걸쳐 중용되어 삼공까지 오르지 못했을 것이기 때문이다. 또한 자식을 시집보내고 장가 들일 때에도 권문세족과 혼인을 맺지 않았고 자신도 사사로운 교분을 맺지 아니하였으며, 집에 돌아와서도 항상 대문을 걸어 잠그고 스스로를 지켰다. '끝까지 살아남는 자가 강한 자'라는 말은, 바로 가후 같은 경우를 두고 이르는 말일 것이다.

창업공신이라고 할 순욱조차도 냉혹하게 숙청하고 마는 조조의 성정으로 볼 때, 기실 가후의 이러한 처세는 피할 수 없는 일이었다. 특히 가후는 모사로서 자신이 처해 있던 환경과 여건을 잘 활용한 변신의 능소능대한 인물이기에 더더욱 그러했다. 비록 조조가 유능한 주군이라고 하나 그가 어질고 너그러운 인물이라고 볼 수 없으므로, 최대한 역량을 발휘하되 가급적 자신을 낮추는 처신을 취했다. 그리하여 가후는 당시 주목과 각광을 받으면서도 살아남을 수 있었으며, 구신舊臣(옛 신하)이 아니면서도 오래 높은 지위에 머물렀던 것이다.

대개 공훈을 세우고 나면 권력과 거리를 두고 은거한 전례가 적지 않았던 점을 감안하면, 가후의 경우는 매우 희소성 있는 사례인 셈이다. 더욱이 조비의 7년 치세 중 전반기에 공신으로서 태위로 임명되었으면서도 조비의 의심을 사는 일이 없었다는 데에 주목해야 한다. 이는 앞서 조조의 국공봉작에 반대하다 끝내 죽게 되는 순욱의 경우와 비교해 확연히 다른 것이다. 조조 치세와 마찬가지로, 조비 치세에서도 강한 주장을 가급적 자제함으로써 위상이 흔들리지 않게 현명한 처신을 해온 그의 면모는 과연 권력의 촉수에 뛰어난 달인의 경지였다고 인정하지 않을 수 없게 한다.

그러나 이는 어디까지나 '개인 처신'이라는 데에 한정했을 때 그러한 것이며, 그가 과연 조위정권을 위해 '충성'을 다했는가에 대해서는 반문해 볼 수도 있다. 그런 처세는 주군이 어떤 선택을 한 이상 그 결정을 바꾸게 하는 일은 어려울 수밖에 없다고 여기고, 그 주군에게 어떤 형태로든 신임을 얻어낼 수 있기만 하면 된다는 생각이기 때문이다. 가후는 "이 옥을 사는 사람이라면 누구와도 정사를 논할 수 있다"고 말한 공자와도 확연히 다른 처세를 한 것이다. 공자의 말은 자신의 관점을 보물과 같이 여겨주는 주군을 전제하나, 가후는 관점을 버리더라도 끝까지 살아남을 수 있게 해 주는 주군을 원하기 때문이다.

이러한 신하는 기실 주군으로부터 끝까지 이로움을 구할 수 있을 때만 주군의 신하인 것이다. 그가 동탁, 이각, 단외, 장수, 그리고 조조로 쉽게 주군을 바꿔 탈 수 있었던 연유는, 바로 이런 관점에 터잡고 있었다. 그러나 이러한 관점은 집단의 공리에 비추어 보면 득보다 실이 더 클 여지가 있는데, 역설적으로 이 점이 바로 가후의 입장에서는 다른 군웅이 아닌 조조를 주군으로 선택할 수밖에 없었던 이유라 할 것이다.

이런 면에서 볼 때, 가후는 유가나 법가 등이 요구하는 인물상과는 상당한 거리가 있었다고 할 것이다. 오히려 그는 처세에 한정해서 볼 경우 도가나 종횡가처럼 여겨지기도 하면서, 가후가 있는 곳에 권력이 있는 흡사 해바라기같이 움직여 가는 인물의 형상을 여실히 보여주었다고 할 수도 있을 것 같다.

능소능대한 성격으로 뛰어난 현실감각을 펼친 책사 03

가후는 어려서부터 총명하여 인물평에 능한 인사로부터 '기이함이 있는 인물'이라는 평을 들었는데, 이는 그가 주군을 도와 패업을 이루는 데 기여할 수 있음을 예측한 것이기도 하다. 실제로 가후는 동탁에서부터 이각, 단외, 장수, 그리고 조조에 이르기까지, 여러 차례 주인을 바꿔가며 그들의 성공에 크게 기여한 인물이다.

가후가 동탁의 휘하에 있을 때, 왕윤이 여포와 모의하여 동탁을 죽이고 양주병을 사면하지 않아, 양주병은 일대 혼란에 빠지고 다들 낙향할 것을 결심한다. 그러나 가후는 오히려 이각에게, 이들을 주축으로 하여 군사를 이끌고 장안을 공격하는 것이 나은 선택임을 말하였고, 가후의 이 제안이 맞아떨어져 이각과 곽사는 장안을 점령하게 되었다.

이어 이각과 곽사가 마침내 정권을 잡은 뒤 그들이 포학하고 쟁패에 겨를이 없음을 안 가후는, 자신을 제후에 봉하려 하자 겸양을 빙자하여 이를 받지 않았다. 이는, 섣불리 제후의 반열에 올랐다가 이각과 곽사가 실각하게 되면 스스로에게도 다가올 수 있는 후폭풍을 미연에 방지하기 위한 몸 사림으로 볼 수 있다.

얼마 지나지 않아 이각을 떠난 가후는 단외, 장수 등에게 의탁하였으며, 그 과정에서 자신이 몸담고 있는 세력을 제대로 알아 거기에서 가능한 한 최선의 판단을 내리기도 하였다. 특히 장수의 휘하에 있을 때 가후는, 조조가 '천자를 끼고 제후에게 호령'하고 있으나, 조조군이 원소군에 비해 약세이므로 조조에게 귀부할 경우 그가 중시할 것이며, 조조는 패업을 추구하고 있어 사사로운 지난날의 원한에 얽매이지 않을 것이라는, 세 가지 이유를 들어 조조의 진영으로 귀부할 것을 주장하였다.

이는, 원소에 비해 당시 약세였던 조조이지만 앞으로 제패해 나갈 가능성을 지니고 있음을 예견한, 가후의 탁월한 판단에서 비롯된 것이었다. 과연 가후의 말대로, 조조는 장수가 귀부하자 그를 성대히 환영하고 사돈관계가 되었다. 특히 이후 조조는 가후를 중히 여겼다. 또한 가후는 조조가 후사문제로 고민하고 있을 때, 순리[22]대로 후계를 택하지 않았다가 실패한 원소와 유표의 사례를 슬며시 언급하여, 조조의 고민을 한 번에 해결해 주기도 하였다.

이런 모습에서 가후는 외향형에 가까운 특성을 보이고 있다. 외향형은 늘 객체에 맞추고 객체에 부합되는 방향으로 행동하고 판단해 가는 경향이 강한 성격이다. 가후는 여러 주군을 모시면서도 자신의 주군이 가지고 있는 가능성을 최대한 끌어내고, 그에 부합되는 방향으로 의견을 제시하여 결국 성공을 거두게 되었다는 점에서, 외향형에 가까운 특성을 보이고 있다 하겠다.

여러 가후 관련 기술들에서 평가되는 그의 가장 뛰어난 면모는 바로 '임기응변'이라 할 수 있다. 가후가 여러 차례 주군을 바꾸면서 보여주는 그의 태도는, 소위 '임기응변의 달인'이라 해도 무방할 정도이다. 가

---

22) 주나라 때부터 나온 적장자 승계에 대해서는 논란이 있을 수 있으나, 원소와 유표가 장자를 택하지 않아 사후 세력 분열로 지리멸렬하였는데, 그 점을 가후가 조조에게 넌지시 일깨워 주려 하였다고 보아 이를 순리順理라고 표현한 것이다.

후는 낭관으로 임명되었다가 병으로 사직하고 고향으로 돌아가던 중, 저족에 의해 사로잡혀 동행하던 사람들이 모두 죽임을 당하였다. 그러나 가후는 당시 양주와 관중에서 위세를 떨치던 태위 단경과의 인척관계라고 거짓으로 속이는 감각적 임기응변으로, 저족에게 겁을 주고 기대를 갖게 하여 위급한 상황을 타개하였다.

가후는, 당시 난립했던 군웅들 가운데 상대적으로 세력이 약한 편에 속하는 장수의 모사로 있으면서, 탁월한 형세판단으로 조조를 수차례 곤경에 빠트리기도 했다. 당초 장수는 조조에게 항복하였으나, 조조가 자신의 숙모뻘 되는 죽은 장제의 처 추씨를 취하는 것을 보고, 한을 품고 반란을 일으켜 조조의 장자와 조카, 장군 전위가 죽게 되는 등, 조조를 큰 충격에 빠트린 바가 있다. 이는 《삼국지연의》에도 잘 묘사되어 있으며, 그 과정에 대해서 《삼국지 위서 장수전/배주 오서》에는 다음과 같이 기술되어 있다. "장수가 항복하고 가후의 계책을 써 군을 옮겨 높은 길로 나아가고, '수레가 적으나 무거우니, 병사들에게 갑주를 입혔으면 합니다'라고 말했다. 태조(조조)가 장수를 믿고 다 들어주었다. 장수가 엄히 병사를 들이고 조조를 급습했다. 조조는 준비가 없었기에 졌다."

그 후 장수의 모사로 있으면서 관도대전이 벌어지기 전, 원소가 장수에게 사자를 보내 구원을 받으려 하였다. 그러나 가후는 장수에게 오히려 원소와의 단교를 선언하게 하고는, 조조에게 귀부할 것을 권한다. 당시 상황으로 봤을 때 원소의 세력이 조조에 비해 강성했음에도 불구하고, 가후는 매우 감각적인 판단으로 장수를 설득했으며 결국 가후는 장수를 조조에게 귀부하게 하여 장수는 조조와 사돈관계가, 가후는 조조의 측근 모신으로 자리 잡게 되었다.

이런 사례들에서 가후는, 탁월한 형세파악과 그에 따른 감각적인 제안을 통해 개인적으로 또는 그가 속한 세력에 이로운 결과를 가져온,

감각형에 가까운 특성을 보이고 있다. 특히 자신이 파악한 외부의 세력 또는 형세를, 자신의 경험과 판단을 근거로 파악하여 감각적인 판단을 제시했다는 점에서, 그는 외향적 감각에 가까운 인물이라 할 수 있다.

이상을 토대로 보았을 때, 가후를 성격유형으로 그 인물형을 논한다면 외향적 감각형으로 평할 수 있다. 외향적 감각형의 특징은, 첫째로 객관적 사실을 감득해 내는 능력이 발달되어 있고, 둘째로 가장 현실적인 판단을 하여 행동하며, 셋째로 임기응변에 강하며 핵심적인 사항을 잘 파악하고 요점을 정리하는 능력이 뛰어나다는 점이다.

1. 동탁잔당 도망 아닌 역공 펴게 해 이각 곽사 정권 장악·양주 군웅 이합집산에 마초 한수 이간 시켜 조조 승리케 해, 객관적 사실감득 등 현실 판단하는 그의 특징 단연 돋보여

이 외향적 감각형의 특징을 가후에게 적용시켜 보면, 그 성격유형에 부합되는 내용이 모두 가후가 이각과 곽사를 도와 그들의 정변을 성공시키고 이후, 그들의 장안정권에 참여하는 과정에서 잘 드러난다고 할 수 있다.

그는 동탁 휘하에서 평진도위, 토로교위 등의 무관직을 수행하다가, 동탁의 사위였던 우보의 군대에 배속되어 그의 속관이 된다. 때마침 동탁이 왕윤의 계략으로 인해 여포에게 척살당한 데다 우보 또한 부하의 모반으로 피살당하면서, 구심점을 잃은 동탁의 잔여 세력들은 혼란에 빠지게 된다. 더욱이 양주 출신 사람들은 주살될 것이라는 흉흉한 소문이 퍼졌고, 동탁의 잔여세력들은 두려움에 떨며 제각기 고향으로 도망치려고 하였다. 가후 역시 동탁의 수하로 활약한 데다 양주 출신의 인물이었기 때문에, 이러한 소문에 민감하게 반응하지 않을 수 없었다.

동탁이 패망한 이후에 우보 또한 죽었고, 동탁의 무리는 두렵고 무서워하였으므로 교위 이각, 곽사, 장제 등은 병사를 해산시키고 사잇길을 따라 향리로 돌아가려고 했다. 이때 가후가 말했다. "장안에 있는 사람들은 동탁의 수하에 있는 양주 사람을 모두 죽여야 한다고 말하고 있다고 들리는데, 여러분들은 오히려 병사들을 버리고 홀로 달아나려고만 하고 있으니, 단지 정장亭長이라도 그대들을 하나씩 체포할 수 있소. 그러니 군대를 데리고 서쪽으로 가면서 다시 흩어진 군졸들을 모아 장안을 공격해 동탁을 위해 복수하는 것이 더 나을 듯하오. 만일 다행히 일이 성사되면 우리들은 다시 국가를 보위하여 천하를 정복할 수 있소. 일이 성사되지 않으면 다시 도망쳐도 그리 늦지는 않을 것이오." 사람들은 그의 말을 듣고 나서 옳다고 생각했다. 이각은 곧 서쪽으로 장안을 공격하였다. 이에 관한 기록은 《동탁전》에 보인다. (본전)

가후는 동탁의 교위였던 이각과 곽사, 장제 등에게, 만약에 군대를 해산하고 귀향한다면 일개 정장에게도 체포될 수 있으므로 차라리 군대를 정비하여 역공을 펴서 정변을 도모할 것을 권유한다. 거사가 성공만 하면 정권을 장악하는 것이요, 실패하면 그때 가서 도망칠 일을 생각해도 늦지 않다는 판단하에서 내놓은 가후의 헌책이었다. 가후의 의견에 따른 이각과 곽사, 장제 등과 같은 동탁의 무리들은, 힘을 모아 결국 정변을 일으켜 왕윤과 여포를 실각시키고 자신들이 정권을 장악하는 데에 성공한다.

양주 출신은 모두 죽인다는 흉흉한 유언비어를 이용하여 양주 출신 병사들로 하여금 정변에 참여하게 만들었고, 이로써 가후 자신의 안위를 보전토록 하려 한 것이다. 이런 가후의 술책은 객관적 사실을 감득하고는 그에 따른 현실적인 판단과 더불어 임기응변의 방안을 잘 구사하는 면모를 보여준다. 이러한 가후의 언행에서 그의 성격유형에 연관되는 특징이 잘 드러난다고 할 수 있다.

가후는 이각과 곽사의 장안정권하에서 이각과 곽사에게 핍박받는 헌제를 보위하기 위한 또 다른 노력 등에서, 그의 성격유형의 특징과 관련된 대목을 찾아볼 수 있다.

> **이각 등이 가후에게 자신들의 진영에 황제를 영입하는 것에 대해서 상의하였다. 가후는 "안 됩니다. 황제를 협박하는 것은 정의롭지 않은 일입니다."라고 반대하였으나, 이각은 듣지 않았다. 장수가 가후에게 말했다. "이곳은 오래 머물 곳이 아닌데 그대는 어찌 떠나지 않는 것이오?" 가후가 말했다. "저는 나라의 은혜를 입어 신의를 저버릴 수 없습니다. 공은 떠나십시오. 저는 떠날 수 없습니다."《본전/배송지 주, 헌제기》**

이각과 곽사는 우선 살아남기 위해서 힘을 합치고 정권을 장악하였지만, 각기 먼저 국정의 주도권을 잡고자 반목 대립하였고 급기야 서로 간에 교전을 벌이게 되었다.

이 과정에서 헌제를 끼고 있는 것이 명분상 이로울 것이라 판단한 이각이나 곽사는, 서로 먼저 헌제를 겁박하고자 하였다. 당시 가후는 이각의 측근으로 있었는데 이각의 이와 같은 계획에 정론正論에 근거하여 반대를 하였으나, 이각이 가후의 의견을 듣지 않고 끝내 헌제를 겁박하였다. 이러한 이각의 조치보다 한발 늦은 곽사는, 헌제를 겁박할 수 없게 되자 조정 대신들을 겁박하여 자신의 명분을 찾으려고 안간힘을 썼다. 이각과 곽사는 서로 대의명분이 자신에게 있음을 주장하며, 계속 군사적 대치상태를 가져왔다.

훗날에 군웅의 하나가 되는 장수도 이 당시엔 이각과 곽사의 무리 속에 있었다. 그도 이들의 만행에 실망하여 떠날 채비를 하면서, 그 전에 가후에게 왜 여기를 떠나지 않는가 묻는다. 이때 가후의 입장에서는 이각이나 곽사에게 충성할 이유가 없었고, 그들을 도운 것 역시 자신의 안위를 위해서였다. 하지만 지금 상황에서 그냥 떠나려 했다가는 이각이나 곽사에게 언제 겁박을 당할지 모르는 일이었다. 설령 이들로부터 벗어났다고 해도, 세상 사람들은 가후를 이각과 곽사를 도운 인물이라 하여, 지탄을 할 가능성도 충분했다. 때문에 가후는, 헌제가 이각과 곽사의 무리들에게 더 이상 핍박받지 않도록 보위하는 데에 힘을 쓰고자, 헌제의 곁에 남는다.

이각이 당시에 강족과 호족 수천 명을 불러들여서, 먼저 황실의 물건과 색색의 비단을 그들에게 주고 궁인宮人과 부녀들도 주겠다고 약속하여, 곽사를 공격하게 하려고 하였다. 강족과 호족은 여러 차례 궁궐 문 앞까지 와서 안을 들여다보며 "황제는 안에 계신가? 이장군(이각)은 우리에게 궁인과 미녀들을 주겠다고 약속하였는데 지금 그녀들은 어디에 있는가?" 하고 물었다. 황제(헌제)는 이 일로 고심하여 가후에게 대책을 세우도록 했다. 이에 가후가 은밀히 강족과 호족의 족장을 불러 모아 음식을 대접하고 작위를 주고 귀한 보물을 선물하자, 모두 돌아갔다. 이각은 이로 인하여 세력이 약화되었다.《본전/배송지 주, 헌제기》

이각은 부족한 군사력을 벌충하기 위하여 외부의 이민족들을 불러들였고, 강족을 비롯한 이민족들은 장안에 입성하자 난동을 부리기 시작했다. 이를 우려한 헌제는 가후에게 이에 대비토록 명을 내렸고 가후는 곧바로 행동에 들어간다. 그들이 장안에 입성한 이유는 이각을 위해서가 아니라 이각으로부터 보물과 여자 등을 노략질해도 좋다는 허락을 받았기 때문이었다. 이로 가후는 작위나 보물 등을 통해 그들의 물욕을 적당히 채워주었다. 이러한 가후의 회유로 인해 그들은 그냥 돌아가게 되었고, 이각의 힘은 의당 한풀 꺾일 수밖에 없었다.

이처럼 헌제를 보좌하면서도 겁박하는 이각의 힘을 약화시키는 공로에는, 이각의 곁에 남아 남몰래 일을 진행하는 가후의 활약이 컸다. 이각의 군세를 지탱하는 이민족 병력들을 물질적인 보상을 통해 해산하게끔 설득시키는 가후의 모습은, 그가 현 상황에 대한 객관적 사실을 잘 읽어낸 후 이에 따른 현실적인 판단을 기초로 임기응변을 보여주는 행위였다. 가후의 이러한 면모는 실로 그의 성격유형의 특징과 잘 연관 지어지는 부분이라 할 수 있다.

그 외에 가후가 조조를 섬긴 이후의 경우에서도 그의 성격유형에 연관되는 특징을 찾을 수 있는데, 이는 조조가 한수·마초 연합군을 격파시키는 상황에서 찾아볼 수 있다.

> **조조는 뒷날 한수, 마초와 위남(위수渭水 남쪽)에서 싸웠는데, 마초 등은 토지를 분할하여 화친을 모색하고 인질을 교환하자고 요구했다. 가후는 거짓으로 이를 허락한 척하라고 말했다. 또 조조는 가후에게 계책을 물으니 가후가 대답했다. "그들을 이간시키면 됩니다." 조조가 말했다. "알겠소." 조조는 하나하나씩 가후의 계책을 사용했다. 이에 관한 일은 《무제기》에 기록되어 있다. 조조가 마침내 한수와 마초를 격파하였는데, 모두가 가후에게서 나온 모책에 따른 것이었다.** (본전)

계속되는 싸움에서 마초는 조조에게 화친을 청하였으나, 가후는 이를 거짓으로 허락하여 한수와 마초를 이간시킬 것을 헌책하였다. 이를 채택한 조조는 재빨리 실행에 옮겼다.

조조는 한수와 회담을 하면서, 군사에 관한 일은 일체 얘기하지 않고 그저 옛일에 관한 담소를 나누면서 마초의 의혹을 증폭시켰다. 더욱이 뒤이어 한수에게 중요 글귀를 붓으로 덧칠한 초벌 서신을 보냄으로써, 마초로 하여금 한수가 조조와 결탁했으리라는 의심을 갖게 하였다. 이렇게 내부 간에 결속력을 와해시킨 연후에 전투를 벌였다. 그 결과 조조는 마초와 한수 등의 군세를 패퇴시켜 관중지역을 세력권역에 편입시킬 수 있었다.

양주 출신의 군웅들은 이해관계를 바탕으로 한 이합집산이 매우 잦았다. 가후는 이러한 객관적 사실을 바탕으로 이들의 사이를 반목, 대립시키는 것이 적절하다는 현실적인 판단을 하였고, 그에 따른 임기응변의 술책을 제시하였다. 이로 인해 조조가 한수·마초군을 격파할 수 있었던 것 역시, 가후의 성격유형에 연관되는 특징이 잘 발현된 경우라 할 수 있다.

다음으로 외향적 감각형의 장점에 대해 언급하자면 이 유형의 인물이 보여줄 수 있는 장점은, 첫째로 현실적으로 가장 유익하고 많은 사람들에게 필요한 정책을 선택하고 적극적으로 추진할 수 있는 능력이 있는 점과, 둘째로 외교, 경제 등의 정책분야에서 탁월한 능력을 발휘할 수 있다는 점이다.

2. 혼란의 와중에 명망 있는 인물 기용·국정쇄신에 적극적 현실에 필요한 정책 실현케 한, 무엇이 유익하고 사람들에 필요한 일인지 판단 선택하는 그의 장점 발현되어

이 성격유형의 장점을 가후에게 적용시켜 보면, 이각과 곽사의 장안 정권하에서 국정운영이 잘 이뤄질 수 있도록 가후가 보여준 노력 등에서 그의 성격유형에 부합되는 첫째 장점을 찾아볼 수 있다.

이각 등은 곧 가후를 상서에 제수시켜 관리의 선발을 관장하도록 하고, 많은 일을 바로잡아 구제하도록 하였다. (본전)

가후가 인사人事를 맡아 옛 명성이 있는 자를 다수 뽑아 (관리의) **반열에 두니, 논하는 자들이 그때부터 가후의 공이 많다고 하였다.《본전/배송지 주, 위서》**

애초에 가후가 이각과 곽사의 정변에 지모를 빌려준 것은, 가후 자신의 사리사욕을 채우기 위해서가 아니었다. 동탁 사후에 벌어질, 대다수가 양주 출신인 동탁의 부하들에 대한 정치적 보복이라는 화란禍亂(재앙과 세상의 어지러움)을 피하게 하고자 함이었다. 더욱이 가후가 거사를 통해 바란 것은, 그들을 통해 화란을 피한 후 국가의 보위를 담당하기 위함이었을 뿐, 이각과 곽사의 물욕을 채워주기 위한 기회를 제공하려던 것은 더더욱 아니었다.

이각과 곽사가 일으킨 정변이 성공으로 이어지자, 이에 대한 공로로 가후를, 삼보[23] 중 한 축의 행정과 치안을 담당하는 좌풍익에 임명하고 제후에 봉하려 하였다. 그러나 가후는 이를 완강하게 사양했다. 다시금 상서복야[24]에 임명하려 하였으나, 가후는 상서복야가 모든 관리의 사장師長이며 천하 사람들이 우러러 받드는 관직임에 반해 자신의 명망이 이 관직을 감당하기 어렵다는 이유로 고사하였다.

이렇게 가후는 사양을 거듭하다가 대신 상서에 제수되어, 인사 선발

---

23) 후한의 수도 낙양을 포함한 그 인근 지역인 삼하三河(하남, 하내, 하동군)란 표현과 대칭이 되듯 전한의 수도 장안을 포함한 그 인근 지역을 삼보三輔라 하였는데, 이는 장안을 치소로 둔 경조윤을 중심으로 좌측에 풍익군, 우측에 부풍군을 일컫는 표현이었다.

24) 상서복야는 내조內朝의 기구인 상서대의 속관으로 그 지위는 상서대의 수장인 상서령 다음인 차관이며, 상서령과 더불어 상서대의 업무를 관장하였기에 그 권한은 막중했다.

에 관한 업무를 담당하게 된다. 이로부터 명망이 있던 인물들을 기용하였고, 또한 잘못된 일을 바로잡아 나가면서 점차 가후의 공로가 식자들에게 거론될 정도에 이르렀다. 비록 동탁 잔당들에 의해 장악된 정권이었다고 해도 가후가 국정운영에 참여하여 국정쇄신에 적극적인 추진을 가한 것은, 현실적으로 유익하고 필요한 정책을 실현키 위한 노력이라 볼 수 있으며, 이는 곧 그의 성격유형의 장점에 해당되는 것이다.

또한 가후가 이각과 곽사 사이에서 벌어진 싸움을 만류하거나 혹은 그들로부터 조정대신들을 보호하기 위한 노력을 한 것 등은, 역시 그의 성격유형의 장점으로 볼 여지가 충분히 있다.

곽사와 번조는 이각과 서로 사이가 좋지 않아 다툰 적이 수도 없었다. 가후가 도리로 그들을 책망하니 이내 그의 말을 받아들였다.《본전/배송지 주, 헌제기》

이각 등은 그를 친근하게 대했으나, 또한 두려워하기도 했다.(본전)

이각과 곽사, 장제, 번조 등이 합세하여 왕윤을 죽이고 여포를 패퇴시켜 이른바 장안정권을 잡기 전까지, 그들은 그저 동탁 휘하에서 부곡을 이끌던 교위에 불과했다. 그러나 이들이 정권을 장악하자 모두들 자신의 관위와 작위를 높였으며, 장제는 군대를 이끌고 장안을 나와 홍농에 주둔하였고 이각, 곽사, 번조가 함께 공동으로 보정輔政을 행하게 되었었다. 그러나 서로 자신이 먼저 주도권을 쟁탈하려고 하면서 끝내 그들 간의 대립은 심화될 수밖에 없었다. 이때마다 가후는 그들의 쟁투가 장차 정국을 혼란스럽게 할 것이라 판단하고는, 그들을 책망함으로써 그들의 다툼을 중지시키려는 노력을 기울였다.

전에 황제가 관중으로 들어갔을 때, 삼보의 호구가 수십만에 이르렀는데 이각과 곽사가 서로 공격하자 황제는 동쪽으로 돌아갔고, 그 후 장안성은 40여 일이나 주인이 없었다. 그로 인해 강한 자들은 사방으로 흩어지고 궁핍한 자들은 서로 잡아먹으니 2~3년 동안 관중 땅에는 인적이 끊겼다. 《후한서 동탁전》

실제로 사서에서 전하는 바와 같이 이각과 곽사의 싸움은 삼보 지역에 막대한 피해를 가져다주었다. 이러한 결과를 예상을 못할 리가 없었던 가후로서는, 당연히 가급적이면 이들의 쟁투를 그치게 하고자 그들을 책망하는 모습을 보였다. 비록 이각과 곽사 등이 국정을 장악하고 있는 입장이었다고 해도, 가후는 자신들의 목숨을 보존하는 데 큰 기여를 한 인물인데다 능력이 출중한 그에게 의지하는 바가 클 수밖에 없었기에, 그들은 가후를 함부로 대하질 못했다.

이러한 점은 주로 처세술의 달인으로만 각인된 가후의 이미지와는 자못 다르게 투영되는 면모라 하겠다. 가후가 특정한 상황에서 올곧은 자세와 태도를 보이는 것은, 곧 현실적으로 무엇이 더 유익하고 필요한 일인지 판단하고 이를 적극적으로 추진하려는 그의 성격유형에서 기인한 결과로, 이는 곧 그가 지닌 성격유형의 장점과 잘 부합이 된다고 할 수 있다.

이로부터 이각과 번조가 서로 시기하며 의심하기 시작했다. (…) 이듬해 봄, 이각이 술자리에서 번조를 찔렀고 번조는 즉사했다. 이로 말미암아 여러 장수들이 서로 의심하고, 이각과 곽사도 마침내 다시 병사들을 이끌고 서로를 공격하게 되었다. 안서장군

양정이라는 자가 예전 동탁의 부곡장이었는데, 이각이 자신을 살해할 것을 두려워하여 곽사와 더불어 천자를 뫼시고 영채에 행궁을 두게 하려 했다. 이각도 이 계책을 알고 형의 아들 이섬을 시켜 수천 명을 이끌고 황궁을 포위했다. 그리고 수레 3대에 천자와 황후를 태웠다.《후한서 동탁전》

마등이 조정에 입조를 하면서 사사로이 이각에게 구하는 바가 있었는데, 이각이 이를 들어주지 않자 마등은 분노하게 된다. 때마침 시중 마우와 우중랑장 유범, 전임 양주자사 충소, 중랑장 두품 등이, 이각을 공략할 수 있도록 마등을 도왔다. 마등과 이각의 싸움이 점차 커지게 되자 한수가 이각과 마등 사이를 화해시키고자 무리를 이끌고 왔다, 그러나, 이각은 자신의 형의 아들 이리로 하여금 곽사, 번조 등과 함께 마등과 싸우게 하였다. 마등과 한수가 패퇴하자 번조는 이들을 추격하였으나 한수가 번조에게 옛 관계에 의지해 대화를 나누고자 시도하니, 번조 또한 이에 응하였다. 결국 번조는 추격을 그만두었다.

그러나 번조를 따라갔던 이리는 이러한 정황을 즉각 이각에게 보고하였다. 이에 이각은 번조를 의심하기 시작하면서 그들 사이에도 냉랭한 기운이 감돌게 되었다. 마침내 이각은 기회를 노렸다가 번조를 죽이고 그 군대를 병합하게 된다. 이로 인해 동탁의 잔당이었던 다른 사람들은 자신들에게도 위해가 올까 두려워 서로 의심을 품게 되었다. 급기야 이각과 곽사 사이에서 대립의 도화선에 불꽃이 튀게 되었다. 두 사람은 쟁투의 명분을 잃지 않기 위해 서로 헌제를 겁박하려고 하였다. 이각이 먼저 기선을 제압하자 곽사는 조정 대신들을 겁박하고는 이각과 교전체제에 돌입하였다. 이런 서로 간의 치열한 싸움은 급기야 국정을 혼란시키고 말았다.

가후는 더 이상 이들에게는 국정에 희망이 없다고 판단하고, 무엇보다 헌제는 물론 조정대신들의 안위를 지키고자 노력하였다. 결국 헌제를 모시고 여러 조정 대신들이 장안에서의 탈출에 성공하여, 동쪽으로 파천播遷(임금이 도성을 떠나 피난함)하는 상황으로 치닫게 된다. 사태의 심각성을 깨달은 이각과 곽사는 서로 간의 싸움을 멈추고는, 마치 오월동주吳越同舟(서로 적의를 품은 사람이 같은 처지를 당함)인 것 마냥 합심하여 동쪽으로 헌제를 추격하였다.

이각과 곽사 등은 화해하여 천자를 영접하러 나갔는데, 대신을 보호함에 있어 가후는 있는 힘을 다했다. (본전)

천자가 동쪽으로 향하니 이각이 추격해서 황제의 군대가 패배했다. 사도 조온, 태상 왕위, 위위 주충, 사례교위 영소 등은 모두 이각에게 미움을 받았던 신하들이었으므로 이각이 (그들을) 죽이려 하였다. 이때 가후가 이각에게 말했다. "이들은 모두 천자의 대신들인데 그대가 어찌 해하려 하십니까?" 이각이 이에 멈추었다.《본전/배송지 주, 헌제기》

헌제의 파천의 길은 실로 고난의 연속이었으며, 특히 이각의 헌제 추격 와중에 조정의 여러 대신들이 사로잡히게 되었다. 심지어 이각은 이들을 죽이려고 하였지만, 가후는 이들을 해하지 못하도록 극력 저지했다. 조정대신들이 함부로 죽임을 당하는 것은, 장차 국정을 운영할 인력 부족을 초래해 여러 가지 차질을 불러올 수 있었기에, 가후는 이를 방관치 않았고 다각적인 노력을 기울였다. 이러한 가후의 노력은, 현실적으로 다수에게 가장 유익하고 필요한 정책을 선택하고 이를 적극적으로 추진하려는 면모로써, 충분히 외향적 감각형의 장점으로 볼 여지가 있다.

아울러 외향적 감각형의 장점 중 다른 내용으로 외교, 경제 등의 정책분야에서 탁월한 능력을 발휘하였던 면모 역시, 가후에게 잘 나타나고 있다. 그는 한낱 유랑군의 수장에 불과했던 장수에게 의탁하면서, 그가 유표와 화친토록 권유하였다. 이에 장수가 유표의 조력을 받아 남양군에 할거할 수 있게 만든 것과, 조조에게 불구대천의 원수였던 장수의 귀부를 조조가 받아들일 수밖에 없는 결정적인 순간에 항복을 하도록 진언하는 점 등이, 이에 해당된다고 할 수 있다. 조조의 장자와 조카, 그리고 측근 용장을 죽게 만든 원수인 장수가 조조에게 귀부한다는 것은 상식적으로 생각하기 매우 어려운 일이기에, 이를 성사시킨다는 것은 웬만한 인물이 아니고서는 수행하기가 사실상 불가능에 가까운 작업이라 할 수 있다.

이 이후에 조조가 관도에서 원소와 대치할 때, 원소는 사람을 파견하여 장수를 초빙하면서 동시에, 가후에게 서신을 써서 보내 서로 도와주기로 약속을 맺으려 하였다. 장수는 이를 수락하려고 하였는데, 가후는 오히려 공개적으로 장수의 앞자리에서 원소의 사자에게 말했다. "돌아가서 원본초에게 감사하다고 하고, 그들 형제들끼리도 서로 용납할 수 없는데, 어찌 천하의 선비들을 받아들일 수 있겠냐고 하시오." 장수는 놀라고 두려워하며 말했다. "어찌하여 이렇게 말을 하시오?" 그러면서 나중에 가후에게 은밀히 물었다. "그렇다면 우리들은 응당 어느 곳으로 돌아가야 합니까?" 가후가 말했다. "조조를 따라가는 것만 못합니다." 장수가 말했다. "원소는 강대하고 조조는 약소하며, 또 우리들은 조조와 원수지간인데, 어떻게 조공(조조)을 따라가겠소!" 가후가 말했다. "이는 곧 우리들이 마땅히 조공을 따라야만 하는 이유입니다. 조공은 천자를 받들고 천하를 호령하고 있으니, 이는 우리가 마땅히 그를 따라야 하는 첫 번째 이유가 됩니다. 지금 원소는 강성하므로, 우리들이 적은 병력으로 그를 따라가면 분명히 우리들을 중히 여기지 않을 것입니다. 조조의 군대는 약세이므로 우리들을 얻으면 반드시 기뻐할 것이니, 이는 우리가 조공을 따라야 되는 두 번째 이유입니다. 무릇 패왕霸王(제후를 거느리어 천하를 다스리는 인물)의 뜻을 가지고 있는 자는 진실로 사사로운 원한을 없앰으로써 온 천하에 덕망을 보여주는 법이니, 이는 우리가 조공을 따르는 세 번째 이유입니다. 청컨대 장군께서는 의심하지 마십시오!" 장수는 가후의 말에 따라서 군대를 이끌고 조조에게로 귀부하였다. 조조는 그들을 보고 기뻐하며 가후의 손을 잡고 말했다. "나의 신의가 천하에서 중요시되게 만든 것은 바로 당신이오." (본전)

가후가 장수에게 항복을 권유하던 때는, 조조가 장차 원소와 자웅을 겨루려던 시기였다. 비록 조조가 서주의 여포를 병탄하여 중원을 더욱 안정화시켰다고 해도, 장수는 조조에게 있어 분명 후방의 위협이 될 존재였다. 이 점을 모를 리가 없던 원소 역시 자기 진영에 장수를 끌어들이면서 장수의 두뇌 역할을 담당하는 가후의 조력을 받고자, 그에게 별도로 사자를 통해 서신을 보내는 행동까지 취했다.

그러나 가후는 이에 원소를 일컬어, 자신의 형제도 용납 못하는 위인이 어찌 천하의 선비들을 용납할 수 있겠느냐고, 원소가 보낸 사자에게 반문하며 그를 돌려보낸다. 원소에게 귀부하려고 마음을 먹었던 장수는 이와 같은 가후의 태도에 놀라 향후의 행보를 묻자, 가후의 대답은 뜻밖에도 조조에게 귀부할 것을 권유하는 것이었다. 장수의 입장에서는, 가후의 진언이 실로 어이없고 황당한 것이었다. 그러나 가후는 먼저 조조가 천하의 명분을 쥐고 있는 점이 첫째 이유이고, 현재 조조의 세력이 원소에 비해 약세이기 때문에 지금과 같은 시기에 장수가 귀부를 한다면 조조에게는 가뭄에 단비를 만난 격이 될 수 있으나, 원소에게는 홀대받을 가능성이 농후하다는 것이 둘째 이유이며, 패왕이 될 자는 사사로운 원한을 잊는다는 점을 강조하고는, 조조가 바로 이와 같은 인물이라는 점이 셋째 이유라고, 조조에게로의 귀부에 대한 의견을 피력하였다.

장수가 가후를 깊이 신뢰해서였는지 몰라도 장수는 더 이상 가후의 의견에 이의를 제기치 않고, 결국 조조에게 귀부한다. 가후의 예상대로 조조는 이들의 귀부를 크게 기뻐하였고, 특히 가후에게 조조는 자신의 신의가 천하에 알려지는 계기는 바로 그대로부터 비롯되었다고 말했다.

이는 어찌 본다면, 주군을 팔아 자신의 영달을 이루려는 행위로 비칠 수 있었기에, 이러한 접근에는 문제의 소지가 없다고 하기 어렵다. 애초에 장수는 조조를 대적할 수 있는 그릇이 아닌데다, 그 세력 역시 조조의 침공을 일시적으로 막을 수 있을지언정 자웅을 겨루기에는 역부족이었다. 그런데도 조조로서는 원소와의 대결에 앞서, 배후에 자리잡고 있는 장수의 행보가 분명 중요한 문제였다. 장수가 조조와 지난날에 오래전부터의 원한이 얽혀 있음에도 불구하고 가후의 의견을 거부하지 않고 수락한 것은, 그만큼 장수가 가후를 믿었다는 뜻이 된다. 결국 가후가 예상한 대로, 조조가 이들의 귀부를 거절치 않고 기쁘게 받아들인 것이다. 이는 마치 적대 세력과 외교협상을 벌임에 있어 상대방이 처한 상황과 시기 등을 잘 활용하여 당초 의도한 결과대로 이끌어가는 것이라 볼 수 있다. 이는 외향적 감각형의 성격유형이 지닌 장점의 일환이라 할 수 있는 외교 등과 같은 정책분야에서 탁월한 능력을 보여주는 경우에 해당된다고 하겠다.

마지막으로 외향적 감각형이 보여줄 수 있는 단점은 첫째로 논리적으로 사고하기보다는 즉흥적으로 정책을 결정하는 경향이 있어서 일관성 있게 정책을 추진하지 못할 가능성이 있다는 것과, 둘째로 충동적이고 독선적인 의사결정을 하기 쉽다는 것 등이다.

3. 그의 성격유형이 지닌 단점까지도 거듭 변신하며 스스로 보신을 꾀한 데서 나온, 임기응변과 노회한 처세술로 가다듬어진 자기 제어력의 소산일 듯

이 성격유형의 단점을 가후에게 적용시켜보면, 이와 같은 내용들을 가후에 관한 사적의 기록에서 거의 찾아볼 수 없다는 것은 가후의 성격유형이 지닌 단점이 드러나지 않는 경우이다. 이 특이한 사례는 과연 어디에 연유함일까? 이는 아무래도 그의 성장 배경과 삶의 궤적에서 그 단서를 찾을 수 있을 것 같다. 가후는 양주 서북방 무위군(지금 감숙성 무위현) 사람으로 이민족과 잡거하는 지역에서 자랐으며, 출사한 뒤 난세의 와중에 동탁, 이각, 단외, 장수, 조조로 주군을 갈아타며 출세가도에서 변절, 변신을 거듭한다. 그러면서도 가후가 있는 곳에 권력이 있게 된 그 비결은, 객관적 사실 감득, 현실적인 판단 임기응변이라는 그의 장점을 극대화해 가며 그의 단점이라 할 즉흥적이고 일관성 없는 충동적이고 독선적인 의사결정 등을, 단련된 자기 제어력을 발휘하여 국소화해 버린 노회한 삶의 처신의 결과물로 보아야 한다.

총체적으로 평가하건대, 가후는 처세에도 밝은데다 계략을 구사하는데 실로 탁월했다. 이는 자신의 성격적 기능을 매우 유효하게 발휘한 데서 기인한 것이라 할 수 있다. 이각과 곽사와 같은 일개 필부가 자신들이 처한 위기를 모면한 것은 물론, 정변에 성공하여 조정을 장악할 수 있었던 것, 그리고 미약한 군세를 지니고 있던 장수가 조조라는 강적을 상대할 수 있었던 것은, 순전히 가후의 지략에 의지한 결과였다. 이러한 가후의 능력이 한껏 돋보이게 된 것도, 만약 그의 성격적 특징과 장점이 제대로 발현되지 않았다면 불가능했을지 모른다.

그는 특히 상황과 시기를 명철하게 판단하고는 그에 따른 적절한 행동을 취하는 데 특히 능했기에, 조조에게 오랜 원한을 사고 있었던 장수를 귀부시키는 데 성공할 수 있었다. 가후 본인도 비록 조조의 진영에 뒤늦게 합류하여 모사로서 활약을 펼치긴 했지만, 끝내 조조에게 받은 신뢰와 총애가 남다를 수 있었던 것이었다.

어찌 본다면 가후는, 조조나 조비에게 혈육을 죽게 한 원수의 측근으로 간주되어 조조 진영에 합류한 뒤에도 사실 핍박을 받을 수 있었다. 그럼에도 불구하고 가후는 그러한 어려움을 겪기보다는 오히려 그의 인생 말년에 삼공의 반열과 같이 존귀한 지위에까지 오른다. 이는 무엇보다 그가 스스로의 성격유형에 연관되는 특징과 장점을 주로 잘 발현했기에 가능했다고 하겠다. 더욱이 성격유형이 드리운 단점을 잘 드러내지 않고 항상 조신하는 태도를 보여, 이로 인해 부정적인 결과를 초래할 소지를 만들지 않았던 것이다. 특히 이는 그가 스스로의 단점까지도 능히 스스로 제어해 나가는 영리한 처신을 하였기에 가능했던 것이 아닌가 여겨지기도 한다.

모신 가후의 남은 논의
04

가후는 《삼국지》의 여러 모신 가운데 매우 특이한 인물이다. 그의 정확한 상황판단과 탁월한 지략도 두드러지지만, 단연 눈길을 끄는 것은 그가 처세술의 달인이라는 점이다. 그런데 가후는 진수 《삼국지 위서 순욱 순유 가후전》에 함께 입전되어 있다. 그는 천수와 부귀를 다 누릴 수 있었는데, 이 때문에 순욱과 순유와 차별화되어 두고두고 많은 논란이 있었다. 이는 그가 일생에 여러 주군을 모시며 변신을 거듭하여 스스로의 보신保身을 꾀한 그의 삶의 궤적과 무관하지 않다.

삼국시대라는 격동하는 난세에 구름같이 많은 모신들 가운데, 가후만큼 여러 명의 주군을 섬긴 인물을 찾아보기 어렵다. 조조의 휘하에 들어오기 전까지 가후가 섬긴 주인은 모두 네 사람이나 되었다. 가후는 먼저 동탁이 권력을 장악하자 그를 섬기게 되었고, 이어 동탁이 살해되니 그의 수하에서 부장으로 있던 이각의 참모로 들어갔다. 그러나 이각에게 위험부담이 크다는 것을 알고 같은 고향출신 단외를 찾아가 섬겼고, 얼마 지나지 않아 단외를 떠나 장수에게로 가게 된다. 장수에게 지모를 한껏 보여주고 그를 설득해, 마침내 조조의 휘하로 들어가게 된다. 어찌 보면 많은 시행착오를 거쳐 드디어 조조라는 유능한 주군을 만나게 된 셈이다.

일찍이 이탁오가 《장서》에서 "가후는 모책만 지녔을 뿐 아니라, 대단히 총명한 자이다. 향년 77세까지 아무 탈 없이 삶의 영화를 누릴 수 있었으니…"라고 한 바 있는데, 그 명석한 가후가 애초부터 주군을 제대로 만나지 못한 것은, 일면 불가사의한 일이기도 하다. 여기에는 여러 가지 원인이 있었겠지만, 그가 《삼국지 위서》에 같이 입전되어 있는 명문세족 출신인 순욱이나 순유와 달리, 명성 없는 서북방지역 가문 출신이라는 사실과 무관하지 않을 것이다. 그럼에도 가후는, 그야말로 적수공권으로 세상에 나서 오직 스스로의 능력만으로 자수성가하여, 난세에 세상의 가닥을 휘어잡아나갈 정도의 뛰어난 계책을 무수히 진언하게 된다.

가후가 과연 언제 병서에 달통하게 되었는지는 알 길이 없으나, 그는 삼국시대 모신 가운데 아주 드문 경우로 다만 사서에 나오는 그의 군략을 통해서 병법에 능통했었는지를 짐작해 볼 수 있을 뿐이다. 이는 단순히 병서를 깊이 학습한 데서만 그 내공이 발현된 경우라기보다는, 그 자신이 천성적으로 기지가 넘치는 성격의 인물인 데서 비롯되었다고 보는 게 옳을 듯하다.

진수는 《삼국지 위서 순욱 순유 가후전》에 '평하여 말한다'에서 "순유와 가후는 잘못된 계획을 세우는 경우가 거의 없었다. 두 사람은 권모에 빈틈이 없었고, 변화에 따르는 융통성이 있었으니, 아마도 장량과 진평에 버금간다고 할 수 있을 것인저!"라고 평해 놓고 있다. 이는 가후와 순유를 같은 반열에 놓고, 순유를 장량, 가후를 진평에 비유하고 있는 것이다. 초한전 시기 장량은 전략에 강했고, 진평은 전술에 능했는데, 여기에서 이르고자 하는 가후는 순간적인 상황포착과 그 대처능력에서는 당시기 견줄 수 있는 상대가 없는 책략가이었다 할 것이다. 바로 이를 권변權變이라 할 것인데 이는 순간의 기지에 따라 일을 처리하는 임기응변의 수단에 능하다는 뜻으로, 병법에서는 궤사詭詐(교묘하게 속임)와 비슷한 뜻으로 새기고 있다. 이는 모신에게 필요한 조건이며 난세를 살아감에 있어 필수 조건 중의 하나이기도 하다. 한마디로 가후는 권변이 체질화된 난세형 인물의 아이콘이었다 할 것이다.

그는 후세 사람들에게 희대의 변절, 변신의 달인이라 낙인찍힐 정도로 자신이 섬기는 주군을 여러 차례 바꿔가며 스스로의 안위를 잘 추구하였다. 특히 가후는 자신의 탁월한 임기응변으로 인해 새로운 주군인 조조 및 조비 부자의 총애와 신임을 연이어 얻게 된 것이다. 그리하여 그의 인생 말년에는 조조의 초기부터의 구신舊臣(옛 신하)인 어느 누구도 오르지 못했던 삼공의 지위에 올라 천수를 다했을 정도로, 그의 처신은 명철보신의 전형이라 할 수 있다.

> **진晉나라의 사도 자리가 비자 사마염司馬炎이 순욱荀勖에게 어떤 사람이 좋겠느냐고 물었다. 그는 이렇게 답했다. "삼공은 모든 사람이 우러러보고 선망하는 관직입니다. 그런 사람이 아니면 써서는 아니 됩니다. 옛날 조비가 가후를 삼공에 앉히자 손권이 이를 비웃었다고 합니다."《본전/배송지 주, 순욱별전荀勖別傳》**

명족 출신 사대부인 순욱[25]이 사마염에게 말하는 바는, 삼공의 자리에 가후가 앉았던 전례는 손권에게 비웃음을 당할 정도로 마땅치 않았음을 지적한 것이다. 이는 곧, 가후는 삼공에 오를 만한 인물이 아니었음을 말해 준다. 이와 같은 순욱의 지적이 겨냥하고 있는 것은 가후의 재능과 식견 등에 그 초점을 두려는 데에 있지 않고, 그의 태도와 자세 등에 근거한 품행과 기풍 등의 문제라 할 수 있다.

25) 순욱荀勖은 삼국시대 위나라와 서진 초기에 활약했던 인물로, 자字는 공증公曾이며 후한의 명사 순상荀爽의 증손자이다.

그러나 가후가 그 난세의 소용돌이 속에 천수와 부귀를 누린 것은, 당시대의 주어진 상황에 대한 정확한 판단과 그에 따른 탁월한 그의 처세술에서 비롯되었다. 그는 빈손으로 계교 하나만으로 입신한 만큼, 매사에 조신했고 티끌만 한 혐의도 받지 않기 위해 처신하는 데 매우 치중했다. 그런 점에서 가후의 삶은, 시종 자신의 대의大義를 관철하며 청류 사대부의 지조를 지킨 순욱荀彧의 좌절된 삶과 크게 대비된다. 그러기에 가후는 스스로의 노력만으로 입신양명한 인물이 난세를 어떻게 슬기롭게 헤쳐 나갈 수 있는지를, 그의 삶의 궤적에서 보여 주었다고 할 수밖에 없다. 여기에서, 격동하는 난세에 항상 권력을 추동하면서 슬기롭게 살아온 가후의 이런 삶이 과연 역사 속에서 옳고 의미 있는 행적이었느냐 하는, 근본적인 질문을 던지게 된다. 이에 가후에 대한 '권력을 향한 변절, 변신의 귀재'라는 비판들과 교직되어 가후의 면모에 깊은 그늘이 드리워짐을 떨치기 어렵게 한다.

제8장

전투 선봉 서다
후방 군사력 견인차 역할
외눈 대장군 하후돈

인물 하후돈의 삶의 궤적

01

1. 조조와 초창기 거병 시절부터 함께 하다

하후돈夏侯惇은 자가 원양元讓이고 패국 초현(지금 안휘성 박현) 출신이다. 조조의 부친 조숭은, 원래 한고조가 한 나라를 창업하는 데에 큰 공을 세웠던 하후영[1]의 후예인 하후씨의 집안에서 태어났는데, 환관인 중상시 조등의 양자로 들어가게 되었다. 그런데 하후씨 일가는 당시 저명한 호족이어서, 조조가 병사를 일으킨 초기에 하후씨, 조씨 일가의 혈연집단은, 조조가 군사 진영을 구축하는 데 굳건한 바탕이 되었다.

조조는 그들에 대해 특별히 중용하여 군사를 장악하게 하였고, 그 주요인물로는 하후돈, 하후연, 조인, 조홍, 조휴, 조진 등이 있었으며, 그들은 대부분 중요한 지역 방면을 담당하여 군사를 통솔하거나 숙위를 장악하고 있었다. 하후돈은 허도와 회남을 지켰고, 하후연은 오랜 기간 관중을 지키고 있었으며, 조인은 형주, 조휴는 양주, 그리고 조진은 장안의 주요 병단들을 거느리고 있었다.

---

1) 하우영夏侯嬰(?~B.C.172년)은 한조漢朝 개국공신으로 보통 등공이라 호칭한다. 그는 패현에서 말을 관리하며 수레를 몰았는데, 패상 정장이던 유방과 친했다. 하후영은 고조(유방)가 패현에서 봉기할 때부터, 늘 태복太僕으로, 고조가 죽을 때까지 수행했다. 이어 하후영은 태복으로 혜제를 섬겼고, 혜제가 죽자 태복으로 고후高后를 섬겼다. 고후가 죽고 하후영은 태복으로서 문제를 옹립하였고 다시 태복이 되었으며, 시호는 문후였다. 조위의 하후씨는 모두 전한 하후영의 후손이다.

중평 6년(189년) 12월, 조조는 진류에서 종족의 부곡을 규합하여 병사를 일으켜 동탁토벌의 관동의군에 참여하였다. 이때 하후돈은 하후연, 조홍 등과 함께 대오에 가담하였고 비장2)으로 임명되어 정벌에 나섰다. 조조가 분무장군을 대행할 때, 하후돈을 사마로 임명하였고, 그가 단독으로 군사를 이끌고 백마(지금 하남성 활현 동북) 일대에 주둔하도록 하였다.

초평 원년(190년) 조조, 하후돈, 조홍 등은 군대를 거느리고 와해되어 가는 반동탁연맹을 떠나, 장안으로 천도하는 동탁의 뒤를 쫓았다. 형양(지금 하남성 형양현)의 변수에 이르러 동탁의 장수 서영에 의해 격파되어 그 손실이 매우 컸다. 그리하여 하후돈은 조조를 따라 양주까지 가서, 병사 수천을 모집하여 병력을 다시 회복하려 하였다.

그 뒤 조조가 흑산군, 남흉노군 및 청주의 황건군을 격파할 때, 하후돈은 주요 장수로 전쟁에 참가하여 큰 공을 세웠다. 그 공으로 조조가 연주(지금 산동성 서부)를 얻은 뒤, 하후돈을 절충교위3)로 승진시키고 동군태수 직무를 수행케 했으며 복양(지금 하남성 복양현)을 지키게 하였다.

2. 무용을 크게 떨쳤으나 연주쟁탈전에서 왼쪽 눈을 다치다

초평 4년(193년), 조조는 대군을 거느리고 서주목 도겸을 공격하여 십여 개 성을 함락시켰다. 그 사이 흥평 원년(194년)에는 진궁, 장막, 허사, 왕해 등이 군대를 일으켜 조조에게 반기를 들고, 동쪽으로 여포를 맞이하여 연주를 차지하게 하였다. 이때 조조의 가족은 견성에 남아 있었는데, 여포는 먼저 견성을 공격하였다. 당시 견성은 병력이 빈

---

2) 비장은 후한 삼국시대 등 고대중국에 존재했던 군관의 계급으로, 최하급 장수이며 지휘관이 되어도 부하의 병력은 소수였다.

3) 절충교위는 후한 삼국시대에 일에 따라 임시로 설치된 무관의 명칭이다.

약하고 대부분 장막, 진궁과 내통하여 반란을 일으키려고 하는 긴박한 상황이었다. 그때 견성을 지키던 순욱과 정욱은 급히 동군태수 직무수행 하후돈을 불러 견성을 지원하게 하니, 하후돈은 경무장으로 견성으로 가다가 여포와 조우하자 교전하였다.

여포가 물러나자 하후돈은 복양성으로 들어갔는데, 여포는 하후돈 군사들이 남겨 둔 치중을 습격하여 빼앗았다. 그 후 여포가 여러 장수들을 거짓 항복시킨 뒤, 힘을 합쳐 하후돈을 사로잡아 인질로 삼고 보물과 교환할 것을 요구하였다. 이에 하후돈 군영에서는 일대 소동이 일어나게 된다. 그때 하후돈의 부장 한호4)는 하후돈의 부대 맞은편에 주둔하면서 모든 장졸을 불러, 무장을 갖춘 채 동요하지 말라고 지시하자 군영이 안정되었다.

한호는 하후돈이 억류되고 있는 곳으로 가 인질로 잡고 있는 자들에게 꾸짖기를, "너희는 흉악한 반역자이면서 감히 대장군을 인질로 잡고 협박하는데 살기를 바라느냐! 게다가 나는 명을 받들어 반적을 토벌하고 있는데, 어찌 장군 한 사람 살리려고 함부로 너희 말을 들어줄 수 있겠느냐?"《삼국지 위서 하후돈전(이하 본전)》라고 한 뒤, 눈물을 흘리며 인질로 잡혀 있는 하후돈에게 "국법이니 따르지 않을 수 없습니다!"(본전)라고 말하였다. 그러면서 병사들을 불러 인질범들을 공격하니, 그들은 당황하여 "우리는 다만 재물 좀 얻으면 떠나려 했을 뿐입니다."(본전)라 하였다. 이에 한호는 그들을 여러 번 꾸짖고 결국 그들을 모두 죽여 버렸다.

이후 사건의 전말을 들은 조조는, 한호에게 "그대의 이러한 점은 만세의 모범으로 삼을 만하오."(본전)라고 말했다. 이에 법령을 공포하여

4) 《삼국지 위서 무제기》에 의하면, 건안 원년(196년) 한호韓浩는 조지棗祗와 함께 조조에게 둔전법屯田法 시행을 건의했고, 조조는 그 의견을 받아들였다고 되어 있다. 둔전법은 조조의 세력을 크게 증강시켰으며, 조조가 북방을 통일하는 데 유리한 조건을 제공하였다. 한호는 관직이 중호군에 이르고 열후에 봉해졌다.

기록게 했는데, 이후로 인질을 잡는 자가 있으면 모두 힘을 합쳐 공격할 때 인질의 생명을 고려하지 않았다. 이 일로 인질을 잡아 협박하는 자가 없어지게 되었다.

당시 연주의 각 군현은 모두 모반하여, 순욱과 정욱이 견성을 보위하고 범현, 동아현을 굳게 지키고 있었다. 조조가 군대를 이끌고 서주에서 돌아온 뒤, 이 3개의 성을 기반으로 연주를 다시 되찾게 된다. 특히 조조의 존망을 결정하는 견성쟁탈전에서 하후돈은 큰 공을 세웠다. 그 뒤 조조는 100여 일 동안을 여포와 대치하여 연주를 쟁탈하는 전투를 벌였다. 이 전투 중에 하후돈은 어디서 날아오는 화살流矢에 맞아 왼쪽 눈을 다치게 된다.[5)]

그 후 하후돈은 진류태수와 제음태수를 겸하여[6)] 업무를 관장하게 되었고, 건무장군의 직위가 더해지고 고안향후에 봉해졌다. 이렇게 무장으로 계속 전쟁에 참여하면서도 지방장관으로 겸임하였을 때, 하후돈은 백성의 생활고에 관심을 두고 농업의 발전을 중시하였다. 그가 진류태수로 재임하던 당시 큰 가뭄과 명충이 발생하자, 하후돈은 곧 태수수의 수로 관개사업으로 물을 막아 저수지를 만들었다. 스스로 등에 짐을 지고 장수와 병사들을 격려하며 벼농사를 권장하였으며, 양식의 생산량을 올리기 위해 농업의 회복발전을 촉진하여 군사와 백성의 생활이 개선되는 데 큰 몫을 하였다.

3. 조조에게 신하로서 최고의 대우를 받았다

건안 원년(196년), 조조가 헌제를 영접하고 도읍을 허도로 옮겨간

---

5) 이때 하후연夏侯淵과 하후돈이 모두 장군이었는데, 군중軍中에서는 하후돈을 맹하후盲夏侯라 불렀다. 하후돈은 이를 싫어해 매번 거울을 비춰보고 화를 내며, 그때마다 땅바닥에 거울을 집어던지곤 했다.《본전/배송지 주, 위략》

6) 관직명은 복영진류復領陳留, 제음태수濟陰太守로 진류군과 제음군태수를 겸하여 멀리 있으면서 그곳의 업무를 관장하게 하였다.

뒤, 하후돈은 하남윤[7]으로 전임되었다. 그 뒤 조조가 원소와의 관도대전에서 이겨 하북을 평정한 뒤에 하후돈은 대장군이 되었지만, 나중에 사양하였다. 건안 7년(202년), 형주의 유표가 유비를 파견하여 병사를 거느리고 북방을 습격하게 하여, 허도에서 불과 백여 리 떨어진 섭현(지금 하남성 섭현)에 군대가 이르렀다. 조조가 하후돈과 우금 등을 보내 방어하니, 유비가 주둔지를 불태우고 떠나자 하후돈 등이 이를 추격하였다. 비장군 이전이 복병이 있을 것이라 만류하였는데, 과연 복병을 만나 대패하였다. 이전이 가서 구원하자, 유비군을 격퇴시키고 허도의 안전을 지켰다.

건안 8년(203년), 원소의 업성이 함락되자 하후돈은 복파장군[8]으로 승진했으며 하남윤의 겸직은 전과 같았고, '그의 판단에 적절히 일을 처리하고 법령에 구애받지 않아도 좋다'는 허락을 받게 된다. 건안 12년(207년), 조조는 하후돈에게 그간의 공적을 평정하여 식읍 1,800호를 더하여 이전 것과 합쳐 2,500호가 되게 하였다.

건안 21년(216년), 하후돈은 조조를 따라 동쪽으로 떠나 손권을 원정하였고, 다음 해 건안 22년(217년) 3월, 조조는 군사를 거느리고 돌아와서 복파장군 하후돈을 남겨 도독 조인, 장료 등 26군의 감독[9]으로 삼아 거소(지금 안휘성 동성현)에 머물게 하여 회남[10]을 지키면서 손권을 방비하게 하였다. 또한 조조는 그에게 각종 악기와 가기歌妓를 주고

---

7) 후한시기 수도 낙양 부근의 21개 현을 합해 하나의 행정구역으로 하고 그 명칭을 '하남윤河南尹'이라 하였으며 하나의 군郡에 상당했다. 또한 이 구역을 관리하는 행정장관 역시 '하남윤'이라 불렀는데 삼국시대에는 군의 태수보다 품급이 높았다.

8) 복파장군은 삼국시대 위魏, 오吳 등에서 설치한 잡호장군의 명칭이다.

9) "후한 광무제 건무 초에 사방을 정벌하면서 처음으로 독군어사를 두었다가 일이 끝나면 철수하였다. 헌제 건안 연간에 위 무제 조조가 승상이 되어 비로소 대장군을 파견하여 이를 감독하게 하였는데, 헌제 건안 21년(216년)에 하후돈에게 26개의 군을 감독하게 한 것이 바로 이것이다."라고 되어 있다. 《자치통감 권68》

10) 회남은 후한 때 구강군九江郡이었다가 조위시대에는 다시 회남군淮南郡이 되었는데, 14개 현을 관할했다. 치소는 수춘壽春이었는데, 지금 안휘성 수현이다.

영을 내렸으니, "위강(춘추시대 진국晉國의 대부)은 융족과 화해한 공적으로 금석으로 만든 악기를 상으로 받았는데, 하물며 장군에게 있어서랴!"(본전)라 하였다.

건안 24년(219년), 관우는 조인을 번성에서 포위하여 우금 등의 지원군까지 모두 멸하였고, 그 명성이 화하(중원)에 진동했다. 이에 조조는 군사를 거느리고 남하하며 동시에 하후돈에게 명하여 회남군 주력을 거느리고 지원하게 하였고, 서황이 관우를 무찌르자 하후돈의 부대와 조조의 부대는 마피(지금 하남성 겹현 남쪽)에 머물렀다. 당시 조조는 하후돈을 불러 항상 수레에 함께 타고 행동했으며, 특별히 친근하게 대하고 존중하여 침실까지 출입하도록 하였으니, 다른 여러 장수 중에서 그에게 비길 자가 없었다. 하후돈은 전장군[11]에 임명되었고, 여러 군軍을 지휘하여 수춘(지금 안휘성 수현)으로 귀환하였으며, 군영을 옮겨 소릉(지금 하남성 언성현)에 주둔시켰다.

조조가 죽은 뒤 조비가 계위하여 위왕으로 즉위한 후, 연강 원년(200년) 3월 하후돈을 대장군[12]에 임명하였는데 수개월이 지나 하후돈은 병으로 죽었다. 하후돈의 시호는 충후이며 아들 하후충이 후사를 이었다. 조비는 하후돈의 공훈을 헤아려서 그의 아들 모두를 제후로 봉해주려고, 하후돈의 식읍에서 1,000호를 떼어 일곱 아들과 두 손자에게 나누어 주었고 모두에게 관내후 작위를 내렸다.

---

11) 전장군은 후한 삼국시대에 상설된 사방장군의 하나로 서열은 구경의 다음으로 제3품이었으며, 독립적인 부서를 설치해 업무를 처리하였고 속관을 두었다.

12) 모든 장군 가운데 최고의 칭호로 군사를 통솔해 정벌을 나서는 일을 관장했다. 후한 시기에는 한때 대장군의 권세가 너무 커진 적이 있으며 대부분 황제의 친척이나 인척이 맡았고, 그 권위나 녹봉은 삼공三公을 초월해 중앙정부의 실권자가 되기도 했다.

거친 행동으로 유가적 소양을 드러냈던 무인

02

흔히 전란시대의 무장에 대한 대중적 인식은 거칠고 교양과 식견이 없는 인물들이라고 치부해 버리기 십상이나, 하후돈의 경우는 이러한 편견을 재고하게 한다. 《삼국지연의》에서는 하후돈을 저돌적인 성격의 소유자로 묘사함으로써, 하후돈을 통해 무장에 대한 대중적 인식을 다시금 확인시켜 준다. 그러면서도 한편으로는 그의 독특한 행동을 통해서 그에 대해 달리 볼 여지를 갖게 만든다. 그의 행동으로 미루어본 사상 가치성향과 관련된 특성은 실제 사서에서 비교적 두드러진 맥락을 보여주고 있는데 《삼국지연의》와 교차되며 나타나고 있다. 특히 그의 가치기준, 특히 군사부君師父에 대한 그의 태도와 행동을 보면, 그가 일반적인 무장의 모습과는 달리 의외로 유가적인 소양을 갖추고 있으며, 또한 그러한 면모를 현저히 보여준 무장이었음을 우리에게 알게 해준다.

이때 진영 위에서 여포의 장수 조성이 이 광경을 보자, 가만히 활에 화살을 먹여 잔뜩 노려보다가 손을 뗐다. 순간 화살은 흐르는 별처럼 날아간다. 보라, 하후돈의 왼쪽 눈에 틀어박혔다. "으악!" 하후돈은 외마디소리를 지르며, 눈에 박힌 화살을 뽑았다.

화살에 눈알이 꽂힌 채 빠져 나온다. "이것은 아버지의 정기와 어머니의 피로 이루어진 것이다. 어찌 버릴 수 있으리요!" 하후돈은 크게 외치더니 한입에 눈알을 씹어 삼키고 다시 창을 바로 들자 말을 달려 곧장 조성에게로 달려든다.《삼국지연의 제18회》

《삼국지연의》에서 조조는 여포에게 포위된 유비를 구원하기 위해 하후돈을 파견하였고, 하후돈은 쾌속진격을 하였다. 이를 염려한 여포는 고순을 보내 하후돈을 저지토록 하였는데, 이 과정에서 하후돈은 여포의 장수였던 조성의 기습적인 화살 공격을 받아 왼쪽 눈이 상하게 된다. 큰 고통 속에서 하후돈은 부모가 주신 몸의 일부를 어찌 버릴 수 있냐며 눈알을 뽑아 한입에 삼키고는, 바로 조성에게 달려들어 한 창에 그를 꿰뚫어 버린다. 이러한 그의 행동은 독자로 하여금 하후돈에 대해 엽기적이고도 초인적인 인물이라는 이미지를 갖게 한다. 그러면서도 그의 외침을 통해서 '부정모혈父精母血(아버지의 정기와 어머니의 피)을 내 어찌 버릴 것인가?'라는 근본적인 사상 가치성향[13]을 확인할 수 있게 한다. 전쟁터에서 적과 교전을 하게 된 긴박한 상황 속에서 다소 직설적이긴 하나, 효孝사상이라는 대표적인 유교적 가치기준을 독백하는 그의 언행을 통해서, 그의 유가적인 인물상의 면모를 엿볼 수 있게 한다.

또한 스승에 대한 가치기준을 반영한 그의 다음의 행동은 사서 기록에서 확인이 가능한데, 이 역시 하후돈에 대한《삼국지연의》의 묘사와 비슷한 맥락인 저돌적이고 직설적인 면모를 보여준다.

---

13) 이와 관련된 내용은《효경 개종명의편》에서 확인할 수 있는데 공자는 그의 제자 증자에게 효는 덕의 근본이라고 운을 떼면서 "사람의 몸뚱이의 각 부분은 부모에게서 받은 것이니, 이것을 손상시키지 않는 것이 효의 시작이다."라고 말한 바 있다.

하후돈은 열네 살 때, 스승에게 가서 학문을 배웠다. (그때) **사람들 중에 스승을 모욕하는 자가 있어 하후돈이 직접 그를 죽이니 이로 인해** (그의) **장렬한 기세**烈氣**로 이름이 알려지게 되었다.** (본전)

학업의 출발이 비교적 늦어 이를 시작할 무렵의 하후돈은, 당시 관례를 치르기 전이었다.[14] 이는 오늘날로 따지면 촉법소년[15]에 해당하는 연배로, 그는 당시에도 법적으로 어떠한 책임을 지지 않는 유자孺子였다. 그런데 아직은 세상물정 모를 철부지 나이에 어떤 자가 자신의 스승을 모욕한다는 말을 듣자, 직접 그자를 죽임으로써 그의 장렬한 기세가 널리 알려지게 된다.

특히 이 대목은 그의 범법행위가 오히려 그의 명성에 긍정적인 영향을 끼쳤다는 사실을 보여준다. 즉, 유학을 중심으로 한 후한 당시의 예교사회에서 군사부일체君師父一體에 관한 가치기준을 지키려는 이와 같은 하후돈의 행위는, 비록 범법행위가 분명했지만 일면 칭찬받을 만한 일이었다는 것이다. 이처럼 앞서 《삼국지연의》에서 묘사된 장면만큼이나 실제로 하후돈은 어려서부터 거칠고 직설적이었으나, 한편으로는 사서에 나온 대로 유교적 사상 가치성향을 행동으로 분명하게 나타내주는 인물이었다.

젊어서 조조의 거병에 함께 참여한 이래로 하후돈이 삶을 마감할 때까지 그가 충성을 바친 대상은, 당시 기울어져 가던 후한 왕조가 아니

---

14) 《주례》에 따르면, 남녀는 모두 관례冠禮를 해야만 성인으로 인정을 받을 수 있었다. 또한 《예기》에 따르면 남자의 경우, 20세가 되어야 관례를 치를 수 있었다. 즉, 집안과 나라에 책임을 지지 않는 '유자孺子'를 20세가 넘으면 벗어나, 관명冠名인 '자字'로 불렸던 것이다.

15) 이는 현행 형법상에서 사용되는 법률용어로 촉법소년은 범죄를 저질러도 형사책임 능력이 없어 형사처벌 대신 사회봉사, 소년원 송치 등의 보호처분을 받는 10세 이상 14세 미만의 범죄자를 말한다.

라, 새로운 세상을 열 것만 같았던 조조라는 그의 주군이었다. 전한의 개국공신이었던 하후영의 자손이라는 가문의 배경을 무색하게 만드는 그의 충의가, 후한을 다시 일으켜 세우는 방향으로 가지 않았다는 것은 후한 왕조 입장에서는 매우 유감스러운 일이었다. 그러나 하후돈이 자신의 일족16)인 조조를 따르며 일평생 그를 주군으로 든든한 버팀목의 길을 걸었다는 것은, 애초부터 그는 충의에 관한 가치기준을 조조와 그 위국魏國에 투영시켰다는 것을 의미할 것이다.

저돌적이고 성격이 급한 전형적인 무장의 이미지를 각인시켜 주고 있는 하후돈이지만, 사서의 기록을 토대로 살펴보았을 때, 사상 가치 성향의 측면에 있어서 그는 유가적인 면모가 엿보인 인물이었다. 특히 군사부일체에 관한 핵심적인 키워드만을 가지고 그의 내면적인 가치의식의 대략을 짚고 넘어가 보았음에도, 그가 어떠한 사상 가치성향이었는지 어느 정도 가늠할 수 있었던 것은 그가 상당히 유가적인 면모를 지녔던 무인이었음을 방증하는 것이라 하겠다.

---

16) 이에 관해 오吳나라 사람이 지은 《조만전》과 곽반郭頒의 《세어》 등의 기록을 통해서 조조와 하후돈의 관계를 알 수 있다. 이 기록에 따르면 조조의 부친 '조숭은 하후씨의 자손으로 하후돈의 숙부이다. 조조는 하후돈에게 숙부 아들이므로 사촌 형제가 된다.'라는 내용을 보여주고 있는데 이로 볼 때 조조와 하후돈은 일족一族인 것이다.

적극적인 성격에 행정력까지 겸비했던 장수

03

하후돈은 열네 살에야 학업을 시작했는데, 스승을 매우 존경하여 어떤 사람이 그의 스승을 모독하자 그를 살해하여 이 일로 그의 강직한 태도와 행동거지가 향리에 널리 알려졌다.

조조가 처음 군사를 일으켰을 때, 하후돈도 줄곧 비장이 되어 이때부터 조조의 장수로 여러 전투에 참여하였다. 특히 하후돈을 두드러지게 하는 대목인, 조조와 여포가 연주와 서주를 쟁탈하는 전투에서 날아오는 화살에 맞아 왼쪽 눈을 다쳤으나, 그 이후에도 여전히 위나라의 장수로서 강인한 태도를 보였다. 또한 하후돈은 조조가 위왕의 자리에 오른 뒤, 자신을 위국의 관직이 아닌 한나라의 관직에 임명하자 이는 자신의 주군의 신하된 도리로서 맞지 않는다는 주장이었으며, 여기에서도 주군에 대한 충성심으로 주군과 함께하려는 하후돈의 행동양식을 볼 수 있다.

이런 모습에서 하후돈은 외향형에 가까운 특성을 보이고 있다 하겠는데, 외향형은 본인의 행동을 객체에 맞추고 객체에 부합되는 방향으로 판단하는 경향이 강한 성격이다. 하후돈은 조조와 일족 관계였음에도 불구하고, 조조의 휘하로 들어간 뒤 과거의 관계에 얽매이지 않고 군신의 관계를 명확히 하여 조조의 뜻에 부합되도록 행동하였으며 조조에게 항상 충성했던 면모를 볼 때, 외향형에 가까운 특성을 보이고 있다는 것이다.

대부분의 장수들이 다소 냉철하지 못하듯이 하후돈도 감정적인 모습을 많이 보이고 있다.

하후돈이 진류태수가 되었을 때, 위진을 계리[計吏]**로 추천하고, (위진의) 부인에게 연회에 출석하도록 명령했다. 위진이 말했다. "이는 말세의 풍속입니다. 바른 예절이 아닙니다." 하후돈은 매우 화가 나서 위진을 체포했지만, 오래지 않아 그를 사면시켜 주었다.《삼국지 위서 위진전》**

하후돈의 성미 급한 면은 그가 조조의 주요 근거지였던 진류를 통치하던 시절에 자신의 속관인 위진[衛臻]을 체포하는 사건을 통해서 잘 드러난다. 위진은 진류의 효렴 출신인 위자[衛茲]의 아들이었는데, 위자는 자신의 가재를 털어 조조의 거병을 원조한 데다가 조조를 따라 참전하다가 전사를 하였을 정도로, 조조와는 특별한 인연이 있었다.

이러한 위자의 아들인 위진이 하후돈의 속관으로 기용되면서 하후돈은 그를 위한 연회를 베풀고자, 위진의 부인에게 출석할 것을 명하였다. 하후돈의 이러한 명령에 대해 위진이 던진 충고 한마디에 화가 난 하후돈이 위진을 체포하면서, 위진은 구금되는 신세에 처하게 되었으나 다행히도 오래지 않아 풀려났다. 또한 사서에는 그 내용이 다르게 기술되어 있는 부분이나,《삼국지연의》에는 서서가 유비에게 출사한 이후 벌어진 박망파 전투에서 상대를 얕보고 섣불리 전투를 벌이다 '제갈량의 유인책에 화공을 당해'17) 대패하는 상황에서 그의 감정적인

17) 유비가 제갈량을 영입한 후 조조가 하후돈에 10만 군사를 주어 신야[新野]를 공격해 오자 제갈량이 조운에게 거짓으로 패해 이를 유인하게 하는데, 적병이 수는 적고

면모를 볼 수 있게 한다.

그러나 이러한 그의 감정적인 일면이 화를 내거나 분을 참지 못하는 다소 부정적인 모습으로만 투영되는 것은 아니고, 한편으로 그가 진류, 제음태수의 자리에 있을 때 자신의 관내 백성들이 크게 가물고 병충해에 대한 피해를 입자 이를 구제하고자, "하후돈은 태수수의 물을 막아 저수지를 만들었고 자신이 직접 흙을 져 날랐고 장졸을 격려하며 벼농사를 권장하여 백성을 이롭게 하였다."(본전)라고 기술되고 있다. 이는 그가 상당히 적극적이고 친화력이 있는 성격유형의 인물임을 보여준다. 특히 조조가 하후돈에게 여전히 하남윤을 맡긴 채 복파장군으로 승진 임명하면서 '법령에 구애받지 않고 스스로의 판단에 따라 관장하도록'(본전) 했던 것은 앞서, 태수로서 백성을 위무하는 그의 친화력과 지도력을 신뢰했기 때문으로 보인다.

이런 사례들에서, 하후돈은 행동에 있어 감정의 가치가 투영되는 감정형에 가까운 태도를 보이고 있다. 특히나 앞서 그의 성향이 객관적 기준을 감정판단에 중심을 두고 행동하는 것을 보았을 때, 하후돈은 감정형 중에도 외향적 감정의 태도를 볼 수 있다.

이상을 토대로 보았을 때, 하후돈을 성격유형으로 그 인물형을 논한다면 그는 외향적 감정형으로 평할 수 있다. 외향적 감정형에 부합되는 특징은, 첫째로 다른 사람에 기준을 두어 생활하는 유형이며, 둘째로 적극적인 성격으로 남들 앞에 나서는 것을 좋아하는 점이 있다.

미약한 것을 보고 깊이 추격하다 날은 저물고 길은 좁아진 박망파博望坡에 매복게 한 관평, 유봉이 화공을 펼쳐 하후돈의 군사가 패주한다는《삼국지연의 제39회》에 나오는 내용이다. 그러나《삼국지 촉서 선주전》에 의하면 유표가 유비에게 하후돈, 우금 등을 막아 싸우게 했는데 유비는 복병을 숨기고 스스로 주둔지를 불태우고 거짓 패주하니 하후돈 등이 급히 추격하다 복병을 만나 크게 패하였다는 내용으로 그와 달리 기술되어 있다.

1. 위국의 관호 굳이 받고 조조에게 개창 권유·태수이면서 장졸들과 저수지 공정에 참여, 그때 세상 다른 사람들 기준 두고 적극적으로 나서는 그의 특징 두드러져

이 외향적 감정형의 특징을 하후돈에게 적용시켜 보면, 그의 성격유형에 부합되는 특징 중 첫째 내용은, 그가 홀로 한나라의 관호를 받고 있는 상황에서 이는 그때의 세상에 맞지 않다는 점을 들어 위국 관호를 받게 해달라고 강력히 청하는 모습에서 엿볼 수 있다.

> **이때 여러 장수들이 모두 위魏의 관호官號를 받았는데 하후돈만 홀로 한漢의 관호를 받았다. 이에 하후돈이 상소하여 신하된 자의 도리에 부당하다고 진술하였다. 조조가 말했다. "내가 들으니, 스승과 같은 신하가 가장 좋고 벗과 같은 신하가 그다음이라 하오. 무릇 신하된 자는 덕을 귀하게 여기는 법이니 위의 관호에 연연하기보다 신하로서 몸을 굽혀 주군을 섬기는 것으로 충분하지 않겠소?" 그러나 하후돈이 굳이 청하니 전장군에 제수되었다. 《본전/배송지 주, 위서》**

당시 건안 24년(219년), 조조는 한나라 승상과 위왕이라는 관작을 겸한 상태였다. 조조의 측근들 대부분은 위나라 관호를 받아 위나라 정권에 참여하였고, 유독 하후돈만이 한나라의 관호를 유지하고 있었다. 하후돈에 대한 조조의 평소 예우에 비추어 위국 관호를 제수할 것을 청원하는 하후돈에게 '스승과 같은 신하, 벗과 같은 신하'를 운운하며 관호에 연연하지 말 것을 권유하는 대화 내용을 통해서, 조조는 하후돈에게 일부러 위국 관호를 부여하지 않은 것임을 짐작할 수 있다. 즉, 하후돈을 자신과 더불어 한나라의 신하라는 반열에 같이 둔 조치였으나, 하후돈은 자신을 제외한 다른 조조의 부하들을 놓고 비교해 볼 때, 그때의 세상에 합당치 않음을 강력히 주장한 것이다. 그가 자신의 고집을 꺾지 않으니, 결국 조조는 위국의 관호로 전장군을 하후돈에게 부여하게 되었다.

환계桓階가 위왕(조조)에게 황제의 자리에 오를 것을 권하였으나, 하후돈은 '마땅히 먼저 촉蜀을 멸망시켜야 하며, 촉이 망하면 오吳는 복종할 것이니, 두 지역을 평정한 연후에 순舜임금·우禹임금의 전례에 따를 것'을 말하니 조조가 이에 따랐다. 그런데 조조가 죽게 되자 하후돈이 예전에 했던 자신의 말을 떠올리며 한스럽게 여기다가 병이 나 사망하였다. 손성孫盛이 평하여 말했다. 하후돈은 한나라 관직에 있는 것을 수치스럽게 여겨 위나라 관인을 받을 것을 구하였다. 하지만 환계는 하후돈에 견주어 보면 의롭고 곧은 절개를 지니고 있었다고 하였다. 그의 전기傳記를 고찰해 보건대 (환계가 위왕에게 황제의 자리에 오를 것을 권하였다는) 이 《세어》의 기록은 그릇된 것이다. 《삼국지 위서 무제기/배송지 주, 조만전·세어》

대부분의 조조의 측근들이 위국 관호를 갖고 있는데, 한나라 관호를 유지하고 있는 조조가, 하후돈에게 한나라의 관호를 주는 것은 분명 특별한 예우였다. 그럼에도 불구하고, 하후돈은 그것이 합당한지 아닌지를 그때의 세상, 즉 다른 사람을 기준으로 삼아 자신의 완곡한 의지를 표명하였는데, 이를 두고 동진의 역사가 손성은, 하후돈은 자신만 그러한 특별 예우를 받는 것이 부담스러웠던 것이 아니라, 한나라의 관호에 있는 자체를 수치스러워했기 때문이라 평했다. 이는 달리 말하면, 하후돈 스스로 조조의 측근들 중 다른 인사들과 같은 위국의 관호를 받지 않은 데에 신경을 썼다는 것을 보여주는 셈이다. 이러한 기록들은 하후돈이 외향적 감정형이 지닌 특징 가운데, 첫째 다른 사람에 기준을 두는 내용을 잘 보여주는 경우라 할 수 있다.

이 밖에도 성격유형에 연관되는 특징 가운데 둘째 남들 앞에 나서는 내용을 보여주는 경우를 들어본다면, 그가 지방장관을 겸직하던 중에 보여준 면이나, 조조를 향해 한나라를 대신하라고 권유하는 모습 등에서 이를 엿볼 수 있다.

> **다시 하후돈은 진류와 제음태수를 겸하고 건무장군의 직이 더해졌으며 고안향후에 봉해졌다. 큰 가뭄이 들고 황충**(풀무치)**이 일자 하후돈은 곧, 태수수의 물을 끊어 저수지를 만들었는데 몸소 흙을 져 나르고, 장졸들을 이끌고 모내기를 권하였으므로 그곳 백성들이 이로 인해 이로움을 얻었다.** (후에) **전임되어 하남윤을 겸하였다.** (본전)

하후돈이 여포를 공격하는 과정에서 날아오는 화살에 왼쪽 눈을 다치게 된 이후, 조조는 하후돈에게 장군직을 주면서도 겸하여 태수의 관직을 맡겼다. 이로 인해 하후돈의 주요 임무는 정벌에 나서기보다 후방 방비와 행정관리에 치중되는 경향이 보였는데, 이 과정에서 그가 보여준 태수로서의 활동은 남다른 데가 있었다. 가뭄과 메뚜기 떼로 인한 재해가 발생하자 하후돈은 탁상머리에 앉아 이를 어떻게 대처할 것인지 논하기보다는, 본인이 몸소 사람들을 이끌고 현장에 나서는 모습을 보여준다. 특히 물을 끊어 태수수의 방죽을 만드는 공정에서 몸소 노역을 하는가 하면, 부하들을 이끌고 볍씨를 심음으로써 백성들과 어려움을 함께했다. 이에 하후돈은 태수로서의 체통을 따지기보다는 이에 아랑곳하지 않고 직접 일손을 보태려 했다는 점에서, 그의 성격이 적극적이고 남들 앞에 나서려는 경향이 강한 특징이었음을 여실히 보여준다.

또한 이러한 면은, 조조가 한왕조에서 한나라의 승상의 자리에 있으면서 위국을 개국함으로써 이중정권을 유지하던 시기에, 다른 사람들이 조조에게 언급하기 어려운 민감한 사안을 거침없이 제안하는 모습을 통해서도 잘 드러난다.

하후돈이 위왕(조조)에게 말했다. "천하는 모두 한나라가 명운이 이미 다해 다른 왕조가 바야흐로 이를 대신하고자 일어서려 한다는 것을 압니다. 아주 옛날부터 백성의 해악을 제거하여 그들이 귀의하는 자가 바로 백성의 주인이었습니다. 이제 전하(조조)께서 전쟁을 치른 지 30여 년인데 그 공적과 덕행이 백성들에게 크게 드리웠고, 천하가 (전하께) 귀의했으니, 하늘의 뜻에 따르시고 백성들의 마음을 좇으신다면 어찌 다시 의심할 일이 있겠습니까!" 조조가 말했다. "'(효도와 우애가) 정치에까지 이르니 이 또한 정치를 하는 것이오.[18]'라는 말이 있네. 만일 천명이 나에게 있다면, 나는 주문왕이 되고자 하네."《삼국지 위서 무제기/배송지 주, 위씨춘추》

비록 한왕조의 위세가 많이 쇠약해졌다고 하지만 한실의 명맥은 아직도 계속 유지되고 있었고, 한실의 부흥을 위해 일하는 신하들이 조정에 많이 남아 있었다. 조조 역시 한왕조를 무너뜨리고 새로운 왕조를 개창한다는 일이 매우 부담스러운 찬역에 해당된다는 사실을 알고 있었다. 때문에 자신의 대에서 이러한 거사를 서두르려고 하질 않았던

18) 《논어 위정편》에 공자가 말하기를 "《서경》은 효에 대하여 '오직 효도하며 형제간에 우애하여 그러한 마음을 정치에 실시한다'라고 하였다. 이것은 또한 정치행위라고 보았다는 것을 뜻한다. 어찌 꼭 벼슬을 해서 정치하는 것만이 정치를 한다고 할 수 있겠는가!"라 하였다.

것이다.

하후돈은 조조가 그동안 제일 큰 공적과 덕행을 쌓으면서 천하가 조조에게 귀의하려 한다는 것을 이유로 들어, 그에게 하늘의 뜻에 따르고 백성들의 마음을 좇을 것을 진언하였다. 즉, 조조에게 새로운 세상을 개창하라고 직접적으로 권유한 것이다. 그러나 조조는 스스로는 주문왕 같이 될 것이라 말하며, 자신의 대에서 이 일을 이루지 않을 것임을 암시하였다. 비록 하후돈의 주청이 받아들여지지는 못하였지만, 조조가 원하는 바이면서도 겉으로 드러내기에는 민감한 이슈였다. 이러한 큰 사안을 하후돈은 남의 눈치를 보기보다는 아예 괘념치 않고 직설적으로 표명했다는 점에서, 하후돈의 적극적인 그의 성격유형이 잘 드러난다 할 수 있겠다.

다음으로 외향적 감정형의 장점에 대해 언급하자면, 이 성격유형이 보여줄 수 있는 그 장점은, 첫째로 현실 상황에 대한 판단능력이 뛰어나고 대인관계가 원만하며 친화력이 뛰어나다는 점과, 둘째로 포용력이 뛰어나서 화합을 중요하게 생각한다는 것이라 할 수 있다.

2. 급한 성정에도 일면 지위 고하 불문 강한 친화력·군중軍中에서도 스승에게 배우는 학공·청렴 검소하게 남에게 베푸는 노블리스 오블리제, 그의 장점 돋보여

이 성격유형의 장점을 하후돈에게 적용시켜 보면, 앞서 언급한 바대로 그의 적극적인 성격으로 인해 태수라는 신분에도 불구하고 백성들과 함께 짐을 져 나르고 병사들을 이끌고 볍씨를 심는 모습 등은, 상당히 이러한 장점들과 자연스레 연결될 수 있는 측면이 강하다. 더욱이 하후돈이 성격은 급해도 아래의 전주와 같은 인물과도 깊은 친분을 유지하였다는 면 등에서, 하후돈의 성격유형에 부합되는 장점을 짐작할 수 있게 된다.

> **조조는 조정 신하들의 생각을 듣고 전주田疇를 제후로 봉하려고 했다. 전주는 평소 하후돈과 친했으므로, 조조는 하후돈에게 말했다. "그대가 먼저 가서 우정으로 그를 설득하오. 이것은 모두 그대의 뜻이라고 말하고, 나의 뜻이라고 말하지는 마시오." 하후돈은 전주의 숙소로 가서 조조보다 먼저 권하는 것처럼 했다. 전주는 하후돈이 찾아온 뜻을 알고 그와 얘기하지 않았다. 하후돈이 떠날 때 전주의 등을 치며 말했다. "전군, 주군의 뜻이 이토록 간절한데 다시 한번 생각해 볼 수는 없겠소?" 전주가 대답했다. "무슨 말이 이처럼 지나치오! 나 전주는 의로움을 등지고 산속으로 도망쳤던 사람이건만 승상(조조)의 대은을 입어 삶을 보존하는 것만으로도 천만다행이오. (…) 장군은 나 전주의 사람됨을 알면서 오히려 재차 이렇게 말하고 있소. 만일 부득이 받아들여야 한다면, 나는 당신 앞에서 목이 잘려 죽기를 원하오." (…) 하후돈은 이런 사정을 모두 조조에게 보고했다. 조조는 전주의 뜻을 끝내 굽힐 수 없음을 알고 깊게 탄식하며 그를 의랑으로 임명했다.《삼국지 위서 전주전》**

전주는 자신의 공로에 대한 조조의 보답을 극구 사양하며 끝내 받지 않음으로써, 조조가 이에 대해 원망스럽게 여길 정도로 의로움의 기개가 강한 인물이었다. 그 흔들리지 않는 굳건한 성격에 대한 일화를 하나 들자면, 요동에서 공손강이 원상을 살해하고 그의 수급을 조조에게 보내자, 조조는 삼군 중에서 감히 원상의 시신에 곡을 하는 자는 참수형에 처한다고 명령을 내린 일이 있었다. 그러나 전주는 이에 개의하지 않고 지난날 자신이 원상의 부름을 받은 적이 있음을 생각하고 원상의 시신 앞으로 나아가 조문하고 제사를 지냈다. 그런데 전주의 인물됨을 아는 조조는 이를 불문에 부쳤다.

이처럼 전주는 굳센 절개를 지닌 인물이었는데, 하후돈이 전주와 깊은 친분을 유지하였다. 조조는 전주가 세운 오환족 정벌 등의 공훈에 꼭 보답하고자 그를 제후로 삼으려고 했고, 급기야 하후돈에게 우정을 이용하여 설득할 것을 명령하기까지 한다. 하후돈은 이러한 명령을 받고 전주를 방문하였으나, 전주는 정황을 눈치채고는 하후돈과 이에 대해서는 말을 섞지 않았다. 아무 성과 없이 돌아가게 될 것으로 여겨지자, 하후돈은 조조의 뜻임을 강조하며 이를 받아들일 것을 재차 권유하였다. 그러나 전주는 끝끝내 거절하였으며, 조조도 이에 그를 제후로 삼으려던 생각을 완전히 포기하게 된다.

다만 이 과정을 통해서 조조 진영의 초기 공신인 하후돈과 영입하려는 후발 인사인 전주 사이에는 지위고하가 있을 것임에도 불구하고 이를 넘어 그들의 우정이 남달랐다는 사실은, 하후돈의 친화력이 어떠했는가를 잘 방증한다고 할 수 있다. 물론 특정 인물과의 친분을 놓고 이 점만으로 그의 성격유형에 연관되는 장점이라고 단정한다는 것은 무리가 따르기에, 여기에서는 그의 평소 생활태도가 어떠했는가를 짚고 넘어가지 않을 수 없게 된다.

하후돈은 비록 군중軍中에 있어도 친히 스승을 모시고 학업을 배웠다. 그의 성정은 청렴하고 검소하였기에 남는 재물이 있으면 즉시 나누어서 사람들에게 베풀었고, 부족하면 관청에서 도움을 받을 뿐 따로 전작田作을 하지 않았다.[19] (본전)

19) 원문에는 '불치산업不治產業'이라 표현되어 있는데, 이에서 산업이란 예를 들어서 논밭이나 집, 작업장 등 개인의 재산을 말하며 이를 불리는 것을 하지 않았음을 의미한다. 이러한 문구는 하후돈은 자기 재산을 불리는 일에 연연하지 않았다는 것을 여실히 드러내 준다.

앞서 하후돈은 유가적인 소양을 갖추고, 이를 추구하려는 사상 가치 성향이 강한 인물로 서술한 바 있다. 특히 군영 내에서도 스승을 영접하여 학업을 배우려는 모습을 보인 것은, 그가 일반 무장들과 구별되는 남다른 자세라 할 수 있다. 더욱이 재물관리에 연연하지 않고 이를 사람들에게 나눠 주었다. 만약 자체에서 부족함이 있게 된다면 관청의 조력을 받는 것에 그칠 뿐, 지위를 이용하여 사적으로 재산을 불리질 않았다.

이러한 그의 행동은 실로 오늘날 우리 사회에서 흔히 거론되고 있는 노블리스 오블리제(noblesse oblige)[20]의 귀감이 되는 모습이라고 할 수 있다. 재물에 연연하지 않고 남들에게 이를 모두 베풀 줄 아는 태도와 행동은, 실제로 포용력이 있고 화합을 중요하게 생각하지 않고는 가히 실현하기 어려운 일이라 할 수 있다. 앞서 태수로 봉직할 때, 백성들을 위해 자신의 관직에 개의치 않고 물을 끊어 방죽을 만드는 공정에 몸소 등짐을 져 날라 백성들의 피해를 구제하려고 했던 모습도, 연관시켜 본다면 그는 외향적 감정형에 연관되는 장점을 잘 보여준 전형적인 인물이라 할 수 있겠다.

마지막으로 외향적 감정형에 연관된 단점에 대해 언급하자면, 이는 첫째로 자신이 생각하는 것에 확신을 갖지 못하는 경향이 있으며, 둘째로 합리적이고 체계적인 정책을 선택하고 일관성이 있게 추진하는 데 어려움을 느낄 수 있다는 점을 들 수 있다.

---

20) 이는 높은 사회적 신분에 상응하는 도덕적 의무를 뜻하는 것이며 초기 로마시대에 왕과 귀족들이 보여 준 투철한 도덕의식과 솔선수범하는 공공정신에서 비롯되었다.

3. 한나라 관호보다 위국 관호 집착하여 자신의 뜻을 굽히지 않아, 합리적이고 체계적인 일관성 있는 사안보다 세상 타자의 경향에 휩쓸릴 가능성 그의 단점으로 노출돼

이러한 성격유형의 단점을 하후돈에게 적용시켜 보아도, 그에게서 별다른 성격유형에 연관되는 단점을 찾아보기 어렵다고 여겨진다. 특히 조조에게 위국의 관호를 요구하면서 자신의 뜻을 굽히지 않는 사실만 보더라도, 그는 완고한 성격으로 인해 자신이 생각하는 바에 대해 확신하지 못하는 경향을 그에게서 찾아본다는 것은 결코 쉽지 않다. 더욱이 앞서 언급한 《삼국지연의》의 '화소박망火燒博望'과 같은 대목을 통해 바라본 그의 성격유형은, 비록 남의 조언을 듣기보다 자신의 뜻대로 강행하는 면모로 보여 결코 일관성 있게 추진하지 못하는 점 또한 부각되지 않는다. 다만 다른 사람에 기준을 두어 생각하는 성격유형의 특징에 비추어, 합리적이고 체계적인 정책을 일관성 있게 추진할 수 있기보다는 아무래도 주변에 경향에 휩쓸릴 가능성이 있음을 짐작해 볼 수 있을 뿐이다.

총체적으로 평가하건대, 하후돈은 조조의 창업공신 중 한 사람이었으나, 실제 전쟁터에서 그의 활약은 《삼국지연의》에서 그려진 바와 같은, 맹장의 면모를 제대로 보여준 것은 아니었다. 정벌전에 참가하기보다는 근거지 후방 방비에 주로 투입된 점이나 태수 등의 직분을 겸해 군정관軍政官의 치적을 남긴 면 등은, 오히려 그의 성격유형에 기인된 결과였을지도 모른다. 특히 적극적이며 친화력과 포용력이 뛰어난 면은 윗사람으로서 아랫사람을 다스리기에 적합했으며, 더욱이 하후돈의 불같은 성미와 완고한 점은 다른 사람이 감히 하후돈을 만만하게 볼 수 없게 만드는 성격적 요소였다고 볼 수 있다. 때문에 조조는 이러한 하후돈의 면모를 감안하여, 자신이 정벌을 수행하는 과정에서 후방을 하후돈에게 맡겨도 되겠다고 신임했을 것으로 여겨진다.

조조가 측근 그 누구보다도 하후돈을 가장 높게 대우하고 각별한 총애와 신뢰를 부여했던 것을, 그저 조조와 하후돈의 혈연적 관계에 기초해서만 본다면 곤란하다. 하후돈의 존재가 분명 어떠한 측면에서 조조에게 든든한 버팀목이 되었을 것이기 때문이었지, 조조에게 별 도움이 되지 않았음에도 불구하고 단순히 일족一族의 일원이라 하여 과연 조조가 하후돈을 그리 총애할 수 있었을까? 이는 분명 일족이라는 점 그 이상의 측면, 즉 하후돈의 성격유형에 부합되는 특징과 장점이 조조 세력 내외를 통해서 긍정적 효과를 발현해 주었기에 이러한 각별한 대우 급부가 가능했을 것이다.

무장 하후돈의 남은 논의

04

하후돈은 조조가 군사를 모아 거병할 때부터 함께 한 고굉으로, 처음에는 전투선봉에 섰다. 그 후 행정력까지 겸비하여 후방 군사력의 견인차 역할을 하며 대장군에 가장 먼저 올랐으니, 이는 그 공로 지대함을 말해 주고 있다. 그래서 진수는 《삼국지 위서 제하후조전諸夏侯曹傳》에 평하여 말하기를, "하후씨와 조씨는 대대로 혼인을 했기에, 하후돈과 하후연, 조인, 조홍, 조휴, 조상, 조진 등은 모두 친척관계이거나 살붙이로 그 당시에 고귀한 지위에 막중한 권력을 행사했고, 군주 곁에서 업적을 세워 모두 권력이 있었다."라고 하였다.

위나라에는 뛰어난 무장이 많았는데, 이에 진수는 《삼국지 위서》에서 위나라 대표 5무장의 열전을 기술하였다. 그것이 바로 《장악우장서전》이다. 장료와 악진, 우금, 장합, 서황 등을 하나로 합친 전傳을 말한다. 그러나 오래전부터 진수의 이 위나라 무장에 대한 평가는 이의가 제기되어 왔다. 이런 평가에 최근 주목받는 무장이 하후돈이다. 물론 《삼국지 위서 하후돈전》에는 그가 혁혁한 무공을 세운 기록이 뚜렷이 나오지 않고, 그의 무장으로서의 활약은 오히려 《삼국지연의》에 생동감 있게 묘사되고 있다. 그러나 《삼국지연의》에 나오는 그의 무용 또한 위나라 다른 무장에 비하면 상대적으로 빈약한 게 사실이다.

이런 연유인지 우리 한국에서는 위나라 대표 무장으로 그를 손꼽는 사람은 그리 많지 않았다. 그러나 중국과 일본은 이와 전혀 다르고, 특히 '삼국지 마니아'들은 그를 위나라 제일의 무장으로 손꼽는 데 주저하지 않는다. 조조가 주를 단 병법서 《손자 모공편》에, "용병의 방법에 있어 국가를 온전히 하는 것이 최상이며, 상대국을 격파하는 것은 차선이다. 군대를 온전히 하는 것이 최선이고 적군을 격파하는 것은 차선이다."라고 말하고 있다. 싸우지 않을 수 없는 경우에는 싸워 승리를 거두더라도, 국가가 피폐해지고 군사력이 약화되는 것을 피하는 것이 중요하다고 보고 있다. 특히 눈여겨볼 대목은, 조조가 허도나 낙양 같은, 어느 쪽에서나 출정할 수 있는 중원지역을 근거지로 삼으면서도 각 방면을 공략해 나갈 수 있었다는 점이다. 이는 바로 수비의 중추인 후방을 하후돈이 군대를 통솔하여 근거지로 지킬 뿐만 아니라, 몸소 솔선하여 농업생산을 지도하고 식량 확보에 힘쓰는 등 공격과 수비의 연결고리 역할을 수행하였기에 가능했으리라는 사실이다.

조조가 하북의 원씨 세력을 평정하는 시기에도 하후돈은 후방을 맡았으며, 원씨의 거점이었던 업성을 함락시킨 뒤에는 복파장군으로 승진되어서도 여전히 하남윤을 맡고 있었다. 그 뒤 건안 21년(216년) 오나라 정벌에 종군했을 때에는, 귀환하는 도중에 26군 전군의 감독이 되어 거소에 주둔하며 오나라의 움직임에 대비하고 있었다.

이처럼 조조는 하후돈을 중추적인 원훈으로서 존중했을 뿐만 아니라 한 수레에 타고 외출하여 특별히 친애하는 모습을 보였고, 그의 침실까지 자유롭게 드나들게 하였다. 시기심이 강하고 부하를 의심하는 일이 많았던 조조였지만, 하후돈에 대한 신뢰는 흔들리는 법이 없었다. 조조가 주력부대를 이끌고 각 방면에 원정을 다니는 동안, 하후돈이 후방의 근거지를 튼실하게 지키면서 별동대를 통솔하여 전후방의 연계 링커 역할을 수행했음은, 삼국시기 매우 중요했다. 당시기 확연하게 두드러진 공적이 많지 않았던 하후돈을 조조가 늘 신뢰하고 존중했던 연유는, 바로 이러한 임무를 안심하고 맡길 수 있었기 때문일 것이다. 조조는 시종 능력 위주의 용인술을 구사했는데, 하후돈이 대장군에 오른 것은 그의 무용과 관리 등 전후 방면에서 그에 합당한 균형추의 능력을 갖추어 원활하게 제 역할을 했기 때문으로 보아야 한다.

요컨대 하후돈은, 조조의 창업 초기부터 최강 세력으로 정립단계에 이르기까지 약 30여 년의 기간 동안, 조조 휘하의 든든한 무장으로 자리매김했다. 그러했기에 전투에서의 활약과 더불어 후방에서의 안정적인 보좌를 통해, 조조가 창업을 다지는 초석이 된 인물이 하후돈이라 할 수 있겠다. 조비가 위나라를 세운 뒤 최초로 대장군의 자리에 오른 인물이 하후돈인 것도, 그의 위치나 공적이 어느 정도였는지를 알 수 있게 해주는 분명한 지표이다.

또한 하후돈에 대한 조정의 예우에 대해서는 《본전/배주》에서

> **진**晉**나라 태시** 2년(266년), **고안향후 하후좌가 죽어 하후돈의 후손으로 대를 이을 자가 끊겼다. 그러자 사마염**司馬炎**이 조서를 내리기를 "하후돈은 위나라의 으뜸가는 공신이므로 공적을 죽백에 기록했다. 옛날 정견**(순 임금의 신하)**을 제사 지낼 수 없게 되자 혹자들이 애석하게 여겼는데 하물며 짐은 위 왕조로부터 선양을 받았으니, 위나라의 공신을 잊을 수 있겠는가! 마땅히 하후돈과 가까운 친척인 하후소를 열후에 책봉하라."라고 했다. 《본전/배송지주 진양추》**

사서에 나타나 있듯이, 위나라에서 진나라로 왕조가 교체된 후에도 하후돈에 대한 존숭이 이와 같이 남달랐음을 알 수 있게 한다.

제9장

기동력 용맹 떨치나 과신에 허망한 최후 야전군 사령관 하후연

인물 하후연의 삶의 궤적

01

1. 조조의 거병 초기부터 핵심장수로 활약하다

하후연夏侯淵은 자가 묘재妙才이고 패국 초현(지금 안휘성 박주시) 사람이며 하후돈의 집안의 동생으로 조조의 일족이다. 중평 6년(189년) 12월 기오(진류군 속현)에서 조조가 군사를 일으킨 뒤, 하후연은 별부사마[1]와 기도위[2]로 임명되어 수행했으며, 이후 진류태수와 영천태수로 승진하였다. "원소와의 관도대전 중에는 독군교위를 대행했으며, 당시 조조의 군중에는 치중이 적었으나 하후연이 연주, 예주, 서주의 군량미를 관장하여 끊임없이 이를 수송했으므로 군대의 전력은 다시 진작되었다."《삼국지 위서 하후연전(이하 본전)》

건안 4년(199년) 동해(지금 산동성 담성현)에서 창희가 반란을 일으키자 조조는 우금을 파견하였으나 이기지 못하자, 건안 6년(201년) 조조는 다시 하후연을 파견하여 장료의 계략으로 마침내 창희를 격파하여 10여 개 진영을 얻게 되었다. 창희 역시 우금을 만나 투항하였으며 하후연은 돌아와 전군교위[3]에 임명되었다.

---

1) 별부사마는 후한 삼국시대의 삼공, 상임장군 수하에 설치된 속관으로 병졸이나 관리를 통솔하였다.

2) 기도위는 광록훈의 속관으로 황궁의 금위군 가운데 우림기사羽林騎士를 통솔했다.

3) 교위는 한대漢代 고급 무관직의 명칭으로 계급은 대략 장군 다음이었다. 군사를 통솔하는 내용에 따라 품질이 달랐는데 중中 2,000석石, 비比 2,000석 등으로 구분된다.

제남국과 낙안국의 황건적 무리인 서화와 사마구 등이 현성을 공략하여 장리(지방 장이나 관리)를 살해하자, 하후연은 태산군, 제국 평원군의 병사를 거느리고 쾌속 진격하였다. 특히 적을 기습하고 허를 찌르는 공격을 감행하여 반적을 크게 격파하고, 서화를 참수하여 모든 현을 평정하고 그들의 식량을 거두어 군량으로 공급해 주었다.

2. 저돌적인 계책으로 마초를 무찌르다

건안 14년(209년) 하후연은 임시총사령관을 대행하였으며, 손권을 정벌하고 돌아온 조조는 하후연에게 여러 장수를 지휘하도록 하여 여강군(지금 안휘성 여강현)의 부곡을 거느리고 있는 뇌서를 공격하도록 하였다. 그를 격파하자 정서호군[4]의 직책을 대행하도록 하였으며, 건안 16년(211년) 서황을 지휘하여 태원군(지금 산서성 태원시)의 적을 공격하여 20여 개 진영을 함락시켜 적의 우두머리 상요를 죽이고 그의 성을 도륙하였다. 주령을 독려하여 유미 견저[5] 등 각지에서 출몰하던 적들을 평정하였으며 조조와 안정군(지금 감숙성 진원현)에서 합류하여 양추의 투항을 받았다.

건안 17년(212년) 조조는 업현(지금 하북성 임장현)으로 귀환하여 하후연에게 호군장군을 대행토록 하고 주령, 노초 등을 지휘하여 장안에 군대를 주둔하도록 했다. 장안으로 간 하후연은 종남산의 부곡 유웅을 격파하고 그 무리를 투항케 하였다. 하후연은 호현에 남아있던 한수와 마초의 잔당인 양흥의 무리를 공격하여 무찌르고 양흥을 참살하였으며, 그 공로로 박창정후에 봉해졌다.

---

4) 호군護軍은 후한 말 삼국시대 설치한 무관직으로 금군禁軍(황제의 친위병)을 지휘하고 무관의 선발을 주관하였다.

5) 견저汧氐는 우부풍 견현汧縣의 저족氐族의 무리를 이른다.

마초가 양주자사 위강을 기현(지금 감숙성 감곡현)에서 포위 공격하자, 하후연은 위강을 구하려 출발하였지만 하후연이 도착하기 전에 위강은 패망하였다. 하후연은 기현에서 2백여 리 떨어진 곳에서 마초와 싸웠는데 이기지 못했다. 또 견현의 저족이 반기를 들어 하후연은 회군하였다.

건안 19년(214년) 조구, 윤봉 등이 마초를 토벌하려고 계획하자 강서가 노성(지금 감숙성 천수현과 감곡현 사이)에서 병사를 일으켜 이에 호응했다. 조구 등은 마초를 속여 강서를 공격하러 성에서 나가도록 한 뒤, 마초의 처자들을 모두 죽여 버렸다. 이에 마초는 한중의 장로에게 도망갔다가 군사를 이끌고 돌아와, 기산(지금 감숙성 예현 동북)을 포위하였다. 강서 등이 하후연에게 급히 구원을 요청하자, 하후연은 위급함을 구하기 위해 스스로 구원병을 출발시키기로 결정한 뒤 장합에게 보병과 기병 5,000명을 이끌고 선봉에 서서 진창(지금 섬서성 보계시)의 좁은 길을 통해 진군하게 하였다. 하후연 자신은 병사의 군량 수송을 감독하며 후미에서 행군하였다. 장합이 위수渭水에 이르자, 마초가 거느린 저족, 강족의 병사 수천을 이끌고 장합을 맞아 싸우러 왔으나 전투가 벌어지기도 전에 마초가 달아나니, 장합이 진군하여 마초 군사의 각종 장비를 거둬들였다.

한수가 현친(지금 감숙성 진안현 서북)에 있었는데, 하후연이 한수를 기습 공격하자, 한수는 패주하여 달아났다. 하후연이 추격하여 약양(지금 감숙성 진안현 동북)까지 도달했을 때, 한수의 군대와의 거리는 불과 30여 리 남짓에 지나지 않았다. 하후연은 한수의 군대는 정예병이고 저족이 사는 흥국(지금 감숙성 정녕현 남쪽)의 성城은 견고하다고 보았다. 이에 하후연이 치중을 지킬 지휘관을 남겨 놓고 경무장한 보병, 기병을 이끌고 장리 일대[6]로 달려가 강족의 군영을 공격하여 불태우고 참살하니 포로로 잡은 강족이 매우 많았다.

그러자 한수의 군대에 있던 강족들은 각기 종족의 부락으로 돌아갔으며, 과연 한수도 예상했던 대로 대군을 이끌고 장리를 구하려고 달려와 하후연의 군대와 진을 마주하게 되었다. 하후연은 곧 북을 울려 전투를 개시하였고, 이에 한수의 군대를 대파하고 각종 깃발을 노획하고 약양으로 돌아오게 된다. 이는 역시 손자병법에서 말하는 '군대는 졸속은 들어봤어도 오래 끈다는 것은 본 적 없다'는 말을 그대로 적용한 것으로, 하후연으로서는 지구전은 싸우러 1천 리를 원정을 해온 아군에게는 백해무익하다는 것이었다. 하후연은 기세를 올려 흥국의 성을 포위해 흥국의 저족의 왕 천만千萬은 마초에게로 도망갔고 남은 무리는 모조리 투항하였다. 그들의 양곡과 우마를 크게 거두게 되었으며, 이 공적으로 조조는 하후연에게 가절[7]을 주어 서방을 진무하도록 하였다.

3. 관중에서 맹위를 떨쳤으나 유비의 공격을 받고 사망하다

애초에 포한(지금 감숙성 임하시) 사람 송건[8]은 양주(지금 감숙성)의 혼란을 틈타 스스로 하수[9]평한왕이라 칭하고, 연호를 고치고 백관을 둔 지 30여 년이 되었다. 같은 해, 10월에 조조는 하후연에게 여러 장수들을 거느리고 흥국에서부터 송건을 토벌하도록 하여 포한을 포위한 뒤 한 달 남짓 걸려 성을 함락시켜, 송건과 그가 임명한 승상 이하

---

6) 장리 일대는 정확하게는 장리천長離川으로 오늘날 영하회족자치구의 서길현에서 발원하여 남으로 흘러 감숙성 천수시에 이르러 위하로 들어가는 호로하를 가리킨다.

7) 가절假節은 일정한 범위 안에서 황제의 권한을 수행할 수 있는 부절符節의 하나이다. 여기에는 가절, 지절持節, 사지절使持節의 등급이 있다.

8) 포한枹罕현은 농서군의 속현이며, 송건宋建(?~214)은 중평 원년(184년) 황건의 난과 뒤이어 이어지는 마등과 한수 등의 양주涼州대란을 이용하여 왕을 자처하며 30여 년 가까이 농서 일대에 할거했다.

9) 이때는 대략 중평 원년(184년)경이며, 하수河水란 황하의 머리 부분, 즉 사지하의 상류로, 지금 청해성 마다현 일대의 황하는 가리킨다.

관리를 참수하였다. 그러면서 하후연은 별도로 장합 등을 파견하여 하관(농서군의 속현)을 평정하고, 황하를 건너 소황중(지금 청해성 아니마경산 서북)[10)]으로 진입하니, 하서(황하의 서쪽지역)에 있던 강족의 여러 부락이 모두 투항하였고 농우(농산의 서쪽으로 지금 감숙성 동부) 지역이 평정되었다. 건안 21년(216년) 하후연에게 식읍 300호를 더해 주어 이전 것과 합쳐 800호가 되게 하였다.

하후연은 장안으로 돌아와 무도군(지금 감숙성 성현)의 하변(무도군의 치소가 있는 현)에 있는 저족과 강족을 공격하고, 저족의 곡물 10만여 곡을 거둬들였다. 이어 조조가 서쪽으로 한중의 장로를 정벌할 때, 하후연 등은 양주의 모든 장수, 후왕候王의 장졸을 거느리고 휴정이란 곳에서 조조와 합류했다. 조조는 강족과 호족을 만날 때마다 하후연을 앞세워 그들을 떨게 했다. 마침 장로가 항복하여 한중이 평정되었으므로 하후연을 도호장군 대행으로 삼고, 장합과 서황 등을 지휘하여 파군을 평정하였다. 조조는 업현으로 돌아오면서 하후연을 한중에 남겨 지키게 하고, 동시에 정서장군을 제수하였다.

건안 23년(218년) 유비가 군사를 이끌고 양평관(지금 섬서성 면현 서쪽)[11)]으로 들어와 주둔하였는데, 하후연이 장합, 서황 등 여러 장수들을 통솔하여 그와 1년이 넘도록 대치하였다. 유비가 장수 진식 등을 파견하여 마명각(지금 사천성 광원시 북쪽)으로 가는 길을 차단하였는데 서황이 이를 무찔렀다. 장합이 광석이란 곳에 주둔하였는데 유비가 이기지 못하자, 익주(지금 사천성과 운남성)의 군사를 징발하여 법정이 이를 좇아 북쪽으로 오게 된다.

---

10) 황중湟中은 지금 청해성 동부 황수湟水 유역과 양안兩岸 일대로 한족과 이민족인 강족, 월씨족이 잡거하는 지역이었다.

11) 양평관은 한중 분지의 서북 문호이며 백마하와 한수의 합류 지점에 있었다.

'하후연과 유비가 서로 대치하면서 한 해를 넘기자, 건안 24년(219년) 유비가 양평으로 가서 면수(한수 하류)를 건너 산을 따라 조금씩 전진하여 정군산(지금 섬서성 면현 남쪽)에 군영을 두었다. 하후연이 군사를 이끌고 그들을 수차 공격하였는데, 이에 유비의 군영에서 법정의 공격해도 좋다는 데 맞추어 황충에게 높은 곳에 올라가서 북을 치고 시끄럽게 하며 공격하도록 하니, 하후연의 군사는 대패하였고 하후연은 목이 베이게 되었다.'《자치통감 권68》

하후연이 죽은 뒤 시호를 민후라 했다. 하후연의 아내는 조조 아내의 동생이었다. 맏아들 하후형은 조조의 동생 해양애후의 딸을 아내로 맞이할 정도로 특히 위나라에서 두터운 은총을 받았다. 하후형은 하후연의 작위를 이었고 후에 안녕정후에 봉해졌다. 황초 연간에, 작은아들 하후패에게 작위를 주었고, 하후패의 4형제에게 모두 관내후의 작위를 주었다. 정시 연간에 하후패가 토촉호군 우장군이 되었고 박창정후로 작위가 올랐다. 하후패는 평소 조상과 가까웠다. 후에 위나라 수도에 정변이 일어나 조상이 주살되었다는 말을 듣고, 스스로 두려워하여 촉나라로 망명하여 촉나라 장수가 되었다.

죄를 대신 받을 정도로 조조를 위해 살았던 협객

02

조조의 일족 무장들 가운데 하후돈과 조인처럼 하후연 역시 남다른 행동양식[12]을 보여준 인물임을, 여러 가지 기록에서 확인할 수 있게 된다. 그에 관한 사서의 기록에 의하면 그의 사상 가치성향을 엿볼 수 있는 사건은 조조가 낙향하여 사가에 머물고 있을 때에 드러난다.

조조가 집에 머무르고 있을 때 일찍이 현청의 관사官事(대개는 형사刑事)를 받게 되었는데 하후연이 (조조를) 대신하여 중죄를 받으니 뒤에 조조가 방책을 강구하여 구한지라 풀려나게 되었다. (본전)

광화 원년(178년), 송황후가 영제의 총애를 잃자 영제의 총애를 받던 후궁들이 단합하여 송황후를 무함하였고, 중상시 왕보 또한 송황후가 주술로써 황제를 저주했다고 무함했다. 영제는 이 말을 믿고 황후의 새수璽綬(인장과 그 인장끈)를 빼앗자 송황후는 스스로 궁정감옥에 들어

---

12) 조조의 거병에 참여한 조조의 일족들 중 출사 이전부터 남다른 행태를 보인 인물은 하후연을 비롯하여 하후돈과 조인이라 할 수 있다. 하후돈은 14세 때 자신의 스승을 욕한 자를 죽여 장렬한 기개로 이름을 떨친 바 있고, 조인은 호협하며 방탕한 생활을 하면서 천여 명의 무리를 모아 회수와 사수 일대 강호를 누비고 다니는 형태를 보였다.

간 뒤 심려 끝에 죽고 말았다. 이에 송황후의 부친인 불기향후 송풍과 그 형제들이 모두 주살되었다. 황후와 남매였던 은강후 송기宋奇는 조조의 사촌매부이었기 때문에 조조 또한 연좌되어 면직되었던 상황이었다. 황건의 난(184년)이 발발하면서 조조가 기도위로 임명되어 활약했던 것을 감안하면, 아마도 조조가 현청의 관사에 얽힌 것은 대략 광화 원년(178년)에서부터 중평 원년(184년) 이전 사이에서 벌어졌음을 추측할 수 있다. 낙향하여 조용히 지내고 있던 조조가 무슨 일로 송사에 얽혔는지는 알 수 없으나 사안이 경미하지 않았던 것 같다.13)

그런데 이때 하후연이 조조를 대신하여 형벌을 받았다는 사실은 오늘날로 따져보면, 조직폭력 단원이 두목의 죄를 대신하여 감옥에 가는 것과 유사하다. 이런 점에서 사뭇 흥미롭다고 할 수 있는데, 이는 바로 '협俠'의 관점과 잘 부합한다. 협객의 이미지가 잘 형상화된 인물을 찾는다면 흔히 관우, 장비 등이 거론되고는 한다. 이는 《삼국지연의》의 영향이 컸다고 할 수 있는데 비록 하후연은 《삼국지연의》의 영향이 크지 않았다 하더라도 사서의 기록으로 본다면, 협객의 인물로 충분히 볼 수 있는 소지가 있다.

그때 연주와 예주에는 대란이 일어나 하후연은 기근 때문에 (그런데 자신의) **어린 아들을 버렸으나 죽은 동생의 남겨진 딸을 살렸다. 《본전/배송지 주, 위략》**

---

13) 조조가 면직된 이후 고학古學(고대의 학예學藝를 연구하는 학문)에 능하다는 이유로 의랑에 임명된 적이 있는데 이때 조조는 귀척貴戚(임금의 인척姻戚)을 경계하라는 상서를 자주 올렸다. 그러나 조정이 계속 어지러워지자 결국 조조는 자신의 뜻대로 조정을 바로잡을 수 없음을 깨닫고 더 이상 상서를 올리지 않았다. 아마도 이 일로 인한 타인의 원한 때문에 송사에 얽힌 것은 아닌가 하는 의문이 든다.

이미 앞서 언급했다시피 조조가 사가에 머물고 있을 무렵은 사촌매부 송기의 일로 면관되어 낙향했을 시기였다. 이 당시 연주와 예주에 흉년이 들었는데 하후연 자신도 굶주렸다고 한 것으로 볼 때, 이 당시 흉년으로 인한 기근은 매우 극심했을 것으로 추정된다. 그런데 이러한 상황에서 하후연은 자신의 어린 자식 대신 죽은 동생이 남겨둔 딸을 살렸다는 기록은, 다시금 하후연이 흔한 일반적인 정리情理에 얽매이는 사람이 아님을 보여준다.

'처자는 의복과 같고, 형제는 수족과 같다.'는 표현처럼 협객들은 일반적으로 지친至親(아버지와 아들, 언니와 아우, 작은아버지와 조카 사이를 일컬음)에 대한 정리에 얽매이는 부류가 아니었다. 바로 조조를 대신하여 하후연이 형벌을 받았다는 (본전)의 내용은 하후연의 협객으로서의 면모를 잘 보여주고 있다. 또한 그가 이러한 행동을 취했던 또 하나의 이유는, 아마도 당시 격심했던 기근에 살아남기 위한 임시방편이었던 것이 아닌가 하는 추측이 된다.

그러나 당시의 시대적 특성으로 보면 지은 죄가 가볍다 해도 중형으로 벌하는 것이 보통의 관례였다. 그러므로 대신 벌을 받는다는 것은 분명 쉬운 일이 아니었다. 거기에다 죽은 동생의 딸을 위해 자기자식을 희생하는 이러한 태도는, 하후연의 사상 가치성향을 이해하는 단서가 될 수 있다. 아마도 이러한 그의 행동은 사사로운 정리에 휘둘리지 않는다는 협俠의 가치기준에서 연원하였을 것이며, 가까운 이와 타인을 구별하지 않는 정신은 묵가墨家의 겸애兼愛와 매우 흡사하다 하겠다.

한대漢代 중엽 이후 묵가의 무리들은 공식적으로 자취를 감추었지만, 협객들 사이에서 그 정신이 면면히 이어지고 있었다. 자신들의 가치기준에 따라 살아가는 협객들의 탈세간적脫世間的 특성은 '터럭 하나를 뽑아 세상이 이롭다면 그렇게 하며, 무릎이 닳더라도 천하를 위해 일한다.'는 묵도墨徒들의 관점과 유사하기 때문이다. 앞서 (본전)의 배송지

주에 인용된 《위략》에 나타난 하후연의 모습도 그러한 협객의 정신과 비슷한 측면이 엿보인다고 할 수 있다. 왜냐하면 조카를 위해 그처럼 친자親子를 희생한다는 사실이 당시로서도 보기 드문 일이었을 것이기 때문이다. 하후연이 이처럼 사사로운 정리보다 대의를 중시하는 모습을 보여주게 되는 사상 가치성향은, 아마도 호협豪俠들의 보편적 특성과 맥이 닿아 있다는 관점에서 볼 수 있을 것이 아닌가 한다.

저돌적인 성격으로
숱한 전공을 세웠던 선봉장
03

하후연은 조조와 일족으로 젊어서 조조가 현의 관리에게 일을 저지르자 자신이 중죄를 대신 떠맡았고, 이후 조조가 방책을 내어 죄를 면하게 된 사실이 (본전)에 등장한다. 보통의 경우라면 자신이 하지도 않았을뿐더러 큰 처벌을 받을 수도 있었던 일을 본인이 나서서 떠맡았다는 것은, 그의 성격을 엿볼 수 있는 한 대목이다. 또한 하후연의 장수로서 특징 중 하나는 바로 빠른 기동력이라 할 수 있는데, 전장에서의 하후연의 이러한 저돌적이고 급한 성격으로 미루어 볼 때 하후연은 매우 적극적인 성격의 인물이라 볼 수 있다.

이런 모습에서 하후연은 본인의 행동을 외부 객체인 조조에 맞추고 그에 부합되는 방향으로 판단하는 경향이 강한 외향형에 가까운 인물로 볼 수 있다. 하후연은 하후돈과 마찬가지로 원래 조조와는 일족관계였으나, 그를 주군으로 모시면서 조조에게 주군관계로 충성을 다했던 태도에서 그가 외향형 인물임을 짐작게 한다.

하후연은 매우 공격적인 면모가 두드러진다. 이는 냉철한 형세판단이나 감각적인 전략적 움직임이라기보다는, 하후연의 성정 자체가 거칠고 호전적이기 때문으로 여겨진다. 실제 여러 전투 속에서도 그의 과감하고 거친 성정이 드러나는데, (본전)에서는 건안 14년(209년)부터 건안 16년(211년)까지 하후연의 전공으로 나타나고 있다. 먼저 여강의 반란을 진압하였고, 태원에서는 적을 공격하여 20여 개 둔영을 함락시키고 그 우두머리를 참수하고 그 성을 격파했다. 한수를 정벌하는 데 위남전투에 참전하여 여러 성을 평정했고, 이후 안정에서 조조와 합류하여 마초 한수와 연합하였던 관중세력의 하나인 양추를 항복시켰다. 이를 보면, 하후연이 대략 2년 사이에 얼마나 많은 전장에 나섰으며 전장 속에서 얼마나 세차고 격렬하게 전투를 치렀는지를 알 수 있게 한다.

건안 19년(214년) 조조에 패해 강족이 사는 지역으로 도망갔던 마초가 그곳에서 세력을 규합하여 위협이 되자, 장수들이 하후연에게 조조가 오기를 기다렸다가 전투를 시작해야 한다고 조언했다. 그럼에도 불구하고 하후연은 조조에게 보고 후 지침을 하달받아 시행하는 소위 '절차'를 따르다가는 패배할 수도 있기 때문에, 신속한 공격을 감행하였다. 이어 저족을 공격할 때도 당시 장거리를 이동하여 전투를 진행한 부대의 피로도를 반영하여 지구전보다는 신속한 속도전을 감행하여 승리를 거두고, 정서장군의 자리에 오르게 되었다.

그러나 하후연이 보여주는 성격은 그가 조조의 주요 장수로 많은 전공을 세우게 되는 데 크게 기여했으나, 조조는 항상 이런 하후연의 불같이 급한 성격을 항상 경계하여 그에게 용기만을 믿지 말고 지혜와 계략을 적극 활용할 것을 주문하였다. 조조의 거듭된 경계에도 불구하고 하후연은 정군산전투에서 전사하고 마는데, 《삼국지연의》에서는 이 부분에 대해 장합의 만류에도 불구하고 하후연이 경솔하게 군대를 일으키다가 황충에게 비참한 최후를 맞는 내용으로 묘사하고 있다.

이런 사례들에서 하후연은 행동에 있어 자신의 솟아오르는 감정에 충실한 감정형에 가까운 태도를 보이고 있으며, 그 감정판단의 근거가 객체적 기준인 자신이 모시는 주군인 조조에게 쏠려 있는 점에서 보았을 때 외향적 감정의 태도를 볼 수 있다.

이상을 토대로 보았을 때, 하후연을 성격유형으로 그 인물형을 논한다면 외향적 감정형으로 평할 수 있다. 외향적 감정형이 지닌 특징은 첫째로 다른 사람에 기준을 두어 생활하는 유형이며, 둘째로 적극적인 성격으로 남들 앞에 나서는 것을 좋아하는 점이 있다.

1. 기습과 빠른 행군 속도에다 용맹함으로 옹·양주 일대에서 이름만 들어도 무서워하는 방면군 사령관으로, 그의 저돌적이고 남들 앞에 나서는 적극적인 특징 빼어나

이 외향적 감정형의 특징을 하후연에게 적용시켜 보면, 그의 성격유형으로 볼 때 적극적인 성격으로 남들 앞에 나서는 것을 좋아하는 면이 하후연에게 잘 부합한다고 할 수 있는데, 이는 그의 과감한 성격에서 비롯되었다고 볼 수 있다.

> **하후연이 장수가 되어 행군이 매우 빨라 항상 적들이 뜻하지 않았을 때 나오므로, 군중에서 이를 두고 '전군교위 하후연은 사흘에 500리, 엿새에 1000리를 간다.'는 말이 있었다. 《본전/배송지주, 위서》**

조조가 기주를 평정하자 서주 동해의 호족 창희가 모반을 꾀하였고 이에 조조는 우금을 파견하여 창희를 평정토록 했다. 그러나 우금의 창희와의 접전이 길어지자 조조는 다시 하후연을 파견하였고, 하후연은 적진의 10개의 둔영을 포위하여 창희의 항복을 받아내게 된다. 이 공로로 하후연은 전군교위로 임명되었다. 이후 하후연이 여강에서 반란을 일으킨 뇌서를 평정할 때 그의 직책이 임시 총사령관을 대행하였던 점을 보면, 그 이전의 상황, 즉 청주의 제남국과 낙안국 일대에서 일어난 황건적의 반란을 평정하는 과정에서 그가 남다른 기습전과 빠른 행군속도를 자랑했던 것으로 보인다. 마초와 한수가 연합하여 농우(섬서성 농현에 있는 농산의 서쪽지역) 일대에서 반란을 일으키자 하후연은 이들을 평정하였고, 조조는 하후연을 장안에 주둔시켜 옹·양주 일대의 군사를 관장토록 하였다.

조조가 하령下令하며 말했다. "송건이 반란을 일으켜 조정을 거스른 지가 30여 년이나 되었는데 하후연은 한 번의 싸움으로 그를 섬멸하고, 관우關右(농우隴右, 지금 감숙성) 지역을 호랑이 같은 걸음으로 활보하니 가는 곳마다 대적할 사람이 없었다. 중니仲尼(공자)가 말한 그대로 "나는 너만 못하느니라."[14] (본전)

하후연의 호랑이와 같은 활보는 관우 지역, 즉 옹·양주 일대에서 용맹한 장수로 빛을 발휘하였다. 그는 장안에 주둔하며 농서 지역에서 일어난 숱한 반란들을 거침없이 잠재웠다. 마침 조조가 서쪽으로 장로를 정벌하고자 할 때 하후연은 양주의 여러 장수들과 제후, 장졸들을 이끌고 휴정이란 곳에서 조조와 합류하였는데, 조조는 강족과 호족들을 접견할 시 항상 하후연을 앞세워 그들에게 두려움에 떨게 만들었다. 이렇게 조조는 하후연이 중원의 서북변 지역에서 드러낸 빼어난 무명을 잘 이용한 것이었다. 마침 장로가 항복하자 조조는 한중을 평정할 수 있었고, 조조는 하후연을 한중에 남겨 수비하게 하고 정서장군에 임명하여 장차 있을 유비에의 북상을 대비케 했다.

14) 공자가 자공子貢(공자의 제자로 십철十哲의 한 사람)의 구변口辯을 칭찬한 말로, "나는 너처럼 말을 잘할 수가 없다.(弗如也, 吾與女弗如也.)"《논어 공치장》라는 뜻인데, 조조는 "나는 너만 못하느니라.(吾與爾不如也)"(본전)라고 좀 다르게 표현하였다.

하후연이 전투에 임하여 적극적이었던 면은 다른 무장들과 유사하겠지만 그가 유달리 남들 앞에 나서는 것을 좋아하지 않았다면, 조조가 항상 그를 내세워 이민족들에게 두려움을 갖게 하진 않았을지도 모른다. 또한 계속 오랫동안 수많은 반란이 일어났던 농서 지역의 군사를 하후연에게 맡기지 않았을 것이다. 그의 이러한 성격유형에 연관되는 특징이 있었기에 그의 무용에 의한 명성이 드날릴 수 있었고, 또 조조는 그가 이를 제대로 발현하게 추동한 것이라 할 수 있다.

다음으로 외향적 감정형에 연관되는 장점에 대해 언급하자면 이 유형이 보여줄 수 있는 장점은, 첫째로 현실상황에 대한 판단능력이 뛰어나고 대인관계가 원만하며 친화력이 뛰어나다는 점과, 둘째로 포용력이 뛰어나서 화합을 중요하게 생각한다는 점이라 할 수 있다.

2. 장리 일대의 강족 공격·정예 한수군이 흔들리니 기습전을 감행·그 기세로 저족이 있는 흥국성 함락, 그의 장점인 빠른 현실 상황 판단 대처능력 돋보이게 발현돼

이 성격유형의 장점을 하후연에게 적용시켜 보면, 대인관계와 친화력 등에 관한 부분은 확인하기 어렵지만 그가 현실 상황에 대한 판단능력이 뛰어난 점은 상당 수준 엿볼 수가 있게 한다.

건안 19년(214년), 조구, 윤봉 등이 마초를 토벌할 것을 꾸미자 강서가 노성에서 군을 일으켜 이에 호응했다. 조구 등은 마초를 속여 성을 나와 강서에게 출격토록 하고는 뒤에서 마초의 처자를 모두 죽였다. 이에 마초는 한중의 장로에게 달아났다가 군사를 이끌고 다시 돌아와 기산을 포위했다. 강서 등이 하후연에게 급히 구원을 요청하자 여러 장수들이 의논하기를 조조의 절도節度(지시)를 기다려야 한다고 했다. 이에 하후연이 말했다. "조공(조조)은

업현에 있으니, 우리가 사람을 보내서 오고 가는 데 4,000여 리나 되오. 이 일로 (조공에게서) 회답이 올 때쯤이면 강서 등은 반드시 패할 것이니, 이는 위급함을 구하는 좋은 계책이 아닐 것이오."

(하후연은) 곧장 구원병을 출동시키기로 하고, 장합에게 보병과 기병 5천 명을 주어 선봉에 세워 진창[15]의 좁은 길을 따라 진군하게 하고, 하후연은 병사의 군량 수송을 감독하면서 후미에서 행군하였다. 장합이 위수 부근에 이르자, 마초는 저족, 강족의 병사 수천을 이끌고 장합을 맞아 싸우고자 했다. 그러나 교전이 벌어지기 전에 마초가 도주하니 장합은 진군하여 마초 군사의 각종 장비를 거둬들였다. 하후연이 도착할 무렵에 여러 현들은 모두 이미 항복한 상태였다. (본전)

이 일이 있기 전에 마초는 양주자사 위강을 천수군 기현에서 포위하였는데, 하후연이 이를 구원하고자 했으나 군세가 불리했다. 또한 저족들이 반란하여 마초를 도왔기 때문에 하후연은 부득이 퇴각할 수밖에 없었다. 그리고 위강 역시 패하여 죽었기에 마초는 천수 일대를 장악하게 되었지만, 모두가 마초의 통치를 달가워한 것은 아니었다. 위강의 옛 관리 양부 등 일부 인사들이 마초를 토벌하고자 밀모를 꾀하였고 양부의 외사촌 강서가 군사를 일으켜 이러한 계획에 호응하였다. 조구, 윤봉 등의 속임수에 넘어간 마초는 기성(지금 감숙성 감곡현)에서 출격을 하여 강서와 교전을 벌였으나 패하여 달아났다가 다시 되돌아와 강서를 기산에서 포위하였다.

강서의 구원 요청에 많은 이들은 조조에게 보고 후 그 명령에 따라야 할 것을 주장하였지만, 하후연은 시간이 오래 걸린다는 이유로 당

---

15) 진창陳倉은 우부풍의 속현으로 지금 섬서성 보계시 진창구로 위수 북안이다.

장에 구원군을 파견하였다. 당시 하후연은 호군장군 대행이라는 막중한 임무를 맡아 옹주 방면의 사령관 역할을 수행하고 있었다.[16] 오고 가는 데 4천여 리나 되는 업현에 있는 주군 조조에게 보고와 지시를 듣는 데 꽤 많은 기간이 소요될 것이고, 그 사이 강서는 패할 수밖에 없다고 하후연은 판단한다. 그리하여 일을 먼저 저지르고 나중에 위에 알리는 '선참후계先斬後啓[17]'의 조치를 취하였고, 이러한 하후연의 판단은 유효하게 작용하였다.

또한 이 전투 직후 벌어진 한수와의 접전에서 하후연이 취한 행동 역시, 그가 현실 상황에 대한 판단능력이 추동하고 있음을 잘 보여주고 있다. 당시 하후연의 여러 장수들은 한수를 직접 공격하거나 흥국(지금 감숙성 정녕현 남쪽)의 성에 있는 저족을 공격하자고 진언하였다. 그러나 하후연은 한수의 군대는 정예병이고 흥국의 성은 견고하므로, 단기간에 함락이 어려울 것이라 판단하여 장리 일대의 강족들을 공격하였다.

당시 장리는 한수의 군을 지탱했던 저족 군인들의 가족이 있는 지역이었다. 하후연이 장리를 습격하면 한수의 저족 군인들은 장리를 구원하고 싶을 것인데, 만약 한수가 이를 도외시하고 방어태세를 갖춘다면 군중의 수많은 이탈 병력이 생겨 한수는 고립될 것이었다. 반대로 한수가 군을 이끌고 장리를 구원하고자 한다면 들판에서 교전할 수 있어 승리를 취할 수 있다고 판단했다.

---

16) 조조는 전국 동서남북 사방의 한 방면을 책임지는 사령관에게 사정四征·사진四鎭·사안四安 등을 비롯해 각종 장군호를 부여해 어느 정도 막중한 권한을 주었는데, 다만 군령과 군정에 대한 전권을 일임했는가를 판단하긴 어렵다. 지역 방면군 사령관에게 전권 일임 여부를 판단할 수 있는 주요 근거로 도독 직책과 절월 부여인데, 조조 통치 시기에는 이런 사례는 쉽게 찾아보기 어렵기 때문이다. 반면에 조비 통치 시기에는 사방 각 지역에 장군호와 함께 절월 및 도독제군사의 직책을 더해주는 사례가 자주 보이는데 이는 조조 때와 확실히 대비되는 모습이다.

17) 군율軍律을 어긴 사람을 먼저 처형하고 난 뒤에 임금에게 상주하는 것을 말한다.

과연 하후연의 예상대로 한수는 흔들리는 군심을 막고자 전군을 이끌고 장리로 향했으며, 하후연은 이에 맞서 싸우고자 하였다. 하후연의 휘하 여러 장수들은 진영을 세우고 참호를 파서 싸우자고 주장하였다. 그러나 하후연은 아군은 긴 행군을 거치며 전투를 했기에 피로한 상태이니, 진영을 구축하고 참호를 파는 것은 병사들의 피로를 더 가중시키는 결과를 초래한다고 보았다. 때문에 바로 싸움을 하느니만 못하다고 판단하여 바로 한수와의 속도전에 돌입하였다. 한수군을 대파하자 하후연은 기세를 몰아 흥국의 성을 포위하였고, 이 성을 지키던 저족의 왕 천만은 마초에게 도망갔으며 남은 무리들은 하후연에게 투항을 하였다. 또한 고평(지금 영하회족자치구 고원현)의 도각屠各(흉노족의 한 씨족집단)을 공격하여 그들을 패퇴시켰고 그들의 양곡과 우마를 거둬들였다.

조조는 하후연의 공로를 인정하여 그에게 가절(해당 장령에게 여러 군사를 총괄하는 비상권을 주는 것)을 수여하였다. 이처럼 하후연이 마초와 한수와의 싸움에서 보여준 상황판단과 이에 대한 대처 능력을 잘 발휘하였기 때문에 조조는 하후연을 신임하여 정서장군으로 서부방면군의 도독의 역할을 담당케 하였다. 바로 이는 하후연의 성격유형에 부합되는 장점이 잘 드러난 결과라 할 수 있다.

마지막으로 외향적 감정형이 지닌 단점에 대해 언급하자면 이는 첫째로 자신이 생각하는 것에 확신을 갖지 못하는 경향이 있으며, 둘째로 합리적이고 체계적인 정책을 선택하고 일관성이 있게 추진하는 데 어려움을 느낄 수 있다는 점을 들 수 있다.

3. 기습과 기동성에 능한 군사가 방어에는 약할 수밖에 특히 방심하여 적 저지선을 이탈한 것이 결정적 패착, 합리적이고 체계적인 정책 선택에 일관성 결여 그 단점으로 패망해

이 성격유형의 단점을 하후연에게 적용시켜 보면, 성격유형과 연관되는 단점 중 둘째 내용이 부합된다고 할 수 있는데 이러한 점은 그가 유비군과 교전을 하면서 전사하게 된 상황에서 드러난다.

> **건안 24년(219년) 한중 정군산에서 하후연을 공격했다. 하후연의 군사는 매우 정예군이었지만 황충은 부대를 지휘하여 예봉을 뚫고 정확하게 진격하여 장졸들을 격려하고 앞장서서 징과 북을 크게 울리며 함성은 계곡을 진동하였는데 단 한 번 싸움으로 하후연을 참수하자 하후연의 군대는 크게 패했다. 《삼국지 촉서 황충전》**

당시 유비 휘하에 들어온 지 오래되지 않은 노장 황충이 후장군, 관내후에 올라 관우, 장비, 마초 등과 필적할만한 반열에 오를 수 있었던 것은 그가 하후연을 참살한 공로에 기인했다고 해도 과언이 아니다. 하후연은 경무장한 병사를 이끌고 유비군에 포위된 녹각鹿角의 남쪽 경계선을 지키며 유비군의 진입을 저지하고 있었던 상황이었다. 그러나 기동성을 살리고자 경무장한 병사는 기습에 능할 수는 있어도 방어에는 약할 수밖에 없었기에, 하후연은 자신의 병력을 수비에만 온전히 치중하는 데도 버거웠을 법한 상황이었다. 그런데도 하후연은 장합을 도우려다 기습을 당해 전사하고 만 것이다.[18] 하후연은 저지선을 계속

18) 《삼국지 위서 장합전》의 내용은 이와는 다소 상이하다. '유비는 정예병사 만여 명을 열 개 부대로 나누어 야밤에 장합을 급습했다 장합이 친병을 인솔하여 치고 싸웠으므로 유비는 이길 수 없었다. 이후 주마곡走馬谷에서 성을 불태웠고, 이때 하후

지키고 있었어야 함에도 불구하고, 이를 이탈한 결과는 그의 명운을 재촉하게 된 셈이었다.

하후연이 여러 싸움에서 이겼음에도 평소 조조가 "장군이라도 겁먹은 듯 나약할 때가 있어야지, 언제나 용기만으로 싸울 수는 없다. 장수는 응당 용기가 바탕이나 지혜와 지략이 있어야지 용기만 믿는다면 그것은 필부의 용기이다."(본전)라며, 하후연에게 경계의 말을 수차 했던 것처럼 하후연은 지혜와 계략보다는 용기에 의지하는 면모가 강한 무장이었다.

성급하고 저돌적인 성격에 자신의 용맹함을 전투력의 근본으로 삼았던 하후연은 남다른 기습전을 선보일 수는 있었을지 모른다. 그러나 정작 한중을 방어하는 전투에서 합리적이고 체계적인 방어전술을 보여주지 못해 스스로도 목숨을 잃었고, 결국 유비에게 한중을 빼앗기게 되는 결과를 초래하고야 말았다.

총체적으로 평가하건대 하후연은 조조를 따라 각지를 전전하며 늘 승리를 쟁취하며 혁혁한 공로를 세운 용장이었다. 적이 예상치 못할 때 홀연히 나타나 적을 제압하는 모습이야말로 그의 특기였던 것처럼, 그는 쾌속진격을 살린 기습전의 달인이었다. 이는 그의 성격유형에 부합되는 적극적이고 과감하게 남들 앞에 잘 나서는 특징이 긍정적으로 발현한 것이었기에 하후연은 그토록 많은 전투에서 적들을 평정할 수 있었던 것이다. 또한 성격유형에 연관되는 현실상황 판단능력이 뛰어나다는 장점이 유효하게 작용하였기 때문에 하후연이 마초와 한수 등을 격파하고 농서 지방을 제패할 수 있었고, 이로 인해 관중·양주 방면군 도독 하후연의 진가가 여지없이 발휘되었던 것이다.

연은 성을 나와 불길을 잡으려고 하다가 갈림길에서 유비와 맞닥뜨려 교전하면서 짧은 칼로 싸우다가 하후연이 드디어 죽었다'고 기록되어 있다.

그러나 용기만을 너무 의지하지 말라는 조조의 경계에도 불구하고, 하후연은 평소 자신이 자랑하던 기습을 오히려 유비군에게 당하여 전사하고 만 것이다. 이는 가장 중요한 전투 상황에서 자신의 용맹만 믿고 그의 성격유형에 연관되는 합리적이고 체계적인 정책을 선택하고 일관성 있게 추진하지 못하는 단점으로 인해, 기실 방어하는 전투에서 적실성 있는 방어전술로 대처하지 못해 스스로 큰 실책을 야기하고야 마는 결과를 초래했다 할 수 있겠다.

무장 하후연의 남은 논의
04

하후연은 조조의 거병 초기부터 조조와 함께한 공신으로 관중·양주 방면군의 도독으로 업무를 관장하면서 조조를 도와 조조의 패업에 크게 기여했다. 그래서 진수는 《삼국지 위서 제하후조전諸夏侯曹傳》에 평하여 말하기를, "하후씨와 조씨는 대대로 혼인했기에, 하후연과 모두 친척관계이거나 살붙이로 그 당시에 고귀한 지위에 막중한 권력을 행사했고 군주의 곁에서 업적을 세워 모두 공로가 있었다."라고 말하고 있다.

하후연은 하후돈의 집안의 동생으로 역시 위나라의 뛰어난 용장이다. 《삼국지연의》에서는 동작대가 완성되었을 때, 이미 과녁에 꽂혀 있는 네 개의 화살 정중앙에 그가 명중시키는 궁술을 보이는 등, 비록 허구이기는 하나 그가 무용이 뛰어났음을 강조하고 있다.

애초에 조조가 관도대전에서 원소를 격파한 뒤에는 하후연은 연주·예주·서주의 군량을 도맡아서 처리하여 조조군에게 계속 보급했다. 하후돈은 거점을 지키고 하후연이 군량을 운반했으니, 두 명의 하후장군이 조조군을 뒷받침하고 있었음을 알 수 있게 한다. 다만 성격이 신중했던 하후돈과 달리, 하후연은 용맹하고 과감하여 늘 선두에 서서 싸워 전공을 쌓아 나갔다.

그 후 적벽대전에서 대패한 조조는 통일천하의 좌절에 대응하는 국면 전환을 모색하며 관중을 평정하려 한다. 그런데 관중을 지배하는 장수들의 주력은 양주병의 흐름을 계승한 경무장한 기병이었다. 이에 조조는 일부러 중앙에 미끼 삼아 경무장한 보병을 배치하여 관중의 기병과 부딪치게 하고, 좌우로는 친위기병을 돌진시켜 관중의 기병을 배후에서 공격했다. 정면에서는 새로운 병력인 중무장한 보병도 등장하여 관중이 자랑하던 경무장한 기병을 포위 섬멸했던 것이다.

바로 이를 이어 관중과 양주를 평정하는 과업을 하후연이 맡게 된다. 전선이 이와 같이 여러 방면으로 크게 전국적으로 확대되면서, 전군을 조조가 통솔할 수 없었던 것이다. 조조는 이제 밖으로 변방을 지키고 안으로는 새 세상 개창의 기틀을 잡아나가기 위해, 각 지역 방면군 사령관을 두게 된다. 특히 하후연에게 관중·양주 방면 군 사령관으로 도독을 겸할 수 있는 그 지역 평정의 큰 임무를 맡겨 정서장군으로 임명한 것이다. 당시기 양주지역에서 마초와 연합하여 거병한 한수의 군사주력은 강족 병사였다. 하후연이 강족의 거주지를 공격하여 한수를 유인해 냈으며, 이에 야전으로 나온 한수는 대패했고 하후연은 양주를 평정해 나가게 된다.

조조가 한중에서 장로를 토벌하자 하후연은 양주의 정예병을 이끌고 참전했고, 장로가 항복한 뒤 도독으로 한중의 수비를 총괄하게 된다. 한편 유비는 익주를 취한 다음 익주의 인후(목구멍)와 같은 한중을 공략하려 하였으니, 양평관(지금 섬서성 면현 서쪽)을 지키는 하후연에 대해 유비는 황충으로 하여금 정군산(지금 섬서성 면현 남쪽)에 진을 치게 하여 산 너머로 한중의 분지를 엿보는 형세를 취했다. 하후연은 정예병을 이끌고 장합과 함께 유비군과 싸우게 된다.

그 마지막 정군산 전투에 대해 앞서 인용한《삼국지 촉서 황충전》의 내용과는 아주 다르고, 앞서 주 18)에 인용된《삼국지 위서 장합전》의 기록과도 다르게《삼국지 위서 하후연전》에는 다음과 같이 기술되어 있다.

건안 24년(219년) 정월, 유비가 한밤중에 하후연 진영의 녹각[19]을 포위하고 불을 질렀다. 하후연이 장합으로 하여금 (녹각이) 포위된 동쪽 경계선을 지키게 하고 자신은 경무장한 장졸들을 이끌고 포위된 남쪽 경계선을 지키고자 하였다. 유비가 장합에게 싸움을 걸었는데 장합군이 불리하였다. 이에 하후연은 이끌던 병사들을 절반 나눠 장합을 지원했는데 유비 군사의 급습을 받아 하후연은 마침내 전사하였다. (본전)

단적으로 보면 유비의 군대가 장합을 격파했기 때문에 자신이 이끄는 병사 절반으로 그쪽을 지원하게 하였는데, 그 틈을 유비 진영의 노장 황충이 노린 것이다. 그때 하후연이 이끌고 있던 병사는 불과 4백명에 지나지 않았는데, 녹각채를 수리하러 갔다가 유비군의 기습을 받은 하후연은 불시에 죽임을 당한 것이다.

《맹자》「양혜왕 하」편에 "대저 칼을 매만지고 눈을 부라리며 '그가 나를 어찌 감당하겠느냐'라고 말하는 따위는 필부지용匹夫之勇으로 한 사람을 상대하는 것이다."라는 말이 있다. 조조는 하후연이 자신의 용력만을 믿고 용의주도해야 함을 게을리하다가 화를 입을까 우려했던 것이, 바로 현실로 나타난 것이다. 이는 전투가 계속되는 난세일수록 무장이라도 용력만으로 안 되며 지략을 겸전해야 한다는 사실을 역사에서 더욱 일깨워주는 특례라 아니할 수 없다.

19) 녹각鹿角이란 적을 방어하기 위하여 나무를 마치 사슴뿔처럼 깎아서 땅에 박아 놓은 울타리 녹채鹿砦인 것이다.

제10장

용의주도하며 전범 있는 지략 용맹 겸전한 방면군 사령관 조인

인물 조인의 삶의 궤적

01

1. 조조의 일족으로 조조와 군사를 일으킬 때부터 뜻을 함께하다

조인曹仁은 자가 자효子孝이며 시중[1], 장수교위를 지낸 조치의 아들이자 조조 사촌 동생이다, 패국 초현(지금 안휘성 박현) 출생이며 젊어서부터 학업보다는 활쏘기, 말타기, 창던지기, 사냥 등을 좋아하였으며, 은밀히 젊은이들을 모아 강호江湖를 누비고 다녔다.

초평 원년(190년) 호걸들이 일제히 일어났을 때, 조인 역시 젊은이들을 모아 조조를 따라 별부사마와 여봉교위를 대행하였다. 초평 4년(193년) 조조가 연주와 예주를 두고 봉구(지금 하남성 수현 동부), 영릉(지금 하남성 영릉현) 등에서 원술을 격파할 때, 조인이 선두에 서서 죽이거나 사로잡은 적군이 매우 많았다. 같은 해 조조를 따라 서주를 정벌할 때도, 조인은 항상 기병을 이끌어 군대의 선봉에 섰다. 조인은 별도의 군대로 도겸의 부하장수 여유를 공격하여 그를 격파하고 돌아왔다. 팽성(지금 강소성 서주시)에서 조조의 본대와 합류하여 비현(지금 산동성 비현 서북), 화현(지금 산동성 비현 동북) 등지에서 도겸의 군사들을 크게 무찔렀으며, 도겸이 별장을 보내 여러 현을 구원하려 하였지만 조인은

---

1) 시중은 황제의 시신侍臣 중 하나로, 황제의 하문에 응대하고 외출할 때는 어가를 수행하는, 본래는 관원이 맡은 바 직무 외에 그냥 더해진 벼슬이었다. 후한 말 삼국시대에는 궁궐을 출입하는 황제의 근신이 되는 실제 직책으로 변했다.

기병을 이끌고 이들을 격파하였다.

조조가 여포를 토벌할 때 조인은 별도의 군대로 구양(제음군의 속현)을 공격하여 함락하고, 여포의 별장 유하를 생포하였다. 건안 원년(196년) 조조가 천자를 맞이하여 허현(영천군의 속현)에 수도를 세웠는데, 조인은 수차 공을 세웠으므로 광양태수에 임명되었다. 조조는 조인을 바로, 의랑[2]이 되어 기병대를 지휘하도록 하였다.

건안 2년(197년) 조조가 장수를 정벌할 때, 조인은 별도의 군대를 인솔하여 주변의 현을 공략하고 그곳의 남녀 주민 3,000여 명을 포로로 잡았다. 조조의 군사가 철수하면서 장수張繡의 공격을 받아 대군이 패전하여 사기가 저하되어 있었는데, 이때 조인은 장졸들을 격려하여 떨쳐 일어나게 하였다. 조조는 이에 힘입어 마침내 장수를 격파하였다.

2. 조조의 후방을 든든히 지키며 형세를 잘 파악하다

건안 5년(200년) 조조가 원소와 관도[3]대전으로 오랜 기간 대치하고 있을 때, 원소는 유비를 보내어 여수와 영수 사이의 지역을 경략하자 허현(지금 하남성 허창시 동쪽)으로부터 이남지역의 관리와 백성이 불안해하였다. 조조가 이를 근심하니 조인이 조조에게 말하였다. "남쪽은 대장군(조조)으로서는 바야흐로 눈앞이 긴급하므로 그 형세로 보아 구원해 줄 수 없고, 유비가 강한 군사를 가지고 그곳을 들이닥치고 있으니 그들이 배반하는 까닭을 보면 당연합니다."《자치통감 권67》 이에 조조는 조인에게 기병을 이끌고서 유비를 공격하도록 하여 격파했고, 유비에 호응하여 반기를 들었던 여러 현들을 다시 수복하고 돌아왔다.

---

2) 의랑은 낭관 중에서도 비교적 지위가 높은 직책이며 광록훈에 속했다. 조정에 참여해 황제의 주변에서 정사의 옳고 그름을 간하는 근신의 일종이다.

3) 관도官渡는 위군 여향현의 지명으로 지금 하남성 정주시 중모현 황하의 작은 지류의 나루터이다. 조조와 원소의 하북 패권을 결정지은 전투가 있었던 곳이다.

원소가 별장 한순을 파견하여 조인의 군사와 후방이 연결되는 서쪽의 길을 차단하려고 하자, 조인은 계락산에서 한순을 공격하여 그의 군대를 대파했다. 이후로 원소는 감히 군대를 나누어 출동시키지 못하게 되자, 조인은 사환 등의 장수와 함께 원소 군대의 치중을 습격하여 그 군량을 불태웠다.

관도대전에 승리하여 하북이 평정된 후, 건안 11년(206년) 조조가 스스로 군대를 거느리고 병주자사 고간을 쳤는데, 세자 조비를 업현(지금 하북성 임장현)에 남아 지키도록 하고 조인은 조조를 따라가서 호관(상당군의 속현으로 지금 산서성 장치시)을 포위하였다. 조인이 조조에게 말하기를, "성(城)을 포위할 경우에는 반드시 그들에게 살 수 있는 문을 보여주어 그 살길을 열어주어야만 합니다."《삼국지 위서 조인전(이하 본전)》라 하였다. 조조가 그의 의견을 따르니, 같은 해 3월에 성안의 군민이 항복하였다. 이에 조인이 세운 앞뒤의 공적을 기록하여 그를 도정후에 봉하게 된다. 고간이 흉노에게로 들어가 구원을 요청했으나 받아들여지지 않았다. 고간은 몇 명의 기병과 남쪽으로 도망치다가 체포되어 참수되니, 병주(지금 산서성)는 모두 평정되었다.

3. 용맹한 기세로 오군의 기세를 꺾어 전황을 바꿔 놓다

건안 13년(208년) 조인이 조조를 따라 형주를 평정하러 갔을 때, 조조는 조인을 정남장군 대행으로 임명하여 강릉4)에 주둔케 하면서 오나라 장수 주유를 막도록 하였다. 주유는 수만의 군사를 이끌고 공격해왔고 이미 도착해 있는 선봉부대만도 수천에 이르렀다. 조인은 성에 올라 적을 살펴본 뒤에, 3백 명의 선발대를 뽑아 부장 우금牛金을 보내 싸우도록 하였다. 그러나 적의 병사가 훨씬 많았으므로 우금의 병사는

---

4) 강릉江陵은 형주 관할 남군의 치소였으며, 지금 호북성 중남부 강한평원에 위치한 형주시 관할 강릉현이다.

금방 포위되고 말았다. 그때 장사인 진교가 함께 성 위에서 전황을 바라보고 있었는데, 우금의 군사가 곧 몰사당할 것 같아 모두가 얼굴빛이 달라졌다.

조인은 의기가 치솟고 분노가 절정에 이르러, 좌우의 측근에게 말을 대령케 하니 진교 등이 함께 조인을 붙잡으며 말했다. "적군이 너무 많아 감당할 수 없습니다. 수백 명 군사를 잃는 것이 애석하지만 그렇다고 장군께서 직접 출전할 수 없습니다!"(본전)라고 하였다. 그러나 조인은 이를 듣지 않고 갑옷을 입고 말에 올라 휘하의 기병 수십 명을 이끌고 성문을 짓쳐 나섰다. 적에 1백여 보 가까이 접근하자 참호도랑이 있어, 진교 등은 처음 참호도랑에서 멈춰 우금을 구원할 작전을 펴리라고 생각했다. 그런데 조인은 지름길로 참호를 건너 직진하여 적의 포위를 뚫고 돌격하여 우금 등을 구출하였다.

미처 포위망을 뚫고 나오지 못하고 남은 병사들이 있음을 본 조인은, 다시 말머리를 돌려 겹겹의 포위망을 뚫고 병사들을 구출하였다. 그곳에서 죽은 병사는 고작 몇 명에 지나지 않았고, 적군의 무리는 이에 퇴각하였다. 진교 등은 처음 조인의 출격을 보고 모두 두려워 떨었지만 조인이 돌아오자 모두 찬탄하며, "장군은 정말 하늘이 내신 분입니다."(본전)라고 말했다. 모두 조인의 용맹에 탄복했고 조조 또한 그의 의기에 감복하여, 그를 안평정후로 바꾸어 봉했다.

4. 포위된 상황에서도 잘 방어하여 번성을 지켜내다

건안 16년(211년) 조조가 마초를 토벌할 때, 조인으로 하여금 안서장군 대행으로 여러 장수들을 거느리고 동관(지금 삼서성 동관현)에서 막도록 하니, 조인은 위수 남쪽에서 마초를 격파했다. 소백과 전은이 반란을 일으켰을 때, 조조가 조인으로 하여금 효기장군 대행으로 삼아 칠군5)을 지휘케 하며 전은 등을 토벌하도록 하여 그들 역시 격파했다.

조인은 또 정남장군 대행으로 임명되어 가절을 받아, 번성(지금 호북성 양번시 한수 북쪽)에 주둔하며 형주를 지켰다. 건안 23년(218년) 남양(지금 하남성 남양시)의 관리들과 백성들이 요역으로 고생하였다. 같은 해 10월, 완현(남양군 군정부 소재현)의 수장 후음 등이 이를 근거지로 하여 반란을 일으켜 부근에 있는 현을 황폐화시키고 수천 백성들을 겁박하였다. 그때 번성에 주둔하여, 형주를 진수하던 조인에게 위왕 조조가 후음을 토벌하도록 명령했다. 건안 24년(219년) 정월에 조인은 군대를 이끌고 완현을 도륙하고 후음을 공격하여 격파했으며 그 목을 벤 다음 주둔하고 있는 번성으로 돌아와 머무르게 되니, 조조는 바로 조인을 정남장군으로 임명하였다.

같은 해 가을, 관우가 스스로 군사를 이끌고 조인이 지키는 번성을 공격하였다. 관우가 급하게 번성을 공격하였는데 같은 해 8월에 큰 장마로 한수가 넘쳐 성이 물에 잠겨 때때로 붕괴가 되기도 하니, 무리들 모두가 두려워했다. 어떤 사람이 조인에게, "오늘의 위기는 우리의 힘으로 어떻게 할 수 있는 것이 아닙니다. 관우의 포위진에 다 둘러싸이지 않은 틈을 타서 작고 빠른 배를 타 야음을 이용해 도주하는 것이 좋을 것입니다. 그리하면 비록 성을 잃는다 해도 목숨을 보존할 수 있을 것입니다."라고 하였다.

그러나 조인을 도와 번성에서 저항한 여남태수 만총은 이를 강하게 반대했다. "산에서 흐르는 물은 속도가 빠르기 때문에 오래 지속될 수 없다고 생각됩니다. 관우가 파견한 다른 군대는 이미 겹하郏下(지금 하남성 겹현) 아래 주둔해 있으며, 허창 남쪽 지역으로부터 백성들이 소란한데도 관우가 지금 감히 즉시 진격하지 않는 까닭은, 우리 군대가 그들의 후방을 칠 것을 두려워하기 때문일 뿐이오. 지금 만일 도주한

5) 고대의 병제에 의하면 5사師를 1군軍이라 하는데, 칠군七軍을 거느리고 반란을 토벌한 것이다.

다면, 홍하洪河(황하) 이남 지역은 다시는 위나라 지역의 소유가 될 수 없습니다. 그대는 의당 기다려야 할 것입니다."《삼국지 위서 만총전》하자, 조인은 '훌륭하오!'라며, 만총의 의견을 받아들여 마침내 백마를 가라앉히고 군인들과 맹세하고[6] 자신이 이 성을 지키기 위해 필사적임을 보여주니, 장수와 병사들이 모두 감동하여 수천 인마人馬는 한마음으로 번성을 지켜냈다.

5. 엄정한 모습으로 조조군 장수의 전범이 되다

건안 25년(220년) 정월, 조조가 죽은 뒤 조비가 제위에 오르자, 조인을 거기장군에 제수하고 형주·양주·익주 제군사, 나아가 진후로 봉하고 식읍 2,000호를 보태어 이전 것과 합쳐 3,500호가 되게 하였다. 후에 조인에게 조서를 내려 완성으로 돌아와 주둔토록 하였고, 손권이 장군 진소를 보내 양양(지금 호북성 양번시)을 차지하려고 하자, 조비는 조인에게 칙명을 내려 그를 토벌토록 하였다. 조인은 서황과 함께 힘을 합쳐 진소를 공격하여 격파하고 양양으로 들어왔다. 또한 장군 고천 등을 시켜 새로 병탄한 한수 남쪽에 귀부한 백성들을 한수 북쪽으로 이주시키도록 했다. 이에 조비는 사자를 보내 즉시 조인을 대장군으로 임명했고, 다시 조서를 내려 진영을 임영(영천군의 속현)으로 옮기도록 하고 대사마로 승진시켰다. 후에는 다시 여러 군사들을 통솔하여 오강[7]을 점거하고 합비(지금 안휘성 합비시)에 주둔하였다.

황초 3년(222년) 대사마[8] 조인은 보병과 기병 수만 명을 인솔해서

---

6) 유방이 일찍이 백마白馬를 물속에 가라앉히고 하늘에 대하여 맹세한 적이 있는데, 이것은 고대에 있어서 가장 엄숙한 맹세의식이다.

7) '오강烏江'이란 명칭은 여러 곳이지만, 여기서는 항우가 자결한 오강으로, 지금 안휘성 동부 장강하류의 서북 마안산시 관할 화현의 오강포이다.

8) 대사마는 한 무제가 설치했으며 동한시기에는 태위로 바꾸어 부른 적이 있다. 삼국시대에는 다시 대사마라는 직위를 설치했는데, 황제를 도와 전국의 군사일을 총괄

유수(지금 안휘성 함산현 서남)에 진군했다.

황초 3년(222년) 대사마 조인과 함께 오나라를 정벌하고, 장제는 따로 선계를 습격했다. 조인이 유수의 중주[9]를 공격하려고 하자, 장제가 말했다. "적병은 서쪽 강안을 점거하고 배를 상류에 나란히 진열시키고 있는데, 우리 병사들은 중주로 들어가려고 하고 있습니다. 이것은 스스로 지옥 속으로 들어가고, 위험과 사망의 길로 가는 것입니다." 조인은 장제의 말에 따르지 않았고, 과연 패했다. 조인이 죽자 다시 장제를 동중랑장으로 그의 병사들을 대신 인솔하게 했다.《삼국지 위서 장제전》

같은 해 3월, 중주 공략의 의도를 숨겨 선계(유수의 동쪽으로 15km 지점)를 공격한다고 겉으로 소문을 내어, 오나라의 유수독이었던 주환을 속여서 오군을 분산시키는 데에 성공했다. 그러나 주환은 깃발을 쓰러뜨리고 북을 울리지 않은 채 겉으로 허약하게 보이게 만들어서 조인을 유혹하였고, 그것에 속아 조인은 좇지 아니하고 스스로 1만 명을 거느리고 탁고(지금 안휘성 소현 동북)에 머물고 후원 세력이 되었다.

아들 조태를 보내 유수성을 치게 하였는데 상조와 왕쌍 등을 나누어 파견하여 유선[10]을 타고 오군이 점거하여 남군(지금 호북성 강릉현)을 지원하는 중주를 별도로 습격하게 하였다. '중주란 곳은 주환의 부곡部曲(개인에게 속한 군사)과 처자가 있는 곳이다.'《자치통감, 권70》 이에 주환은 별장을 파견하여 상조 등을 치고 스스로 조태에 대항하니, 조태가 군영

했다.

9) 중주中洲는 바로 백리주百里洲인데 호북성 지강현에서 상명까지이고, 동쪽으로는 강진까지 연결되어 있는 강 가운데 있는 작은 섬이다.《자치통감 권69》

10) 유선油船은 소가죽을 입히고 기름칠을 하여 물이 들어오는 것을 막도록 만든 고대의 전선戰船인데, 이는 일종의 쾌속선이다.

을 불태우고 후퇴하였다. 주환이 드디어 상조를 베어버리고 왕쌍을 사로잡은 등 진지에 다가섰다가 피살되고 물에 익사한 위군이 1천여 명으로 크게 패배하였다.[11)]

황초 4년(223년) 조인은 오십육 세의 나이로 숨지게 되니, 시호를 충후라 하였다. 아들 조태가 뒤를 이어 후에 관직이 진동장군까지 올랐으며, 부절을 받았고 영릉후에 바꿔 봉해졌다. 조태가 죽자 아들 조초가 뒤를 이었다. 또 조태의 동생 조해, 조범에게 식읍을 나누어 주고 모두 열후로 삼았다.

11) 《삼국지 위서 장제蔣濟전》의 기록에 의하면 이 사건 이후로 다음 해인 황초 4년(223년)에 조인은 사망하였는데, 그 후속 조치를 보면 장제는 지난날 역임했던 동중랑장에 다시 임명되면서 조인의 군사들을 대신 인솔하게 된다. 조인이 전쟁 직후 갑작스레 사망한 것을 보면 아마도 장제의 경고에도 불구하고 유수濡須의 중주中洲 침공을 감행하다가 패한 것으로 인해 분사憤死한 것은 아닌가 짐작된다.

협객의 기질과는 달리 법가적인 면모를 보인 무인

02

실제의 삶과 달리 《삼국지연의》의 묘사에서는 상당히 평가절하가 된 인물을 꼽으라면 분명 조인을 빼놓을 수 없을 것이다. 그가 전투에서 연전연패하는 무능한 장수의 전형으로 되어있는 《삼국지연의》의 묘사와는 달리, 사서의 기록에 의하면 뛰어난 무장임을 알 수 있게 된다. 그는 조조에게 일찍이 빼어난 용략勇略(용기와 지략)을 인정받아, 조조 생전에 진행된 거의 모든 전투에는 대부분 참가하였을 정도였다. 더욱이 위 · 촉 · 오 삼국정립이 이뤄진 후, 서로 간의 각축전 속에서 조인은 조조의 방패 역할을 충실히 수행하였고, 특히 형주 수비의 임무를 완수한 장수였다.

그가 조조군 내에서 높이 평가받을 수 있었던 배경으로는, 그의 남다른 용기와 지략을 들 수 있다. 이 점이 발휘될 수 있도록 지탱해 준 밑바탕에는 군기유지를 위한 그의 리더십이 있었다. 그런데 몇몇 인물을 제외하고는 일반적인 무장의 경우, 기록이 소략하여 사상 가치성향을 논하는 일은 결코 쉬운 일이 아니며, 이런 면에 있어서 조인 또한 예외는 아니다. 때문에 여기에서는 그의 용기와 지략과 관련된 행동양식에서 그의 인물됨을 파악할 수 있는 사상 가치성향에 관한 핵심적인 기준을 찾아보는 것이 가장 합리적인 접근으로 판단되어 이에 의한다.

젊어서 궁마와 익렵[12]을 좋아했다. 뒤에 호걸들이 잇따라 봉기하자, 조인 또한 은밀히 젊은이들을 모아 약 천여 명을 얻어 회수와 사수 일대를 두루 누볐는데 결국 조조를 따르게 되면서 별부사마를 역임했고 여봉교위를 대행했다. (본전)

조순曹純의 자는 자화이다. 나이 14세 때에 부친을 여의고 동복형인 조인과 따로 살았다. 조순은 부친의 업業을 이어받아 재산이 넉넉하였고 동복僮僕(사내아이 종)과 문객(식객)이 수백여 명이 되었는데, 조순이 (이들을) 기강으로 바로잡아 다스려 그 도리를 잃지 않아 향리에서 모두 그를 유능하다 여겼다. 학문을 좋아하고 학사들을 경애하여, 학사들이 (그에게) 다수 귀부하니 이로 말미암아 원근에서 칭송받았다. 18세에 황문시랑[13]이 되었다. 20세에 조조를 따라 양읍에서 모병을 하였고 마침내 항상 정벌 전에 종군하였다. 《본전/배송지 주, 영웅기》

(본전)과 배주의 《영웅기》의 내용을 보면, 조인은 집안일은 완전히 동생 조순에게 맡겨두고 자신은 궁마와 사냥 등을 하면서 사람들과 어울리는 임협생활을 주로 했던 것으로 보인다. 바야흐로 호걸들의 봉기가 시작되자 조인 역시 은밀히 젊은이들 1,000여 명을 모아 여러 지방을 다니면서 주유周遊하였는데, 그 시기는 대략 국정을 농단한 동탁을 대적하기 위하여 관동연합군이 군사를 일으킨 초평 원년(190년) 전후이다. 조인이 조조 휘하에 들어가기 직전까지, 그는 회수와 사수 사이

---

12) 궁마弓馬는 활쏘기와 말타기이며, 익렵弋獵은 날짐승을 활로 쏘아 잡고, 길짐승은 쫓아가 잡는 행동으로, 즉 사냥을 뜻한다.

13) 황문시랑은 급사황문시랑 또는 황문랑이라고도 하며, 소부少府의 속관이었다. 항제의 곁에서 시중을 들고 궁궐을 출입하면서 안팎으로 소식을 통보하고 전달하는 일을 맡았다.

일원[14]에서 두드러지게 어떤 활약을 보였을 것으로 추정된다.

당시 관직이 없었던 그가 이미 무리를 모아 우두머리로 행세하고 있었다는 사실은 특히 주목할 만한 점이다. 단순히 자신의 출신지인 연주 진류군 일대에서의 초모(군사를 불러 모집함)가 아니라, 그 영역을 주변 인근 지역으로 넓혀갔다. 그 사이를 두루 누비면서 사람들을 모으는 것은, 그만한 개인적 역량이 있지 않고서는 어려운 일이었을 것이기 때문이다.

같은 맥락에서 그가 조조를 따른 후 별부사마와 여봉교위를 대행한 점도 이와 무관하지 않다. '별부別部'라는 용어에서 알 수 있듯이, 별부사마는 일반적으로 장군의 본대에 배속되어 그의 명령을 받으며 부대를 이끄는 사마와는 다르다. 직속상관인 장군의 명령을 받지만 장군의 본대에 속하지 않고, 단독으로 별동부대를 거느리며 군사작전을 수행할 수 있는 무관이다.[15] 장군이 별부사마를 임명하는 경우는 자신의 신뢰를 받으면서도 통솔 능력이 뛰어난 경우에 한해서인데, 이 직책을 수행한 대표적 인물을 손꼽자면 유비 휘하에서 관우, 장비, 조조 휘하에서 하후연, 조인 등이라 할 수 있다. 이처럼 조인 역시 별부사마의 직책을 맡았던 것은, 조조가 조인이 자신의 친족이란 점은 물론, 그의 통솔 능력을 남다르게 평가했기 때문이라고 할 수 있다.

---

14) 회수淮水는 회하를 말하는데, 하남성 동백산에서 발원해 안휘성을 거쳐 강소성에 이른 다음 홍택호에 흘러 들어간다. 사수泗水는 산동성 사수현에서 발원하기 때문에 얻은 이름이며 옛날의 사수는 강소성 패현을 거쳐 회하로 들어갔는데, 이는 회하 하류의 가장 큰 지류였다. 이 때문에 이 두 하천 유역을 합쳐 '회사淮泗'라고 부른다.

15) 《한지漢志》에 따르면, 대장군부의 편제에서 '별도의 영에서 관속들을 지휘하는 것을 별부사마'라고 정의하고 있다. 여기서 말하는 별부사마의 편제는 비단 대장군에게만 국한된 것은 아닐 것이다. 삼국시대의 여러 주요 인물들도 지휘관으로부터 이와 같은 직위를 하사받고 있기 때문이다. 따라서 별부사마에 관한 《한지》의 설명은 일반적 정의라고 보아도 무방할 듯하다.

이후에도 조조는 여러 지역의 정벌을 감행하면서 조인에게 명하여, 조조의 본대와는 떨어진 주변 작전지역에서 개별 임무를 수행하도록 하였다. 이러한 사실을 살펴보건대, 조조는 조인을 한고조 유방의 장수 팽월처럼 활용한 것으로 보인다. 한신의 경우와 달리, 팽월은 주로 별동대의 임무를 수행하며 유방과 한신을 지원하였기 때문이다. 실제로 조인은 여러 전투마다 적장들을 죽이거나 지원하러 오는 군대를 물리치는 등, 혁혁한 전공을 거두고 있다.

> **조조가 황건 잔당을 평정하고 천자를 영접하여 허현을 도읍으로 삼자 조인이 여러 차례의 공적이 있어** (그를) **광양태수로 임명하였다. 조조는 조인의 용기와 지략을 높게 여겼으므로 군 태수로 보내질 않고 의랑의 직책으로 기병대를 감독, 지휘하게 했다.** (본전)

조조가 허도정권을 세운 후, 논공행상을 벌이면서 조인에게는 남다른 조치를 취하였다. 조조는 비록 조인을 태수로 임명하였으나 그를 근무지에 파견하여 태수의 임무를 담당케 한 것이 아니라, 바로 중앙조정에 남겨둔 것이다. 또한 조인에게 군 통솔 업무를 계속 맡겼던 것은, 조조가 조인의 용기와 지략을 높이 여겨서 명목상 관직을 제수하여 예우를 하면서도, 그의 능력에 맞는 본연의 업무를 지속적으로 담당하도록 배려한 것이라 할 수 있다.

이후에도 조인의 눈부신 활약은 계속되는데, 관도대전 당시에는 조조의 측면을 노렸던 유비나 한순 등을 무찌른다. 적벽대전 패배 후, 조인은 강릉에 주둔하면서 주유와 1년 동안 대치하며 주유의 형주공략을 저지하는 등, 중요 임무를 도맡으며 조조의 영역을 굳건히 하는 데 적지 않은 공적을 세운다. 이처럼 처음에는 주군의 수족과 같은 역할로 본대를 돕는 별동대의 임무를 수행하다가, 중요 거점을 방비하는 번병

藩屏(먼 밖의 감영 또는 병영)의 역할로 점차 책임의 확대가 이루어진다. 이는 바로 그의 용기와 지략을 인정한 조조의 조치였음을 헤아릴 수 있다.

이러한 조인의 성장배경에는, 의당 그의 행동양식을 지탱해주는 사상 가치성향이 작용했다. 전술한 바에서 그의 사상 가치성향을 파악하기 위해 도출할 수 있는 좋은 판단 기준은, 바로 군기유지를 위한 리더십이었고, 이를 작동시키는 근원적인 방법은 투철한 준법정신이었다.

> **조인은 어릴 때 행검**行檢(품행이 방정함)**을 닦지 않았으나 장성해 장수가 되자 엄정하고 법령을 받들어 늘 좌우에 법조문을 놓아두고 이를 살펴 업무를 처리했다. 언릉후 조창이 북쪽으로 오환을 정벌할 때, 문제**(조비)**는 동궁**東宮**이었는데 서신을 보내 조창을 경계하여 말하기를, "장수가 되어 법을 받드는 것은 응당 정남장군**(조인의 관직)**과 같아야 하지 않겠는가!"라고 했다.** (본전)

조인은 조조를 따르기 전까지는 주로 임협으로서 거칠 것이 없는 방탕한 생활을 하던 인물이었다. 그의 가문에서 2천석 이상의 봉록을 받는 관직을 배출했음에도 불구하고16), 정작 조인은 품행의 방정함을 수양하며 학문을 숭상하는 예교禮敎적인 생활을 하는 태도와는 애초에 거리가 멀었다. 그러나 젊은 시절에 호협의 기질을 바탕으로 하던 그의

16) 《본전/배송지 주, 위서》에 다음과 같은 기록이 있다. '조인의 조부는 조포이며 영천태수를 지냈다. 조인의 부친은 조치이고 시중 장수교위를 지냈다.' 한대에서 고관의 측정 여부와 집안의 명망을 가늠할 수 있는 기준은 바로 이천석二千石의 봉록을 받는 관직에 달려 있었다. 이천석의 봉록을 받는 관직은 중中, 진眞, 비比 세 가지로 구분되었는데 흔히 구경과 같은 관직은 중 이천석이었고, 지방의 태수는 진 이천석이었으며, 비 이천석의 관직은 주로 구경을 제외한 중앙관직 중 일부, 지방의 치안을 담당하는 도위, 이민족의 통치와 감독을 담당하는 속국도위나 교위 등의 관직이었다. 《위서》의 기록처럼 조인의 부친 조치가 역임한 장수교위는 바로 비 이천석에 해당하는 중앙관직이었다.

생활태도는 장수가 되면서 변모하기 시작하였고, 점차 그는 지난날과는 또 다른 모습으로서의 행동양식을 보여주게 된다.

유가적 소양을 바탕으로 법가적인 통치술을 보여준 조조와 조비의 휘하에서, 조인은 법령을 받들어 늘 원리원칙의 생활을 견지하였다. 이러한 조인의 자세와 태도가 그 주군에게 호평을 받았다는 사실만을 결부시켜, 조인을 흔히 말하는 전형적인 법가적인 인물로 규정할 수는 없을 것이다. 다만 확실한 점은, 조인이 예교지향적인 당시 사회의 주류 가치기준에 편입되질 않았고 또한 본인이 이러한 시도조차 보이지 않았던 면에 비추어 볼 때, 그는 앞서의 하후돈과는 달리 유가적 소양을 갖춘 인물됨은 아니라는 사실이다. 오히려 항상 법령을 따르는 것에 충실하고 자신과 가까이에 법조문을 두고 이를 지침으로 하려던 면을 볼 때, 그를 비록 법가적인 전형적인 인물로 일반화하기는 어려울지 모르나, 적어도 법가지향적인 면모를 지닌 무장으로 가늠하는 것은 무방하지 않을까 한다.

주도면밀하고 엄정한 성격으로 번성을 지켜낸 숙장

03

조인은 조조의 사촌동생으로 젊어서부터 무술을 좋아하여 젊은이들을 이끌고 회수와 사수 일대를 누비고 다녔다. 이후 조조 휘하에서 하후돈, 하후연, 조홍 등과 더불어 초기 구신으로 활약하였다. 조조는 형주 정벌 실패 후 퇴각하면서 그에게 강릉을 맡겼다. 당시 기세가 등등하던 손·유연합군의 사령관 주유가 수만 군사를 거느리고 침공하면서 그 선봉 수천 명이 형주의 전략적 요충지였던 강릉을 공격하여, 조인 휘하 장수와 군사들이 위험에 처하였다. 이때 조인은 직속 수십기만을 거느리고 출격하여 자신의 병사들을 구하고 적을 물려, 주변 사람들로부터 하늘이 내린 천인(天人)'이라는 찬사를 듣게 되었고 휘하 군사들이 모두 그의 용맹에 감복하였다.

이와 같이 조인은 여러 전투에서 용맹과 무략을 보여 조조의 신임을 크게 받았으며, 조조에 이어 조비는 무장으로 정상인 대장군 대사마를 제수하여 조인을 높이 예우하였다.

이런 모습에서 조인은 조조 그리고 조비라는 주군과, 주군을 중심으로 한 위나라 세력에 초점을 맞추고 행동했던 것을 볼 때, 스스로의 기준을 늘 객체에 맞추고 객체에 부합되는 방향으로 행동하는 경향이 강한 외향형에 가까운 인물로 볼 수 있다.

조인은 품행이 방정하지 못한 어린 시절을 보냈으나, 조조 휘하에 들어간 이후 조조의 영향을 받아 법령을 엄격하게 받아들여 전범에 따라 일을 처리하는 행동양식을 보였다. 조조의 아들 조창이 오환 정벌을 위해 북으로 떠날 때, 동궁에 남아있던 형인 조비가 조창에게 군율을 지키는 것을 조인처럼 해야 한다는 내용의 편지를 썼었다. 이는 그만큼 조인이 자기 자신부터 법령이라는 판단기준에 근거하여 군율을 준수하고 엄정한 태도를 널리 보였음을 알 수 있게 하는 일화라 하겠다.

건안 24년(219년), 관우의 번성 공략으로 우금于禁이 투항하고 조인이 포위되는 등 상황은 여러모로 조조군에 불리하였다. 조인의 일부 측근들은 탈주할 것을 권하였으나 참모인 만총은 이에 반대하였고, 조인 역시 과거 여러 농성전을 성공했던 경험을 바탕으로 장수와 병사들을 격려하여 단결시켰다. 결국 관우가 앞으로는 서황의 공격을, 뒤로는 여몽의 기습을 받아 도주함으로써 조인은 번성을 지켜내게 된다. 이러한 사실들은, 조인이 불리한 상황에서도 포기하지 않고 상황에 대한 냉철한 분석으로 어려움을 타개하는 인물임을 알 수 있게 해준다.

이런 사례들에서 조인은 여러모로 어려운 상황 속에서 스스로 정확한 현실판단을 통해 결정하고 행동하는, 사고형에 가까운 태도를 보이고 있다. 특히 불리한 상황에서도 자신의 상황판단을 믿고 행동하여, 결과적으로는 위나라에 유리한 방향의 농성전을 이끌어 낸 것이다. 또한 무장임에도 불구하고 조비가 칭송할 만큼의 법령에 준거한 엄정한 자신만의 원칙을 고수했던 점에서, 자신이 외부 상황을 파악하고 그에 맞게 적절한 상황판단을 하는 성향인 외향적 사고에 가까운 인물로 보인다.

이상을 토대로 보았을 때, 조인은 성격유형으로 그 인물형을 논한다면 외향적 사고형이라 평할 수 있다. 외향적 사고형의 특징은, 첫째로, 현실 상황에 대한 판단능력이 뛰어나고 논리적이며, 둘째로, 설득력이 뛰어나고 호전적인 기질이 있어 강인하고 냉정하며, 원리원칙을 중요하게 생각한다.

1. 격렬한 호관농성 활문 보여 생로 열어주게 하니 성 함락·주유군 공격 선봉이 강릉 포위 조인 성 박차고 출정 적진 깊숙이 공략 교란시켜, 형세 파악과 대처능력 호전적 강한 기질 그의 특징으로 단연 돋보여

이 외향적 사고형의 특징을 조인에게 적용시켜 보면, 먼저 그의 성격유형에 관련되는 첫째 내용인, 거칠고 용맹한 그가 병략에 관하여 탁월한 판단능력을 보여주는 경우를 들 수 있겠다. 이는 원소의 명을 받은 유비가 조조의 후방을 교란시키던 상황에서 제일 먼저 출발한다.

> 조조는 원소와 관도에서 서로 오랫동안 대치했는데, 원소가 유비를 보내 은강濦彊(여남군의 속현) 등 여러 현을 공략게 하자 많은 무리들이 호응하였다. 이로 인해 허현 남쪽의 관리와 백성들이 안정되지 못하자 조조가 이를 우려하였다. 이에 조인이 말했다. "지금 남쪽에서는 우리 군사가 목전에서 원소의 대군과 대치하고 있어 정세가 위급하므로, 병사를 나누어 서로 구할 형편이 못 된다고 생각하고 있습니다. 유비가 강한 병사들을 이끌고 성 아래까지 왔으니, 그들이 배반한 것은 실로 당연합니다. 그러나 유비는 새로 원소의 군사들을 지휘하고 있으므로, 그 군사들을 뜻대로 다룰 수 없을 것입니다. 우리가 유비를 공격한다면 격파할 수 있습니다." 조조가 그 말을 옳게 여기고는 (조인에게) 기병을 거느리고 유비를 공격케 했다. 조인은 유비를 패주시키고는 모반한 여러 현을 모두 다시 수복하고 돌아왔다. (본전)

조조와 원소의 군사대치가 이뤄지자, 원소는 유비를 보내 조조의 후방을 교란토록 했다. 이때 뜻하지 않은 유비의 출현은, 조조에게 있어 실로 자신의 턱밑에 창칼이 겨눠진 형국과도 같았다. 유비가 이러한 교란작전을 펼친 은강현이란 곳은 당시 예주 여남군의 속현이었는데, 이 지역은 여남 원씨인 원소 가문의 근거지였다. 비록 여남군이 조조의 통치권역에 들어가 있었다고 해도 여러 속현들이 유비에게 호응을 했던 것은, 원소의 영향력이 강하게 미치고 있었음을 방증하는 것이었다.

그러나 조인은 여남군의 여러 현들이 형세의 불리함으로 인해 어쩔 수 없이 유비에게 호응한 것으로 보았고, 유비가 원소의 군대를 지휘한 지 얼마 안 되었기 때문에 바로 공격한다면 유비를 제압할 수 있다고 예상하였다. 조조 또한 이점에 동의하였고, 곧바로 조인에게 유비를 공격토록 하였다. 과연 조인의 예상대로 유비는 격파되어 패주하였고 유비에게 호응했던 여러 현들은 평정되었다. 이처럼 조인은 아군과 적군의 형세에 대한 유리함과 불리함을 파악하고 이에 맞는 대처를 계책과 행동으로써 보여주어 소기의 목적을 달성해 나갈 수 있었다.

이러한 조인의 형세 판단과 대처 능력은, 그 후 조조가 하북을 평정한 직후 겪게 된 반란을 조인이 그 대책을 제시함으로써 진압할 수 있게 한 사실에서도 잘 드러난다.

하북이 평정된 후 조인은 조조를 좇아서 호관壺關(상당군 속현의 관)을 포위하였다. 조조가 영을 내렸다. "성이 함락되면 모두 갱살(구덩이에 파묻어 죽임)하라." 그러나 여러 달이 지나도록 성을 함락시키지 못했다. 이에 조인이 조조에게 말했다. "성을 포위할 경우에는 반드시 그들에게 살 수 있는 문을 보여주어 그 살길을 열어주어야만 합니다. 지금 공(조조)께서 필히 모두 죽인다고 하시니, 성안에서는 적장이나 백성들은 필사적으로 지키고 있습니다. 더

욱이 성은 견고하고 군량이 많으므로, 그들을 공격하면 우리 병사들은 부상을 입을 것이고, 그들을 포위하여 달아나지 못하게 지킨다면 매우 오랜 시일을 낭비해야 합니다. 지금 병사들을 견고한 성 아래 머물게 하여 필사적으로 대항하는 적군을 공격하는 것은 좋은 계책이 아닙니다." 조조가 그의 의견을 따르니 성안 사람들이 항복했다. 이에 조조는 조인이 세운 앞뒤 공적을 기록해 (조인을) **도정후에 봉했다.** (본전)

관도대전 이후 원소가 통분 속에 죽게 되면서 원소의 세력은 분열되기 시작하였다. 원소의 아들인 원담과 원상이 벌이던 골육상쟁은 자신들의 세력을 점차 약화시켜갔고, 조조는 이 기회를 잘 활용하여 하북을 평정할 수 있었다. 원소의 외조카이자 병주자사였던 고간은 조조에게 항복하여 직위를 유지하고 있다가[17], 조조가 오환 정벌에 눈을 돌리자 건안 10년(205년) 10월 호관을 거점으로 조조에게 반기를 들었다. 다음 해 건안 11년(206년) 1월 조조는 호관을 포위하였고, 호관의 병력들의 저항이 거세 전쟁이 장기화되자 조조는 호관의 백성들을 모두 갱살시킬 것을 명하였다. '쥐도 궁지에 몰리면 고양이를 문다.'는 격언처럼 호관의 백성들은 살기 위해 철저히 농성하였고, 이에 조조는 호관을 쉽사리 점령하기가 어려웠다. 조인은 호관이 견고한데다 적들의 군량이 넉넉하기 때문에 전쟁의 장기화는 아군에게 불리하다고 여겼다. 그러기에 적군이 달아나지 못하도록 숨통을 조이기보다는 달아날 수 있는 탈출구를 만들 것을 헌책하였다. 이를 조조가 받아들이니 과연

---

17) 본래 고간高幹은 심배가 지키던 업鄴이 함락당했을 때, 독자적으로 업을 공격해 탈환하려고 획책하였다. 그러나 이러한 내응 계획이 업성 내부에서 탄로가 나면서 내응을 도모하려던 주요 인물들이 철저히 주살되었고, 고간은 당초 계획을 포기하고 조조에게 항복하였다. 조조는 고간의 항복을 받아들이고는 예전처럼 고간이 병주를 다스리도록 했다.

호관을 함락시킬 수 있었고, 이 공로로 말미암아 조인은 전후 논공행상에서 도정후의 작위에 봉해지게 되었다.

《손자병법》에 이르길, '적을 포위할 때는 반드시 한쪽을 터놓고, 궁지에 몰린 적은 끝까지 공격하지 않는다.'는 말이 있다. 도망갈 수 없는 지경에 처했을 때 적은 죽기를 각오하고 저항하기 때문에, 오히려 아군에게 큰 피해가 돌아올 수 있음을 경계하는 말이다. 용병의 달인인 조조도 지나치고 있었던 이러한 병법의 원리를 조인은 실제에 잘 적용할 수 있도록 헌책하였고, 조조는 다시금 병주의 험요관險要關이었던 호관을 수복할 수 있었다.

위의 두 사례는, 조인이 현실상황에 대한 판단능력이 뛰어나고 논리적인, 그가 지닌 성격유형에 부합되는 특징을 구체적으로 보여준다. 조조가 그를 자신의 곁에 두어 계속 군사를 담당케 했다는 사실, 그리고 조인이 쌓았던 여러 전쟁에서 세운 공훈들은, 이러한 조인의 성격유형이 지닌 특징의 발현에서 비롯된 것으로 파악이 가능하다 하겠다.

다음으로 조인의 두려움을 모르는 태도와 법을 받드는 자세를 통해서, 그 성격유형에 관련되는 특징 중 둘째 내용으로, 호전적이고 강인하며 원리원칙을 중요하게 생각하는 점을 확인할 수 있다. 특히 그의 절륜하고 용맹함을 바탕으로 적의 위협에 굴하지 않고 응전하는 면모는, 앞서 인용한 사서의 기록뿐만 아니라 《삼국지연의》에서도 생생하게 그려지고 있다.

> **이때 조인은 남군성 위에서 우금이 동오의 군사에게 포위당하는 것을 보자, 마침내 갑옷을 입고 말을 타고 군사 수백 명을 거느리고 성을 나와 적의 진영으로 마구 쳐들어갔다. 서성이 맞이해 싸우다가 막아내지 못하자, 조인은 적진의 중심부를 무찌르며 우금牛金을 구출하고 나와서 뒤를 돌아보았다. 아직도 말 탄 군사 수**

십 명이 동오의 진영에서 벗어나지 못하고 있었다. 조인은 다시 적진으로 달려 들어가 그들을 구하여 포위를 뚫고 나오는데, 바로 앞을 막고 달려드는 장흠과 만났다. 이에 조인과 우금은 힘을 합쳐 적군을 쳐서 흩뜨리는데, 때마침 조인의 동생 조순이 군사를 거느리고 응원을 왔다. 일대 혼전이 벌어진 결과 동오의 군사는 패하여 달아났다. 이긴 조인은 기세당당하게 남군성으로 돌아갔다.《삼국지연의 제51회》

조조가 적벽에서 여지없이 패하여 다시 일어설 수 없는, 즉 일패도지一敗塗地하면서, 손에 잡힐 듯했던 그의 천하통일에 대한 야망은 한순간에 물거품이 되고 말았다. 전후 상황을 염려한 조조는 조인을 강릉에 주둔시켜 적군의 침입을 방비케 했다. 사서의 기록에 의하면 오나라의 도독 주유는 당시 수만의 군대를 통솔하여 남군으로 진격하였는데, 전부선봉 수천의 병력이 제일 먼저 강릉에 당도하게 되면서 조인군과 교전을 벌이게 되었다.

《삼국지연의》에서는 우금이 적의 기세를 꺾겠다고 자청하여 출병한 것으로 묘사되어 있지만, 실제 사서에는 조인이 우금에게 300명의 군사를 이끌고 적에게 먼저 싸움을 걸도록 명령한 것이었다. 병력의 열세로 인해 우금이 적군에게 포위되자, 조인은 성 위에서 우금과 그의 인솔 병력들이 삽시간에 당하는 것을 목격하고 분노하여 이를 참지 못하고 출병하게 되었던 것이다.

조대사마(조인)의 용맹은 맹분, 하육[18]이라도 더하지 않을

18) 맹분孟賁은 전국시대의 유명한 용자勇者이다.《맹자 공손축편》에 이르기를, 그의 용력이 일반 사람을 뛰어넘어 살아있는 소의 뿔을 뽑을 정도라고 하였다. 또한《여씨춘추 필기편》에서는 맹분이 일갈하자 배 위의 사람들이 물에 빠졌다고 하며,《사기 원앙전》에서도 "물 위에서 교룡을 피하지 않고, 땅에서 맹호를 피하지 않는다."라

것이다. 장료는 그다음이다.《본전/배송지 주, 부자》

(본전) 배주에 인용된《부자》에서도, 조인의 용맹을 맹분과 하육에 대칭시키며 상대적으로 장료가 조인 다음이라고 말하고 있다. 조인이 주변 측근들의 만류에도 불구하고 적군에 비해 현저한 아군의 열세를 개의치 않고 두려움 없이 적진에 뛰어드는 용맹무쌍한 모습을 보여준 배경은, 그의 호전적이고 강인한 기질에서 비롯된 것이라 할 수 있다. 바로 이러한 성격유형에 부합되는 특징이야말로, 조인이 조조군 내에서 으뜸가는 용맹한 장수로 평가받을 수 있는 바탕이었다.

또한 앞에서 언급한 바와 같이, 조인은 항상 자신의 주변에 법조문을 두어 이를 살펴봄으로써 사무를 처리했다. 이러한 조인의 평소 태도는 조비가 동생 조창을 훈계할 때 역할모델로 제시할 정도로 조비에게 높은 평가를 받았다. 이처럼 조인은 장수로서 원리원칙을 매우 중시 여기는 자세와 태도를 견지하였는데, 이러한 면모 역시 그의 성격유형에 연관되는 특징이 잘 발현된 일례에 해당된다고 할 수 있다.

다음으로 외향적 사고형이 지닌 장점을 언급하자면 이 유형이 보여줄 수 있는 장점은, 첫째는 정책 결정과정에서 현실적으로 바람직한 대안을 합리적으로 선택하며 일단 결정된 정책은 일관되고 확고한 태도로 추진할 수 있는 것이며, 둘째는 위기상황에서 뛰어난 관리능력을 발휘할 수 있다는 점을 꼽을 수 있다.

고 하였다. 하육夏育은 역시 당대의 용자로《사기 범저채택열전》에서 "오획과 임비는 힘으로 인해 죽었고, 성형, 맹분, 왕경기, 하육은 용기로 인해 죽었다."라고 말하였다. 배인裵駰은《한서음의漢書音義》를 집해하면서 "하육은 위衛나라 사람으로 천균千鈞의 무게를 들어올렸다."고 하였고, 서진西晉의 갈홍葛洪이 지은《포박자 변문편》에서도 하육을 '근력이 가장 강한 인물'로 칭송하였다.

2. 관우 번성 공격·한수 범람 성 물이 차오르고 우금 구원군 물에 잠겨 성 고립무원·조인 수천 장졸 한마음 추슬러 번성 방어해 내, 그의 용의주도한 위기 관리능력 매우 돋보여

이 성격유형의 장점을 조인에게 적용시켜 보면, 특히 둘째 내용인 위기관리 능력이야말로 조인의 성격유형에 부합되어 돋보이는 장점이라 할 수 있다.

앞에서 나온 주유군과의 교전 상황에서 포위된 우금 등 선봉대를 적진에서 구출해냄으로써 적의 강렬한 기세를 꺾이게 했던 것은, 이러한 그가 지닌 성격유형의 장점과 연관 지어 볼 수 있을 것이다. 그러나 무엇보다도 관우와의 양번전쟁에서 방어에 끝내 성공해 낸 공적은, 그의 성격유형에 관련되는 장점을 극명하게 잘 드러내준 대표적인 사례라 하겠다.

관우가 번성을 공격했는데 이때 한수가 크게 범람하여 우금于禁 등 칠군七軍이 모두 물에 잠겼고 우금은 관우에게 투항했다. 오직 조인은 인마人馬 수천으로 성을 지켰는데 성에서 물에 잠기지 않은 부분은 수 판[19]이었다. 관우가 배를 타고 번성에 당도하여 (성을) 여러 겹으로 포위하니 성 안팎은 단절되었고 양식이 차차 떨어졌으며 구원병은 도착하질 않았다. 조인이 장수와 병사들을 격려하고 이 성을 지키기 위해 필사의 각오를 보이자 장수와 병사들은 감동하여 모두 하나가 되었다. 마침 서황의 구원군이 도착하자 성 밖의 물 또한 점차 줄어드니 서황은 성 밖에서 관우를 공격하였고 조인은 포위를 허물어 (위기를)

---

19) 1판板은 성 높이 2척尺에 해당되며 폭이 1장쯤 된다.

벗어날 수 있었기에 관우는 퇴주하였다. (본전)

남양의 관리들과 백성들이 요역徭役(나라에서 구실 대신으로 시키는 노동)에 시달리어 고통을 받아, 완현(남양군의 속현)의 수장守將 후음이 반란을 일으켰다.[20] 관우를 방어하기 위해 번성에 주둔하고 있던 조인은 군사를 이끌고 완현에서 반란을 일으킨 후음을 토벌하였고, 이 시기 직후 관우의 번성 공격이 시작되면서 양번전쟁의 서막을 울리게 된다.

양번전쟁의 초반부는 관우의 매서운 파상공격[21]으로 인하여 조인군에 불리한 상황이었다. 조조가 우금과 방덕 등 구원군을 파병하여 조인을 도와 관우를 공격토록 했지만, 이때 장맛비로 한수가 범람하였고, 이는 형주전선의 방비를 맡은 구원군 군사들에게 악재로 작용했다. 결과적으로 구원군을 거느린 우금은, 관우의 수공水攻[22]으로 인해 물에 잠기게 되어 관우에게 생포되는 지경에 이르렀고, 방덕은 참살되었다.

이에 조인이 지키던 번성은 관우군에 포위되어, 언제 함락될지 모르는 어찌할 수 없이 궁박한 절체절명의 위기에 처해 있었다. 성벽 대부분이 물에 둘러싸여 수비가 용이하지 않은데다 성의 안팎이 단절되어 소식을 전하고 들을 길이 없었으며, 군량은 점점 소진되어 군사들이 기아에 허덕이게 될 판이었다. 조인은 이러한 위기상황 속에서 죽음을 각오한 의지를 보이고, 군심群心(여러 사람의 마음)을 추슬러 가면서 끝까지 저항하였다. 때마침 이르게 된 서황의 구원군, 조조와 손권의 비밀

---

20) 이와 관련된 내용은 《삼국지 위서 무제기》의 배주에 인용된 《조만전》에서 자세히 확인할 수 있다.

21) 하나의 공격 목표에 대하여 파상波狀(물결이 밀려왔다가 밀려가는 것처럼, 일정한 간격을 두고 같은 일을 되풀이 하는 일)으로 단속적斷續的(끊어졌다 이어졌다 하는 모양)으로 하는 공격이다.

22) 공성攻城의 전법의 하나로, 물길을 끊어 성안의 적에게 물을 주지 않거나 성 밖의 큰물을 끌어다가 성을 침수시켜 항복을 받는 공성법이다.

동맹으로 관우의 승세를 제어하고자 양번전쟁에 개입한 손권군의 출현 등은 관우를 패주하게 만들었고, 결국 조인은 번성을 보전함은 물론 양양성을 수복할 수 있었다.

이처럼 조인의 필사적인 각오로 인해 군심이 하나로 뭉쳐져 관우에 대한 저항을 계속할 수 있었기에, 조인은 번성을 지켜낼 수 있었던 것이다. 이러한 위기상황에서는 자신의 안위를 보장받기 위해 적에게 내통하는 이탈자는 흔히 나오기 마련이다. 그러나 조인군의 경우, 그가 처한 양번전쟁 당시의 위기상황에서 별다른 이탈자가 나오질 않았기에 농성전籠城戰(적에게 둘러싸여 성문을 굳게 닫고 성을 지키는 전투)은 성공을 할 수가 있었다. 이는 위기상황에 대한 조인의 위기관리능력이 뛰어났음을 방증하는 것으로, 그의 성격유형에 부합되는 장점이 잘 발현된 경우라 하겠다.

마지막으로 외향적 사고형이 보여주는 단점에 대하여 언급하자면, 첫째로 사실이나 합리성에 치우치고 지나치게 일에만 몰두하는 경향이 있는 점과, 둘째로 권력 지향적인 성향이 강하여 권위적이고 독선적인 리더십을 행사할 수 있으며, 그 외에 융통성이 없고 비합리적인 경향을 보인다는 점을 들 수가 있다.

3. 조조 형주 내탐케 조인 쉽게 여광 여상 신야 공격 투입 대패·이전의 제지 묵살 서서 계책에 당해 번성에서 허도로 패주, 독선적이고 권위적 리더십 행사 융통성 없는 그의 단점 그대로 노출돼

이 성격유형의 단점을 조인에게 적용시켜 보면, 사서의 기록보다는 《삼국지연의》에서 확연히 드러난다. 특히 신야의 유비를 침공하는 대목에서는 그에게서 권위적이고 독선적인 리더십과 비합리적인 면모를 엿볼 수 있다.

관도대전의 승세를 몰아 하북을 평정한 조조는 남정하여, 형주를 도모하기 위해 조인, 이전에게 번성을 지키며 형주를 내탐하도록 지시했다. 이때 원소군에 있다가 항복한 여광과 여상이라는 형제 장수는, 유비를 얕보고는 자신들에게 출병시켜 줄 것을 청하였고 조인 역시 유비를 취하는 것이 쉬운 일이라 생각하여 이들의 청을 허락하게 된다.

조인은 크게 놀라 이전과 상의한다. 이전은 대책을 말한다. "여광과 여상이 죽었다니 당분간 군사를 움직이지 마시오. 곧 사람을 허도로 보내어 승상께 보고하되, 대군을 거느리고 오셔서 적을 치라 하시오." 조인은 반대한다. "그렇지 않소. 이번에 두 장수가 전사한데다가 허다한 군사와 말을 빼앗겼으니, 이 원수는 하루 속히 갚아야 하오. 조그만 신야 고을을 치는데, 승상이 대군을 거느리고 오셔서 수고하실 것까지는 없소." "유현덕은 영특한 사람이오. 결코 얕잡아봐서는 안 되오." "귀공은 어째서 그리 겁이 많소?" 이전은 굽히지 않는다. "병법에 가로되 '적을 알고 나를 알아야 백 번 싸워 백 번 이긴다.' 했소. 나는 싸움을 겁내는 것이 아니오. 싸워서 이기지 못할까 걱정하는 것이오." 조인은 발끈 화를 낸다. "알고 보니 귀공은 두 마음을 품은 모양이구려. 내 반드시 유비를 사로잡을 테니 두고 보시오." "장군이 싸우러 가겠다면, 나는 남아서 이곳 번성을 지키겠소." "네가 나와 함께 안 가겠다는 걸 보니, 반역할 생각이로구나!" 《삼국지연의 제35회》

병력을 이끌고 신야를 공격한 여광과 여상은 유비군의 군사였던 서서의 계략으로 인해 대패하였고 그들 형제는 전사하고 말았다. 이러한 소식에 놀란 조인은 나머지 병력을 모두 모아 다시금 유비를 공격하고자 했으나, 이전은 지금 당장 싸우기보다는 조조에게 보고하여 조조의 대군이 당도할 때 싸울 것을 주장하였다. 이전은 평소 침착하고 신중한 무장이었기 때문에 상황을 관망하며 후일을 도모하자는 주장을 한 것이다.

이는 당연한 일임에도 조인은 이에 발끈 화를 내면서, 오히려 이전이 두 마음을 품었다고 의심한다. 또한 자신의 출병에 참전할 것을 요구함에도 이전이 이를 거부하자, 마치 이전이 유비와 내통한 것으로 간주하여 역적으로 몰아붙인다. 이에 이전은 조인의 의심을 거두고자 부득이 참전하게 되는데, 이 과정에서 조인이 보여준 면모는 비합리적인 사고와 독선적인 리더십이라 할 수 있다.

조인은 여광과 여상이 전사했으니 복수해야 한다는 사실에 지나치게 몰두하였으며, 유비가 어떻게 승리를 했는가를 따져보지 않았다. 그저 당장이라도 쳐들어가야만 한다는 독선적인 모습을 보여, 이전의 신중한 제지를 오히려 적과 내통한 것으로 의심하며 이전을 궁지에 몰아붙인다. 더욱이 이러한 조인의 성격유형에 연관되는 단점은, 조인이 유비를 공격하고자 출병해서도 다시금 드러나게 된다.

조인은 성내어 꾸짖기를, "네가 떠나기 전부터 재수 없는 말만 하더니, 일부러 지고 와서 무슨 소릴 하느냐. 네 죄는 죽어 마땅하다." 하고 이전을 끌어내어 참하도록 도부수들에게 호령한다. 그러나 모든 장수들이 힘써 말린 덕에 이전은 겨우 죽음을 면했다.《삼국지연의 제36회》

유비와 대치하게 된 조인은, 먼저 이전을 보내 유비를 공격게 하였다. 이전은 조자룡에게 대패하고 돌아와서는 조인에게 번성으로 회군하자고 말하였다. 이에 조인은 화를 내며 이전을 죽이려고까지 하였던 것이다. 이와 같은 조인의 행동은 권위적이고 독선적인 성격에서 비롯된 것으로, 이 영향으로 인해 군 내부의 사기가 떨어질 것은 불을 보듯 뻔했다. 다행히도 다른 사람들의 만류로 이전은 목숨을 건질 수 있었고, 조인은 다음 날이 돼서야 팔문금쇄진八門金鎖陣이라는 진법을 가지고 유비를 격파하려고 한다. 그러나 조인의 진법의 허술함을 간파한 서서가 유비에게 헌책을 함으로써, 오히려 조인이 유비군에게 격파당하였다. 이후 조인은 서서의 계책에 제대로 힘 한번 못 쓰고 농락당하여, 번성을 빼앗긴 채 허도로 도망치고 만다.

이처럼 조인이 합리적인 판단을 하기보다는 어떤 일에 지나치게 집착하여 비합리적인 판단을 하고 독선적인 행동을 하면서, 동료의 제지가 자신의 기대에 맞지 않는다 하여 동료를 죽이려는 처사를 보인 것은, 실로 권위적이고 융통성이 없는 행동이라 평할 수 있다. 이와 같은 조인의 행동이 나올 수 있는 배경에는, 그의 성격유형과 관련된 단점의 작용에서 기인한 것이라고 볼 수밖에 없다. 그가 만약 이전의 진언을 신중하게 판단하고 그에 따라 행동하려고 하였더라면, 조인은 그리 쉽게 번성을 유비에게 내주진 않았을 것이다.

총체적으로 평가하건대, 조인은 조조를 따라 숱한 전쟁터에서 용기와 지략을 발휘하며 출중한 활약을 펼친 무장이었다. 특히 (본전)의 기록과 같이 실제 사서에서는, 조인이 앞서 《삼국지연의》에서 기술된 면모와 같이 평가절하가 된 것과는 매우 달리, 조조군 진영에서 으뜸가는 용맹을 자랑하는 대표적인 일급지장으로 평가를 받고 있다.

조인이 특히 돋보이는 활약은, 조조의 하북 공략에 있어서 용병에 관한 식견을 계책으로 제시한 것이라 할 수 있다. 그의 계책은 조조에게 인정을 받아 곧바로 실행에 옮겨질 정도로 탁월한 바 있었다. 조조가 다른 무장들과 달리 조인을 군 태수의 행정직함을 부여하면서도 자신의 가까이에 계속 두어 전쟁에 참여시킨 것은, 조조가 조인의 용기와 지략을 높이 평가한 데서 비롯된 조치였다.

그는 현실상황에 대한 판단능력이 뛰어난 데다 호전적이고 강인하였기에, 조조의 본대에서 지휘를 받기보다는 스스로 별군別軍(본대 밖에 따로 독립된 군대)을 이끌며 독자적인 군사작전을 수행하는 장수로 활약할 수 있었다. 마침내 조인은 위나라의 중요한 전진기지였던 형주전선을 담당하는 방면군 사령관으로 그는 여러 차례 심각한 위기 상황을 맞게 된 적도 있었다. 그러나 그때마다 그는 뛰어난 위기관리능력을 발휘하여 끝내 번성을 지켜내 위기에서 벗어날 수 있었다.

조인이 조조군 내에서 남다른 무용으로써 명성을 쌓을 수 있었던 것은, 그의 성격유형인 외향적 사고형에 부합되는 특징이며 장점인 위기상황에서의 뛰어난 관리능력과 호전적이고 강인한 추동력을 보여주는 등의 성격 내용이 주로 순기능으로 작용한 데서 기인한 결과라 하겠다.

무장 조인의 남은 논의
04

조인은 조조가 일찍이 군사를 일으킬 때부터 함께 했고, 형주지역 방면 군 사령관으로 조조를 도와 조조의 패업에 크게 기여하였다. 이어 조비 시기 위나라 군부의 최고위직인 대장군 대사마에 올랐고, 도독 형주·양주·익주 제군사로 위나라의 군사활동을 이끌었다. 그래서 진수는 《삼국지 위서 제하후조전諸夏侯曹傳》의 끝에 '평하여 말한다.'

"하후씨와 조씨는 대대로 혼인을 했기에, 조인과 모두 친척 관계이거나 살붙이로 그 당시에 고귀한 지위에 막중한 권력을 행사했고, 군주의 곁에서 업적을 세워 모두 공로가 있었다."

관도대전의 승리로 하북을 제패한 조조는, 유표가 죽자 그 틈을 타 형주를 평정했지만, 건안 13년(208년) 적벽대전에서 손·유연합군에 패하였다. 그 뒤 조인은 쳐들어오는 주유를 맞아 강릉에서 싸워 일진일퇴하다가 주유가 승리를 거두었고, 조인은 번성을 거점으로 형주를 지키게 되었다. 이윽고 유비가 서촉으로 들어가 익주를 지배하고 한중으로 진격하자, 그에 호응하여 건안 24년(219년) 공안에서 관우가 번성을 쳐들어왔다. 이때 8월 장마로 한수가 넘쳐흘러, 관우군에 포위된 번성의 성벽 가운데 수몰을 면한 부분은 불과 몇 판板밖에 되지 않았다고 한다. 그러한 중에도 조인은 수천의 인마人馬와 함께 번성을 사수했는데, 그는 성안의 병사들을 격려하며 줄곧 필사의 결의를 보였기에, 병사들은 감동하여 혼연일체가 되어 이탈병사 없이 농성의 지구전을 펼치게 된다. 이어 서황의 구원군의 활약에 힘입어 번성은 지켜져 해방될 수 있었고, 관우는 끝내 조조와 손권의 밀약에 의한 여몽의 군사에게 패하여 죽게 되고 형주는 함몰되고 만다.

양양 번성을 중심으로 형주를 제대로 지켜낸 조인은 이어 위나라 조비의 즉위와 함께 거기장군에 임명되어 형주·양주·익주 제군사에 오르고, 오나라에 대한 방면군 사령관을 맡은 것이다. 하후돈이 죽은 뒤 조인은 위나라 군부의 최고위직인 대장군에 올랐지만, 오나라 손권이 진소를 보내 양양을 차지하려고 하자 그는 군사를 이끌고 이를 격파하는 등, 방면군 사령관으로서의 활약도 이어져 위나라 군사활동을 줄곧 이끌었다. 참으로 조인은 위나라의 대오전선 방면군을 지휘한 명장으로, 하후씨·조씨 일족의 여러 무장 가운데 가장 지략과 용기를 겸전한 최고의 군사적 성공을 거둔 무장이라 하지 않을 수 없다.

그러나 촉한정통론에 서있는 《삼국지연의》에서 조조 진영의 무장 가운데 하후돈이 그 최대 수혜자라면, 반대로 조인은 그 최대 희생양이 되고 있다. 아마도 《삼국지연의》의 작가들이 지닌 관점이 그 일차적 원인이기도 하겠지만, 무엇보다 사서에서 조조 진영의 다른 장수에 비해 조인이 지나칠 정도로 비중이 높은 것도, 그런 경향을 더욱 촉진시켰을 것으로 여겨지기도 한다. 조인은 조조시기에 진행된 거의 모든 전투에 빠짐없이 등장하고 있으며, 특히 주요한 지역의 방면군 사령관을 맡을 정도로 전국적인 신뢰를 받고 있었기 때문에, 그러한 점에서는 등장인물들의 비중을 조정해야 하는 《삼국지연의》의 창작과정에서 조인의 넘치는 활약들이 많은 부분 다른 인물의 몫이 되거나 기술에서 사라지게 된 것으로 보인다.

조인이 희생양이 된 대표적인 부분은 앞서, 그의 성격유형이 지닌 단점의 사례로 든 《삼국지연의 제35회, 제36회》 등에 묘사된, 바로 강릉과 번성에서 치렀던 양번전쟁의 세 전투일 것이다. 강릉에서 조인은 주유와 제갈량의 속임수에 넘어가 성을 빼앗겼고, 그 이전 번성에서 서서를 얻은 유비와 맞서다가 패하여 함몰되었다. 또한 다시 번성으로 돌아와서 형주에서 북진에 나선 관우와 격돌하여 거의 패배 일보 직전까지 내몰리다, 서황과 여몽의 연합에 의해 간신히 구출되기도 한다. 이는 사서의 기록에서 거의 전투의 패배가 많지 않았던 조인과는 사뭇 다른 모습으로 묘사된 것이다.

왜 이런 사서의 역사 기술과 달리, 《삼국지연의》 묘사에서는 거의 조역에 그치고 마는 조인의 모습으로 등장하게 되는 것일까? 당연히 그 주된 연유는, 작가 나관중羅貫中과 평개자 모종강毛宗岡에게 있다. 그들은 모두 유비를 옹호하고 조조를 반대하는 소위 옹유반조擁劉反曹의 입장에 서서 삼국지 인물을 그렸기에, 한결같이 유비 진영의 인물들을 부각시키고 있는 것이다. 더욱이 조인의 왜곡된 모습은 적벽대전이나 이릉대전 등 매우 극적인 장면과 관련되어 있다. 그러기 때문에 가장 외정外征에 많이 참전한 무장 중 하나인 조인은, 최전방 사령관으로서 희생양이 될 수밖에 없었다.

물론 그렇게 조인을 왜곡한 데는 그만한 시대상황이라는 이유가 있었다. 《삼국지연의》 작가인 나관중은 원명元明 교체기에 살았던 인물이다. 원의 지배세력인 몽고족들이 한족漢族, 특히 남송南宋 출신들을 매우 배제하는 차별정책을 취했기에, 의당 한족들은 강한 민족주의와 현실비판의식을 지니고 있었다. 작가 나관중 역시 그러한 사회의식을, 그 당시기 현실의 굴곡 속에서 작품을 통해 구현하고 있었다고 보아야 한다. 나관중은 바로 이 민족주의와 현실비판의 근거가 충의忠義였으며, 조조는 아들 조비와 함께 찬신簒臣으로서 그 대척점에 있었다고 간주한 것이다. 그러기에 그 일족이면서 조위의 대표적인 무장이라 할 조인의 경우도, 이와 관련하여 저평가된 채 기술될 수밖에 없었고 조인이 세운 대부분의 전공은 배제되거나 왜곡된 형태로 그려지게 되었다. 더욱이 촉한의 유비, 제갈량, 관우 같은 촉한정통론의 중추가 되는 비중 큰 인물들과 결부되어 다루어진, 그 대척점에 있는 상대 인물에 관한 부분은 그러한 정도가 매우 자심했다 해야 할 것이다.

제11장

합비전 용사 800명
10만 오군 물리쳐
용략 떨친 장수 장료

인물 장료의 삶의 궤적
01

1. 젊어서부터 여포의 휘하에서 전공을 세우다

장료張遼는 자가 문원文遠이고 안문군 마읍현[1] 사람이다. 장료는 어려서부터 말을 타고 활을 쏘는 등 무술이 출중하였으며 젊었을 때 군리郡吏가 되었다. 동한 말년에 병주자사 정원丁原이 장료의 무예와 용력이 다른 사람을 뛰어넘는 것을 보고 불러서, 종사[2]로 삼아 병사들을 거느리고 낙양으로 갔다. 그런데 대장군 하진이 또 장료를 하북으로 보내 병사들을 초모하도록 하니 1,000여 명을 모으게 된다.

중평 6년(189년) 장료가 낙양으로 돌아왔을 때, 이미 하진은 환관들에게 피살되었다. 정원 또한 부하인 여포에 의해 살해되었었기에 그는 병사들을 인솔하여 동탁에게 귀속되게 된다. 초평 3년(192년)에 여포가 동탁을 죽인 뒤 장료는 병사들을 이끌고 여포에게 귀의하여 기도위가 되었다. 여포가 이각에게 패한 뒤 동쪽의 서주로 도망쳤을 때 장료는 여포를 따랐다. 여포와 조조가 연주와 서주를 쟁탈하는 장기간의 전쟁을 치를 때, 장료는 고순, 장패 등과 함께 여포군의 주요 장수로서 여러 번 전공을 세웠다. 건안 2년(197년) 여포가 서주를 차지했을 때, 장

---

1) 병주 안문군雁門郡 치소는 음관현이고, 마읍현馬邑縣은 지금 산서성 북부 황하 우측 삭주시 삭성구이다.

2) 종사는 종사사從事史라고도 불렀다. 동한 시기 주목이나 자사의 속관이었다. 구체적인 관장업무에 따라 치중종사, 별가종사, 권학종사 등이 있었다.

료는 노국(지금 산동성 곡부시)상이 되었는데 그때 그의 나이 스물여덟 살이었다.

건안 3년(198년)에 조조가 하비성에서 여포를 격파한 뒤 장료는 병사들을 이끌고 조조에 투항하여 중랑장으로 임명되고, 관내후에 봉해졌다. 장료는 여러 번 공을 세웠기 때문에 그 후 비장군[3]으로 되었다.

2. 관우와 백마진격했고 반군의 수령을 설득 투항하게 하다

건안 5년(200년) 봄 정월 조조는 동쪽 서주로 원정하여 유비를 무찌르니 유비는 원소에게로 가서 의탁했다. 그 처자는 포로로 잡혔으며, 하비(지금 강소성 비현)에 주둔하던 관우마저 조조에게 투항하였다. 같은 해 4월, 장료와 관우를 선봉으로 삼아 백마(지금 하남성 활현 동북)로 진격하여 원소의 군대를 격파하고 맹장 안량을 관우가 참하였다. 또한 기병장 문추가 죽게 되자 원소군은 크게 동요하였으며, 이틈을 타서 관우는 조조 진영에서 떠나 원소의 군대가 있는 유비에게로 도망하였다.

조조는 원소를 격파한 후, 또 별도로 장료를 파견하여 노국의 여러 현을 평정시켰다. 건안 6년(201년), 장료는 하후연 등과 함께 반기를 든 수령 창희[4]를 동해(지금 산동성 담성현)에서 포위하였으나, 수개월 동안 공격하여도 이를 평정하지 못하고 마침내 군량이 다 떨어져 가게 된다. 이에 장수들이 병사들을 후퇴시킬 것을 상의하자, 이때 장료는 하후연에게 "요 며칠 동안, 포위망을 순시할 때마다 창희가 저에게 눈짓을 보냈고, 또 그들이 쏘는 화살 횟수도 점차 뜸해지고 있소, 이는 분명 창희가 결정을 내리지 못하고 미루기에 힘껏 싸우지 않는 것 같

3) 비장군은 최하위 장군직으로 상설장군이었다.

4) 창희昌豨(?~206년)는 본명은 창패昌霸로, 동한 말 지방 세력의 수령으로 태산일대에서 장패, 손관 등과 무리를 모아 한때 여포와 동맹을 맺었고 나중에는 유비를 도왔지만 조조에게 격파되었다.

으니, 그를 만나서 투항을 권해 보겠소."《삼국지 위서 장료전(이하 본전)》라고 하였다. 그리고 즉시 사람을 보내 장료는 직접 창희를 만나 "조공(조조)은 신과 같은 위엄과 무용을 갖고 있으며, 지금 사방에 은덕을 베푸시니 먼저 귀부하면 큰 상을 받을 것이다."(본전)라고 설득하였다. 창희는 여포의 옛 부하였는데 그때부터 장료의 사람됨이 충의로움을 알기에 마음 놓고 투항하기로 한다. 장료는 마침내 단신으로 삼공산에 들어가 창희의 집에 가서 그 처자를 만났다. 조조는 장료의 말대로 창희의 죄를 사면해 주고 돌려보낸 후, 장료에게 "이는 대장이 쓰는 법도가 아니다."(본전)라고 질책하였다. 그러자 장료는 잘못을 시인하며 "명공의 위엄과 신의가 사해에 빛나고 있어, 공의 성스러운 뜻을 받들었던 것이며, 창희는 감히 저를 해치지 않을 것임을 알기에 이렇게 한 것이오."(본전)라고 말하였다.

3. 원씨 세력을 격파하는 데 큰 공을 세우다

건안 7년(202년) 장료는 원상, 원담을 여양(지금 하남성 준현)에서 토벌하는 데 참가하여, 전공을 세워 중견장군 대행이 되었다. 건안 9년(204년) 조조가 원소군의 주요 거점이자 하북의 중요한 지역인 업현(지금 하북성 임장현)으로 가서 원상을 공격하였으나, 원상이 굳게 방어하여 함락시키지 못했다. 조조는 허도로 돌아와 장료와 악진을 보내 음안을 차지하고 그 백성들을 하남으로 이주시켰다. 다시 조조를 따라 업현을 공격하여 격파하였는데, 장료는 별군別軍(별도의 군대)을 거느리고 조국, 상산, 해빈 등을 경략하였고, 산악지대에 의거한 여러 산적 및 흑산적의 잔당인 손경 등을 투항케 했다. 장료는 다시 별군으로 동쪽 해안지대로 진격하여 요동의 무리인 유의 등을 격파하는 뛰어난 전공을 세우게 된다.

장료가 해빈을 평정하고 업현으로 돌아올 때 조조는 친히 마중 나와 맞이하여 그와 함께 수레에 타고 돌아오는 것으로, 그에 대한 예우를 했으며 탕구장군에 임명했다. 또한 장료는 다시 별군으로 형주를 공격하여 강하(지금 호북성 무한시)의 여러 현을 평정하고, 군사를 돌려 임영(영천군의 속현)에 주둔하였으며 그 공로로 도정후에 봉해졌다.

건안 12년(207년) 장료는 조조를 따라 유성(지금 요녕성 조양시 동남)에 진군하여[5] 3군과 오환으로 도망간 원상, 원희를 원정하였다. 같은 해 8월 조조가 병사들을 거느리고 백랑산(지금 요녕성 조양시 서남)에 올랐는데, 갑자기 많은 수의 적과 마주친 장료는 의기가 격앙되어 조조에게 싸울 것을 권했다. 조조는 그의 용맹함을 칭찬하면서 장료에게 지휘권을 넘겨주니, 원상, 원희를 공격하여 크게 격파하고 이들을 돕던 오환의 선우 답돈의 목을 베어 큰 공로를 세웠다.

건안 14년(209년), 원술의 옛 부하장수였던 진란, 매성이 형주지역 저족의 거주지인 여섯 현에 의지하여 반란을 일으켰다. 조조는 우금于禁, 장패 등을 보내 매성을 토벌하게 했으며 장료에게 장합, 주개 등을 지휘하여 진란을 토벌하게 하였다. 그런데 매성은 우금에게 거짓 투항한 뒤 다시 반란을 일으켜, 무리들을 거느리고 진란에게 합세해 첨산현(여강군의 속현)으로 들어갔다. 첨산현에는 천주산(지금 안휘성 곽산현 경내)이 있었으며 높고 험준하기가 20여 리나 되었다. 거기에다 험하고 좁은 샛길로 걸어서만 통과할 수 있었는데 진란 등은 그 절벽 위에 진을 치고 있었다. 장수들은 병사가 적고 길이 험하여 깊이 들어가기 힘

---

5) 조조가 장차 유성柳城(지금 요녕성 조양시)을 정벌하려 하자 장료가 간언하였다. "무릇 허도는 천자의 도읍입니다. 지금 천자께서 허도에 계시고 공公(조조)께서 멀리 북쪽을 정벌하려고 하시니, 만약 유표가 유비를 보내 허도를 습격하게 하여 이에 근거해 사방을 호령한다면 공의 세력이 사라질 것입니다." 조조는 유표라면 필시 그 일을 유비에게 맡기지는 못할 것이다 생각하고는 드디어 북쪽 정벌을 떠났다. 《본전/배송지 주, 부자》

들다고 여겼지만 장료는 말하기를, "이를 두고 일대일의 전투요 용맹한 자만이 진격할 수 있소."(본전)라 하였다. 그리고 장료는 산 아래까지 진군하여 영채를 세우고 공격하여 진란과 매성을 죽이고 그 무리들을 포로로 잡게 된다. 조조는 "천주산에 올라가 험준함을 무릅쓰고 진란과 매성을 취한 것은 탕구장군 장료의 공이다."(본전)라고 말하고, 식읍을 늘려주고 가절을 내려주었다.

4. 위기에 냉철하게 대처해 합비전투에서 그의 무명을 크게 떨치다

조조가 한중의 장로를 원정하러 나서면서 장료와 악진, 이전 등이 7천여 군사를 거느리고 합비(지금 안휘성 합비시)에 주둔케 하여 그곳에서 손권을 방비케 하였다. 과연 얼마 지나지 않아 건안 20년(215년) 손권은 10만 대군을 거느리고 합비를 포위하고 공격하였다. 장수들은 수천의 병사로 손권의 대군을 당해낼 수 없기에 출병하지 않으려고 하였지만, 장료만이 조조의 교서[6]에 내린 명령에 따라 격전에 나섰다. 전날 밤에 용기 있는 병사 800명을 모아 결사대를 조직하여 소를 잡아 장수와 병사들을 배불리 먹였다. 다음날 날이 밝을 무렵 장료는 갑옷을 입고 창을 잡고 말에 올라 병사들 맨 앞에 서서 공격해 자신의 이름을 크게 외치며 적진의 보루를 뚫고 들어가 어느덧 손권의 큰 깃발 아래에까지 이르렀다.

이에 손권은 크게 놀랐고 그 군사들은 어찌할 바를 알지 못하고 물러나 작은 산으로 올라갔다. 장료는 손권에게 내려와 싸우자고 외치자, 손권은 감히 움직이지 못하다가 장료의 군사를 여러 겹으로 에워쌌다. 장료가 좌우로 맹렬히 적을 향하여 포위망을 뚫고 들어가 곧장 앞으로 돌격하자 포위가 뚫리면서 부하 수십 명이 탈출하여 나아가려

6) 교서敎書란 임금 또는 제후가 내는 명령서를 이른다.

는데, 남아 있던 병사들이 "장군, 우릴 버릴 것입니까!"(본전)라고 하는 소리를 듣고 다시 포위망을 뚫고 들어가 이들을 모두 구출하게 된다. 조조는 장료의 용맹함을 크게 칭찬하였고 이에 정동장군을 제수하였다.

건안 21년(216년) 조조는 다시 손권을 원정하려고 합비성에 도착하여, 그해 장료가 전투했던 지역을 순시하고 오랫동안 거듭 감탄하였다. 곧 장료의 병사를 늘리게 하고 군사를 많이 머물게 하며 장료를 거소(지금 안휘성 소호시)로 옮겨 주둔케 했다.

5. 조조, 조비 진영의 최고 장군으로 내내 명성을 떨쳤다

건안 24년(219년) 관우가 병사들을 이끌고 번성을 포위하여 조인을 공격하였고 형세는 매우 위급하였다. 마침 손권이 위魏의 신하라고 스스로 일컬었으므로, 이에 조조는 장료와 여러 장수들에 일러 모두 조인을 구원케 했다. 장료가 도착하기도 전에 서황이 먼저 관우를 격파하고 조인의 포위망을 풀었다. 그때 장료는 조조와 마피(지금 하북성 겹현 동쪽)에서 회동했는데 조조는 친히 연輦(수레)을 타고 마중 나와 그를 위로하며 맞이하였다.

관우 토벌 후 동오와 조위의 관계가 완화되어 장료는 진군(지금 하남성 회양현)에 주둔케 되었다. 그 후 조비가 왕위에 오르자 장료를 중용하면서 전장군으로 임명하였다. 아울러 '장료에게 비단 1,000필과 곡식 1만 곡[7]을 하사했다.'《본전/배주, 위서》 또 영지를 나누어 그의 형 장범과 아들 중 한 명을 열후로 봉하였다. 손권이 다시 반기를 들자, 장료를 보내 합비성에 주둔하도록 했고, 장료의 작위를 높여 도향후로 하였다. 황초 원년(220년) 조비가 황제가 되어 장료를 진양후로 봉하고

---

7) 곡斛은 고대의 용량을 재는 단위로, 후한 시기 1곡斛은 10두斗이며 1두는 10승升이다. 1곡은 오늘날의 20,000ml, 즉 20l이다.

식읍 1,000호를 늘리니, 이전과 합쳐 2,600호가 되었다.

황초 2년(221년) 장료가 낙양의 궁궐에 입조했는데 조비는 건시전에서 그를 인견하고, 친히 오나라 군대를 무찌를 때의 전황을 물었다. 조비는 장료의 말을 듣고는 감탄하여 좌우 사람들에게 "그대 또한 고대의 소호[8]와 같은 용장이로다."(본전)라 하였다. 장료를 위해 저택을 지어 주었고, 특별히 그의 모친을 위해 전각을 마련하기 시작하였으며, 장료를 따라 오나라 군대를 무찌른 병사들은 모두 호분랑에 임명하였다. 손권이 다시 신하라고 스스로 칭했다.

장료가 군사를 돌려 옹구(지금 하남성 기현)에 주둔했는데 병에 걸렸다. 이에 조비는 시중 유엽을 시켜 태의로 하여금 그의 병을 치료케 했으며 근위병들이 그 병의 차도를 물어 길에서 연락이 끊이지 않았다. 병세에 차도가 없자 조비는 장료를 행재소[9]로 데려오게 했고, 황제가 친히 그의 손을 잡고 황제가 입는 옷을 하사하였으며, 태관들은 매일 황제가 드는 음식을 보냈다. 장료는 병세가 조금 차도가 있자 주둔지로 복귀하게 된다.

황초 3년(222년) 손권이 다시 반기를 들자, 조비는 장료를 보내 조휴와 배를 타고 해릉(지금 강소성 태주시 해릉구)에 가서 장강에 나아가게 하였다. 당시 장료는 중병을 앓고 있었으나 손권은 장료를 심히 두려워하여 장수들에게 "장료가 비록 병중이지만, 그의 용맹함을 당할 자가 없으니 조심하오!"(본전)라고 말하였다. 과연 장료와 다른 장수들은 동오의 장수 여범을 비롯해서 여러 장수들을 격파하였다.

---

8) 소호召虎는 시호가 목穆이라서 '소목공'이라 호칭한다. 당시 주周 여왕厲王의 폭정에 내란이 일어났는데, 소목공은 태자를 자기 집에 숨겨 두고 자신의 아들을 태자로 내보내 죽게 하였다. 주 여왕이 죽은 뒤 태자가 즉위하니, 이가 주 선왕宣王이다. 소목공은 특히 군사에 유능하여 7천 군사를 거느리고 남방의 4만 명의 회이淮夷를 물리치는 등 큰 공을 세우고 방숙方叔과 함께 중흥의 시대를 이끄는데 기여했다.

9) 행재소行在所는 임금이 왕궁을 멀리 떠나 거동할 때에 임시로 머무르는 곳이다.

전쟁이 끝난 후 얼마 되지 않아 장료는 병이 중해 강도(당시 광릉군의 속현, 지금 강소성 양주시 관할 강도시)에서 54세를 일기로 죽었는데, 조비는 그를 위해 눈물을 흘렸다. 시호를 강후라 하였으며 그 아들 장호가 작위를 이었다.

황초 6년(225년) 조비는 장료, 이전 등이 합비에서 적을 격파한 공적을 추념하면서 조서를 내렸다. "합비의 전역戰役에서 장료와 이전은 보병 800명을 인솔하여 10만 적군을 무찔렀으니 예부터 용병에서 이것을 뛰어넘는 경우는 없었다. 그리하여 지금까지도 적의 기세를 잃게 만들었으니 나라의 수호자라고 할 수 있다. 장료와 이전의 식읍 가운데 각기 100호를 나눠 각 그 아들 중 하나에게 관내후의 작위를 내리라."(본전) 하였다. 아들 장호는 편장군이 되었으나 일찍 죽었으며 그 아들 장통이 작위를 계승했다.

'장부 자기 알아주는 사람 위해 목숨 바친다'는 행보로 성공한 기량 02

장료는 조조의 장수들 중 비교적 뒤늦게 조조 휘하에 합류한 데다 패전한 후에 발탁된 항장降將 출신이다. 그런데도 그가 다른 위나라 쟁쟁한 장수들을 제치고 조조와 조비 양대에 걸쳐 주군의 깊은 신뢰를 받으며, 대표적인 장수로서 수많은 전역戰役에서 뛰어난 활약을 펼쳤다는 것은 결코 쉬운 일이 아니었다.

위나라의 명장을 손꼽으라고 한다면 상당수가 주저 없이 장료를 꼽는 배경에는, 그가 위나라의 다른 장수들과는 달리 유독 《삼국지연의》에서 평가절상이 이뤄진 데에도 기인할 것이다. 더욱이 후세 민간 사이에서 무신으로 추앙받게 된 촉장 관우와의 격의 없는 친교는, 장료의 명성을 한층 강화시키게 되었다고 하겠다.

자신에 대한 자부심이 매우 강해 웬만한 인물이 아니고서는 머리를 수그리지 않는 관우가 유독 장료에 대해서 호감을 갖게 되는 《삼국지연의》에 나타난 장료의 모습은, 장수로서의 또 다른 매력적인 면모를 잘 드러내준다.

관운장은 성 위에서 굽어보며 묻는다. "귀공은 거동과 풍채가 비범하거늘, 어째서 도둑놈에게 몸을 맡기고 있소?" 장료는 고개

를 숙이며 대답을 못한다. 관운장은 마음속으로 '저 사람에게는 충의의 기상이 있구나!' 짐작하고 더 이상 꾸짖지도, 나가서 싸우지도 않았다. 장료는 군사를 거느리고 동쪽 성문으로 물러갔다. 《삼국지연의 제18회》

《삼국지연의》에서 관우와 장료의 첫 대면은 서로 창칼을 겨누며 공방전을 벌이는 상황에서 이뤄진다. 당시 소패에 머물러 있던 유비는 조조와 밀서를 주고받으며 여포를 도모하고자 했으나, 이것이 발각되어 여포의 공격을 받게 되었다. 유비는 조조에게 구원을 청하는 동시에 농성전(성문을 굳게 닫고 지킴)을 펼치게 된다. 이 시기의 장료는 소패성의 한쪽 성문을 공격하는 중이었는데 마침 그 성문을 지키는 장수는 관우였다. 관우는 장료의 풍모를 보고는 비범하다고 느껴 그를 남다른 인물이라 여겼기에, 왜 여포와 같은 존재를 섬기느냐며 장료를 은근히 힐책하였다. 장료는 고개를 숙이고는 아무 말도 못 하며 부끄러워하는 모습을 보이니, 관우는 장료가 충의로운 기상을 지닌 사람이라 짐작한다. 이윽고 장료는 군사를 거느리고 다른 성문으로 물러가면서 이들의 첫 대면은 이렇게 끝난다.

이후 조조의 대대적인 공략으로 인해 여포가 조조에게 사로잡히게끔 되자, 여포는 자신을 기용해 달라며 조조에게 목숨을 구걸한다. 반면에 장료는 죽음에 임박한 사람치고는 매우 의연한 모습을 보여준다.

조조는 장료를 손가락으로 가리킨다. "저자는 어디선가 본 듯한 얼굴이구나!" 장료가 되묻는다. "지난날 복양성 안에서 서로 봤는데 그새 잊었느냐." 조조는 껄껄 웃는다. "오오, 네가 바로 그 당시 일을 기억하는구나." 장료는 말한다. "지금 생각해도 아까운 일이다." 조조가 묻는다. "아깝다니? 무엇이 아깝단 말이냐?" "그때 불길이 좀 더 세었더라면, 역적인 너를 태워 죽일 수 있었는데, 참으로 아깝단 말이다." 조조는 분이 치밀어 오른다. "싸움에 패한 장수가 어찌 감히 나를 욕하느냐." 《삼국지연의 제19회》

조조가 칼을 들어 장료를 죽이려는데, 뒤에서 팔을 붙든 사람은 유현덕이요, 앞을 가로막고 무릎을 꿇은 사람은 관운장이었다. 유현덕이 말린다. "이렇듯 지극한 사람은 마땅히 살려서 써야 하오." 관운장도 잇달아 청하면서 "나는 장료가 충의 있는 인물이란 것을 평소부터 잘 아오. 바라건대 그를 살려주시오." 조조는 검을 던지고 웃으면서 "나 또한 문원이 충의롭다고 들어서 그를 희롱했을 뿐입니다."하고 친히 결박을 풀어주더니 자기 옷을 벗어 입혀준 뒤에 윗자리에 앉히었다. 《삼국지연의 제20회》

여포가 패망하자 조조는, 전후처리 과정에서 애초에 투항을 한 후성, 송헌, 위속 등과 같은 몇몇 장수들을 제외하고는, 대부분 참형에 처했다. 여포에 대해서는 그의 용맹에 미련이 있어 잠깐 망설이기는 하였으나, 그 역시 죽음을 피해갈 수는 없었다. 이때 장료 또한 죽음에 처할 위기에 있었지만, 유비의 만류는 물론 관우까지 이에 가세하여 장료를 살려줄 것과 그를 기용하기를 간곡히 청원함으로써, 장료는 구사일생으로 목숨을 부지하였을 뿐만 아니라 조조의 장수로 발탁되게 된다.

장료가 조조를 섬기게 되면서 그는 장수로서의 진면목을 제대로 발휘하게 되는데, 특히 합비전투에서의 활약은 사서와 《삼국지연의》에 잘 묘사되어 있듯이, 그를 손꼽히는 용기와 지략을 갖춘 장수로 이름나게 만드는 계기를 가져다주었다.

이렇듯 《삼국지연의》에서 충의의 기상을 보여주고 새로운 주군의 휘하에서 멋진 활약을 펼치는 장수로서 평가받는 장료의 모습과는 달리, 사서에서 그가 조조를 섬기기까지의 과정을 살펴보면 《삼국지연의》와는 상당히 다른 면모를 보여주고 있다. 이는 독자들에게 그가 복종하였다 배반하였다 하여, 그 태도가 한결같지 않은 '반복무상反覆無常'의 느낌을 지울 수 없게 만든다.

《삼국지연의》에서 장료가 여포 휘하의 장수로서 처음 등장하는 것과는 달리, 사서에서는 그는 정원의 부름에 응하여 그의 휘하에 있다가 낙양으로 가서 하진의 명을 받는 입장이 되었고 하진이 죽자 동탁에게 병력을 이끌고 귀속하게 된다. 동탁이 죽은 후에는 병력을 이끌고 여포를 좇았다가, 여포가 패망하자 역시 무리를 이끌고 조조에게 항복하는 것으로 기록되어있다.

여기에서 여포는 물론 장료도 자신의 관직 진출에 발탁해 주었던 정원에 등을 돌린 인물들이다. 더욱이 여포가 복종하였다 배반하였다 하여 그 태도가 한결같지 않아 반복무상하다는 평가를 받게 된 이유도, 자신의 주군과도 같았던 정원과 동탁을 잇달아 적극적으로 배신했기 때문이다. 그런데 정작 장료의 이러한 행보에 대해서는 여포와 같은 악평이 내려지는 경우가 거의 없다. 장료는 첫째 주군과도 다름없었던 정원의 복수를 위해 동탁이나 여포에게 굳이 창칼을 겨누려고 하지 않았을 뿐만 아니라, 오히려 동탁을 섬겨 여포와 행보를 같이 했다. 나중에는 여포가 동탁을 죽이자 여포를 좇아 하비에서 여포가 패망할 때까지 여포의 휘하에 있었다. 만일 여포에게 내려진 반복무상의 평가가 주종의 의리를 다하지 않는 데에 대한 엄중한 질타였다면, 유독 장료에 대해서는 그처럼 관대한 데에 의문이 들지 않을 수 없다. 왜 장료에게는 여포처럼 반복무상의 평가가 내려지지 않았던 것일까? 단지 장료는 여포처럼 적극적으로 배신하는 행위를 하지 않았기 때문인 것일까? 바로 이 점은 사상 가치성향의 관점에서 그의 인물됨을 파악할 수 있는 매우 의미 있는 접근이다.

이러한 장료의 행위에 대한 사상 가치성향의 관점을 투영시킬만한 기준을 제시한다면, 아마도 《사기 자객열전》에서 그 준거를 찾을 수 있지 않을까 한다. 여기서 주종의 의리에 관하여 자신의 가치기준과 행동을 보여준 예양豫讓이란 인물이 등장한다. 그는 기원전 453년 그의 주인이었던 지백智伯이 조씨(조양자趙襄子)를 치다가 한씨와 위씨의 배신으로 몰락하자, 예양은 변장하면서까지 여러 차례에 걸쳐 조양자의 암살을 시도한다. 그러나 이는 끝내 실패로 끝나고 그 역시 체포되어 조사를 받은 뒤 풀려나게 된다. 이때 예양은 친구로부터 이전 주인이었던 범씨, 중행씨에 비해 유독 지씨에게만 주종의 의리를 내세우는 데에 대하여 질문을 받았다. 이에 대한 대답이 바로 '중인국사지론衆人國士之論[10]'이다. 이는 《논어》에서 언급된 공자의 군신지론君臣之論[11]과 함께 매우 의미 있는 논의이다. 예양에 따르면, 범씨와 중행씨는 그저 자신을 '여러 사람 중 하나'로 대한 데 비해, 지씨는 '국사國士'로 예우하여 존중하였기 때문에 주인의 은혜에 보답하는, 즉 보주報主의 의무가 있으며 여기에서 보주의 기준은 바로 예우인 것이다.

아마도 장료는 정원이나 동탁에게서 받은 예우를 '여러 사람 중 하나로 예우한 것'이라 여겼던 듯하다. 이 점 때문에 장료는 조조 이전에

---

10) 임금이 신하를 대할 때 보통사람을 대하듯 하면 신하도 임금에게 자신이 받은 대우만큼 할 것이며, 반대로 국사國士를 대하듯 한다면 신하도 그에 걸맞게 충성을 바친다는 것이다. 이와 관련한 의미는 《전국책》에서 '사위지기자사士爲知己者死(선비는 자기를 알아주는 자를 위해 목숨을 바치고) 여위열기자용女爲悅己者容(여자는 자신을 기쁘게 해주는 자를 위해 꾸민다)'이라는 문구를 통해 잘 드러내고 있다.

11) 이것은 《논어 팔일》에 나오는 '공자는 군신의 행사에 관한 정공定公의 물음에 '예禮'와 '충忠'이라는 기준을 제시한다.' 이후 순자荀子 역시 '충'을 세분화하여 이를 보강하였는데 그에 따르면, 덕으로써 군주를 감싸 안아 감화시키는 것을 대충大忠, 도덕으로써 군주의 행동을 조정하고 보좌하는 것을 차충次忠, 정의로써 군주의 잘못을 직간하다가 노여움을 사는 것을 하충下忠으로 구분하고 있다.

섬긴 사람들에게 보주의 의무를 갖지 않았던 것으로 생각해 볼 수 있다. 물론 여포가 28세의 장료를 노국상으로 둔 기록이 보이나, 여포가 장료와 비슷한 시기에 정원 휘하에 있었던 점을 감안한다면 장료는 여포를 주군으로 생각할 여지가 많지 않아 보인다. 더욱이 여포는 자신과 끝까지 함께했던 막료인 진궁의 말조차 받아들이지 않는 경우가 태반이었다. 또한 청렴결백한데다 뛰어난 용맹을 보여주어 언제나 적의 진영을 함락시키는 장수라고 함진영陷陣營이라 불리었던 고순을 철저하게 부리기만 할 뿐 중용하지 않았다. 이러한 경우들에서 볼 때 장료 역시 여포에게서 그들과 별반 다른 예우를 받았을 것이라 생각하기 어렵다.

《삼국지연의》에서 장료가 유가적 관점에서 충의의 인물로 묘사되는 것과는 매우 다르게 실제 그는 여포 휘하에 있었다 하나, 여포 패망 후 조조에게 쉽게 귀부함은 물론 그 이후 장수로서 남다른 활약을 펼치게 된다. 장료가 이와 같은 행보를 펼칠 수 있었던 것은 아무래도 '장부는 자기를 알아주는 사람을 위해 목숨을 바친다'는 '중인국사지론'의 사상가치성향, 바로 이를 실현하고자 하는 맥락에서 그의 모습을 이해할 수 있는 실마리가 찾아질 수 있지 않을까 여겨진다.

용기 있고 냉철한 성격으로 합비전투를 승리로 이끈 무공

03

장료는 최초 정원을 섬긴 데 이어 여포, 그리고 조조에 이르기까지 여러 차례 주군을 바꾸어 섬긴 인물이다. 이런 모습은 일면 반복무상한 태도로 보일 수도 있으나, 그보다는 당시의 시대적 가치기준이나 경향에 치우치지 않고 자신의 주관적 반응과 판단에 따라 주군을 선택하는 태도를 고수했다고 볼 수 있다.

특히 장료는 조조 휘하에 귀부한 뒤 다른 사람들이 어렵다고 생각했던 일들을 자신의 판단과 의지에 근거하여 밀어붙여 끝내 큰 전공을 세우는 모습을 많이 보이고 있다. 장료는 관도대전의 분위기가 조조에게로 기운 후 조조를 수행하여 원상을 토벌하던 중 갑작스럽게 적(오환족)과 조우하게 되었다. 이 경우 전열을 정비하고 대책을 준비하는 것이 통상적이라 할 수 있겠으나, 장료는 기백 있게 싸울 것을 조조에게 권하였다. 이를 대단하게 여긴 조조는 전쟁 중 지휘권의 상징이라 할 수 있는 대장기를 장료에게 줌으로써, 그에 대한 신뢰를 표현하기도 하였다.

진란, 매성 등이 여강에서 반란을 일으키자 조조는 장료 등을 보내 이들을 토벌하게 하니 진란, 매성 등은 여강 경내의 천주산으로 피신하였는데, 많은 사람들은 천주산이 지리적으로 험하다는 점을 들어 깊이 들어가기 힘들다고 여겼으나, 장료는 강공을 통해 이길 수 있음을 주장하였고 결국 반란을 진압하였다.

이런 모습에서 장료는 당시의 사상 가치성향에 얽매이지 않고 자신의 판단에 의하여 주군을 선택했고, 여러 전투에서도 자신의 주관적 판단에 근거하여 행동했던 면에서 스스로의 주관에 따라 행동하는 경향이 강한 내향형의 특성을 지니고 있다고 여겨진다. 한편으로 장료는 그를 일세의 명장으로 자리 잡게 한 합비전투 이외에도 여러 상황에서 상당히 감각적인 대응을 보여준 바 있다.

먼저 관도대전 후 반란군의 장수 창희를 공격할 때 창희의 거센 방어에 막혀 평정하지 못하고 장수들은 돌아가려 하였으나, 장료는 창희의 속내를 감각적으로 알아내고 창희를 직접 찾아가 만나 조조에게 투항을 권하여 반란을 평정하였다. 또한 관우가 조조에게 의탁하고 있던 시절, 조조는 관우를 자신의 휘하에 두고자 관우와 친하게 지냈던 장료를 보내 관우의 의중을 떠보게 하였는데, 관우의 유비를 향한 굳은 뜻을 알게 된 장료는 그가 공을 세워 보답한 후에 떠날 것을 감각적으로 예견하기도 하였다.

이런 사례들에서 장료는 수많은 전투를 치르면서 얻어진 경험을 바탕으로 자신의 주관적 판단으로 가장 감각적으로 뛰어난 결정을 하는 내향적 감각에 가까운 특성을 보이고 있다.

이상을 토대로 보았을 때 장료를 성격유형으로 그 인물형을 논한다면, 내향적 감각형이라 평할 수 있다. 내향적 감각형의 특징은 첫째로 자신의 행동이 외부의 자극이나 객체의 현실에 의지하지 않고 자신의 주관적인 반응을 중시하는 유형이며, 둘째로 정치적 감각이 뛰어나서 자신에 유익한 상황을 잘 선택하게 되는 점을 들 수 있다.

1. 주군을 갈아타며 자기를 알아주는 자를 위해 죽겠다는 주관적 반응 중시·10만 군을 8백 결사대로 선공격 적의 예봉 꺾고 굳게 수비하는, 유리한 상황 감각적 선택 그의 특징 크게 발현돼

이 내향적 감각형의 특징을 장료에게 적용시켜 보면, 이는 장료가 조조를 섬기기 전까지의 과정에서 그 성격유형에 연관되는 특징 중 첫째 내용이 잘 드러난다 할 수 있다.

> 장료는 본래 섭일[12]의 후예로 원한을 피하고자 성姓을 바꾸었다. 젊어서 군리[13]가 되었다. (본전)

---

12) 섭일聶壹은 안문군 마읍현의 호족으로 그의 이름은《사기 한장유열전》에서 보인다. 황제로 즉위한 한 무제는 흉노를 응징하고자 하였으나 어사대부 한안국의 반대에 부딪혀 고민에 빠졌다. 이때 강경파였던 왕회는 흉노로 하여금 한漢을 치게 하여 이를 맞아들여 싸우는 방법을 쓰자는 계책을 진언한다. 왕회는 은밀히 마읍현 안에 30만 군사를 복병시킨 후 안문군의 호족 섭일로 하여금 흉노를 유인하게 하였고 섭일은 죄수의 목을 성벽에 높이 매달아 성내의 반란이 성공한 것처럼 가장하였다. 밀정密偵은 성벽에 매달은 목이 마읍의 현령과 관리들임을 알고 흉노의 우두머리였던 선우에게 성공했다고 연락하였고 선우는 즉시 10만의 기병을 거느리고 마읍 공격에 나섰다. 그런데 흉노가 장성을 넘어 약탈을 자행하면서 마읍을 향해 내려오는데, 소, 말, 양 떼들이 초원 가득히 방목되어 있어도 사람의 그림자는 한 사람도 보이지 않자 선우는 의아한 생각이 들어 장성 가까이 잇는 봉화대를 급습하고 봉화대 책임자를 심문하여 마읍 안에 30만 한나라 군이 숨어 있다는 사실을 알게 된다. 선우는 마읍 공격에 나섰던 10만의 기병을 모두 철수시킴으로써 한나라의 복병 계획은 완전히 실패로 돌아가고 30만의 한나라군은 맥이 빠져 버렸다. 이후 왕회는 작전 실패의 책임을 묻게 되어 참형에 처해졌다.

13) 장문걸張文杰에 따르면,《장사주마루삼국오간長沙走馬樓三國吳簡》에 등장하는 '리吏'는 제도상에서 품계와 녹봉, 인원수가 규정된 관부 배속의 관헌이 아니라 일종의 요역 성격을 띤 것으로 빈궁하고 낮은 신분의 경우가 대부분이며 지위도 낮았다고 분석하고 있다. 그래서 하인을 뜻하는 '동僮'과 함께 언급된다고 설명하고 있다. 따라서 군리나 현리 등은 각 기구에서 각종 요역을 위해 자연스럽게 형성된 것으로 신분이 매우 비천하며, 사적에 기록된 이들 대부분이 중역을 감당할 수 없는 반도叛徒의 자식들인 경우도 있다고 지적한다. 이 죽간은 오吳 시대의 것이라 후한과 반드시 일치한다고 할 수 없겠으나, 위魏에 비해 촉蜀과 오吳가 상대적으로 옛 제도를 탁용한 점을 보면 분명 특성상 유사점이 있을 것이라 볼 여지가 크다.

장료의 본래 성은 섭씨로 그의 조상 섭일은 사마천의 《사기》에 등장한다. 전한 시대에 섭일이 안문군의 호족이라고 기록되어있는 것으로 보아 장료 역시 호족 가문 출신의 자제로 봄이 마땅하다. 다만 여기서 이해할 수 없는 점은, 장료가 정원의 밑으로 들어가 종사가 되기 전에 먼저 군리郡吏로서 관직에 첫발을 디뎠다는 사실이다.

당시 시대적 상황으로 볼 때 군현의 호족 출신 자제들은 군현의 지방장관인 태수, 도위, 현령 등의 벽소에 의해 요속僚屬으로 기용되었던 것이 주류적 경향이었다.[14] 그런데 군리는 소리[15]에 해당하는 미관말직으로, 특별한 이유[16]가 있지 않고서야 호족 출신인 장료가 이러한 관직생활을 했던 것은 그리 이해하기 쉽지는 않은 부분이다. 중국사회는 인적 네트워크가 예로부터 혈연과 지연에 입각한 바가 상당히 컸던 면을 상기해 본다면, 후한 삼국시대에도 이러한 특색이 더욱 만연했던 경향에서 다름 아니었다.

장료가 고향에서 자신의 자산과도 같은 가문배경에 따른 이익을 누릴 수 없었던 데에 어떠한 연유가 있었는지 분명하지 않다. 하지만 이후 미관말직으로 관직의 첫출발을 한 장료가 자신의 무예를 바탕으로

14) 이 부분에 관해 《송서 은행전》 서문序文에서는 한대漢代의 상황에 대해 '군현의 연사掾史는 모두 호가豪家에서 나온다'라고 기술하고 있다. 이는 한나라 시기의 지방 속관 대부분은 호족 출신의 자제들이 장악하고 있는 실태를 여실히 드러낸다.

15) 호족가문의 자제들이 맡았던 관직인 오관연, 병마연, 주부, 공조사, 제조연사 등은 장리長吏라 하여 녹질이 2백 석 이상이었고 이 자리는 사족士族 출신 신분이 주로 취임한 반면에 소리小吏는 녹질이 1백 석 이하의 관직을 의미하는데 이 자리는 주로 서인이 취임했다.

16) 《후한서 공손찬전》에 보면 공손찬은 대대로 이천 석의 관리를 배출한 가문 출신의 자제였으나 그의 모친의 신분이 비천하였기 때문에 군서좌郡書佐라는 낮은 직급으로 관직생활을 시작하였다. 반면에 원소 역시 모친의 출신이 시비侍婢였던 관계로 그 신분이 비천하였음에도 불구하고 원소는 백부의 양자로 입적하여 가문의 적장자 지위를 계승하였기에 공손찬과는 다른 상황에 있었다. 이리하여 원소가 고관대작의 출발점인 '낭관'이라는 엘리트 코스를 밟을 수 있었던 것도 원소가 가문의 영향력에 따른 혜택을 제대로 누린 것이라 할 수 있다.

주州의 장관인 자사의 속관으로 기용되는 사실을 본다면, 그는 외부의 자극이나 현실 등에 의지하기보다는 그저 자신의 주관성에 의지하는 바가 컸다는 것을 잘 드러내 준다고 하겠다. 장료가 남다른 용맹스러운 힘을 갖고 있었기에 이 점을 높이 산 병주자사 정원이 장료를 자신의 속관으로 기용한 것처럼, 병주에서 용맹스럽다는 명망을 떨친 여포 역시 장료와 같은 이유로 정원의 속관으로 기용되었다.

그러나 동탁의 꼬임에 넘어간 여포는 정원을 살해하고는 동탁의 휘하에 들어갔다. 이러한 일은 장료가 하북으로 모병을 하러 간 사이에 벌어졌던 일로 졸지에 장료는 자신의 주군[17]을 잃게 되는 상황을 당하게 된지라, 장료 본인 역시 자신의 거취를 명확히 정할 필요가 있었다. 당시 장료가 이끌던 병력이 소규모였기 때문에 군웅으로 자립하는 것은 현실적으로 무리인 것을 감안한다면, 아무래도 동탁을 대적할 인물을 찾아 그에게 의탁하는 것이 가장 일반적이고 합리적인 선택일 수 있었다.

그러나 장료는 뜻밖에도 자신의 주군을 죽게 만든 원흉인 동탁에게 오히려 병사를 이끌고 귀속하여, 동탁을 주군으로 삼는 태도를 취한다. 이러한 어쩔 수 없는 선택을 한 장료에게서 주군의 복수를 도모하려는 모종의 활동을 기대할 수도 있을 법하다, 그러나 장료는 그런 기대를 충족시켜 줄 어떠한 활동을 행한 바가 없었고, 오히려 동탁이 여포에게 죽게 된 시점부터는 여포를 주군으로 삼는다. 여포가 이각의 무리에게 패주하자 장료 역시 여포를 좇아 방랑군의 생활을 하게 된

17) 당시 사회에서 어떠한 인물이 지방장관의 초모招募에 응해 속관이 되면 이들의 관계는 마치 군신, 주종의 연을 맺는 기풍과도 같았다. 이후 지방장관과 속관이 각자 근무지는 물론 지위가 달라지더라도 양자의 인연의 끈은 끊어지지 않았고 과거의 속관이었던 자는 지난날의 지방장관이 자신에게 베풀어주었던 은의恩義를 갚고자 하였는데, 특히 지방장관의 자제를 조정에 천거하거나 자신의 속관으로 발탁하는 등의 행위가 바로 이러한 경우에 해당한다고 볼 수 있다. 이러한 정의情誼에 입각한 관계에서 출발한 것이 바로 '고리故吏'이다.

다. 여포가 패망하던 순간까지 계속 그 휘하에 있다가 종국에 이르러, 여포를 멸한 장본인인 조조에게 항복하여 기꺼이 그를 주군으로 섬기게 된다. 후한 예교사회의 가치기준으로 본다면, 장료의 행동은 충의에 위배됨은 물론 순전히 사사로운 이익을 추구하는 행위로 비칠 뿐 다른 여지는 없었다. 다른 선택을 취할 수 있음에도 불구하고 적극적으로 귀속과 항복 등을 반복했던 것을 보면, 장료는 자신만의 관점으로 행보를 취하였고 이는 자신의 외부 영향에 대한 자신만의 주관적 반응에 의했다고 볼 수 있다.

또한 이러한 처신을 통해 장료가 계속 자신을 온전히 보존할 수 있었던 것을 생각해 본다면, 이는 그의 성격유형에 부합되는 특징 중 둘째 내용인 정치적 감각이 뛰어나서 자신에 유익한 상황을 잘 선택하는 것과 잘 연관이 된다고도 볼 수 있다. 이와 관련하여 《삼국지연의》의 내용을 살펴본다면, 적벽대전 이후 합비에서 동오와 대치하고 있었던 장료가 조조의 명을 받들어 손권을 공격하여 대승을 거둔 이후 상황에서도, 그의 성격유형과 부합되는 특징을 살펴볼 수 있다.

그날 밤에 싸움에 이긴 장료는 합비성으로 돌아와서 군사들의 수고를 위로한 뒤, "갑옷을 벗지 말고, 잠도 자지 말라."하고 영을 내렸다. 좌우 사람들이 의아해서 묻는다. "오늘 우리는 이겼고 동오의 군사들은 멀리 달아났는데, 장군은 어째서 갑옷도 벗지 말고 잠도 자지 말라는 명령을 내리시오?" 장료가 대답한다. "그런 게 아니라 장수는 이겨도 기뻐하지 말고 져도 슬퍼하지 않아야 한다. 만일 우리가 안심하고 방비하지 않는 틈을 타서 동오의 군사가 들어온다면 뭘로 막을 테냐. 오늘 방비는 평소보다 더 강화해야 한다." 장료의 말이 끝나기도 전이었다. 영채 뒤에서 불길이 치솟으면서 "반란이 일어났다." 외치는 소리가 여기저기서 일어나고, 급한 사태를 보고하러 들어오는 자가 잇달았다. 장료는 장막에서 나와 말을 타고 평소 수하에 따르는 장교 10여 명을 불러 거느렸다. 좌우에서 고한다. "함성이 매우 급하니 가보십시다." 장료가 대답한다. "이 성안의 모든 사람이 어찌 다 반란했으리요. 반역한 자가 일부러 군사들을 충동하는 수작이니, 날뛰는 자부터 먼저 참하라." 얼마 지나지 않아서 이전이 과정[18]과 마구간지기를 잡아왔다. 장료는 두 사람을 심문하고, 그 자리에서 참했다. 성밖에서는 북소리와 징소리와 함성이 크게 일어난다. 장료가 명령을 내린다. "저건 동오의 군사가 밖에 와서 후원하는 것이니, 그들의 계책을 이용해서 사로잡으리라." 이에 성문을 열어준 뒤에 새로이 불을 질러 불길을 올리고, 모든 군사는 반란한 것처럼 외치며 조교를 내려줬다. 《삼국지연의 제53회》

손권은 합비에서 장료에게 대파당한 이후에 태사자의 헌책에 따라 과정이란 그의 부하를 성안으로 섞여 들어가게 하여, 야밤을 틈타 장료의 진영 내부의 혼란을 유발토록 획책하였다. 장료는 손권에게 대승을 거두었음에도 이를 자축하지 않고 오히려 부하들에게 손권의 습격을 염려하여, 갑옷도 벗지 말고 잠도 자지 말 것을 지시한다. 많은 사람들이 장료의 지시에 의문을 품지만, '장수는 이겨도 기뻐하지 말고 져도 슬퍼하지 말아야 한다'는 말과 함께 방비에 엄히 신경 써야 함을 일깨운다. 그의 말이 채 끝나기도 전에 과정과 그의 일당이 합비성 내부의 곳곳에 불을 지르며 반란이 일어났다고 선동을 하기 시작했고, 성 내부의 많은 사람들은 이에 안절부절못하는 모습을 보인다.

---

18) 과정戈定은 동오의 장수 태사자太史慈의 부하로 합비성에 태사자의 명을 받고 섞여 들어가 있으면서 조위의 장수 장료 수하에서 말을 맡아 기르는 후조後槽와 의형제를 맺은 사이가 되었다. 손권이 합비를 공격할 때, 야밤을 틈타 적진에 혼란을 조성하다가 장료에게 사로잡혀 처형당한다. 《삼국지연의 제53회》

반면에 장료는 신중히 사태를 관망하고는 침착하게 대응하여 내부 혼란을 조기에 진압하는 것은 물론, 성 밖에서 들려오는 북과 징 소리, 함성 등을 통해 적군이 성 밖에서 성안에서 벌어진 장시간의 혼란을 부추기고 후원코자 하는 것임을 간파한다. 이를 역이용한 장료의 계략에 휘말린 손권군은 결국 또다시 큰 피해를 입고 패퇴를 하게 된다. 이처럼 장료가 적이 노린 계책에도 흔들리지 않고 침착하게 사태를 파악하여 급한 혼란을 해결한 뒤 자신이 어려움에 처했던 상황을 역이용하여 적에게 타격을 주는 《삼국지연의》의 묘사는, 그야말로 장료의 성격유형과 연관되는 유리한 상황 잘 선택하는 특징을 잘 보여주는 대목이라 할 수 있다.

다음으로 내향적 감각형의 인물형이 보여줄 수 있는 장점은, 뛰어난 감각으로 유리한 상황을 잘 파악하고 이를 활용할 줄 아는 능력이 있는 것이라 할 수 있다. 이는 그 성격유형과 관련되는 특징 중 하나인 정치적 감각이 뛰어나서 자신에 유익한 상황을 잘 선택하는 점과 직접적인 연계가 된다고 할 수 있다.

2. 손권 10만 포위군 농성으로 방어 역부족 800 결사대로 선공 예봉 꺾어·장사현 주둔군 야밤 반란 비가담자 앉아 있으라며 평정, 뛰어난 감각의 촉수 지닌 그의 장점 그의 특징과 잘 연계 발현돼

이 성격유형의 장점을 장료에게 적용시켜 보면, 앞서 언급한 바와 같이 《삼국지연의》에서 묘사된 합비성 내부에서 발생한 일대 소란을 잠재우는 대목과 매우 흡사한 사서에 나오는 활약의 면모를 제일 먼저 손꼽을 수 있다.

당시 형주가 아직 평정되지 않았으므로, 다시 장료를 보내 장사현[19]에 주둔하게 했다. 대군이 막 출발하려고 할 때 군중軍中에서

모반을 꾀하는 자가 있어 밤중에 난을 일으키고 불을 지르자 일군이 모두 동요했다. 장료가 좌우 병사들에게 말했다, "함부로 움직이지 마라. 이는 한 군영 전체가 모반한 것이 아니라 필시 변고를 꾀하는 자가 있어 인심을 혼란스럽게 하려는 것이다." 그리고 군중에 영을 내려 모반에 가담하지 않은 자는 조용히 앉아 있으라 했다. 장료는 직접 병사 수십 명을 이끌고 군영 중앙으로 들어가 서 있었다. 그 얼마 지나지 않아 난이 평정되었고 모반의 주모자를 붙잡아 목을 베어 죽였다. (본전)

형주가 평정되기 전에 벌어진 이 사건은, 대략 조조가 남하를 개시했던 건안 13년인 208년경일 것이다. 당시 장료가 머문 곳이 예주 영천군이었던 점을 감안하면, 아마도 장료 역시 형주 정벌에 참여해 조조를 호종할 계획이었던 것으로 보인다. 더욱이 전투 참여 직전에 장료를 미리 영천군으로 보냈다는 것은 그가 선봉의 일원이었을 가능성도 있다. 장료가 스스로에게 주어진 임무를 미처 수행하기도 전에 자신이 거느린 부대 내부에서 반란이 일어나자, 장료는 이러한 사태에 대해 침착한 판단과 신속한 대응을 보여준다. 일대 소동이 발발한 데에 대해 주모자는 군영 전체가 아니라 소수의 몇몇뿐이라고 판단한 장료는, 재빨리 반란에 가담치 않은 자들은 앉아 있으라고 명령을 내리고 다수의 동요를 조기에 막아냄은 물론 사건의 주모자를 잡아들여 참살한다. 마치 《삼국지연의》의 한 장면과 매우 흡사한 이 기록에서 장료가 스스로의 뛰어난 상황판단 능력을 바탕으로 위기에 적절히 대응을 함으로써, 상황을 자신에게 유리하게 이끌어가는 면모를 잘 보여주고 있다 하겠다.

---

19) 장사현長社縣은 영천군의 속현으로 지금 하남성 허창시 관할 장갈시長葛市이다.

여기에 그치지 않고 장료가 보여준 다음과 같은 합비전투에서의 경우는, 그의 성격유형에 연관되는 장점을 제대로 발현한 대표적 사례로 가장 적절할 것이다.

장료가 대답한다. "주공께서 먼 곳을 치러 가고 안 계시기 때문에 오의 군사는 이 기회에 우리를 격파할 수 있다고 믿을 것이오. 그러니 우리도 군사를 거느리고 나가서 힘껏 싸워 그들의 날카로운 기상을 꺾어 인심을 안정시킨 후에 성을 지켜야 하오." 그러나 이전은 평소 장료와 사이가 좋지 않았기 때문에, 듣고도 못 들은 척했다. 악진은 이전이 대답하지 않는 것을 보고 말한다. "적군은 많고 우리 군사는 적으니, 대적하기 어렵소. 차라리 굳게 지킵시다." "두 분은 개인감정만 말할 뿐 공사를 돌보지 않는구려. 그렇다면 나 혼자 나가서 죽음을 각오하고 적군과 싸워 결판을 내겠소."하고 장료는 군사들에게 말을 대령하라 분부한다. 그제야 이전이 벌떡 일어선다. "장군이 그처럼 말씀하시니 내 어찌 개인감정으로 공사를 모르는 체하리오. 바라건대 지휘하는 대로 따르겠소!" 장료가 크게 반긴다. "이장군이 나를 기꺼이 돕겠다니 고맙소. 내일 일지군을 거느리고 소요진 북쪽에 가서 매복하고 있다가, 적군이 쳐들어오거든 먼저 소사교 다리를 끊어버리시오. 나는 악문겸樂文謙(악진)과 함께 적군을 무찌르겠소." 《삼국지연의 제67회》

《삼국지연의》에서 다루고 있는 합비전투에 대한 상황은 대체로 사서의 기록과 일치하고 있는데, 이때 손권군의 병력이 10만이었던 데에 비해 합비를 지키고 있었던 장졸은 대략 7천 정도로 대략 열 배 이상의 차이가 났었다.

조조는 한중의 장로 원정을 떠나면서, 호군 설제에게 겉면에 '적이 쳐들어오면 바로 열어보아라.'라고 쓰인 상장(函)을 보냈다. 과연 얼마 지나지 않아, 건안 20년(215년) 손권이 10만 대군을 거느리고 하비를 포위하자, 여러 장수들이 함께 상자를 열었는데 상자 안의 교서에는 '만약 손권이 침입할 경우 장료와 이전장군은 나가 싸우고, 악진장군은 성을 지키며, 호군 설제는 싸움에 참가하지 말라.'(본전)고 하였다. 그러나 여러 장수가 그 뜻을 잘 파악하지 못해 의아해했다. 이에 장료만이 '조공(조조)께서 적을 공격하여 예봉을 꺾어 놓고 군사를 안심시킨 뒤에 굳게 수비하라는 것(본전)'이라 하니, 평소 화목하지 못했던 이전 그리고 악진도 합류하였다.

이에 장료는 용사 800명을 모아 적진으로 쳐들어가 적 수십 명을 죽이고 장수 두 명을 목을 베는가 하면 새벽부터 정오까지 좌충우돌하여 적진을 헤집고 나오자, 오나라 병사들은 전의를 상실하였다. 장료는 점차 병사를 줄여 합비성의 수비를 공고히 했는데 오나라 군은 10여 일 동안 성을 포위했으나 공략할 수 없어 물러났다. 손권이 군사를 이끌고 퇴각하던 때에, 장료는 추격군을 이끌어 거의 손권을 사로잡을 뻔했다.

훗날 손권이 이릉대전 직후 조비와 싸우게 되었을 때, 중병이 든 장료가 해릉에 도달하여 강가에 주둔하고 있다는 소식에도 손권이 장수들에게 장료에 대한 경계의 말을 한 것을 보면, 합비전투에서 손권이 장료의 급습에 얼마나 크게 놀랐었는지를 짐작할 수 있게 한다. 《삼국지연의》에서도 이 한판 싸움에 강남 사람들은 어찌나 혼이 났던지, '요래래遼來來(장료가 온다)' 이 말 한마디면 우는 아이도 울음을 그쳤다고 묘사하고 있으니, 이로 장료의 위명은 멀리 오나라 사람들에게 두려움을 주기에 충분했다.

손성孫盛이 말했다. "무릇 전쟁은 실로 궤도詭道(속임수)이니, 기계奇計와 정계正計를 함께 써 서로 보완해야 하는 것이오. 만약 장군에게 명을 내려 출정하면 (장군이 탄 수레의) 바퀴를 밀면서 권한을 위임하겠소. 때로는 상산의 뱀처럼 머리와 꼬리가 상응하는 형세에 의지하고 때로는 안팎이 서로 지원하는 형세를 취하는데[20], 이때 여러 장수들이 불화한다면 군을 통솔하는 법도를 저버리는 것이오. 합비에서 수비하던 일을 보면 주변 현이 미약하여 구원군을 보내주지 않았으니 오로지 용맹 있는 자들에게만 맡겼으면 싸우려고 하여 우환을 만들었을 것이고, 겁쟁이들에게만 맡겼으면 두려워하는 마음으로 인해 지켜내지 못했을 것이오. 또한 적의 수는 많고 아군은 적었으니, (적군은) 필시 공적만 탐하고 태만한 마음을 품게 되었을 것이오. 신명을 다 바치는 병사들을 이끌고 공적만 탐하고 태만한 병사들을 공격하는 것이니, 정황상 반드시 (아군의) 승세일 것이오. (싸움에서) 이긴 후에 지킨다면 (그 수비가) 반드시 견고해질 것이오. 그렇기 때문에 위 무제(조조)는 적당한 인물을 선출하여 성격이 비슷한 자와 다른 자를 섞고, 그들에게 밀교密教를 내려 그들의 행동을 제약한 것이오. 사태가 생긴 후의 대응이 부절을 맞춘 듯이 딱 맞아떨어졌으니, 절묘하구려."
《본전/배송지 주》

20) '솔연然率'은 상산常山군에 있는 뱀의 이름이다. 설명에 따르면, 머리와 꼬리 중 한 곳을 공격하면 머리와 꼬리가 서로 응한다首尾相應고 한다. 그러므로 장사권형진長蛇捲形陣의 모태가 되기도 한다. '기각세掎角勢'는 '솔연지형率然之形'과 유사한데, 군을 둘로 나누어 협공하는 형세를 이루는 것이다. 《삼국지연의》에서 여포가 조조에 의해 하비에 포위되었을 때 진궁이 여포에게 권했던 방법으로, 외진外陣을 치면 성에서 내응하고 성을 치면 외응하여 협격하는 것이다. 이는 '기각지세掎角之勢'라고도 한다.

동진東晋의 역사가였던 손성이 합비전투에서 장료가 이렇게 성공할 수 있었던 배경을 극찬하면서, 이를 '솔연率然의 형세'에 비유했을 정도로 합비전투는 위나라 입장에서는 하나의 훌륭한 작품이었다. 많은 사람들이 조조의 교서에 의심을 품었으나 장료만은 조조의 뜻을 알아차리고 이에 따라 행한 것은, 그가 뛰어난 감각을 바탕으로 유리한 상황을 잘 파악하고 이를 활용할 줄 아는 능력이 있었기 때문에 가능했던 것이다. 일반적으로 10배 이상 차이가 나는 수적 열세를 감수하고 적을 공격하는 것은 섶을 지고 불 속에 뛰어드는 것과 같은 상황으로 간주될 수 있다. 그렇다고 해도 예봉이 날카로운 적의 대군에 포위된 채 농성전에만 의존하는 것이 최선의 방책이라고 볼 수도 없었다. 많은 이들이 혼란스러워하던 상황에서 장료는 적군의 예봉을 철저히 꺾은 후에 군심을 안정시켜 수비에 전념할 수 있도록 계기를 마련해주어, 조조가 원하는 바를 잘 실현시켰던 것이다. 이렇게 장료가 합비전투에서 거둔 쾌거는, 그의 성격유형에 부합되는 뛰어난 감각의 촉수를 지닌 장점이 잘 작용했기에 가능한 것이었다고 할 수 있다.

마지막으로 내향적 감각형과 관련된 단점은, 첫째로 소극적이며 상황 순응적이기 때문에 장기적이며 개혁적인 정책을 추진하지 못하는 것이고, 둘째로 구체적인 현실에 지나치게 얽매이는 특성이 있기 때문에 좀 더 멀리 내다보는 원시안적 안목이 요구된다는 것이라 할 수 있다.

3. 자신의 주군 죽인 자를 상대로 복수보다는 그대로 인정 주군으로 섬겨·일선 지휘관 정동장군을 제외하고는 조조 따라 종군으로 일관, 지극히 상황 순응적이라는 그의 단점 가려지지 않아

이 성격유형의 단점을 장료에게 적용시켜 보면, 장료에게서 가장 눈에 띄게 찾아볼 수 있는 부분은 그의 성격유형에 관련되는 단점 중 첫째 내용인 상황순응적인 경우를 꼽을 수 있는데, 이는 장료가 자신의 주군을 죽인 인물을 상대로 주군의 복수를 위해 어떠한 행동을 취하기보다는 그저 그를 그대로 인정하고 섬기는 자세를 통해서 잘 드러나고 있다. 장료는 충의에 입각한 행동을 취하기보다는 그저 자신의 유익한 상황을 따르며 자신을 보전하고자 했다는 점에서, 지극히 상황 순응적이라 볼 수 있다. 이러한 면으로 말미암아 그가 장기적이고 개혁적인 정책을 취할 리는 만무했고 설령 조조 휘하에서 빛을 발휘하게 된 순간이었던 합비전투에서 그가 드러낸 위력을 떨치는 명성의 배경도, 단기전에서 작동한 자신의 용기 있는 지략에 의지한 결과였을 뿐 그 이상 그 이하도 아니었다. 더욱이 그의 무장으로서의 삶이 합비를 책임지던 일선지휘관이었던 정동장군의 경우를 제외하고는 대부분 조조를 따라 종군으로 일관했음을 감안하면, 이는 그가 성격유형과 관련되는 단점을 극복할 기회를 얻기 어렵게 만드는 데 한몫했을 수밖에 없었을 것이다.

총체적으로 평가하건대 장료는 자신이 진정으로 섬길 주군을 만나기 전까지 당시대 사회에서 원하던 충성忠誠과 절의節義의 가치기준을 실천하는 모습을 뒤로한 채 자신의 안위를 고려하고자, 설령 상대가 자신이 섬기던 주군을 죽인 자일지라도 이를 개의치 않고 섬기기를 여러 번 반복한 인물이었다. 이러한 그의 행보는 외부의 자극이나 현실 여건에 의지하기보다는 순전히 자신의 주관적 반응을 중시한 결과였고, 이는 장료가 자신의 성격유형에 부합되는 특징을 여과 없이 잘 보여준 것이라 할 수 있다.

다만 그에게는 자신의 주관적인 반응을 막무가내로 중시하는 것이 아니라, 자신에게 유리할 수 있는 상황을 잘 파악하고 이를 잘 활용할 수 있는 능력이 있었다는 사실을 간과해서는 아니 될 것이다. 이러한 성격의 주된 면모가 있었기에 장료는 패전 후 발탁된 항장 출신이었음에도 불구하고, 조조와 조비, 양대에 걸쳐 조위정권에서 총애와 신뢰를 받는 대표적인 무장으로 높은 명성을 쌓을 수 있었던 것이다. 그는 용맹하면서도 무엇이 자신에게 더 유익할 것인가에 대한 상황판단이 뛰어나고 이에 대한 행동 능력이 출중했던 인물이었다. 합비전투에서의 위력을 떨친 명성은 결코 우연이 아니라, 그의 성격유형과 부합되는 장점이 효과적으로 잘 발현된 산물이었던 것이다.

무장 장료의 남은 논의

04

진수가 평하여 "위 무제(조조)가 혁혁한 무공을 세울 당시의 훌륭한 장수 중에서는 장료, 악진, 우금, 장합, 서황 이 다섯 인물이 가장 우수했다고 꼽아야 한다."라고 하였다.

건안 11년(206년) 조조는 헌제에게 상주하여 이 시기 장료, 우금于禁, 악진樂進을 3대 장수로 꼽아 세 사람의 공훈을 칭찬하였다.

"그들은 무예가 출중하고 계략을 두루 갖추었으며, 바탕이 충성스럽고 한결같으며 절개와 의리를 지키며, 매번 적군을 공격할 때마다 병사들을 지위하여 강성하고 견고한 적과 분투하며 싸웠습니다. 견고하더라도 함락시키지 못함이 없고 스스로 전쟁용 북을 가슴에 끌어안고 지칠 줄을 모릅니다. 또 별도의 군사로 원정할 경우 부대를 잘 통솔하여 정벌하게 하면, 군대를 지휘하여 많은 사람들의 마음을 어루만져 안정되게 하고, 명령을 존중하여 받들고 군기를 어기지 않고, 적을 만나면 과단성 있게 행동하는데 어떠한 실수도 없습니다. 그들의 공적을 논하여 기록하고 응당 각기 포상과 은총을 주어야 합니다."《삼국지 위서 악진전》

위의 사서《삼국지》뿐만 아니라《자치통감》나아가서《삼국지연의》

에 묘사된 면모까지를 통틀어 보아도, 삼국시기 위나라의 그 비갈이 많은 무장 가운데 가장 뛰어난 무장 한두 명을 든다면 장료를 내세우지 않을 수 없다.

장료는 젊었을 때 고향인 안문군의 소리小吏로 있었는데 병주자사 정원이 그의 무예와 힘이 뛰어나다는 것을 알고 종사로 발탁한다. 얼마 뒤 정원이 여포에게 죽임을 당하자 부득불 병사들을 이끌고 이른바 '장안정권'을 세운 동탁에게 귀의했다. 또 얼마 뒤 동탁마저 여포에게 척살당하는 사태가 빚어지자, 그는 다시 부하들을 이끌고 여포한테 귀의할 수밖에 없었다. 그의 이런 행보를 두고 반복무상하다고 탓할 수는 있다.

그러나 정원과 동탁 심지어 여포까지도 그의 무략武略을 제대로 파악하지 못해 평범한 일개 무장으로 대우했다는 점에서 보면, 결정적으로 탓할 일이 아닐 수 있다. 장료가 스스로를 알아주는 주군을 만날 때까지 이는 불가피한 측면이 있었지 않았느냐 하는 것이다. 장료가 주군 조조를 만나기 전까지의 인물들은 모두 제대로 장료를 부릴 만한 기량이 못 되는 데다가 모두가 비명횡사하고 말았다.

난세의 시기에 스스로를 알아주는 주군을 택하기는 용이하지 않는 법이다. 공자가 말했듯이 "새는 나뭇가지를 선택할 권한이 있다." 했으니, 장료는 여포가 조조에게 패하자 마침내 자신을 알아주는 주군을 만나게 된 셈이다. 주군 조조는 그의 무략을 알아보고 곧바로 지우지은知遇之恩(자기를 잘 알아주고 후하게 대우해 준 은덕)을 베풀었으며, 장료 역시 세월이 지체되어 주군 조조를 만나기는 했으나 지우지감知遇之感(자기를 잘 알아주고 후하게 대우해 주는 데 대한 고마운 마음)에 보답하기 위해 조조, 조비 양대에 걸쳐 충성을 다한 것이다.

《삼국지연의 제50회》는 위나라 무장 가운데 예외적으로 장료를 호의적으로 묘사하고 있다. 관우와 우정을 나누었으며, 관우가 조조에게 항복할 때는 사자가 되어 관우를 설득했고 관우가 오관육참장하며 무력으로 다섯 관문을 돌파했을 때에도 하후돈을 말리러 가는 역할을 맡고 있다. 적벽대전에서 조조가 대패한 뒤 화용도에서 매복하고 있던 관우는 화용도 계곡으로 도망하는 조조를 차마 어쩌지 못하고 괴로워하는데, 그때 장료가 뒤늦게야 말을 달려 그곳에 이르르니 이전의 은의恩義를 생각하여 결국 조조를 놓아주고 장료를 못 본 체하며 보내주고 만다. 즉 장료의 면모가 관우가 조조에게 투항해서 떠날 때까지 관우와 친분을 쌓았던 정의로운 모습으로 나타나고 있는 연유로, 《삼국지연의》에서 장료에 대한 기술이 후하게 되어 있는 것으로 방증된다. 비록 장료가 위나라의 장수이기는 하나 촉나라 무장인 관우와 친분을 쌓았다는 사실만으로도, 그는 이미 어느 정도 면죄부를 받게 된 셈인 것이다.

앞서 관도대전 뒤에 장료는 원담, 원상 토벌전에 종군하여 별동대를 이끌고, 해안지대로 진격하여 요동의 무리 유의 등을 격파하고 있다. 조조는 야전 무장에게 만 명 이상의 병사를 주는 일이 드물었고 조씨 하후씨 이외의 장수에게 별동대 지휘를 맡기는 일은 거의 없었다. 이런 사실로 미루어 볼 때, 장료가 고참무장이 아니었을 시기에도 벌써 주군 조조는 그를 깊이 신뢰하고 있었음을 알 수 있게 한다.

무엇보다 무장 장료의 강점은 냉정하고 침착한 판단력과 함께 호방하고 담대한 결단력의 겸전이라 할 것이다. 사서는 위나라 무장 가운데 동오의 백성들에게 공포의 대상이 된 사람은 장료밖에 없다고 기록해 놓았다. 장료가 기백 명의 결사대를 이끌고 합비성을 나가 대군을 거느리고 포위하고 있는 손권의 군영을 뚫고 급습하여 새벽부터 정오까지 적을 시살하니, 동오군은 전의를 잃고 떨게 한 합비전투에서의 그의 용략이 그 압권이다. 물론 장료에 버금할 적을 공포에 떨게 할 사례가 또 있기는 하다. 관우가 번성을 함락 직전으로 몰고 가 구원

칠군을 물에 잠기게 하여 화하를 진동시켰을 경우나, 마초가 유비의 익주 점거 때 성도를 포위해 그 성내 백성들에게 공포의 대상이 된 것이 그것이다. 그러나 이 경우들은 상대방이 포위 위축되어 빚어진 것으로, 장료의 합비전투에서의 10만 대군의 포위망을 단 800명의 결사대를 이끌고 뚫어 시살하며 일거에 전세를 뒤집은 용략과는 맞비교하기에는 그 차원이 다른 것이라 아니할 수 없다.

제12장

교변에 능해
제갈량의 기산 진출을 막은
용략 구사한 숙장 장합

인물 장합의 삶의 궤적

01

1. 곽도의 모함을 받고 조조에 투항하다

장합張郃은 자가 준예儁乂이고 하간군 막현(지금 하북성 임구시) 사람이다. 동한 말 황건의 난이 발발하자 의병을 초모할 때 응하여, 황건적 토벌에 참여하고 군사마가 되어 기주목 한복에게 귀속되었다. 이어 한복이 기주를 원소에게 빼앗기자 원소에게 귀부하였고, 원소는 장합을 교위로 임명하여 공손찬에게 대항하도록 하였다. 공손찬을 격파하게 하는 데에 장합의 공이 컸으므로 영국중랑장[1]으로 승진하게 된다.

원소와 조조의 관도(지금 하남성 중모현 동북)대전 때, 원소는 순우경 등을 파견하여 군량운반을 감독하며 오소(지금 하남성 봉구현 서부)에 주둔하도록 하였다. 조조가 오소를 맹렬하게 공격하자 장합은 원소에게, "조공(조조)은 병법에 정통하여 틀림없이 오소의 순우경을 공격할 것이고, 그가 격파되면 장군의 원정은 실패하게 되니 응당 긴급하게 구원병을 보내야 합니다."《삼국지 위서 장합전(이하 본전)》라고 건의하였다. 그러나 곽도가 조조의 본영을 칠 것을 강하게 주장하였고, 장합은 "조조의 본영은 견고하므로 공략하기 어려우며 만약 순우경 등이 포로

1) 중랑장은 광록훈의 속관으로 황궁경비대를 관리하였으며, 한대의 무관의 등급은 장군, 중랑장, 교위 3개가 있었다. 장군은 상시 설치되었던 것이 아니라, 전란이 있을 때 군대를 총괄하는 직을 장군이라고 불렀다. 그러므로 평시에 일반 무관이 얻을 수 있는 최고의 관직은 중랑장이었다.

가 되면 우리 모두 포로가 될 것입니다."(본전)라고, 이를 반대하였다. 원소는 장합의 말을 듣지 않고 곽도의 말을 중시하여, 경무장한 기병들로는 순우경을 구원케 하고 중무장한 병사들을 인솔하게 하여 조조의 본영을 쳤으나 공략할 수 없었다. 과연 장합의 말대로, 조조는 순우경을 격파하였고 원소군을 괴멸시켜 나갔다. 곽도는 자신의 계책이 실패하자 이를 모면하기 위해, 우리 군대가 패하자 장합이 기뻐하며 불손한 말을 했다고 장합을 모함하였다. 장합은 이에 신변이 두려워 조조에게 귀부하게 된다.

2. 한중을 점령하는 데 공을 세우다

조조는 장합을 얻게 되자 크게 기뻐하며, 그에게 편장군[2] 벼슬을 주고 도정후에 봉했다. 장합은 군사를 거느리고 건안 9년(204년), 조조를 따라 업현(지금 하북성 임장현)을 공격하여 점령했다. 또 조조와 발해(지금 하북성 남피현)로 가서 원담을 공격했다. 그 뒤 건안 12년(207년) 조조를 수행하여 유성(지금 요녕성 조양시 동남)을 토벌하는 데 장료와 함께 선봉에 섰고, 이 공로로 평적장군이 되었다. 장합은 별도의 부대를 거느리고 동래(군의 치소가 있는 곳은 황현)[3]에 진격하여 관승을 쳤으며, 건안 14년(209년)에는 장료와 함께 저족의 거주지에 의지하여, 반란을 일으킨 원술의 옛 부장인 진란, 매성 등을 쳐서 격파하였다.

건안 19년(214년) 봄에, 마초가 장로에게 군대를 요청하여 북쪽으로 양주(지금 감숙성)[4]를 빼앗자, 장로가 마초를 보내어 기산(지금 감숙성 예현 동북)을 포위케 하였다. 하후연이 장합에게 보병과 기병 5천 명을

---

2) 편장군은 동한 삼국시대 설치된 잡호장군의 명칭으로 정벌전쟁을 주관하는 장수였다.
3) 동래군東萊郡은 지금 산동성 동부 연대시 관할 용구시龍口市이다.
4) 건안 18년(213년)에 양주涼州는 옹주雍州에 병합되어서 이때에는 양주가 없었다. 다만 역사서에서 아직 이를 고치지 않았던 것이다.

감독시켜 선봉으로 삼아 마초를 물리쳤다. 같은 해 10월, 조조는 하후연에게 송건을 토벌하여 참수하게 하였는데, 이와 별도로 장합 등을 파견하여 황하를 건너 소황중[5]으로 진입하게 하니 하서[6]의 여러 강족들이 모두 항복하였고 농우(농산의 서쪽)지역이 평정되었다.

건안 20년(215년) 3월, 조조가 스스로 대군을 거느리고 한중의 장로 정벌에 나섰다. 무도(지금 감숙성 성현)로 진군하였는데, 저족 거주지에서 저지를 당하자 장합 등을 파견하여 그들을 격파하였다. 이어 같은 해 5월, 조조가 하지(지금 감숙성 휘현)에 도착하였으나 흥화의 저족과 왕 두무의 무리 1만여 명이 험난한 지세를 믿고 저항하니, 먼저 장합에게 여러 군사를 지휘하여 토벌케 하였다. 조조가 산관(지금 섬서성 보계시 서남)[7]에서 한중으로 진격해 올 때, 먼저 장합을 보내 보병 5천 군사를 거느리고 앞쪽에서 도로를 확보해 놓도록 하였다.

같은 해 7월, 조조의 군사들이 양평(지금 섬서성 면현 서쪽)에까지 이르러 양평관을 지키는 장로의 동생 장위를 격파하고 장군 양임을 죽이자, 장로는 파중으로 도망가다가 투항하였다. 이에 조조는 하후연과 장합을 남겨 한중을 지키면서 유비를 막도록 하고, 자신은[8] 군사를 거느리고 북으로 돌아갔다.

3. 한중전쟁에서 승리한 유비의 근심거리가 되었다

장합은 여러 군사들을 지휘 감독하여 파동(지금 사천성 봉절현 동쪽),

---

5) 소황중小湟中은 지금 청해성 아니마경산 서북지역을 가리킨다.

6) 황하가 위수에 이르기 전에는 북쪽에서 남쪽으로 흐르는데 하서河西는 그 황하의 서쪽지역을 말한다.

7) 산관散關은 관중지역 서쪽의 관문으로 일명 대산관이라 부른다. 지금 섬서성 보계시 서남 17km 대산령에 위치하며, 한중군으로 통하는 진창고도의 출발점이었다.

8) 승상 조조는 승상부의 장사인 두습杜襲을 부마도위로 삼아 한중에 머무르게 하였다. 두습이 편안하게 회유하고 길을 열어 인도하자, 백성들이 스스로 즐겁게 나와 낙양과 업현지역으로 옮긴 사람이 8만여 명이나 되었다. 《자치통감, 권67》

파서(지금 사천성 낭중시) 두 지역을 순행하여 항복시키고, 그곳의 백성들을 대대적으로 한중으로 이주시켰다. 장합은 탕거(지금 사천성 거현 동북쪽의 삼회진)까지 군사를 나아가게 했지만, 촉의 파서태수 장비가 군사를 내보내 서로 대치하다 50여 일이 지난 후 장비에게 장합이 습격당하여 대패하였다. 장합은 말을 버리고 산길을 통해 달아나 남정(한중군의 치소가 있는 현)으로 돌아왔고, 주위의 군사는 수십 명에 불과하였다. 그러나 조조는 장합을 탓하지 않고 도리어 탕구장군을 제수하였다.

건안 23년(218년) 유비는 양평관에 주둔했고, 장합은 광석이란 곳에 주둔하고 대치했다. 유비는 정예병사 만여 명을 거느리고 열 개 부대로 나누어 야밤에 장합을 급습했다. 이에 장합이 친병親兵을 인솔하여 치고 싸우니, 유비는 이길 수 없었다. 이후 "유비가 주마곡에서 모든 방어시설에 불을 놓자, 이때 하후연이 이 소식을 듣고 성을 나와 불길을 잡으려고 하다가 갈림길에서 유비 군사와 맞닥뜨려 교전 중에 죽었다."(본전) 하후연이 죽었음에도 유비는 한숨 돌릴만한 시기가 아니라고 생각하였다. 이는 유비는 물론 촉한의 장수들까지도 도독이었던 하후연을 가벼이 보고 장합을 두려워하고 있었기 때문이었다.[9]

유비군의 황충이 하후연을 죽여 이 승세를 타고 정군산(지금 섬서성 면현 남쪽)으로 진격하자, 장합은 군사들을 이끌고 양평현으로 돌아왔다. 이때 독군 두습이 하후연의 사마 곽회와 함께 군영에 명령을 내려 장합을 추대하여 군의 책임자로 삼게 된다.

여러 장수들이 모두 장합의 지휘를 받음으로써 사병들은 마음의 안정을 찾았고 조조군은 위험에서 벗어났다. 다음날 유비군이 한수를 건너서 공격하려 하였으나, 조조군의 여러 장수들이 한수에 의지하여 배

9) 하후연이 도독이 되어 있었지만 유비는 장합만을 꺼렸을 뿐 하후연은 하찮게 생각하였다. 유비는 하후연을 죽이면서 "이런 괴수를 손아귀에 넣었다고 해서 무엇을 할 수 있겠는가?"라고 말했다. 《본전/배송지 주 위략》

수진을 쳤고, 유비는 의심스러워서 건너지 못하였다. 그 상황이 장안에 있는 조조에게 보고되자 조조는 사자를 보내 이를 고무하여 장합에게 가절을 주었다.

건안 24년(219년) 3월, 조조가 장안으로부터 야곡斜谷(지금 섬서성 미현 서남)을 나와서 군사를 거느리고 한중으로 다가갔다. 이에 유비는 군사를 모아 험준한 곳을 방어하였으나, 끝내 서로 접전하지는 않았다. 조조는 유비와 더불어 한 달가량을 대치하다가, 5월에 조조가 한중에 있던 여러 군사들을 이끌고 장안으로 돌아갔고 유비가 드디어 한중을 차지하게 되었다. 장합은 진창(부풍군의 속현)에 남아 주둔했다.

4. 변화에 교묘하게 대처, 제갈량의 기산진출을 가로막다

건안 25년(220년) 조조가 죽고 그의 아들 조비가 위 왕위를 계승하자, 장합을 좌장군에 임명하고 도향후로 작위를 올려주었다. 이어 조비가 제위에 오르자 장합의 작위를 막후에 올려서 봉했다. 위 조비는 장합에게 조진과 함께 안정군 노수의 호인胡人(흉노족)과 동강東羌(강족의 한 지파)을 토벌하게 하여 안정되자, 장합과 조진을 허도의 궁궐에 입조케 하였다. 그리고 장합이 하후상과 함께 강을 건너 강릉(지금 호북성 강릉시)을 공격하도록 하였다. 장합은 별도의 군사들을 지휘하여 장강을 건너서 강의 삼각주에 있는 보루를 취했다. 위 조예가 즉위하고 얼마 지나지 않아 장합을 남쪽으로 보내 형주에 주둔시키고 사마의와 함께 손권의 별장 유아 등을 공격하도록 하였다. 장합은 그를 기구란 곳까지 추격하여 싸워 격파하였다.

태화 2년(228년) 봄 제갈량은 대군을 거느리고 첫 번째로 북벌하여 기산(지금 감숙성 예현 동북)10)에서 출전하니, 위나라의 남안(지금 감숙성

---

10) 기산祁山은 지금 감숙성 예현 동쪽 20km 지점에 있으며 기산보祈山堡라고도 한다. 산이 우뚝 솟은 지점에서 약 20m 높이로 솟아 있다. 서쪽에는 한수가 흘러 이 산 앞

농서현), 천수(지금 감숙성 감곡현), 안정(지금 감숙성 진원현) 3군은 반란을 일으켜 촉에 호응하여 촉의 기세는 매우 높았다. 이에 위나라에서는 관중지역이 크게 진동하였다. 위 조예는 친히 장안에 이르러 보병과 기병 5만 명을 내고 관위를 특진으로 올려 우장군 장합이 모든 군사를 감독게 하고 서쪽으로 파견하여 이를 막게 하니, 장합은 제갈량의 부장 마속과 가정(지금 감숙성 장랑현)[11]에서 전투를 벌이게 된다.

명을 받고 가정을 지키던 촉의 장군 마속은 아래에 있는 성城을 점거하면서 지키지는 아니하고, 남산에 의거하여 군영을 설치하여 방어했다. 이에 장합은 병사를 파견하여 물 긷는 통로를 끊어버려 촉군은 싸우기도 전에 혼란에 빠졌고, 위군은 공격하여 대승을 거둔다. 마속의 가정전투 참패로 남안군, 천수군, 안정군을 되찾게 되었고, 제갈량은 군사를 거느리고 한중으로 철수하였다. 이 전쟁의 승리는 매우 중차대하였으므로, 위 조예는 조서를 내려 "장합장군은 갑옷을 입고 병기를 잡아 가는 곳마다 공격해 평정시켰으므로 짐은 진심으로 가상히 여긴다."(본전)고 하며, 장합에게 식읍 1,000호를 더하여 이전 것과 합쳐 4,300호가 되게 하였다.

이 시기 사마의가 형주에서 수군을 조련하여 면수(한수의 하류)를 따라 장강으로 들어가 오나라를 정벌하려고 계획하였다. 이에 위 조예는 조서를 내려 장합에게 관중의 군사들을 지휘하여 형주로 가서 사마의의 지휘를 받도록 명령하였다. 그러나 장합이 형주에 도착하였을 때는 마침 겨울이라 강물이 얕았으므로 큰 배는 움직이기가 어려워서 돌아와, 장합은 군사들을 거느리고 방성(지금 하남성 방성현)에 주둔하였다.

으로 지나가며 지세가 중요하여 천수와 한중 방면으로 통하는 요충지가 되었다.

11) 가정街亭은 지금 감숙성 장랑현 동쪽 45km 거리의 농성향과 장가천현 용산향의 경계 지점에 있다. 한대漢代에는 이곳을 기천현 또는 가정현이라 불렀다.

같은 해 12월에 제갈량은 군사를 거느리고 두 번째로 북벌하여 산관(지금 섬서성 보계시 남쪽의 대산령 위에 있음)에서 병사들을 거느리고 나와 진창(지금 섬서성 보계시)을 맹렬히 공격하였다. 위 조예는 이에 크게 놀라 역마驛馬(역에 갖추어 두어서 관용에 쓰는 말)를 보내, 장합을 불러 방성에서 경도京都(낙양)까지 돌아오도록 하였다. 그리고 친히 하남성(지금 낙양시 서쪽)으로 행차하여 술잔치를 베풀어 장합이 남북의 3만 군사를 이끌고 가도록 환송하였다. 장합은 위 조예에게 "신臣이 임지에 도착하기 전에 제갈량은 이미 병사를 물렸을 것입니다. 손가락을 꼽아 보아도 제갈량의 군량은 열흘도 버틸 수 없습니다."(본전)라고 예견하였다. 장합이 밤낮으로 길을 달려 남정(한중군의 속현)에 도착했는데, 제갈량은 이미 군량이 다 떨어져서 군사를 이끌고 물러난 뒤였다. 이에 위 조예는 장합에게 낙양으로 돌아오라는 조서를 내리고 그를 더욱 의지하고 중용하여 정서거기장군을 제수했다.

5. 제갈량의 기산진출을 거듭 방어하다가 끝내 숨지다

태화 5년(231년) 제갈량이 재차 기산으로 출병하여 네 번째 북벌에 나서자, 위 조예는 조서를 내려 장합을 파견하여 방어하게 하였다. 장합이 여러 장수들을 지휘하였는데, 장합이 서쪽으로 나아가 약양(지금 감숙성 진안현)에 이르렀을 때 제갈량은 기산으로 물러나 지켰다. 같은 해 6월에 제갈량이 군량이 다 소진되어 군사를 철수시켰는데, 사마의가 장합을 파견하여 그 뒤를 쫓게 하였다. 장합이 나아가 목문[12]에 이르러서 제갈량과 전투를 벌였는데, 촉의 군사들은 높은 곳에 올라가서 군사를 매복시켰다가 궁弓과 노弩를 어지럽게 쏘아댔고 떠돌던 화살이 장합의 오른쪽 무릎을 맞추어 죽었다."《자치통감, 권72》

12) 목문木門은 조위曹魏의 천수군 서현에 속하며 그 위치는 지금 감숙성 예현 현성 동북쪽, 양수漾水 북쪽 기슭이다.

장합 사후에 시호를 장후라 하였고 아들 장웅이 작위를 이었다. 장합은 앞뒤로 여러 차례 전공을 세웠으므로, 조예는 식읍을 분할하여 네 아들을 열후에 봉했으며 작은 아들에게 관내후 작위를 내렸다.

친유가적 행보로 자신을 갈고닦은 기량

02

삼국시대 조조 휘하의 양장良將(재주와 꾀가 비상한 장수)을 꼽으라면 장합을 거론하지 않을 수 없다. 그는 비록 조조의 진영에 늦게 합류한 무장[13]이었지만, 뛰어난 용병술에 풍부한 지략을 갖춘 장수였기에 조조 시대에 명장의 반열에 당당히 오를 수 있었다. 더욱이 조조를 비롯하여 조비, 조예 등 조위曹魏정권의 3대에 걸쳐 많은 활약을 펼쳤던 것이었다. 그러기에 사람을 품어 난세를 헤쳐나간 불굴의 영웅인 유비는 물론, 걸출한 지략가인 제갈량조차도 장합을 두려워할 정도로 그는 뛰어난 장수가 될 만한 재기를 갖춘 무장이었다.

다만 그가 받은 걸출한 무장이라는 호평에도 불구하고 원소로부터 조조에게 투항하기까지의 상황과 그의 행동거지는, 많은 이들이 그에게 의혹의 눈길을 보낼 수밖에 없게 만들었고, 이는 그에게 오명汚名의 낙인을 받을 여지를 남겼다.

신 배송지가 살펴보건대, 《무제기》와 《원소전》에서는 원소가 장합, 고람으로 하여금 조조의 영채를 공격하게 했는데, 장합 등은

13) 《삼국지 위서 우금전》의 기록에 의하면 명장으로서 조조가 매번 정벌할 때마다 군의 선봉으로, 철군할 때는 후미를 지키는 역할을 수행하던 장수는 우금, 장료, 악진, 장합, 서황 5명이 지목되는데 이 중에서 장합은 뒤늦게 조조의 수하가 된 항장이었다.

순우경이 격파되었다는 소식을 듣고 마침내 투항하였으니 원소군이 이에 크게 무너졌다고 했습니다. 이와 같다면 장합 등이 연이어 투항한 뒤에 원소군이 무너졌다는 것입니다. 그런데 이 전傳(장합전)에서 (장합은) 원소군이 먼저 무너지고 곽도의 참언이 두려워 조조에게 귀부했다고 하니, 참고한 것이 서로 엇갈려 같지 않은 것입니다. 《본전 배송지 주》

진수가 《삼국지》를 서진 태강 원년(280년)에 편찬한 이후, 약 149년의 세월이 흘러 배송지가 여기에 주석을 달아서 남조 송 원가 6년(429년)에 《배송지 주》를 완성하였다. 여기에서 배송지가 장합의 투항에 대하여 의문을 제기하고 있는 것으로 나타난다. 이를 보면, 장합이 주군의 패망을 초래할 만큼 적극적으로 배신행위를 하였는지, 아니면 어쩔 수 없이 귀부한 것인지에 대해서, 그 논란이 일찍부터 어느 정도 있었던 것으로 짐작된다. 그런데 장합의 투항이 이해관계에 따른 배신인지를 분명하게 파악할 수는 없지만, 조조가 장합을 맞이한 직후에 행했던 말을 살펴보면, 그 정황에 대해 다소 의미심장한 느낌을 지울 수 없게 한다.

조조는 장합을 얻은 것을 매우 기뻐하며 말했다. "과거에 오자서[14]는 일찍 깨닫지 못하여 스스로 자신으로 하여금 위태롭게 하였으니, 어찌 미자[15]가 은殷을 버리고 한신이 한漢에 귀부한 것과

---

14) 오자서伍子胥는 춘추시대 초楚나라 대부로 이름은 오원伍員이다. 부친 오사가 그 형 오상과 함께 초나라 평왕에게 피살되자 오吳나라로 도망쳐 오군을 이끌고 초나라를 쳐서 원수를 갚고 국위를 크게 떨치게 된다. 오왕 부차가 월왕 구천의 항복을 받게 되자 오자서는 그를 죽여 후환을 없애도록 간했다. 그러나 오왕은 듣지 않고 군사를 일으켜 제齊나라를 치려 하니, 오자서는 이를 강력히 만류하다가 그를 헐뜯는 간신들의 참소로 오왕은 결국에는 오자서에게 칼을 내려 스스로 목숨을 끊도록 했다.

15) 미자微子의 미는 은나라 도읍지역의 봉국이름이고 자는 작위이며 이름을 계啓라 했

같겠소?" 조조는 장합을 편장군에 배수拜受하고, 도정후에 봉하였다. (본전)

사서에서 볼 때, 오자서는 초 평왕에게 멸문지화를 당하고 분노하여 오吳에 귀순하나 훗날 오왕 부차에게 간언을 하다가 끝내 목숨을 잃고 만다. 그에 비해 미자는 은殷말의 삼은三隱 가운데 한 사람으로 그중 스스로 주 무왕에게 항복하였고, 한신은 초楚 항우의 부하로 있다가 한漢 유방에게 귀부했으며 뛰어난 용병으로 항우를 무찌르고 한나라 개국 공신으로 그는 처음에는 국사國士(온 나라에서 특별히 높이는 재주가 우수한 선비)의 예우를 받았다. 이때 미자, 한신 등의 특징은 '위험의 징후를 알고 미리 그로부터 피했고', 두 사람 모두 스스로 상대에게 귀부했다는 것이다.

조조가 장합의 투항을 일러 이들 두 사람에게 비유했다는 것은 그런 점에서 의미심장하다. 이미 승리를 예감한 조조가 장합 등을 미자와 한신에 비유한 것이니, 패자覇者로서 여유가 묻어나는 동시에 장합을 양장현사良將賢士(훌륭한 장수에 어진 선비)로 추켜세운 것이며, 이는 '양금

는데 《사기 송미자세가》에는 전한 경제가 유계劉啓여서 그 이름자인 계를 피휘하여 개開라 하고 있다. 은나라 삼인三人이라고 불리는 기자箕子, 비간比干, 미자 가운데 미자는 은나라 왕이었던 을乙의 큰아들이며, 주왕紂王의 동모서형同母庶兄으로 주왕이 즉위한 후 모든 것이 밝지 못하고 정사 또한 음란하여 미자는 여러 차례 간언하였다. 주왕이 이를 전혀 가납하지 않으니 뒤에 미친 척하여 노예로 풀려나 숨어버린 태사 기자와 끝내 가슴이 쪼개지는 형으로 죽게 되는 소사 비간까지도 미자에게 떠날 것을 권하니, 미자는 마침내 주왕을 떠나 도망을 가게 되었다.

그 후 주 무왕이 주왕을 토벌하여 은나라를 멸망시키자 미자는 제기들을 들고 무왕의 군영문에 가서 차려놓은 다음 육단면박肉袒面縛(항복의 표시로 윗옷 한쪽을 벗어 상체 일부를 드러내고 양손을 등 뒤로 돌리어 결박하고 얼굴을 앞으로 쳐들어 사람에게 보임)하며 문 앞에서 고했다. 이에 무왕은 미자를 풀어주고 작위를 종전과 같이 회복시켜 주었다. 무왕이 죽은 후 어린 성왕이 즉위했으나 주공 단旦이 정사를 대신하면서, 미자를 은왕조의 후사에 대체하여 조상의 제사를 받들도록 했으며 이에 송宋나라에 봉하게 된다. 미자는 본래 인자했기 때문에 은나라의 유민들 또한 그를 대단히 사랑하고 존경하였다.

택목良禽擇木16)’의 전형적인 사례 중 하나인 셈이다.

난세에 이러한 행태가 보편화되어 있었던 면을 감안하면, 먼저 장합이 군사마17)로서 당시기 주목이었던 한복의 부하가 되었다가 원소가 기주를 병탄하게 되면서 그를 섬기게 된다. 그 후 장합이 곽도의 참소로 말미암아 조조에게 귀부하였다는 사실은 논외로 치더라도, 장합 자신의 예상대로 오소에 대한 원소의 초기 대응이 실패하게 되자 장합이 장래를 예견하고 조조에게 그대로 귀부했을 가능성을 배제할 수 없다.

이 같은 투항은 원소에게 있어 중무장한 병사들의 이탈을 의미하였으므로, 자연 원소군의 본영이 허약해질 수밖에 없었고 이는 곧바로 조조 측의 이어지는 공격을 유발했을 것이다. 오소를 잃어 예기가 꺾인 원소군은 조조가 시간차를 두고 역습하자 급속히 궤멸될 수밖에 없었다. 이후 장합은 원소의 잔여 부대를 소탕하는 데 공을 세움은 물론, 전역戰役(전쟁)에서 전투의 공적을 세워 조조군의 핵심 무장으로 입지를 세우는 데 성공하게 된다.

이 사실만 놓고 그의 인물됨을 따지게 된다면, 분명 그는 무엇보다 자신의 안위를 보존하는 데에 급급한 면모를 지닌 것으로 보일 수밖에 없게 된다. 그러나 사서에 기록된 그의 평소 태도는 다른 무장과는 분명하게 구별되는 특성을 나타내주고 있다. 이 점이 바로 그의 사상 가치성향이 어떠한가를 잘 엿볼 수 있게 한다.

---

16) 좋은 새는 나무를 가려서 둥지를 틀고, 훌륭한 신하는 주군은 가려서 섬긴다(良禽擇木而棲 良臣擇主而事)는 뜻으로, 현명한 사람은 자기 재능을 키워줄 훌륭한 주군을 잘 택하여 섬긴다는 것을 비유한 고사이다. 이에 관련된 내용은 《춘추좌씨전》에서 보인다.

17) 군사마는 장군이 통솔하는 병력, 즉 부곡의 제대諸隊 중 부部에 배치되는 비比 1천 석의 무관이다. 본래 부를 관장하는 무관은 비 2천 석의 교위인데 부에 교위를 두진 않아도 군사마는 두었다. 이로 볼 때 군사마는 교위 대신에 부를 관장하는 역할을 수행했던 것으로 짐작할 수 있으며, 이와 관련된 내용은 《후한서 백관지》에 보인다.

장합이 비록 무장이었으나 유사儒士들을 친애하고 (함께하길) 즐거워하는지라 일찍이 동향 사람인 비담이 경학에 밝고 품행이 단정하여 (그를) 천거하니 이에 조예가 조서를 내렸다. "옛날 제준[18]은 장수가 되었을 때 오경대부를 설치하자고 상주했고, 군중軍中에 있으면서도 여러 유생들과 아악을 연주하고 투호놀이를 즐겼다. 지금 장군은 밖으로 융려戎旅(군대)를 통솔하면서도 안으로는 국조國朝(나라의 조정)를 보존하고 있다. 짐이 장군의 뜻을 가상히 여겨 이제 비담을 발탁하여 박사로 임명하겠노라." (본전)

후한 말엽부터 펼쳐진 전란이 장기화되면서 무장의 득세는 필연적일 수밖에 없었다. 무장이 입신양명할 수 있는 기회는 자신의 주군에게, 자신의 통솔력과 용병술 등의 군략軍略(군사에 관한 방략)과 같은 병가兵家적 측면의 전쟁수행 능력을 마음껏 보여주는 것이었다. 그들은 피비린내 나는 전쟁터에서 오랜 세월을 몸담다 보니 학문적 소양을 닦을 기회를 얻기란 쉬운 일이 아니었다.

그러나 장합은 평소 유자儒者들을 친애하고 그들과 함께하는 것을 즐거워하였다. 장합이 예의를 중시하고 평소 경학經學(경서의 뜻을 연구하는 학문)을 익히는 것을 좋아했기에, 이러한 태도가 가능했으리라고 여겨진다. 또한 장합이 자신과 같은 고향 출신의 비담이란 선비를 천거하였는데, 이에 조예가 내린 조서에서 장합을 후한 광무제의 장수였던 제준에 견주고 있는 것을 보면, 장합이 곧 무장임에도 유가적인 면모를 많이 가지고 있는 인물이라는 생각을 갖게 한다. 여기에서 그를 비록 유가적인 인물로 단정을 짓긴 어려워도, 앞서 나온 (본전)에 언급된

18) 제준祭遵은 광무제 휘하의 무장으로 정로장군을 역임하였으며, 그는 예의를 중시하고 유생을 아끼는 인물이었기에 사람을 뽑을 때는 항상 유사儒士를 기용했다고 한다. 또한 적의 침략이 한창임에도 불구하고 술자리를 베풀고 놀 때에는 언제나 고상한 노래를 부르게 하며 투호 놀이를 즐기는 등 여유가 있었다고 한다.

내용으로 보아 그가 유가적 소양을 갖춘 인물임을 유추할 수 있게 해준다는 것이다. 이 점에서 장합은 전란이 발발한 당시대 난세에서 그래도 손꼽을 수 있는 유가적 사상 가치성향을 보여준 무장의 한 사람으로 보아도 무방할 것이라 하겠다.[19)]

19) 《삼국지 위서》에 입전된 무장 중 하후돈, 이전 등과 같이 군중에 스승을 모시고 학문을 숭상하는 등의 유가적 면모를 보여준 그리 흔치 않은 실례로, 장합의 경우도 이러한 점에서 유사하다고 할 수 있다.

용맹과 지략을 겸비 주도면밀한 성격으로 임기응변에 능한 장수

03

장합은 당초 한복의 휘하에 있다가 한복이 기주를 빼앗기자 원소에 의탁하였다. 원소가 조조와 관도대전을 벌이던 중 오소에서 원소군이 대패하자, 자신의 계책이 실패한 것을 모면하기 위한 곽도의 참소로 장합은 신변이 위태로워져 조조에 귀부하였다. 이후 장합은 조조의 진영에서 뛰어난 장수로 성장하게 되는데, 특히 용맹함과 더불어 지략 또한 지닌 양수겸장兩數兼將의 장수로 여러 차례 공을 세우게 된다.

장합은 조조가 한중을 정벌한 뒤 하후연과 함께 장안에 남아 한중을 지켰는데, 익주를 차지한 유비가 장비를 보내 탕거를 공격할 때 장합은 장비에 의해 크게 패하였다. 하지만 장합은 이에 의기소침하지 않고, 정군산전투에서 사망한 하후연의 뒤를 이어 군의 책임자로 군영을 정돈하였다.

특히 제갈량이 첫 번째로 북벌을 시도했을 때, 장합은 제갈량을 막기 위해 출병하였고 가정에서 마속을 대파한다. 제갈량의 북벌을 가로막고 당시 촉나라에 호응했던 천수, 남안, 안정 3군도 모두 평정하니, 조비는 조서에서 "적 제갈량이 파촉의 무리를 이끌고 나왔다 효호지사虓虎之師(포효하는 범과 같은 군대)를 만났도다."(본전)와 같이 장합을 칭송하였다.

이런 모습에서 장합은 주변 형세나 상황을 기반으로 늘 객체에 맞추고 객체에 부합되는 방향으로 행동하고 판단하는 경향이 강한 외향형에 가까운 인물로 볼 수 있다.

장합이 원소의 휘하에 있을 때 원소군의 식량기지인 오소를 조조가 공격하자, 장합은 감각적으로 순우경을 구하러 원군을 보내는 것이 순서라 판단하고 순우경을 구할 것을 건의하였으나 받아들여지지 못하였고, 결국 순우경의 패배는 관도대전이 조조 쪽으로 크게 기우는 방아쇠가 된다. 제갈량이 두 번째 북벌을 진행하자, 위 조예는 장합을 보내면서 제갈량이 진창을 점령할 것을 걱정한다. 그러나 장합은 촉군이 이미 경내 깊숙이 들어간 데에다가 군량의 부족으로 오래 싸우지 못할 것임을 감각적으로 판단하고는, 제갈량이 병사를 물렸을 것이라 자신하였다. 과연 장합의 말대로 장합이 도착하기도 전에 제갈량의 부대는 퇴각하여 장합의 감각적인 판단이 옳았음을 보여준 바 있다.

이런 사례들에서, 장합은 형세를 기반으로 가장 유리한 판단을 하는 물리적 자극이 인식을 매개하여 감각형에 가까운 특성을 보이고 있다. 특히 그가 주변 형세, 자신이 속한 세력의 상황 등 외부적 환경에 중심을 두어 행동했던 점을 볼 때, 외향적 감각에 가깝다고 여겨진다.

이상을 토대로 보았을 때, 장합을 성격유형으로 인물형을 논한다면, 외향적 감각형으로 평할 수 있다. 외향적 감각형의 특징은, 첫째로 객관적 사실을 감득해 내는 능력이 발달하였고, 둘째로 가장 현실적인 판단을 하여 행동하며, 셋째로 임기응변에 강하며 핵심적인 사항을 잘 파악하고, 요점을 정리하는 능력이 뛰어나다는 점이다.

1. 조조 본영은 방비 만반 해 놓고 오소를 급습할 것 · 원소 주력군으로 오소 구원 건의 받아들여지지 않아 대패, 객관적 사실 감득 현실적인 판단에 임기응변 그의 특징 두드러지게 돋보여

이 외향적 감각형의 특징을 장합에게 적용시켜 보면, 관도대전 당시에 그가 원소에게 제시한 헌책은 이러한 성격유형에 부합되는 특징 중 첫째 내용과 둘째 내용을 잘 보여준다고 할 수 있다.

> 장합이 원소에게 말하였다. "공(원소)이 비록 연승하였지만 조공(조조)과 직접 다투지 마십시오. 은밀히 경무장한 기병騎兵을 보내 그 남쪽을 공략해 끊어버리신다면 조조의 군대는 스스로 패퇴할 것입니다." 그러나 원소는 받아들이지 않았다. 《본전/배송지 주, 한진춘추》

관도대전이 일어난 당시, 처음에 전풍과 저수 등과 같은 원소 진영의 참모들은 장기전으로 돌입하여 조조군이 궤멸되게 할 것을 헌책하였으나, 원소는 이를 따르지 않았다. 당시 원소의 세력은 인구와 물자면에서 조조 진영보다 단연 우위에 있었기에, 장기전을 치를 경우 불리한 상황에 처하는 쪽은 당연히 조조 진영일 수밖에 없었다. 실제로 조조가 병량 문제로 곤궁함을 겪었던 것을 감안한다면, 전풍과 저수는 객관적 사실을 감득하여 이에 맞는 현실적인 판단을 한 것이었다.

그러나 원소가 전풍과 저수 등의 진언을 묵살하고 전면전을 펼치게 된다. 이리되자 장합은 원소에게 조조군과 조우遭遇하여 교전을 벌이는 것보다는, 조조군의 후방에 경무장한 기병을 보내 양도(군량 수송로)를 기습하여 이를 끊어버릴 것을 헌책하였다. 원소군이 조조군보다 10배에 달하는 군세의 우위에 있었음에도 불구하고, 직접적인 교전보다는 조조군이 식량보급을 받지 못하게 함으로써 스스로 지리멸렬하게 만드는 방법은 상당히 효과적인 전술이었다. 원소가 직접 조조와 교전하지 않고 은밀히 후방 보급선을 기습한다는 이 전술은, 애초에 전풍과 저수의 헌책처럼 장기전이 전제가 되어있는 것이었기에 원소는 이 역시 따르지 않았다.

만약에 장합의 헌책이 받아들여졌다면, 관도대전의 결과는 조조에게 유리하게 돌아가지 않았을지 모른다. 그 정도로 장합은 객관적 사실을 감득하여 현실적인 판단에 기초한 대응방안을 제대로 제시한 것이었다. 실제로 원소와 전면전을 감행하고 있었던 조조가 후방에 대한 염려를 하고 있었을 당시 상황을 감안해 본다면, 장합의 헌책이 빛을 발휘하지 못했기 때문에 조조가 역사의 승자의 길로 한 걸음 더 나아갈 수 있었던 것이다.

이외에도 조조가 원소군의 식량창고인 오소를 급습했을 때의 상황에서 이때 장합이 제시한 군사작전은, 그의 성격유형의 특징과 잘 부합되고 있다고 여겨진다.

조조가 관도에서 원소와 서로 대치하게 되자, 원소는 장수 순우경 등을 보내 군량미 수송을 감독게 하며 오소에 주둔시키니, 조조가 친히 병사를 인솔하여 이곳을 급히 세차게 공격했다. 장합이 원소에게 건의하며 말했다. "조공(조조)의 병력은 정예이므로 (오소에) 가면 반드시 순우경 등을 격파할 것입니다. 순우경 등이 격파되면 장군의 원정은 실패하게 되니 응당 긴급히 병사를 이끌고 가서 순우경을 구해야 합니다." 그러자 곽도가 말했다. "장합의 계책은 틀렸습니다. 이는 조공의 본영을 공격하는 것만 못합니다. (본영을 공격한다면) 조공은 반드시 환군할 것이니, 이는 구원병을 보내지 않아도 자연스레 해결되는 것입니다." 이에 장합이 말했다. "조공의 본영은 견고하므로 공격해도 함락시킬 수 없을 것이며, 만약 순우경 등이 사로잡힌다면 우리들 또한 양식이 떨어져 모두 포로가 될 것입니다." 원소는 다만 경무장한 기병들을 보내 순우경을 구원하게 하고 중무장한 병사들로 조조의 본영을 공격했으나 함락시키지 못했다. 조조는 과연 순우경 등을 격파하니 원소군은 궤멸되었다. (본전)

원소의 모사였던 허유가 조조에게 투항하면서 원소군 내부에 대한 실정, 즉 오소에 원소군의 군량미가 쌓여있다는 정보를 알려주었다. 이에 조조는 오소를 급습하였고, 이러한 소식이 원소군 진영에 알려지자 그 내부에서는 이 문제를 어떻게 처리해야 할지 의견이 분분하였다.

곽도는 '위위구조[20]'의 계책을 들며 조조군의 본영을 급습할 것을 주장했고, 장합은 병법에 밝은 조조가 본영을 허술히 비워두고 오소를 급습했을 리가 없으므로 오소를 구원하는 데 주력해야 한다고 주장했다.

앞서 관도대전 때에 조조와 직접 맞붙지 말 것을 주문했던 장합이었는데, 이번에는 직접 조조를 상대하여 오소를 지켜낼 것을 주장하니 원소로서는 이에 대해 어찌 보면 어리둥절했을 수도 있다. 적을 알고 나를 알면 백번 싸워도 위태롭지 않다는 손자병법의 말처럼, 장합은 적군이 어떠한 상태인가를 예측하였기에 아군은 이에 어찌 대응해야 할지를 제대로 꿰뚫어 보고 있었다.

---

20) 위위구조[圍魏救趙]는 위나라를 포위하여 조나라를 구한다는 뜻이다. 이에 관한 유래는 전국시대 위나라의 장수 방연[龐涓]이 조나라를 공격했을 때, 조나라는 제[齊]나라에 구원을 요청하게 된다. 이에 제나라의 손빈[孫臏]은 조나라를 구하기 위해 위나라의 수도 대량[大梁]을 공격함으로써 방연으로 하여금 급히 대량을 구원하도록 만들어 자연스레 조나라에 대한 포위를 풀게 만들었던 계책을 이르는 말이다. 이 계책은 공격을 행하는 상대방의 주력이 집중된 곳에 직접적인 공격을 가하기보다는, 그 본류가 되는 곳을 공략함으로 상대방의 힘을 무력화시키는 데에 중점을 두고 있는 계책이다.

장합과 곽도의 상반된 의견이 팽팽히 대립된 가운데, 원소는 두 사람의 의견을 다 채택하면서도, 그 역점은 장합이 청원한 바와는 배치된 의사결정을 내렸다. 장합은 원소군의 주력군을 이끌고 오소를 구원할 것을 주장했지만, 원소는 주력군을 조조군 본영을 급습토록 하고 별동대만을 보내 오소를 구원토록 한 것이었다.

조조는 용병술에 뛰어난 데다 군략에 해박하여, 갑자기 적을 들이치는 전격전電擊戰과 보급선 탈취 등 다양한 전술을 구사할 줄 아는 인물이었다. 때문에 자신이 행했던 전술로 도리어 적에게 역으로 당하지 않도록 할 줄 아는 인물이었다. 장합의 예측대로 조조는 주도면밀하게 본영에 대한 방비에 만반의 준비를 다해놓고 오소를 급습한 것이었기에, 장합의 의견을 제대로 채택하지 못했던 원소는 패배의 쓴잔을 들 수밖에 없었다.

이처럼 장합은, 조조가 어떠한 준비를 마치고 지금과 같은 작전을 벌였는가를 짐작하였고, 어떠한 계책으로 대응방안을 모색할지를 알았다. 현 상황을 어떻게 해결할 것인가에 대해 현실적인 판단을 행하고 그에 대한 행동지침을 제시할 수 있는 능력이 탁월했다는 점에서, 이러한 장합의 예측은 그의 성격유형과 연관되는 특징을 잘 보여주는 경우라 할 수 있다.

그래서 제갈량까지도 '장합은 전술이 변화하는 상황을 익혀 진영을 잘 설치했으며, 전쟁의 형세와 지형을 잘 파악하여 늘 뜻대로 작전을 전개하는'(본전) 능력에 뛰어난 장수였기에 그를 두려워했던 것이다. 이 점을 상기해 본다면, 장합의 성격유형과 관련되는 특징 중 또 하나의 내용인, '임기응변에 강하며 핵심적인 사항을 잘 파악하는 능력' 역시, 장합에게 잘 부합되는 경우라 할 수 있겠다.

다음으로 외향적 감각형이 지닌 장점에 대해 언급하자면, 이 유형의 인물이 보여줄 수 있는 장점은, 첫째로, 현실적으로 가장 유익하고 많은 사람들에게 필요한 정책을 선택하고 적극적으로 추진할 수 있는 능력이 있는 점과 둘째로, 외교·경제 등의 정책분야에서 탁월한 능력을 발휘할 수 있다는 점이다.

2. 정군산전투에서 총지휘관 하후연 전사·군심 흐트러진 위기상황 군 책임자 맡아 이를 다잡고 적 내습 방비, 현실적으로 다수에 유익하고 필요한 정책 결정하는 그의 장점 발현되어

이 성격유형의 장점을 장합에게 적용시켜 보면, 하후연이 정군산전투에서 전사하면서 한중에 주둔하고 있던 조조군의 군심이 흐트러지게 되자 장합이 군의 책임자의 역할을 수행하며 이를 수습하였던 상황이야말로, 그의 성격유형에 부합되는 장점 중, 첫째 내용을 대표적으로 보여주는 실례라 할 수 있다.

당시 막 원수(총지휘관)를 잃었으므로 (군중에서는) 유비가 이를 틈 탈까 두려워 삼군이 모두 놀라 얼굴빛이 달라졌다. 이에 하후연의 사마인 곽회가 군영에 영을 내렸다. "장張장군은 나라의 명장으로 유비도 (장장군을) 두려워하고 있다. 오늘날의 이런 사태는 급박하니 장장군이 아니라면 우리 군을 안정시킬 수 없다." 이에 모두가 장합을 군의 책임자軍主로 추대하였다. 장합이 취임하여 병사들을 정돈하고 진영을 진정시켰으며 여러 장수들이 모두 장합의 절도節度(지휘)를 받게 되니 이에 병사들의 마음이 진정되었다. (본전)

조조의 일족으로서 용맹을 떨치던 대장 하후연은, 당시 옹·양주雍·凉州 방위를 담당하고 있던 총지휘관이었다. 그가 유비군과 교전하다 적의 계략에 휘말리어 전사하게 되자, 한중에 주둔하고 있던 조조군은 매우 당황하게 되었다. 마치 한중은 무주공산無主空山과 다름없는 상황이었기에, 유비가 언제 한중을 공략하려고 들지 알 수 없는 일인데다 도독을 잃은 부대의 군심은 당연히 흐트러질 수밖에 없었다. 이러한 위기상황 속에서 장합은, 독군 두습과 하후연의 사마 곽회가 영을 내린 효과에 힘입어 군의 책임자 역할을 수행하며, 군심을 진정시키고 혹시 모를 유비의 내습을 철저히 방비하였다. 장합이 이러한 조치를 취한 데다, 조조가 친히 대군을 이끌고 한중에 오자 유비는 감히 교전을 벌일 생각을 하지 못했던 것이다.

이처럼 장합이 전사한 하후연을 대신하여 군의 책임자로서 군을 진정시키고 한중 방어를 책임질 수 있었던 것은, 그가 다수를 위해 유익하고 필요한 정책을 적극적으로 결정하고 추진할 수 있는 외향적 감각형으로써 장점을 잘 발현했기에 가능한 일이었다.

마지막으로 외향적 감각형이 드러내는 단점에 대하여 언급하자면, 첫째는 논리적으로 사고하기보다는 즉흥적으로 정책을 결정하는 경향이 있어서 일관성 있게 정책을 추진하지 못할 가능성이 있고, 둘째로, 충동적이고 독선적인 의사결정을 하기 쉽다는 것이다.

3. 임기응변에 능해 가정전투 승리로 제갈량 북벌 저지·허나 결국 퇴각하는 촉군 성급하게 추격하다 목문도에서 죽어, 즉흥적이고 독선적인 의사결정 그의 단점 패착으로 드러나

이 성격유형의 단점을 장합에게 적용시켜 보면, 둘째의 내용인 충동적이고 독선적인 의사결정을 하기 쉽다는 경우, 특히 《삼국지연의》에서 이를 제갈량의 북벌을 장합이 저지하는 상황에서 살펴볼 수 있을 것이다.

장합이 말한다. "공명은 우리가 뒤쫓아 올까 봐 겁을 먹고 천천히 한중 땅으로 물러가는 것인데, 도독은 뭘 의심합니까. 속히 추격해야 합니다. 바라건대 제가 가서 결판을 내겠습니다." 사마의가 대답한다. "공명은 속임수가 대단하니, 우리가 실수하는 날이면 사기를 잃고 만다. 그러니 함부로 나아가지 말라." 장합이 장담한다. "내가 가서 패하는 날에는 군법을 달게 받겠소."《삼국지연의 제99회》

한중전쟁의 상황에서는 분명 장합이 신중한 장수로 묘사되었음에도, 이후 제갈량의 북벌 과정의 상황에서는 장합이 즉흥적이고 충동적인 인물로 묘사되고 있는 점이 다소 의아하게 여겨진다. 그러나 여기 나온《삼국지연의 제99회》의 내용을 보면, 장합이 퇴각하는 촉군을 추격하다 목문도에서 촉나라 복병에 걸려 전사하기 전에 추격하려는 상황이 나온다. 이에 사마의가 장합의 성미가 조급하다고 지적하고 있는 모습은, 한 마디로 장합이 충동적인 의사결정을 하기 쉬운 인물이라는 면을 잘 드러내 준다.

제갈량의 북벌과 이를 저지하려는 사마의의 여러 차례의 공방전 가운데, 기산 싸움에서 제갈량이 군량보급 문제로 철군하게 되자, 장합은 촉군을 추격하려 하니 사마의는 이를 만류하려고 했다. 그래도 장합은 이를 강력히 주청하여 추격하였으나, 복병에 걸려 어지러이 날아오는 화살에 맞아 목숨을 잃고 말았다. 이렇게 되어 장합이 어이없게 전사를 한 것도 따져보면 결국, 그 성격유형과 연관된 단점의 내용이 두드러지게 작동된 결과가 아니었겠는가?

총체적으로 평가하건대, 장합은 나라가 황건의 난으로 인해 크게 어지러워지자 황건적을 토벌하기 위해 모병에 응한다. 이로 무장의 길을 걷게 되면서부터 목문에서 제갈량의 복병에 의해 전사하는 그 순간까지, 그는 장수로서 많은 활약을 펼치며 혁혁한 공적을 세웠다.

처음에 한복의 부하로 있다가 원소를 거쳐 조조의 휘하에서 활약하는 과정까지의 모습을 살펴보면, 장합은 각 군웅들에게 장수로서 높은 평가를 받았던 것으로 보인다. 장합이 조조의 진영에 뒤늦게 합류한 항장 출신이었지만, 조조, 조비, 조예 3대의 신뢰를 받으며 위나라의 손꼽히는 무장의 반열에 오를 수 있었던 것은, 다 름아닌 무장으로의 능력이 탁월했기에 가능했다. 그런데 이러한 장합의 무장으로의 능력은 진수가 장합을 교변巧變(변화에 교묘하게 대처)이라고 평할 정도로 그가 임기응변에 뛰어났고, 특히 용병술에 밝고 지략이 풍부한 점 등 다각적인 기량을 지니고 있음이 주요한 내용이라 말할 수 있다. 결국 이를 살펴보면, 장합은 상황에 대한 빠른 파악과 현실적인 판단을 통한 임기응변의 행동을 취할 수 있는 성격유형의 인물이었고, 이러한 자신의 성격유형에 연관되는 특징을 유효하게 잘 발현했던 것이다.

이러한 장합의 면모는, 그가 전쟁터에서 장수로서 발군의 능력을 보여주며 적에게까지 두려움을 줄 정도로 뚜렷한 영향력이 있는 원천을 이루었기에, 그는 숱한 전선을 오가며 전쟁을 성공적으로 수행해 왔다 하겠다.

무장 장합의 남은 논의

04

위나라 무장은 비처럼 많았는데 그중 뛰어난 장수의 하나로 장합을 들 수 있다. 그는 수많은 전쟁에서 많은 공적을 세웠으며 뛰어난 형세 판단으로 전투에서 패배한 적이 거의 없었다. 또한 원소 진영에서 관도 대전 때 조조에 투항한 이래 조비, 조예에 이르기까지 조위曹魏의 3대를 섬겼으며, 제갈량의 북벌을 여러 차례 막아내는 모습에서 그의 전공은 더욱 빛나고 있다. 특히 그는 변화에 교묘히 대응하는 법칙을 잘 깨우치고 있었으며 진영의 통솔에 능하였고, 상황이나 지형을 고려하여 계략을 만들어내곤 하였다.

건흥 6년(228년) 제갈량은 첫 번째 북벌에 나서서 대군의 이동이 안전한 관산도를 통해 천수군을 공략하려고, 조운과 등지에게 포야도를 통해 미현을 엿보는 양동작전을 펴도록 했다. 이 작전은 주효하여, 조진이 주력을 미현에 집중시키는 틈을 타 천수군을 점령하고 남안군 안정군도 지배했다.

위 조예는 몸소 장안에 나가, 대오 전선에 대치하고 있는 장합을 불러들였다. 양주자사가 지키는 금성군을 공격하고 있던 촉군을, 장합에게 배후에서 공략하게 하려 했던 것이다. 촉군 진영에서는 자신들이 금성군을 함락시킬 때까지 장합을 막고 있으면, 양주를 지배할 수 있었다. 그리하면 등 뒤를 염려하지 않고 장합을 맞이하여 본격적인 접전을 할 수 있는 것이다.

장합의 진격을 막는 이 중대한 임무를 제갈량은 스스로 아끼는 마속에게 맡기게 된다. 승리가 필요한 것이 아니라 시간을 벌기만 하면 되기 때문에, 제갈량은 "산자락의 가도를 따라 적병이 한 사람도 지나지 못하게 하라"라고 마속에게 지침을 주고 출전시켰다. 그런데 마속은 승리에 눈이 가려 명령을 무시하고 남산 위에 진을 폈다. 이에 교변에 능한 장합은, 마속이 산상에 진을 펴는 것을 보고는 아무런 망설임도 없이 물을 긷는 통로를 차단했고 애가 타서 산을 내려온 마속군은 철저하게 격파당했다. 또한 제갈량에 호응한 남안군, 천수군, 안정군을 평정하게 되는데, 이른바 적의 약한 고리를 교묘하게 공략하여 장합이 승기를 잡은 것은, 제갈량의 북벌을 무산시켜 버린 결정타가 되었다.

그러나 태화 5년(231년) 제갈량이 네 번째 북벌에 나설 때는 달랐다. 역시 관산도를 통해 기산을 포위했고, 제갈량은 이 전투에서 처음으로 숙적 사마의와 직접 대결하여 상규에서 위나라 주력군을 대파했다. 그러나 이엄의 태만으로 인해 군량이 제대로 보급되지 않아 또다시 촉군은 철수하게 되었다. 진수의 《삼국지》에서는 이를 추격하다 죽은 장합의 최후를 이렇게 기록하고 있다.

> 제갈량이 다시 기산으로 출정하자 장합에게 조서를 내려 여러 장수들을 이끌고 서쪽으로 가게 해 약양에 도착했다. 제갈량이 물러나 기산을 지키자 장합이 추격하여 목문에 이르렀는데, 제갈량군과 교전하다 날아온 화살飛矢에 오른쪽 무릎을 맞고 죽었다. (본전)

진수의 《삼국지》 어디에도 장합이 추격을 꺼려 했는데 사마의가 명을 내려 추격을 했다는 구절은 없다. 그러나 문제는 사마의가 강제적인 명령을 내려 이에 따라 장합이 추격하다 전사했다는 기록이 있는

《본전/배주 위략》의 내용이다.

제갈량군이 퇴각하자 사마의가 장합에게 이를 추격하도록 했다. 장합이 말했다. "군법軍法(병법)에 이르기를, 성을 포위할 때는 반드시 출로를 열어 두고 퇴각하는 군대는 쫓지 말라고 하였습니다." 그러나 사마의는 이를 들어주지 않았다. 장합은 부득이하게 진군했다. 촉군이 고지로 올라가 포진하여 매복한 뒤 궁노를 어지러이 쏘아대니 화살이 장합의 무릎을 맞추었다. 《본전/배송지 주, 위략》

'퇴각하는 군사를 쫓지 말라'는 병법까지 들먹이면서 추격에 반론은 펴던 장합은, 결국 '제갈량의 퇴각을 추격하라'는 사마의의 명령에 따라 부득이하게 진군하다 죽게 되었다는 것이다. 이 기록의 출처가 배송지 주에 인용되어 있는 어환魚豢의 《위략魏略》이다. 그런데 이 《위략》은 어환 개인이 집필한 공인된 역사서가 아니라는 데서, 그 사실성에 의문을 제기하는 견해가 있다. 그러나 시기상 진수가 태강 원년(280년) 《삼국지》를 찬술할 때, 왕침의 위서, 위소의 오서, 어환의 위략 등을 기본으로 한 것으로 알려지고 있다.

그런데 위략의 내용 중 유독 장합과 사마의와의 논박 내용을 《삼국지》에 포함하지 않은 것에 대해서, 이를 의도적 배제로 보는 견해도 있다. 정황상 진수가 사마씨 정권의 눈치를 봐야 하는 점, 《삼국지》가 위나라－진나라 정통성의 입장에서 기술해야 하는 진나라 때 찬술된 사서의 성격이 있다는 점 등을 고려했을 때, 의도적 배제 등이 예상되므로 이로부터 자유롭게 기술한 《위략》의 내용에 신빙성을 더 두는 입장이 있다. 그 후 1세기 반이 지나 유송劉宋(420~479)의 배송지가 원가 6년(429년) 《삼국지》에 주석을 달 때, 장합이 지장智將임을 감안하면서 《위략》의 내용이 더 적실성이 있다고 판단했기에, 이를 보충하지 않았겠느냐는 의견인 것이다.

상기 장합의 죽음에 대한 진수의《삼국지》와《배송지 주 위략》의 기록에 대한 그 신빙성의 논란은, 역사가 흘러 12세기 송나라 때 사마광에 의해 원풍 7년(1084년) 찬술된《자치통감, 권72》의 기록대로 '제갈량의 퇴각에 대한 추격'과 관련한 사마의와 장합의 논박은 생략된 채 '사마의의 명령으로 장합이 그 뒤를 추격하다 매복한 촉군의 난전에 죽게 된다'는 내용으로 수렴될 수 있을 것으로 보인다.

《삼국지 위서 장악우장서전張樂于張徐傳》에 붙인 '평하여 말한다'에서 "당시기 위나라의 훌륭한 장수 중에서 장합은 변화에 교묘하게 대처하여 이름을 날렸지만, 그의 사적을 살펴보면 전하여 들은 것과 부합되지 않는다. 간혹 설명이나 누락된 곳이 있어서 상세하게 갖추지 못했다."라는 진수의 언급은 상기의 논란에 긴 여운을 남기고 있다.

烏魯木齊
新疆
甘肃
宁夏
西宁
兰州
青海省
西藏
拉萨
成都
四川省
昆明
云南省

黑龙江省
哈尔滨
长春
吉林省
内蒙古
沈阳
辽宁
北京
北京
天津
天津
石家庄
河北省
济南
山东省
江苏省
郑州
河南省
合肥
南京
上海
武汉
安徽省
杭州
浙江省
南昌
长沙
江西省
福州
台北
福建省
台湾
关东
广州
香港
澳门
海口
海南省

中國歷史 年表

북아시아
중국
연대
100000
6000
3000
2000
1500
1000
800
600
400
200
100
B.C
A.D
100
200
300
400
500
600
700
800
900
1000
1100
1200
1300
1400
1500
1600
1700
1800
1850
1900
1950
2000
구석기시대
신석기시대
페이리강 문화
양사오 문화
룽산 문화
얼리터우 문화(하)
상(은)
서주
춘추시대
(동주)
전국시대
진
흉노
전한
신
후한
선비
삼국시대
유연
오호십육국
동진
고거
(북위)
(북제·북주)
남북조시대
(송·제
양·진)
돌궐
수
위구르
당
키르기스
오대십국
거란
요제국
송(북송)
서
하
(금령)
남송
금
몽골
북원
원
카슈가르한국
오이라트/준가르
타타르
명
청
중화민국
몽골국
중화인민공화국